재일제주인센터 연구 총서 2

재일제주인과
마이너리티

제주대학교 재일제주인센터 編

책을 펴내며

재일제주인의 삶과 정신을 학술적으로 연구하고 있는 제주대학교 재일제주인센터는 2014년 2월에 연구 총서 1권인『재일한국인 연구의 동향과 과제』를 출간한 바 있다. 이번에는 '재일제주인사회'라는 주제를 중심으로, 올 한 해 동안 개최했던 학술세미나의 원고를 엮어『재일제주인과 마이너리티』란 이름으로 연구 총서 2권을 내놓게 되었다.

마이너리티(minority)란 흔히 육체나 문화적으로 다른 집단들과 구별되는 집단적 차별의 대상이 되는 사람들, 즉 소수집단을 지칭한다. 과거에 이들은 사회적으로 불평등한 차별대우를 받아 온 것이 사실이다. 21세기에 들어 글로벌 및 다문화공생이 화두가 되면서 마이너리티도 문화의 주체가 될 수 있다는 인식이 확산되고 있다. 그럼에도 불구하고 사회적으로 차별받는 소수 집단은 곳곳에 자리하고 있다.

일본 내의 한국인 사회도 그중의 하나이다. 특히 집단적 결속력이 강한 '재일제주인사회'는 마이너리티를 대표하는 집단의 하나가 아닐까 한다. 동아시아 해역의 중심에 자리하고 있는 제주는 예로부터 한국과는 다른 독특한 문화를 지녀왔다. 그런 이유로 제주는 흔히 '한국 속의 또 다른 한국'으로 일컬어지고 있다. 특히 제주에서 태어나 자란 사람들은 삶을 영위하기 위하여 다른 지역으로 갔다가도 다시 제주로 돌아오는 경향이 강한데 이 또한 이와 관련이 있을 듯싶다.

역사 속에서 국경을 넘은 이주와 이산은 늘 있어 왔다. 그러나 이산의 역사가 20세기처럼 빈번했던 시기는 흔하지 않을 것이다. 그것은 20세기 전반에 계속된 전쟁과 밀접한 관련을 맺는다. 러·일전쟁, 제1차 세계대전, 중·일전쟁, 태평양전쟁, 제2차 세계대전에 이르기까지 전쟁이 야기한 동원과 소개와 난민, 침략과 지배에 따른 식민과 추방이 지속되어 왔다. 이러한 상황과 연동하여 대규모의 인간 이동, 곧 이주와 이산이 우리나라에서도 일어났다. 한국 주민의 일본 이주도 그 하나의 사례이다. 특히, 제주인의 일본 이주와 이산은 당시 제주 인구의 3명 중에 1명이 경험할 정도로 격렬하게 진행된 용광로였다고 할 수 있다.

제주인의 일본 이주와 이산은 과거의 역사에서 끝난 것이 아니라, 제주발전의 원동력으로 작용하였고, 지금도 우리는 그 궤도 위에서 삶을 영위해 나가고 있다고 해도 과언이 아닐 것이다. 그런 점에서 재일제주인센터는 '재일제주인사회'와 제주사회가 서로 공생할 수 있는 다양한 학술적 연구를 체계적이고 객관적으로 수행해야 하는 당위성을 가지고 있다. 인간은 유한한 존재이기에 얼마 없어 재일제주인 1세대들도 '재일제주인사회'에서 사라질 것이다. 그러나 그들이 일본인의 온갖 멸시와 차별 속에서 지켜왔던 자존과 개척의 정신은 제주사회가 존재하는 한 가치가 상실되지 않도록 해야 할 책무가 재일제주인센터에 있는 것이다.

이 책은 모두 4부로 구성되었다. 제1부는 재일제주인 사회를 새롭게 조명하자는 취지의 5편의 논문이 게재되었다. 당시 일본 내에서 고무공업이 발전해 나가는 가운데 재일제주인들이 고무공업을 전업하면서 기업가로 성장하는 과정, 민족적 차별 속에 일본 내에서의 재일동포 민족학급과 민족교육운동에 참여해 나갔던 실상, 재일제주인들이 남다른 제주고향 사랑과 제주도와의 교류를 통한 정체성의 함양, 제주인들의 기억 속에 암울하게 남아 있는 밀항과 오무라 수용소, 재일제주인 사회에서 제주의 무속을 실천하고 전승해 나가는 '용왕궁'의 여성들에 관한 내용이다.

제2부는 재일제주인의 생활사와 문화와 관련된 내용이다. 오사카 4·3위령제의 갈등과 특징을 통해 국민국가를 초월하는 4·3인식의 가능성과 재일제주인들이 기억하고 있는 제주 4·3의 조각들을 다루었다. 또한, 재일제주인 3세의 가족 사례를 통해 재일제주인에 대한 민속학적 연구의 가능성을 모색하였고, 자이니치와 재일제주인을 둘러싼 여론형성, 제주도민의 도일과 재일제주인의 도한(渡韓)을 통해 일본과 한국의 국경선을 넘는 생활권의 생성과 변용, 제주의 동회천 마을 주민의 일본 도일과 정착 사례 등을 다루고 있다.

제3부의 마이너리티와 이민에서는 한국의 소수자 연구, 일본의 마이너리티 문학, 동아시아·미국·유럽의 마이너리티 비교, 스웨덴의 난민정책과 다문화주의 등 4편의 논문으로 구성하였다.

제4부는 제주·오키나와의 문화교류와 평화와 관련된 논문이다. 제주는 일본 속의 또 다른 일본으로 일컬어지는 '오키나와'와 같은 쿠로시오 문화권역으로 예로부터 직·간접적인 문화교류가 있어 왔다. 성종 8년(1477) 제주 출신 김비의 일행의 오키나와 표류, 조선시대 중앙정부의 유구어[오키나와 언어] 통역관의 제주 파견 등은 이를 반증하고도 남는다. 특히 20세기 중반 제주와 오키나와는 제국주

의의 아픈 경험을 지니고 있다. 양 지역이 염원하는 평화는 역사적 경험에서 우러나오는 절실한 메시지이다. 제주와 오키나와의 문화 공동체 형성을 위한 노력은 갈등을 넘어 평화로 가는 길목이라 할 수 있다. 양 지역의 문화교류에 대해서는 요론섬의 화장시설을 통해 사회변화가 초래한 사자(死者)와의 관계 변화와 제주도 장묘제도의 전통과 변화를 통해 양 지역의 장묘문화를 비교해 볼 수 있었다. 나아가 제주와 오키나와의 창세여신신화의 모습을 해명한 논문도 유일하게 남아 있는 양 지역의 창조신화를 비교해 볼 수 있어서 매우 유익할 것이다. 또한 무엇보다 큰 성과는 마타요시 에이키의 「긴네무집」과 현기영의 「순이삼촌」을 통해 오키나와 전후문학과 제주 4·3 문학의 연대를 이룬 논문이었다. 문학이 국경을 넘는 평화의 연대에 소중한 자산임을 깨닫게 해 주었다. 제주와 오키나와의 군사기지화와 반기지평화운동이 주는 평화의 모색은 현재 진행형이라는 점에서 우리에게 시사하는 바가 매우 클 것이다.

이 책은 처음부터 기획된 것이 아니어서 각 주제나 논문 간의 상호 관련성 등 다소 어색한 감이 없지 않다. 이처럼 미흡한 점이 많음에도 불구하고 '재일제주인사회'에 대한 연구 주제의 다양성과 인접 학문과의 학제 간 교류 및 국내외 학자 연구네트워크 조성, 앞으로의 연구과제에 조금이나마 기여할 수 있다는 점에서 연구총서로 간행하는 욕심을 부렸다. 많은 질정을 기대한다.

끝으로 마이너리티, 재일제주인 연구의 일보 진전을 위하여, 그리고 제주대학교 재일제주인센터를 위하여 옥고를 보내주신 필자들께 진심으로 감사드린다. 여건이 어려운 가운데도 출판을 맡아주신 경인문화사의 한정희 사장을 비롯한 편집부 여러분께 감사드린다. 항상 제주대학교 재일제주인센터의 발전을 위해 행·재정적 지원을 아끼지 않으시는 제주대학교 허향진 총장님과 재일제주인센터 연구원들께 무한한 감사의 뜻을 표한다. 특히, 이 책이 나오기까지 세미나를 기획하고 원고를 수합해서 정리하는 힘든 일을 성실하게 수행해 준 재일제주인센터 고경순 연구원의 노고에 진심으로 감사드린다.

2014. 12. 31.

제주대학교 재일제주인센터장 김동전

차례

제2부 재일제주인의 생활사와 문화

제1부
재일제주인 사회의 재조명

일본의 고무공업과 재일제주인 기업가

고광명(高廣明)
제주대학교 재일제주인센터 특별연구원

1. 머리말

 현재 재일제주인은 2011년 기준으로 재일한인 545,401명 중 86,231명(약 16%)으로 경상남도(148,496명), 경상북도(109,702명) 다음으로 많은 비중을 차지하고 있다.[1] 이들 대부분은 간토(關東)와 간사이(關西)에 각각 25,123명(29.1%), 56,025명(64.9%)이 살고 있으며, 도쿄(東京) 미카와시마(三河島), 오사카(大阪) 이쿠노구(生野區) 등의 대도시에 집단적으로 거주하면서 재일제주인의 커뮤니티(community)를 형성하고 있다.

 재일제주인은 일제강점기에 징병·징용 등에 의해 강제 이주(involuntary emigration)되었거나 해방 이후 제주 4·3사건과 한국전쟁을 피해 일본으로 건너갔고, 그 중에서도 이주노동자와 출가해녀(出稼海女) 등은 경제적 궁핍을 벗어나기 위해 일본으로 건너갔다. 특

---

[1] 入管協會, 『在留外國人統計』, 2012.

히 1923년 제주도와 오사카를 잇는 정기항로(君が代丸)가 취항하면서 많은 제주도 출신자들은 고무공업[2], 방적(紡績)공업이 발달했던 오사카로 이주하게 되었다.[3] 이들은 이주 초기에 섬유, 인쇄, 군사(軍事)공장, 재생자원, 금속제조, 선박회사, 방적, 철강, 가방, 재봉(봉제), 플라스틱, 유리, 광부광산, 신발(구두)제조, 토목건축, 고무 등 대부분 조선, 탄광, 토목공사에 단순노동으로 투입되었거나 방적과 고무공장에서 일하면서 인간적 대우를 받지 못하고 중노동에 시달려만 했다. 결국 제주도에서 건너간 사람들은 가방제조, 신발제조, 자갈이나 고철수집 등 최하위 노동자로 생활하였거나 일본인들이 꺼리는 유리, 금속, 고무, 방적공장 등에 종사하게 되었던 것이다.[4]

이후 제주도 출신자들은 간사이 지역 오사카를 근거지로 삼아 상공업활동을 두드러지게 하는 것으로 나타났다. 오사카에서 최대 집주지역인 이쿠노구, 인접한 히가시나리구(東成區), 히가시오사카시(東大阪市)는 중소 영세공업 집중지역으로 잘 알려져 있는 곳이다. 이 지역에는 고무제조업, 플라스틱, 봉제업, 샌달·슈즈, 피혁, 금속제품 등의 업종에 비교적 많은 사람들이 종사하면서 재일(在日)의 생활을 지탱하는 경제적 기반이 되고 있다.[5]

특히 이들은 플라스틱, 고무, 유리, 유지, 피혁, 섬유, 잡화 등을 생

---

2) 『大阪市工場一覧』(1924년)에 의하면, 1922년부터 1924년까지 히가시나리구(東成區) 지역에 설립된 20개 공장 중 13개 고무공장은 전후(戰後) 일본의 고무공업을 발전시키는 데 그 계기를 마련하였다고 볼 수 있다.

3) 고광명, 『재일(在日)제주인의 삶과 기업가활동』, 제주대학교 탐라문화연구소, 2013.

4) 제주대학교 재일제주인센터, 『재일제주인 기업가 현황 및 실태 조사 보고서』, 2014.

5) 庄谷怜子·中山 徹, 『高齢在日韓国·朝鮮人―大阪における「在日の生活構造と高齢福祉の課題』, 御茶の水書房, 1997.

산하는 제조업에서부터 서비스업, 유기업, 음식점, 부동산 등 서비스
업종에 이르기까지 사업 영역을 점차 넓혀나가면서 소규모 자본을
축적하였다. 그 중에서도 고무는 생산설비가 간단하고 특별한 기술
이 필요하지 않아 가장 먼저 가내수공업으로 발전할 수 있었다. 일
부 제주도 출신들은 고무관련 가내수공업을 통해 적지 않은 재력을
모았지만, 1949년 후반부터 일본 정부의 규제가 강화되고 대형 제조
업체가 등장함에 따라 고무공업은 점차 약화되기 시작했다.[6]

이와 관련하여 1947년 『田中知事引繼書』에 의하면, 당시 1억 엔
이상의 신권 엔(円)을 획득한 조선인은 수 명에 달했으며, 특히 고무
공업에서는 경제적 왕자(王者)의 지위를 차지하고 있었다.[7] 寺西雄
三(1978)의 『兵庫ゴム工業史』에는 1948년경 일본의 고무공장[8]에 대
해 다음과 같이 쓰여 있다. "종전 후 발생했던 신규기업의 하나의
특징으로서는 제3국인, 즉 조선인 경영에 의한 고무공장이 나타나
고, 게다가 단기간 사이에 급속히 그 수가 증가하였다. 특히 오사카
및 고베(神戸)[9] 부근에서는 공장 수가 70개 이상, 간토에서도 24개

---

6) 일본 정부는 고무의 공급량을 조절하기 위해 1941년과 1943년에 기업정비를 실시한
   바 있다. 제1차에서는 정비 직전 1,123개 공장이 정비 이후 788개 공장으로 줄어들었으
   며, 제2차에서는 641개 기업이 245개로, 738개 공장이 300개로 감소하였다.

7) 1947년 2월 경찰 보고서에 의하면 이 자료는 田中広太郎 지사로부터 大塚兼紀 지사에게
   인계된 문서이다. 朝鮮人強制連行真相調査団編著, 『朝鮮人強制連行調査の記録-大阪
   編』, 柏書房, 1993.

8) 일본의 고무공업 발전은 1886년 도쿄 미타토고보(三田土護謨), 1906년 오사카 角一護
   謨 및 帝國護謨(이후 西淀川區), 1909년 고베 단롯푸護謨(極東) 지점 등을 설립하면서
   본격적으로 이루어졌다. 1920년의 공장 수, 직공 수, 생산액 등은 1914년에 비해 4배
   이상을 기록하면서 고무공업을 발전시키는데 결정적인 계기가 되었다. 1920년도 전국
   생산액의 비율은 타이어 생산을 자랑하는 효고(40.7%)를 비롯하여 도쿄(33.5%), 오사
   카(17.9%) 순으로 나타나고 있다(杉原 達, 『越境する民-近代大阪の朝鮮人史研究』, 新
   幹社, 1998).

에 달해, 전국적으로 보면 103개 공장에 이르러 일본의 고무공업계에 진기한 광경을 주고 있다고 했다."[10] 또한 1949년 10월 조사에 의하면 오사카후(大阪府) 고무공장[11]은 전체 186개 중 일본인이 94개, 조선인이 92개로 나타나 상당수 조선인이 고무공장에 종사하였다. 종업원 50인 이상을 고용하는 조선인 기업은 겨우 8개로 그 후 점차적으로 감소하면서 3~4개 공장이 있었다고 한다.[12]

따라서 본고에서는 일본으로 건너간 제주도 출신들이 종사했던 직종과 일본의 고무공업과 관련해서 그 의미를 살펴보고자 한다. 그 배경에는 방적, 유기업, 토목·건축 등에 많이 종사하는 재일한인들에 비해 제주도 출신들은 고무공업에 많이 종사하고 있었기 때문이다. 이를 위해 본고에서는 우선 일본의 고무공업 발전을 검토한 후, 다음으로 재일제주인의 직종과 고무공업과의 관련성을 알아보며, 마지막으로 재일제주인의 고무공업 경영에 대해 파악하고자 한다.

---

9) 고베의 샌달·슈즈의 생산액은 1971년 기준으로 보면 500사로 533억 엔(전국 대비 80%)을 올리고 있고, 벨트, 타이어, 튜브 등의 고무제품을 포함하면 약 800사로 작년 1천억 엔의 실적을 올렸다. 이와 같은 지장산업을 한국인들이 개척했다는 점에서 재일동포의 자랑으로 되고 있다고 한다. 徐龍達,「在日韓国人の職業と経営の実態-国際化時代の盲点·差別の社会構造を考える」,『経済学論集』14(3), 桃山学院大学, 1972.

10) 寺西雄三,『兵庫ゴム工業史』, 兵庫ゴム工業共同組合·兵庫ゴム工業会, 1978.

11) 오사카의 고무공업은 1930년 시점에서 고무제품 생산을 본업으로 한 123개 공장 중 75%에 이르는 92개를 개인이 경영하고 있는 반면 나머지는 주식회사(14개), 합작회사(14개), 합명회사(3개) 등 법인회사 형태로 경영되어 대부분 조직규모가 영세하고 작은 편이다. 직공 수로는 10명 미만이 51개, 10~49명이 55개, 50~99명이 11개, 100~299명이 2개, 300명 이상이 2개로 나타나 50명 미만 공장이 전체 비중의 86%를 차지하고 있다. 이를 효고현과 비교해 보면 1930년 공장 부근의 직공 수는 오사카 40.9명, 효고 57.3명, 그리고 생산액은 오사카 8.6만 엔, 효고 15.6만 엔으로 나타났다(杉原 達,『越境する民-近代大阪の朝鮮人史研究』, 新幹社, 1998).

12) 大阪府商工経済研究所,「大阪府に於けるゴム工業の概観」,『調査研究資料』シリーズ 第四号, 1951, 10쪽.

2. 일본의 고무공업 발전

1. 제1차 세계대전 전후기의 고무공업

1) 고무제품의 공장 수, 직공 수, 생산액 추이(1919～1928년)

<표 1>은 1919년부터 1928년까지 고무제품의 공장 수, 직공 수, 생산액 추이를 살펴본 것이다. 전국 고무제품의 공장 수는 1919년 170개에서 1928년 548개로 3배 정도 증가하고 있다. 직공 수는 1925년(15,308명)에 일시적으로 하락 현상을 보이다가 이후 증가세를 이어가고 있다. 생산액은 1922년(45,933천 엔)에 다소 부진한 모습을 보이다가 1923년 이후 증가하는 경향을 보이고 있다. 결국 이 시기에는 생산액의 증대에 따라 공장 수 및 직공 수가 증가하는 것으로 나타났다.

〈표 1〉 고무제품의 공장 수, 직공 수, 생산액 추이(1919～1928년)

(단위 : 개, 명, 천 엔)

년도	공장 수	직공 수	생산액	년도	공장 수	직공 수	생산액
1919	170	10,742	32,422	1924	456	18,544	54,844
1920	262	13,230	40,129	1925	460	15,308	56,588
1921	456	17,373	49,053	1926	498	17,688	60,231
1922	425	17,215	45,933	1927	530	18,483	68,217
1923	447	18,030	47,083	1928	548	21,074	72,423

자료 : 寺西雄三(1978), 『兵庫ゴム工業史』, 兵庫ゴム工業共同組合·兵庫ゴム工業会.

2) 지역별 고무제품의 공장 수, 직공 수, 생산액 추이(1923년)

<표 2>에서 보면 이들 6개 지역은 전국 공장 수의 84.5%를 차지하여, 직공 수에서도 똑같이 91.0%를 차지하는 것으로 나타났다. 특히 도쿄와 효고(兵庫)의 2개 지역은 일본에서 고무공업의 중심지로서 1929년 이후 지역별 고무제품의 생산액에서 번갈아가며 제1위와 2

위를 차지하여 온 지역이다. 생산액을 보면 효고는 거의 2천만 엔으로 제1위를 차지하고 있는 반면, 도쿄는 약 1천3백만 엔, 오사카는 거의 5백만 엔의 고무제품을 생산해서, 각각 제2위, 제3위를 차지하고 있다. 그 외 1천만 엔 이상의 생산지는 히로시마(広島), 오카야마(岡山) 및 가나가와(神奈川) 등 3개 지역으로, 이상 6개 지역만으로도 전국 총액의 94%를 차지하고 있다.

〈표 2〉 지역별 고무제품의 공장 수, 직공 수, 생산액 추이(1923년)

(단위 : 개, 명, 천 엔, %)

구분	공장		직공		생산액	
	수	비율	수	비율	금액	비율
兵庫	145	32.4	7,674	42.6	19,869	42.1
東京	130	29.1	4,279	23.7	13,419	28.5
大阪	67	15.0	2,458	13.6	5,070	10.7
岡山	17	3.8	726	4.0	2,492	5.2
広島	17	3.8	900	5.0	2,343	4.9
神奈川	2	0.4	378	2.1	1,031	2.1
기타	69	15.5	1,615	9.0	2,859	6.5
합계	447	100.0	18,030	100.0	47,083	100.0

자료 : 寺西雄三(1978), 『兵庫ゴム工業史』, 兵庫ゴム工業共同組合·兵庫ゴム工業会.

3) 지역별 고무제품의 공장 수, 직공 수, 생산액 추이(1926~1929년)

<표 3>에서 보면 가장 공장 수가 증가한 지역은 역시 효고, 오사카를 중심으로 한 긴기(近畿)지방으로, 그 외 지역은 대부분 보합 상태이거나 감소 경향에 있다. 1926년부터 1928년까지 효고의 생산액은 전국 대비 38.5%. 42.8%, 45.8%로 증가하는 것에 비해 도쿄는 28.9%, 26.8%, 27.1%로, 오사카도 17.0%, 15.6%, 14.4%로 감소하고 있다. 효고와 오사카의 2개 지역을 합하면 1926년에는 전국 생산액의 55.5%, 1927년에는 58.4%, 1928년에는 60.8%로 그 절반 이상을 차지하는 셈

이 된다. 여기에 오카야마와 히로시마의 생산액을 더하면 그 비율은 더욱 높아져서 간사이지역을 중심으로 고무공업의 중요한 위치를 차지하고 있음을 알 수 있다.

따라서 제1차 세계대전 말기에는 효고, 오사카, 도쿄 등 3개 지역이 고무제품 생산액의 96.7%를 독점하고 있었지만 고무공업의 호황으로 인해 이들 지역 외에도 고무공장을 설립하는 움직임이 생겨났다. 즉, 이것은 제1차 세계대전 전후를 계기로 오카야마, 히로시마, 홋카이도(北海道), 나고야(名古屋) 등 여러 지방에서도 고무공장이 설립되기 시작했다는 것을 의미한다.

〈표 3〉지역별 고무제품의 공장 수, 직공 수, 생산액 추이(1926~1929년)

(단위 : 개, 천 엔, %)

구분	1926		1927	1928		1929
	공장 수	생산액	생산액	공장 수	생산액	공장 수
北海道	13(2.6)	2,142(3.6)	2,822(4.3)	17(3.1)	9,625(3.7)	16(2.8)
東北	7(1.4)			3(0.6)		5(0.9)
東京	173(34.8)	16,928(28.9)	17,706(26.8)	192(35.0)	19,038(27.1)	171(30.4)
기타關東	9(1.8)	326(0.5)	319(0.5)	12(2.2)	293(0.4)	12(2.1)
北陸	9(1.8)			10(1.8)		13(2.3)
大阪	80(16.1)	9,958(17.0)	10,314(15.6)	95(17.3)	10,119(14.4)	96(17.1)
兵庫	142(28.5)	22,561(38.5)	28,258(42.8)	154(28.1)	32,140(45.8)	179(31.8)
岡山·広島	32(6.4)	3,244(5.6)	3,998(6.0)	29(5.3)	3,521(5.0)	37(6.6)
九州	1(0.2)			4(0.7)		3(0.5)
기타	32(6.4)	3,441(5.9)	2,639(4.0)	32(5.9)	2,534(3.6)	31(5.5)
합계	498(100.0)	58,600(100.0)	66,056(100.0)	548(100.0)	70,271(100.0)	563(100.0)

주 : 공란은 생산액 수치가 미확인된 지역임.
자료 : 日本ゴム工業會(1969), 『日本ゴム工業史 第一卷』, 東洋經濟新報社.
　　　寺西雄三(1978), 『兵庫ゴム工業史』, 兵庫ゴム工業共同組合·兵庫ゴム工業会.

2. 제2차 세계대전 직전기의 고무공업

<표 4>는 1929년부터 1937년까지 고무제품의 공장 수, 직공 수, 생산액을 지역별로 구분하여 나타낸 것이다. 지역별 분포를 보면 도쿄

를 정점으로 오사카, 아이치(愛知), 홋카이도, 히로시마 등에서는 대부분 공장 수가 증가하고 있는 반면, 효고, 오카야마 등에서는 역으로 공장 수가 감소하고 있다. 직공 수의 경우는 도쿄를 기점으로 오사카, 홋카이도, 히로시마, 후쿠오카(福岡) 순으로 증가하였고, 이어서 가나가와, 아이치, 미에(三重) 등 각 지역에서도 증가하고 있지만 오카야마, 나라는 오히려 감소 추세에 있다.

생산액 비율에서 현저하게 증가한 지역은 가나가와, 아이치, 미에, 오사카 등으로 대개 가나가와에서 오사카에 이르는 지역, 즉 도카이(東海), 긴기지역을 중심으로 고무공업이 발달하기 시작했던 것이다. 1929년부터 1932년까지 효고의 생산액은 전국 대비 48.5%. 47.5%, 39.8%, 37.4%로 감소하는 것에 비해 도쿄는 1932년을 제외하면 19.9%, 20.7%, 24.7%로 증가하였고, 오사카도 13.4%, 14.8%, 15.1%, 17.4%로 늘어났다. 이 시기에 급속히 발달했던 후쿠오카는 지속적으로 증가하고 있음을 보여주고 있지만 종래 주요 생산 지역인 효고, 나라, 오카야마 등 각 지역은 생산액 비율이 감퇴하거나 홋카이도, 도쿄, 그 외 지역은 정체하는 것으로 나타났다.

따라서 이 시기에 고무공업이 번창하게 된 것은 도쿄를 시작으로 오사카, 그 외 지역인 홋카이도, 가나가와, 아이치, 미에 등 여러 지역에 분포되어 있었기 때문에 가능했다. 결국 일본의 고무공업은 1929년 이후 지속적으로 증가하면서 1930년대 중반에 이르러 고무공업 발전의 토대를 마련했다고 볼 수 있다.

〈표 4〉 지역별 고무제품의 공장 수, 직공 수, 생산액 추이(1929~1937년)

(단위 : 개, 명, 천 엔, %)

구분		1929	1930	1931	1932	1933	1934	1935	1936	1937
北海道	공장수	16	18	17	22	22	25	27	27	29
	직공수	1,227	1,105	1,221	1,787	2,000	2,165	2,468	2,580	2,709
	생산액	2,856 (3.4)	2,714 (4.0)	2,696 (4.2)	3,287 (3.8)	(3.7)	(4.2)	(4.1)	(4.5)	(4.0)
東京	공장수	171	184	189	274	312	305	308	328	335
	직공수	5,040	5,310	5,747	8,730	9,312	8,694	8,551	9,573	17,677
	생산액	16,726 (19.9)	14,095 (20.7)	16,048 (24.7)	16,292 (19.0)	(22.3)	(20.2)	(20.3)	(21.9)	(22.2)
神奈川	공장수	3	3	5	5	6	7	9	8	9
	직공수	170	217	252	330	397	581	591	760	978
	생산액	840 (1.0)	754 (1.1)	2,212 (3.4)	2,733 (3.2)	(7.2)	(8.3)	(9.0)	(8.4)	(9.0)
愛知	공장수	5	7	12	12	11	13	16	18	27
	직공수	72	69	114	154	169	275	346	409	354
	생산액	283 (0.3)	181 (0.3)	232 (0.3)	383 (0.5)	(0.5)	(1.2)	(1.4)	(1.3)	(1.0)
三重	공장수	4	6	6	7	7	7	7	8	7
	직공수	60	156	182	178	187	210	213	279	311
	생산액	84 (0.1)	1,263 (1.9)	1,277 (2.0)	1,344 (1.6)	(2.1)	(2.0)	(1.8)	(1.8)	(1.5)
大阪	공장수	96	106	113	108	126	139	130	145	158
	직공수	3,636	4,332	4,189	5,070	5,207	5,048	4,701	5,112	4,912
	생산액	11,266 (13.4)	10,082 (14.8)	9,766 (15.1)	14,992 (17.4)	(15.5)	(15.0)	(13.1)	(13.1)	(10.4)
兵庫	공장수	179	175	162	165	168	171	159	142	146
	직공수	9,840	10,021	10,057	10,001	9,741	10,491	10,718	10,906	10,611
	생산액	40,739 (48.5)	32,342 (47.5)	25,818 (39.8)	32,151 (37.4)	(33.1)	(35.0)	(35.5)	(34.9)	(29.7)
奈良	공장수	8	10	11	10	10	10	13	13	18
	직공수	289	224	227	279	356	286	380	314	298
	생산액	597 (0.7)	368 (0.5)	238 (0.4)	266 (0.3)	(0.6)	(0.5)	(0.6)	(0.5)	(0.2)
岡山	공장수	17	12	12	10	15	14	17	11	13
	직공수	953	338	439	362	983	928	1,097	658	894
	생산액	2,667 (3.2)	1,114 (1.6)	1,200 (1.9)	1,092 (1.3)	(1.6)	(1.5)	(2.2)	(1.2)	(1.9)
広島	공장수	20	20	21	35	26	27	30	30	28
	직공수	796	781	971	1,253	1,448	1,403	1,613	1,437	1,313
	생산액	3,147 (3.8)	1,991 (2.9)	1,697 (2.6)	2,382 (2.8)	(3.5)	(2.9)	(2.9)	(2.4)	(1.9)

福岡	공장수	2	1	3	2	3	2	2	2	4
	직공수	35	30	2,164	435	3,480	2,954	2,921	2,869	8,187
	생산액	3,318 (4.0)	1,771 (2.6)	2,415 (3.7)	8,838 (10.3)	(10.0)	(9.2)	(9.1)	(10.0)	(18.2)
기타	공장수	42	41	42	44					
	직공수	930	987	927	1,280					
	생산액	1,453 (1.7)	1,448 (2.1)	1,264 (1.9)	2,078 (2.4)					
합계	공장수	563	583	593	684	748	765	767	784	832
	직공수	23,048	23,570	26,490	29,832	34,817	34,706	35,428	37,140	50,329
	생산액	83,940 (100.0)	68,123 (100.0)	64,863 (100.0)	85,938 (100.0)	(100.0)	(100.0)	(100.0)	(100.0)	(100.0)

주 : 괄호 안( )은 생산액 비율을 나타낸 수치임.
자료 : 日本ゴム工業会(1971), 『日本ゴム工業史 第二巻』.
　　　寺西雄三(1978), 『兵庫ゴム工業史』, 兵庫ゴム工業共同組合·兵庫ゴム工業会.

3. 고도경제 성장기의 고무공업

1) 고무제품의 사업소 수, 종사자 수, 출하액 추이(1948~1975년)

<표 5>는 1948년부터 1975년까지 고무제품의 사업소 수, 종사자 수, 출하액의 추이를 살펴본 것이다. 전국 고무제품의 사업소 수는 1948년 1,324개에서 1951년 1,406개로 증가 경향을 보이고 있다. 1952년 이후 몇 년간 다소 감소하는 경향을 보이다가 1960년대 이후 큰 폭으로 증가하였다. 종사자 수는 일시적으로 증감이 반복되는 현상을 보였는데 그 이후 약간 감소 추세를 이어가고 있다. 출하액은 1952년과 1958년에 일시적으로 하락하는 경향을 보였지만 그 이외에는 지속적으로 증가하는 경향을 나타내고 있다.

2) 지역별 고무제품의 사업소 수, 종사자 수, 출하액 추이(1948~1955년)

<표 6>은 1948년부터 1955년까지 지역별 고무제품의 사업소 수, 종사자 수, 출하액의 추이를 살펴본 것이다. 사업소 수는 1949년부터

〈표 5〉 고무제품의 사업소 수, 종사자 수, 출하액 추이(1948~1975년)

(단위 : 개, 명, 백만 엔)

년도	사업소 수	종사자 수	출하액	년도	사업소 수	종사자 수	출하액
1948	1,324	50,806	13,252	1962	2,309	153,027	300,202
1949	1,311	63,185	26,667	1963	3,061	162,558	344,699
1950	1,476	75,390	56,046	1964	3,141	161,533	376,633
1951	1,406	67,540	77,098	1965	3,324	157,157	376,749
1952	1,263	68,628	72,206	1966	3,486	160,359	432,720
1953	1,216	73,192	82,215	1967	4,527	170,711	514,760
1954	1,324	72,407	85,797	1968	4,688	176,269	583,527
1955	1,505	74,975	97,090	1969	5,414	180,813	678,218
1956	1,490	89,630	120,618	1970	5,505	173,365	766,882
1957	1,821	102,905	149,250	1971	5,493	172,494	849,863
1958	1,756	105,122	141,370	1972	6,269	167,906	919,979
1959	1,833	127,303	182,916	1973	6,285	170,326	1,150,784
1960	2,036	136,439	234,324	1974	6,386	168,627	1,445,260
1961	2,210	143,720	274,660	1975	7,139	160,808	1,427,280

자료 : 寺西雄三(1978), 『兵庫ゴム工業史』, 兵庫ゴム工業共同組合·兵庫ゴム工業会.

1951년까지를 정점으로 홋카이도, 도호쿠(東北), 호쿠리쿠(北陸), 쥬부(中部), 쥬고쿠(中國) 및 규슈(九州)에서 상대적으로 감소하고 있다. 이 중 홋카이도, 호쿠리쿠, 쥬부 등 3개 지역은 종사자 수 및 출하액에서 차지하는 비율이 1949년과 1952년을 계기로 하락하고 있다. 사업소 수에서는 전국의 74.8%에서 80.5%로, 종사자 수에서는 74.4%에서 78.4%로 그 비중이 높아지고 있다. 특히 긴기 및 도쿄는 1951년에서 1952년까지 사업소 수 및 종사자 수가 전국에 비해 점진적으로 증가하는 경향을 보이고 있다. 1950년부터 1955년까지 출하액에서는 도쿄, 가나가와, 아이치, 미에, 오사카, 효고, 오카야마, 히로시마, 후쿠오카 등 9개 지역이 80.4%에서 83.3%로 착실히 그 비중을 높이고 있다. 긴기지역은 일본에서 고무신발 생산의 중심지로서 다른 지역의 고무공장도 상대적으로 많이 나타나면서 중핵적인 위치를 확보하고 있다.

따라서 전후(戰後)를 통해 일본에서 고무공업 생산의 중핵적인 지위를 차지하여 왔던 긴기 및 간토의 2개 지역은 전국에 비해 사업소 수 및 종사자 수가 점진적으로 증가 경향을 보이고 있지만 출하액에서 보면 간토의 상승에 비해 긴기는 정체 내지는 저하 경향을 보이고 있다.

〈표 6〉 지역별 고무제품의 사업소 수, 종사자 수, 출하액 추이(1948~1955년)

(단위 : 개, 명, 백만 엔)

구분		北海島	東北	關東	北陸	中部	近畿	中國	四國	九州	기타	합계
1948	사업소	25	47	499	14	236	379	76	20	28		1,324
	종사자	2,156	1,394	14,301	276	3,741	16,903	2,959	184	7,537	1,355	50,806
	출하액	352	330	3,511	24	862	5,022	49	49	2,333	127	13,252
1949	사업소	31	37	514	19	151	389	89	21	60		1,311
	종사자	2,825	1,536	17,679	699	3,965	20,861	4,391	638	9,563	1,028	63,185
	출하액	740	569	6,366	132	1,428	1,569	206	206	5,049	208	26,667
1950	사업소	39	46	521	34	172	522	74	33	35		1,476
	종사자	4,859	2,049	17,740	1,044	3,596	28,250	5,058	746	10,849	1,199	75,390
	출하액	2,461	1,227	10,531	426	2,898	2,870	553	553	10,827	730	56,046
1951	사업소	31	31	470	31	165	524	70	40	44		1,406
	종사자	4,296	2,172	16,600	630	2,568	24,524	4,870	712	10,369	799	67,540
	출하액	3,032	1,752	16,364	407	3,599	3,741	1,043	1,043	14,710	505	77,099
1952	사업소	25	31	449	20	124	476	58	37	43		1,263
	종사자	3,517	2,727	16,745	478	2,497	25,388	5,187	781	9,959	1,349	68,628
	출하액	2,343	1,874	16,318	337	3,101	3,878	1,112	1,112	13,081	780	72,206
1953	사업소	25	26	455	15	99	480	53	28	35		1,216
	종사자	3,805	2,872	17,824	487	2,377	27,493	5,744	442	9,925	2,223	73,192
	출하액	2,648	2,002	19,768	322	3,495	4,010	850	850	14,726	1,637	82,216
1954	사업소	22	24	468	14	118	565	50	35	28		1,324
	종사자	2,820	2,308	18,174	600	2,433	26,886	5,399	959	10,600	2,228	72,407
	출하액	2,211	1,646	21,464	436	3,415	3,993	1,428	1,428	15,759	1,686	85,798
1955	사업소	18	23	572	11	195	576	48	31	31		1,505
	종사자	2,687	2,367	19,871	463	2,919	28,268	5,399	950	10,251	1,800	74,975
	출하액	2,375	1,971	25,518	297	3,765	4,429	1,549	1,549	17,000	1,492	97,090

자료 : 日本ゴム工業会(1971), 『日本ゴム工業史 第三卷』.
　　　寺西雄三(1978), 『兵庫ゴム工業史』, 兵庫ゴム工業共同組合・兵庫ゴム工業会.

3. 재일제주인의 직종과 고무공업

1. 재일조선인 본적지별 업종 구성(1947년)

<표 7>은 해방 이후 재일조선인 본적지별 업종 현황을 살펴본 것이다. 재일조선인의 경우는 전체 836명 중 고무(190명), 식당(106명), 메리야스(91명), 금속(90명), 유지가공(61명) 등에 많이 종사한 것으로 나타났다. 특히 경상남도 출신은 194명 중 메리야스(56명), 식당(28명), 고무(16명), 금속(12명), 소자가공(11명), 철공(10명) 등에 종사한 경우가 많은 것으로 나타났다. 반면 재일제주인의 경우는 고무(129명), 금속(51명), 식당(29명), 철조(24명) 등에 종사한 것으로 나타났다. 결국 제주도 출신자를 포함한 재일조선인들은 일본인들이 싫어하거나 힘든 분야, 소규모 자본으로 경영이 가능한 업종에 대부분 종사했던 것으로 판단된다.

〈표 7〉 재일조선인 본적지별 업종 구성(1947년 기준)

(단위 : 명)

구분	본적 업종	경성	부산	경기	강원	충북	충남	전북	전남	경북	경남	제주	기타	계
공업	메리야스	1				3	1	1	11	14	56	3	1	91
	반모									1	5			6
	소자가공		1						4	9	11	8		33
	전기	1		1		1			8	4	9	8	1	33
	철조			1			1		10	7	3	24		46
	철공	1				3			4	8	10	9		35
	금속	2	1				3	1	13	5	12	51	2	90
	고무		1	3	2	2	2	1	23	9	16	129	2	190
	유지가공				1	1		2	28	4	7	16	2	61
	수지가공									1	4	2	3	10
	피혁	1		1			1	1	4			4		12

구분	업종													계
공업	일용품			1					1		2			4
	화학											1		1
	기타	1				1		1	3		5	6		17
상업	제품판매				1			1	2	1	3	6		14
	식당		1	3	2	10		2	18	12	28	29	1	106
	식료품									2	2	4		8
	시계						1			2	1			4
	의료									2	1	2		5
	잡화						1			1	2	3		7
	화장품											2		2
	기타								1	3		3		7
청부	건축청부				1					2	4	6		13
운송	수리							1	3	5	5			14
	운송								2	3	4			9
인쇄	인쇄								2	3	3		1	9
의학	의학			1					1		1	1		4
목재	목재				1						2	1		4
수산	수산물					1								1
계		7	4	11	8	22	10	10	136	106	194	318	10	836

주 : 기타는 평양, 평안남도, 함경남북도, 불명 등임.
자료 : 朴慶植編(2000), 『在日朝鮮人關係資料集成<戰後編>第5卷』, 不二出版에서 필자 조
사 작성.

2. 재일제주인의 지역별 업종 구성(1976년)

<표 8>은 재일제주인의 거주 지역별 업종 구성을 살펴본 것이다. 재일제주인은 전체 801명 중 음식(122명), 금속제품(70명), 유기업(61명), 고무제품(58명), 섬유제품(41명), 플라스틱제품(40명) 등에 종사하는 것으로 나타났다. 제조업 부문에서는 고무제품(58명), 플라스틱제품(40명), 비닐제품(31명), 화학공업(17명) 등 대부분 고무공업 분야(146명)에 종사하는 것으로 나타났다. 이들 대부분은 오사카, 효고 등 긴기지역에서 경영활동을 수행하고 있는 것으로 보인다.

결국 이들 지역은 금속, 고무, 플라스틱, 섬유, 비닐 등 오사카의 지
역산업과 관련성을 갖고 있어서 재일제주인의 자본을 형성하는 계
기가 되었다고 볼 수 있다.

〈표 8〉 재일제주인의 지역별 업종 구성(1976년)

(단위 : 명)

구분	업종 ＼ 지역별	北海道 東北	関東 信越	中部 北陸	近畿	中国 四国	九州	계
농림업	농림		1		2			3
건설업	토목건설		5	1	8		1	15
	설비공사				3			3
	건재				1			1
	기타 건설업				5			5
제조업	식료품제조		2		2			4
	섬유제품제조		6	3	32			41
	목재·목제품제조		1		1			2
	가구·장비품제조				5			5
	펄프·종이가공품제조				7			7
	출판·인쇄·제본		2		19			21
	화학공업		3		14			17
	고무제품제조		7		51			58
	비닐제품제조		9		22			31
	플라스틱제품제조업		6		34			40
	유피·동제품·모피제조		6		26			32
	요업·토석제품제조				2			2
	철강		2		7			9
	비철금속				3			3
	금속제품제조업		4	1	64		1	70
	일반기계기구제조업		1		2			3
	전기기계기구제조업				1			1
	정밀기계기구제조업				1			1
	기타 제조업		7		28			35
도매· 소매업	도매업	1	4		30	1		36
	대리·무역·중개업		3	2	9	1		15

도매· 소매업	일반상품판매업		1		12		1	14
	금속상	1	7		16	1	2	27
	기타 소매업		1		9			10
부동산업	부동산	1	8	1	22			32
운수업	도로화물운송업				2			2
	해운업				1			1
서비스업	음식	27	29	1	60	5		122
	자동차		2		9			11
	여관·호텔·기타 숙박소	2	5			1		8
	세탁·이용·목욕탕·청소	1	2		4			7
	여행알선		3		2			5
	정보서비스·조사광고		1		1	1		3
	의료·보건		1		10			11
	신문통신		1					1
	일반금융	3	2		5		2	12
	고물상		2		3			5
	전문서비스		2		6			8
	기타 서비스				1			1
오락유기업	오락유기	9	20	1	28	3		61
합계		45	151	10	570	13	7	801

자료 : 統一日報社(1976), 『在日韓國人企業名鑑』에서 필자 조사 작성.

3. 재일제주인의 관서지역 업종 분포(1989년)

<표 9>는 제주도 출신자의 관서지역 업종 분포를 살펴본 것이다. 오사카의 경우는 관서지역의 대부분을 차지하고 있어서 재일제주인의 중심 거주지로 인식할 수 있다. 재일제주인의 업종은 제조업(318명)이 가장 많은 비중을 차지하고 있으며, 다음으로 정보서비스(91명), 부동산(50명), 상사도매(40명) 순으로 분포되어 있다. 또한 오사카지역의 업종 분포를 보더라도 제조업은 301명(56.6%)을 차지하고 있어서 정보서비스의 82명(15.4%)보다 많은 편이며, 다음으로 부동산 47명(8.8%), 상사도매 38명(7.1%)의 비중을 차지하고 있다.

<표 9> 재일제주인의 관서지역 업종 분포(1989년)

(단위 : 명)

구분	오사카	교토	효고	합계
농림·수산·광업				0
건설	23	1	1	25
제조	301		17	318
상사·도매	38		2	40
소매·판매	22	1	2	25
금융·증권·보험	8	1	1	10
부동산	47	2	1	50
운수	3		1	4
정보서비스	82	3	6	91
전문·기타	8		1	9
합계	532	8	32	572

주 : 오사카의 경우는 518개에 중복된 업종 14개가 포함되어 있음.
자료 : 共同新聞社(1989), 『在日韓國人實業名鑑-關西版』에서 필자 조사 작성.

4. 재일한인의 관서지역 제조업 분포(1989년)

<표 10>은 재일한인의 관서지역 제조업 분포를 살펴본 것이다. 출신지역별로 보면 오사카는 경상남도가 금속기계·전기기기(68명), 화학공업·피혁·고무·비닐제품(55명), 의류품제조(41명), 경상북도가 금속기계·전기기기(35명), 화학공업·피혁·고무비닐제품(27명), 의류품제조(8명), 제주도가 화학공업·피혁·고무비닐제품(161명), 금속기계·전기기기(85명), 의류품제조(19명) 등에 종사한 것으로 나타났다. 교토는 경상남도가 금속기계·진기기기(15명), 섬유공업(11명), 경상북도가 섬유공업(15명) 등에 종사한 것으로 나타났다. 효고는 경상남도가 화학공업·피혁·고무·비닐제품(11명), 경상북도가 화학공업·피혁·고무비닐제품(7명), 제주도가 화학공업·피혁·고무비닐제품(12명) 등에 종사한 것으로 나타났다. 결국 재일제주인의 경우는 오사카와

효고에서 다른 지역출신에 비해 화학공업·피혁·고무·비닐제품제조
분야에 많이 종사하면서 경영활동을 수행했다고 볼 수 있다.

〈표 10〉 재일한인의 관서지역 제조업 분포(1989년)

(단위 : 명)

업종	본적 지역	경남	경북	제주	전라	충청	서울·경기·강원	기타 (불명)
식료품제조	오사카	2	1	1	1			1
	교토	3					1	
	효고							1
섬유공업	오사카	26	5	7	6	2	2	2
	교토	11	15			1		3
	효고			1				
의류품제조	오사카	41	8	19	5	2	2	2
	교토	3	1					
	효고	1						
목제·목제품제조	오사카	5	2	13	2	3	3	
	교토							
	효고	1	2	1				1
인쇄·출판	오사카	5	1	14		1	1	1
	교토	1						
	효고							
화학공업·피혁· 고무·비닐제품	오사카	55	27	161	19	4	4	11
	교토							1
	효고	11	7	12	1	2		36
금속·기계· 전기기기	오사카	68	35	85	36	9	9	6
	교토	15	2		1			
	효고	7	5	3	2	1		18
기타 제조	오사카	1						4
	교토	2	1					1
	효고		1		1			2

자료 : 共同新聞社(1989), 『在日韓國人實業名鑑－關西版』에서 필자 조사 작성.

4. 재일제주인의 고무공업 경영

1. 재일제주인의 자본 형성

<표 11>에서 보면 개인별 신고금액은 1990년과 1991년 기준으로 김

봉근(金鳳根)이 경영하는 천마(天馬)가 일본 내 전체 신고액(12,634 백만 엔) 중에서 4,462백만 엔으로 제1위를 차지하여 가장 많이 신고 한 것으로 나타났다. 강충남(후지전선(주)) 다음으로 강순찬이 경영 하는 평화산업(주)과 평화고무(주)는 다른 기업가에 비해 상위 순위 로 신고한 것으로 밝혀졌다. 그는 일본 내 전체 신고액 (12,634백만 엔) 중에서 755백만 엔(평화산업(주))과 593백만 엔(평화고무(주))을 신고하여 개별 기업가로 제3위와 7위를 차지하고 있다.

〈표 11〉 재일제주인 기업가 소득신고 순위(1990년과 1991년 기준)

(단위 : 백만 엔)

순위	회사명(소재지)	대표자(출신지)	업종	1990년	1991년	일본 내 순위
1	天馬(東京)	金鳳根(濟州市)	화학공업	4,228	4,462	1,121
2	富士電線(大阪)	康忠男(表善面)	전기전선	866	875	5,562
3	平和産業(神戶)	姜順贊(翰林邑)	고무제품제조	412	755	6,451
4	大邦興業(大阪)	李鼎根(大靜邑)	유기업, 부동산	676	719	6,758
5	星田골프(大阪)	金致富(濟州市)	골프장	3,836	710	6,854
6	富士電販(大阪)	康忠男(表善面)	전기전선판매	614	666	7,302
7	平和고무(神戶)	姜順贊(翰林邑)	고무제품제조	412	593	8,271
8	盛宏(大阪)	安仁淳(濟州市)	부동산	523	461	10,717
9	光住建(大阪)	姜哲熙(涯月邑)	부동산, 건설	122	390	12,795
10	共榮産業(大阪)	李純安(大靜邑)	부동산, 레저	244	369	13,603
11	金海商事(東京)	金坪珍(濟州市)	도소매	171	361	13,842
12	南海會館(大阪)	金昌仁(翰林邑)	유기업	132	340	14,667
13	朝日사이렌(大阪)	康贊旭(翰林邑)	알루미늄제조	412	282	17,691
14	藤田土地(大阪)	金良雄(濟州市)	부동산업	59	233	21,381
15	日本有機(大阪)	安在祐(表善面)	합성수지제조	142	148	33,461
16	ABC觀光(大阪)	梁熙晋(南元邑)	유기업	127	141	34,986
17	近畿自動車敎(大阪)	金奉逸(朝天邑)	기타	117	114	43,129
18	大德企業(大阪)	李林根(大靜邑)	서비스업	99	113	43,470
19	그랜드觀光(大阪)	梁熙晋(南元邑)	유기업	78	112	43,486
20	共和紙料(大阪)	金永孝(南元邑)	종이가공품제조	109	107	45,471
21	松岡단추工業(大阪)	李寬珩(翰京面)	기타 제조업	53	102	47,835
22	第一觀光(東京)	梁熙晋(南元邑)	유기장	78	94	51,906
23	愛三産業(東京)	白昌鎬(濟州市)	서비스업	94	64	74,089
24	眞田化工(大阪)	愼在孝(濟州市)	플라스틱성형	60	62	76,087

25	丸和(大阪)	吳文弼(翰林邑)	무역	–	61	78,105
26	大信(大阪)	韓長淑(朝天邑)	유기업, 음식	41	58	81,535
27	新井고무(大阪)	朴達炯(濟州市)	고무제품제조	56	55	84,416
28	東洋産業(大阪)	朴東烈(西歸浦)	부동산, 임대업	–	49	93,708
29	昌慶苑(大阪)	金其彦(旧左邑)	서비스	–	49	95,145
30	第一化成(大阪)	金富雄(濟州市)	비닐제품제조	–	48	96,755
31	東京運輸(大阪)	金達孝(城山邑)	운수	43	41	111,185

자료 : 在日本濟州道民會(1993), 『日本의 濟州魂 : 在日本濟州道民會30年史』, 나라출판.

2. 고무제품 제조회사 현황

<표 12>는 고무제품 제조회사 현황을 조사한 것이다. 지역별로 보면 고무제품 제조회사는 사이타마(埼玉), 치바(千葉), 나라(奈良), 미에 등에 각각 1개, 도쿄 3개, 오사카 11개, 효고 18개 등 36개가 설립된 것으로 파악되었다. 이들 대부분은 주식회사(24개)로 운영되고 있는 반면 나머지(12개)는 개인경영 형태로 운영되고 있다. 1976년 기준으로 고무제품 제조회사는 58개가 설립되어 있었는데 1997년에는 36개가 존속한 것으로 파악되었다. 강순찬은 36개 회사 중 2개 회사(평화(주), 평화고무공업(주))를 경영하고 있다.

이 외에도 기당(奇堂) 강구범(康龜範)은 1933년 도쿄에서 신천호모(信川護謨)공업소를 창업하여 자전거 부품을 생산하는 고무공장으로서 성장·발전시켜 나갔다. 그는 사업 수완이 대단하여 1938년에 일본 마그네슘의 하청공장으로 인정받았으며, 창고 임대업에도 손대어 신천창고(信川倉庫)와 임대 맨션 빌딩을 경영하는 공립 빌딩 등의 계열회사를 운영하였다. 일본이 패전한 후 그는 신천호모공업소를 재건하고 고무공장을 가동하여, 여행용 가방의 원단과 자동차의 바킹 생산에 총력을 기울였다.

1964년 도쿄 올림픽대회 수영 경기장에 신천(信川)의 고무판 제품

을 사용하면서 일본의 일류기업인 스미토모(住友)화학고무와 직거
래가 성사되고 기술력과 신뢰도를 인정받아 전국에 알려지게 되었
다. 이처럼 그는 소규모로 출발한 회사의 발전에 혼신의 노력을 다
한 끝에 일본을 대표하는 스미토모화학과 자본을 제휴할 정도로 성
장시켜 놓았다.13)

〈표 12〉 고무제품 제조회사 현황(1997년)

(단위 : 만 엔, 명)

회사명	소재지	사업 내용	창업	설립	자본금	종업원	사업소
(株)コーク	埼玉	고무제품제조					
リバトン商社(株)	千葉	고무매트제조	1966	1966	3,200		
田中プレス	東京	고무프레스	1995				
日真化工(株)	東京	고무제품제조		1961		38	2개
光ゴム工業所	東京	생고무재료가공판매	1968			13	
東亜ゴム工業(株)	三重	공업고무제품제조	1955	1967	1,900	43	
大阪護謨ライニング工業所	大阪	고무제품가공					
(株)加美糊引	大阪	가죽풀칠	1969	1987	1,000	17	
共立ゴム工業(株)	大阪	구두창신발제조	1955	1970	4,000	78	2개
シンコー(株)	大阪	자전거용 타이어튜브		1946	6,250	1,000	3개
大宝護謨工業(株)	大阪	공업용고무제품제조	1949	1955	1,654	43	2개
東岡化成(株)	大阪	고무제품제조		1986	1,000		
富士産業ゴム	大阪	스폰지고무제조	1949			20	
星本産業(株)	大阪	스포츠용볼제조		1953	1,700	6	
松本護謨工業所	大阪	공업고무제품제조	1959				
(株)マルシン	大阪	고무천가공	1962	1984	1,000	19	
ヨコヤマゴム工業所	大阪	공업용고무제조					
金井加工所	兵庫	혁제구두재료제조	1962				
神川化学工業所	兵庫	고무제품제조	1965				
(株)神戸糊引工業所	兵庫	고무천제조	1959	1974	1,000	15	
浩洋ゴム(株)	兵庫	공업고무제품제조		1975	1,000	40	
大信産業(株)	兵庫	고무천제조		1964	1,000		
大日化学(株)	兵庫	구두창제조	1959	1978	1,000	30	
東洋ケミテック(株)	兵庫	고무천제품제조	1951	1963	2,500		
東洋裁断工業所	兵庫	고무재단업					
徳久コーティング	兵庫	구두풀칠가공					
(株)ハリイ	兵庫	고무제품가공		1997	1,000		
東田護謨化工(株)	兵庫	고무숙련가공			1,000		

---

13) 濟州特別自治道·濟州發展研究院, 『在日濟州人 愛鄉百年』, 2010, 475〜478.

平和(株)	兵庫	고무제품제조판매		1946	10,000		
平和ゴム工業(株)	兵庫	스폰지고무제조		1946	10,000	100	3개
丸信化学ゴム(株)	兵庫	수지필름제조		1949	1,900	23	
丸藤化学工業(株)	兵庫	고무스폰지제조판매	1956	1956	1,590	20	
丸和化学糊引工業所	兵庫	구두자재풀칠가공					
丸和ポリテック	兵庫	고무제품제조					
(株)モント	兵庫	공업용고무제조		1993	1,000		
(株)トクヤマ	奈良	고무성형	1964	1996	1,000	16	

자료 : 在日韓国商工会議所(1997), 『在日韓国人会社名鑑』에서 필자 조사 작성.

3. 강순찬(姜順贊)의 삶과 경영활동

1) 강순찬(姜順贊)의 생애와 업적

강순찬(姜順贊)은 1920년 제주도 북제주군 한림읍 귀덕리(歸德里)에서 태어났다. 그는 1941년 3월 일본으로 건너가 공업도시 고베(神戶)에서 평화(주)와 평화고무공업(주) 등 굵직한 업체를 운영하였다. 1941년 8월 동아화학공업소(東亞化學工業所)를 창업하고 열정과 노력으로 실업계에 투신하여 온갖 역경을 극복하면서 사업을 확장하였다. 이후 1946년 평화(주)와 평화고무공업(주), 1960년대 평화상업(주)과 평화산업(주), 평화관광(주) 등을 연이어 설립하여 발전시켜 나갔다.

이 외에도 강순찬은 일본 및 효고현 고무공업협동조합 이사에 취임하고 통산성(通産省)으로부터 자격심사위원회에 위촉되기도 했다. 1957년 고베고무공업협동조합 이사장, 1960년 신용조합고베상은 이사, 1961년 재일한국거류민단 효고현 본부 의장, 1964년 효고현 중소기업단체중앙회회장 표창, 1965년 고베시장 표창, 1973년과 1987년 효고현 지사 표창, 1978년 효고현 지사 감사장, 1996년 한국학원 이사장에 취임했다. 그는 한국 경제발전의 공로를 인정받아 국민훈

장 동백장(冬栢章) 및 교육공로자 표창을 받았으며, 일본의 기업 육
성에 기여한 공적이 인정되어 고베시장 및 효고현 지사로부터 공로
자 표창을 받았다.[14]

2) 강순찬(姜順贊)의 경영활동

<표 13>에서 보면 평화주식회사는 1946년 10월 일본 효고현(兵庫
県) 고베시(神戸市)에 고무제품제조, 판매를 영업목적으로 설립되
었다. 동 사는 회사대표 강순찬(姜順贊)이 1946년 일본 고베에서 자
본금 1억 엔으로 설립한 회사이다. 그리고 평화고무공업(주)은 회
사대표 강순찬이 자본금 1억 엔을 투자하여 스폰지고무제조를 목
적으로 종업원 수 100명, 관련회사 3개를 소유한 중견기업으로 육성
한 회사이다. 이 외에도 강순찬은 1960년대에 평화상업(주), 평화산
업(주), 평화관광(주) 등 3개 회사를 설립하는 등 레저산업에도 진
출하고 있다.

〈표 13〉 강순찬가(姜順贊家) 회사 경영 현황

기업명	평화주식회사	대표자명	姜惠造
설립	1946년 10월	영업목적	고무제품제조, 판매
자본금	10,000만 엔	소재지	兵庫県 神戸市 中央区 相生町
기업명	평화고무공업주식회사	대표자명	姜惠造
설립	1946년 12월	영업목적	스폰지고무제조
자본금	10,000만 엔	종업원	100명
소재지	兵庫県 神戸市 中央区 相生町	사업소	3개(神戸市, 東京都, 石川県)
기업명	평화상업주식회사	대표자명	姜順贊
설립	1960년 11월	자본금	2,000만 엔
영업내용	부동산, 자동차운전교습소, 풀·스케이트·볼링장·골프장		
소재지	兵庫県 神戸市 長田区	영업소	2개(神戸市 兵庫区)
기업명	평화산업주식회사	대표자명	姜順贊

---

14) 濟州特別自治道·濟州發展研究院, 앞의 책, 2010, 481~482.

설립	1960년 11월	자본금	2,000만 엔
영업내용	자동차학교		
소재지	兵庫県 神戸市 長田区	영업소	2개(神戸市 長田区, 須磨區)
기업명	평화관광주식회사	대표자명	姜順贊
설립	1969년 10월	자본금	4,000만 엔
영업내용	유기업		
소재지	兵庫県 神戸市 長田区	영업소	1개(神戸市 生田区)

자료 : 在日韓国商工会議所(1997), 『在日韓国人会社名鑑』에서 필자 조사 작성.

3) 강순찬가(姜順贊家)의 세금 납부 실적

<표 14>은 1984년부터 2003년까지 강순찬가(姜順贊家)의 세금 납부실적(長田税務署管内)을 조사한 것인데, 가족 2명이 신고한 것으로 나타났다. 강순찬은 1984년부터 1991년까지 매년 지속적으로 증감을 반복하다가 1992년에 최고 금액인 65,351천 엔을 납부한 것으로 나타났다. 강혜조는 1994년 이후 지속적으로 감소하는 경향을 보이고 있지만 부친과는 차이가 일부 있는 것으로 나타났다. 결국 강순찬은 지금까지 납부한 금액으로 보더라도 재일제주인 경제의 영향력을 확대시켜 나가며 막대한 자본을 형성했다고 볼 수 있다.

〈표 14〉 강순찬가(康順贊家) 연도별 세금 납부 실적(長田税務署管内)
(단위 : 천 엔)

년도	康順贊	姜惠造	년도	康順贊	姜惠造
1984	31,633	20,318	1994	35,616	32,267
1985	43,350	23,712	1995		
1986	46,112	24,620	1996	29,933	23,001
1987	36,491	20,487	1997	36,080	30,486
1988	39,799	30,864	1998	36,207	29,734
1989	37,286	28,736	1999	36,397	29,866
1990	33,695	27,770	2000	29,122	26,596
1991	34,571	27,450	2001	20,675	15,405
1992	65,351	31,501	2002	20,678	15,392
1993	34,737	32,082	2003	20,530	15,373

자료 : 『1,000万円を越える高額納税者全覧 大阪國税局管内』(각 년도), 清文社에서 필자 조사 작성.

5. 맺음말

본고에서는 제주도 출신들이 일본으로 이주한 후 일본의 고무공업과 어떠한 관련성을 갖고 있었는지에 대해 그 의미를 살펴보았다. 이는 재일제주인의 삶(생업)에 대한 전반적인 흐름을 파악하는데 중요한 자료로 인식할 수 있다. 지금까지 논술한 내용을 정리하면 다음과 같다.

첫째, 일본의 고무공업은 긴기지역이 최대의 중심지로 부각되면서 중소 영세공장이 많았고, 품목에서는 고무신발 제조가 많은 비중을 차지한 것으로 나타났다. 둘째, 오사카를 포함한 긴기지역의 고무공업은 간사이 지역의 지연산업으로서 중핵적인 위치를 확보하여 신발제조를 중심으로 한 영세공장이 밀집한 것으로 나타났다. 셋째, 재일제주인은 일반적으로 고무, 금속, 식당, 철조 등에 종사한 것으로 나타났는데, 특히 제조업 부문에서는 고무제품, 플라스틱제품, 비닐제품, 화학공업 등 고무공업 분야에 많이 종사한 것으로 나타났다. 넷째, 재일제주인은 오사카와 효고지역에서 다른 출신지역에 비해 화학공업·피혁·고무·비닐제품제조 분야에 많이 종사한 것으로 나타났다.

다섯째, 강순찬은 평화(주)와 평화고무공업(주) 등을 경영하면서 다른 기업가에 비해 납세실적을 상위 순위로 신고하였다. 여섯째, 고무제품 제조회사는 1976년 기준으로 58개가 설립되어 있었는데, 1997년에는 36개가 존속하여 점차 줄어드는 것으로 파악되었다. 일곱째, 강순찬은 1941년 동아화학공업소를 창업한 이후 1946년 평화(주)와 평화고무공업(주)을 중심으로 1960년대 평화상업(주)과 평화산업(주), 평화관광(주) 등을 연이어 설립하는 등 레저산업에도 진출하면서 경영다각화를 시도하였다.

결국 재일제주인 기업가는 열정과 노력으로 실업계에 투신하여 온갖 역경을 극복하면서 사업 확장을 도모했다. 특히 이들은 오사카에서 고무공업을 통해 부를 축적하여, 재일제주인 경제의 영향력을 확대시켜 나가며 자본을 형성했다고 볼 수 있다.

그런 의미에서 재일제주인 기업가는 일본으로 이주한 이후 고무공업을 경영하면서 자신들의 삶을 살아왔는데, 그 이유를 살펴보면 다음과 같다.

첫째는 다른 지역출신에 비해 집단적으로 거주하는 경향이 강한 특성을 갖고 있었다. 둘째는 경제적 목적을 추구하기 위해 일본으로 건너간 경우가 많아서 생산성이 높은 업종을 선택할 가능성이 높았던 것이다. 셋째는 기존의 산업보다는 전쟁으로 인해 군수산업과 같은 내수시장이 큰 고무공업 분야에 많은 관심을 갖고 있었다. 넷째는 이주 초기부터 자본이나 기술을 가지고 이주했기보다는 단순 노동력을 가지고 일본의 저임금 노동시장에 진입하였다. 다섯째는 이주 초기의 차별과 핸디캡으로 인해 일본인들이 싫어하는 고무공업 업종에 종사하였다. 여섯째는 일본에서의 사회구조적 차별로 인해 경제활동을 수행하는 데 큰 제약을 받았기 때문에 공장 노동자로 일하다가 점차 소규모의 가방, 고무, 샌들, 플라스틱 공장 등을 운영하였다. 결국 재일제주인은 일본인들이 싫어하거나 3K(Kitsui·Kitanai·Kiken) 산업, 소규모 자본으로 경영이 가능한 고무공장 업종에 대부분 종사했던 것으로 판단된다. 현재도 상당수의 사람들이 여전히 영세 업종에서 벗어나지 못하고 있다.

재일동포
민족학급과 민족교육운동

김인덕(金人德)
청암대학교 간호학과 교수

지난 달 26일 일본 오사카(大阪)시 이쿠노(生野)구에 위치한 오사카 시립 샤리지소학교(舍利寺小學校, 한국의 초등학교)의 한 교실에서는 아이들의 참새 같은 한국어가 들렸다.

일본 오사카시가 세운 학교에서 한국인의 뿌리를 가진 아이들을 대상으로 '민족학급' 수업이 벌어지고 있는 현장이었다.

'민족학급'이란 일본 국·공립 학교에 다니고 있어 고국을 접할 기회가 없는 재일동포아이들에게 일주일에 한 번 한국어나 한국 문화를 가르치는 수업으로, 오사카에만 2000여 명이 수업을 듣고 있다.

특히 이날은 막 초등학교에 입학한 1학년들을 대상으로 기초적인 한국어 수업이 진행됐다. 한국어는커녕 일본어도 능숙하지 못한 아이들이라, 수업은 민족학급 강사의 질문을 통해 한국어로 답변을 이끌어내는 방식으로 이뤄졌다.

아이들에게 일본어로 오늘의 날짜를 물으면 '월'과 '달' 사이에 어떤 숫자를 넣을지 학생들의 한국어 답변을 듣는 식이다. 수업을 한국에서 지원된 교재로 진행됐다. '호랑이 좋아해요'라는 문장을 반복해 읽힌 뒤, 각 학생이 실제로 좋아하는 동물을 '좋아해요' 앞에 넣어 직접 발표하기도 했다. 이날 수업의 절정은 '이름판' 만들기였다. 자신의 이름을 플라스틱 판에 찰흙으로 붙여 이름을 만드는 일종의 '놀이'였다. 수업은 한국어와 일본어를 번갈아 사용하며 이뤄졌으며, 아이들의 표정은 시종일관 호기심에 넘쳤다. 교실 벽면에는 한글과 한글의 발음을 표시하는 카타가나가 병기돼 표시돼 있었다. 칠판 옆에는 'ㅏ·ㅓ·ㅕ·ㅛ' 등 모음을 발음할 의 입 모양이 만화 캐릭터로 그려져 있었다. 샤리지소학교는 일본인의, 일본인에 의한, 일본인을 위한 학교지만 오직 민족학급만은 한글과 한국 문화로 가득차 있었다. 1주일에 한 번뿐인 방과후 수업이지만…뿌리를 찾는 '인권교육((일본 속의 한글④]민족학급 '핏줄의 마지노선', CBS노컷뉴스, 2013년 10월 10일.)

1. 서론

해방 후 바로 조선인학교에서 근무하고, 1951년 이래 36년 동안 오사카(大阪) 시립 기타츠루하시(北鶴橋)소학교의 민족강사로 근무했던 김용해[1]는 "방과 후 어린이들을 만날 때까지는 '바늘방석'에 앉아있는 것 같았다"고 당시를 다음과 같이 술회한다.

당초에는 조선어에 능통한 일본사람이 민족학급에서 가르쳤었는데, 어린이들이 일본인 선생은 싫다고 전혀 받아들이지 않는 바람에, 겨우 2~3일 만에 그만두었습니다. 그 뒤에 제가 부임하게 된 것입니다. 하지만, 당시에는 민족학급의 교실이 없어서 강당에서 수업을 해야만 했습니다. 기타츠루하시소학교는 가장 동포가 밀집해서 살고 있

---

1) イルムの會, 『金ソンセンニム-濟洲島を愛し, 民族教育に生きた在日一世-』, 新幹社, 2011, 참조.

는 지역에 위치해 있었기 때문에, 전부 420명의 동포 어린이들이 있었
는데 그 아이들을 저 혼자서 담당해야만 했었습니다. 교장이나 교감
은 물론, 일본인 교원들은 전혀 협조해주지 않았습니다. 학교로부터
종이 한 장 받지 못하고, 전부 학부모들이 연필이나 등사용지, 종이,
분필을 가져다주었습니다. "인사! 성생님 앙녕하세요 여러붕 앙녕하
세여"(선생님 안녕하세요 여러분 안녕하세요)

그는 '사명감'과 '학부모들의 지원' 없이는 불가능했다고 당시를 술
회하고 있다. 김용해는 체험을 바탕으로 일본인 교사에게 다음과 같
은 세 가지 요망사항을 제시하고 있다.[2]

첫째, 조선의 역사재일동포의 역사를 잘 알아 달라. '바르게 교육
하기 위해서는, 알지 못하면 도저히 해결할 수 없는 절실한 문제'를
재일조선인 학생이 안고 있다는 사실을 '잘 이해해 주기를 바라기' 때
문이다. 둘째, 민족학급 강사를 일단 일이 터지고 난 후 사후처리나
하는 존재로 취급하지 말라. "조선인 아동에게 무슨 문제가 일어났을
경우, 도저히 손 쓸 수 없게 되어서야 상담을 받는" 그런 상황을 지양
하고 "언제나 원활하게 상호 연락할 수 있도록" 해 달라는 것이다.
셋째, 민족학급의 시간을 존중해 달라. 정규수업을 파하는 시간이 일
정하지 않아 시간 조정 때문에 민족학급의 시작 시간을 뒤로 물리기
도 하고, 학교 행사나 학년행사 때문에 쉽게 마쳐지기도 하고, 선생님
의 심부름 때문에 수업시간에 지각하는 학생이 나오기도 한다.

히가시오사카(東大阪)시 다이헤이지(太平寺)소학교 민족학급 상
근강사로 있던 안성민은 민족학급을 이렇게 말하고 있다.

---

2) 오자와 유사쿠 지음, 이충호 옮김, 『재일조선인 교육의 역사』. 혜안, 1999, 263쪽.

"한국 사람으로서 단 한 번도 좋았다고 느껴 보지 못했다!"고 어두운 눈
초리로 말하던 애가 자기 부모, 조부모가 힘차게 살아온 역사, 그리고 전통
으로서 이어온 민족문화의 풍요로움과 모국어의 아름다움을 배움으로써
"한국 사람이란 생각보다 훌륭하네…"라고 발언하게 되며, 민족을 좀 더
가깝게 느끼면서 "한국 사람으로 태어나 좋았어요!" 이렇게 변해 가는 과
정을 민족강사로서 근무하게 된 10년이란 세월의 흐름 속에서 이런 아이
들을 수없이 봐 왔습니다. 자기 자신의 뿌리에 자신을 가짐으로써 처음으
로 사람은 인간답게 자신을 가지고 살아 갈 수 있다고 생각합니다. 바로
이런 일을 실현하는 마당이 '민족학급'입니다.[3]

2013년 7월 필자는 오사카 현지에서 민족학급 강사로 활동하는 선
생님들과 인터뷰를 했는데, 그 내용은 최근 민족학급의 현실을 잘
이해하게 해 준다고 생각한다.[4]

일본 사람 아닌 선생님이 있다고 생각해 주기를 바란다. 1주일에
한 번 선생님이다. 수업은 초등학교의 경우 1-3/ 4-6학년 두 교실로
나누어 진행한다. 주요 내용은 문화, 글, 놀이, 춤으로 구성되어 있다.
특히 고학년의 경우는 재일동포의 역사를 가르치려고도 한다. 발표회
때는 민화, 연극 등을 활용한다. 민족학급에 가는 것을 반대하는 학부
모도 있다. (김00)

---

3) 안성민, 「일본학교 내에서의 민족교육−민족학급을 중심으로−」, 『재일동포교육 어제,
    오늘 그리고 내일』(민단 창단50주년기념 재일동포민족교육서울대회 자료집), 1996,
    74쪽.
4) 인터뷰는 2013년 7월 26일 오사카 코리아NGO센터에서 김00(1973년생), 김00(1958년
    생), 홍00(1966년생) 선생님과 했다.

충청도 사람으로 3세이다. 어려서 갔는데 재미없었다. 싫어서 어두운 구석에 앉아서 수업했다. 클럽이 아닌, 민족학급에 다녔다. 아버지는 한국말 못했다. 담임선생님이 권해서 민족학급에 갔다. 김용해 선생님에게 배웠다. 방구얘기를 잘 해 주셨다. 한국 사람은 방구를 크게 뀐다고 했다. 한국 사람이 일본이름 쓰면 안 된다고 했다. 거짓말하지 말라고 했다. 이것이 나를 지탱해 주었다. 민족학급이 학교에서 나를 지탱해 주었다. 대학교 때부터 한국 이름을 썼다. 내가 가고 싶은 민족학급을 만들고 싶다. 부모가 바뀌기도 한다. 민족학급에 다니는 아이 때문에. 야간 중학교에 가서 어머니 한국 사람이 되었다. 야간고등학교에 아버지 70이 넘어 다녔다. 한국사람 되었다. 교육은 뜻이다. 한국 안에 있는 것 뜻있는 것이다.(김00)

인간답게 살고 싶어서 이 일을 나는 한다. 아이들 공부시켜서 정말 행복하다. 한국이 부모님이 좋은 나라라고 얘기했다. 나는 어른이 되면 한국 가서 살고 싶다고 생각했다.(홍00)

민족학급과 관련하여 현장에서 활동하고 있는 김광민은 다음과 같이 각종 현실적인 문제에 대해 얘기해 주었다.

9억 원의 한국 정부지원금을 받고 있다. 작년 10억이 줄어든 것이다. 오사카교육원을 통해 사업을 하고 예산을 쓰고 있다. 교사 채용은 오사카교육위원회가 코리아NGO센터를 통해 채용을 협조 요청하고 있다. 1주일에 50분 정도 수업 진행하고 있다. 실제로 민족학급의 경우 법적 근거가 일본 정부 내에서는 없다. 민족학급의 민족교육은 한글교육이 중심으로 정체성 관련한 교육이 주이다. 한글학교와 다른 지형을 형성하고 있다. 로드맵을 갖고 하는 장기적인 민족교육에 민족학급이 자리매김되기를 희망한다. 특성을 인정해 주는 것이 중요하다. 현재 코리아NGO센터는 3천만 예산. 답사, 회비, 기부로 운영된다. 정부 차원의 지원금을 신청하고 민단 통해 지원하는 것이 효과적이다.[5]

이렇게 민족교육의 현장을 경험한 민족학급의 교사는 사회적 관심에서 소외된 아이들을 새롭게 탄생시켜왔다. 그들의 일상은 사실, 운동이었다. 본 연구의 출발은 바로 여기이다.

일반적으로 민족교육이란 민족의식을 기반으로 민족주의 관념에 의거하여 민족문화에 기초한 교육으로 민족적 정체성을 보존하기 위한 일련의 활동을 말한다.[6] 재일동포[7]의 민족교육은 일본에 사는 재일동포를 대상으로 하는 교육 활동을 말한다.[8]

재일동포는 2012년 말 현재 약 54만 명(귀화자 약 34만 명 미포함)이고, 재일동포 자녀들 중 90%가 일본학교에 재학하고 있으며 한국학교와 조선학교 재학생은 약 7천5백 명 정도로 추정할 수 있다.

재일동포들이 민족교육을 경제적 욕구 충족으로 위한 생활의 문제로서 보다는 철학적 기반을 둔 존재의 문제로 삼았기 때문에 곤란한 현실 여건 가운데에도 민족교육기관이 그 명맥을 유지해 왔다고 보인다. 현재 재일동포 사회의 소자화 경향과 귀화자 증가 등의 문제가 민족학교의 장래를 밝지 않게 하고 있다.[9] 이에 따라 학생 모

---

5) 김광민인터뷰(2013. 7. 25, 코리아NGO센터).
6) 『교육백서』, 민단중앙본부, 1990, 382쪽.
7) 정진성, 「재일동포' 호칭의 역사성과 현재성」, 『일본비평』 통권 제7호, 2012. 본 연구에서는 재일동포와 재일교포를 혼용하여 사용한다.
8) 「재일동포 민족교육 현황 조사」(『2013 재외동포재단 조사연구영역 결과보고서』), 청암대학교 재일코리안연구소, 2013. 12, 306쪽.

집을 위한 대책 마련은 각 학교의 최우선 과제이다.

전쟁 전 제국주의를 구가했던 일본은 현재도 재일동포의 동화라는 기본적인 노선을 버리지 않고 있다.[10] 이 가운데 재일동포 민족교육은 운영되고 있다. 그 역사는 일제강점기를 거쳐 오늘날까지 이어지고 있는 것이 사실이다.

이런 가운데 민족학급은 재일동포가 집거하고 있는 지역의 공립 초·중학교에 설치되어 왔다. 민족학급이 설치되어 있는 학교는 민족교육의 또 다른 모습을 규정하고 있는데, 정규수업 이외에 과외로 재일동포 자녀들을 모아 조선인 강사에 의해 조선어나 한국·조선의 역사, 문화 등을 가르치고 있다.

본고는 재일동포 민족교육 가운데 민족학급과 민족학급운동에 대해 주목한다. 이를 위해 민족학급의 발생과 민족학급의 민족교육 내에서의 역할을 살펴보고자 한다. 그리고 민족학급운동에 대해 살펴보고, 나아가 민족학급의 미래를 전망해 본다.

---

9) 황영만, 「재일동포 민족교육을 위한 제언」, 『OKtimes』 통권123호, 2004. 2, 해외교포문제연구소, 25쪽. 아울러 재일동포 내의 결혼 비율의 격감, 통명 사용의 일반화 등의 경향은 현재 재일동포의 모습을 보여준다고 하겠다.(강영우, 「재일동포 민족교육의 현황과 과제 그리고 진로─학교교육을 중심으로─」, 『재일동포교육 어제, 오늘 그리고 내일』(민단 창단50주년기념 재일동포민족교육서울대회 자료집), 1996, 52쪽.)

10) 최근에 재일 외국인을 관리하는 일본의 법제도에 괄목할 만한 변화가 발생하였다. 2012년 7월 9일, 일본 정부는 종래의 외국인등록법을 폐지하는 대신, 입국관리법, 입국관리특례법, 주민기본대장법의 개정법을 실시하였다. 그로 인해 재일 외국인의 체재 자격은 새롭게 '특별 영주자', '중장기 재류자'(영주자 및 유학생, 일본인 배우자 등 3개월 초과 재류를 인정받은 신규 도일자), '비정규 체재자'(초과 체재자 등)라는 세 가지 형태로 분류되며, 그 중 '중장기 재류자'는 종래의 외국인등록증에 대신에 '재류 카드'라는 신규 증명서를 발급받게 되었다. 즉 '중장기 재류자'라는 새로운 카테고리는 그들을 장래 일본에 유용한 노동력으로 흡수할 가능성을 열어 놓은 것이라고 판단된다.(김광열, 「일본거주 외국인의 다양화와 한국조선인의 위상 변화─소수자 속의 소수화의 과제─」, 『일본학연구』 제38집, 2014. 5, 참조.)

2. 민족학급의 발생과 변화

1. 민족학급의 발생

재일동포 사회에서 얘기되는 민족학급은 1948년 5월 5일 문부성과 조선인 대표 사이에 체결된 양해 각서 이후 특설학급이 시작된 것이 그 출발이라고 할 수 있다. 당시 오사카에서는 특설학급11)을 조선어학급, 나중에 민족학급이라고 했다.12)

1948년 4월 '조선인학교 폐쇄령'과 이에 저항했던 '제1차 교육투쟁' 이후, 재일동포의 끈질긴 민족교육에 대한 요구로 재일동포와 오사카부 지사간에 민족교육에 관한 각서가 교환되었고, 이로부터 민족학급이 출발했다. 일본 국공립학교에 설치되었던 민족학급은 당초 33개교로 정식으로 채용된 강사 36명이 담당했다.13)

1949년 10월부터 11월까지의 조선인 학교 강제 폐쇄조치 이후 조선인 학교의 쇠퇴는 현저해졌다. 효고(兵庫), 아이치(愛知) 등 일부 지역에서는 공적 입장을 전혀 갖추지 않은 자주적인 조선인 학교로

---

11) 김 환, 「재일동포 민족교육의 어제, 오늘, 그리고 내일」, 『교육월보』, 1996. 10, 65쪽.
12) 김광민, 「재일외국인 교육의 기원이 되는 재일조선인 교육」, 『재일동포 민족교육』(청암대학교 재일코리안연구소 국제학술회의자료집), 2013. 10. 18, 54쪽.
13) 곽정의의 다음의 언급은 그 사실을 확인하게 해 준다. "大阪に民族学級ができて今年で６０年がたつ「民族学級」の開設は１９４８年に朝鮮人の民族教育を弾圧するために出された朝鮮人学校閉鎖令に起因する。大阪・神戸などでは、多くの逮捕者と死傷者を出し、GHQによって史上初めての戒厳令まで出された。いわゆる「阪神教育事件」である。その後大阪では閉鎖に伴う代替措置を求めて覚書が交わされた。日本の学校に行かざるをえなかった朝鮮人児童に対して大阪では主に課外に朝鮮語・歴史・文化などの授業を行うために民族学級(『覚書民族学級』)が開設された。ただすべての学校におかれたのではなく、朝鮮人保護者の要求や地域の状況などもあって府内33校に設置されたが、日本の学校においては想定外の代物であり『盲腸』のような存在であったと言える。"(「大阪の民族学級」(미간행), 1쪽.)

존속을 꾀하기도 했다. 그리고 많은 조선인 어린이들이 일본의 공립 소·중학교에 취학하게 되었다.

<표 1> 재일동포 조선인 학교 현황(1952년 4월)[14]

구 분	계
자주학교	44
공립학교	14
공립분교	18
특설 학급 (민족학급)	77
야간학교	21
계	174

<표 1>은 조선인학교 강제 폐쇄 이후의 민족교육기관의 실태를 정리한 것이다. 법률 밖에 있는 자주학교로 존속한 44개교를 제외하면, 어떤 형태로든지 일본 행정당국의 관리 하에 놓인 공립학교 기관으로 운영되게 되었다.[15]

이렇게 1952년 당시 전국의 77개 소·중학교에 특설학급이 설치되었다. 이 민족학급은 일본인학교 안에 특별히 설치한 학급으로 초창기에는 어쩔 수 없이 이를 받아들인 민족교육의 한 형태였다. 실제로 오사카에서는 통고문의 엄격한 규정을 다소나마 변형하는 형태로 '각서'로 매듭지어졌고, 학생 50명에 1명의 민족강사를 두도록 했다.[16] 1953-54년 95개교로 가장 극성기를 맞이하기도 했다.[17]

---

14) 정희선, 『재일조선인의 민족교육운동(1945-1955)』, 재일코리안연구소, 2011, 참조.

15) 김광민, 「재일외국인 교육의 기원이 되는 재일조선인 교육」, 『재일동포 민족교육』(청암대학교 재일코리안연구소 국제학술회의자료집), 2013. 10. 18, 54쪽.

16) 김 환, 「재일동포 민족교육의 어제, 오늘, 그리고 내일」, 『교육월보』 1996. 10, 65쪽.

17) 中島智子, 「在日朝鮮人教育における民族学級の位置と性格―京都を中心として」『京都

1950년대 중반 이후 특설학급으로서의 민족학급은 급격히 쇠퇴해 갔다. 여기에는 여러 가지 요인이 있다고 생각되지만, 주요한 것으로는 우선 공립학교에 다니는 조선인 아동에 대한 심한 차별이 있었다.[18] 또 하나는 1955년 총련의 결성에 따라 민족학교 재건이 본격화되고 전국 각지에서 조선학교가 시작된 사실이다. 일본의 공립학교에 다니고 있던 재일동포 아이들이 차별을 견디다 못해 조선학교로 전학을 갔던 것이다.

1960년대에 들어서면, 민족학급이 감소하기 시작했다. 1965년 한일조약 체결 이후 일본 문부성의 방침은 전환되어, "한국인 자제에게 특별한 취급을 해서는 안 된다"라고 하는 문부성 차관의 통달이 나오고, 공립한국인학교 및 분교, 그리고 민족학급 설치를 금하게 되었다. 이후 민족교실, 또는 클럽을 제외한 민족학급은 점차 감소되었다.

결론적으로 민족학급은 1948년부터 일본 정부의 학교 폐쇄령, 학교를 폐쇄하는 과정에서 재일동포 1세가 자기의 목숨을 바쳐서 일본 행정 당사자들과 맞서 투쟁해 온 결과물이다. '민족학급'은 이들 1세들이 '우리 아이들만큼은 우리말, 우리글을 가르쳐야겠다'는 마음가짐에서 우러나온 것으로, 목숨을 담보로 만들어낸 민족교육의 마당이었다.[19]

大学教育学部紀要』 27, 1981. 3, 참조.

18) 김광민, 「재일외국인 교육의 기원이 되는 재일조선인 교육」, 『재일동포 민족교육』(청암대학교 재일코리안연구소 국제학술회의자료집), 2013. 10. 18, 55쪽.

19) 박정혜, 『일본학교 내 민족학급의 현황과 과제』, 2007, 참조.

2. 민족학급의 변화

1970년대 초 민족학급에는 처음 수준의 1/3인 10개교 11명의 강사만 남았다. 특히 1972년 특별활동 형식의 민족학급이 등장하면서 오사카 주변으로 확대되었다.[20] 1987년에는 민단, 총련 양쪽을 합쳐도 22교 밖에 되지 않았다.[21] 이렇게 민족학급이 급격히 감소하는 현상은 민족교육을 부정하는 동화교육 정책으로 말미암은 것이었다.

한편 1986년 4월에 오사카부의 에비스(惠美須)소학교에 제1호 강사가 채용되었다. 그 후 운동단체의 노력에 의해서 정년을 맞이하는 강사의 후임이 이어지게 되었고 7개교에 강사가 채용되었다. 그리고 1989년 오사카 시내 소·중학교에서 민족학급을 비롯하여 민족교실·클럽을 운영하고 있는 학교는 56개교(소학교 36,중학교 20교)에 195명의 지도교사가 있었다. 그 중에서 134명이 일본인 교사이고, 나머지 61명은 민족 강사이지만 정식으로 채용된 강사는 4명뿐이었다. 이들 이외에는 모두 학교 PTA 후원으로 봉사하는 민족학급·교실(클럽)의 강사들이었다.

1990년 현재 재일동포 민족학급이 존재하는 학교는 총 89개교(소학교 50, 중학교 39)로 오사카시는 38개교(소학교 22, 중학교 16)였다.[22]

---

20) 송기찬, 「민족교육과 재일동포 젊은 세대의 아이덴티티-일본 오사카의 공립초등학교 민족학급의 사례를 중심으로-」, 한양대학교 대학원 석사학위청구논문, 1999, 54쪽.

21) 徐海錫, 「在日同胞社會の現況と今後の展望--一九九0年代を目前にして-」, 在日韓國居留民團, 『法的地位に關する論文集』, 1987, 52쪽.

22) 아울러 東大阪市 15개교(소학교 5, 중학교 10), 守口市 2개교(소학교 1, 중학교 1), 高槻市 7개교(소학교 3, 중학교 4), 八尾市 6개교(소학교 3, 중학교 3), 門眞市 9개교(소학교 7, 중학교 2), 箕面市 1개교(중학교 1), 吹田市 3개교(소학교 3), 攝津市 4개교(소학교 4), 禮中市 1개교(중학교 1), 貝塚市 2개교(소학교 1.중학교1), 泉大津市 1개교(소학교 1)에 설치, 운영되었다. 이것은 민족학급의 범위를 민족교실 내지는 클럽 활동

그런가 하면 1992년 오사카시 교육위원회는 최초로 민족클럽의 지원 사업을 시작했다. 1997년에는 민족강사를 준직원으로 규정하는 현행 제도의 기초를 마련했다.[23] 일본 문부성에서도 외국인 교육 논의가 활발해지고 있지만, 오사카 시립 소·중학교의 노력은 하나의 모델이 되었다.[24] 나아가 1996년에는 오사카지역을 중심으로 초등학교 51개 학급 1,339명, 중학교 35개 학급 584명, 합계 86개 학급 1,923명이 민족교육을 받았다.[25] 1998년에는 77개의 민족학급이 설치되었다.

2010년 민족학급은 오사카시, 히가시오사카시, 모리구치(守口)시, 사카이(堺)시, 이즈미오쓰(泉大津)시, 이케다(池田)시 등의 오사카부 내의 자치단체를 비롯해, 교토(京都)부 교토(京都)시의 3개 초등학교에서도 운영되고 있다.

2012년에는 오사카 시내의 경우 민족학급 수는 106개이며 약 25%의 오사카 시립 초·중등학교에 설치되어 있다.[26] 2013년 10월 현재도

반까지를 포함한 것이다.(ヒョンホンチョル, 「民族學級의 現況課題」, 『제3차조선국제학술토론회, 논문요지』, 일본대판경제법과대학아세아연구소 중국북경대학조선문화연구소, 1990, 참조.)

23) 한편 1992년 3월 민족학급 강사였던 김만연(金滿淵) 선생님이 63세로 정년 퇴직함에 따라 1948년 당시 교육각서로 채용되었던 민족학급 강사들은 전원 퇴직하게 되었다. 김만연 선생은 나가오사카소학교의 민족학급 담당 강사로서 42년 동안 재일동포 자녀들에게 한국어, 역사 등을 가르쳤다. 그는 전후 한국 민족학교의 교원으로서 가르치다가, 1948년 일본 정부의 학교폐쇄령으로 근무하고 있었던 학교가 폐쇄되었고, 1948년 한신교육투쟁에도 참가했다. 1949년 말 오사카부의 민족학급 강사 모집에 응모하고, 1950년 6월 15일부터 나가오사카소학교에서 근무했다.

24) 김광민, 「재일외국인 교육의 기원이 되는 재일조선인 교육」, 『재일동포 민족교육』(청암대학교 재일코리안연구소 국제학술회의자료집), 2013. 10, 18, 58쪽.

25) 송기찬, 「민족교육과 재일동포 젊은 세대의 아이덴티티-일본 오사카의 공립초등학교 민족학급의 사례를 중심으로-」, 한양대학교 대학원 석사학위청구논문, 1999, 12쪽.

같은 수이다. 그리고 오사카부의 경우는 180개 소·중학교에 민족학
급이 설치되어 있다.[27]

이렇게 1970년대 이후 민족학급은 일본정부의 정책에 따라 부침
이 있었다. 그럼에도 불구하고 민족학급은 존립했고 현재에는 180여
개가 조직, 운영되어 재일동포의 정체성이 유지되고 있다.

3. 최근 민족학급의 상황

1. 일반 현황

재일동포 민족학급은 일본학교 내 재일동포 학생의 보호울타리
역할도 하고 있다. 숨어 살던 '조센진'이 긍지를 가진 '자이니치'로
바뀌는 경우가 확인되는 것은 민족교육의 현장에서 느끼는 변화이
다. 그러나 아직도 민족학급의 제한적 역할은 현실 속 어려움을 돌
파하는 데는 한계가 있다.

최근 민족학급의 성격과 관련해서 일본 사회의 변화를 느끼게 하
는 부분이 있다. 일본 사회 속 평일교육으로 민족학급 교육이 자리
매김되고, 나아가 국제교류 차원에서 다문화 학습이라는 위상을 갖
도록 일본정부가 지원한다는 것이다.[28]

한편 민족학급의 교육은 에스닉스터디가 아닌 코리안스터디로 번

---

26) 김광민, 「해외 코리안 커뮤니티의 역할」, 아사쿠라도시오 외 엮음, 『한민족 해외동포의
    현주소』, 학연문화사, 2012, 176쪽.
27) 김광민인터뷰(2013. 10. 18 고려대일본연구센터.)
28) 김광민인터뷰(2013. 10. 18 고려대일본연구센터.)

역하듯이 독특함이 내재되어 있다. 여기에서는 아이덴티티를 강조한다. 일주일에 한 번, 즐겁게, 재미있게 공부하는 것을 원칙으로 한다.

실제로 민족학급의 민족교사는 많은 내용을 세밀하게 준비한다. 이 가운데 교육과정상 교재의 경우 공동 준비가 필요하다. 여기에서 월경이라는 개념, 그리고 민족이라는 개념을 아이들에게 설명하기란 결코 쉽지 않다. 민족학급의 수업은 일반 문화 강좌와는 다르기 때문이다. 문제는 최근 학생들이 민족학급에 다니는 것을 감추는 경향이 있다는 점이다. 이를 타개하기 위해서는 공부가 힘들 때 쉽게 해주고, 다음에 다시 오게 하는 프로그램이 개발되어야 한다.

현재 수업은 1주일에 1~2회, 50분 정도 진행되고 있다. 민족학급의 경우 법적 근거가 일본 정부 내에서는 없기 때문에 민족학급에서의 민족교육은 한글교육을 중심으로 정체성 관련 교육이 주를 이루고 있다. 이것은 한글학교와 다른 지형을 형성하고 있는 부분이다.[29] 그리고 주로 수업은 놀이 형식으로 진행되고 있다.

2. 민족교사 문제

2013년 현재 오사카 민족교육 관련자들은 9억 원의 한국 정부지원금을 받고 있다. 이 예산은 오사카교육원을 통해 사업을 하고 예산을 집행할 수 있다. 특히 교사 채용은 오사카교육위원회가 코리아NGO센터를 통해 하고 있다.[30]

2013년 현재 오사카 시립 학교·학원의 민족학급 설치 상황을 정리

---

29) 김광민인터뷰(2013. 7. 25 코리아NGO센터.)
30) 김광민인터뷰(2013. 7. 25 코리아NGO센터.)

해 보면, 상근직 민족강사를 두는 학교[31]는 8개교이다. 그리고 오사카시의 사업을 통해 민족강사를 두는 학교가 있는데, 이런 곳은 오사카부에서 월급을 지급하는 민족학급과 구분하기 위해 '민족클럽'이라 부른다. 여기에는 비상근 촉탁 신분 14명, 기타 시간 강사 10명이 근무하고 있다.

이들 선생님의 급료 지급 방식은 첫째, 한신교육 투쟁 이후 상근직 11명(오사카부에서 월급)의 경우는 민족클럽 지원제도에 기초한 준고용 형태이다. 둘째, 비상근 촉탁으로 연수 150만 원을 받는다. 셋째, 교통비 정도를 받는 일용직으로, 일당 4천 엔을 받는다. 아울러 이들에게는 연수 기회와 교통비 등의 지원을 하고 있다.

실제로 민족학급에 대한 일본 정부의 행정적 조치와 채용한 강사에 대한 대우의 차별화는 일본 정부가 일제강점기부터 취해 온 억압과 차별이라는 양면 구조를 가진 동화교육정책의 재현이라 볼 수 있다. 따라서 이에 대한 다양한 교육운동과 한국 정부 차원의 교섭이 필요하다.

동시에 재일동포 학부모나 운동단체, 현장 교사들은 상호 연대하여 후임 강사의 채용, 대우 개선, 한국인 자녀가 많이 다니는 학교에 대한 신임 강사 채용 등의 문제 해결에 노력을 경주해야 할 것이다.

아울러 활성화된 민족학급의 경우 질적 수준 제고와 함께 민족학교와의 적극적인 교류를 고민해야 한다. 특히 프로그램과 교사의 교환을 통한 효율적인 아이덴티티 교육을 심도 있게 고민할 필요가 있다.

---

31) 오사카부가 급여를 지급한다.

4. 재일동포 민족학급과 민족교육운동

최근까지 민족학급을 중심으로 한 민족교육운동은 민족교육촉진협의회(이하 민촉협)와 코리아NGO센터 등의 역할이 있어 왔다. 특히 이들은 정체성 문제에 주목하여 본명 사용을 유독 강조하기도 했다.[32]

재일동포 민족교육의 민족학급운동사에서 주요한 단체로는 민촉협과 코리아NGO센터를 들 수 있다. 이런 단체가 민족학급의 오늘을 만들었다고 할 수 있다.[33]

1. 민족교육촉진협의회

민촉협은 1984년 12월 2일 '재일한국·조선인 아동·학생에게 민족교육의 보장을 요구하는 심포지엄'을 열었던 실행위원회가 주도하여 결성한 단체이다. 민촉협은 '민족교육을 추진하는 연락회', '민족강사회', '민족교육 문화센터' 등 3개의 조직체가 중심이 되어 다양한 시민운동체가 참여하여 구성되었다. "모든 동포에게 민족교육을!"이라는 슬로건을 내걸고 출범했다. 당시 심포지엄은 오사카에서 개최되었다.[34]

민촉협은 결성후 일본의 교육 당국에 다음의 6가지 사항을 요구했다. 첫째, 민족교육을 기본적 인권으로서 인정한다. 둘째, 민족학교

---

32) 히라오카소학교 민족학급의 경우에서 확인된다.(송기찬, 「민족교육과 재일동포 젊은 세대의 아이덴티티-일본 오사카의 공립초등학교 민족학급의 사례를 중심으로-」, 한양대학교 대학원 석사학위청구논문, 1999, 86~87쪽.)
33) 한편 여기에 관계하지 않고 독자적으로 활동하는 선생님들도 있다.(곽정의 인터뷰 (2013. 8. 24 인사동))
34) 이하 민촉협에 대해서는 필자의 한국민족문화대백과사전 원고 「민족교육촉진협의회」 (미간행)를 참조.

에 일조교(一條校)의 자격을 준다. 셋째, 일본 학교에 재적하는 동포 어린이들에게 '민족'을 접할 기회를 준다. 넷째, 외국인 교육방침 책정과 구체화를 추진한다. 다섯째, 동포 교원의 채용을 추진한다. 여섯째, 일본의 교육제도 속에 민족교육을 포함시킨다.

민촉협의 운동은 적극적으로 민족교육과 관련한 요구를 제기했다. 1948년 4·24한신교육투쟁 이후 당시에 오사카부 지사와 민족대표 간에 체결된 '각서'를 통해 설치된 이른바 '민족학급' 교원들의 퇴직에 따른 후임 강사의 보충과 자원봉사 상태의 민족학급 민족강사의 신분 보장이 주요 골자이다.

실제로 민촉협의 운동 성과를 들면 다음과 같다. 먼저 1948년 4·2 한신교육투쟁 기념집회를 열었다. 그리고 매년 오사카부·시 교육위원회와 협상을 거듭하여 많은 성과를 쟁취했다. 예를 들면 '각서' 민족강사의 후임 조치, 민족학급의 설치, 민족강사의 신분 보장, 각 지역의 외국인교육지침(방침) 책정 등으로 오사카의 공립학교에서 다문화·다민족공생 교육의 표본 같은 실천적 초석을 쌓았다고 평가할 수 있다. 또한 오사카 각 지역의 민족강사회·동포보호자회와 동포교직원연락회 등을 조직하여 재일동포 사회의 네트워크를 형성했고 나아가 민족교육 운동의 토대를 마련했다.

2003년 7월 12일 민촉협은 '발전해산의 모임'을 열고, 20년 동안의 역사에 종말을 고했다. 이후 보다 광범위한 재일동포의 문제를 다루는 '코리아NGO센터'와 민촉협 결성의 모체였던 '민족교육을 추진하는 모임'으로 나뉘어 지금도 활동하고 있다.

2. 코리아NGO센터

코리아NGO센터는 2004년 3월 재일한국민주인권협의회(이하 민권협), 민족교육문화센터, 원코리아페스티벌실행위원회 3개 단체가 통합하여 결성되었다.[35) 이들 세 단체는 약 20년 동안 재일동포의 인권 옹호운동이나 민족교육권의 획득, 한반도의 평화적 통일을 목표로 운동을 전개했고, 보다 효과적인 운동을 위해 결합했다.

코리아NGO센터가 내세우는 임무는 다음과 같다. 첫째, 재일동포의 민족교육권 확립과 다민족·다문화공생 사회의 실현, 둘째, 재일동포 사회의 풍요로운 사회 기반 창조와 동아시아의 코리안 네트워크 구축, 셋째, 남북한·일본의 시민·NGO의 교류·협력사업의 전개와 시민사회의 상호 발전에 대한 기여, 넷째, 남북한의 통일과 '동아시아공동체' 형성에 대한 기여 등이다.[36)

2010년 재일동포에 영향을 미치는 법률이나 생활상의 문제 해결을 위해 활동하고 있는 코리아인권생활협회와 통합했다.

5. 결론

재일동포 민족교육에서 민족학급은 민족교육운동의 역사적 산물이다. 이 운동을 주도한 사람들은 재일동포 사회에서는 그리 주목받지 못했다. 구조적으로 부득이하게 가담하기도 했고, 조직적으로 분

---

35) 이하 코리아NGO센터에 대해서는 다음을 참조.(국제고려학회 편, 정희선·김인덕·신유원 역, 『재일코리안 사전』, 선인출판사, 2012.)
36) 김광민인터뷰(2013. 7. 25 코리아NGO센터.)

리되기도 하면서 그 영향력이 축소되었다. 그러나 현실에서는 민족학급운동이 계속되고 있다.

실제로 본문에서 보았듯이 민족학급은 1948년 5월 5일 문부성과 조선인 대표 사이에 체결된 양해 각서 이후 특설학급이 설치된 것이 시작이었다. 그런가 하면 민족학급과는 조금 성격이 다른, 즉 재일한국인 학부모와 운동단체, 그리고 일본 교원들에 의해 설치·운영되고 있는 민족교실과 클럽 활동반이 있었다. 그리고 수업 형태를 통한 분류에 기초해서는 오사카교토형과 시가현형이 있었다.

초기인 1952년 전국의 77개 소·중학교에 특설학급이 설치되었다. 그리고 일본 정부가 인정하는 교사가 배치되었다. 1960년대에 들어서면서 민족학급이 감소하기 시작했는데, 그 요인은 행정의 무시와 일본인 교원들의 무이해, 비협조 등이었다. 이로 인해 학생들은 차별에 직면했다. 1965년 이후에는 민족교실을 제외한 민족학급은 점차 감소되었다. 당시 재일동포 사회는 여기에 적극적으로 대응하지 않았다.

1972년 특별활동 형식의 민족학급이 등장하면서 오사카 주변으로 확대되었다. 주목되는 것은 오사카 시립 나가하시(長橋)소학교에서 민족클럽이 새로 개설된 사실이다. 여기에는 본명 사용 지도를 철저히 하는 오사카시의 방침이 작용했다. 이후 민족학급은 전환점을 맞이했고 본격적으로 운동적 모습도 보였다.

오사카시 교육위원회는 1992년 최초로 민족클럽 지원 사업을 시작하고, 1997년에는 민족강사를 준직원으로 규정하는 현행 제도의 기초를 마련했다. 1996년 현재 일본에는 오사카지역을 중심으로 86개 학급 1,923명이 민족교육을 받았다. 이것은 민족학급운동의 산물이었다고 생각된다.

2012년에는 오사카 시내의 경우 민족학급 수는 106개이다. 약 25% 의 오사카시 소·중등학교에 설치되어 있었다. 2013년 10월 현재 오사 카부의 경우는 180개 소·중학교에 민족학급이 설치되어 있다.

최근 민족학급의 성격과 관련해서는 일본 사회 속 변화를 느끼게 한다. 일본 사회 속 평일교육으로 민족학급 교육이 자리매김되고, 나 아가 국제교류 차원에서 다문화 학습이라는 위상이 새롭게 정립되 고 있다. 민족학급은 일본학교 내 재일동포 학생의 보호울타리의 역 할도 하고 있다.

재일동포 민족학급에서는 교사에 대한 처우가 중요하다. 교육의 질은 이들에 달려 있기 때문이다. 아울러 현실 타개책으로 민족학교 와의 각종 교육프로그램 공동 기획, 관리를 적극 추진해야 한다.

향후 이상과 같은 재일동포 민족학급은 민족학급운동이 주도할 것이다. 이 세력은 교사와 교재, 일본 정부의 행정지원, 한국 정부의 관심 그리고 학생의 진로지도 등에 대해 주목해야 한다.[37] 특히 일 본의 공식 교육기관에서의 과외 활동으로서 한국어와 한국문화를 학습하도록 노력하는 것도 필요하다. 여기에는 민족학급 운동단체 의 적극적인 노력도 있어야 할 것이다.

동시에 재일동포 사회의 축소와 민족학교가 줄어드는 상황에서는 민족학급과 민족학교 사이의 연계활동이 필요하다. 재일동포 민족교 육에 관한 한 민족학교는 현재 제도적으로 보장을 받고 있기 때문에

---

37) 이 부분은 실제 현장에서 활동하는 사람들의 생각이다.(2013년 7월 26일 오사카 코리아 NGO센터에서 김00(1973년생), 김00(1958년생), 홍00(1966년생)선생님과 인터뷰, 참조.)

민족학급에 대해 관심을 갖지 않으며, 경우에 따라서는 배타적인 자세를 보이기까지 했다. 민족학교가 준비된 민족학급의 교사와 학생들이 주체가 되어 적극적으로 움직일 것을 요구하는지도 모르겠다.

재일동포 민족학급운동은 변화되는 일본 사회 속에서 민족교육의 새로운 모습을 보이고 있다. 이제 민족학급 관련자의 주체적이고 독자적인 민족학급운동을 넘어, 일본과 한국 정부, 그리고 일본 사회 및 일본의 각종 운동세력과의 연대를 적극 모색해야 한다.

재일제주인의 정체성과 제주도와의 경제적 교류

임영언(林永彦)

전남대학교 세계한상문화연구단 연구교수

1. 문제제기

일본에서 생활하고 있는 재일코리안들 중 자신들의 출신 고향에 대한 정체성과 연대감이 강한 동포들을 꼽는다면 아마 재일제주인들 이라 할 수 있을 것이다. 그렇다면 재일제주인들은 어떻게 도일하여 오사카(大阪)에 정착하였고, 그들만의 정체성을 형성하여 일본 전국으로 거주지를 확대해 나갔던 것일까? 1910년 한반도에서 일본에 의한 식민지지배가 강화되면서 처음에는 주로 경제적인 궁핍에 의해 일본으로 도일하는 자가 많았다. 육지와는 달리 제주인들은 강제징용이나 징병보다는 자발적인 노동자로서 돈벌이나 유학을 위해 도일하는 경우가 많았다.[1] 이렇게 일본으로 건너온 제주인들은 먼저 오사카 이카이노(大阪猪飼野) 주변지역에 집거지를 형성하며

---

1) 杉原達・玉井金五編, 『大正・大阪・スラム―もうひとつの日本近代史』, 新評論社, 1986, pp.224~227.

정착하기 시작했다. 이렇게 하여 현재 오사카 이쿠노쿠(大阪生野区)에 제주인들이 많이 몰려들면서 한때는 이곳을 '작은 제주(Little JEJU)'라고 부르기도 했다.[2]

제주인들은 이민 초기 혈연이나 지연을 통해 오사카로 이주하였다. 그리고 점차 오사카(大阪)에서 도쿄(東京)로 이동하였으며, 도쿄 내에서도 우에노(上野), 아사쿠사(浅草), 닛뽀리(日暮里) 등지에 산재하여 정착하기 시작했다. 도쿄 주변지역은 주로 치바 현(千葉県), 사이다마 현(埼玉県), 가나가와 현(神奈川県) 등지로 생활권을 확대해 나갔다.

예로부터 제주도는 중앙정부의 정치적인 유배지로서 외부로부터 다양한 사람들이 많이 흘러들어 왔던 곳으로 '섬과 육지'라는 대립적인 발상이 오랫동안 지속되어 왔다. 이러한 제주인들의 의식은 자연스럽게 그들의 삶과 의식속에 육지와는 떨어진 섬의 국민이라는 디아스포라적인 차별의식과 발상을 싹트게 하였다. 반대로 이를 통해 제주인들은 제주도 풍습이나 문화를 중심으로 한 제주인만의 동료의식과 연대감을 높여 왔다.

처음에는 제주인들이 경제적인 이유로 도일했기 때문에 그들 나름대로는 빠른 시일 내에 돈을 모아 제주도로 '금의환향'하려는 '저팬드림(JAPAN Dream)'을 꿈꾸었을 것으로 생각된다. 그러나 처음 의도와는 달리 일본생활이 장기화되고 이에 따른 일본 정주화가 본격적으로 진행되면서 재일코리안 내에서도 제주인들만의 독특한

---

2) 이문웅, 「在日 済州人 사회에서의 巫俗-大阪 이꾸노 지역을 중심으로-」, 『済州島研究』 제6집, 1989, p.79.

정체성을 발현하게 된 것으로 보인다. 이러한 재일제주인의 정체성
은 곧 고향인 제주도로 그들의 잠재의식을 향하게 했을 것으로 짐
작된다.

일본에서 생활하는 제주인들의 동향의식은 처음에는 폐쇄적인 마
을단위의 '마을회'로부터 점차 생성되어 재일제주인들은 물론이고
일본 귀화자들까지 포함하는 개방적인 형태로 발전해나갔다. 따라
서 재일제주인들의 이러한 개방적인 네트워크 구조가 재일제주인
사회형성의 확대를 가져왔고 오늘날 그들의 고향 제주도까지 연결
되고 있는 것으로 생각된다.

이 연구에서는 '재일제주인'을 고광명(2008, 2011)의 개념을 원용하
여 "일본에 거주하는 제주인 모두를 포함하는 용어로 일시체류자, 영
주권자, 유학생, 2세-3세를 포함하는 개념"으로 정의하고자 한다.[3]

이 연구의 목적은 제주인의 이주-고향과 정체성-경제적 교류라
는 측면에서 재일제주인의 도일과 공동체 형성, 고향과 정체성의 재
정립에 따른 제주도와의 경제적 교류 관계를 규명하는데 있다.

특히 이 논문에서는 재일제주인의 사회적 특성의 하나인 네트워
크 구축과정을 살펴보고 이를 통한 제주도와의 경제적 교류에 주목
하고자 한다. 연구방법은 일본 현지에서 수집된 1956년 이후 '재일본
조천리상조회' 회보 자료와 '재일본제주개발협회가 발간한 애향무
한(1991)을 중심으로 1961년부터 1990년까지 제주인의 경제교류 활
동 자료를 중심으로 분석하였다.

---

3) 고광명, 「재일제주인의 제주지역 교육발전에 대한 공헌」, 『교육과학연구』 제13권 제1
호, 2011, p.60.

2. 선행연구 검토 및 이론적 배경

재일제주인 연구에 있어서 고향이라는 정체성과 경제적 교류와의 관계를 밝히는 것은 매우 중요한 연구과제 중의 하나이다. 이 논문에서는 재일제주인들이 일본에서 국가적 차원보다는 먼저 그들만의 지역 정체성을 바탕으로 어떻게 강한 사회적 네트워크를 형성할 수 있었고, 이러한 네트워크 구축을 기반으로 제주도와의 관계 형성 및 경제적 교류가 어떻게 가능했는지에 대해 살펴보고자 한다. 물론 이 문제는 당시 일본에서 재일코리안의 사회 경제적 지위와 차별문제까지를 포함시켜 논의해야 하지만 논문의 성격상 차기 연구에서 자세히 다룰 것이다.

이 연구는 제주도라는 지역 차원의 정체성에 주목하고 있기 때문에 재일제주인의 정체성에 대해서는 이문웅(1988, 1989)의 연구에서 단서를 찾을 수 있을 것으로 보인다. 이 연구에서 그가 지적하고 있는 바와 같이 재일제주인의 정체성은 제주인의 의례생활의 주축을 이루고 있는 '조상제사'에서 비롯된 것으로 볼 수 있을 것 같다. 그는 재일제주인들에게 조상제사는 제주인들만의 정체성을 확인하고 재강화시키는 중요한 기제역할을 수행하고 있다고 주장하였다. 그는 제주인의 조상제사는 육지와는 달리 모든 자손에게 만남의 기회를 제공하여 같은 조상의 자손임을 재확인하고, 친족 간의 유대를 강화시키는 중요한 메카니즘 역할을 수행하고 있다는 점을 밝혔다.[4]

이러한 연구의 연장선상에서 김창민(2003)은 제주도의 마을 그 자

---

4) 이문웅, 「재일제주인의 의례생활과 사회조직」, 『済州島研究』 제5집, 1988, pp.51-58.

체가 지역 정체성을 대표하고 있기 때문에 마을 단위 조직에 의한
정체성이 형성되었다고 주장하였다.[5] 그의 연구의 백미는 재일제주
인과 지역마을의 관계가 제주문화에서 마을의 위상을 나타내고 있다
는 점에 주목했다는 점이다. 즉 마을을 중심으로 한 제주인의 지역
정체성은 일본에서 마을회 중심의 사회관계를 형성하게 하였고 재일
제주인들에게는 친목회의 형태로 나타났다는 것이다.

재일제주인들은 이러한 정체성 형성을 바탕으로 마을회를 조직하
여 1950년대 중반 이후에는 구체적으로 고향 제주도에 대한 적극적
인 기부활동에 나서게 된다. 김창민(2003)은 재일제주인의 이러한
기부현상을 제주도와 재일제주인 사이에 후원자 관계, 즉 제주마을
과 출신지별 재일제주인과의 관계가 형성되었기 때문에 가능했다고
설명하고 있다.[6]

이에 대해 안미정(2008)은 재일제주인의 고향기부 행태를 공식적
기부와 비공식적 기부로 분류하였다.[7] 이 연구에서 공식적 기부란
마을도로건설, 전기가설, 학교설립 및 장학금 후원, 문화사업 지원
등을 말하며 비공식적 기부는 고향친척과 가족들에게 제사와 벌초
명목의 기부금, 생활용품 및 기타 물품의 증여 행위 등을 지칭한다.

그러나 김희철 외(2007)의 재일제주인의 기부에 관한 연구에서는
1960년대 이후 방대한 기증실적 자료의 분석을 바탕으로 90년대 이
후에는 재일제주인과 제주도와의 갈등과 불신으로 인하여 기부실적

---

5) 김창민, 「재일교포 사회와 제주 마을 간의 관계 변화: 1930년-2000」, 『비교문화연구』
   제9집 제2호, 2003, p.196.
6) 김창민, 앞의 논문, 2003, pp.195-221.
7) 안미정, 「오사카 재일(在日)제주인 여성의 이주와 귀향」, 『耽羅文化』 32호, 2008,
   pp.201-202.

의 축소, 기증물과 기증처 등이 크게 변화했다고 지적하였다.[8]

더불어 오가와(小川伸彦他, 1995)의 재일제주인의 네트워크에 관한 연구는 재일제주인의 인적네트워크가 제주도 기부에 미친 영향에 대해 분석하고 있다.[9] 재일제주인의 사회적 네트워크를 연구한 고선휘(1996)는 재일제주인들이 이주과정에서는 지연이나 혈연 네트워크가 중요했지만, 일본 정착과정에서는 도일 후 형성된 사회적 네트워크가[10] 매우 중요하다는 사실을 밝혔다.[11]

이와는 반대로 어느 이민사회에서나 동질민족 간의 강한 연대의 배태성(Embeddedness)은 거주국 현지사회로부터 강한 반발과 부정적 효과를 초래할 수 있다고 주장하는 연구자도 있다(Waldinger, 1995). 우지(Uzzi, 1997)와 그라노베타(Granovetter, 2002)는 마이너리티 집단들이 거주국에서 동질민족에 의한 과도화 된 배태성(over-embeddedness)이나 과소화 된 배태성(under-embeddedness) 중에서 어느 한쪽으로 네트워크가 집중될 경우 네트워크 효과성이 떨어진다는 사실을 발견했다.[12] 마이너리티 집단 내부의 신뢰와 응집성이 강한 친족네트워크, 그리고 소속집단의 구성원이 이민 시기와 모국 출신지 등에 한정되어 있는 경우 다른 이민집단과는 네트워크가 단절되어 다양한 정보와 자원을 입수할 수 있는 정보제공자가 제한된다는 주장이다.

---

8) 김희철·진관훈, 「재일제주인의 경제생활과 제주 사회 기증에 관한 연구」, 『法と政策』 第13輯 第1号, 2007, p.102.

9) 小川伸彦·寺岡伸悟, 「在日社会から「故郷」済州道への寄贈」, 『奈良女子大学社会学論集』 2号, 1955, p.77.

10) 임영언, 『재일코리안 기업가』, 한국학술정보, 2006.

11) 高鮮徽, 『在日済州島出身者の生活過程—関東地方を中心に』, 新幹社, 1996.

12) Granovetter, Mark, "Economic Action and Social Structure: The Problem of Embeddedness," *American Journal of Sociology* 91-3, 1985, pp.481-510.

즉 마이너리티 집단의 네트워크(배태성)가 너무 강하면 폐쇄적인
집단이 되기 쉽고, 너무 약해도 새로운 정보나 기회를 획득하기 어
렵다는 것이다. 따라서 이러한 마이너리티 집단의 네트워크의 부정
적 효과를 상쇄시키기 위해서는 집단 내부는 물론 다른 이민자들과
의 사회적 관계, 즉 이들 양자 사이에 혼합된 네트워크 구축의 중요
성을 주장하였다. 즉 마이너리티 집단들은 이주국 현지 사회와 연결
할 수 있는 강한 동질적인 민족네트워크는 물론이고 다양한 외부집
단과 연결하는 약한 연대의 네트워크 구축(위치 확보)이 생존 전략
상 매우 중요한 수단으로 작용한다는 것이다.13)

이상과 같이 재일제주인들은 출신지역을 중심으로 한 강한 네트
워크 구축을 중시하지만 재일코리안 사회 내의 다양한 집단과의 네
트워크 구축이라는 생존 전략을 구사하여 일본 내 소수민족 이민집
단들 중에서도 성공적인 마이너리티로 정착할 수 있었던 것으로 생
각된다.

홉스봄(Eric Hobsbawm, 1983)이나 앤더슨(Benedict Anderson, 1991)
이 간파하고 있었던 것처럼 재일제주인들은 상상의 '고향'이라는 메
커니즘을 통해 '마을회'를 중심으로 응집력이 강한 친족네트워크와
'재일본제주개발협회'라는 보다 광범위한 사회적 네트워크를 형성·
강화할 수 있었고, 하명생(2003)이 지적한 바와 같이 경제적 성공은
그들의 마음 속에 내재된 '금의환향'이라는 정신에 입각하여 자본과
재화를 가지고 현실적인 제주도의 '고향'으로 향하게 했던 것으로
생각된다.

---

13) 渡辺信, 『経済社会学のすすめ』, 八千代出版, 2002, p.144.

〈그림 1〉 재일제주인의 정체성과 네트워크 관계 모형14)

	모국지향 정체성(고향, 애향) 강함	모국지향 정체성(고향, 애향) 약함
네트워크강함	재일제주인 1세 마을회(이민회)중심 고향 기증·기부	마을회(이민회) 형성기
네트워크약함	마을회(이민회) 확대기	재일제주인 차세대(2세~3세) 재일본제주개발협회 중심 교류, 기부활동

위의 <그림 1>은 재일제주인의 정체성과 네트워크 관계를 나타내고 있다. 첫째, 기존 연구에서 살펴본 바와 같이 재일제주인 1세들은 모국지향 정체성이 강하고 네트워크가 강해 일본 내 형성된 마을회를 중심으로 고향에 기부활동을 전개해 왔다. 둘째, 재일제주인 간의 네트워크는 강하지만 모국지향 정체성이 약한 경우 제주인의 정체성을 바탕으로 마을회를 조직화하는 시기라고 볼 수 있을 것이다. 셋째, 반대로 모국지향 정체성이 강하고 네트워크가 약할 경우 재일제주인들은 마을회를 중심으로 네트워크 확대에 힘쓸 것으로 보인다. 넷째, 마지막으로 모국지향 정체성이 약하고 네트워크도 약할 경우, 그라노베타(Granovetter, 2002)가 주장한 '약한 연대'의 배태성(Embeddedness)에 의해 네트워크가 가장 광범위하게 확장된 시기로 볼 수 있을 것이다. 재일제주인들은 이러한 확대된 네트워크를 통해 거주국인 일본에서 다양한 인적자원과 정보를 확보할 수 있는 기회

---

14) 이 그림은 기존 연구성과를 중심으로 필자가 작성하였음.

를 만든 것으로 가정할 수 있을 것이다.

그러면 이 연구가 지향하는 재일제주인의 정체성 형성-네트워크 구축-경제적 교류가 어떻게 진행되어 왔는지 기존 자료에 대한 분석을 통해 구체적으로 살펴보고자 한다.

3. 재일제주인의 정체성과 고향관의 형성

1. 재일제주인의 도일과 오사카 집거지 형성

재일제주인들은 언제 그들의 고향인 제주도를 떠나 일본에 정착하게 되었는가? 김찬정(1985)에 의하면, 일본 오사카지역 재일코리안 수는 1920년대 약 4,500명에서 1929년에는 65,000명으로 증가했다고 한다. 그리고 1935년경에는 202,311명, 1942년에는 412,748명 정도로 증가한 것으로 나타났다.[15] 당시 오사카에 거주하던 재일코리안들 중에는 제주도로부터 유입되는 사람들이 많았다. 그 이유는 1923년에 제주도-오사카를 연결하는 정기연락선인 기미가요마루(君が代丸)가 취항하게 되면서 제주인들이 많이 도일하게 되었고, 그 결과 1924년 시점에서 제주도 출신자 비율이 60%이상에 달했다.

이와 같이 재일제주인들이 집거하고 있는 오사카 이쿠노(生野)에는 1923년 이후 제주인들이 모여들면서 코리아타운이 형성되기 시작했다. 이쿠노(生野)의 중심인 이카이노(猪飼野)는 1993년 이전까지만 해도 조선시장으로 알려졌는데 그 이후 코리아타운으로 바뀌

---

15) 金賛汀,『在日コリアン百年史』, 東京:三五舘, 1985, p.54.

었다. 조선시장은 민족시장으로서 쓰루하시(鶴橋) 국제시장이 생겨 나면서 점차 교통의 요충지로 접근성이 좋아 이쿠노(生野) 상권의 중심지가 되었다. 이들 두 시장의 대부분을 재일제주인들이 장악하 게 된 것이다.

〈표 1〉 오사카시 출신지역별 재일코리안 수의 변화추이(1937년과 2000년)[16]

1937년(재일코리안 전체 약 80만 명)		2000년(재일코리안 전체 약 64만 명)	
본적	오사카 지역(%)	본적	오사카 지역(%)
경상남도	63,989(27.3)	경상남도	36,287(22.6)
경상북도	32,419(13.8)	경상북도	24,579(15.3)
전라남도(제주도포함)	96,674(41.3)	제주도	64,730(40.3)
		전라남도	14,816(9.2)
경기도	4,308(1.8)		
충청남도	7,251(3.1)	충청남도	1,853(1.2)
전라북도	15,114(6.5)	전라북도	1,934(1.2)
충청북도	6,352(2.7)	충청북도	1,779(1.1)
강원도	1,804(0.8)	서울시	5,676(3.5)
황해도	1,703(0.7)	부산시	4,717(2.9)
평안남도	1,788(0.8)	기타지역	4,305(2.7)
평안북도	1,036(0.4)		
함경남도	1,067(0.5)		
함경북도	683(0.3)		
합계	243,188(100)	합계	160,676(100)

위 <표 1>은 일제강점기인 1937년과 2000년 오사카지역에 거주하 는 재일코리안들의 출신지역별 분포를 나타내고 있다. 표를 보면 해 방 전후 재일코리안 가운데 특히 제주도 출신자가 많다는 것을 단적 으로 보여주고 있다. 재일코리안의 지역별 및 연도별 출신지를 구체 적으로 살펴보면 2000년에는 경상도와 제주도, 전라도의 비중이

---

16) 1937년 통계수치는『生野区の五十年の歴史と現況』, 2000년도 수치는『在留外国人統計 (平成12年版)』을 참고하여 필자가 작성하였음.

1937년보다 크게 감소한 것으로 나타나고 있다. 그러나 전체적으로
보면 여전히 이들 지역 출신자들이 우위를 점하고 있다. 1937년 경상
도, 제주도의 비율은 82.4%에 달했으나 2000년에는 78.2% 정도로 약
간 감소하고 있다. 이러한 결과는 오사카지역에 거주하는 재일코리
안들의 출신지역이 여전히 제주도가 높은 비율을 차지하고 있지만
점차 다양화되고 있는 현실을 그대로 반영하고 있는 것으로 보인다.

그러면 재일제주인들은 해방 이전부터 왜 오사카지역으로 집중하
게 되었을까?

그 이유에 대하여 고승제(1973)는 다음과 같이 언급하고 있다. 첫
째, 해방 이전부터 일본인 어업종사자들이 제주도가 가지고 있었던
유리한 입지에 착안하여 1892년경부터 제주도와 활발한 교류를 통
해 어업기지로 삼아왔다는 것이다. 둘째, 제주도에서 시작된 해운업
이 조선 내 육지와의 연락보다는 일본 대륙과 시모노세키와의 연락
을 중심에 두고 전개되었기 때문이다. 셋째, 제주도는 교역적인 측면
에서 오랫동안 오사카와 깊은 교류 관계를 맺고 있었다.[17] 이러한
요인들로 인해 제주도는 일찍이 경제 교류적인 측면에서 오사카와
긴밀히 연결되고 있었다고 주장하였다.

---

17) 高承済, 『韓国移民史研究』. ソウル:章文閣, 1973, pp.277-280 참조.

2. 재일제주인의 정체성 형성과 애향정신의 발현[18)

1) 재일제주인의 정체성과 공동체 의식

재일제주인의 사회구조에 대하여 이문웅(1988)은 안(內)과 밖
(外)이라는 개념을 도입하여 설명을 시도하였다. 그는 연구에서 제
주도의 독특한 문화는 안과 밖을 엄격히 구분하지만 제주도 내에서
의 안과 밖은 양자 간에 쉽게 혼합될 수 있는 성격이라는 점을 지적
하였다. 가령 가족, 친척, 문중, 그리고 넓게는 제주도 그 자체가 때
로는 안이 되어 제주사람들이 '우리 제주사람들'로 간주되어 왔다는
것이다.[19) 그리고 이러한 제주인들의 정신문화는 재일제주인 사회
에서 사회적 유대감과 강한 응집력으로 나타났다고 주장하였다.

재일제주인 사회에서 다양한 혈연 및 지연에 의한 친족회, 종친회,
동향인 출신에 의한 상조회 조직들이 출현하게 되는데, 이는 제주인
의 '공동체 의식'에서 비롯된 것으로 볼 수 있다. 이처럼 제주인의
안과 밖의 개념은 최대한 확장한다 해도 집안이나 친척의 혈연이 제
주도라는 섬에 한정되어 마을회의 회원이나 구성원의 자격이 주어
졌다는 점이다.

제주인들에게는 육지에서 중시하는 족보를 중심으로 한 혈연관계
나 친척관계보다는 일본 이주 이전과 후를 연결하는 출신지가 현실
적으로 더 중요하게 작용했다. 또한 재일제주인의 특징은 지연 조직
이 재일제주인 안에 출신 마을별로 세분화되어 있어 긴밀한 사회적

---

18) 이 논문에서 활용하고 있는 정체성 분석자료는 "재일본조천리상조회"내용의 칼럼과
기사는 일본 현지조사 과정에서 양성종 선생님이 제공해 주신 회보에 의한 것임을
밝혀둔다.
19) 이문웅, 앞의 논문, 1988, pp.56-57.

관계를 형성할 수 있었다. 이러한 재일제주인 조직의 특성 때문에 회원들 간의 긴밀한 네트워크 구축이 가능했고 마을회 활동도 점차 외연이 확대되어 재일 1세와 2,3세 간의 소통이 가능했으며, 나중에는 출신지인 제주도 방문이나 기부와 투자로까지 연결된 것으로 보인다. 1985년 재일제주인 상조회 회장에 취임한 김관현은 재일제주인의 상호부조정신에 대하여 다음과 같이 말하고 있다.

> "오사카에서는 1956년에 비교적 일찍부터 친목회가 결성되어 왔는데 동경에서는 1980년대 이후에야 제주도 출신 부인들을 중심으로 약 20여 명이 아사쿠사 '고려상점'에 모여 상조회 결성대회를 가졌다. 고향에서 태어나고 고향에서 같이 지내다가 도일한 재일제주인 1세들의 모임이었기에 서로 주소도 알리고 관혼상제 때는 상호부조하여 나가자는 모임이었다. −중략− 상조모임은 총회, 신년회, 물놀이, 관혼상제 등에 참가하여 상호 접촉을 강화하도록 재일제주인 2,3세들을 설득시켜나가야 한다. 일전에 아타미(熱海)에 살던 고 박전형씨의 아들이 부모님의 장례식을 계기로 상조회의 청년부에 적극 참여하게 되어 대단히 기쁘게 생각한다."

재일제주인들은 친척이라는 혈연과 출신지역이라는 지연도 중시하지만 일본사회에서의 재일코리안이라는 공동체의식도 중시한다. 재일제주인만의 마을정체성도 중시하지만 재일코리안 단체나 조직 활동에도 적극적으로 참여하고 있었다는 것이다. 1992년에 발행된 '재동일본조천리상조회보'에는 다음과 같이 밝히고 있다.

> "1950년대 초기 재일코리안 조직에서 지역주의를 추구하고 있다는

비판이 있어 공적으로 회명을 자칭하는 일은 없었다. 조천리의 경우 동향 주부들의 주도로 결성되었으며 개인적인 형태로 동향인의 연결을 소중히 유지해 왔기 때문이다. 1970년대 이후에는 동북지방을 중심으로 점차 상조회 모임 지역을 더욱 확대시켜나갔다."

이러한 것들을 보면 이문웅(1988, 1989)이 지적한 바와 같이 재일제주인들은 안과 밖이라는 구분에 의해 자기들만의 모임이라는 지역주의 비난에 직면하기도 했던 것으로 보인다. 이것은 재일제주인들이 제사와 무속행위로 자신들의 정체성을 유지하고 강화해왔다는 측면에서 보면 제주인들을 제주인으로 머무르게 하는 배타적인 '사회적 섬(Social Island)'을 형성시켰다는 점에서 부정적인 측면도 분명 존재한다. 그러나 재일제주인들은 재일코리안들의 이러한 배타성조차도 스스로 끌어안으면서 응집력을 도모할 수 있었던 것으로 보인다. 이것은 그라노베타(Granovetter, 2002)가 지적한 것처럼 재일제주인들이 과도화 되거나 과소화 된 네트워크 구축을 극복하는 생존 전략(survival strategy)을 적절히 활용해 왔다는 것을 단적으로 보여주고 있다.

---

20) http://search.daum.net/search?nil_suggest=btn&nil_ch=&rtupcol(2014년 5월 27일 검색). 일본 내 제주인의 마을회는 대표적으로 제주 내 고내, 법환, 조천리 출신들에 의해 조직, 운영되어 오고 있는 것으로 알려지고 있음. 고내와 법환 마을회에 대한 자세한 사항은 나중에 별도의 논문으로 다룰 필요가 있음. 이문웅(1988)의 연구에서도 재일제주인들의 마을단위 향우회를 지적하고 있으며, 법환리 향우회인 건친회(建親会)의 경우 1988년 당시 60주년 기념사업을 개최하였다고 한다. 이밖에도 오사카 재일제주인들은 도민회뿐만이 아니고 리민회(里民会), 즉 리별로 조직되어 특히 강한 네트워크를 유지했던 것으로 보인다. 향후 연구에서 오사카에서 제주 무속과 굿의 변용을 다룰 필요가 있을 것이다.

2) 재일제주인의 정체성과 '마을회' 중심 공동체[20]

김창민(2003)은 그의 연구에서 재일제주인들이 마을회 중심의 지역 정체성을 형성하고 재일제주인과 마을관계가 제주문화에서 마을의 위상을 나타냈기 때문에 고향의 기부에도 경쟁이 치열했다는 점을 지적하였다.

제주인들이 고향을 떠나 도일하여 일본이라는 이국의 낯선 땅과 환경 속에서 동향인들과 함께 상부상조하면서 살아가려는 정신은 모든 이주민들에게 공통적으로 발생하는 자연적인 현상이라 할 수 있을지도 모른다. 그러나 재일제주인의 경우 특히 동향의식과 그들 간의 연대감이 강한 것은 어디에서 연유된 것이며 이를 어떻게 설명할 것인가?

그것은 전술한 바와 같이 고향 제주도의 전통적인 마을 단위 중심의 생활방식이 이주지 일본에서도 그대로 발현되었다고 보는 설명이 가장 설득력이 있을 것으로 생각된다. 재일제주인 김석철은 1985년 '마음 속에 살아있는 조천'이라는 칼럼에서 자신의 고향에 대하여 다음과 같이 정의하고 있다.

"나는 틀림없이 재일코리안 2세이다. 왜냐하면 나는 일본 오사카에서 태어나 자랐기 때문이다. 부모의 고향인 제주도에서의 생활은 2년 반 정도의 짧은 기간이었고 가장 괴로운 시기이기도 했다. 그런데 왜 이렇게 고향은 내게 그리운 것일까? 고향이란 도대체 무엇인가? -중략- 내가 생각하는 고향은 피와 같은 자신의 마음 속에 애착이라는 것이 없으면 안 되는 것이라 생각한다. 나의 조상이 오래전부터 생활해 온 곳, '너는 틀림없이 이 마을의 사람이다'라고 인정해 주는 곳이나의 고향이다."

이상과 같이 제주인들에게 고향은 때로는 태어난 곳이기도 하지만 주변 사람들이 인정해주는 곳이 고향이 될 수도 있다는 것이다.

일본에서 결성된 제주인 마을회(이민회)의 근원은 역사적으로 마을주민들이 중요한 결정을 내리거나 문제해결을 위해 각 마을에서 열렸던 마을회 풍습에서 그 기원을 찾을 수 있다. 재일제주인들은 일본으로 이주하기 이전 제주도 생활에서도 개인적인 사소한 일이나 마을에 문제가 발생했을 때 해결수단으로 '마을회'을 열어 공동으로 해결해 왔다. 제주인들은 일본 이주 후에도 이러한 마을회를 친목회(이민회)의 형태로 발전시켜 나갔다. 제주도에서 일상적으로 열리던 마을회가 일본에서는 동향인들이 모이는 장소마다 자연발생적으로 친목회라는 조직으로 만들어졌고, 이를 통해 상호부조의식과 연대의식을 강화시켜 공동체를 형성해 나갔다. 그러면 재일제주인들의 동향이나 애향정신은 구체적으로 어떻게 형성되었는지, 그 요인에 대하여 살펴보도록 하자.

3) 제사문화로 강한 결속력 형성

재일제주인들의 경우 환경적인 요소로서 '섬'이라는 고립된 환경으로 인해 강한 동류의식이 형성되었을 수도 있지만, 이와는 별도로 그들만의 네트워크를 강화시키기 위해서는 강한 소속감에 의한 연대의식의 강화가 필수적이었다. 인적네트워크에 대한 오가와(小川伸彦他, 1995)나 그라노베타(Granovetter, 2002)의 연구에서 지적한 바와 같이 어느 사회나 사람들 간의 네트워크(연결망)를 통한 연대의식은 단체나 조직의 주기적인 모임과 만남을 통해 강화되기도 한다. 즉 소속단체나 회원들 간의 주기적인 만남을 통해 상호 결속력을 강화시킬 수 있으며, 재일제주인의 경우 이문웅(1989)이 지적한 바와 같이 '제사문화'가 그 역할을 담당했다는 것이다.

전술한 바와 같이 재일제주인들이 주관하는 제사의 특징은 장남계의 부계혈통만 참여하는 것이 아니라 외손과 사돈, 친한 이웃들이 모두 참석하여 조상제사를 통해 그들 간의 결속력이 강화되는 기회를 제공해 주었다. 따라서 재일제주인들은 이주지에서 친척 중심의 네트워크를 초월하여 훨씬 광범위한 사회적 네트워크 구축이 가능했으며, 일본에서도 강한 네트워크를 통해 마이너리티 집단에 대한 민족차별을 극복해 나갈 수 있었다. 1984년 제주도 조천리 출신 김진익의 '조천의 이름에 걸맞는 삶'이라는 칼럼은 다음과 같이 언급하고 있다.

"조천이라는 이름의 가장 깊은 의미는 어둠을 깨부수고 광명의 아침을 맞이하는 선구자의 기개를 상징하고 있다. 우리들은 무엇보다도 이것을 자랑삼아 '조천'의 이름에 부끄럽지 않는 삶을 살아가지 않으면 안 된다. 인생은 짧다. 짧은 인생을 어떻게 살 것이며 어떻게 살아갈 것인가는 개인들에게 매우 중요한 문제이다. -중략- 돈이 있는 사람은 돈으로 힘이 있는 사람은 힘으로 지식이 있는 사람은 지식으로 사회에 기여하는 것, 이것이 '조천'의 이름에 걸맞는 삶이다."

또한 1985년 한윤병 상조회장은 인사말에서 자신의 고향관이나 상조회에 대한 애착심을 다음과 같이 소개하였다.

"내가 상조회장이 된 것은 우리 고향의 우수한 선배들의 가르침이 있었기 때문이다. 일제 강점기 조국을 되찾기 위해 활약하신 선인들의 뒤를 따라가고자 하는 마음이 강했기 때문이다. 그러한 선배들의 정신은 지금도 우리 상조회에 흐르고 있다고 생각한다. 내가 상조회 일을 맡게 된 것은 이러한 우리 선열들의 정신을 후대까지 전달해야 한다는 사명감과 의지가 있었기 때문이다."

이상에서 볼 수 있는 바와 같이 재일제주인들에게는 고향인 제주 도에 대한 자부심과 그것을 지키고자 하는 의식·무의식들이 잠재하고 있으며, 고향관은 출신지보다는 제주도의 피와 그들 주변인 상호 간의 인지에 의해 결정된 것으로 볼 수 있을 것이다.

4) 습합문화로서 '조선절' 건립과 정체성 유지

어느 사회를 가든 이민자 집단은 종교적이든 비종교적이든 그들 집단의 결속력을 강화시키는데 필요한 단체나 시설을 필요로 한다. 세계의 대표적인 마이너리티 집단의 경우를 보면, 화교 디아스포라는 사당, 코리안 디아스포라는 교회, 유대인 디아스포라는 회당 등을 중심으로 공동체를 형성하여 민족정체성을 유지하거나 강화시켜 왔다. 그곳을 중심으로 디아스포라 집단들은 상호부조와 연대의식, 정체성 강화, 상호 존재를 확인해왔다. 마이너리티 집단의 타운화도 이러한 현상의 일종으로 설명될 수 있을 것이다.

재일제주인의 생활을 생태학적 차원에서 접근한 이문웅(1988)은 왜 일본에서 제주인들이 '조선절'을 번창시켰는가? 라는 질문에 대해 잘 설명해 주고 있다. 그는 제주도는 원래 무속의 고장으로서 바다생활이라는 예기치 못한 생활상의 위기를 극복해 나가기 위한 지혜가 무속형식으로 나타났다고 주장하였다.[21] 이러한 제주도의 생태학적 조건이 일본에서도 제주인들에게 무속적 생활양식을 유지하게 만들었으며, 이코마산 시기산(生駒山信貴山) 자락에 수많은 조선절을 세우기 시작했다고 주장하였다.

재일제주인들은 1923년 경 일본에 본격적으로 이주하기 시작하였으며, 1940년대 태평양 전쟁을 통해 일본에서 경제적 지위가 상승하자 집거지역인 이쿠노쿠와 가까운 이코마산지(生駒山地)에 조선절(한국절)을 세우기 시작했다. 제2차세계대전 후에도 오사카지역에서 유리한 경제활동을 전개할 수 있었던 그들은 축적된 자본을 가지고 오사카지역에 많은 '조선절'을 건립하였다. 1960년 중반 재일제주인들은 오사카지역에 이미 40~50개의 한국절을 세웠다고 한다.[22] 1980년경에는 조선절이 65개 정도로 증가하였으며 소유주의 출신지도 대부분이 제주도였고 경남이 10여 명, 기타지역이 3명 정도였던 것으로 나타났다.[23]

재일제주인들이 이렇게 많은 조선절을 세우게 된 것은 제주도가 섬이라는 특성상 무속신앙이 강했으며 이주지 일본에서도 제주도 무속의 굿판을 그대로 필요로 했기 때문이다. 사실 조선절은 불교형식을 취하고는 있지만 대부분 무속업을 중심으로 하고 있다는 점에

---

21) 이문웅, 앞의 논문, 1988, p.55.

22) 高承済, 『韓国移民史研究』, ソウル:章文閣, 1973, p.275참조.

23) 이문웅, 앞의 논문, 1988, p.84.

서 이는 쉽게 이해할 수 있을 것이다. 기본적으로 조선절은 일본의 불교문화와 조선의 무속이 습합되면서 '조선절의 굿'이라는 독특한 형태로 나타난 것으로 볼 수 있다. 오사카에 정착한 재일제주인들은 일본의 불교문화 속에서 굿판을 행사할 수 있는 장소를 찾다가 이를 절충하는 형식의 '조선절'을 세우기 시작했던 것이다. 조선절은 재일제주인의 조상숭배를 위한 묘지관리와 무속신앙의 의례를 통해 그들의 정체성을 유지하고 강화시켜 주는 기능을 수행해 왔다.

이상과 같이 재일제주인들은 독특한 제사문화와 조선절을 통해 그들의 정체성을 형성·강화·유지시켜온 것으로 보인다. 재일제주인들이 제사문화의 하나로서 오사카에 조선절을 건립한 것은 친척들끼리 정기적으로 모여 자기 소속을 확인시켜주고 친족관계를 유지·강화시키는 정신적인 정체감 형성의 메카니즘 역할을 수행하였기 때문인 것으로 보인다.

4. 재일제주인의 제주도와의 경제적 교류 활동 분석

1. 재일제주인의 마을회 설립과 고향 기부 활동

그러면 재일제주인들이 마을회나 종친회, 상조회를 통해 그들의 정체성을 확고하게 유지하면서 제주도와의 경제적 교류는 어떻게 해왔는지 구체적으로 살펴보자. 제주도특별자치시의 발표에 따르면 1960년대 이후 2007년까지 재일제주인의 공식 기증금액은 281억 원 달한다.[24] 전술한 바와 같이 안미정(2008)은 이러한 재일제주인의 기부행위를 공식적 기부와 비공식적 기부로 분류하였는데,

여기에서는 먼저 비공식적인 기부에 해당되는 것만을 살펴보도록 하겠다.

다음 <표 2>는 '재동일본조천리상조회'에서 30년간 실시한 주요 사업내용을 정리한 것이다. 조천리마을 출신을 중심으로 하는 상조회는 1956년 부인회의 주도로 창립되어 고향 출신자들 및 제주도 고향에 대한 기부와 지원활동을 펼쳐왔다. 상조회는 1970년대 전성기를 맞이하여 한때 회원이 200명을 초과하기도 했다. 그러나 1970년대 중반 이후 기존 회원의 감소로 청년회가 등장하기 시작했다. 1980년대 이후에는 차세대의 정체성 약화로 조직 강화를 실현하기 위해 상조회 청년부를 대상으로 강연회와 한국어교실 개설 등 다양한 활동을 전개하였다.

〈표 2〉 재일제주인 상조회 30주년 주요사업 내용(1956년~1986년)[25]

연도	주요 사업 내용
1956년	김봉인 여사 중심의 부인들 주도로 상조회 결성, 창립대회 아사쿠사 고려상점, 초대회장 원병건 씨 추대
1959년	일본 오무라수용소 고향출신에게 위문품 전달
1966년	제주도 고향에 소방차 기증
1968년	제주도 조천리 전기가설을 위한 모금운동 전개, 성금 기부
1974년	명칭 '재동일본조천리상조회'로 개칭, 45세대 149명 물놀이 참가
1975년	물놀이 1박2일 50세대 191명 참가, 본회기 센다이 고상협 씨 기증
1976년	청년부 창설대회, 청년 24명 참가, 물놀이 1박2일 58세대 208명 참가
1978년	물놀이 1박2일 온천여행 103명 참가, 청년부 송년회
1980년	물놀이 1박2일 온천여행 130명 참가, 청년부 송년회
1981년	청년부 제1회 강연회 개최
1982년	상조회 회보 제1호 발행, 청년회 국어교실 개강식 및 제2회 강연회
1983년	청년부 제3회 강연회, 회원실태조사
1984년	청년부 제9회 송년회 30명 참가
1985년	청년부 제10회 송년회 39명 참가
1986년	회보 7호 발행, 청년부 골프대회 12명 참가, 본회 결성 30주년 물놀이

---

24) 제주특별자치도(2007), 『愛鄕의 보람』(해동인쇄사)에서 합산한 금액을 가리킴.

이와 같이 재일제주인 1세들은 마을회나 친목회, 조선절을 중심으로 제주인으로서의 정체성을 확고히 다지는 한편, 고향에 대한 애향심을 발휘하여 고향 제주도에 대한 기부와 경제적 지원을 위한 투자에 눈길을 돌렸다. 그들은 고향에 많은 기부금과 물품을 보내주었고 조천리상조회만 하더라도 조천리에 소방차 기증, 초등학교 교육관련 물품제공, 마을 도로정비와 전기가설, 가로등 설치 등 제주인을 위한 생활 인프라 정비지원, 노인복지회관 건립지원, 총동창회 창립 등을 지원하였다.

이러한 애향정신이 강한 재일제주인의 정체성은 처음에는 1세들로 하여금 고향에 대한 대규모 투자와 감귤산업 조성으로 발현되었던 것으로 생각된다. 그러나 최근 차세대 재일제주인들의 정체성 약화, 고향에 대한 애향심 희박 등으로 친목회의 활동이 많이 위축되고 있으며 제주도와의 새로운 관계설정이 시급한 것으로 보인다.

2. '재일본제주개발협회' 창립과 제주 발전에의 공헌

여기에서는 '재일본제주개발협회(이하 '협회'로 통일)'가 발간한 『애향무한(1991)』을 통해 1961년부터 1990년까지의 활동내역을 중심으로 재일제주인과 제주도와의 관계를 살펴보고자 한다. <표 3>에 제시한 바와 같이 재일본제주개발협회는 재일본제주도 출신자들만을 회원으로 가입시켜 제주도의 경제발전과 문화향상을 도모하고 상호 이익증진을 목적으로 1961년 2월 창립총회를 열고 본격적인 활

---

25) 이 표는 1986년 10월 1일 발행된 '재동일본조천리상조회보'를 근거로 필자가 작성. 상세한 내용은 본 회보를 참조하기 바람.

동에 돌입했다. 협회의 사업 목적은 제주개발을 위한 조사연구, 기업
설립과 운영, 투자 및 기술알선, 기술자 양성, 기부활동, 기관지 발행
등이었다.

〈표 3〉 재일본제주개발협회의 제주도와의 기부 및 교류 현황(1961~1990년)[27]

연도	제주도 기부 및 투자 관련 주요 내용
1961년	2월 25일 창립대회, 고원일 이사장 고향개발 자료수집과 실태조사, 제주시 건설기금 기탁, 제주시 동부두-비행장 간 도로포장 착공, 제주도에 무선단파 전화 개통
1962년	제1차 향토방문단 제주도 방문, 개발기금, 의료기구, 현미경 등 기증 제주상사주식회사 창립총회, 제주오현고야구단 시모노세키 방문 전남순천 수해이재민 구제의연금 33,000엔 전달 제주-서귀포 간 횡단도로 기공식, 농촌진흥청 제주시험장 발족, 한림-대정 간 산간노선 개통, 제주관광호텔 기공
1963년	제주도대표 방일 친선시찰 제주 고향에 사쿠라 및 감귤 묘목 17,000그루, 제주대학에 도서 118권 기증 한규철 복싱선수 방한격려 환송회, 본국 식량난 구원금 36만 엔 기탁 김평진 문화훈장 국민장 수상, 제주재일교포친목회 발족, 제주시민회관 기공 제주-부산 간 정기여객선 '도라지호' 취항
1964년	향토방문단과 재일교포 좌담회 개최, BBS(Big Brothers and Sisters Movement)[26]운동제주연맹에 36,000엔 기증, 김해룡 북제주군교육장에 소학교 교육용 도서 4권 기증, 기관지『한라산』창간호 발행, 제주도 총합개발을 위한 동포기관 및 기업인협회 개최
1965년	제주도 산업개발기술연수생 10명 고베 도착, 기술요원 방일 시찰단, 한국농업연수단 제주도출신 연수생 3명 참가
1966년	제주도 관음사 본산 건설위원회 임원 방일, 제주도민의 밤 개최
1967년	제주도지사환영회 및 제주도민의 밤 개최, 감귤 묘목 17,000그루 송부, 제주도청에 마이크로버스 기증
1968년	감귤묘목 46,000그루 송부, 임원 향토방문단 출발
1969년	감귤묘목 21만 4,000그루 기증, 감귤묘목 10만 7,000그루 기증,『협회뉴스』 창간호 발행, 일본인 감귤재배기술자 안내 출발, 44인승 버스 제주도청 기증, 감귤상 제정, 제주-오사카 국제항공노선 취항, 제주도 여성회관 개관
1970년	감귤묘목 25만 그루 알선 송부, 감귤묘목 18만 그루 알선 송부, 풍수해구원금 161만 원 제주도지사에 전달, 태풍 비리호 제주도 전역 강타 피해 총액 21억 원, 제주도총합개발계획안 총투자규모 906억 원에 달함
1971년	제1회연수생보증인회, 청년부 국어강습회 개최, 제주일주도로 포장준공식, 제주도총합개발5개년계획 1972-1976년
1972년	제주신문사와 제주개발협회 공동 제2회 제주도일주 역전마라톤대회, 연수생보증인회, 농기구 기증알선 전달, 상하 추자도를 연결하는 추자교 156미터 완공

1973년	기술연수생 수료식, 제8차 향토방문단 출발, 청년부 볼링대회, 제주도감귤협회시찰단 초청 도일, 제주도원예기술연수생 초청 도일, 제주도가로수 조성 10년 계획(10년간 11만 6,000그루 식목)
1974년	제주대학 교수 방일시찰단 간담회, 제주도개발연구회의(동경 내 100여 명 참가)
1975년	제10차 향토방문단출발, 오키나와 국제해양박람회 한국관 마스코트로 제주도 상징인 돌하루방 채택
1976년	제11차 향토방문단 출발, 제주상사주식회사 15회 정기총회, 청년추석 성묘단 제주도 출발
1977년	재서울제주도민회 강자량 회장 도일, 제12차 향토방문단 출발, 제주산업시찰단 도일, 제주상사주식회사 제15기 주주 정기총회 개최
1978년	재서울제주도민회 강자량 회장 도일, 김인학 제주농촌진흥원장 센다이지부 초청 도일, 김황수 제주도 교육감 도일
1979년	제주도농업기술연수생 도일, 변정일 국회의원 도일, 제주상사주식회사 제17기 주주총회, 제14차 향토방문단출발, 신기옥제주부지사도일, 농업기술연수생 수료
1980년	변정일 국회의원 간담회 개최
1981년	제주도해외교육시찰단 간담회, 현경대 국회의원, 강보성 국회의원 도일
1982년	『협회뉴스』 개칭하여 『제주개발협회신보』 제28호 발행 한국방송공사 제주도방송국 초청 도일, 최재영 제주도 지사 도일
1983년	호텔 파크사이드에서 제주상사주식회사 제21기 주주 정기총회, 제16차 향토방문단 출발, 제4회 향토학교 개교
1984년	제우회 설립, 제13회 전국소년체육대회 본 협회 2억 5,100만원 모금 제주도에 전달, 제주대 총장 도일
1985년	고한준 국회의원 도일, 제주도관광협회 일행 도일, 제주상사주식회사 제23기 주주 정기총회, 제18차 향토방문단 출발, 제5회 하계향토학교 개교, 제주도농업시찰단 도일, KBS제주방송국 도일, 장병구 제주도 지사 도일, 제주개발협회신보 제30호 발행
1986년	상임임원 제주도청 방문 화예단지조성 기금 1,300만 원 기증, 김두희 제주대학 총장 도일
1987년	이기빈 국회의원 도일, 제주도출신 유학생 교류야유회, 제주상사주식회사 제26기 주주 정기총회, 박복찬 제주도지사 도일, 제6회 하계향토학교 개교, 제주도 수해의연금 500만 원 제주도 지사에 전달, 제주도 감귤시찰단 도일, 제주도 JC에 100만 원 기증, 제주개발협회신보 제31호 발행
1988년	감귤기술연수생 도일, 강보성, 고세진 국회의원 도일
1989년	이군보 제주도 지사 도일, 제주상사주식회사 제28기 주주 정기총회, 제7회 하계향토학교 개교, 제주도출신 유학생 간담회, 제주도농업시찰단 도일, 제주개발협회신보 제32호 발행
1990년	청년부 강연회(김경득 변호사), 제주신문사 제주농업좌담회, 제주도 감귤아가씨 도일, 고세진 국회의원 외 4명 도일

---

26) http://newsis.com / country / view.htm?ar_ id = NISX20121218_0011697412&cID = 10804&pID=10800 (2014년 6월 2일 검색). 1904년 미국 뉴욕에서 처음 시작된 이래 현재는 세계 각국에

협회의 주요 목적 중의 하나인 언론 및 기관지 발행은 두 가지 형
태로 나타났다. 하나는 1969년 창간한 『협회뉴스』이고, 다른 하나는
1964년 12월 창간한 기관지 『한라산』이었다. 『협회뉴스』는 이후
1982년 『제주개발협회신보』로 개명하여 발행되어 왔다.[28] 협회는
원래 목적에 부합되도록 재일제주인과 제주도와의 상호교류를 도모
하기 위해 설립 이후 다음과 같은 활동들을 추진해왔다.

먼저 제주도에서의 기업의 설립과 운영측면에서 1962년 6월에
'제주상사주식회사'를 설립하기 위해 창립총회를 개최하고 본격적
인 활동에 들어갔다. 이후 1962년부터 제1차 향토방문단과 제주도
방일시찰단을 일본에 초청하였다. 1963년에는 제주도에 감귤묘목
17,000그루와 제주대학교에 도서 118권 기증, 모국 식량난 지원금으
로 36만 엔을 기부하였다. 특히 제주도에 감귤묘목을 기부한 이후
에는 지속적인 사후관리 차원에서 제주도 농업시찰단, 제주도 산업
방일 시찰단, 제주도 산업개발 기술연수생, 감귤산업진흥 및 농업
기술연수생 등을 일본에 초청함으로서 감귤산업의 진흥을 적극 지
원하였다.[29]

결성되어 비행청소년과의 1:1 결연을 통해 그들의 친구, 형, 부모역할로 도와주거나
이끌어 주는 일을 하고 있음.

27) 在日本済州開発協会(1991) 『愛郷無限―在日本済州開発協会30年誌』, ケイピー・エス
(株), pp.296-315. 위 내용에서 제주도 관련 주요 내용만 필자가 발췌하여 작성한 것임.

28) 협회가 발행한 기관지 '협회뉴스'와 '한라산'은 재일제주인들을 이해하는데 있어 대단히
중요한 자료로 생각되며, 이에 대한 자세한 연구는 지면상 별도의 논문에서 다루기로
한다. 더불어 이후 발행된 재일제주인 관련 기관지나 잡지 등의 연구도 필요할 것으로
생각된다.

29) 재일제주인의 감귤산업, 제주관광투자, 고향 기부실적 등에 자세한 내용은 재외동포재단,
『母国을 향한 在日同胞의 100年足跡』, 재일동포모국공적조사위원회, 2008, pp.154-177
참조.

또한 협회는 1975년 차세대 청년들을 위한 모국추석성묘단, 1978년 향토학교 개교 등을 통해 재일제주인 2,3세들의 모국방문과 정체성 강화에도 주력하였다. 또한 협회는 창립 이후 해마다 제주 지역 출신 정치인들과의 교류를 활성화시키기 위해 제주도지사 및 지역 국회의원들을 적극 초청하여 재일제주인과의 교류를 확대해나갔다. 1987년부터는 제주도 출신 유학생과의 교류를 추진하여 장학금이나 일자리 알선 등 유학생활을 지원하기도 했다.

3. 재일제주인의 집합장소

전술한 바와 같이 재일제주인들은 '재일본제주개발협회' 창립 이후 모국 제주도에서 제주도 농업시찰단, 제주도 산업 방일 시찰단, 제주도산업개발기술연수생, 감귤산업진흥 및 농업기술연수생 등을 일본에 적극적으로 초청하여 제주발전을 위한 인재양성을 지속적으로 지원하였다. 이에 따라 제주도로부터 많은 정치가나 학자, 연구자들이 도일하였으며, 협회의 정기총회나 모임, 제주상사주식회사의 주주총회, 유학생 교류 등의 모임을 개최하기 시작했다. 협회가 이러한 모임을 개최한 장소를 살펴보면 주로 만수산, 동천홍, 다카라호텔, 대성관, 금봉원, 식도원, 호텔파크사이드 등이었다. 재일제주인과 이들 장소와의 관계를 밝히는 것도 차후 상당히 중요한 연구과제가 될 것으로 생각된다.

재일제주인들의 일본에서의 집합장소를 구체적으로 살펴보면 1960년대에는 만수산, 동천홍, 다카라호텔 등 이었고, 1970년대에는 대성관, 금봉원, 식도원, 1980년대에는 호텔파크사이드였다. 이들 장

소 역시 재일제주인들의 역사와 함께 조금씩 변모해왔으며 향후 보
존적 차원에서 생존자의 생애구술자료나 사료수집 등 구체적 사례
조사가 필요할 것으로 생각된다.

　이상과 같이 재일제주인들의 경제적 교류 측면에서 재일제주인
상조회 30년의 활동과 재일본제주개발협회 30년사의 특징을 비교
분석한 결과는 다음 <표 4>와 같다.

〈표 4〉 제주도의 교류 및 기부 형태로 본 차이점과 공통점[30]

재일제주인 마을회(상조회)	재일본제주개발협회
1910년 이후 오사카를 중심으로 한 제주인의 증가와 1923년 제주-오사카 간 기미가요마루(君が代丸) 취항으로 오사카중심 사회에서 도쿄 등 일본 전국적으로 이산. 재일제주인들은 제주도 역사와 제주인에 대한 자부심으로 재일제주인의 정체성 형성. 재일제주인들은 일찍부터 제주인의 정체성을 근거로 재일제주인 사회에 강한 연대의 네트워크 형성. 특히 1956년 이후 마을회(이민회, 상조회)가 형성되어 출신지 중심으로 모국 기부 및 지원활동 전개. 재일제주인 마을회를 중심으로 출신지역에 대한 소규모 기부활동.	재일본제주도 출신자들이 1961년 '재일본제주개발협회'를 발족시켜 제주개발을 위한 조사연구, 기업 설립과 운영, 투자 및 기술알선, 기술자 양성, 기부활동, 기관지 발행 등 다양한 활동 전개. 1962년 6월에 제주 투자 및 개발지원을 위한 '제주상사주식회사' 설립. 제주도 출신이라는 정체성을 바탕으로 마을회(상조회)중심에서 '재일본제주개발협회'와 같은 재일제주인 중심의 네트워크 구축. 이를 통해 출신지역에 따라 제주도에 대규모 투자개발 및 기부활동 전개
재일제주인 네트워크의 특징은 마을회 중심의 강한 연대인 과소화 된 네트워크 구축, '재일본제주개발협회의'와 같은 대규모 조직을 통한 약한 연대의 과도화 된 다차원적인 네트워크 구축, 그리고 이를 통한 재일제주인 개인 간 상호부조와 대규모 조직 간 경제적 교류가 가능했음.	

　먼저 재일제주인 상조회의 형성에 대하여 살펴보자. 1910년 일제
강점기가 시작되면서 제주인들이 도항하기 시작하였고 1923년 제주

---

30) 이 표는 논문의 분석자료를 근거로 필자가 작성하였음.

-오사카 간 항로개설로 많은 제주인들이 오사카로 모여들었으며 점차 도쿄나 기타 대도시로 이동했을 것으로 생각된다. 재일제주인들은 강한 제주인의 정체성을 바탕으로 1956년에는 '상조회'를 결성할 수 있었고, 이를 통해 자신들의 출신지를 중심으로 기부활동을 전개하였다.

재일제주인들은 점차 재일제주인만의 모임이라는 틀에서 벗어나 좀더 확대된 차원에서 1961년 '재일본제주개발협회'를 발족시키고 1962년 6월에는 제주 투자 및 개발을 위한 '제주상사주식회사'을 설립하였다. 이것은 재일제주인들이 기존 마을회 중심의 네트워크에서 벗어나 재일제주인 상호 간의 확대된 네트워크를 구축할 수 있었다는 것을 의미한다. 이러한 연구결과는 그라노베타(Granovetter, 2002)가 주장하는 약한 연대의 가설을 어느 정도 뒷받침하는 증거라고 할 수 있을 것이다.

4. 재외제주인의 제주도에 대한 기증

이번에는 재일제주인의 제주도 발전을 위한 경제적 역할은 어느 정도인지 살펴보고자 한다. <표 5>에 제시한 바와 같이 재외제주인들은 1960년대부터 제주도 경제발전을 위해 많은 공헌을 한 것으로 알려지고 있다. 1960년대부터 2007년까지 재외제주인의 제주도에 대한 기증실적은 총 8,640건에 이르며 총 금액은 281억 원에 달했다.

<표 5>의 금액은 재외제주인들이 개인적으로 친족이나 마을회에 기부한 물품이나 현금 기부 등을 제외한 금액으로, 이들 모두를 합치면 상당한 금액에 이를 것으로 추정된다. 특히 1980년대 이전까지

는 재일제주인들의 기증이 현저한 것으로 나타났지만 1990년대 이후에는 미국이나 한국에 거주하는 제주인들의 기부가 증가했다는데 주목할 필요가 있을 것이다.

〈표 5〉 재외제주인의 제주도 기증 실적(2007년 6월 기준)[31]

연도별	교육사업	공공사업	문화사업	기타	총 건수	합계
1960년대	277,613	71,992	80,217	8,010	1,966	437,832
1970년대	338,775	616,405	220,836	107,252	2,837	1,283,268
1980년대	7,136,222	3,894,924	317,789	233,853	1,825	11,582,788
1990년대	6,281,027	2,825,706	123,320	328,172	1,543	9,558,225
2000년대	4,572,904	523,029	2,000	168,053	469	5,265,986
합계	18,606,541	7,932,056	744,162	845,340	8,640	28,128,099

재외제주인들의 기부금액 내역을 살펴보면 총 금액 382억 원 가운데 교육사업이 186억 원, 새마을운동 등 공공사업 79억 원, 문화육성사업이 7억 원, 기타 8억 원 등으로 나타났다. 교육사업에는 초등학교나 중학교에 비품제공 및 학교 건축기금, 학술전문도서 기증 등이 해당된다. 새마을운동 등 공공사업은 경운기, 분무기, 트랙터, 양수기, 탈곡기, 원동기 등을 기증한 것을 일컫는다.

재일제주인들은 1984년 제주도에서 개최된 전국체전을 위한 모금운동을 전개하여 도쿄지역에서 2억9,400만 원, 오사카지역 8억9,537만 원, 효고현과 치바현 등에서 8,250만 원 등 총 12억7,187만 원의 성금을 모금하여 기증하기도 했다. 그리고 2002년 한일월드컵 공동개최 시에는 서귀포시 월드컵경기장 건설기금으로 2억 원을 기증하기도 했다.

---

31) 済州特別自治道平和協力課, 『愛郷의 보람』, 2007년 증보판, p.43.

5. 결론 및 시사점

이 연구의 목적은 제일제주인의 도일과 공동체 형성, 재일제주인의 고향과 정체성의 관계, 제주도와의 경제적 교류 관계 등을 규명하는데 있었다. 특히 이 논문에서는 재일제주인들이 일본에서 어떻게 그들만의 정체성을 형성할 수 있었고 이러한 정체성을 바탕으로 사회적 네트워크를 구축하여 제주도와의 관계형성 및 적극적인 경제 교류가 가능했는지에 대하여 고찰하였다.

이 논문에서 사용된 분석자료는 '재동일본조천리상조회보(1982-1992)'와 재일본제주개발협회가 발행한 『애향무한(1991)』에서 1961년부터 1990년까지의 활동내역을 중심으로 재일제주인의 정체성과 경제적 교류관계에 제한하여 분석하였다.

연구결과는 다음과 같다.

첫째, 재일제주인들은 제주도의 역사와 제주인으로서의 대한 자부심, 1910년 이후 오사카를 중심으로 한 제주인의 증가와 일본 전국으로의 확산, 이를 바탕으로 1956년 이후 제주인의 정체성을 근거로 한 마을회 중심의 재일제주인 사회를 형성하였다.

둘째, 재일제주인들은 1961년 '재일본제주개발협회'를 발족시켜 이 조직을 통해 본격적으로 제주개발을 위한 조사연구, 기업 설립과 운영, 투자 및 기술알선, 기술자 양성, 기부활동, 기관지 발행 등 다양한 활동을 전개해왔다.

셋째, 재일제주인들이 이러한 마을회(이민회)나 재일본제주개발협회와 같은 소규모 조직과 대규모 단체들을 대대적으로 일본에서 창립할 수 있었던 계기는 제주도 출신이라는 정체성의 존재와 이를 바탕으로 한 상호 네트워크 구축이었다. 이러한 재일제주인 네트워크의 특징은 과소화 된 마을회 중심의 네트워크 구축과 과도화 된 '재일본제주개발협회의'라는 다차원적인 네트워크 구축을 통해 개인 간의 상호부조는 물론이고 단체조직 간의 경제적 교류가 가능하게 했다.

결론적으로 재일제주인들은 해방 전후 모국에서도 육지와 떨어진 섬 출신이라는 점, 일본 내에서는 민족차별을 당하는 재일코리안 내의 제주도 출신이라는 점에 의해 그들만의 독특한 정체성이 형성되었다. 그리고 한국과 일본에서 치열한 디아스포라적 삶을 경험한 재일제주인들은 애향정신의 표현과 경제적 교류의 장소로서 고향인 제주도를 선택한 것으로 보인다. 이러한 재일제주인의 애향정신은 일본에서의 삶과 고향제주를 잇는 가교역할을 수행하였고, 이는 1990년대 초반까지 계승되어 왔다. 그리고 이러한 재일제주인의 기부활동은 글로벌시대 한국 내 제주인들의 제주도 기부뿐만 아니라 재미제주인들에게까지 확산되었다는 데 큰 의의가 있다. 향후 이에 대한 좀더 자세한 연구가 필요할 것으로 생각된다.

최근 재일코리안 사회의 고령화와 정체성의 변용은 재일제주인 사회가 당면하고 있는 문제와 동일하게 나타나고 있다. 재일제주인 사회는 재일코리안 사회가 직면하고 있는 차세대의 정체성 약화, 고향에 대한 애향심의 희박 등으로 마을회와 경제적 교류활동이 위축되고 있으며 이는 과거와는 다른 차원의 제주도와의 관계설정이 시급함을 말해주고 있다. 이는 지금까지 재일제주인으로부터 사랑받아온 제주도가 그들에 대한 배려의 차원으로 바뀌어야 한다는 것을 의미하며, 반대로 제주도 발전을 위해 혼신을 다해 온 재일제주인을 위한 제주도 차원의 다각적인 정책이 수립되어야 할 시점에 와 있다는 점을 말해 주고 있다.

이 연구는 재일제주인의 정체성 형성과 제주도와의 경제적 교류 차원에서 1950년대 이후 1990년대까지의 제한된 자료에 의존하고 있다는데 한계점을 가지고 있다. 향후 연구에서는 이러한 자료의 한계를 극복하는 차원에서 재일제주인뿐만 아니라 전 세계 제주인의 초국적 투자와 기부행위에 대해 세계 각국에서 생산·수집된 자료를 통한 실질적인 접근이 필요할 것으로 생각된다.

밀항·오무라수용소·제주도

오사카와 제주도를 잇는 '밀항'의 네트워크

현무암(玄武岩)

홋카이도대학 대학원 미디어·커뮤니케이션연구원 준교수

1. 헤테로토피아(heterotopia)의 오무라수용소

일본 제국의 붕괴는 지배 영역의 공간적인 축소뿐만 아니라 제국 신민의 해체도 가져왔다. 새로 그어진 경계를 축으로 해서 일본인은 '내지(內地)'로 귀환하고, 일본 혹은 제국 각지로 이주하거나 강제적으로 이주해야 했던 사람들은 잇달아 고향으로의 귀환길에 올랐다. 해방 당시 200만 명에 이르던 재일조선인도 약 반년 사이에 반 수 이상이 귀환하게 되는데, 그때는 귀환한 사람들이 다시 일본으로 도항하는 상황이었다. 하지만 발각되면 '불법입국'으로 다루어져 본국으로 강제송환되는데, 그 과정에 '오무라(大村) 입국자 수용소'(이하 오무라수용소)가 있었다.

오무라수용소는 제국주의 국가에서 국민국가로 수축되는 과정에서 형성된 일본의 출입국 관리 정책의 산물이다. 국가 간의 파워 폴리틱스 안에서 사람의 이동이 통제되고 관리하에 놓이자, 생활 공간은 단절되고 가족들과 떨어져서 살아야 했다. 인위적인 경계 재설정에 의한 영토 변경과 해방 전부터 계속되어온 생활 네트워크의 공간적 모순은, 국경 관리를 헤쳐나가는 '비합법적'인 이동을 유발했다. 국경을 넘는 수단으로 '밀항'이라는 방법에 의존할 수밖에 없었던 것이다. 이렇게 해서 일본으로 건너간 '불법 밀입국 조선인'의 '추방기지'가 오무라수용소였던 것이다.

그런데 일본의 출입국 관리체제는 '밀입국 조선인'의 단속뿐만 아니라 조선인 전체를 통제·관리하는 차원에서 추진되었다. 궁극적으로는 모든 조선인을 일본 내에서 쫓아내려는 의도가 있었던 것이다. 재일조선인운동이 일본공산당과 결탁하여 한신(阪神)교육투쟁 등의 사건에서 점령군과 정면으로 충돌하자, 일본 정부는 '밀입국자'는 말할 것도 없고 '파괴적 조선인'을 모두 강제송환시키겠다는 의도를 숨기지 않았다.

이러한 '냉전의 공간'에서 오무라수용소는 '자신의 외부 혹은 타자와의 분할과 격리, 배제에 의해 스스로를 구성하는 경계'로서 탄생한, 국가의 본성이 드러나는 '다른 장소'였다. 미셸 푸코는 "모든 문화나 문명의 내부에는 사회적 조직체 안에서 디자인되어 있는, 현실에 존재하는 장소이면서도 일종의 반(反) 배치라 할 수 있는 장소가 있다"고 했다. 그 장소는 '문화의 내부에 있는 다른 모든 배치가 표상화되는 동시에 이의제기되고 역전되는' 공간이다. 이처럼 '구체적인 위치가 한정되어 있으면서도 모든 장소의 외부에 있는' 공간을 푸코는 '헤테로토피아(heterotopia, 혼재향)'라고 불렀다.[1]

---

1) ミシェル・フーコー, 『ミシェル・フーコー思想集成 X』, 筑摩書房, 2002年, 280쪽.

오무라수용소야 말로 '다른 장소'로서의 헤테로토피아라 할 수 있다. 오무라라고 하는 구체적인 장소에 위치하면서도 일본 사회와는 떨어진 외부 장소인 오무라수용소는 망명자, 고향을 등지거나 고국을 이탈한 자, 방랑자 등의 이동 경험을 강제송환이라는 명목하에 용해하는 장소였다. 베트남 파병을 피해 탈영하여 밀항한 군인도, 원자폭탄으로 인한 상처를 치료하기 위해 밀항할 수밖에 없었던 피폭자도 모두 '밀항자'였기 때문에 오무라수용소로 보내졌다. 해방 이전부터 일본에 거주해 왔더라도, 범죄자나 공공의 부담이 되는 자는 강제송환의 대상이 되었다.

이러한 헤테로토피아에서의 다원적 주체의 입장에 의한 '디아스포라적 계기'를 더 파고들면 표류나 이동에 관계된 여러 역사적인 경험 사이의 연결을 밝히는데 도움이 될 수 있다.[2] 그래서 이 글에서는 '주어진 사회에 있어서 잡다하고 이질적이며, 우리의 생활공간에 대해 신비적이고 현실적인 이의 제기를 하는' 헤테로토피아로서 오무라수용소를 파악하기로 한다.

그렇게함으로써 지금까지 이동의 경험으로 거의 되돌아보지 않았던 '밀항'이라고 하는 실천을 역사의 무대로 끌어올릴 수 있을 것이다.[3] 바꿔 말하면 강제퇴거라고 하는 국민국가 체제의 출구에 내던져진 사람들의 다양한 이동의 경험을, 이동의 중단을 의미하는 강제

---

2) カレン・カプラン(村山淳彦訳), 『移動の時代』, 未来社, 2003年, 246쪽.
3) '밀항'은 그것이 어쩔 수 없이 내재하는 '불법'이라는 이미지와, 또한 실정법에 의한 '밀항자'의 불가시성에 의해 지금까지는 생활사 레벨이나 인터뷰 등의 방법에 의한 체험에 기반하는 기술이 주된 연구방법이었다. 이러한 연구방법으로 접근한 제주도에서 일본으로의 '밀항'에 대한 연구로는, 高鮮徽, 『20世紀の滞日済州島人－その生活過程と意識』, 明石書店, 1998年이 있다.

송환으로부터 떼어내어 의미부여를 할 수 있다. 특히 제주도와 오사카를 잇는 네트워크를 오무라수용소로부터 바라보고자 한다.

2. 피폭자·탈주병·자이니치

서로 연관성이 없어 보이는 '피폭자'와 '탈주병', 그리고 재일한국·조선인 형법 위반자는 오무라수용소에서 만나게 된다. '서로 양립하지 않는 복수의 공간이나 배치를 하나의 현실에 병치시키는 힘을 가진' 헤테로토피아로서의 오무라수용소는 '다른 장소'를 구성하여 일본 사회 안에 있는 다른 현실의 장소를 표상하는 것이다.

원폭피해자의 '특별한 희생'에 대한 구제 조치로서 1957년에 '원자폭탄 피폭자의 의료 등에 관한 법률(원폭의료법)'이 시행되었지만 재외 피폭자는 제외되어 왔다. 히로시마와 나가사키에 투하된 원자폭탄 피해자의 10명 중 한 명이 조선인이었듯,[4] 해방 후 한반도로 귀환한 사람들 중에는 다수의 피폭자도 포함되어 있었다. 그러한 피폭자가 치료를 받을 목적으로 '피폭자 수첩'을 구하기 위해 일본으로 '밀항'하게 되자, 피폭자의 보이지 않았던 면이 드러나게 된다.

일본에서 태어나서 히로시마에서 피폭당한 손진두는 외국인등록을 하지 않았다는 이유로 1951년 7월 한국으로 강제송환되었다. 그 후에도 일본으로의 밀항을 반복하던 그는 1970년 12월에도 밀항을 시도하지만 실패하여 체포되었다. 그런데 손진두가 "히로시마에서

---

4) 市場淳子, 『ヒロシマを持ちかえった人々―「韓国の広島」はなぜ生まれたのか』, 凱風社, 2000年, 27쪽.

피폭당했는데 일본에서 치료를 받기 위해서 밀항했다"고 호소한 것
이 여론을 불러일으켰다.[5]

이처럼 한국으로부터의 '밀항자'가 제기한 한국인 피폭자 문제에
대해 시민단체가 지원 활동을 전개하면서, 재한 피폭자 및 재일 피
폭 한인에 대한 일본의 책임 문제가 불거진다.

출입국관리령 위반으로 징역 10개월의 판결을 받은 손진두는 복
역을 마치고 그대로 오무라수용소로 보내졌다. 시민단체와 함께 '수
첩 소송(피폭자건강수첩 교부신청 기각처분 취소소송)'을 벌이는
등 재판 투쟁을 계속하던 손진두는 1973년 11월 제73차 송환 직전에
일본 외무성과 한국대사관의 최종심사에서 보류가 결정되어 송환이
연기되었다.[6]

오무라수용소에서 전개한 피폭자 수첩 교부를 요구하는 재판에서
송진두 측은 결국 승소했다. '수첩 재판'의 승소는 원폭의료법이 일
본 국적이 아니라도 적용된다고 하면서도, 치료 목적의 일시 입국자
에게는 적용되지 않는다고 해온 후생성(당시)의 원칙을 크게 뒤흔
드는 것이었다. 그 후에도 우여곡절이 있었지만 피폭자들은 지금에
이르기까지는 '밀항'이라고 하는 수단을 통해 그 벽을 깨부술 수밖
에 없었다.

손진두의 재판 투쟁이 한국인 피폭자, 게다가 '밀항'으로 '불법입
국'한 외국인 피폭자라고 하는, '다른 장소'의 존재를 통해서 일본의
법제도를 추궁했다고 한다면, 베트남 파병을 거부하여 일본으로 밀

---

5) 中島竜美, 『朝鮮人被爆者·孫振斗裁判の記録』, 在韓被爆者問題市民会議, 1998年.

6) 「73차 강제송환」, 1973년 11월 26일, 외무부 발송, 『한국인강제퇴거(송환)1973』 외교안
보연구원(현국립외교원) 소장(P-0012).

항한 한국군 병장 김동희의 망명은, 오무라수용소라고 하는 '다른 장소'에 대해 이의를 제기하고 그 전복을 시도하는 행동으로 이어졌다고 할 수 있다.

어린 시절을 일본에서 보낸 김동희는 초등학교 4학년 때 제주도로 돌아가 그 곳에서 중학교와 고등학교(중퇴)를 다녔다.[7] 그 사이에 제주도에서 4·3 항쟁을 경험했고 이것이 군에 대한 불신을 각인시키는 계기가 되었다.[8] 일본에 세 명의 형이 거주하고 있었는데, 김동희는 공부를 하기 위해 형에 의지하여 밀항을 시도했지만 실패했다. 그 후에도 징병 기피 목적으로 밀항을 시도하다 강제송환되어 4개월간 복역한 후 1963년 7월에 입대했다. 베트남 전쟁에 한국이 파병하고 얼마 지나지 않아 동료의 전사가 알려졌다. 그는 탈주를 결심하고 1965년 8월에 밀항했다. 대마도에서 붙잡힌 김동희는 1년 형기를 마치고 바로 오무라수용소로 보내져 강제송환의 위기에 내몰리게 된다.

김동희는 오무라수용소에서 "자유 의지에 의해 조선민주주의인민공화국으로 귀국할 것을 강하게 요구한다"라는 자필 서명의 귀국 희망서를 제출했다.[9] 당시 한국은 일본으로의 망명자가 계속 이어지는 상황에서 일본 정부가 그들을 북한으로 강제퇴거시키는 것에 대해 단호히 반대했으며, 따라서 밀항자를 적발하는 대로 그 정보를 제공하도록 요구하고 있었다.[10] 이러한 사정도 있고 해서 일본 시민

---

7) 鶴見俊輔, 「金東希にとって日本はどういう国か」, 『ベトナム通信』 第2号(復刻版), 不二出版, 1990年.

8) 金東希(金建柱訳), 「私の記録(上)」, 『展望』(第122号), 1969年2月号.

9) 岡正治, 『大村収容所と朝鮮人被爆者』, 「大村収容所と朝鮮人被爆者」, 刊行委員会, 1981年, 10쪽.

단체 지원자들은 오무라수용소에 수용된 김동희의 강제송환을 저지할 양으로 오무라항을 감시하고 있었다.

베트남 파병에 반대하는 한국군 병사의 망명 사건은 미군 탈주병의 지원 활동을 전개하는 '베헤이렌(베트남에 평화를! 시민연합)'에게도 충격적인 일이었다. 베헤이렌이 본격적으로 오무라수용소 해체 투쟁을 전개하게 되는 1969년 3월 31일 첫 데모에서 츠루미 슌스케(鶴見俊輔)는 "아시아인과의 연대라고 하면서, 우리들은 미군의 베트남 전쟁 탈주는 지원해 왔지만, 한국의 김동희 씨에 대해서는 아무 것도 하지 않았다"라고 외쳤다.[11] 이 날의 투쟁은 베헤이렌에 있어서 출입국관리법 개정안에 반대하고 한국인의 강제송환을 고발하는, 한국 문제를 다룬 최초의 현지 투쟁이라는 점에서 역사적 의의를 갖는다.[12]

김동희는 퇴거강제 처분의 취소를 요구하여 재판 중이던 1968년 1월에 소련으로의 '망명 출국'이 인정된다. 일본에서의 재류를 희망했지만, '제3국'을 경유하여 북한으로 가게 된 것이다. 일본에는 정치 망명을 규정한 법률이 없어서 문제가 발생할 경우 정치적 판단에 의거하는 것이 보통이었는데, 김동희에 대한 조치가 정치 망명에서 하나의 선례가 되었다.[13] 그리고 이것은 일본의 혁신 세력에게도 일본의 식민지 통치에 대한 시각을 갖게 하는 사건이기도 했다.

오무라수용소는 강제송환을 실행하는 물리적인 장소에 그치지 않

---

10) 「일본밀항자에 관한 정보제공」, 1966년 2월 22일, 외무부장관으로부터 주일대사에게, 『재일한인강제퇴거(송환)1966』 한국외교안보연구원 소장(P-0004).

11) 小田実編, 『べ平連とは何か』, 德間書店, 1969年, 221쪽.

12) 小田実編, 『べ平連とは何か』, 225쪽.

13) 『朝日新聞』, 1968年1月26日(夕刊)。

는다. 자의적인 송환 대상이었던 재일한국·조선인에게 오무라수용소는 강제송환의 의미작용으로 준비된 장소이기도 했다. 코마츠가와(小松川) 사건에 대해서 계속되는 식민지주의로서의 민족 차별이 관철되는 표상의 관점에서 바라봤던 서경식은, 경찰이 피의자에게 강제송환을 언급하며 자백을 강요한 의혹이 있다고 지적하고 있다.[14] 사건 직후 범인으로 체포되어 사형에 처해진 조선인 소년 이진우는 체포 직후에 "양친과 형제가 송환되지 않도록 해달라"고 말했다. 18세 소년은 '살인범'이라는 자신의 운명보다도 가족이 한국으로 강제송환되는 것을 두려워했던 것이다.

물론 무고하다는 것이 증명되거나 혹은 정상이 참작되어 사형만은 면하게 되었다 하더라도, 아마 이진우는 석방과 동시에 오무라수용소에 수용되어 일가 친척도 없는 한국으로 강제송환되었을 것이다. 손진두, 김동희 그리고 이진우는 실제로 오무라수용소에서 만나지는 않았다. 그러나 오무라수용소는 식민지 통치의 분열과 냉전 구조 속에 있는 여러 경우의 사람들이 강제송환이라는 명목 하에 스쳐지나가는 공간이었던 것이다.

이러한 오무라수용소 수용자의 다수를 점했던 것이 제주도인들이었다. 여기서는 제주도와 오사카를 잇는 네트워크가 끊기는 장소인 오무라수용소에서 바라보게 되는데, 우선은 이 시기 가장 일반적인 도일 수단이었던 '밀항'이라는 것이 어떠한 이동 경험이며, 그것을 분석틀로서 어떻게 활용할 수 있을지를 문학비평·문학이론에서의

---

14) 徐京植, 「怪物の影 — 「小松川事件」と表象の暴力」, 岩崎稔ほか編, 『継続する植民地主義』, 青弓社, 2005年, 357쪽.

이동을 둘러싼 담론을 비판적으로 고찰한 카렌 카플란의 논의를 원용하여 검토하겠다.

3. 메타포로서의 '밀항'

식민지와 전쟁, 내전과 냉전, 혁명과 민족해방이라는 거대한 폭력이 벌어진 현대 세계에서 고향을 떠나는 이동은 많은 사람들이 공유하는 경험이다. 20세기에 사람의 이동에 의한 사회적 변화는 학문영역에서도 이동성에 주목한 패러다임의 변화를 불러 일으켰다. 포스트 콜로니얼리즘이나 포스트 구조주의의 조류는 문화적인 제 영역에 새로운 문제를 제기하게 되었다. 중층적이고 다양한 사람들의 이동을, 국제정치나 글로벌 자본과의 관련만이 아니라 이미지나 사상 혹은 지식의 월경적인 전개로 포착하려 할 때, 이동에는 문학연구나 문화이론 안에서 경험을 뛰어넘는 상실과 혼합의 감각이 부여되게 된다.

이러한 이동의 경험은 '여행', '망명', '이민' 등 월경의 메타포나, '방랑자', '디아스포라', '고국상실'이라고 하는 노마드(유목민)의 메타포, 혹은 '고향', '거주지', '정주'라고 하는 거주의 메타포에 의해 채색되어 있다. 이러한 이동성의 메타포는 사회현상에 여러 가지 공간적 실체의 특징과 공간을 통한 이동의 특징을 부여하듯, 사회학에 있어서 '이동론적 전환'의 계기를 제공한다.[15] 그러나 카플란이 지

---

15) ジョン·アーリ(吉原直樹監訳), 『社会を越える社会学－移動·環境·シチズンシップ』, 法政大学出版部, 2006年, 86쪽.

적하는 바와 같이 문학·문화비평 영역에서 보면, 이러한 이동의 경험이 비판적 담론의 생산자로서 역사적으로 인정되는 존재 그 자체로 등장하는 경우는 거의 없고, 이동성의 메타포는 차이를 용해하고 비역사적인 혼합물을 만들어 내게 된다.16)

카플란의 물음은 이동을 표상하기 위해서 사용되는 비유나 상징이 개인으로서, 종종 엘리트가 놓여진 상황을 지시하는 것으로 향한다. 거주지의 상실은 집단적인 것이라기보다 개인적 행위로 표상되고, 역사적 상황의 결과로서가 아니라 순수하게 심리적 혹은 미학적인 상황으로 파악되고 있는 것이다. 카플란의 전략은 이러한 표상에 스며든 신비화된 보편주의에 대항하는 것인데, 에드워드 사이드나 제임스 클리포드도 그 사정권으로부터는 벗어나지 못한다. 이들의 이론적인 저작에서는 모더니즘류의 망명이나 여행의 비유 표현이 생산적인 형태로 형성되어 있다고는 하나, 대중의 이민이나 좀더 집단적인 이동에 관한 역사가, 분명 어떤 식의 말소 혹은 억압을 받고 있다고 카플란은 비판한다.17)

이처럼 디아스포라를 겪은 코스모폴리탄적 지식인의 비평 담론은 서구의 모더니즘류의 망명론과 거주지에 관한 포스트모던 이론에도 의존하고 있어서, 대부분의 경우 표류나 이동을 예찬함으로써 구체적인 문맥을 탈역사화하고 있다.18) 여기서 사이드가 특권화 하는 이동의 담론이 고국상실(망명)이다. 물론 사이드 자신은 망명을 특권화하는 것을 거부한다. 실제로 그는 현대를 난민의 시대, 거주지에서

---

16) カレン·カプラン, 『移動の時代』, 22쪽.
17) カレン·カプラン, 『移動の時代』, 58쪽.
18) カレン·カプラン, 『移動の時代』, 204쪽.

쫓겨난 사람들의 대이주 시대라고 하여, 망명 상태를 유익하고 인간적인 것으로 생각해 버리는 것은 단절감이나 상실감을 진부한 것으로 만들게 할 수도 있다고 경계한다.19)

그러나 카플란은 사이드가 망명을 이용해서 본질주의적인 아이덴티티를 흔드는 코스모폴리탄적 연대를 구축하려고 해도 여전히 모더니즘의 미적 원리에 연결된다고 지적하고, 그 근거로서 홀로 선 망명자라고 하는 형상과 '난민'이라고 하는 말로 표현되는 다원적인 주체와의 사이에 놓인 긴장을 들고 있다.20) 사이드에게 있어서 '망명'이 고독하고 고고한 정신인 반면, '난민'이라는 것은 정치적인 의미를 띠고 국제사회의 긴급한 지원을 필요로 하는 무고한 사람, 그것도 곤경에 처해있는 수많은 사람을 함의하는 것이기 때문이다.21) 이러한 '난민'은 문학과 미학이라는 영역에 들어오지 않는 정치적 구축물이 되는 한편, 망명자라고 하는 것은 창조성과 상실을 축으로 회전하는 심미화 된 세계 안에서 정해지는 위치를 부여받게 되는 로맨틱한 인물 형상인 것이다.22)

카플란은 그 '여행'의 이론이 집단적인 경험으로 향하고, 이동뿐 아니라 정주의 역사도 이론화함으로써 역사의 무게를 짊어진 성립 과정을 분간한다고 평가하는 클리포드에 대해서도, '디아스포라'에 대한 관심이 '이민'이라고 하는 중요한 사항을 억압하고 있다고 지적한다.23) 디아스포라의 이론화가 서구에서 규범으로 되어 있는 이

---

19) エドワード·サイード, 『故国喪失についての省察』, みすず書房, 2006年, 175-176쪽.
20) カレン·カプラン, 『移動の時代』, 216쪽.
21) エドワード·サイード, 『故国喪失についての省察』, 185쪽.
22) カレン·カプラン, 『移動の時代』, 218쪽.

민의 정의와 대비시키고 있기에, 이민과 디아스포라에 대한 담론의
구별을 표상함으로써 종래의 이데올로기적인 방법에서 벗어나기 보
다는 오히려 그것을 강화하는 경향에 빠지고 만다는 것이다.[24]

이동의 주체에 있어서 개념상의 구별만으로는 이들의 역사적·문
화적 조건은 애매해져 버린다. 그렇게 되지 않기 위해서도 역사적
구체성에 근거하는 이론의 전개가 요구된다고 카플란은 말한다. 그
렇다고 해서 카플란이 근대 이동에서 역사적인 조건이나 종류에 의
한 차이를 부정하는 것은 아니다. 여기에 대해 카플란은 '마지못해'
하면서도 정치 난민과 고국 이탈자를 구별하는 것이 가능하다고 한
다. 그러나 이것은 커다란 공포와 위험에 처한 인물상에 가치를 부
여하는 도덕적인 입장에서가 아니라, 대부분의 경우 항상 표상되지
않고 끝나는 숨겨진 역사를 파악하여, 월경적 문화의 다양한 담당자
를 서로 연결시키고자하는 노력으로 이루어지는 것이다.[25]

망명자는 정신적·정치적·미학적으로 살아남기 위해서 고향에서
쫓겨난 것으로 인지되고 있다. 반면, 고국 이탈이란 법적으로 혹은
국가에 의해 추방을 당한 것은 아니지만 어떠한 연유로 인해서 자발
적으로 이동하는 것이다. 즉 '다소 모멸의 대상으로 여겨지는' 고국
이탈자는 '거짓' 망명자로, '진짜' 망명자가 반드시 경험하지 않으면
안 되는 불안, 공포, 불확실함을 맛보지도 않는다. 하물며 주저하지
도 않고 고향을 떠나 다다르게 된 나라나 사회에서 가능한 한 그 일
원이 되고자 열망하는, 물질적 동기에 묶여지기 쉽상인 이민은 망명

23) カレン·カプラン, 『移動の時代』, 240쪽.
24) カレン·カプラン, 『移動の時代』, 245쪽.
25) カレン·カプラン, 『移動の時代』, 191쪽.

자 같은 로맨틱한 이미지를 나타내지 않는다. 그래서 이민은 문화 생산과 관계해서 호출되거나 전문화 되지 않는다.26)

이러한 이동에 관해 주어진 '조잡'한 구별을 비판적으로 받아들이면서도, 카플란은 이민의 역사가 망명에 관한 서구 모더니즘의 신비적 해석에 대한 탈구축에 도움이 된다고 하여 이를 옹호한다. 무엇보다 대부분의 사람에게 있어서 이동의 물질적인 조건은 이러한 구별을 지을 수 있는 것이 아니라, 근대의 많은 주체는 일생에서 갖가지의 서로 다른 의미를 갖는 이동을 얼마든지 경험하게 되며, 어느것인가 하나의 이동 형태만을 단순하게 체현하는 것은 결코 없다고 강조한다.27)

그렇다면 이동에 관한 이론은 여러 주체의 물질적 제 조건을 어떻게 서술할 수 있을 것인가?

정치학자 강상중은 현대 세계의 정치 지도에서는 방대한 수의 망명자나 이민자, 고국상실자, 유랑자가 생산되고 있다고 하면서도, 그 불행의 대부분이 포스트 식민국가와 제국과의 항쟁의 결과이며, 역설적으로 그러한 대립의 부분적 수정으로 생겨나고 있다고 지적한다. 경계선이 재편되는 과정에서 내뱉어진 "낡은 제국과 새로운 국가 사이에 존재하는" 비정주자나 노마드, 유랑자는 "제국주의의 문화적 지도 위에 겹쳐지는 영역에서의 긴장과 흔들림, 모순을 분명하게 내보이고 있는" 것이다.28) 식민지 지배 하에 살아가던 사람들의 생활공간을 근본적으로 바꾼 제국이 붕괴하자, 국민국가라고 하는

---

26) カレン・カプラン, 『移動の時代』, 200쪽.
27) カレン・カプラン, 『移動の時代』, 200~201쪽.
28) 姜尚中, 『オリエンタリズムの彼方へ』, 岩波書店, 1996年, 229쪽.

지배 영역으로 인구의 원상복귀를 촉진하지만, 그것은 이동의 종식이 아니라 새로운 이동의 시작이었다.

이러한 식민지 통치 시대와 그 후의 이동이 경계 재설정에 동반하는 인양(철수)과 귀환에 의해 불연속적인 관계에 있으면서도 떨어질 수 없는 연속성을 가진다고 하는 문제의식에 의해 '역사적·지리적 구체성'에 의존하면서, '여행의 방법, 이동의 이유, 그 동향에 휩쓸려 갈 때의 조건에 차이가 있음을 역사적·정치적으로 설명'할 수 있는 것이다.[29]

해방 후, 한반도에서 일본으로의 '역류'는 이러한 제국과 그 해체라는 '역사적·지리적 구체성'에 기반한 이동의 연속성 차원에서 다루어지지 않으면 안 된다. 제국이 붕괴하여 점령군에 의한 국경 관리가 이루어지자 사람들은 '밀항'이라고 하는 우회의 길을 이용할 수밖에 없었다. 한반도에서의 '밀항자'는 "제국과 신민이 제국주의와 그 유산을 통해 공유하게 된 사회 공간과 시간의 '겹침'과 '얽힘'의 상황"[30] 속에서 그것 자체가 국경이 되고, 일본은 내부에 국경을 껴안게 된다. 이러한 내부의 국경을 관리하기 위해 전후 출입국 관리 체제가 정비되었고, 그 국경 관리 시스템에 있어서 '추방기지'로서 만들어진 것이 오무라수용소였던 것이다.

이동의 경험에서 보면 '밀항'은 이동 행위의 형태로, 이동하는 주체가 놓인 상태를 표현하는 말은 아니다. 따라서 이동의 수단이 되는 '밀항'은 고국상실과 난민, 이민이나 디아스포라 등 이동을 표상

29) カレン·カプラン, 『移動の時代』, 186쪽.
30) 姜尚中, 『オリエンタリズムの彼方へ』, 211쪽.

할 때 쓰이는 비유나 상징으로 이용되지도 않았고, 지금까지 돌이켜 보는 일도 없었다.

하지만 이동을 역사적이고 구체적인 장소에서 살펴본다면, '밀항'만큼 그 주체의 조건을 가리키는 말은 없다. '밀항'은 양쪽 국가에서 '불법'적인 행위로 여겨지는데, '진짜' 망명자가 겪는 불안과 공포는 말할 것도 없고, 같은 이주자들로부터도 '모욕의 대상'이 된다. 그러한 까닭에 '밀항'은 이동의 경험에 있어서 제개념이 자아내는 망명/이민, 지식인/대중, 고향/타향, 민족적 귀속/코스모폴리탄의 이분법으로 나뉘지 않는 여러 디아스포라의 계기를 떠오르게 한다. 특히 그것을 일본과 한반도와의 정치적·지리적인 문맥에서 다루게 되면, '밀항'은 이동을 둘러싼 담론을 특권화하지 않고, 이동성의 메타포를 탈구축하면서 이동 주체의 갖가지 경험을 밝혀낼 수 있다.

'밀항'은 이민과 같은 물질적인 동기와 엮인다고 해도 이민과 동일시 할 수 없다. 선택의 여지 없이 송환당할지도 모른다는 불안을 안고 살아가는 '밀항자'는 새로운 거주지에서 아웃사이더조차 아닌 '보이지 않는 존재'인 것이다. 그것이 가시화된다는 것은 결국 본국으로의 강제송환을 의미했다.

'밀항'을 역사 안에서 살펴보는 것, 즉 '밀항'의 경험을 역사화함으로써 '불법'적이고 '음참'한 이미지를 제거하고, "이야기할 역사도 가지지 못한 채 홀연히 역사에서 사라진 '기록되지 않은 사람들'"을 구해 낼 수 있을 것이다. '밀항'은 메타포가 됨으로써 고향을 그리워하는 '밀항자'에게도 자립적인 코스모폴리탄의 형상을 부여할 수 있다. 그것은 '살기 위해서는 집을 떠나지 않으면 안 되는 가난한 사람들의 이동성'을 낙관시하지도 않는다. '밀항'을 통해 정치적 규율이나 경제적 압력을 고려하면서 '주변으로 밀려나 지금까지 검토되지 않았던 사항이나 역사'[31]를 조명할 수 있을 것이다.

4. '밀항'의 경관

20세기를 통틀어 보았을 때, '제국의 공간'과 '글로벌화의 공간'에 끼인 '냉전의 공간'은 사람들의 이동이 가장 제약된 공간이라고 할 수 있다. 국민국가를 단위로 한 물리적이고 법적인 국경 관리가 실시되는 탈식민지의 공간, 특히 동아시아의 경우 일상의 세계는 국가권력에 의해 토막났고 냉전구조는 재편된 경계선을 굳건히 보강해 갔다.

한일 간에 있어서 이러한 경계를 흐트러뜨리는 '공간의 실천'을 적극적으로 해 온 것이 제주도의 사람들이다. 해방 전부터 많은 사람들이 일본으로 건너갔던 제주도민의 이동은 국경 관리체제가 확립되고 나서도 끊이지 않았다. 특히 오사카는 제주도민 커뮤니티가 형성될 정도로 제주도와 네트워크로 연결되는 하나의 생활공간이었다. 제주도 사람들에게 오사카는 '이미 아는 땅'으로 국내의 어떤 도시보다도 심리적으로 가까운 장소였다. 이러한 근접성은 희망의 땅에 도달하기 위한 돌파구가 되는 '밀항'의 비용이나 위험 등의 부담을 감안하더라도 변함없었다.

그 부담이라는 것은 어떠한 것이었을까? 제2차 세계대전 후 '전국

---

31) ジェームズ・クリフォード, 『ルーツ―20世紀後期の旅と翻訳』, 月曜社, 2002年.

각지에서 모이는 하나뿐인 송환기지'로, '불법입국자' 송환 업무를 수행한 최전선의 집행기관이었던 사세보 인양원호국의 '국사(局史)'를 통해 '밀항'의 모습을 살펴보자. 거기에는 다음과 같은 '밀항'의 동기가 기록되어 있다.

'부정입국자의 대부분은 전쟁 전에 일본에 거주하며 당시는 안정된 생활을 하고 있었다. 종전 후 독립국이 된 고국에 돌아갔는데, 경제 상태도 치안도 생각보다 안 좋았다. 그래서 안주할 땅을 찾아 다시 일본에 오려고 했던 것이다. 또 전쟁이 끝난 직전과 직후 혼란 상태에 있었던 일본을 벗어나 조선으로 건너갔던 부녀자들은 생활이 곤란하여 부모·형제·남편 곁으로 돌아오려고 밀항하는 자들도 적지 않았다.'

이러한 인양원호국의 인식에는 영토의 재편처럼 그렇게 간단하게 나눌 수 없는 사람들의 생활공간이 존재했다는 것이 드러난다. 그 외에도 공업제품을 사들여 많은 이익을 보려고 상습적으로 불법 출입국하는 자, 향학열에 불타는 청년, 징병을 피해 도망한 자, 친일파 관리, 조선에 있는 가족의 안부가 걱정돼 역(逆) 밀항했다가 일본으로 돌아오는 자들도 있었다.[32]

이처럼 '제국의 공간'에서의 이동의 잔영이 '냉전의 공간'에서도 사라지는 것이 아니라 각인되어 있었던 것이다. 존 어리는 "경관이란 실제로 거기에 거주하고 있는 사람, 언제가 그곳에 거주할 사람, 실제적인 활동으로 여러 장소로 향하거나 복수의 경로로 여행을 하는 사람에게 알려져 있는 세계이다"라고 기술하고 있다. 이러한 경

---

32) 佐世保引揚援護局編, 『局史(下巻)』, 1951年, 196쪽.

관의 사회적 성격을 만들어 내는 것이 '태스크 스케이프(Task Scape)'
이다.[33] 이 태스크 스케이프를 통해 해방 전의 합법적인 도항이 '밀
항'의 네트워크로서 재생하는 구조를 찾을 수 있다.

길의 네트워크가 보여주는 것은 여러 세대에 걸친 커뮤니티 전체
의 활동이 퇴적된 것으로, 가시화된 태스크 스케이프이다. 따라서 길
의 방향을 바꾸거나 길을 없애는 것은 퇴적된 태스크 스케이프나 커
뮤니티의 집합적인 기억과 거주 형태에 대한 '만행'으로 여겨지기도
한다.[34]

제국주의적 질서에 편입된 제주도는 해방 전부터 일본 '내지'와
계속적인 상호 작용을 해 왔다. 1900년 초부터 제주도의 실력 있는
해녀들은 일본으로 향하고 있었다.[35] 1910년 한일병합 후, 특히 제1
차 세계대전에 의한 공업의 발전으로 부족한 노동자나 직공을 모집
하기 위해 오사카의 방직공장 사무원이 제주도를 방문하였고, 섬사
람들은 이에 응모하여 오사카로 도항하게 된다.[36] 이때부터 제주도
사람들의 본격적인 오사카 진출이 시작된다.

오사카-제주도 간의 직항로 개통은 저렴한 운임으로 오사카와 제
주 간의 거리를 단축시킨 교통기관의 혁명이었다. 1922년부터 아마
사키(尻崎)기선의 기미가요마루(君代丸)가 식민지 변경인 제주도
와 종주국의 공업도시인 오사카를 연결하였고, 그 후 조선우선(朝鮮
郵船)이 참여하게 되어 일본 도항이 쉬워졌다. 이용자 수는 1927년

---

33) ジョン・アーリ, 『社会を越える社会学』, 237쪽.
34) ジョン・アーリ, 『社会を越える社会学』, 238쪽.
35) 泉精一, 『済州島』, 東京大学出版会, 1966年, 116쪽.
36) 桝田一二, 『桝田一二地理学論文集』, 弘詢堂, 1976年, 108-109쪽.

에 도항자 15,906명, 귀환자 16,863명으로 승선자는 약 36,000명에 이르렀다.[37] 게다가 이러한 독점 상황에 대항하여 가고시마(鹿児島) 기선이 참여하였고, 1930년에는 도민의 주체적 조직인 동아통항조합(東亜通航組合)이 설립되었다.[38]

이러한 경쟁에 의해 도내 11곳의 기항지에서는 오사카까지 식사를 포함해서 3엔이라는 파격적인 균일 요금제가 시행되었다. 지리학자로서 실제로 오사카에서 '제2군대환'에 승선하여 제주도로 갔던 마스다 이치지(枡田一二)는 "어떠한 무학문맹이라도 고향에서 승선만 하면 2, 3일 후에는 목적지에 도착할 수 있었고 선배나 공제회의 알선 등으로 취직 자리를 얻을 수 있었다"라고 기술하고 있다.[39]

제주도에서 일본으로 돈을 벌러 나간 사람의 수는 1934년 4월에 5만 명을 넘었는데, 이것은 섬 전체 인구의 25퍼센트에 이르는 수치이다.[40] 이렇게 해서 제주도와 오사카 사이에는 고향과 타향과의 자연스러운 문화·정신적 유대가 생긴 것이다. 가지무라 히데키(梶村秀樹)가 지적하듯이 '국경을 넘는 생활권'을 형성한 것이다.[41] 오사카시 이쿠노쿠(生野区)의 이카이노(猪飼野)나 도쿄의 미카와시마(三河島)가 '제주의 거리'라고 불리는 제주도 사람들의 커뮤니티였다.

---

37) 枡田一二, 『枡田一二地理学論文集』, 108－110쪽.

38) 杉原達, 『越境する民 近代大阪の朝鮮人史研究』, 新幹社, 1998年, 120-124쪽.

39) 枡田一二, 『枡田一二地理学論文集』, 110쪽. 후에 동아통항조합은 경쟁에서 밀려나 조합이 운영하는 후시키마루(伏木丸)는 폐선하게 된다. 이후, 조선우선의 게이죠마루(京城丸)(1,039t), 아마사키기선의 제2기미가요마루(第二君か代丸)(919t) 두 척이 교대로 매월 3차례씩 취항하여, 요금도 오사카-제주 간 8엔, 16엔의 두 가지 등급 균일제가 채용된다.

40) 枡田一二, 『枡田一二地理学論文集』, 86-87쪽.

41) 梶村秀樹, 「定住外国人としての在日朝鮮人」, 『思想』 734号, 1985年8月, 26쪽.

오사카와 제주도를 연결하는 바닷길이었던 이 네트워크가 제국의 붕괴에 의해서 단절된다. 그것은 생활 실태나 영토 관념에 관계없이 국경선이 변경되는 것이었다. 국경이라는 선 긋기에 의해 제한된 공식적인 이동은 비합법적인 모습으로 재생되는데, 대부분의 경우 '밀항'이라고 하는 형태를 취하게 된다. 경계를 넘는 주체에 의한 '밀항'은 '불법입국'이라고 하는 불길한 행위라기보다는, 가시화된 태스크 스케이프로서 '길을 없애는' 국경의 통제 관리라고 하는 권력의 '만행'에 대항해서 생활권을 창조하는 공간의 실천이었다.

해방 후 한반도에서는 경제적 어려움뿐만 아니라 미국과 소련의 분할 점령에 의해 정치적으로도 불안한 정세가 계속되어, 1946년부터는 일본에서 귀환했던 사람들이 다시 일본으로 재도항하는 상황이 벌어졌다.

그러나 이러한 재도항은 귀환과 마찬가지로 자의적으로 할 수 있는 것이 아니었다. GHQ(연합군총사령부)가 명령한 1946년 3월 16일부 '인양에 관한 각서'(SCAPIN 822)나 4월 2일부 '일본인 이외의 입국 및 등록에 관한 각서'(SCAPIN 822)는 '진주군에 속하지 않는 일본인 이외의 국민'은 일본 입국에 있어서 '연합군 최고사령관의 허가를 받을 필요가 있다'고 하여 조선인 귀환자의 일본 재도항을 엄격히 규제했다.

생활권에서의 이동이 '불법출입국'으로 다루어지면서 일본 재도항을 시도하는 조선인은 1946년 12월 10일부 '일본으로의 불법입국에 관한 각서'(SCAPIN 1391)가 가리키듯이 이제 '불법입국 조선인'이 되어 있었다. 이에 법적 근거를 제공한 것이 1947년 5월 2일의 외국인등록령이다. 이러한 엄격한 단속으로 1946년 4월부터 12월까지

'불법입국'으로 검거된 사람 수는 17,733명에 이르렀다.[42] 하지만 애초에 외국인등록령은 처음부터 재일한국·조선인을 단속하는 것을 목적으로 입안된 것이다.[43]

<그림 1> 불법입국 조선인의 출항지와 도착지(1949.1-9)[44]

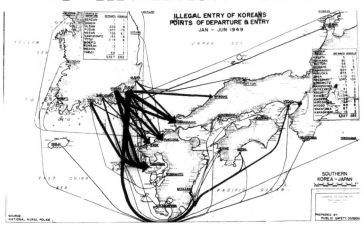

이러한 국경 관리에 의한 강제송환은 1949년까지는 현지 군정 당국의 지시에 따라 행해지는데, 그 관리하에서 작성된 '불법입국 조선인'의 '밀항 루트'를 나타내는 지도가 있다. 1949년 1월부터 7월까지의 '밀항 루트'를 나타내는 <그림 1>에 의하면, 출항지별 선박 수로는 부산(179척)이 가장 많고 마산(61척), 울산, 삼천포(각 8척)가 뒤를 잇는다. 도착지로는 나가사키(109척), 후쿠오카(71척), 야마구치

---

42) 法務省入国管理局, 『出入国管理とその実態 昭和34年版』, 1959年, 14쪽.

43) 大沼保昭, 『在日韓国·朝鮮人の国籍と人権』, 東信堂, 2004年, 220쪽.

44) Illegal Entry-Koreans redemonstration of aliens, Dec.1949-Sept.1950, General Headquarters/Supreme Commander for the Allied Powers.(국회도서관 데이터베이스)

(47척)의 순이다. '밀항자'가 많은 제주도에서의 출항은 3척에 불과한데, 그것은 제주도에서 직접 일본으로 향하기보다 대부분 한반도 남해안의 항구를 경유해서 갈아탔기 때문이라 생각된다.

제주도에는 해방 후에 6만 명 정도가 귀환했다. 1944년에서 1946년 사이의 인구 변동은 25퍼센트에 이른다.[45] 제주도 귀환자의 인구 비율이 보여주듯 일본 체류자는 도민의 4분의 1을 차지하고 있었다. 그것은 제주도 경제의 일본 의존도를 나타내는 것이기도 했다. '제국의 공간'에서 일본에 돈 벌러 나가면서 '일본 지폐의 유통이 더없이 윤택했던'[46] 제주도 경제가 일본 경제로부터 이탈된 충격은 다른 지역보다 훨씬 컸을 것이라는 것은 쉽게 짐작할 수 있다. 그와 더불어 재도항에는 4·3항쟁이라는 정치적 사건도 엮여 있었다. 일본으로 가는 재도항을 '불법입국화' 하여 길을 없애려는 '만행'은 점점 강화되어 갔지만 하나의 생활권을 형성하고 있었던 제주도와 오사카를 완전히 차단하지는 못했다.

샌프란시스코 평화조약의 발효로 구 식민지 출신자는 일본 국적을 '상실'하여 외국인이 된다. 출입국관리령은 법률로서 효력을 발휘하게 되고 외국인등록령도 외국인등록법이 되어, 이것이 일본의 외국인 관리통제의 양바퀴로 출입국 관리체제의 근간을 이루게 된다.

그런데 출입국관리령에는 '일본 국적을 상실한 자'에 대한 규정이 없어 재일한국·조선인에게 전면적으로 적용할 수 없었다. 따라서 해방 전부터 계속해서 일본에 체류하고 있는 조선인·대만인에 대해서

---

45) ブルース·カミングス(鄭敬謨·加地惠永都子訳), 『韓国戦争の起源 第2巻』, シアレヒム社, 1991年, 537쪽.
46) 桝田一二, 『桝田一二地理学論文集』, 116쪽.

는 '특수사정을 고려'해야 했는데, '별도의 법률로 정하는 바에 따라 그 사람의 재류 자격 및 재류 기간이 결정될 때까지 계속해서 재류 자격을 가지지 않고도 일본에 재류할 수 있도록' 했다. 이른바 '법률 126호'인데, 이러한 재일한국·조선인의 카테고리화는 실제로는 규제를 강화하는 것이었다.

해방 전부터의 재류자와 해방 후의 '불법입국자'의 위치는 외국인 등록을 철저히 시행해 가면서 양분되었다. 그런데 출입국관리령의 강제퇴거를 규정하는 제24조에는 상세한 강제퇴거 사유가 들어 있었다. 예를 들면 빈곤자나 방랑자 등, '지방 공공단체의 부담이 되는 자'나 외국인등록법 및 형벌법 위반으로 '금고 이상의 형에 처한 자'는 해방 전부터 일본에 거주했어도 강제퇴거 대상이 되었다.

5. '설 자리는 모른다'라는 헤게모니 장치

이렇게 해서 '조선인 잔류자'와 '불법입국자'를 처리하기 위한 출입국 관리체제가 정비되어 가지만 오무라수용소에서 재일한국·조선인을 집단 강제송환을 하게 된 것은 일본 출입국 관리체제 형성과 밀접하게 관련되어 있다.

해방 후 '밀입국자'는 사세보 인양원호국으로 이송되어 거기에서 일반 귀환자와 함께 부산으로 송환되었다. 1950년 5월에 사세보 인양원호국이 문을 닫자 정규 송환 업무는 마이즈루(舞鶴) 인양원호국으로 넘겨졌다. 그리고 사세보 인양원호국 시설 일부를 사용하여 설치된 하리오(針尾) 입국자수용소가 강제송환 업무를 승계하게 된다. 그

직후에 이전 명령이 내려져 12월에 오무라의 구 해군 항공기 군수공장 본관을 고쳐 수용소로 이용하게 되었다.[47] 이렇게 해서 오무라수용소라고 불리는, '밀항자'와 원한이 깊은 '추방기지'가 탄생하게 된다. 1950년 11월까지 강제송환자 수는 4만6,000명 남짓이었다.[48]

오무라수용소에 수용된 사람들은 1950년 12월 제1차 송환에서부터 평화조약 발효 직전인 1952년 3월까지 70회에 걸쳐 3,633명이 부산으로 송환되었다. 이 중에는 '불법입국자'뿐만 아니라 해방 전부터 거주했던 자들 중 외국인등록령과 형벌법령을 위반한 사람도 445명 포함되어 있었다.[49] 한국은 6·25전쟁 중이었음에도 불구하고 이러한 강제송환자를 모두 받아들였다.

그러나 1952년 4월에 이루어진 샌프란시스코 평화조약 발효 후의 첫 집단 송환(제8차)에서 한국은 '불법입국자' 285명을 제외한 해방 전부터 거주했던 125명에 대해서는 인수를 거부했다. 이들 125명은 '역송환'되어 오무라수용소에 재수용되어야만 했다. 이는 제1차 한일회담이 막 결렬된 시점의 일이었다. 한국 측에서는 '재일한국인'의 법적지위는 아직 확정되지 않았으며, 이는 한일조약에서 결정될 것이라는 것을 이유로 받아들이지 않았던 것이다.

당시 강제송환에 반대하는 재일한국·조선인들의 저항 운동이 격렬하게 일어나고 있었다. 그러던 중 제8차 송환에서 한국이 인수를 거부한 외국인등록 '수속 위반자'의 '역송환'이 알려지자, 5월 19일에 오무라수용소에는 이들의 석방을 요구하는 사람들이 집결하여 '탈

---

47) 法務省入国管理局, 『出入国管理とその実態 昭和39年版』, 1964年, 105~106쪽.
48) 法務省入国管理局, 『出入国管理とその実態 昭和34年版』, 15~19쪽.
49) 法務省入国管理局, 『出入国管理とその実態 昭和39年版』, 93쪽.

환 운동'을 벌였다.

제10차 집단 송환에서는 한국으로의 귀환을 강하게 희망했던 재일한국·조선인 78명이 송환되었다. 그러자 일본은 제11차 집단 송환에서 '수속 위반자' 중 귀환 희망자를 모집하였다. 40명 남짓이 귀환의사를 밝혔음에도 한국은 이들을 인수하지 않았다. 이렇게 해서 1952년 11월 '수속 위반자'의 수는 350명에 이르렀다. 장기 수용될 수밖에 없었던 이들은 수용자의 즉시 석방과 귀환 희망자의 송환, 공동 기자회견과 전화 가설 등을 요구하며 오무라수용소 소장과의 면담을 요구하였다.50) 이를 거부당하자 '수속 위반자'는 수용소 측과 대치하였고, 300여 명의 '불법입국자'도 이들에 가세하여 몸싸움은 폭동으로 발전했다.

수용자는 판자로 둘러싸인 담을 부수고 폭동은 '집단 탈주'로 이어졌다. 이러한 사태를 250명의 수용소 경비 인원만으로는 대응할 수가 없어 오무라 시 경찰, 나가사키 국가 경찰본부와 소방단이 지원하였다. 소방용 펌프로 물을 뿌리고 최루탄을 던지면서 겨우 상황을 진압할 수 있었다. 1952년 12월 오무라수용소를 철근 콘크리트 벽으로 둘러싸게 된 것도 이러한 사건의 여파였다.

오무라 지역에 수용소가 설치된 것은 이전 명령이 떨어진 하리오 수용소 근처에 구 해군기지 터가 있었다는 우연의 소산이기도 했지만, '시모노세키는 지리적으로 한국인의 출입이 많은 점을 생각하면 부적당'하다고 판단된 것처럼, 그것은 재일한국·조선인 커뮤니티에

---

50) 참의원법무위원회, 1952년 12월 12일, 법무성 입국관리국장·스즈키 하지메(鈴木一)의
　　설명(일본 국회회의록 검색시스템).

서 격리된 치안상의 문제도 한몫했다. 1953년 수용 시설을 신축할 때 기존 시설과 맞닿아 있는 장소가 선택된 것도 오무라가 치안 관계상 '너무나 요새의 땅'이었기 때문이다. 재일한국·조선인에 의한 '탈환 운동'과 수용자의 '집단 탈주' 사건을 경험한 만큼 오무라수용소로서는 오무라선 연선에 위치하고 있는 오무라는 조선인이 다수 거주하는 기타규슈에서 접근이 쉽지 않을 뿐만 아니라, 만일 집단으로 철도를 이용하는 경우 발견하기 쉽고 정보가 시시각각 들어온다는 점에서 '경비하기에는 최적지'였던 것이다.[51]

개설 당시 오무라수용소는 국적이나 성별의 구별없이 커다란 방으로 구분된 690명 수용의 시설이었으나, 수용능력을 높이기 위해 1953년 1,000명 수용 규모의 건물을 신축하여 구 수용동은 폐쇄되었다. 신축 건물은 10명 단위의 '호텔식' 소규모 방으로 나뉘어져 각 실내에는 화장실과 세면대가 구비되었다. 1993년 오무라 입국자 관리센터로 '근대적' 수용 시설이 설치되었지만 수용소 내부의 기본 구조가 이때 만들어졌다.

그런데 오무라수용소는 집단 송환의 창구가 되는 '실재의 장소'만이 아니었다. 조선인이 자의적으로 송환될 수 있는 대상인 한 '오무라'는 영속적으로 존재할 필요가 있었던 것이다. 이는 재일한국·조선인에 있어서 '자이니치'와 '밀항'을 불문하고 '설 자리 모르는' 조선인을 귀환시키기 위한 '국민국가'의 경계상에서 마련된 강제송환의 상징으로서의 '비실재적인 장소'이기도 했다.

푸코에게 헤테로토피아는 물질적임과 동시에 비물질적이며 사회

---

51) 法務省大村入国子収容所, 『大村入国子収容所二十年史』, 1970年, 120쪽.

적으로 규정되는 공간성이듯이,[52] 오무라수용소는 강제퇴거자의 추방 기능을 담당하는 물리적인 장소에 멈추지 않았다. 그것은 잠재적인 '형법위반자'나 '불법입국자'의 현실적 위치를 나타내는 가상의 공간이기도 했다. 재일한국·조선인의 원한의 대상이었다는 것을 알지 못한 채 수십 년에 걸쳐 강제송환 기지 역할을 했던 오무라는 지역이나 시설로서의 '오무라'가 아닌 <오무라>라는 강제송환을 의미하는 절망의 시니피앙이었다. '실재의 장소'로서의 오무라와 '비실재적인 장소'인 <오무라>가 일체가 되어, 오무라수용소는 재일한국·조선인이 일본에 거주하는 것이 '설 자리 모른다'라는 것을 늘 의식하게 하는 헤게모니 장치로 기능했던 것이다.

재일한국·조선인의 집단 송환은 한일 양국의 정치적 관계에 따라 파란속에서 전개 되었는데, 이는 1980년대까지 계속되었다. '밀항'이라는 '위법화된 이동'이, 이동이 활발한 '제국의 공간'과 '글로벌화의 공간'을 연결하는 냉전적인 월경의 공간에서 이루어졌을 때, '도오로쿠(등록＝외국인등록증)'가 없는 '잠재거주자'는 늘 <오무라>와 이웃하고 있었던 것이다.

6. 순응과 반란—전복되는 국민국가화 프로젝트

오무라수용소는 일본은 물론 한국에게도 영역에서 벗어난 자를 배제하여 동화시키는 장소, 즉 국민국가를 확립하기 위한 장치였다.

---

52) Benjamin Genocchio, "Discourse, Discontinuity, Difference: The Question of 'Other' Space", Sophie Watson & Katherine Gibson(ed.), *Postmodern Cities & Spaces*, Blackwell, 1995, p.38.

그러나 수용자들은 단순히 두 개의 권력 사이에서 억눌리고 국민국
가의 틀에 끼워 맞춰지기만 하는 존재가 아니었다. 오무라수용소는
일정한 공간에 북한과 한국이 공존하며 서로 충돌하는 의미에서도
헤테로토피아였다. 여기에서의 저항은 때로는 단식 투쟁이라는 집
단행동으로 표출되었고, 또는 한국과 북한 지지자 간의 직접적인 다
툼으로도 이어졌다.

이는 수용소가 갖는 본래의 기능을 넘어서는 상황이 발생한 것으
로 한일 양국을 당혹케했다. 수용자들은 권력이 절충하는 공간, 혹은
그 틈새를 이용하여 어느 쪽에도 회수되는 것을 거부함으로써 국민
국가의 경계 설정이 용이하게 이루어지는 것이 아니라는 것을 보여
주었다. 그 경과를 살펴보기로 한다.

제8차 집단 송환에서 인수를 거부당한 송환자는 재차 오무라수용
소로 돌려보내졌다. 그 후로는 '불법입국자' 및 '불법상륙자'에 한해
서만 강제송환이 이루어졌다. 이렇게 해서 1952·1953년에는 거의 매
달 약 200여 명이 송환되었다. 그런데 오무라수용소에는 해방 전부
터 일본에 거주했던 자들이 300여 명 이상 증가하여 전체 수용자 수
가 500여 명 전후로 급증한다. 그리고 한국은 1954년 6월의 집단 송
환을 끝으로 '불법입국자' 인수도 중지하였다. 이렇게 되자 수용자
수는 더욱 증가하여 10월에는 1,000명을 넘어섰다.

한국이 집단 송환자 수용을 전면 중지한 것은 한일회담의 추이와
도 연결되어 있다. 1952년 4월 제1차 회담 결렬 후, 거의 1년 뒤에
재개된 제2차 회담도 6.25전쟁 휴전 협상과 맞물려 중지되었다. 1953
년 10월에 시작된 제3차 회담은 구체적인 협의에 들어가지도 못하고
이른바 '구보타발언'으로 결렬되었다.

이때부터 한국이 '평화선(이승만 라인)' 부근 해상의 단속을 강화하면서 일본 어선에 대한 나포가 빈발하였다. 이러한 상황에서 한국은 집단 송환을 전면적으로 거부하게 된다. 그때까지는 나포된 일본 어부가 유죄판결을 받아도 '특사'로 비교적 단기간으로 송환되었던 것이 1954년 8월 이후에는 '형기만료자'라도 부산외국인수용소(이하 부산수용소)에 억류되는 상황이 늘어나게 된다.[53] 일본은 이러한 조치에 강하게 항의하지만 한국은 일본이 오무라수용소에 강제퇴거 당한 재일한국인을 수용하고 있다는 점을 들어 일본 어부의 억류를 강화했다.[54] 이렇게 해서 오무라수용소와 부산수용소 양쪽에서 '억류자'가 증가하게 되었다.

집단 송환의 정체가 수용소에 미치는 영향은 심각했다. 이러한 상황 속에서 해방 전부터 거주했던 형법위반자의 석방과 '불법입국자'의 인수를 교환 조건으로 하는 한국의 제안에 따라 일본이 1955년 2월부터 4월에 걸쳐 232명을 가석방하자 한국도 강제 송환자 707명을 인수했다. 하지만 그것도 3회로 중단되었다. 1956·1957년에는 집단 송환이 전혀 이루어지지 않았다.

1956년 4월 2일 주일한국대표부의 김용식 공사와 시게미츠 마모루(重光葵) 일본 외상 간에 상호 석방에 관한 논의가 있었고, 1957년 2월에 합의를 구체화하는 각서가 작성되었다. 1957년 2월에 등장한

---

53) 加藤晴子,「戦後日韓関係史への一考察(上)-李ライン問題をめぐって」,『日本女子大学紀要·文学部』28号, 1978年 3月, 24쪽. 부산수용소에 대해서는 玄武岩,「日韓関係の形成期における釜山収容所/大村収容所の『境界の政治』」,『同時代史研究』第7号, 2014年을 참고.

54) From the President to the Minister (of the Korean Diplomatic Mission in Japan), May 1, 1956,『제4차한일예비교섭, 56-58(V.1 경무대와 주일대표부간 교환공문, 1956-57)』 외교안보연구원 소장(C1-0002).

기시 노부스케(岸信介) 내각은 한일회담을 재개할 의향을 보였다. 교
섭의 결과 12월 31일에 열린 예비회담에서는 제3차 한일회담의 중단
원인이 되었던 '구보타발언'과 '역청구권' 요구를 철회하고 오무라수
용소의 재일한국·조선인(474명)과 부산수용소의 일본 어부(922명)
간의 '상호석방합의'가 성립함으로써 한일회담 재개가 결정되었다.[55]

'상호석방합의'를 근거로 1958년 2월부터 일본은 불법입국자 집단
송환을 재개하고 한국에 억류되었던 일본 어부도 순차적으로 송환
되었다. 그러나 1958년 2월 3일에 가라사와(唐沢) 법무상이 참의원
법무위원회에서 북한행을 희망하는 오무라수용소 수용자를 송환하
지 않겠다는 일본 정부의 종래 방침을 다시 한번 확인하였다.[56]

한국 측은 1월 20일에도 "만일 일본 정부가 북한행을 희망하는 120
명의 조선인을 한국에 돌려보내지 않으면 일본 어부의 송환이 늦어
질 수도 있다"고 하여 일본 측의 움직임을 견제했지만,[57] 가라사와
법무상은 "한국에 송환되면 처벌받는다"라고 하여 송환하지 않겠다
는 취지의 말을 하자 한국은 크게 반발하였다. 한국 측은 이것이 '상
호석방합의'에 위배된다는 구상서를 일본에 전하며 엄중하게 항의
하였다.[58] 그러나 일본은 본인이 희망하지 않는 지역으로 송환할 수
는 없다고 하며 7월 5일에는 북한행을 희망하는 25명을 가석방하겠

---

55) '상호석방합의'의 정식 명칭은 '일본내에 억류된 한국인 및 한국내에 억류된 일본인
   어부에 대한 제 조치에 관한 대한민국 및 일본정부간의 양해각서'.

56) 『朝日新聞』, 1958年2月4日(朝刊).

57) 『朝日新聞』, 1958年1月20日(朝刊).

58) 「북한행을 희망하는 한인 일본국내 석방보도에 대한 일정 외무성에 발송한 항의문에
   관한 건」, 1958년7월7일, 주일대사로부터 외무무 장관에게, 『재일한인 북한송환 및 한·
   일 양국 억류자 상호석방 관계철(V.9오무라수용소에 수용중인 일본 밀입국 한국인 강
   제송환 및 나포어선 추방에 관한 건, 1955-60)』 외교안보연구원 소장(C1-0010).

다는 의향을 나타냈다.

이처럼 한일 간의 대립으로 인해 집단 송환이 중지된 오무라수용소는 장기 수용자들이 정치세력을 형성하게 되어 수용소는 한국 지지파와 북한 지지파가 대립하는 양상을 띠게 되었다. 1955년 7월 한국 지지자가 반공대회를 열어 북한 지지자와 한 건물에 수용되는 것에 반대하는 농성을 벌였다. 같은 해 12월에는 북한행을 희망하는 42명이 김일성 수상에게 귀국을 위한 혈서 탄원서를 제출하였다.[59] 1956년 1월부터는 북한 귀국 희망자를 다른 건물에 수용하는 조치가 취해졌다.

전면 중단된 집단 송환이 재개되려는 순간에 일본이 북한행 희망자의 송환을 내비친 것으로 한국은 뒤통수를 맞은 꼴이 되었다. 하지만 지금까지 공세를 펼쳤던 한국에 있어 북한 지지자들이 북한 송환을 요구하는 단식 투쟁을 벌여 가석방이 결정된 것은 그 이상으로 충격적인 사건이었다. 그렇기 때문에 오무라수용소 수용자들은 집단 송환시에 사상적인 의심을 피하기 위해서라도 북한 지지자와 대결하는 자세를 보일 필요가 있었다.

1958년 6월에 '오무라수용소 한국인 억류자' 명의로 한국 정부에 제출된 진정서에도 그러한 심정이 잘 드러나 있다. 한국을 지지하는 수용자는 6월 25일 "국민으로서 자존심을 더럽힌 죄를 양심적으로 반성"하면서 "국법을 어긴 몸이지만 무기한 이국의 철창 속에서 끝없는 공포에 휩싸인 가혹한 상황"을 호소하며 조기 귀국 실현에 선처를 구하는 진정서를 작성, 날인 서명을 첨부하여 한국 정부에 제

---

59) 法務省大村入国者収容所, 『大村入国者収容所二十年史』, 85쪽.

출한 것이다.[60] 그 다음날 북한 지지자 80여 명이 북한 송환과 귀국할 국가 선택의 자유, 조선적십자회 대표의 입국 허가를 요구하며 단식투쟁에 돌입하자 한국 지지자도 항의 농성에 돌입하였다. 이는 상황을 반전시키지는 못했지만 항의 농성에 참가한 사람들의 명부는 한국정부에 보내졌다.

북한행 희망자의 가석방은 한국 측에서 도저히 용납할 수 없는 처사였다. 일본에서 보면 강제송환 기지였던 오무라수용소는 한국에게는 귀환하는 '밀항자'를 식별하고 혹은 전향시키는 장치였다. 한국은 일본에서 보내온 강제송환자의 명부를 가지고 그들의 신원을 철저하게 조사했을 만큼 오무라수용소는 국내 안보대책에 있어서 중요한 시설이었던 것이다. 한국은 "피송환자들의 사상적 동향에 대해서 지대한 관심하에 엄중한 심사와 불순계열의 색출에 노력"[61]하는 상황에서 오무라수용소가 북한행의 창구가 되어 공작원 뜻대로 왕래가 이루어지는 것을 우려하고 있었던 것이다.

실제로 오무라수용소는 사회 내부에서 엄밀하게 결정된 기능을 가지고 있다. 일본은 해방 전부터 거주했던 사람들을 포함하여 '불법입국자'를 송환하는 '기지'로서 오무라수용소를 설치하고 거기에서 강제퇴거를 집행하였다. 푸코는 "역사에서 사회는 존재하고 또한 항상 계속 존재하려는 헤테로토피아를 전혀 다른 양상으로 기능시킬 수 있다"고 하였다.[62] 한국의 입장에서 보면 오무라수용소에 수용됨

---

60) 「재일한국인 억류현황에 관한 건」(일본 오무라수용소 한국인 억류자 일동에 의한 '진정서'), 1958년7월2일, 주일대사로부터 외무부 장관에게, 『재일한인 북한 송환 및 한·일 양국 억류자 상호석방 관계철, 1955 – 60』.

61) 「일방적으로 송환되는 재일교포에 관한 건」, 1959년4월22일, 내무부 장관으로부터 외무부 장관에게, 『재일한인 북한 송환 및 한·일 양국 억류자 상호석방 관계철, 1955 – 60』.

으로써 '밀항자'의 신원을 조사할 수 있었고, 신원 조사가 불가능한
'자이니치'는 되돌려 보냈다. 이것은 거꾸로 일본의 '국민국가화' 프
로젝트에 지장을 초래하는 것이었다. 이러한 의미에서 '한국의 데지
마(出島, 에도시대 쇄국정책 하에서 네덜란드와의 교역을 허가한 나
가사키에 축조된 인공섬)로서의 오무라수용소'[63]라는 평가도 과언
은 아니다.

결국 한일 양국의 그 의도와는 반대로 오무라수용소는 빠져나온
사람들을 배제하고 길들임으로써 국민국가의 경계를 확립한다는 것
이 애초에 불가능하다는 것을 드러내는 장치였다고 할 수 있다. 수
용소를 둘러싼 한일 간의 의도가 충돌할 때에 일본은 '악질 외국인'
을 석방해야 했고 한국은 '자국민'의 북한행을 저지할 수 없었다. 더
욱이 오무라수용소에서는 폭동과 '탈환 운동', 단식투쟁과 같은 소요
사건과 탈주, 자해행위가 자주 발생하여 그에 대처할 시설의 증축과
이전이 반복되었다. 수용소 내에서는 수용자의 자치회가 운영되어
밀주도 만들어졌다.

이러한 이의제기를 통해 일본의 출입국 관리체제가 그 모습을 드
러내게 된다. 그리고 그것을 전복하기라도 하듯 일본 시민사회에 의
한 오무라수용소 해체 투쟁이 전개되기 시작한다. 오무라수용소는
헤테로토피아였기에 국가권력의 폭력적인 이동에 순응하면서 반란
을 일으키는 장소였던 것이다.

그리고 중요한 것은 오무라수용소의 모든 수용자가 갇혀 있었던

---

62) ミシェル·フーコー, 『ミシェル·フーコー思想集成Ⅹ』, 282쪽.
63) 朴正功, 『大村収容所』, 京都大学出版会, 1969年。

것은 아니며 그곳에서의 생활 자체가 절망적이었던 것이 아니라는 것이다. 그곳은 많은 '불법입국자'에게 가서는 안될 절망의 장소이기도 했지만, 다른 한편으로는 강제퇴거 명령의 취소를 요구하며 재판을 벌이는 저항의 장소이기도 했다. 체념하여 귀국을 결심한 자에게는 오히려 새출발의 장소였으며, 목적을 달성하지 못하고 '밀항'을 반복하는 '리피터'에게는 유희의 공간이기도 했다.

7. 밀항의 네트워크-제주의 거리에서

제주도 사람들은 '밀항'이라는 '위법화된 이동'을 통해 이동이 활발한 '제국의 공간'과 '글로벌화의 공간'을 연결시키는 냉전적인 월경의 공간을 구축하여 왔다. 이 '냉전의 공간'의 비공식적인 네트워크에서 국경의 관리와 통제에 저항하면서 살아가는 제주도인의 국경을 뛰어넘는 실천과 그것을 통하여 공간을 창조하는 의미를 더듬어 볼 수 있다.

오무라수용소의 집단 송환이 전면 중지되고 수용자 수가 최고였을 때, 1,600명이 넘는 수용자 중 거의 1,000명이 제주도 사람이었다. 물론 그 모두가 '밀항자'는 아니라고 해도 거기에 많은 제주도 사람이 포함되어 있었다는 것은 분명한 사실이다. 예를 들어 1958년 1월에 부산을 출항한 소형 어선으로 후쿠오카현 무나가타(宗像)군에 상륙하다 붙잡힌 '밀항자' 21명 중 17명이 제주도 사람이었다.[64] 이

---

64) 「아국밀항자에 관한 보고의 건」, 1958년 1월 9일, 한국주일대표부 후쿠오카사무소 소장으로부터 주일대표부 대사에게, 『재일한인 북한 송환 및 한·일 양국 억류자 상호석방

러한 상황은 1970년대에도 변함이 없었는데, 1972년 11월에 실시한 제71차 집단 송환에서는 168명 중 130명이,[65] 그리고 1974년 9월 제75차에서는 226명의 강제송환자 중 195명이 제주도에 본적을 두고 있었다.[66]

이 시기의 '밀항'을 1965년 한일조약을 기준으로 구분할 수 있다. 이해를 경계로 '밀항' 적발 건수가 급감하고 있기 때문이다. 1966년도 '집단 불법 입국자'의 검거 수는 전년도와 비교했을 때 건수로 41%, 검거인 수로 21% 급감하였다. 입국관리국은 밀항자가 감소한 이유로, 한일 국교 정상화에 의해 정식 입국을 기대할 수 있게 되었고, 일본의 경제원조와 베트남 전쟁 특수에 의해 경제가 호전되어 실업자가 감소한 것, 그리고 한국에서 밀항에 대한 단속이 철저히 이루어진 것을 들고 있다.[67]

실제로 이러한 상황은 '밀항'의 감소로 이어졌을 것이다. 1950년대 제주도는 정체와 소외 속에 있었지만, 1960년대는 정부의 관광개발 정책에 따른 인프라 정비와 기근으로부터의 해방이라는 큰 전환기였다.[68] 그러나 개발의 결과가 실생활 개선으로 이어지지는 못했다. 행원리를 중심으로 제주도와 오사카의 생활세계를 연구한 이지치 노리코(伊地知紀子)가 지적하듯이 농촌지역에서 '생활에 여유가 생

관계철, 1955－60』.

65) 「제71차 강제송환 명부 및 송환선 일정」, 1972년11월14일, 주일대사로부터 외무부 장관에게, 『재일국민 강제퇴거(송환)1972』 외교안보연구원 소장(Re-0037).

66) 「제75차강제송환 명부 및 송환선 일정」, 1974년9월19일, 주일대사로부터 외무부 장관에게, 『재일국민 강제퇴거(송환)1974』 외교안보연구원 소장(Re-0037).

67) 法務省入国管理局, 『入国管理月報』 76号, 1967年3月, 1쪽.

68) 文京洙, 『済州島現代史－公共圏の死滅と再生』, 新幹社, 2005年, 94~138쪽.

졌다'고 느끼게 된 것은 1980년대에 들어서부터이다.[69] 이러한 지역에서는 아직 생활을 위해 제주도를 떠나고자 하는 푸시 요인이 있었고, 그것을 이끄는 장소는 경제적으로 도약을 시작하려는 한국의 도시보다, 여전히 많은 사람에게 '이미 아는 땅'인 오사카였으며 동경의 땅이었던 일본이었던 것이다.

또한 한일 국교 정상화에 의해 정식 입국의 길이 열렸다고 해도 수속이 번잡할 뿐 아니라, '밀항자'의 대부분을 차지하는 10대 후반에서 20, 30대가 가족과의 재회와 취업을 위해 일본에 입국할 수 있는 방법은 막혀 있었다. 이러한 상황에서 가족의 결합이라는 의미는 약해지고 그 수는 줄었지만, 친족을 통한 취업 목적의 '밀항'은 1980년대까지 끊이지 않았다.

'자이니치'의 제주도 사람들은 마을 혹은 친족 단위의 네트워크를 구축하면서 새로 들어오는 사람들을 받아들였다. '밀항자'에 대한 단속 통계가 있지만, 실제로는 그 이상의 인원이 경비망을 피해 '밀항'에 성공했다는 것은 입국관리국에서도 인정하는 점이었다. 제주도 출신자들이 다수인 '밀항자'는 목적지에 도착하면 재일 1세 밑에서 일을 배우고 기술을 익히며 일본 사회에 적응해 갔다. '등록'이 없는 한 '밀항자'의 생활은 매우 불안정적이었지만 이카이노라는 '제주의 거리'는 그러한 '밀항자'가 일본 생활에 익숙해지는 절호의 장소였다.

이카이노에 사는 재일한국·조선인 주민 중 85퍼센트가 제주도 출

---

69) 伊地知紀子, 『生活世界の創造と実践－韓国·済州島の生活誌から』, 御茶ノ水書房, 2000年, 103-104쪽.

신이라고 한다. 일본이 고도 경제 성장기에 있었던 시기 일본 전체 생산의 60퍼센트를 차지했던 햅샌들의 생산을 담당한 것이 이들 '밀항자'였다. 이 햅샌들 산업에 종사하기 위해 많은 사람들이 제주도에서 건너갔다.[70] 많은 '밀항자'들이 언제 강제송환될지 모른다는 불안을 감수하면서도 생활의 기반을 구축하고 거기에서 가족을 이루고 지역사회에 녹아들었다.

1976년 2월부터 아사히신문에 연재된 기사 '65만명-재일한국·조선인'에 따르면, 1975년에 검거된 '밀입국자' 중에서 해안에서 붙잡힌 경우는 1할 정도로 그 외에는 수년 간 생활해온 사람들이 출두하거나 체포된 것이었다. 오사카 입국관리국에 특별재류허가를 기대하여 자수=출두한 150명을 대상으로 조사한 결과에 의하면 평균 체재 기간은 14년이었다. '밀항'해서 입국한 사람들은 이미 '밀항자'가 아니라 정주자와 같은 상황이 되어 있었던 것이다.

그러나 자식들의 성장과 함께 '불법체류'라는 법적 권리에서 제외된 상태를 벗어나기 위해서는 특별재류허가를 취득하기 위해 '자수'할 수밖에 없게 된다. 그것이 인정되면 특별재류허가='등록'을 얻을 수 있었으나, 많은 경우 인정받지 못하고 퇴거강제 처분을 받았다. 취학 중인 아이가 있어도 혹은 그 아이가 성인에 가깝게 성장했어도 부모의 '밀항'이 발각되면 가족 모두가 퇴거강제 대상이 되어 오무라수용소에 보내졌다. 때문에 오무라수용소에는 항상 아이들로 넘쳐났다. 제주도 사람들이 '이미 아는 땅'인 오사카에서 태어난 아이들에게 오무라수용소는 미지의 세계로 떠나는 여행의 시작

---

70) 金德煥, 「新·猪飼野事情」, 『済州島』 創刊号, 1989年4月, 63쪽.

점이었다.

이러한 상황 속에서 가족이 흩어지는 '밀항'은 뜻밖에도 일본내에 '제주의 거리'라는 새로운 네트워크를 구축하였다. '자이니치'의 제주인 사회에 끊이지 않고 들어오는 새로운 이주자는 그 자체가 '고향'으로서, 항상 재일제주인에게 제주도를 의식하게 했던 것이다.

1960년대에는 제주도 출신자 단체가 속속 조직되었다. 도쿄에서는 1961년에 재일제주개발협회(현 재일본관동제주도민협회)가, 그리고 1963년에는 오사카에서 재일제주도민회가 결성되었다. 이러한 재일제주도민 단체는 사실 '재일교포라는 인적자원'을 적극적으로 활용하고, 개발 사업에 재일제주인의 자본을 유치하기 위한 한국 정부의 정책 전환에 따라 촉진된 것이었다.[71] 하지만 '자이니치'의 제주도 출신자는 고향 제주도에 대해 오랜 기간에 걸쳐 다양한 형태로 '기증'을 해왔으며, 제주도와 재일제주인 사회 간에는 인적·물적 교류나 정보 교환이 활발히 이루어져 왔다.[72]

1966년 제주시장은 시 홍보지에서 재일제주인을 향해 "향토개발의 원동력이 되는 금품 물자 등의 기증에 대해 9만 제주시민을 대표해서 깊은 경의와 감사"를 표했다.[73] 이러한 '애향의 보람'은 제주도의 모습을 크게 변모시키는 것이었다.[74] 1972년 6월에는 교민 담당 기관으로 제주도 문화공보실 내에 교민계가 설치되었다.[75] 1994년

---

71) 부만근, 『광복제주30년』, 문조사, 1976년, 427쪽.
72) 小川伸彦·寺岡伸悟, 「在日社会から『故郷』済州島への寄贈」, 『奈良女子大学社会学論集』第2号, 1995年 3月, 78쪽.
73) 제주시, 『제주시』 제3호, 1967년, 106쪽.
74) 『애향의 보람』은 제주도가 발행하는 「재일동포기증실적」의 목록서이다.
75) 강창수, 「제주도의 교민행정」, 제주도, 『제주도』 제57호, 1972년, 44쪽.

에는 "제주도가 가난했던 시기에 고향 발전을 위해 물심양면으로 지원해 준 재외 제주도민의 은혜에 조금이라도 보답하고…고향 방문 시에는 각종 편의를 제공하기 위해" 도청에 재외도민상담실이 설치되었다.[76]

실제로 재일제주도민회나 마을 친족회에는 뉴커머들도 다수 포함되어있다. 재일본제주도민협회 신년회에도 새로 건너 온 사람이 참가하고 제주도에서 도지사나 제주 출신 국회의원들이 참가하는 것이 정례화되고 있다.

제주도와 재일제주인 사회는 지금도 하나로 연결되는 생활공간을 공유하고 있는 것이다.

부기

본 글은 『現代思想』(青土社) 2007년 6월호에 게제한 동명의 논문을 가필·수정한 것이다. 본 글 번역에 있어서는 제주대학교 재일제주인센터 연구원이었던 김보향 씨의 도움을 받았다.

---

76) 제주도, 『2003 재외제주도민 편람』, 2003년, 203쪽.

재일제주인 여성의 무속실천과 그 전승

'용왕궁(龍王宮)'을 중심으로-

현선윤(玄善允)
오사카경제법과대학 아시아연구소 객원교수

후지이 고노스케(藤井幸之助)
도시샤대학 비상근 강사

1. 서론

오사카에 있어서 한국·제주도 출신 1세 여성의 무속실천의 메카가 되었던 '용왕궁(龍王宮)'·JR간죠센 사쿠라노미야역(JR環狀線桜ノ宮駅) 아래에 위치한 오카와(大川, 구요도가와(旧淀川))왼쪽 강가의 하천부지에 위치한, 굿(賽神)을 하기 위해 빌린 제례 장소가 '불법점거'라는 이유로 행정기관으로부터 퇴거명령을 받아 결국 관리자가 직접 건물을 해체한 지 3년이 되는데, 그것은 여러 가지 의미에서 볼 때 '사건'이었다.

이는 일본에서 재일1세 여성 무속신앙의 변모와 쇠퇴를 상징하는 사건일 뿐 아니라 행정과 재계가 선전하는 '물의 도시 오사카' 사업 (http://www.osaka-info.jp/suito/)이, 오사카의 융성을 저변에서 지탱해 온 에스닉 마이너리티의 존재에 대한 흔적과 기억을 말소시켜 성립되었다는 사실을 상징하는 사건이었다.

이러한 두 가지의 '사건'성에 주목한 사람들이 관리인의 병사(病死)로 인해 철거시일이 다가오기 시작한 때로부터 그 가치를 알리는 여러 가지 이벤트를 실시하였고, 그것을 계기로 다양한 분야의 연구자에 의해 학제적 연구 활동이 구성되는 등 관심의 폭이 단번에 넓어졌다.

그 성과 중 한 가지가 '용왕궁'의 기억을 기록하는 프로젝트인 후지이 고노스케(藤井幸之助)·모토오카 다쿠야(本岡拓哉)편(2011)『'용왕궁'의 기억을 기록하기 위하여-제주도 여성들의 기도 장소-』(코리안 커뮤니티 연구회http://www.ur-plaza.osaka-cu.ac.jp/archives/GCOE_Report18.pdf)이다. 이는 과거의 용왕궁 및 주변의 공중사진을 포함해 많은 관련사진, 신문기사, 논문, 증언 등을 집약하고 해당 건물에 대한 실측조사, 의례시의 공간이용, 제를 지내는 장소의 공간배치 등에 대한 것까지 상세하게 조사 보고하는 등 용왕궁과 그 주변의 역사와 현재의 공간과 사람 등을 종합적으로 밝힌다는 의미에서 획기적인 것이었다. 그러나 그러한 연구들이 진전됨에 따라 해명되지 않은 여러 가지 문제가 드러났고, 이전의 성과를 이어받아 더욱 발전시키기 위해 앞서 서술한 프로젝트 구성원 및 추가 연구자들에 의한 새로운 기획이 시작되었고 지금도 진행중이다.[1] 그러한 기획

---

1) 용왕궁프로젝트는 그 후, 무속시설인 용왕궁이 하천부지에 위치해 있던 점, 그 시설이 폐품회수업의 부업으로써의 대여회장이었던 점, 주변에는 용왕궁과 같은 '불법점거' 업체가 집주하고, 역사적으로 '재일' 커뮤니티가 존재하고 있었던 점 등에 주목하였다. 무속관련은 말 할 것도 없이 하천부지의 사회학, 에스닉 마이너리티와 주위 메이저리티와의 관계 등을 포함해 종합적인 '용왕궁연구'를 목표로 다음과 같은 기획을 진행 중이다. ① 용왕궁 관련 물건 수집 (후지이 고노스케) ② 용왕궁 관련 영상 자료 수집과 기억의 유지를 위한 영상화 작업 (영상 작가 김임만을 중심으로) ③ 용왕궁의 역사적 형성과정을 전후 이전으로 거슬러 올라가서 전중기의 재일의 무속실천과 이에 대한

의 일환으로 필자들은 일본에 살고 있는 무속실천자와 관계자에 대한 인터뷰 조사와 앙케이트 조사를 실시하고 있다. 본고는 지금까지의 조사결과를 소개·분석하면서 종래의 연구 성과를 확인함과 동시에 약간의 수정을 더한 후 앞으로 이루어질 연구에 대한 전망을 열어놓는 것을 목적으로 하고 있다.

이러한 무속실천자에 대한 대담과 앙케이트 조사를 실시한 대표적인 연구로 김양숙(2005)과 김양숙(2009)이 있다. 전자는 제주도의 특정 마을 출신으로 간토(関東)지역에 살고 있는 재일제주인 여성의 무속실천자의 여러 사례를 소개 분석하는 동시에 각각의 무속제의에 대한 의미와 역사, 나아가 고향 마을의 생활과 무속실천의 상황 등을 복합적이고 입체적으로 그 실태에 대하여 서술하고 있다. 그리고 후자는 무속의 제사자에 대한 사례를 상세하게 소개하고 있다.

그러나 무속은 반드시 실천자만 관련되는 것은 아니다. 시부모, 남편, 자식 등의 가족이나 친족, 그리고 주변 사람들이 반대, 무시, 허용, 추진 등 실로 다양한 양상으로 관여하고 있다. 따라서 본 조사는 오사카지역의 용왕궁 경험자 및 그 주변의 사람들을 주된 조사 대상으로 하고, 실천자의 가족으로써 간접적인 경험이 있는 2세 이후의 세대 등도 조사 대상에 넣었다. 무속실천의 전승과 변모, 나아가 세

일본 정부의 억압 정책과의 관계 (츠카사키 마사유키) ④ 용왕궁 주변 주민 청취조사 (후지이 고노스케 등) ⑤ 오가와 주변 불법 점거 대책 조사 (모토오카 다쿠야, 츠카사키 마사유키 등) ⑥ 재일제주인의 풍습, 제주와 재일의 무속실천의 관계 (송실성, 현선윤) ⑦ 이코마·다카라즈카의 조선절 조사 (요시다 마사히로, 후지이 고노스케) 등이다. 또한 프로젝트 이전과 프로젝트 자체의 지금까지의 연구 성과에 대해서는 현선윤 (2012)을 참조.

대 간의 차이 등도 시야에 넣으려고 했기 때문이다.

2. 연구 시점과 방법

1. 면담 및 앙케이트 조사의 대상자와 그 증언의 자료적인 성격과 한계

현 시점까지의 피조사자는 총 27명이며 조사대상자의 선택기준과
내역은 다음과 같다.

용왕궁을 비롯한 재일여성 무속신앙의 실천자는 대부분이 제주도
출신의 1세 여성이기 때문에 조사를 한다면 당연히 1세 여성을 중심
으로 해야 할 것이다. 그러나 1세의 고령화와 사망 등으로 직접적인
증언을 얻는 것이 어려워진 실정이기에,[2] 이번에 1세의 증언사례는
전체의 약 10%인 3건에 그치고 있다.

반면에 부모나 근친의 무속신앙 실천을 돕기 위한 목적 등으로 동
행한 경험이 있는 재일제주인 2, 3세를 적극적으로 찾은 결과, 18건
의 사례로 전체의 과반수를 넘겼다. 그 중에는 가족 또는 생활 전반
에 있어서 무속과는 거의 상관이 없는 사례도 다수 있지만, 재일제
주인 사회에 있어서 종교적 풍습과 전승의 다양한 양태를 찾기 위해
서 일부러 택하였다.

그밖에도 제주도 출신이 아닌 재일 2, 3세의 사례가 5건 있지만,
그것은 전체 재일 한국인 중 제주인과 그 풍습의 특수성 등을 뚜렷
하게 드러냄으로서 재일의 다양성을 확인하기 위해 포함시키고 있

---

2) 1세의 사례는 이미 김양숙(2005, 2009)에서 상세하게 분석되어 있다.

다. 또한 무속과 유교의 공존, 교육경험과 무속신앙의 배타적 관계 등이 통설이 되고 있는 사실을 감안하여 남녀를 불문하고 대상으로 선정하였고 무속실천에 더하여 유교제사의 실천과 교육경험에 대한 질문항목도 설정했다.

본 조사에서는 구술이라는 형식에 항상 수반되는 애매함과 본인 이 무속실천자가 아닌 2세가 1세의 실천에 관한 증언의 신빙성에 대 한 우려를 조금이라도 보완하기 위하여 무속실천자인 1세와 자녀의 증언과 형제자매, 부부의 증언 등을 얻기 위해 노력하였다. [사례2] 와 [사례11] [사례22]는 모친과 자녀(남매)의 증언이고 [사례14, 16] 은 형제, [사례7, 20, 23, 26]은 모두 부부의 증언이다.

새삼 양해를 구할 것도 없지만 이 조사로 어떠한 대표성을 주장하 려는 것도 아니고 그러한 의도 또한 없다. 27명이라는 수적 한계도 있고 대상자의 선택도 다음과 같이 매우 자의적이다. 대상자는 지인 이나 소개 등에 의지할 수밖에 없었고, 그 경우에도 무속경험자 혹 은 보고 들은 경험이 있는 자에 한한다는 조건을 붙였다.

2. 면담 및 앙케이트의 질문 항목과 조사의 한계

면담과 앙케이트의 질문 항목은 다음과 같다.

① 본인의 속성. 1세의 경우는 성별, 출생년도, 출생지, 국적, 일본 으로 도항한 연도 등. 2세 이후의 경우는 본인과 부모 양쪽에 관한 위의 질문 항목.

② 무속신앙의 경험이나 견문, 제의의 장소, 횟수, 참가자, 방법, 예전과 현재의 비교 등.

③ 유교제사의 경험이나 견문, 제의의 장소, 횟수, 참가자, 방법, 예전과 현재의 비교 등.

④ 교육경험. 1세의 경우, 제주도에서의 교육경험, 도항 후의 학교경험. 2세의 경우, 양친의 학교경험과 본인의 학교경험.

⑤ 1세의 경우, 본인의 민족조직·단체와의 관계. 2세의 경우, 부모와 본인의 민족조직·단체와의 관계.

⑥ 그 외.

면담조사 때에는 대략 이상과 같은 항목에 따라 질의응답을 하였고 필자가 메모했던 내용을 정리하여 메일로 전송하거나 직접 만나 확인하여 질의응답을 보충한 결과를 다시 정리한 것을 최종결과로 하였다. 앙케이트 조사에 대해서도 거의 같은 순서를 밟았다. 그리고 본 조사의 내용에는 개인적인 것에 대해 언급하는 부분이 적잖게 포함되어 있어 당사자가 가능한 자유롭고 솔직하게 얘기할 수 있도록 면담할 때 녹음은 하지 않았다. 또 면담과 앙케이트 모두 질문 항목 전체에 대해 응답한 경우도 있었지만 일부만 대답한 경우도 있었다.

3. 사례소개

이어서 모든 조사 사례를 몇 세에 속하는지, 제주도 출신인지에 대한 여부와 성별 등을 기준으로 그룹별로 나누어 간략하게 소개한다. 뒤에 분석하는 장에서 인용하거나 상세하게 소개할 사례는 여기서는 생략한다. 이하는 그것을 표로 나타낸 것이다.

〈표 1〉 재일제주인 1세 여성(3사례)

	생년	출생지	내력, 가족관계	무속 및 유교제사와의 관계
사례 1	1924	제주도	교사였던 남편이 4·3사건으로 쫓겨 일본으로 도주 후, 필사적으로 뛰어다녀 가까스로 아이와 1951년경에 도일. 학교 경험은 제주도에서의 노동야학, 오사카에서의 야간학교, 야간고교 졸업.	제주도에서는 무속경험은 거의 없음. 용왕궁, 이코마의 조선절에 다녔다. 남편의 장례는 통국사(通国史).
사례 2	1922	제주도	1940년경에 홀로 도일. 오사카에서 결혼, 둘 다 재혼. 오사카에서 야간중학교에 단속적으로 10년간 다님.	제주도에서는 학교경험도 무속실천도 없음. 오사카에 넘어온 생모는 제주도에서도 오사카에서도 무속을 하지 않았던 듯함. 용왕궁, 조선절, 집, 집 부근의 강, 그 외 키요시코진(清荒神), 그 이외의 굿. 남편의 장례는 일본의 절.
사례 3	1916	제주도	12세경부터 해녀를 시작했다. 1940년경에는 남편을 따라 도일. 고베(神戸), 이어서 오사카에 정주. 제주도에서도 일본에서도 학교 경험은 없음.	제주도에서도 오사카에서도 무속실천. 용왕궁, 조선절. 최대의 것은 아들이 큰병에 걸렸을 때. 그 당사자였던 아들은 지독하게 싫어했음.

〈표 2〉 재일제주인 2세 이후의 여성(10사례)

	생년	출생지	내력, 가족관계	무속 또는 유교제사와의 관계
사례 4	1935	오사카	오사카에서 일본의 초등학교, 중학교를 졸업.	상세한 내용은 후술.
사례 5	1955	오사카	부친은 1929년 제주도 출생. 한국에서 사범학교 졸업, 교원생활, 유학목적으로 도일(시기는 불명확하지만 해방 후라고 생각됨). 인쇄업. 모친은 1933년 치바현 출생의 2세, 대졸.	상세한 내용은 후술.
사례 6	1959	오사카	부친은 1915년 제주도 출생, 처음에는 단독으로 도일, 1938년에 부부 함께 도일, 50년대 이후에 오사카의 야간학교 졸업, 자영업. 모친은 1917년 제주도 출생, 1933년에 기시와다의 방직공장에 근무. 19세 때 제주에서 결혼 후, 부부가 함께 도일. 남편의 권유로 야간 중학에 다녔다.	부친이 모친에게 권해서 할머니의 장례 후에 무속제의 등. 부부가 누카다(額田), 그 외의 조선절 방문. 누카다의 조선절, 나카모토(中本)의 조선절, 용왕궁.
사례 7	1951	오사카	부친은 1901년 제주도 출생, 도일은 미상. 모친은 1907년	중학교 1년 때 부친이 사망하고, 모친이 '굿'을 했다. 요란한 악기연주, 지폐, 주변의

사례 7			제주도 출생, 도일은 1925년.【사례20의 부인】	일본인들에게 어떻게 보일지 하는 걱정과 함께, 그 의식 특히 돈을 사제에게 계속 바치는 모친의 모습을 보고 일종의 트라우마가 생김. 결혼 후 시누이의 권유가 있어도 단호히 거절. 한편, 시댁의 유교제사는 열심히 지냈다.
사례 8	1971	동경	1961년 제주에서 밀항해 와서 결혼한 부모에게서 태어남. 양친의 부모 역시 일본에 거주.	양친 모두 무속실천은 없지만, 제주에서 구경한 적은 있는 것 같다. 외조모가 돌아가셨을 때 조모의 유언으로 동경에서 '굿'을 하였으나, 사기였다고 불평을 했다.
사례 9	1948	오사카	부친은 1907년 제주도 출생, 1930년대에 도일, 오사카 양복재봉의 직인. 제주도 서당에서 교육을 받아 완벽한 한자 구사. 모친은 1907년 제주도 출생. 교육경험 없음. 단, 오사카 총련의 여성동맹에서 조선어를 배움. 일본어 읽고 쓰기는 불가능. 부친은 네 번째 결혼, 모친은 재혼. 모친에게는 다른 아들이 있다.	유교제사는 정월과 추석명절을 포함해 년에 12번. 모친의 친척 집에서 무속 구경을 한 적이 있음. 양친이 함께 사망했을 때에는 통국사 (오사카시 덴노지구(天王寺区))에서 장례. 부친이 혐오했던 일도 있어서 양친도 형제자매도 전혀 무속 안함. 시어머니와 함께 이시키리(石刀)의 조선절에 간적이 있으나 아무리 해도 받아들여지지가 않아, 그 이후에는 거절했다.
사례 10	1956	오사카	3세, 부친은 1927년 오사카 출생, 민족학교를 다닌 듯하나 졸업은 불명. 조선어는 사용 못하고, 듣는 것도 어려워했다. 가방가게, 개인용달 운전수 등. 모친은 1927년 오사카 출생, 세 살 때 수개월 제주도 생활. 제주어가 적잖이 가능. 오사카에서 초등학교를 열 살 때 중퇴하고, 근처의 '미싱학교'에서 여동생과 미싱을 배웠다. 어렸기 때문에 발이 미싱에 닿지 않아서 고생했지만 월급은 받았다. 결혼 후 미싱을 여러 대 집 이층에 갖추고, 젊은 여성 몇 명을 고용해서 부인복 봉제.	유교제사는 5대에 거슬러 1년에 12번. 많을 경우에는 50~60명도 모였다. 가족의 병환, 그 외 걱정거리가 있을 시에는 이카이노(生野)의 심방을 불렀다. 부친이 큰병에 걸려 집안에 심방을 불러 부친이 액막이를 했을 때에는 부친이 화를 내며 나가버려서 심방을 달래기 위해 모친이 계속 돈을 건넸다. 그 후에는 부친이 싫어해서 부친이 집을 비웠다. 다카라즈카(宝塚)의 폭포, 조선절, 이코마에. 사쿠라노미야에서는 '굿'을 하던 옆 방에서 자고, 이튿날 아버지가 마중을 왔음. 여러 가지 불공드리는 집, 점쟁이, 뭐든 모친은 필사적이었다. 그것이 가족을 위함이라 여겼던 듯하다. 지금은 조상의 제사를 형제가 나눠서, 5대를 3대로 축소하는 등 간소화해서 모친이 돌아가시면 그만 둘지도 모른다. 자신이 이혼하고 본가로 돌아왔을 때는 당사자로서 '굿'을 한 것이 트라우마로.
사례 11	1953	오사카	【사례2】의 딸	결혼할 때까지 몇 번인가 모친과 키요시코진에 참배의 점집에서 결혼점. 이마미야에비스신사(今宮戎神社)에서도 몇 번인가 길흉제비. 다카라즈카의 폭포 부근에서 매미를 잡던 즐거운 기억이. 이고마의 조선절에 동행하면 반드시 모친의 지인과 마주침. 결혼 후에는 향을 피워 불공드린다고 해서 가족의 생년월일을

사례 11			알려줌. 집에서 한 '굿'은 소란스러워서 이웃에게 창피했었다. 용왕궁의 일은 이야기로는 들었지만 간적은 없다. 야간중학교를 모친은 즐거워했지만 그림을 그리는 것이 어렵다고 불평했었다.
사례 12	1960	오사카	모친은 해방 후 1948년경에, 제주도에서 밀항으로 도일. 일본인이 보증인이 되어서 재류허가 취득.	부친의 장례 후, 심방을 집에 부른 적은 있지만 그 이외의 무속에 대해서는 기억이 없다. 시댁의 제사가 너무 많아서 남편과 상의한 끝에 친척에게 이해를 구해 차츰 축소.
사례 13	1967	오사카	부친은 4·3사건으로 제주도에서 부산으로. 거기서 모친과 결혼. 1960년에 밀항. 모친을 불러 역시 밀항.	제사는 년1회 그리고 명절. 부친은 제사를 중요하게 생각했지만, 무속은 싫어해서 전혀 없음. 대학생 때에 친척 집에서 '굿'을 처음으로 봤다. 조상의 제사는 즐거웠지만, 지금은 추석명절과 부친의 제사만 하고 그것도 오후 8시정도에 마친다. 아들인 남동생이 뒤를 이어줄 것 같지 않아서 현재는 모친도 그만뒀다.

〈표 3〉 재일제주인 2세 이후의 남성(9사례)

	생년	출생지	내력, 가족관계	무속 또는 유교제사와의 관계
사례 14	1938	오사카	부친은 1917년 제주도 출생, 학교 경험 없음. 1930년대에 도일, 오사카에서 여러 직업에 종사. 모친은 1920년 제주도 출생, 36년 오사카에서 결혼. 【사례16】의 형	간자키가와(神崎川), 요도가와, 사쿠라노미야, 누카다의 조선절, 집에서 무속실천. 특히 자신이 고등학생일 때에 폐결핵을 앓고 각혈을 했던 때에는 집에서 수일간에 걸친 대규모의 '굿'과 함께 완치를 비는 의미로 누카다의 조선절에 종을 기증했다. 모친이 돌아가신 때에는, 그 다음날 사쿠라노미야에서 가족 전원이 참가하여 '굿'을 벌였다. 부친의 장례식도 같음. 모친은 그 자매들과 함께 무속에 열심이었다.
사례 15	1949	오사카	모친은 1921년 제주도 출생으로, 1934년에 도일. 제주도에서도 일본에서도 학교에 다닌 적이 없다. 한글(조선문자)은 어머니학교에서 습득하고, 히라가나는 증언자가 가르쳤다.	돈이 없어서 무속은 불가능했을 것이다.(상세한 내용은 후술)
사례 16	1951	오사카	【사례14】의 남동생	모친의 에피소드로는, 큰병으로 몸져누웠던 모친이 '굿'을 하던 중간에 심방의 목소리에 돌연 일어나서 춤을 추기 시작한 것. 단, 모친은 그 후 거듭 몸져누워 버렸다. 신방의 지시에 따라 양친과 자신까지 세 명이 와카야마의 츠바키온천에서 일주일간 지낸 적도 있다. 그 세 명은 누카다에서 물맞이를

사례 16				한 경험도 있다. 집에서의 대규모 의식은 이웃에 폐. 모친의 무속실천에 관해서 부친은 모친 좋을대로 하라며 허락해주었고 협력했다. 여동생은 시어머니의 무속실천으로 골머리를 앓고 있다. 만약 유언으로 큰 '굿'을 해야 한다는 말이 남겨지면, 마음으로는 그것을 유언으로 받아들여 실행시켜 드리고 싶지만, 그 경비를 생각하면 곤란하다고 말한다.
사례 17	1949	오사카	부친은 1927년 제주도 출생, 전쟁 중에 일본으로 와서 동경에서 대학을 졸업했지만, 그 후 가족들과 함께 제주에 돌아가서 결혼, 해방 후에 다시 부인과 일본에. 밀항이었으리라 생각되지만 어떤 식으로 등록을 했는지는 모른다. 모친은 전쟁 중에 한 번 일본에 왔지만 그 후 제주도에 돌아가 결혼하고 해방 후에 부부가 오사카로. 학교 경험은 없지만, 총련의 모친학급, 은퇴 후에는 일본의 야간중학에 다녔다.	유교제사는 1년에 12회. 그러나 자신의 대에 와서 여자 형제들과 친척들이 크게 반대하는데도 불구하고 자신의 판단으로 모두 그만뒀다. 무속에 대해서는 누카다의 조선절의 폭포 부근부터, 그리고 사쿠라노미야, 니혼바시(日本橋)의 절(조선절?)에 모친과 함께 불공드리러 다녔다. 외가는 할머니가 제주도에서 돌아가셨을 때에 집에서 큰 '굿'을 했다.
사례 18	1950	이와테	부친은 1913년 제주도 출생, 소학교를 제주도에서 마치고 도일. 오사카에서 식자공, 45년 제주도에 돌아가, 46년 다시 도일, 오사카, 이와테, 동경 미카와지마(三河島)에 정주. 모친은 총련계의 성인 학교에서 한글(조선글자)을 배웠다.	무속은 거의 경험이 없음. 돈이 없어서 하고 싶어도 못했을 것이다. 그러나 다카오산(高尾山)의 조선절에서 폭포(물)맞기 경험은 있다. 자신의 건강기원은 아니었다. 부친의 일본에서의 장례는 조선절에서, 총련의 관계자가 맡아서 했다. 불교와 유교가 혼합된 듯한 식이었다.
사례 19	1944	오사카	모친은 1914년 제주도 출생. 1932년경에 도일해서 결혼.	무속실천은 너무 가난해서 하고 싶어도 못했던 것이 아닐까. 단, 자신이 고등학생 시절 폐결핵을 앓았던 때, 모친이 용왕궁에서 '굿'을 했지만 그 이외의 기억은 없다.
사례 20	1942	오사카	【사례7】의 남편. 부친은 1945년, 오사카 공습으로 사망, 생년불명. 모친은 1901년 제주도 출생. 부친이 조직한 야학에서 문자, 계산 등을 배움.	유교제사는 전통에 따라 행했다. 모친의 뒤를 이어 여자 형제들이 무속실천. 형은 그것을 너무 싫어하였지만 자신은 관여하지 않았다. (상세한 내용은 후술)
사례 21	1953	오사카	부친은 1925년 제주도 출생, 조부모에 이끌려 4세 때에 오사카에 왔고 소학교를 졸업. 모친은 오사카 출신으로 여학교까지 다님.	상세한 내용은 후술

| 사례 22 | 1956 | 오사카 | 【사례2】의 아들, 사례11의 남동생 | 어린 시절 부상이나 병 '결막염'을 반복하고 있었기에, 모친에 의해 용왕궁에 이끌려 가서 자신의 액막이 의식에 입회되었을 때, 어둠의 속에서 불꽃이 난무하는 등 무척 무서웠던 기억만이 남아있다. |

〈표 4〉 제주도 이외 출신의 재일 2세 이후의 여성(3사례)

	생년	출생지	내력, 가족관계	무속 또는 유교제사와의 관계
사례 23	1949	오사카	부친은 1918년 출생, 1934년 도일. 모친은 1922년 출생, 1939년 도일. 【사례26】의 부인.	상세한 내용은 후술
사례 24	1979	아오모리	요코하마(橫浜)에서 자란 3세 여성. 양친 모두 조부모의 시대에 도일.	3세로 미혼이라는 점도 있고, 오랜 기간 한국에서 학생생활을 해서 집에서 떨어져 있었다는 사정도 있어서일까 가정 내의 제사에는 적극적으로 참가하지 않는다, 할 수 없다고 말한다. 제사는 희미한 기억이 있는 정도, 장례나 묘에 관해서는, 부친은 일본에서 일본식으로, 모친은 한국에서 한국식으로 행한 듯하다.
사례 25	1958	오사카	3세. 남편이 제주도 출신의 2세.	어린 시절 외할아버지가 무속을 해서 조부와 함께 준비를 했던 기억이 있다. 모친이 어린 시절 조부와 '첩'이 동행해서 일본 전국을 돌았던 경험이 있는 듯 하다. 시어머니는 무속을 하지 않았고 그 외의 전통적인 풍습의 강요는 일절 없었다.

〈표 5〉 제주도 이외 출신의 재일 2세 이후의 남성

	생년	출생지	내력, 가족관계	무속 또는 유교제사와의 관계
사례 26	1947	한국	세 살 때 밀항으로 도일. 부친은 1919년 출생, 1935년 도일. 모친은 1924년생, 1932년에 도일, 나고야에 거주 【사례23】의 남편	상세한 내용은 후술
사례 27	1951	오사카	부친은 1907년 경상북도 출생. 모친은 1915년 경상북도 출생, 도일 시기는 불명확. 양친 모두 교육의 경험 없음.	유교제사는 증조부까지와 추석 정월 명절까지 포함해서 년7회. 부친의 형제자매와 그 가족이 참가했으나, 여덟 형제의 막내인 자신이 어머니를 모신 후, 제사를 하고 있으며 자신 부부를 제외하고는 누나가 도와주러 오는 정도. 무속은 전혀 경험이 없고, 모른다.

3. 1세의 라이프 스토리에서의 무속의 위치

먼저 1세의 무속실천에 대한 1세와 2세 이후의 증언에 대해 선행연구에서 통설로 받아들여지는 것에 대하여 의문을 품으면서 대략적으로 다음과 같은 항목으로 분석한다.[3]

① 1세에게 오사카에서 실천하는 무속신앙과 제주도에서 실천한 무속신앙의 연속과 변모 혹은 단절
② 남자는 유교제사, 여자는 무속신앙이라는 성별 구분의 통설
③ 근대교육과 무속신앙의 배반이라는 통설
④ '재일' 전체의 제주도 출신자의 풍습(특히 무속신앙)의 특수성
⑤ 2세 이후 세대에 대한 무속의 전승 혹은 단절, 생생한 경험(주체자)과 방관자 혹은 강요에 의한 경험과의 괴리, 대립, 갈등
⑥ 생생한 경험과 일체가 된 소리로서의 고유명사와 그러한 경험이 없는 사람들에게 있어서 이른바 중성적인 지명에 대한 낙차, 괴리

덧붙여 1세의 무속실천에 대해서는 이미 김양숙의 상세한 사례보고가 있었기 때문에 증언내용에 대한 인용은 가능한 피하고 선행연구에 대한 논의에 저촉되는 부분에 특별히 초점을 맞춰 서술한다.

---

3) 현선윤(2011b)에서 상세하게 논하고 있으니 참조.

1. 무속신앙의 전승 경로

직접 증언을 얻을 수 있었던 3명의 1세에게는 대체로 다음과 같은 공통점이 있었다. 제주도에서 나고 자라서 20대 전후에 도일하여 오사카에 거처를 정하고 현재도 오사카에 거주하고 있다. 학령기에 제주도에서 공교육(즉 일본에 의한 식민지 교육)의 경험이 없다. 오사카에서 용왕궁을 시작으로 집이나 이코마야마(生駒山) 기슭의 조선절과 그 외 다른 곳에서 무속실천을 오랫동안 계속해 오고 있다. 그러나 지금은 노령 및 그 밖의 이유 등을 들어 거의 실천을 하지 않고 있다.

이상의 공통점에 대하여 통설과의 관련에 대해 자세히 살펴보기로 한다. 재일제주인의 무속신앙과 실천의 원천을 제주도에서 찾는 견해가 일반적이지만 증언 내용은 그것과 다소 차이가 있다. 3명중 2명이 제주도에서는 무속신앙에 대한 실천 경험이 없고 도일 후 오사카에서 시작하였다. 그리고 본인들 모친의 영향을 받은 것도 아니다. 양자 모두 어머니는 전혀 실천하지 않았다. 다만 그에 대해서는 김양숙(2003)이 지적하는 것처럼 무속실천은 해녀공동체의 경우를 제외하면 여성이 결혼하여 한 집안을 책임지면서 주체적이고 본격적으로 시작하는 것이 일반적이다.

이번 조사 대상자들은 가령 제주도에서 결혼했다 하더라도 실제적인 부부생활은 오사카에서 시작하고 있다. 그러한 의미에서 그녀들이 오사카에서 무속실천을 시작한 것은 이상할 것이 없다. 따라서 개개인이 제주도에서 했던 경험을 오사카에 가져와서 계속적으로 무속실천을 하는 직접적인 전승 즉, 풍습의 반입이라는 양식이 반드시 들어맞지 않다는 사실을 확인할 수 있다.

그렇다면 그녀들은 어떤 경로를 거쳐서 오사카에서 무속실천을 시작하였을까. [사례2]의 경우는 오사카에서 결혼한 후 집 근처에 살고 있던 시숙모의 권유와 소개로 시작했다고 한다. [사례1]의 경우는 제주도에 남겨두고 온 시어머니가 무속에 빠져 있었기 때문에 남편이 어머니를 그리워해서 부인인 본인에게 무속실천을 권유하였다고 한다. 한편 [사례3]의 경우는 제주도에서도 무속실천을 하고 있었는데, 이는 어린 시절부터 해녀 일을 해 왔기 때문이 아닐까한다. 앞서 서술한 바와 같이 해녀공동체는 생명공동체의 의미가 강해서 무속신앙이 매우 강하다. 따라서 해녀라면 연령을 불문하고 무속실천에 참가하는 것이 의무이자 기쁨이었을 것이다.

요컨대, 부모로부터 자식에게로 직접 풍습이 전승되거나 개인이 무속경험을 오사카에 가져간 것이 아니라 오사카의 재일제주인 커뮤니티에 반입된 제주도의 풍속이라는 의미에서 풍속의 집단적 전승을 의미한다. 그리고 재오사카 커뮤니티 속에서 집단적이고 개인적인 생활전략으로 무속실천이 실행되었다는 사실을 시사하고 있다.

덧붙여 위와 관련된 흥미로운 사례가 있다. [사례5] 증언자 어머니의 경우이다. 그녀의 어머니는 간토(関東)출신의 2세로 당시 재일여성으로서는 드물게 대학을 졸업하는 등, 일본의 고등교육을 충분히 경험하고 기모노를 입는 등 완벽하게 일본의 풍속을 몸에 익히고 있었다. 또한 친정에서는 한국의 전통적인 유교식의 제의도 지내지 않고 재일 커뮤니티와의 교류도 거의 없었다. 그러나 그러한 그녀가 제주도에서 도일한 오사카에 사는 1세 남성과 결혼한 후에는 열심히 유교식 제사를 지낼 뿐만 아니라 나중에는 이코마의 조선절에도 다녔다고 한다.

이는 친정의 풍속과 거기서 길러진 본인의 습관과 교육경험보다 시집의 환경이 '며느리'에게 큰 의미를 부여하는 경우가 적지 않다는 사실을 나타내고 있으며, 재일의 무속뿐만 아니라 여러 가지 풍속, 특히 여성이 무속에 대해 생각할 때 '며느리'라는 요소를 제외하고 논의한다는 것은 중요한 부분을 간과하고 있다는 점을 시사하고 있다.

2. 무속제의 실천 장소

1세의 무속실천이 이루어지는 장소는 주로 자택, 용왕궁, 조선절 등을 들 수 있다. 앞에 서술한 1세의 증언에서는 위의 모든 장소에서 무속이 실천되고 있고 2세의 증언에서도 다양한 장소에서 무속실천을 보고 들었다고 하고 있다. 그 중에서도 이코마나 다카라즈카(宝塚) 산기슭에 있는 조선절에 대해서는 가족 모두가 물맞이를 하거나 그곳에서 직접적인 경험은 없어도 그것이 무속실천의 일부라고 인식하고 있는 경우가 많았다. 이를 통해 가족의 연중행사로 이루어지는 오락의 일부가 되는 등 일상생활 곳곳에 무속적인 요소가 침투되어 있었다는 것을 엿볼 수 있는데 그것과 비슷한 사례는 더 있다[사례20].

> 어머니는 자녀가 사고를 당하면 제주도의 '넋들이'를 자주하였다. 교통사고를 당한 경우에는 요도가와(淀川)까지 가서 강의 물을 아이의 머리에 뿌리면서 "이 아이는 아무런 죄가 없습니다. 제가 잘못했습니다. 저를 벌하세요"라고 주문을 외웠다.

그리고 [사례15]의 다음과 같은 증언도 있다.

> 어머니는 심방을 부를 여유도 없었으리라 생각합니다… 어머니가
> 환갑을 넘겼을 때 어머니가 바다를 좋아하기도 하셨고 제가 바다 가
> 까이에 살고 있어서 우리 아이들과 자주 바닷가에 갔습니다. 그때 모
> 친은 우리들이 먹기 전에 약간의 술이나 밥을 바다의 신에게 바치려
> 고 했습니다. 지금 생각해 보면 용왕에게 바쳤던 것 같습니다. 그러한
> 신앙심이나 '경외'가 있었다는 사실이 새삼스럽게 떠오릅니다.

이는 많은 재일1세 여성이 고향 제주도에서 몸에 밴 무속적인 기
원을 일상의 곳곳에서 실천하고 있었다는 것을 나타내며, 2세 이후
가 그러한 의식이라고 알아차리지 못했던 풍속이 다른 곳에도 있었
다는 것을 짐작하게 한다.

3. 교육과 무속실천

식민지시대의 조선에는 지배자 일본에 의해 이루어지는 공교육
이외에도 여성을 위한 다양한 배움의 장4)이 있었다. 그 외에 서당을
비롯하여 전통적인 민족교육이나 근대적인 민족 교육 기관도 있었
고 그것이 어느 시기까지는 일본의 식민지 교육과 대립하고 있었다.
[사례1]의 증언자는 제주도에서 그러한 기관 중 하나인 '노동야학'
에 다녔다고 한다. 아버지가 일본의 식민지 교육을 혐오해서 지역의
유지가 운영하고 있었던 민족야학에 다니게 하였고, 그곳에서 그녀

---

4) 그것은 오로지 노동과 겹치는 것으로 일하면서 하는 공부였다. 예를 들면 해녀의 쉼터
   인 불턱이며, 제주 여성의 필수적인 일상 노동이었던 물 운반을 위해 다니는 물통 등.
   현선윤(2011c, 2011d, 2012a) 등을 참조할 것

는 계산과 한글이나 한자의 읽고 쓰기와 더불어 좌익적 민족교육을
받았다고 한다. 그 지역이 제주도에서도 유명한 해녀항일운동의 거
점으로서 그러한 야학 교육경험자가 반일운동의 중심이 되었다는
역사적 사실은 흥미로우나, 본고에서는 그러한 근대적인 교육을 받
았고 부모가 무속을 혐오하거나 기피하였음에도 불구하고 오사카에
서 무속실천을 시작하였다는 사실이 더욱 중요하다.

일반적으로 근대교육과 무속실천은 상반되며 선행연구에 의하면
재일의 무속실천자의 대부분은 교육경험이 없다. 예를 들면 김양숙
(2003)의 대상자 9명 전원이 교육경험이 없었다. 그리고 본 조사에서
도 1세에 대한 3건의 사례 중 2건의 사례는 그와 일치하는데, [사례1]
은 그러한 상식이나 전통적인 논의에서 벗어난 케이스로 보인다. 그
러나 그 '일탈'도 앞서 언급한 '며느리의 입장'을 시야에 넣으면 사실
일탈이 아니라는 것을 이해할 수 있다. 즉 무속실천자는 대부분 여
성이지만 무속실천의 여부와 가능여부는 본인의 의사만으로 결정되
는 것이 아니라, 가족 특히 며느리에 대한 시부모의 강제력 등이 작
용한다.

그런데 [사례1]과 [사례2]는 일본에서 노령에 접어드는 시기가 되
어서야(1970년대 후반) 일본의 공립야간중학교에 다녔다(그 외 [사
례6]). 그리고 [사례1]은 야간고등학교에 진학하여 졸업까지 하였다.
성인이 되고 난 후의 근대교육 경험과 무속실천과의 연관성은 매우
흥미롭다. 예를 들어 야간중학 체험이 무속실천에 영향을 주었는지
의 여부와 그것이 동시진행적인 것이었는지 즉, 야간중학교 체험이
무속실천을 대체하였는지 등에 대해 밝혀진다면 대다수가 학교교육
을 받지 못한 재일 1세 여성에게 있어 무속실천이 가지는 의미가 더

욱 분명해질 것이다. 그러나 현재는 이러한 연구가 무속실천에 대한 연구에는 거의 도입되지 않고 있다. 그리고 그 연령이 되면 그녀들의 사고와 감정에 교육내용은 별다른 영향을 주지 않을 것이라 생각한다. 하지만 교육을 받는 기쁨과 지식이 무속실천을 대신하여 그녀들이 이룰 수 없었던 꿈과 문자언어로 표명될 수 없었던 내면을 해방시키는 계기가 되었을 가능성이 있고, 그녀들이 거리낌 없이 내면을 해방시킬 수 있었던 계기가 교육과 야간중학교에 있지 않았을까 하는 의문은 향후 진전되는 연구에 있어 매우 중요하게 작용할 것이다.

4. 기도의 내용

이상의 문제와도 관련이 있지만 그녀들은 거기에서 무엇을 빌고 있었을까? 무속신앙은 가정의 안전과 금전적인 성공 등의 '현세이익'에 대한 기원과 마치 '재물'과도 같은 용어로 평가되어 경시되는 경향이 있으나 그것을 '여성'의 기원이라는 원점으로 돌아가서 다시 생각해야 한다고 본다.

증언으로 알 수 있는 기원의 계기도 자녀의 건강과 남편의 건강, 그리고 가족의 안전과 번영이었다. 그 중에도 자녀의 병, 특히 폐결핵이라는 예가 많았는데([사례14, 19, 22]) 1950~60년대의 일본에서 빈곤하고 열악한 주거환경으로 고생했던 재일 생활의 단면을 엿볼 수 있다는 점에서도 귀중한 증언이다.

그러나 그것들은 어디까지나 어머니 혹은 아내로서의 기원이고, 이따금 '그레이트 마더 신화'적인 말로 되돌아온다. 그녀들은 '위대한 어머니'였으나 어머니로서만 살아가고 있었던 것은 아니다. 아내

로 그리고 여자로서의 기원도 있었을 터인데 선행연구에서는 그 점
에 대해서는 언급되지 않았다. 그것은 아마도 다양한 레벨의 '신중
함'이 작용한 결과라고 생각한다.

만약 그런 일을 떠벌린다면 남편이나 자녀들에게 미안할 뿐 아니
라 가족의 수치가 세상에 숨김없이 드러날 수 있다는 의미에서 당사
자의 신중함이 있었을 것이다. 그리고 그러한 종류의 문제에 대해
언급하는 것은 프라이버시 침해가 될 수도 있다는 청자 또는 연구자
의 '타인으로서의 신중함'이라는 이중의 '신중함' 또는 '고의적으로
말하지 않는 것'이 작용한 결과인 것이다.

실제로 다양한 상황증거가 있다. 선행연구에서는 1세 여성의 부부
관계에 대한 불행(남편의 바람, 별거, 그 외)에 관련된 언급이 적지
않다. 예를 들어 김양숙(2003)의 대상자 9명 중 6명이 이혼 혹은 별
거상태이다. 그리고 제주도 여성의 구술 자료에서도 부부사이의 불
행 외에 여러 명의 어머니와 아버지를 가진 자녀들이 그러한 가정환
경이 특히 여러 명의 어머니 사이의 싸움과 이복 형제자매와의 관계
에서 괴로워하였고 현재도 계속되고 있다는 증언이 많이 소개되고
있다.[5]

그리고 본 조사에서도 부모 중 한쪽이 여러 번 결혼한 경우가 많
고 ([사례2, 4, 8]등), 친족 내에 본처 이외의 여성이 존재하고 있었음
을 시사하는 증언도 많이 있다([사례10, 24] 등). 또 인터뷰 중에는
남편이나 남편의 여성관계로 인한 고민을 짐작하게 하는 케이스가

---

5) 제주특별자치도 여성위원회,『제주여성의 삶과 공간』, 2007 ; 제주도여성특별위원회,
『구술로 만나는 제주여성의 삶 그리고 역사』, 2004 참조.

적지 않았다. 예를 들어 [사례1]의 경우 첫 번째 면담 때에 무속실천에 관계된 질문을 하자 증언자는 "그것을 얘기하려면 남편 험담이 되니까"라고 말을 얼버무렸고, 그전에 제주도와 일본의 '축첩'습관에 대해 신랄하게 비판한 점 등을 볼 때 그녀의 무속실천과 남편의 여성관계 사이에는 적잖은 연관이 있는 듯한 인상을 주었다. 그리고 두 번째 면담에서야 그러한 사실에 대해 조금 이야기해 주었다.

이와 같이 재일제주인 1세 여성의 무속신앙에 대해서는 출신지인 식민지시대 제주의 문화풍토와 인구동태, 그리고 그에 관한 여성의 위치, 특히 며느리와 부인의 위치라는 역사문화적인 토양도 염두에 두고, 그녀들이 여성이기에 가지는 슬픔에서 해방시키고 치유해 주는 시간과 공간이라는 측면에 더욱 주의를 기울여야 할 것이다.[6]

5. 유교와 무속의 성별에 따른 구분과 교육과 무속의 관계

유교제사에 대해서는 5대나 거슬러 올라가는 조상대대로 내려온 제사에다 정월명절과 추석명절의 차례 등 1년에 12번이나 유교적 제의를 행하고 있다는 복수의 증언이 있었다. 재일에게 유교적 제사에 대한 존재감을 분명하게 확인할 수는 있으나 요즘은 거의 과거의 것이 되어가고 있다. 조상을 모시는 유교제사는 대부분 조부모나 부모

---

6) 특히, 식민지시대의 제주에서는,①여러 가지 이유로 남성에 비해 여성 인구 비율이 한국의 다른 지역에 비해 항시적이고 비정상적으로 높았던 인구동태, ②가내노동 이외의 노동 등 경제 활동에서 여성의 비중이 높음, ③그것도 일종의 재산과 노동력으로서 ④ 심지어 자손을 낳고 키우는 재생산 노동의 담당자로서의 축첩제도가 오랫동안 잔존해 온 것 등이 보고되고 있다. 그리고 그것들이 함께 얽힌 여성의 열악한 위치, 그러면서도 그러한 여성의 큰 공헌에 대해 빈번히 언급되기 시작했다. 그러나 '아내'와 '여자'의 측면에 대한 언급은 아직 충분하지 않고 여성의 무속실천의 연구에서도 유사한 경향이 있음을 부정할 수 없다. 제주개발연구원(2011) 등 참조.

라는 재일 제1세대가 살아있고 활동력과 발언력을 갖고 있을 때 활발하게 이루어지고, 1세가 사망하거나 노령화된 이후에는 제사의 횟수와 규모가 급속하게 축소되는 경향이 있다. 극단적인 경우에는 친족과 형제자매의 강렬한 저항에도 불구하고 장남의 권한으로 조상의 제사를 전혀 모시지 않는 사례도 있다([사례17]). 그러한 경향은 무속실천에서도 마찬가지이다.

1세 세대가 건강했을 때인 1980년대나 90년대, 늦어도 2000년 이전과 현재를 비교해보면 그러한 경향은 눈에 띄게 쇠퇴된다. 1세가 사망한 이후에는 전혀 실천하지 않고 1세가 살아있더라도 체력 이외의 장애에 의해 완전히 그만두거나 축소하는 것이 일반적이다. 그러한 의미에서 유교제사와 무속실천을 포함한 '재일' 1세적 풍습이 후속 세대에 대한 일반적인 전승에 공통된 경향인 것 같다.[7]

그러면, '유교제사는 남자, 무속신앙은 여자의 전매특허다'라는 통설에 대해서 살펴보고자 한다. 분명히 그러한 증언이 많았다. 1세인 어머니가 가끔은 자녀를 동행하여 무속실천을 하여도 남편은 거의 관여하지 않고 일반적으로 기피하고 있었다. 그러나 그와 반대되는 증언도 있다. 남편이 적극적으로 협력할 뿐만 아니라 남편의 권유로 부인이 무속을 시작한 케이스가 이미 소개한 [사례1] 이외에도 있다. 예를 들어 [사례6]에서는 학구열이 강하여 중년이 되고 나서 일본에서 야간대학까지 졸업한 남편이 부인에게 무속실천을 권하고 동행

---

7) 이러한 '재일' 기원의 무속신앙에 새로운 클라이언트의 물결, 예를 들어 일본인 여성, 그것도 젊은 여성이 참여하고 있다는 보고, 예를 들어 종교사회학의 회(宗敎社会学の 会)(2012)나 야마구치 사토루(山口覚)(2012)도 있지만, 그것들은 본고의 문제 관심과 는 일단 별개로 취급해야 할 것으로 보인다.

하기도 하였다고 한다. 이와 같은 케이스에서 힌트를 얻어 무속과 관련해 교육, 남녀, 부모자식, 민족이라는 몇 가지 요소가 더해진 복합적인 관계를 상상할 수 있다.

유교제사와 마찬가지로 무속신앙도 민족이나 제주도의 토착적인 전통이라고 본다. 즉 전자는 부계의 전통이며 후자는 모계의 전통이다. 나라를 빼앗겨 타향에서 살아가는 사람으로서 존경의 표현이나 단결하는 중추로서 그것들을 실천하는 동시에 근대적인 지식도 열심히 받아들이는 것처럼 민족을 중심으로 유교와 무속, 근대교육에 의한 지식의 공존, 나아가 통합도 가능하다. 증언에 나타나는 남편들의 다양한 대응(거부, 혐오하면서 허용, 협력, 솔선)을 보면 앞서 서술한 바와 같이 명확하게 논리화할 수는 없으나, 그것과 비슷한 논리가 일정하게 영향을 미치고 있었던 것 같다. 그러한 관점에서 보면 민족, 유교적 전통, 근대교육의 삼위일체를 민족적 '정통파'로서 거론하는 한편 무속 등은 미신이라고 배척하는 종래의 '재일'적인 논리가 재일의 생활에 뿌리박힌 것인지 아닌지 하는 점이 밝혀질 것이다.

4. 1세의 무속실천에 대한 2세 이후 세대의 반응

다음은 2세 이후의 증언을 중심으로 그들이 본 1세의 무속실천과 그에 대한 반응에 대해 생각해 보고자 한다.

1. 2세 이후가 가진 1세 관련 정보의 부정확성

본 조사에 의하면 2세 이후는 1세의 무속실천뿐만 아니라 도일시기와 동기, 교육경험 등에 대해 알고 있는 사실이 정확하지 않은 부분이 많고, 형제와 부부 사이에서 남편 부모의 내력이나 무속실천에 대해 차질을 초래하고 있었다는 사실이 예상했던 것 보다 훨씬 분명히 밝혀졌다. 그러나 이것 때문에 2세 이후의 증언의 가치가 훼손된다고 섣불리 판단할 필요는 없을 것이다. 그러한 단절 그 자체에 '재일'의 생활과 역사가 깊이 새겨져 있기 때문이다. 왜 2세 이후는 1세의 내력 등에 대해 잘 알지 못하는가?

무엇보다 식민지시대부터 영향을 주고 있는 법률적인 문제가 있다. 부모의 도일이 비합법적이었다는 사실 등([사례1, 5, 13, 17, 26]), 오늘날에도 법적인 문제를 일으킬 수 있는 극히 실제적인 우려가 작용하여 비밀로 하거나 애매하게 해 둘 수밖에 없었다. 다음으로는 가정의 복잡한 사정이 있을 것이다. 대상자 중에는 이미 언급한 바와 같이 부모 모두 결혼과 재혼을 반복하는 등, 복잡한 가정환경이 짐작되는 경우가 많았는데 그러한 경우 당사자의 자존심 문제나 불행감 등과 같은 심각한 문제가 있었기 때문에 자녀에게 상세하게 말하기 어려웠을 것이다. 그뿐 아니라 생활환경적인 한계도 있었을 것이다. 특히 70년대 이후까지 1세의 생활은 과거를 돌아보며 그것을 자녀에게 이야기할 여유가 없었다.

무엇보다 1세와 자녀의 생활 무대에 대한 차이도 있었을 것이다. 1세는 고향의 마을에 연결된 커뮤니티를 중심으로 생활하고 2세도 어느 정도 그 세계에 속하기는 하지만, 일본의 공교육을 중심으로 일본 사회에서 성장하는 이중생활 속에서, 성장하면서 살아가는 세계가 부모와 다르다. 특히 무속신앙에 관해서는 친족들이 집에 모이는 유교제사와 달리 어머니가 아버지에게 비밀로 하거나 조심스럽게 하는 경우가 많아서 자녀들의 눈에는 그 전모를 알기 어렵다는 사정도 있었을 것이다.

2. 무속실천에 대한 2세의 인상과 영향

어머니의 무속실천에 참여한 경험은 많았지만 후속세대가 그 의미를 이해해서 적극적으로 실천에 옮겼다고 하는 증언은 거의 없었다. 그러나 위화감이나 혐오감에 대해 언급하는 증언은 많았다. 집에서 이루어지는 새신(賽神)에 대해서는 온종일 징이나 목탁소리가 나고 불을 피우거나 칼을 휘두르는 '괴기한 행동'으로 이웃에 폐를 끼치거나 이웃과 알력이 생길 것에 대한 우려도 있었다. 그리고 출신이 드러남으로 인하여 받을지도 모르는 민족적인 차별에 대한 두려움을 언급하였다([사례7, 11, 16] 등).

특히 2세의 기억에는 용왕궁에 관해서는 그 지역(하천부지 변두리)의 무너져가는 가건물과 주변의 빈민가 같은 분위기와 지저분한(폐품회수업의 주방, 집적장과 같은 장소, 그리고 그 내부 시대에 남겨진 것 같은 불결함, 새신장의 불길함, 불결함) 환경이 벚꽃이 피는 계절에 주변 공원에 사람들이 붐비는 것과는 대조적으로 괴상하고 그곳을 출입하는 자신들의 '이방인성'을 뚜렷하게 기억하고 있다([사례6] 등).

그리고 금전적인 문제나 상거래 같이 새신에 대해 강한 위화감을 느낀 기억도 있다. 재단에도 현금이 놓이고 의식이 한창 진행되는 동안에도 계속하여 돈을 올릴 뿐만 아니라 무당이 재촉하다 결국은 강제하는 것 같은 모습을 보이는 등 성스러움과는 정반대라고 생각되는 제의의 '추접스러움'과 막대한 경비에 대한 위화감과 혐오감도 나타나고 있다. 6, 70년대에 3백만 엔 이상을 지출하거나 아들의 폐결핵 쾌유를 비는 종을 조선절에 기부하는 예에서도 알 수 있듯이 당시의 일반적인 재일 1세의 생계 상황에 비춰볼 때 놀랄만한 지출을 동반하는 경우도 있었다([사례7, 10, 11, 16, 22] 등).

그러나 위와 같은 사실은 2세에게는 어디까지나 '외부'의 일이며 방관자적인 입장에서 참고 넘길 수도 있었지만, 2세 자신이 당사자가 되기를 강요받는 경우도 있었다. 예를 들어 2세 자신의 병, 부상, 결혼, 이혼 등이 기원의 계기가 된 경우, 그 의식에 참여할 것을 강요받았을 때의 심리적 부담은 매우 컸다.

애당초 자신의 의지와는 무관하게 강요받은 의식일 뿐만 아니라 자신의 내부에 있다는 '사기'를 내쫓기 위하여 제사자에 의한 신체 접촉을 포함한 '괴기'한 행동, 소리, 빛과 어둠, 눈앞에 놓인 돈 등으로 구성된 의식은 당사자에 매우 큰 심리적 부담으로 작용하였다. 그러나 한편으로는 어머니의 절절한 심정을 생각하면 그것을 거부하지도 못하기 때문에 의식 참가가 정신적으로 큰 상처가 된다고 하여도 어쩔 수 없는 일이다([사례10, 22] 등).

요컨대 무속의식은 1세와 2세의 세계관의 차이와 대립이 상징적으로 나타난 것이라고 해도 무방할 것이다. 그것이 세계관이나 세대를 뛰어넘는 의식이기 때문에 카타르시스를 느끼는 사람이 있을지도 모른다. 그리고 애당초 세계관 따위와는 상관없이 주체적으로 그

의식을 선택한 당사자의 경우는 그 '불길함' 등도 오히려 일상적이
지 않은 시간과 공간을 만들어내는 데 많은 기여를 했고, 젊은 일본
인 여성이라 할지라도 거기에서 카타르시스와 해방을 느낀다고 해
서 이상할 것이 없다.8)

3. 성공한 전승의 케이스

그러나 지금까지와는 전혀 다른 두 가지 예가 있다. 하나는 이미
소개한 [사례5]이고 다른 하나는 [사례4]이다. 후자는 오사카에서 나
고 자란 2세이지만 연령대와 주위의 환경이 잘 맞아서 무속에 관해
서는 거의 1세와 같이 대응하고 실천하고 있다. 한편, 1세와 2세의
틈새나 전환점에 위치한 사람으로서 전후 세대의 차이를 드러냄과
동시에 재일풍습의 전승 혹은 단절에 관한 자료로서도 참고할 가치
가 있기 때문에 다음과 같이 상세하게 소개한다.

> 1935년에 출생하고 재일 2세의 초기 세대에 속한다. 본인은 4번째
> 결혼하는 아버지와 장녀를 데리고 재혼한 어머니 사이에서 태어났다.
> 아버지는 그 후 처자식만 오사카에 남겨두고 본인은 제주도로 돌아가
> 5번째 부인을 들이고 기다리던 아들을 얻는다. 어머니가 데리고 온
> 언니와 시장에서 버려지는 다듬고 남은 야채나 생선으로 하숙을 치며
> 생계를 유지하였다. 생활은 어려웠지만 어머니와 언니의 도움과 배려
> 로 중학교까지 졸업하였다. 그 사이 야간 조선어 수업에도 잠깐 다녔
> 으나 일본인 아이들이 괴롭혀서 숨어서 다녔다. 졸업 후에는 언니의

---

8) 코스모스에 대해서는 양애순, 『재일조선인사회에 있어서 제사의례−제사의 사회학적
분석−』, 2004, 뒷 단락은 주7.

장사를 도왔다. 어머니와 언니도 무속을 실천하고 있었다. 근처에 사는 제주도 출신 가정의 아들과 결혼하였다. 시어머니도 무속을 실천하고 있었다. 제주어는 시아버지와 시어머니와의 일상 회화에서 습득하였고, 두 분 모두 잘 대해 주었다. 시어머니의 무속실천으로 용왕궁과 이코마의 조선절에 동행하였고 시어머니가 연로하자 자신이 그 역할을 대신하였고 자녀를 데려 가기도 하였다. 그러나 지금은 근처(이쿠노쿠)의 조선절에 1년에 4~5회 다니고, 그 외에 1년에 한 번은 그절의 스님과 보살과 신자들(30명 정도)과 함께 하코츠쿠리(箱作)에서 의식을 한다. 제주를 방문 했을 때는 고향의 본향당에서 심방에게 부탁하여 개인적으로 '굿'을 3번 정도 한 적이 있다. 한때는 재일 친목회 등에서 여행을 가곤 하였지만, 지금은 모두 고령이 되어 점심을 함께 먹는 정도이다. 지역 노인복지회관의 탁구교실에 다니고 있다. 시어머니가 돌아가셨을 때에는 집에서 장례를 치루고 난 후 무속 의식도 하였고, 유골은 제주도로 보내 무덤 속에 유골 항아리를 묻었다. 그러나 자신은 죽으면 지역 마을회관에서 장례를 치르려고 생각하고 있다. 재일 조직은 옛날 자녀들이 학생 청년운동을 했던 일로 괴롭힘을 당한 적도 있었기 때문에 화가 나서 거의 관여하지 않는다. 제주도의 친척에 대해서는 예전에는 경제적인 격차가 있어서 열심히 송금을 하며 도와주었지만 지금은 그 쪽의 친척이 출세를 해서 여유로워졌기 때문에 이쪽이 부끄러울 정도이다. 그리고 재일이라서 하지 못한 일이 너무 많았던 본인의 자녀들이 불쌍하다.

이와 같이 1세에서 2세로 자연스럽게 무속실천이 이어진 경우는 본 조사의 증언 가운데서도 드물 뿐만 아니라 일반적으로 그다지 많지 않은 케이스이다. 그러나 무속실천이 다음 세대로 이어지는 것 같지는 않으며 본인도 원하는 것 같지 않다. 그리고 본인의 무속신앙도 이코마의 절이나 용왕궁에서 일본인 신도도 적지 않은 시가지에 있는 조선절로만 변화하였고 간소화되는 등 세대와 시대에 따라 쇠퇴의 징후가 분명해 지고 있다. 그것과 병행하여 어린 시절에는 지역에서 일본인의 괴롭힘의 대상이 되었던 재일도 지금은 적잖은 지역의 일본인 사회에 익숙해져서 장례나 무덤도 지역과 가족 내에서 이루어짐에 따라 고향 제주도와의 관계는 점점 소원해지고 있다.

조선인 커뮤니티와 일본인 지역사회 사이에 큰 장벽이 존재하고 학교세계에도 그것이 강력하게 작용하던 시대의 아이들은 그 만큼 조선인 커뮤니티라는 울타리 안에서 살아갈 수밖에 없다는 앞 세대의 세계관을 어느 정도 내면화하였다. 그리고 무속실천을 했던 어머니와 친언니에 대한 그리움과 같은 세계관을 가진 시아버지와 시어머니를 모시게 된 당사자 입장에서 보면 무속실천은 유교적인 제사와 마찬가지로 딸로서, 부인으로서, 며느리로서, 어머니로서 물려받는 것을 의무로 여기고 그것을 실천하는 사이에 기도 안에 본인의 괴로움과 번민에서 벗어나는 시간과 공간을 가질 수 있었다. 그러나 그것을 후속세대에 강요하지 않는다. 일본에서 교육을 받고 일본어를 읽고 쓰는 데 어려움이 없으며 매일 매일 접하는 메스미디어와 학창시절의 일본인 친구나 지역의 사람들과의 교류를 통해서 자신의 무속실천을 수많은 것들 가운데 하나로 상대화하는 눈을 갖게 되었기 때문이다.

5. 제주도 출신이 아닌 재일 2세의 무속경험과 무속과는 상관없는 커뮤니티의 전통적인 사고에 대한 영향

앞장과는 달리 중부지방에 살고 제주와는 상관없는 재일 2세 여성과 그 남편의 증언을 소개한다. 여기서도 1세의 무속실천에 대해 이야기하고 있으며 재일의 무속실천이 제주와 오사카만의 전매품이 아니었다는 점과 재일 2세의 며느리에게 1세인 시어머니 등의 무속실천이 가지는 의미를 여실히 보여주고 있다. 우선 [사례23]의 부인의 증언은 다음과 같다.

친정어머니는 굿이나 조선절과 관련은 거의 없고 저도 그것에 대해 잘 모르고 자랐지만 시댁에서 저도 체험했습니다. 용왕궁의 한자를 보고 그제야 지금 시어머니가 자주 말씀하셨던 〈용왕멕이러 다녀간다(용왕님께 다녀온다)〉라는 말의 의미를 알았습니다. 시어머니는 제게 일본어 표현으로 〈스이진상(水神さん)〉 뵈러 간다고 말하고 외출했습니다. 기후현(岐阜県) 쪽에 조선절이 있어서 시어머니와 외할머니는 한두 번 갔습니다. 또한 집에서 밤을 새워 굿을 하는 것도 몇 번 체험했고, 신심이 깊은 외할머니가 어떤 연줄로 데리고 오는지, 한국에서 온 무녀가 방울을 울리며 밤새도록 염불을 할 때는 아이들도 빨리 끝났으면 좋겠다고 하며 움츠러들어 있었습니다. 장남의 며느리는 내가 아들이 없다고 한국에서 온 사주를 보는 아저씨(점쟁이)를 집으로 불러 제 사주를 봐달라고 했는데, 모두가 있는 자리에서 저의 팔자(운명)에 대한 이야기를 듣는 일은 내키지 않았습니다. 그만했으면 좋겠다고 생각하면서도 시댁에서 평온한 생활을 하기 위해서는 어른들의 지시에 따를 수밖에 없었습니다. 제물을 준비하고 무녀들의 식사를 준비하고… 그 때 시어머니나 할머니, 이모들의 왁자하

고 에너지 넘치는 대화를 자식들과 부엌에서 들으면서 나는 무엇을 생각하고 있었을까요. 남편은 장남다운 대응으로 언제나 한 발짝 뒤에 물러나 있었습니다. 시간은 흘렀습니다. 온 가족이 모여 지내던 제사도 조촐하게 바뀌고 집에서 제사를 지내지 않고 묘 앞에 제물을 올리고 절을 해서 끝내는 집도 있는 것 같습니다.

계속해서 남편인 [사례 26]의 증언이다.

아쉽게도 대답할 수 있는 정보를 갖고 있지 않습니다. 굳이 말하자면 아버지가 돌아가시기 직전에 외할머니의 권유로 아마도 무속인 것 같은데요, 집에서 흔히 말하는 무당을 불렀던 것도 같습니다. 어머니는 외할머니의 영향인지 기후현의 우누마(鵜沼)에 있는 조선절에 가끔 기도하러 갔던 기억이 있습니다. 지금 생각해보면 〈스이진사마(水神様)〉라든지 용왕이라든지, 그와 비슷한 말을 하셨던 것이 기억납니다.

두 가지 증언에서 부부의 무속에 관련된 체험과 기억에 대한 차이가 아주 크다는 사실을 먼저 확인해야 한다. 무속실천자의 아들보다 며느리가 그 집 부모 세대의 여성세계를 배우고 동조하기를 강요받았다. 무속이 여성의 세계이며 특히 '며느리'라는 위치가 크게 작용한다는 사실이 눈에 띄는 사례이다. 그러나 시어머니의 무속실천으로 인해 고생한 그 '며느리'도 차츰 그것을 이어받아 지나간 고생으로 여기며 차분하게 떠올리는 경지에 이르고 있다.

그것과 앞서 서술한 기억이 트라우마가 된 2세들의 케이스, 특히 [사례10]과의 차이는 어디서 유래한 것인가? 무엇보다 두 사람의 입장에 차이가 있다. 전자는 '며느리'이고 어디까지나 타자이기 때문에 무속에 얽힌 불쾌감과 혐오감 등도 외부에서 들이닥친 것으로 대처 하면서 익숙해질 수 있었다. 그에 대해 후자는 '딸'로, 생활사에 의하 면 어린 시절부터 유교제사나 무속제의를 할 때 어머니와 함께 전적 으로 담당하면서 와병 중인 할머니의 시중도 들었다. 즉 그녀에게 어머니는 이른바 일심동체의 입장이기 때문에 타인처럼 대처하기가 매우 어렵다. 사랑과 혐오의 싸움으로 인한 상처가 오랫동안 남게 된다. 무속실천자인 어머니의 대가 없는 자기희생적인 기도가 오히 려 2세에게 극심한 심리적 부담을 강요하는 결과를 초래할 수도 있 다. 1세적이고 전통적인 세계관과 2세적인 세계관의 격차와 괴리가 초래한 '잘못 끼운 단추'와 같은 불행이라고 할 수 있을 것이다. 이를 통해 유교적인 제사든 무속실천이든 안이하게 찬양하거나 비판하는 일은 엄중하게 자제해야한다는 사실을 새삼 깨닫게 된다.

다음은 무속과 관계없는 재일제주인의 환경, 즉 '재일'의 기독교가 정과 커뮤니티의 [사례 2]를 소개하고자 한다.

제주에서 씨름의 명수이며 체격 좋고 강렬한 성격의 소유자였던 할아버지가 갑자기 기독교에 입교하여 도일 후에도 독실한 기독교 신 앙을 실천함과 동시에 가족에게 강요하여 오사카 재일기독교 커뮤니 티가 그 가족의 중요한 생활환경이 되었다. 예를 들어 자녀인 증언자 의 부모는 오사카 기독교 커뮤니티에서 만나 결혼하였고, 증언자 본 인도 마찬가지라고 한다. 그러나 그 증언자의 형제자매나 그 부모에 대한 할아버지의 가부장적인 독재와 심각한 가정폭력은 여러 차례 경 찰에게 도움을 요청해야 할 정도였다. 그때마다 할아버지의 조선어에 의한 매도와 폭력적인 행동은 트라우마가 되었다. 그로 인해 증언자는 조선어에 대한 거부감이 심하였는데 조선어를 즐겁게 배울 수 있게 된 것은 50대 중반이 된 최근 2, 3년 전의 일이다. 그리고 할아버지는 사망할 때 사업을 해서 사두었던 방대한 토지를 전부 교회에 기부하였다.

위 사례는 할아버지의 강한 개성이 두드러진 예이며 그러한 특수한 개성이 초래한 예외적인 사건이라 볼 수도 있을 것이다. 한편 이러한 사실에서 '재일'세계에 있어서 제주도의 전통적인 심성에 의한 영향을 알아차릴 수 있을 것이다. 기독교에서 미신이나 사교라고 비난하는 무속신앙이지만, 기독교를 믿는 신자의 가정과 커뮤니티도 무속신앙까지를 포함하는 한국, 제주도의 전통적인 풍습이나 세계관의 영향력에서 벗어나지 못하였다. '근대적', 즉 '외래' 기독교의 완전한 영향력 아래 놓여 있었던 가정에서도 실은 동양의 인습적 세계관의 잔재가 2세·3세에 생각지 못한 영향을 끼치고 있었다. 오해가 없도록 덧붙여 두고자 한다. 서양의 기독교문화가 가부장제와 상관없다는 것이 아니다. 그러나 여기서 문제가 되는 인물의 경우는 그러한 기독교문화에 내재된 가부장제적 요소에 영향을 받았다고 하기보다 동양, 더 한정적으로 말하자면 제주의 전통문화의 골격을 형성하고 있었던 가부장제의 영향이 압도적이었다고 생각한다. 따라서 이러한 토착적인 가부장제 문화와 그가 새롭게 받아들인 기독교신앙이 공존하였다는 사실에 주목한 논의이다. 대종교와 무속 등의 '현세의 이익' 종교에 대한 선구적인 구분뿐만 아니라 선구적인 위계질서를 상정하는 것으로 개개인의 '생생한 경험'을 판단할 수는 없다.

마지막으로 세대와 시대와 출신 지방에 관련해 한마디 보충하고자 한다. 1세라고 하여도 출생년도(1900~1940년대)와 도일연대(1920~1960년대)가 상당히 차이가 난다. 당연히 2세 이후도 그러하며 그러한 세대분류는 그 동안의 시대변화를 가미하지 않는 한 대부분 의미가 없을 지도 모른다. 예를 들어 1920년대에 태어난 2세의 생활환경과 사고방식과 1960~70년대에 태어난 2세의 그것을 뭉뚱그려서 말할 수는 없다. 다만 그러한 단서를 붙여도 1960년대 후반 이후에 태어난 3세나 제주도 이외의 고향을 가진 2세 이후는 무속에 관한 경험이 전혀 없거나 거의 희박하다는 사실을 뚜렷하게 알 수 있고, 무속에 관한 재일제주인의 특수성과 무속의 쇠퇴는 매우 분명해졌다.

6. 결론을 대신하여

이상의 논의는 어떠한 결론을 수렴하는 성질의 것은 아니지만 특히 명료하게 떠오르는 것에 대해 요약해 보고자 한다.

① '재일'에 있어서 무속실천의 가부를 결정하는 것은 예전부터 종종 언급되었던 당사자의 교육경험의 유무와 부모로부터의 전승 그 외의 다양한 요소가 시대의 구체적인 상황이라는 요소와의 균형에 따라 실천으로 옮겨지기도 하고 실천하지 않기도 한다.

② 따라서 여자로서, 특히 '며느리'로서 받는 집안의 압력에 대한 문제를 충분히 이해하지 않고서는 무속실천에 대한 실상을 파악할 수 없다.

③ 재일 2세 이후에 대한 무속 전승에 대해서는 그것이 어느 시대
의 일인지에 따라서, 그리고 2세 이후가 받은 교육과 생활환경에 따
라 크게 좌우된다.

④ 유교(조상숭배) 등의 남자 세계와 비교하여 여자, '내면'의 종
교적 습관인 무속실천에서 1세와 2세의 생활 감각과 세계관의 차이,
대립, 단절이 명백해진다.

이어서 본 조사를 실시하는 과정에서 드러난 언어 문제를 소개하
여 향후 조사를 실시하는 데 있어 교훈으로 삼고자 한다. 무속실천
자인 1세의 증언에서는 용왕궁 외의 조선절의 개별적인 이름은 거의
사용되지 않는다. 각각의 절의 이름을 그녀들이 알고 있었는지도 정
확하지 않다. 1세에게 그곳은 '사쿠라노미야'나 때로는 '용왕궁', '이
시키리'나 '누카다'라는 음성, 그것도 물론 제주어의 간섭을 많이 받
은 음성으로 표현된 지명에 지나지 않는다. 그렇다고 하여 이시키리
나 누카다의 절이라면 아무 곳이든지 상관없다는 것이 아니라, 그
안에서 어떤 인연(예를 들면 사제와 의뢰인과의 개인적인 인연)으
로 연결된 절을 택하고 있으며 그것은 임의로 고른 익명의 종교시
설이 아니었다. 총련계의 사람들이 장례 때 자주 이용하는 민족불교
사원 '통국사(統國寺)'도 그녀들에게는 '통국사' 또는 '덴노지(天王
寺)의 절'인 것이다.

한편, 2세 이후는 어린 시절 경험한 곳에 관한 음성지명을 그 후의
교육 등을 거쳐 한자어로 변환시켜 이른바 언어와 체험이 미묘하게
분리되면서 융합된 자신의 생활세계와 지적 세계에 편입시킨다. 그
리고 연구자에게 그러한 소리는, 1세에게 있어서 생생한 시간과 공
간을 처음부터 음성언어가 아닌 한자어로, 체험과는 확연히 분리된

고유명사이며 지명으로 이해하고 의미를 부여하게 된다.

문제는 단순히 용어에만 한정되지 않는다. 교육경험이 거의 없는 재일 1세의 언어세계와 경험세계, 계승자와 계승을 거부하는 2세 이외의 언어세계와 경험세계, 연구자의 추상화된 언어세계와 경험세계와의 거리, 그리고 그것에서 비롯되는 미묘한 괴리를 충분히 의식하면서 조사연구를 해야 한다.

부기

이번 조사와 관련하여 제주대학교 재일제주인센터에서 연구조성금 등을 비롯하여 많은 지원을 해주셨다. 이 자리를 빌어 이창익 센터장님(당시)을 비롯한 모든 관계자 분들에게 감사드린다. 그리고 면접 조사와 앙케이트 조사에서 여러 가지 무례한 질문을 드렸음에도 불구하고 친절하게 응해 주신 분들에게 그 때 범한 실례를 사죄드리고 진심으로 감사드린다. 그 분들의 협력에 보답하기 위하여 이 조사 결과가 효율적으로 활용되도록 지속적으로 조사를 실시하여 '생생한 경험'에 대한 실상에 접근하고자 한다.

제2부
재일제주인의 생활사와 문화

국민국가를 넘는 4·3 역사인식의 가능성

오사카 4·3위령제를 사례로*

고성만(高誠晚)

교토대학 대학원 박사후기과정

1. 들어가며─이행기 정의와 국민국가 이데올로기

장기간의 억압적인 정치체제가 종결된 이후, 이전 체제에서 자행됐던 부정의(不正義)와 대규모의 인명살상을 초래했던 범죄 행위를 단죄하고 진상 규명과 인권 회복을 화해와 공존이라는 관점에서 모색하기 위한 정치적, 사회적인 시도를 가리키는 이행기 정의 (transitional justice)의 개념은 부(負)의 역사를 청산하기 위한 노력으

* 본고는 제5회 제주대학교 재일제주인센터 국제학술대회 '재일제주인의 생활과 문화'에서 발표한 원고를 저본으로 완성한 것이다. 유익한 토론과 지적으로 본고의 완성에 도움을 주신 박찬식, 문경수, 김경훈, 이지치 노리코 선생님께 감사드린다. 아울러 본고의 3절은 졸고 'Transitional Justice, Reconciliation and Political Archivization: A Comparative Study of Commemoration in South Korea and Japan of the Jeju April 3 incident'(2015, "Routledge Handbook of Memory and Reconciliation in East Asia", Routledge)의 5절을 본 총서의 취지에 맞춰 가필 수정한 것임을 밝힌다. 본고의 토대가 됐던 조사는 科学研究費補助金 'アジア・太平洋戦争および現代世界における大規模暴力をめぐる総合的比較研究'와 トヨタ財団, りそなアジア・オセアニア財団, 大阪市立大学人権問題研究センター로부터 연구비를 지원받아 실시했다.

로써 아프리카와 동유럽, 남미 등 세계의 많은 분쟁 후 사회에서 원용되어 왔다(Hayner 2001(2006); Stan 2008; 杉山 2011 등). 하지만 이행기 정의의 개념에는 다양한 모순과 난점을 안고 있다는 비판이 있다(阿部 2012:23). 한편, 이러한 개념의 불확실성이야말로 다양한 해석과 원용을 가능하게 하고 이행기에 정의를 추구하는 행위 자체에 의의를 두게 한다는 입장도 있다(望月 2012:21-22).

이행기 정의의 목표와 실천은 신생민주정권을 다음의 두 가지 딜레마, 즉 '어떻게 과거 사건에 사실적으로 접근함으로써 훼손된 정의를 회복할 것인가'와 '국민 통합/화합을 목적으로 하는 정치적·사회적 화해를 통해 어떻게 국내 정치의 안정을 도모할 것인가'에 직면하게 한다. 여러 선행 연구에서는 부의 역사를 청산하기 위한 선구적인 노력에도 불구하고 이행기 정의를 실현하려 했던 많은 분쟁 후 사회가 이러한 딜레마를 극복하는 데 실패했다고 보고되고 있다. '정의 없는 화해'(Mamdani 1996)나 '정치적 타협'(Phakathi & Merwe 2008)과 같은 평가에서도 알 수 있듯이 국민국가 이데올로기를 극복하지 못함으로써 결국 과거 사건과 정면으로 마주할 기회를 놓쳐 버리게 됐다는 것이다.

실제 정치적 이행기를 맞은 사회에서 전개되는 다양한 실천 가운데에는 '사회적 터부의 극복'이라는 역사적 의의에도 불구하고, 다양한 형태의 '타협'과 '절충', '합의'를 보여 왔다. 프랑코(Francisco Franco) 사후 진실조사위원회의 구성이나 책임자 처벌, 피해자에 대한 보상 등이 정치적·경제적·군사적 엘리트들에 의해 이뤄졌던 1970~80년대 스페인 사회에 있어서의 '침묵 협정'이나 '망각 협정'이 한 사례라 할 수 있다(김원중 2005:257). 구체제의 군부정권 하에서 발생한 실종과 죽음에 이르지 않았던 체포나 불법감금 등의 사건을 배제하는 것에 합의했던 우루과이(1985년)와 아르헨티나(1983년), 칠레(1990년)의 과거청산, 그리고 1995년 남아프리카의 '진실화해위원회'(TRC)가 '평화를 위해 과거의 살인자가 자유롭게 거리를 활보하는 것을 허용할 수밖에 없었던 정치적 타협'(Rigby 2001 : 125-137)의 사례도 보고되고 있다.

이 같은 논의는 2000년 이후 한국사회에서 전개되고 있는 소위 4·3 과거청산에 어떠한 시사점을 제공할 수 있을까. 논의를 좀더 구체화하기 위해 먼저 4·3과거청산의 대표적 산물인 '4·3희생자'를 둘러싸고 전개되는 갈등 상황을 과거청산과 국민국가 이데올로기의 관계성이라는 측면에서 고찰한다.

정아영(2010)은 1980년대 후반부터 정례화된 일본에서의 4·3 추도 행사를 행위자(제주 출신 재일동포 2세)의 4·3체험과 사상적 입장에 입각하여 자세히 소개한 바 있는데, 본고는 이러한 논의의 토대 위에 국민국가를 초월하는 역사인식을 모색하기 위한 시도로써 오사카 4·3위령제[1]가 갖는 가능성에 주목한다.

2. '4·3희생자'를 둘러싼 갈등

끊임없는 잡음과 균열에도 불구하고 공적 영역에서의 과거청산을

---

1) '재일본 4·3사건 희생자 위령제'(2009, 2010, 2011, 2012년), '재일본 제주4·3사건 희생자 위령제'(2013년), '재일본 제주4·3사건 위령제'(2014년) 등 연도별로 명칭에 약간의 차이는 있지만, 본고에서는 '오사카 4·3위령제'로 통칭한다.

통해 '반역의 역사', '금기의 역사'로 낙인찍혀 왔던 4·3은 '대한민국사'로 편입, 혹은 재정립되어 가는 이행기에 있다. 4·3과거청산에서 한국 정부가 가장 역점을 두는 프로그램 가운데 하나는 누가 사건의 '희생자'이고, 누가 그들의 '유족'인가를 공식화하는 것이다. '희생자 심의·결정'이라는 공적인 프로세스를 통해 명예회복의 대상이나 규명해야 할 진상 등 과거청산의 범위와 내용이 구체화되기 때문이다. 이로 인해 4·3은 오랜 시간이 흐른 뒤에 현재 해결 중에 있는 '사건'으로 제도화되었으며, 4·3사자(死者)는 국가로부터 공인된 '희생자'의 위치에 놓이게 되었다(박찬식 2011:101).

'4·3희생자' 선별을 위한 기준이 확립되기까지의 지난한 갈등과 대립을 거쳐,[2] 4·3위원회는 2001년과 2006년에 각각 헌법재판소[3]와 법제처[4]의 법령 해석을 수용하는 것을 절충안으로 하여 '4·3희생자'

---

2) 4·3위원회의 희생자 심의·결정에 대해서는 동 위원회가 발간한 백서『화해와 상생』(2008:129-190)에서 상세히 기술하고 있다.

3) 4·3위원회가 구성되자마자 '토벌대' 출신자와 '무장대'로부터 피해를 입은 이들의 유족들이 '4·3위원회의 희생자 및 유족의 심의·결정권 등은 사법부의 권한을 침해하는 규정이기 때문에 위헌'이라는 요지의 헌법 소원을 청구했다(4·3위원회 2008:167). 이에 대해 헌법재판소는 다음과 같이 판결했다. '무장유격대에 가담한 자 중에서 수괴급 공산무장 병력 지휘관 또는 중간 간부로서 군경의 진압에 주도적·적극적으로 대항한 자, 모험적 도발을 직·간접적으로 지도 또는 사주함으로써 제주4·3사건 발발에 책임이 있는 남로당 제주도당의 핵심간부, 기타 무장유격대와 협력하여 진압 군경 및 동인들의 가족, 제헌선거 관여자 등을 살해한 자, 경찰 등의 가옥과 경찰 관서 등 공공시설에 대한 방화를 적극적으로 주도한 자들은 결코 현재 우리 헌법질서에서 보호될 수 없을 것이고, 따라서 이 법에서의 희생자의 범위에서 제외되어야 할 것이다'(헌법재판소 2001:404-405). 그리고 이 판결은 4·3위원회의 과거청산 방향을 결정짓는 압박 요인으로 작용하게 됐다.

4) 2006년 4·3위원회는 '희생자' 범위에 군·경이 포함될 수 있는지의 여부를 법제처에 의뢰했는데, 이에 대해 법제처(2006)는 '희생자 범위에 포함될 수 있다'는 해석과 함께 다음과 같이 회답했다. '제주4·3특별법은 (…)가해자와 피해자를 구분하여 가해자에 대하여는 책임을 추궁하고 피해자에 대하여만 명예를 회복시켜 주려는 취지가 아니므로, 가해자와 피해자의 구분 없이 당시 무고하게 희생된 주민뿐만 아니라 무력충돌과 진압과정

를 '심의'하고 '결정'할 수 있는 지침을 마련했다.

　2002년 4·3위원회가 합의한 '희생자 심의·결정 기준'에는 '우리 헌법의 기념이념인 자유민주적 기본질서 및 대한민국의 정체성을 훼손하지 않는다는 원칙 (…) ①제주4·3사건 발발에 직접적인 책임이 있는 남로당 제주도당의 핵심간부 ②군·경의 진압에 주도적·적극적으로 대항한 무장대 수괴급 등은 자유민주적 기본질서에 반한 자로서, 현재 우리의 헌법체제 하에서 보호될 수 없다 할 것이므로 희생자의 대상에서 제외토록 하되, 이 경우 그러한 행위를 객관적으로 입증할 수 있는 구체적이고 명백한 증거자료가 있어야 한다(4·3위원회 2008:149-150).

　4·3위원회가 2002년 처음으로 '희생자'를 공인한 이후,[5] 2014년 6월까지 총 1만4,231명이 '희생자'로 '인정'되고 있다.

　'4·3희생자'로 격상된 이들은 과거청산의 수혜자로서 기념공간과 기념의례를 통해 공식적인 위령 대상으로 재현될 수 있게 됐다. 또한 사건을 표상·대변하는 동시에 과거와의 주요한 매개항으로서 비체험세대에게 계승되는 경향에 있다. 한편 '4·3희생자'가 갖는 역사

에서 희생당한 군인 및 경찰도 해방 전후 혼란한 이데올로기의 대립과정에서 발생한 희생자의 범위에 포함된다고 보는 것이 이러한 동법의 취지에 부합합니다.(…)이는 당시 우익 단체원으로 활동하면서 진압 과정에 참여하였다가 희생되어 국가유공자가 된 민간인을 희생자 범위에 포함되는 것으로 보고 있는 점, 좌익 무장유격대원으로 활동하다가 수감되었던 자도 동법에 의한 희생자로 인정하고 있는 점 및 제주4·3사건 희생자 위령탑에는 당시 진압과정에서 희생된 군인 및 경찰의 위패도 함께 봉안되어 있어 사실상 군인 및 경찰도 희생자로 인정하고 있는 점 등을 고려해 볼 때에도, 동법에 의한 희생자의 범위에는 군인 및 경찰도 포함된다고 보아야 합니다'.

5) 2002년 11월 21일자 '동아일보'는 "4·3사건 1,715명 명예회복", "54년 만에 '폭도'서 '희생자'로"라는 표제의 기사를 게재했다. 제주4·3위원회(2008:175) 재인용.

적 의의에도 불구하고, '희생자 심의·결정'을 통해 다종다양한 개개
인의 사자 혹은 행방불명자, 부상 후 생존자 등은 '희생자'로 일원화
되는 동시에, '희생자'와 '희생자에서 제외 대상'이라는 서열화된 구
도로 재구성되게 됐다. 본래의 사전적 의미나 사건 체험자들의 인식
과는 달리 학살한 자와 학살당한 자가 '희생자'라는 범주로 포괄되
는 한편, '군·경의 진압에 주도적·적극적으로 대항한 자'나 '자유민
주적 기본질서 및 대한민국의 정체성을 훼손한 자'로 평가6)되는 이
들은 거기서 배제되어 버리는 구도로 재편되는 것이다.

　이로 인해 죽고 죽임을 둘러싼 구체적인 가해와 피해의 사실은 더
욱 불투명해질 수밖에 없게 됐고, '희생자'에서 제외되어 버리는 이
들의 역사는 과거청산의 시야 밖에 놓이게 됐다. 4·3 과거청산을 실
현하기 위한 메커니즘의 하나로 대규모의 예산이 투입된 제주4·3평
화공원에 위패와 각명비, 표석의 형태로 '희생자'들을 위한 공간은
제공되지만 '희생자에서 제외대상'에 해당되는 이들의 이름은 철거
되거나 생략되고 있는 것이다.

　한편, 4·3위원회에 의한 '희생자 심의·결정'이 막바지에 다다르고
있는 상황에서, '희생자'의 범위와 구체적인 대상, 기념공간에서의
재현 방식을 둘러싼 갈등과 마찰은 지속되고 있다. 우익측7)은 '4·3
희생자는 모두 폭도', '4·3평화공원은 친북·좌파양성소', '1,500여 기
의 불량위패'와 같이 4·3과거청산 프로그램 가운데서도 특히 '희생
자' 관련 제 정책에 대해 반발한다. 이에 대해 4·3위원회를 비롯하여

---

6) 이러한 평가는 4·3위원회 내부의 합의와 절충에 근거하여 이뤄지기도 한다.
7) 김종민(2014:26)은 이들을 '특별법에 반하여 지속적으로 희생자들을 모욕하는 일부 인
　사들'로 규정하고 '이젠 증오심을 거두고 화해와 상생의 길에 동참하기를' 호소한다.

〈사진 1〉 '4·3특별법 사수! 수구집단 망동 분쇄! 범도민 대회'(2009년 4월 3일 제주시 관덕정
　　　　앞 광장에서 김명선 촬영)
〈사진 2〉 '4·3폭도 위패 화형식'(2014년 3월 20일 제주4·3평화공원에서 강재남 촬영)

과거청산을 지지하는 측은 '적법한 희생자'로 대응한다.

　그러나, '바람직한 희생자상'을 둘러싼 해석과 입장의 차이, 그로
인한 양자 간의 마찰과 대립·공방은 마치 평행선상에서 대치하는 것
처럼 보이지만, 양측 모두가 '국민 화합/통합'[8]과 '대한민국의 정체
성', '자유민주적 기본질서'를 키워드로 하는 국민국가 이데올로기의
토대 위에 서 있다는 점에서는 차이점을 발견하기 힘들다.[9] '화
합'[10]을 위해서는 '바람직한 희생자', '순수한 희생자'가 필수불가결

---

8) 제주4·3특별법 제1조(목적)에는 '이 법은 제주4·3사건의 진상을 규명하고 이 사건과
　관련된 희생자와 그 유족들의 명예를 회복시켜줌으로써 인권신장과 민주발전 및 국민
　화합에 이바지함을 목적으로 한다'라고 명시되어 있다.

9) "갈등하는 두 진영이 형성하는 담론 구조는 그들을 서로 대치선상에 위치하는 것처럼
　보이게 하지만, 시선을 옮겨 모두가 거론하고 있는 '희생자'를 제 3의 위치에서 염두하
　고, '희생자'가 아닌 소위 폭도라 불리는 이들의 입장에서 본다면 양측의 차이를 구분하
　기란 쉽지 않다. 폭도를 겨냥하는 타자화된 시선이 양측 모두에서 동일하게 보이기
　때문이다. '희생자가 아니라 폭도'라는 말과 그에 대한 반공(反攻)으로 전개되는 '폭도
　가 아니라 희생자'라는 말이 착란되어 버리는 상황. 이것은 다시 '누가 희생자인가'라는
　물음을 필요로 하게 한다"(고성만 2011:252).

10) 김성례(1999:261)는 "화합의 논리에 따라 위령비와 위령제를 국가의 시혜로 받아들이도
　록 강제하는 국가권력은 (…) 4·3의 역사적 진실을 국가 권력의 통제하에 놓음으로써
　국지적이고 개별적인 것으로 만들어 버리며 국가폭력과 공포정치에 대한 토론을 종식"
　시킨다고 지적한다.

하다는 점에서도 같은 입장을 취한다. 대한민국의 정통성에 대한 물음 역시 양자가 공통적으로 논외로 하는 화두이다. 양자는 국민국가 이데올로기의 유지와 강화라는 틀 속에서 갈등하며 공존하는 관계 속에 있는 것은 아닐까. 4·3과거청산에 대해 양정심(2008:244-245)은 '역사적 사실의 한 부분을 의도적으로 배제'시키고 있으며 '모두가 희생자인 사건에 인식의 차이는 있어 봤자 미미한 것'이라고 평가한다.

한편, 과거청산으로 인한 4·3 역사인식이 국민국가 영역 내에서 합의되거나 갈등하고 있는 한국(제주)에 비해 오사카에서는 과거와 대면하기 위한 실천의 층위가 보다 다양하다.

3. 오사카 4·3위령제가 갖는 몇 가지 특이성

1. 오사카에서의 4·3위령제

4·3 시기를 전후로 제주의 많은 사람들이 복수의 도항 경험, 혈연·지연 네트워크, 지리적 인접성 등을 활용하여 일본으로 건너갔다.[11] 제주 출신자가 많은 오사카에서는 초토화작전이 진행 중이었던 1949년경부터 1950년대 초에 걸쳐 추도 행사가 열리게 된다(藤永ほか 2008:150-152). 그러나 일본사회, 자이니치 사회에 가해진 침묵에의 압력으로 그 후 오랜 기간 4·3을 말하기 꺼려하는 분위기가 지배적이었다(文京洙 2010:63). 문경수는 그 이유를 다음과 같이

---

11) 식민지 시기 이래 조선 혹은 한국(제주)과 일본 간의 합법 혹은 비합법적인 도항에 대해서는 杉原(1998)와 Morris-Suzuki(2007; 2010), 伊地知·村上(2008), 후지나가(2010 ;2014), 재일제주인의 생활사를 기록하는 모임(2012) 등에서 자세히 다루고 있다.

분석한다.

　　첫째는 총련과 민단이라는 2대 조직의 존재가 있었다. 지금은 이
2대 조직의 영향력의 쇠태를 부정할 수 없지만, 적어도 70년대까지
재일조선인 대다수의 정치생활을 지배하고 있던 것은 이들 조직이었
다. 말할 필요도 없이 양 조직은 본국 정부를 따르는 지위에 있으며,
4·3사건에 대해서도 본국 정부의 생각이나 행동을 추종하고 있었다.
한국정부는 말할 것도 없으며 북조선의 조선노동당 역시 60년대 이후
는 약간의 예외를 제외하고 4·3사건을 언급하는 것을 싫어했던 것
같다(북조선이 4·3사건에 대해 공개적으로 언급하게된 것은 90년대
들어서면서부터이다). 때문에 우리 자이니치 2세 이후의 세대는 민족
교육을 받은 이를 포함하여 4·3사건에 대해 거의 알 기회가 없었다.
　　이러한 재일조선인 조직의 태도와 함께, 4·3콤플렉스라고도 할 수
있는 제주도 출신자의 좌절감이나 심리적인 굴절의 문제를 꼽지 않으
면 안 된다. 사건에 관계했던 사람들의 내면에 자리하고 있는 트라우
마는 본국에서도 자주 지적되고 있는 것이지만, 일본에서도 지역 차
별의 문제나 본국에 거주하는 친족의 존재와도 얽히고 설켜 미묘한
그림자를 드리우고 있었다. 그것은 정치 자체를 기피하는 태도를 취
하는 것은 물론이고 금전이나 재산에 대한 철저한 집착, 혹은 반대로
체제에 대한 충성을 가장한 과잉된 태도 등으로 다양하게 나타났다.
어쨌든 4·3사건이라는 권력에 대한 이의제기가 초래한 너무나도 큰
대가가 체험자의 입을 막고, 정치나 사회를 대하는 자세를 크게 바꿔
버린 것이 자이니치 사회에도 보여졌던 것이다.
　　4·3사건에 대해 일본 내의 여론을 환기하기 어려운 측면이 있었던
것도 고려되지 않으면 안된다. 식민지 지배에 얽힌 과거청산의 문제
나 한국의 민주화에 대해서는 진보적 지식인을 비롯한 많은 일본인이
이를 자신의 문제로 여기며 거기에 깊이 관여하고 여론 환기에 일정

의 역할을 하였다고 할 수 있다. 4·3사건에 대해서는 일본의 식민지 지배와의 관계가 그만큼 직접적이지 않은 것도 있고, 이것을 문제로 하는 일본인은 적었다(文京洙 2010:63-64).

그러다가 1980년대에 들어서면서 고조되는 한국의 민주화 운동과 재일동포 사회에 있어서의 지문날인 거부운동의 영향 등으로 4·3추도 행사가 부활되게 된다. 오사카에서는 1991년 4·3사건 추도강연회가 열렸는데, 의례 형태의 추도 행사로 정착되게 된 것은 1998년부터 였다(정아영 2010:143-147).

필자가 오사카 4·3위령제를 참여 관찰한 것은 2008년부터 2014년까지 총 일곱 차례이다. 그 과정에서 주최측인 재일본제주4·3사건유족회(在日本済州四·三事件遺族会)와 제주도4·3사건을생각하는모임·오사카(済州島四·三事件を考える会·大阪) 관계자의 협조를 받았다.12)

2. 추도의 정치학

정아영(2010:148)은 "제주도 출신자 혹은 재일동포로 한정되었던 4·3추도식이 일본인을 포함한 일본 사회에서의 4·3추도식으로 조금씩 변화되고 있다"고 분석한다. 그러나 오사카 4·3위령제가 갖는 초국가주의적 성격이 참여하는 이들의 국적이나 민족집단의 다양성만

---

12) 특히 박영만, 이철, 문경수, 고정자, 오광현, 후지나가 다케시, 강추실, 정아영, 장정봉, 이지치 노리코, 다카무라 료헤이 선생님으로부터 귀중한 조언을 들었다. 다음 항에서 소개되는 2011년 오사카 4·3위령제에서 상연됐던 추모극을 이해하는 데에는 배우 김경훈, 김민수 선생님의 도움이 컸다.

으로 결정되는 것은 아니다. 4월 3일을 비롯하여 4·3평화공원에서 치러지는 공식 의례와는 달리 오사카 4·3위령제에서는 국가―한국이든 북한, 혹은 일본이든―를 상징할 수 있는 장치를 찾아볼 수 없다. 국가(國歌) 제창과 같은 의례는 강요되지 않고 국기도 등장하지 않는다. 헌화와 반주를 위해 제복을 갖춘 군인이나 경찰도 동원되지 않는다. 묵념의 대상에도 '순국선열 및 호국영령'은 포함되지 않는다.

　오사카 4·3위령제는 제주 이외의 장소에서 정기적으로 행해지는 유일한 4·3 추도 의례이다.[13] 제주4·3평화공원에서 열리는 위령제와 유일하게 비교 가능한 위치에 있는 것도 그 때문이다. 오사카 4·3위령제에도 사자가 초대되는데, 제주에서의 4·3 공식 의례처럼 그 대상을 인위적으로 규정하지는 않는다. 한국(제주)에서는 철저한 선별 과정을 통해 '희생자'라는 지위를 획득한 이들의 이름과 그들의 죽음(혹은 행방불명)의 내력만이 기록되고 위무될 자격을 갖는다. 4월 3일의 공식 의례를 비롯하여 4·3평화공원에서 치러지는 모

---

13) 필자 외에 도쿄와 오사카에서 치러지는 4·3 추도행사를 참여 관찰했던 이들의 문장을 소개하면 다음과 같다. "강연이나 콘서트를 중심으로 하는 도쿄에 비해 제주도 출신자가 많은 오사카에서는 한국계 불교사원을 집회 장소로 해서 강연과 위령 의식을 함께 거행하는 경우가 많았다"(정아영 2010:147). "인원 동원은 도쿄가 많다. 그러나 재일동포 1세나 4·3경험자인 재일제주인 1세들의 참여는 오사카가 훨씬 높다. 행사 내용도 다르다. 도쿄는 지식인들의 강연이나 콘서트가 많은 반면, 오사카는 절을 추도장소로 강연과 위령의식을 강조한다. 도쿄행사는 인텔리 중심의 행사, 오사카는 현장, 현장노무자들의 행사…"(제주4·3 62주년기념 국제심포지움 '기억의 구술과 역사'에서 정아영의 발표 '일본의 4·3사건 추도사업과 재일동포―2세들의 체험과 사상'에 대한 김창후의 토론). "(…) 동경에선 매년 성황리에 4·3행사가 열린다. 또한 4·3운동의 목표도 재일한국인들뿐만 아니라 일본인 주류사회에 4·3의 진실을 알리면서 4·3의 평화지향성과 보편적 가치를 공유하는 쪽으로 확장된다.(…)그러나 이 행사는 유족들의 추모제는 아니다. 문화행사다. 강연과 공연으로 짝지어 매년 열리는 추모행사이다. 그리고 행사의 주요 관객층은 대부분 일본인이다. 물론 한국인들도 있지만 일본인들의 참여가 도드라진다.(…)그들은 4·3을 통해 한국을 이해하며 제주도를 인식한다"(박경훈 2014:362-363).

든 의식의 대상은 '희생자'에 한정돼 있고, 그곳에 각명돼 있는 '희생
자'에게만 과거를 대변할 수 있는 역할이 부여된다. 이러한 죽음의
선별과 재구성은 위령행사에 공적 인증이 부여되는 데 있어 중요한
절차로 여겨진다. 한편, '희생자에서 제외대상'으로 분류되어 '희생
자'들의 제사에 초대받지 못한 사자의 유족들에게 제주4·3평화공원
의 기념비와 위령제는 차별의 공간으로 인식되고 그들에게 '화해와
상생'의 슬로건은 다른 의미로 다가온다.[14]

〈사진 3〉 오사카 4·3위령제에서 사용됐던 신위(2010년 4월 25일 관음사에서 필자 촬영)
〈사진 4〉 오사카 4·3위령제에서 사용됐던 신위(2014년 4월 20일 이쿠노 구민센터에서 필자
　　　　 촬영)

　물론 오사카 4·3위령제에서도 위령 대상은 '희생자'로 통칭된다
〈사진 3, 4〉.

　그러나 4·3평화공원 내의 기념비에 새겨지거나 지워지는 이름처
럼 정치적인 의미를 갖는 것은 아니다. 4·3평화공원의 기념비와 위
령제에서는 선별된 '희생자'만을 위령 대상으로 재현시킴으로써 제
도(권력)가 구체적인 사자와 과거를 상기하는 행위에 직접적으로

---

14) '4·3희생자' 신고와 철회, 그리고 4·3위원회에 의한 재심의와 '불인정', 제주4·3평화공원
　　에 있어서의 위패의 철거까지 과거청산기 근친자가 '4·3희생자 제외대상'으로 분류됐던
　　유족들의 경험과 그로 인한 그들의 복잡한 심경에 대해서는 졸고(2010) 제3장에서 다루
　　고 있다.

개입한다. 반면, 오사카에서는 어느 누구도 4·3위령제에 등장하는 '희생자'가 어떤 의미를 갖는지, 구체적으로 누구를 지칭하는지에 대해 관여하지 않는다. 참석하는 이들 각자의 상상에 맡길 뿐이다.

사자가 표상되는 방식, 사자와 소통하는 방식, 과거를 추체험하는 방식에 있어 오사카 4·3위령제에서 행해지는 여러 시도에 대해 '정체성이 애매모호하다'라는 지적이 있을 수 있다. 위령제에 참석하기 위해 매년 제주에서 오사카를 방문하는 4·3 유관 기관의 관계자들 역시 위령제에 참석하고 난 후 이와 같은 평가를 하는 경우가 종종 있다. 그러면서 "고향을 떠나 민족 차별을 겪으면서 어렵게 살아온 교포들"이 "일본에 있다 보니 바쁘게 돌아가는 한국 사정(예를 들어, 4·3과거청산의 추이)을 잘 모르기 때문에 어쩔 수 없는 것", 그렇지만 "일본땅에서 4·3 행사가 치러질 수 있다는 것 자체만으로도 큰 의미"라고 소회를 밝힌다.

그럼에도 불구하고 '애매모호'하게 보여지는 현실은 부정하기 어렵다. 냉전과 분단 속에 머물러 있는 한반도에 지속되는 남북의 군사적 대치상황에서 오사카 역시 자유롭지 못한 것은 사실이다. 정아영(2010:151) 역시 "아직도 민단과 조총련은 4·3 추도사업에 대해서 냉담한 태도를 견지하고 있으며, 재일 2세인 우리 자신 역시 역사적으로 만들어진 분단과 대립의 구조로부터 자유로워졌다고 말하기가 어려운 실정이다"라고 언급한다. 이러한 지정학적 역학 관계를 고려할 때 '애매모호함'이란 어쩌면 극단적인 남북 대립 구도의 완충지대 혹은 4·3과거청산의 사각지대에서 취할 수 있는 선택지일지 모른다.

한국(제주)에서의 4·3과거청산은 '애매모호함'을 타파하고 극복하는 쪽으로 방향이 맞추어져 있다. 한편, 오사카에서는 '애매모호

할' 수밖에 없는 (남북의 분단 혹은 자이니치가 처한) 냉엄한 현실을
수용하면서도, (적어도 위령제 날 하루만큼은) '애매모호함'의 정치
학을 적극적으로 발휘하며 사자를 상기하고 과거의 사건과 대면하
고자 노력한다. 그들에게 '애매모호함'은 전술에 가까운 것 같다. 이
한정(2012:387)에 의하면 '자이니치'라고 스스로 호명한 재일코리안
의 아이덴티티는 그들의 '자기규정'과 일본이나 한국사회라는 바깥
의 장들과 갈등하며 힘겨루기를 하는 가운데 생성/변모해 간다.

〈사진 5, 6, 7〉 오사카 4·3위령제에서 공연됐던 극단 항로의 '뱀의 섬(蛇の島)'(2011년 4월
17일 관음사에서 필자 촬영)

'희생자'로 집합화되기도 하지만 모든 사자들의 이름이 규율이나
규칙에 얽매임 없이 산발적으로 추모 공간에 등장하기도 한다. 2011
년 오사카 4·3위령제에서는 시체 더미 사이에서 남편을 찾아 헤매는
여인의 경험을 소재로 한 추모극이 참가자들로 하여금 4·3을 추체험
하게 했다〈사진 5, 6, 7〉.

배우와 스텝들은 소품으로 쓰여질 사자의 이름을 손수 일일이 적
었다. 관객들에게는 이름의 구체적인 정체가 제대로 전달되지 못했

지만, 그들은 '4·3희생자'로 신고하지 못한 이들 혹은 4·3위원회(한국정부)로부터 '인정'받지 못한 이들의 이름까지 수소문하여 적어 넣었다.[15] 그들에게 이름은 소품 이상의 의미를 갖고 있었던 것이다. 그것은 이름(역사의 주체)에 대한 과거청산 프로그램의 통제와 규율을 상대화하려는 시도이기도 했다.

　한편, 추모극을 참관했던 제주4·3평화재단의 관계자는 다음과 같은 감상을 남겼다.

　　　공연 말미에 드러난 14,032명의 희생자 위패 위에 참가자들이 하나 둘 꽃을 올리고 절을 하면서 위령제는 끝을 맺었다(장윤식 2011:12).

　부주의로 인한 오기일 수 있지만, '14,032명의 희생자 위패'라는 문장은 명백한 잘못이다. '14,032명'이라는 수치는 그해 1월 26일 열린 제14차 4·3위원회 전체회의에서 '희생자' 469명을 '인정'시키면서 집계된 것이다. 남편을 찾는 여인으로 빙의한 배우가 뒤졌던 것은 시체 더미였지 '희생자'도, '희생자'들에게만 허용되는 '위패'도 아니었고, 그 수 역시 특정한 의미를 갖는 '14,032명'이 아니었다. 학살이 끝나고 난 직후의 참혹한 현장으로 관객들을 이끌었던 배우의 몸부림에도 불구하고 과거청산의 문법으로 추모극을 곡해시킨 것이다. 거기에서는 학살 현장의 사자와 과거청산이 대상으로 하는 '희생자' 간의 혼동을 확인할 수 있다. 그것은 제주4·3평화공원의 위패와 각명비, 표석에 새겨진 모든 이름이 사건 공간을 구성하는 이들일 것

---

15)　2011년 4월 17일 배우 김민수와의 인터뷰 기록에서 발췌.

이라는 착각, '희생자'로 재구성된 모든 이들이 무고한 인명피해의
당사자일 것이라는 착각과 다르지 않다.

〈사진 8, 9〉 오사카 4·3위령제에서 공연됐던 극단 항로의 '뱀의 섬(蛇の島)' (2011년 4월 17일
　　　　　관음사에서 필자 촬영)

　소품으로 등장했던 무질서하게 뒤엉켜 있는 이름들은 참석자들로
하여금 정열된 기념비에서는 느끼기 힘들었던 학살 현장의 리얼리
티를 연상하게 했다. 퍼포먼스가 끝나고 배우가 퇴장하려는 순간 무
대 위에 흐트러진 종이더미 위로 유족 한 분이 꽃을 올려놓았다<사
진 8>. 그러자 엄숙한 분위기에 사로잡혀 있던 관객들이 하나 둘 일
어나 이름이 적힌 종이 위에 꽃을 놓으며 일부는 손을 모아 기도를
했고 일부는 절을 하기도 했다<사진 9>.

　무엇이 그들을 움직이게 한 것일까. 종이 위에 적인 이름들은 시
체를 표현하기 위한 극적(劇的) 장치였는데, 위령제에 참가했던 많
은 사람들은 행방불명된 남편의 이름을 찾는 여인에게서 자신의 모
습을 보기도 했다. 자이니치에게 이름은 일상에서 정치적 차원에 이
르기까지 자신들의 정체성뿐만 아니라 삶의 문제와 밀접하게 얽혀
왔기 때문이다. 이지치는 자이니치의 일상생활에서 이름이 갖는 의
미에 대해 다음과 같이 언급한다.

해방 후 일본에서 생활하게 된 재일조선인에게 있어 본명으로 생활할 수 있을까 없을까, 본명으로 집을 빌릴 수 있을까, 일을 할 수 있을까, 서류에 본명을 쓸 수 있을까, 그들의 불안을 이해할 수 있다. (…) 법률 상에서는 이름이 어느 날을 기준으로 명문화되고 어느 날을 기준으로 지워지기도 하지만 나날의 생활 속에서는 그렇게 자르거나 붙이거나 할 수 없을 것이다. 법적 권력은 그 차이를 무시한다(伊地知 1994:19-21).

제주에서의 4·3 공식 의례에서는 공인된 '희생자'를 매개로 사건을 상기하게 하는, 현재에서 과거로의 일방향적 흐름이 권장된다. 이에 비해 오사카 4·3위령제는 과거를 거슬러 올라가는 동시에 과거가 현재의 모순과 미래의 과제를 고민하는 데 있어 유용한 힌트를 제공하는, 쌍방향적 소통을 가능하게 하는 여지를 둔다.

4. 나가며

국민국가 이데올로기의 유지와 강화라는 틀 속에서 제도화되어 가는 제주의 4·3 공식 의례에는 4·3과 연관되는 모든 사자를 초대하지 않는다. '국민화합'이 과거청산이 도달해야 할 핵심적인 목표의 하나로 설정되어 있기 때문이다. 한편, 냉전과 분단 속에 머물러 있는 한반도에 지속되는 남북의 군사적 대치상황에서 오사카 역시 자유롭지 않은 상황이지만, 그럼에도 불구하고 오사카 4·3위령제는 가장 폭넓은 범위의 사자가 초대될 가능성을 열어두고 있다. 거기에는 국민국가 이데올로기에 가로막혀 접근 불가능하게 되어 버린 4·3의 역사적 진실에 도달할 수 있는 회로가 보장돼 있는 것이다.

독자적 행보를 걸어온 오사카 4·3위령제가 향후 한국(제주)의 4·3 과거청산과 어떠한 관계를 형성할 것인지, 체험세대가 부재하고 사건과의 거리감이 멀어지는 당면한 현실에 어떻게 대응할 것인가에 대한 논의는 앞으로의 과제로 남겨둔다.

'자이니치(在日)'와 재일제주인을 둘러싼 여론형성의 전개

고영자(高暎子)*

제주대학교 재일제주인센터 특별연구원

1. 들어가면서

본 논문은 일본사회 내 '재일조선·한국인 100년사' 속에 굳건히 자리 잡은 일본어 '자이니치(在日)'[1]에 주목하여, 이 표현에 담긴 역사·사회·문화적 함의와 이를 둘러싼 여론형성의 전개상을 여러 사례를 통하여 살펴보고자 한다.

---

* 필자의 연구 분야는 근·현대 '미학' 이론을 기반으로 한 개인과 공동체 내 미의식의 형성 메커니즘에 관한 것이다. 이 연장선에서 개인과 집단의 역사의식, 가치관, 망탈리테 및 정체성의 확립과정(identification), 이를 기반으로 한 공동체의 전통과 문화, 예술의 탄생 등을 연구 영역으로 하고 있다. 본 논문의 주제 역시 이러한 틀에서 본 필자 나름의 '자이니치(在日)'론이라는 점을 밝힌다.

1) 최근 일본사회에서는 재일한국·조선인을 두고 앞뒤 다 자르고 자이니치(在日)라고 부르는 현상이 두드러지고 있다. 다른 외국인들에겐 자이니치(在日) 뒤에 해당 국가명을 붙이지만, 거두절미하고 '자이니치(在日)'라 하면 이는 한국 국적, 조선적 둘 다를 아우르는 일본인의 대명사로 굳어져 있다. 이는 '자이니치(在日)' 다음에 '한국인'이라 해야 할지, '조선인'으로 해야 할지 애매하기 때문이기도 하지만, 발설하는 논조에 따라서는 다소간 차별과 편견의 심리도 작용하는 부정적인 명명법이다. 이러한 맥락과 더불어 뉴 자이니치 세대도 등장하는 최근 일본 사회엔, 이 용어가 미디어의 한 획을 긋는 한 항목으로 자리를 잡았다 해도 과언이 아니다.

1995년, 당시 무라야마 도미이치 수상(사회당)의 식민지 지배에 대한 공식적 사죄로 한일 양국 간의 화해 분위기가 조성되는가 싶더니, 2006년 아베 정권2)이 들어서면서 한일관계는 다시 첨예한 갈등 구조로 치닫고 있다. 아베의 침략 역사 부정, 집단적 자위권 발동, 독도 영유권 주장, 무라야마-고노 담화 검증 등의 발언에서부터 일본 우익 세력에 의한 역사교과서 왜곡 및 민족학교 차별 행위 등 실로 민감한 국가적 문제들이 하루가 멀다 하고 세간의 이목을 집중시키며, 동시에 걷잡을 수 없는 여론형성을 부추기고 있다.

작게는 개인이나 마이너리티 집단의 의견에서부터 넓게는 정치단체·경제단체·노동조합·저널리즘 등 각기 어느 입장을 대표하는 조직이 의견을 형성하면서 저마다 매스 미디어 등의 수단을 이용하여 그들의 주장을 펼치고 있다. 이는 달리 말하면, 정보사회를 사는 우리는 더 이상 획일화된 정보를 받는 것이 아니라 다양한 정보를 제공받음으로써, 누구나가 현안 쟁점을 둘러싼 여론형성 과정에 참여할 권리를 누리고 있다 하겠다.

그 중에는 ①철저한 검증을 거친 여론형성이 있는가 하면, ②특정한 대상(국가, 집단, 개인 등)을 상대로 흥미 본위의 데마고기(demagogy, 거짓소문)를 퍼트려 이에 무지한 대중의 관심을 사고자 하는 여론형성도 존재한다. 전자 ①의 경우는 지금까지 밝혀지지 않은 문제의 배경이나 사실들이 축적되면서 새로운 역사쓰기에 동기부여가 되는가 하면, 후자 ②에서는 데마고기와 같은 선전활동이 장기간, 조직적으로 펼쳐지다보면, 그것이 어느 특정 집단 사이에서는

---

2) 일본 자민당 실세 아베신조(安倍晋三)를 내각총리대신으로 하는 강경파 정부.

점점 사실로 수용되고, 어느 순간부터는 엄연한 역사로 인식되는 경우도 있다.

이 글의 주제인 '자이니치(在日)'와 재일제주인을 둘러싼 여론형성의 역사도 엄밀히 말하면 위의 두 노선 사이에서 국가-정당-단체-언론-개인들 사이의 문제제기, 수정, 뒤집기, 조율 등의 결과이자 동시에 현재진행형이라 볼 수 있다. 따라서 1장에서는 간결한 호칭 '자이니치(在日)'라는 표현에 숨은 함정에 대해 살펴보고, 2장에서는 일본사회 내 '자이니치(在日)'를 둘러 싼 여론형성에 대해서, 마지막으로 3장에서는 '자이니치' 내 '재일제주인'들에 의한 여론형성의 여러 사례를 들면서 오늘날 '자이니치' 사회가 당면한 과제를 제시해보도록 하겠다.

2. 간결한 호칭 '자이니치(在日)'라는 표현에 숨은 함정

'자이니치(在日)'를 주제로 한 연구논문을 비롯한 다양한 글을 접하노라면, 글 머리말이나 주석에 단골로 등장하는 설명문이 있다. 요는 영어로 'Koreans in Japan'에 해당하는 한글 명칭으로 재일동포, 재일교포, 재일한국인, 재일조선인, 재일한국·조선인, 재일한인, 재일코리안 등등이 있고 이 중 어떠어떠한 의미와 맥락에서 이러이러한 호칭을 선택하게 되었다는 내용이 그것이다. 문제는 이들 용어가 여전히 하나로 통일되지 않고 있어 논문의 주제 자체가 호칭을 둘러싼 역사라든가 통합적 호칭을 위한 기초 연구3)도 다수 존재한다.

한편, 이런 학문연구 차원과는 별도로 일본사회에서는 어느새 부터인가 '자이니치(在日)'라는 표현이 시민권을 획득해서 일상생활에 널리 사용되고 있다.

> "저 사람 자이니치거든"
> "그렇다면 저 사람도 자이니치인 거네"
> "혹시 자이니치세요?"
> "저는 자이니치입니다."

이는 그만큼 일본사회 내 재일조선인·한국인들의 세대교체가 진행되고, 이들을 구성하는 구성원들의 성격 역시 정치적인 색채에서 사회·문화적인 색채로 변하고 있다는 증거이다. 특히 이 표현은 젊은이들 사이에 안착하여, 자기주장의 방편으로까지 쓰이고 있다 해도 과언이 아니다. 그렇다고 해서 '자이니치' 다음에 이어져야할 ○○○ (한국인 또는 조선인)라는 식의 명명이 정치적으로 해결되었다는 말은 아니다.

그럼에도 불구하고 '자이니치'로 단순화된 호칭이 점점 확산되고 있다. 그 이유에 대해서 서경식은 말한다.

> "('자이니치' 다음에 이어지는) '조선'이라는 말에 대한 불편함입니다. '조선'이란 말에 어두운 이미지가 있어, 그 말로 부르면 서로 불편

---

3) 예를 들어, 김명섭·오가타 요시히로(2007), 「'재일조선인'과 '재일한국인': 통합적 명명을 위한 기초연구」, 『21세기 정치학회보』 71-3호 ; 정진성(2012), 「'재일동포'의 호칭의 역사성과 현재성」, 『일본비평』 7 ; 이창익(2014), 「재일한국인 개념의 일고찰」, 『재일한국인의 연구의 동향과 과제』 (제주대학교 재일제주인센터) 등이 있다.

해질 것을 우려하는 것이지요. …… '조선'이라는 민족 호칭이 그대로
차별어가 되어버렸기 때문입니다. 차별어라서 사용하기 거북한 것입
니다."(서경식, 2012:50)

재일조선인 2세 현선윤 역시 '자이니치' 남발 현상에 대해 다음과
같이 말한다.

"이러한 사태는 '조선'과 얽힌 일체의 과도한 긴장을 하게 되는 나
같은 인간에게는 안성맞춤일지도 모른다. 실제, 한때는 이에 혹하여,
그 가벼움에 안도감을 느낀 적도 있었다."(현선윤, 2002: 8)

그러나 재일 2세에 속하는 서경식과 현선윤은 작금 일본 사회에
풍미하는 '자이니치'라는 호칭에 반대한다. 왜냐하면 이 호칭은 "일본
인이 아닌데 일본에 있는 사람"이라는 의미 밖에 되지 않고, 그들이
영주하게 되기까지의 역사를 바로 보게 하지 않기 때문이다(서경식,
2012:23~24)

현선윤 역시 다음과 같이 밝힌다.

"('자이니치'라는 간결함과 가벼움이 도리어) 덫에 걸린 듯 하여 불
편할 따름이다. '자이니치'라고 들을 때마다, 살짝 엷은 안개가 퍼지고,
그 안개에 포위되어 호흡이 곤란하다. 탈색된 언어가 선의의 옷에 휩
싸여, 나를 숨 막히게 한다. 그러니까 지금 나는 다른 사람이야 어떻든
간에 자신의 경우를 '자이니치'라고 부르지 않을 것이며, 부를 수도
없다. 다만 나의 이러한 다짐이 언제까지나 계속될지는 장담할 수 없
다."(현선윤, 2002:8)

서경식은 마음 한편이 아무리 불편해도 '자이니치'가 아니라 '자이니치 조센진'이라는 풀 타이틀을 자칭, 타칭해야 한다고 주장한다.

> "설령 마음이 무거워도 역사를 알고, '조선'이라는 말을 학대에서 구해내야 합니다. 말을 구하기 위해서는 학대받고 있는 사람들을 구해야 합니다. 그렇게 때문에 저는 '자이니치'만으로 불리는 이들이 '조선인'이라는 것을 확실히 하기 위해서라도 '재일조선인'으로 불러야 한다고 생각합니다."(서경식, 2012:53)

왜냐하면 이 말 속에는 식민지 역사와 분단의 역사가 드리워져 있기 때문이고, 그 역사는 아직 끝나지 않았기 때문이라는 것이다.

여기서 서경식이 말하는 '재일조선인'이라는 표현에 눈여겨볼 필요가 있다. 여기서 '조선'은 민족을 총칭한다. 그러므로 조선인이라 해서 북한 사람으로 반드시 동일시해서는 안 될 것이다. 반면 '한국'은 국가의 호칭이므로, '한국인'이라할 경우, 이는 대한민국 국적 소지자로서 조선민족 전체의 광대한 생활권의 극히 일부라 할 수 있다(서경식, 2006:프롤로그). 그러므로 서경식 본인은 민족적으로는 '(재일)조선인'이고, 국민으로서 '(재일)한국인'이라고 규정한다. 이런 맥락에서 연구논문이나 언론 등에서 표현되는 재일한국·조선인이란 표현은 맞지 않다. 왜냐하면 '한국·조선'이라는 나라도 '한국·조선인'이라는 민족도 실제로 존재하지 않기 때문이다(서경식, 2012:55). 서경식은 『역사의 증언』에서 다음의 표로 일본사회의 '재일조선인'의 현황을 설명하고 있다.

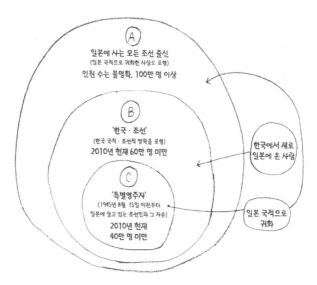

〈그림 1〉 일본사회의 '재일조선인', 사회적 통념으로 B에 해당
ⓒ서경식(2012: 55)

서경식은 A는 B를 포함하고, B는 C를 포함한다고 하면서, 위의 도
표 A까지 모두 포함해 '재일조선인'이지만, 사회적 통념으로는 B를
'재일조선인'으로 본다고 전제한 뒤, 그 역시 B의 범주에서 재일조선
인을 논할 것이라 밝히고 있다.

여기서 B에 해당하는 재일조선인을 서경식의 논점에서 요약하
면…

① '특별영주자' 및 식민지 이후 한국에서 일본으로 건너 온 한국인
을 포함, 2010년 현재 60만 명을 헤아리고 있다.
② 그 중 서경식은 일본의 식민지 지배의 결과로 일본에 거주하게
된 조선인과 그 자손에 주목하며(서경식, 2012:23)

③ 이들 중 제1세대는 한일병합과 더불어 일본 천황의 신민되어, 일본 국적 소지자이며, 이들은 일본 내지뿐 아니라 중국 대륙, 사할린, 남양군도에 이르기까지 대일본제국이 식민지배와 점령의 촉수를 뻗친 전 지역으로 퍼져나갔다. 자신들 스스로를 '조선 사람'으로 생각하면서도, 일본어를 국어로 강요받은 세대(서경식, 2011:48), 다시 말하면 조선어를 모어로 하지만 일본어를 습득해서 이를 내면화했던 세대이다. 시인 김시종과 소설가 김석범이 이에 해당한다. (서경식, 2011:58~59)

④ 이런 맥락에서 제1세대는 한국 국적 한국인, 조선적 조선인 모두 모어의 공동체(조선어)로부터 떼어져 다른 언어 공동체(일본어)로 유랑해 간 디아스포라들이기도 하다. (서경식, 2006: 231)

⑤ 제2세대 이후 '재일조선인'은, 모어(mother tongue)와 모국어(native language), 즉 일본어와 조선어의 상극을 경험한 세대이다. 즉, '모어'였어야 하는 조선어를 태생적으로 박탈당한 세대(서경식, 2011: 48)로 서경식 본인이 여기에 해당한다. 이와 관련하여 서경식은 다른 책에서 다음과 같이 말한다. "재일조선인의 대부분은 일본에서 태어났기 때문에 일본어를 모어로 해서 성장한다. 즉 재일조선인은 일본의 다수자 쪽에서 보면 같은 모어를 지닌 소수 민족(에스닉 마이너리티)이며, 본국(한국 또는 북한)에서 보면 같은 민족이면서 모어를 달리하는 언어 소수자인 셈이다."(서경식, 2006:프롤로그).

그러나 한국이나 일본 사회는 민족=국가=언어라는 등식에 의구심을 갖지 않는 '단일민족국가 환상'[4]을 품고 있어서(서경식, 2006:

---

4) 이는 민족적 의미에서 조선족을 비롯한 여타 민족은 일본 국민이 될 수 없다는 혈통주의에 입각한 국민국가관이다. 이 맥락에서 국어내셔널리즘도 작동. 즉, 모어=모국어=국민 이 3항목이 등식관계여야한다는 생각이다(서경식, 2011:65).

프롤로그), 일국 내의 '민족=국가=언어' 나아가 고국=조국=모국이라는 이러한 등식이 성립하지 않는 개인이나 집단을 타자(마이너리티)로 여론몰이하며 지금 이 순간까지 갖가지 인권문제를 일으키고 있다.

그런 의미에서 '일본인'에게는 예나 지금이나 재일한국인, 재일조선인, 재일한국·조선인, 재일한인, 재일코리안, 심지어 귀화인 등등의 명명은 어떤 경우라도 일본인이 아니란 것이며, 각 명칭 속에 묻어난 식민지와 분단의 역사에도 불구하고 일본사회에서는 어느 순간부터 편의상 일괄해서 '자이니치'라 불러도 의미상 변함없는 영원한 타자인 셈이다.

이 맥락에서 일본사회 내 '자이니치'를 둘러싼 여론형성의 전개상은 위에 언급한 서경식이 규정하는 '재일조선인'의 범주를 한층 뛰어 넘는 수위에 있다고 필자는 본다. 위의 표에 의거해서 말하면 C와 B를 포함한 A영역, 즉 일본에 사는 100만 명 이상의 모든 조선 출신(일본 국적으로 귀화한 사람도 포함)도 '자이니치'라는 여론형성의 그물망에 걸려 있다는 점이다.

3. 일본사회 내 '자이니치(在日)'를 둘러싼 여론형성

1. 한류(韓流) VS 혐한류(嫌韓流)

2000년대에 들어 일본사회 내 한류(韓流) 열풍이 불어 닥치며 일본인들 사이에 한국문화에 대한 관심이 높아지면서 한일관계에도 긍정적인 효과가 기대되는 분위기였다. 하지만 이러한 열풍의 이면

엔 일본 우익단체5)를 중심으로 한 '혐한류' 기류가 새롭게 형성되면서, 일본 사회에 적지 않은 파장을 일으키고 있다.6) 말 그대로 "한국을 혐오하는 기류"가 신문, 서적, 인터넷 및 가두 행진 등으로 확산되어 일본인 사이에서도 여러 시각이 교차하고 있다.

'혐한류'라는 용어가 본격적으로 쓰이기 시작한 것은 2005년 7월에 발행된 『만화 혐한류』(원제:マンガ嫌韓流, 〈그림 2〉)로, 그 이후에도 '혐한류' 시리즈가 계속 나온다. 이 만화책을 발매한다는 결정이 발표되자마자, 이 책은 이를 지지하는 사람들에 의해 급속히 화제가 되었다. 인터넷의 개인 블로그나 전자게시판 등에서 이 책의 예약과 구입을 호소하는 운동이 전개될 정도였다. 일본 내 인터넷 서적 판매 1위 기업인 아마존 재팬이 예약판매를 개시하자 그 예약 수만으로 판매순위 1위가 되었다. 한국의 대형신문사들도 이에 주목, 발매 결정 직후 출판사에까지 취재를 위해 달려왔다.

반면, 일본의 대형신문사들은 당초 대놓고 이 책을 광고할 수 없는 난처한 입장이었다. 제목만으로도 한일관계나 '자이니치' 사회에 큰 파장을 불러일으키기에 충분한 것이었기 때문이다. 어쨌든 여러 루트를 통한 광고 전략으로, 이 만화책은 광고 7일 만에 발행부수 20만 부 기록에 이어 두 달 후 9월엔 총 발행부수 30만 부를 기록한

---

5) 대표적으로 '자이니치 특권을 허용하지 않는 시민의 모임(약칭: 在特会)'이 그것이다. '在特会'가 결성된 것은, 제1차 아베 정권 발족과 같은 2006년이다. 그 이후 증오 데모는 전국 각지로 확산되었다. 그리고 제2차 아베 내각 성립에 호응이라도 하듯 증오 연설도 과격화 일변도로 치닫고 있다. 그 하나의 출발점이 교토지방재판소에서 올해 가을쯤에 나 민사소송 판결이 선고될 교토조선제1초등학교(현재는 이전/통합) 습격 사건(2009년 12월4일)이다.

6) 물론 한국·조선인에 대한 일본인의 조직적이고 집단적인 혐오와 반감의 여론형성 기류는 1923년 9월에 동경 일대에서 일어난 '관동대지진' 사건으로 거슬러 올라간다.

〈그림 2〉『マンガ嫌韓流』(2005) 표지와 "30만 부 돌파"라는 책 띠

다〈그림 2〉.

작가는 한국인이 한일관계와 식민지 역사에 대해 거짓을 꾸며내고 있고, 일본 언론은 이를 들춰내는 것을 꺼리고 있으며, 많은 사람들이 이를 알아야 한다고 독자들에게 주장한다. 이를 위해 일본인은 이성적으로 논지를 펼치는 사람으로, 이와 반대로 한국인은 이성을 잃고 흥분하는 사람으로 대비시키는 등 한국인의 폭력적인 면을 만화적인 기법으로 부각시키고 있다. 예를 들어 '자이니치' 루트를 설명하는 장면을 보자.

"자이니치 루트는 크게 두 가지가 있지."

"하나는 일한병합이 실시된 후, 빈곤층 사람들이 가난한 조선에서 부유한 일본에 이주할 생각으로 도일한 유형이고."

"특히 가난했던 제주도 출신이 많았다고 하네."

"또 하나는 조선전쟁 때 전쟁재해를 피해 일본에 밀입국해서 온 유형이지."

"GHQ로서도 조선인은 본국 반도로 돌려보낼 방침으로 전후 당분간 무료로 건네게 해 주고 북한에도 니이가타로부터 귀국선이 출항하고 있었고."

"그러니 강제연행으로 일본에 왔던 조선인이 있었다 해도 전부 귀국했을 것이야."

〈그림 3〉『マンガ嫌韓流』(2005) 본문 발췌

"그러니까 '강제연행'이란 말은 당시 존재하지 않았던 거야!!"
"강제연행이란 정책이 없었어."
"이것은 전후에 만들어진 말이지."
"그럼 왜 강제연행이란 말이…?"

이러한 논조다. 식민지 역사 및 '자이니치'를 둘러싼 양국의 해석은 다른 사안들도 다 대립각을 세우고 있지만, 그 중에서도 '자이니치'의 뿌리가 식민지 시대 강제연행 된 사람과 그 자손이라는 한국측 입장과 그렇지 않다는 일본 측 입장이 완강함을 확인하게 하는 대목이다.

2. 중학교 사회과용 교과서

'자이니치'를 차별하는 내용의 여론형성 기류는 좌익 편향의 동경서적이 발간하는 역사교과서에 대한 우익단체들의 반발에서도 엿볼수 있다. 이는 일본사회 내부에서조차도 역사인식의 차이가 뚜렷함을

보여주는 사례라 할 수 있다. 예를 들어 2012년 발간된 중학교 사회과
용 교과서7)엔 "일한병합을 맞아 일본에 어쩔 수 없이 이주한 사람들이
나, 개인 의사에 반해서 일본에 끌려와서 노동한 사람들과 그 자손
들…"(〈그림 4〉의 밑줄)이라는 대목에 일본 우익단체들이 반박 증거물
〈그림 5, 6〉을 제시하면서 인터넷 등으로 공략하고 있는 현실이다.

〈그림 4〉平成24～27年度(2012～2015) 中学生用教科書。新しい社会　公民　東京書籍
〈그림 5〉朝日新聞1959年7月13日付記事
〈그림 6〉2010年3月1日放送のテレビ朝日「たけしのTVタックル」

　일본 우익단체들은 1959년에 나온 아사히신문 기사와 '테레비 아
사히'에서 2010년 3월에 방송한 프로그램을 캡쳐하여, 이는 당시 외
무성 자료로 '자이니치'는 보다시피 "대개, 자유의사로 거주, 전시징
용은 245인"뿐이었다고 주장하며 동경서적 발간의 역사교과서를 폄
하하고 있다.8)

3. 귀화인=Korean Japanese, not Japanese(日本人)

한편, '혐한' 기류는 국적을 불문하고 그 혈통이 '조선'이면 뭐든지

---

7) 平成24～27年度(2012～2015) 新しい社会 [公民] 中学校社会科用 文部科学省検定済 教
　　科書, 東京書籍.
8) Yahoo Japan 키워드: <正しい歴史認識, 国益重視の外交, 核武装の実現>.

혐오한다는 태세로 치닫고 있다. 가령, 한국 국적 또는 조선적 사람이 일본 국적을 취득할 경우, 일본에선 이들을 '歸化人(귀화인)'이라 부른다. 주지하다시피 이들 '귀화인'들 중에는 각 방면에서 유명한 사람들도 많다. 그런데 일본인은 물론 한국인들조차도 이들 귀화인들에 대한 시선이 곱지 않다. 한국사회에선 그들을 마치 '조국 한국을 배신한 매국노' 정도로 취급하기까지 한다. 그런데 과연 이러한 시각과 교육이 올바른 것일까? 결코 그렇지 않다. 이 부분에 대해서는 정치적 색깔을 배제하고, 혈통적·문화적·심리적 '자이니치' 아이덴티티라는 틀에서 앞으로 더 심도 있는 성찰이 필요할 것으로 본다.

최근 필자는 자신을 재일조선인 2세라고 규정하는 분과 얘기를 나눌 기회가 있었는데, 그 분은 귀화인과 관련해 귀화인이라는 표현 자체가 어폐가 있다는 말과 더불어, 또 이들이 귀화했다 해서 별다른 위화감을 갖고 있지 않다고 하였다. 달리 말하면, 그들은 인권 차별 사회에서 이를 극복하는 방법의 일환으로 '자발적으로' 일본 국적을 선택했지만 궁극적으로는 조선 혈통의 사람들이고, 일본 국적을 갖고 있더라도 정신적으로나 문화적으로는 조선인이라는 점이다. 흥미로운 것은 일본 국적을 선택한 그들이 언제 어느 순간에 일본인들에게는 공식적인 타자, 즉 '자이니치', '쵸센(진)'으로 매도될지 모른다는 사실이다. 그러면 이와 관련한 여론몰이 사례를 아래에 소개해 보기로 하겠다.

2014년 7월 효고현의원 노노무라 류타로(野々村竜太郎)씨의 경우다. 그는 최근 의원직 재임시 공금부정의혹으로 덜미를 잡혀 의원직에서 물러나야만 했다. 자기의 결백을 밝히는 기자회견장에서 그는 어린 아이를 방불케하는 울음을 터뜨리며 "이 나라를 위해서"라는

말을 반복하며 개그콘서트를 방불케 했다. 이 장면이 전국 TV에 나
오고, 인터넷 상에선 이를 둘러싼 댓글이 줄을 이었다. 그 중 하나로
노노무라의원이 울다가 말하기를 반복하다 옆에 놓인 물을 마시는
장면(그림 7)이 포착되어 인터넷에 올랐다. 누군가 그가 물 마시는
폼을 두고 '朝鮮飮み(조선식 주법)'라 하며, 그가 원래는 조선 사람
일 것이라는 여론 몰이를 이끈 것이다. 이를 증명해보이기라도 하듯,
배용준 등 한국인의 물 마시는 장면(그림8)을 그 의원의 그것과 나
란히 보여주었다.

〈그림 7〉 효고현의원 野々村의 조선식 물 마시기
〈그림 8〉 배우 배용준이 물 마시는 모습

  그들에겐 이것이 영락없는 '朝鮮飮み(쵸센노미, 즉 조선식 酒法)'
라는 것이다. 그때부터 이 의원을 둘러싸고 그가 사실은 '귀화 조선
인'이 아니겠느냐? 하는 논쟁이 벌어졌다. 문제는 그의 귀화 사실
진위를 떠나서, 일본인들 사이에 일본 국적을 선택하고 한 지방을
대표하는 의원으로까지 선출된 이에게 이제와서 '귀화' 운운하며 '자
이니치' 사회를 다시 한 번 자극했다는 점이다. 이들의 논조엔 "진짜
일본인은 그러한 말도 안 되는 행위를 할 리가 없으며, 했다 하더라
도 기자회견장에서 유치함에 가까운 행위를 하지 않을 것"이라는 생

각이 전제되어 있다. 물론 조선인에 대한 부정적 이미지를 고착화시키는 여론형성은 과거에도 수없이 있어왔다. 국가에 위기가 닥치면 그 주범을 '자이니치(在日)'=조선인=전쟁 난민=사회질서 혼란 주범=범죄자로 몰아세웠던 사건들 말이다.

4. '자이니치' 내 '재일제주인'과 여론형성

여론형성에는 꼭 역기능만 있는 것은 아니다. 특히 내부적으로 볼 때, 장기간에 걸친 조직적이고 치밀한 여론형성은 소속 집단의 아이덴티티 확립의 중요한 장치가 되기도 한다. 일본사회 내 '자이니치'를 둘러싼 부정적 여론형성의 역사 못지않게, '자이니치' 사회 내부적으로도 다양한 목소리를 내며 자신들의 권리를 주장하는 여론형성의 역사도 무시할 수 없다.

그렇다고 '자이니치' 사회가 하나가 되어 한 목소리를 내 온 것은 아니다. 식민지 지배가 물려준 남북분단으로 인해 '자이니치' 사회는 남과 북을 대변하는 민단계와 총련계가 서로 반목하는 가운데 70년이란 세월이 흘렀고,[9] 그 사이 '자이니치'를 구성하는 세대들 역시 교체되었다. 그 과정에서 조선적/한국 국적, Old Comer/New Comer, 귀화인 등등으로 그들 자신의 위상이 내·외부적으로 제고되어 왔고, 이와 더불어 지금은 '뉴 자이니치'라는 신조어까지 나올 정도이니 '자이니치' 사회를 이야기한다는 것은 그만큼 더 정교한 통찰이 요

---

9) 최영호, 「재일한국인의 이념과 갈등에 관한 연구 동향과 과제」, 『재일한국인의 연구의 동향과 과제』, 제주대학교 재일제주인센터, 2014.

구되는 시점이다.

이러한 맥락에서 우리는 '자이니치 사회'에서 큰 비중을 차지해 온 '재일제주인'에 주목하여, 그들의 과거와 현재, 동시에 이들을 둘 러싼 내외부적 여론형성은 어떤 경로로 무엇에 초점을 맞추고 있는 지에 대해서 살펴보도록 하겠다.

〈표 1〉 일본 내 재일 한국·조선인과 그 중 재일제주인 수

	재일한국·조선인 (제주인포함)	그 중 제주인 (전국 분포)	전국 분포 제주인 중	
			大阪府 거주	東京都 거주
1959년	60만 명	8만5천(14%)	5만4천(64%)	1만5천(17%)
1974년	64만 명	10만(15%)	6만4천(63%)	1만9천(19%)
1991년	69만 명	12만(17%)	7만1천(60%)	2만1천(18%)
2010년	56만 명	8만8천(15%)	4만9천(55%)	1만7천(19%)

위 표는 전후(戰後), 일본 정부에 등록한 전체 한국·조선인 수와 그 중 재일제주인 수를 여러 공식 통계자료[10]를 바탕으로 재작성 한 것이다. 전후 50년 사이 일본사회 내 재일한국·조선인 수는 1991 년에 최대 69만 명에 이르다가 2010년 56만 명에 이어 점점 줄어들고 있는 추세다. 재일제주인 수는 1959년 이래 전체적으로 큰 변동은 없으나, 오사카 지역의 인구 수가 비교적 감소하는 경향을 보이고 있다. 그래도 여전히 전체 재일제주인의 75%가 오사카와 동경 지역 을 중심으로 살고 있음을 알 수 있다.

특히 이들 중 제1세 재일제주인들은 타 지역 출신자들과 달리 일 찍부터 자신들의 커뮤니티[11]를 만들며 고향 제주도와 지속적인 유

---

10) 일본 법무성 입국관리국 홈페이지 및 동 관리국 발간 『재류외국인통계』 자료집』 중
'昭和49年 第10 表 都道府縣別本籍地別在留外国人', 재일제주인의 생활사를 기록하는
모임 엮음(2012) 총론 등.

대감을 맺어 오는 한편, 일본사회 내 '자이니치'를 둘러싼 여러 성격의 여론형성에도 직간접적인 영향력을 행사해 왔다. 그렇다면 이들 적지 않은 재일제주인은 과연 어떠한 사람들일까?

1903년 제주 해녀의 일본 원정 물질을 계기로 정착한 이야기에서부터 일제강점기의 이주, 강제징용, 전후 제주 4·3사건으로부터 도피, 북한행, 밀항, 국제결혼, 귀화, 그 차세대들 등등 이루 다 말할수 없는 사연과 사연들로 구성된 사람들임엔 틀림없다. 그 중에서 본 연구에서는 특히 일본 TV의 다큐멘터리 등이 주목한 재일제주인과 재일제주인들 스스로가 뒤돌아보는 재일제주인 사회를 소개하도록 하겠다.

일본에 TV 방송이 보급된 것은 1953년이다. 일본 TV에서 재일조선인이 처음으로 등장한 것은 1958년 방송된 '日本の素顔-日本のなかの朝鮮'으로 알려져 있다(양인실, 2013: 7). 그리고 우리의 관심인 재일제주인이 주인공으로 처음 등장하는 다큐는 1965년11월7일 방영된 '김재원(金在元)의 고백'12)이다.

이 다큐는 제주도로부터 오사카에 오기까지 재일제주인들이 어떻게 밀항을 했고, 이들은 일본 정부로부터 어떤 조치를 받게 되는가를 김재원을 통해서 보여주고 있다. 김씨는 전전 일본에 있다가 전

---

11) 제주도가 일찍부터 경제적인 생활면에서 특히 오사카 제주도민들과 관계를 맺는 것은 1928년경에 조직한 '제주도공제회'로 거슬러 올라간다. 그 후 고내, 법환, 조천 출신들의 마을 친목회가 결성되어, 고향 마을에 대한 각종 기부 활동도 장기간 지속되었다. 그외 제주도 발전을 위해서 공식적인 지원을 펼친 조직으로는 1961년 도쿄 지역의 상공인들이 주도하여 설립한 '재일제주개발협회'와 '재일제주도경제인협회', 1963년 오사카 지역에서 설립한 '재일본제주도민회' 등을 들 수 있다.

12) 오사카 관서지역에서는 朝日 테레비, 동경 관동지역에서는 TBS계에서 같은 날 방영(밤8시~8시56분).

후 제주도로 돌아가, 1961년에 시모노세키로 밀항해서 오사카로 들어왔다. 나중에 부인도 밀항했는데 마침 경찰의 조사망에 걸려 강제 송환대상자로 결정되자, 부부는 입국관리국에 가서 그들의 밀항 경위와 현재 상황을 '고백'을 하게 된다. 그러자 일본 법무성은 이들 부부에게 "결코 용서할 수 없지만" 아이들의 장래를 위해 '재류'판정을 내려 14년간의 불법체재에 종지부를 찍었다는 이야기다. 사실 이 다큐가 전하려는 것은 그들의 밀항이 실패였음을 여실히 보여주는 한편, 그럼에도 불구하고 일본 정부는 인도주의 관점에서 그들에게 일본 '재류'를 허가하게 되었다는 점이다.

다시 말해, 이 방송은 1960년대 일본사회가 당면한 사회문제, 즉 외국인 '불법체재'와 '법을 지키지 않은 범죄자들(밀항자)'에 대한 엄벌과 조처에 대한 밀착 취재였던 셈이다. 당연히 이것은 1960년대 일본 시청자들의 안방에 당도하여, 재일제주인들의 이미지 및 이들을 둘러싼 여론형성의 기제로 작용했음을 짐작케 한다.

다음은 재일제주인들에 의해 만들어진 다큐 영화들 중에 두 작품을 소개해 보겠다. 그 중 하나는 2004년에 개봉한 '해녀 린상'[13]의 경우다. 이 작품은 제78회 ≪키네마 순보 キネマ旬報≫ 문화영화 베스트 텐에서 1위, 2004년도 문화청 문화기록영화 대상을 수상했다. 이 작품은 한평생 해녀로서 일본 각지의 바다에서 물질을 하며 7명의 자식을 키운 제주 출신 양의헌(梁義憲, 1916년생) 할머니를 주인공으로 한 다큐 영화다. 더불어 주목해야 할 것은 이 다큐 영화에

---

13) 원제: <海女のリャンさん>. 제작국: 일본. 제작년도: 2004년. 제작사: 桜映画社. 감독·각본: 原村政樹. 撮影 : 木村光男, 金性鶴.

나오는 1960년대 영상인데, 이 영상은 평생 오사카시에 거주하면서 조선사 연구에 매진하는 한편, 조선을 주제로 한 기록영화를 만들던 재일조선인 2세 신기수(辛基秀, 1931~2002)와 김성학(金性鶴)이 1966년부터 2년간 촬영한 것이다〈그림 9〉. 그리고 이 영상과 더불어 영화의 주인공 린상, 즉 양의헌은 2002년 일본 NHK 방영 '53년 만에 제주도'14)에서 소개되기도 했다.

〈그림 9〉 영화 〈해녀 린상〉 중, 일본 나가사키 대마도, 양의헌 할머니의 물질 장면/신기수·김성학 촬영(1966~1968년)

재일제주인 양의헌 할머니는 26세 되는 1941년에 일본으로 건너 왔다. 그러다 1944년 오사카 공습으로 제주로 돌아갔다가, 제주 4·3 을 계기로 1949년에 다시 일본으로 밀항했다. 남편은 총련 활동가로, 1956년부터 개시한 재일조선인의 북한 귀국사업에 둘째, 셋째, 넷째 아들을 북한으로 보냈다. 이로부터 알 수 있듯이 그녀의 가족은 조

---

14) 2002년 6월 16일 NHK BS1 방영.

선적을 가진 재일제주인이다. 양의헌은 한평생 일본 각지의 바다에서 물질을 하며 이러한 가족의 생계를 책임졌다. 1982~2003년까지 20회 정도 북한에 다녀 온 적도 있다. 1994년에 남편이 사망했고, 현재 양의헌에게 남은 가족은 자신이 낳은 아이들로 북한 3명, 한국 1명, 일본 3명인 이산가족인 셈이다.

그리고 양의헌은 조선적을 이유로 제주에 못 오다가 2002년 4월, 53년 만에 제주도 땅을 밟을 수 있었다. 2000년 6월 남북수뇌회담 때, 조선총련계의 70세 이상 재일조선인의 한국 고향행을 1주일간 허가한다는 내용에 의거한 것이다. 양 할머니가 53년 만에 고향 제주 땅에 온다는 소식이 한국에 유일하게 남은 작은 딸(익산 거주)에게 전해졌다. 이 딸과는 제주 4·3사건 때 생이별 한 이래 처음이다. 딸은 한걸음에 제주도로 달려와 어머니와 재회의 기쁨을 나눈다. 이러한 내용이 NHK '53년 만에 제주도'에 소개된 것인데, 그 시점에서 1년 반 후 즉, 2003년 9월엔 북에 사는 아들 3명을 만나러 북한에 갈 계획을 하고 있다고 전하고 있다.

한편, 2003년 일본 후지TV에서 방영된 'HARUKO'[15]도 주목해 볼 필요가 있다. 이 프로는 당시 많은 시청자들의 관심을 끌었을 뿐만 아니라 '자이니치' 사회에서도 화재가 되었다. 이 역시 위의 양 할머니네 가족처럼 뿔뿔이 흩어진 재일제주인 가족의 특수한 역사적 사정을 생각하게 하는 한편, 자식들을 위한 어머니의 불굴불퇴의 위대함에 초점을 맞춘 작품이다.

이 영화의 주인공은 재일제주인 정병춘(鄭秉春, 1917년 제주출생.

---

15) 2003년 9월 28일 후지 테레비. 감독: 野澤和之.

통명: 金本春子)할머니로 당시 나이 88세였다 그녀는 13살 되던 1929년 오사카에 왔다가 1943년 오사카공습을 피해 규슈 오이타시로 건너갔다. 1945년 시모노세키에서 생활하다가 1948년 제주도로 돌아온 후, 넷째 딸을 낳고 1950년 장남과 차녀를 데리고 일본으로 밀항했다. 1963년에는 밀항하다가 오무라수용소에 잡힌 넷째 딸을 꺼내왔다.

한편, 남편의 방탕한 생활로 안정된 가족생활이란 것은 꿈도 못 꾼다. 생계를 위해 가족들이 뿔뿔이 흩어져 살아야 했고, 그 사이에 그녀는 밀매로 생계를 꾸리다보니 37회의 체포력도 있다. 지금도 죽은 남편을 용서하지 않겠다고 말하는 정 할머니. 그 때문에 아버지를 생각하는 자식들과도 자주 충돌한다. 그뿐 아니라 그녀는 '국적'이나 '사상'에 있어서도 자식들과 충돌하기도 하는 의지의 여성이다. 그러면서도 끈끈한 가족의 정만은 흔들림 없이 이어지고 있다. 그녀는 계속 조선적을 유지하다가, 2000년에 한국 국적으로 변경했다.

한편, 그의 장남은 김성학(金性鶴)씨다. 그는 앞서 소개한 '해녀 린상'을 신기수 선생과 기록·촬영한 인물이며, 본 영화 'HARUKO'의 원저자16)이기도 하다. 그는 어머니보다도 15년 앞서 1986년에 국적을 조선적에서 한국 국적으로 변경했다.

이상에서 소개한 이 두 사람은 같은 시기 제주도에서 태어난 재일제주인으로, 그들이 살던 시대의 이데올로기 및 정치적 상황과 떼려야 뗄 수 없는 역사의 증언자라 할 수 있겠다. 전전 일본 이주, 오사

---

16) 원제: 金本春子·金性鶴(2004), 『HARUKO! 母よ！引き裂かれた在日家族』, フジテレビ出版.

카 공습, 전후 제주4·3, 조선총련과 민단의 갈등, 밀항, 북한 귀국사업, 국적 갈등, 이산가족, 생업 투쟁 등등. 다시 말하면 그들의 체험과 증언은 결코 개인사에 머물지 않고 그 자체가 어쩌면 수많은 재일제주인들의 삶으로 확장시켜도 결코 생소하지 않은 것들이다.

재일제주인의 삶과 증언을 통한 일본사회 내 여론형성은 여기서 머물지 않는다. 세대교체가 이루어지면서, '자이니치'를 들여다보는 시선도 다양해지고 있다. 1980년대 이후, 일본사회에서 이를 다룬 대표적인 드라마, 다큐, 영화들을 간단히 언급해보자.

- 다큐 '二つの名前を持って-在日三世のニッポン 두 개의 이름을 갖고-재일3세의 일본'(1982년 5월25일 방영, 요미우리TV)
자신의 민족 정체성에 대해 생각하기 위해, 아버지의 친척이 살고 있는 제주도를 방문한 재일3세.
- 다큐 '済州島-母なる島への帰郷 제주도-어머니의 섬으로의 귀향'(1982년 10월18일 방영, NHK)
노-비자 관광지역인 제주도를 방문한 재일제주인의 모습.
- 드라마 '李君の明日 이군의 내일'(1990년 방영, NHK)[17]
- 영화 '달은 어디에 떠 있는가'(1993년)
재일제주인 2세 양석일 작가의 소설『택시 광조곡』을 재일한국인 최양일 감독이 영화화 한 작품이다. 재일한국인, 불법 이주민, 노동자 계급 등이 겪는 편견·차별·소외 등을 그리고 있는 블랙코미디 작품이다.
- 영화 'GO'(2001년, 行定勲 감독)

---

17) 원작: 재일제주인 작가 元秀一 소설, 「李君の憂鬱」,『猪飼野物語 : 済州島からきた女たち』, 草風館, 1987年.

아버지가 제주도 출신인 재일 3세대 작가 가네시로 가즈키의 소설 『GO』 일본 최고의 대중문학상 '나오키상'을 수상. 재일교포의 설움과 정체성의 혼란을 유쾌하게 그려내 주목을 받았다.

- 영화 '血と骨 피와 뼈'(2004년, 최양일 감독, 양석일 원작)
- 영화 '커튼 콜'(2005년, 佐々部清 감독)

동경 잡지사에서 일하는 젊은 수습기자 하시모토가 일에서 잘못을 저질러 시모노세키로 가게 되는 것부터 시작. 여기서 하시모토는 전에 있었던 미나토 극장의 막간예능인 슈헤이(修平)을 찾아달라는 의뢰를 받아 조사를 시작한다. 일본영화가 전성기였던 시절, 修平은 막간예능인으로서 부인과 딸과 함께 행복한 날을 보내고 있었는데, 일본영화 시장이 불황을 맞자 일을 잃었다. 修平은 재일조선인이므로 마땅한 직업을 찾기가 어렵다. 부인이 죽자 그는 딸을 친척에게 맡기고 고향인 제주도로 가버린다. 영화는 현재와 과거를 왕래하면서 한 막간예능인의 인생 그리고 재일제주인의 현재를 그리고 있다.

- 영화 '디어 평양'(2006년, 양영희 감독)'

재일제주인 양영희 감독의 사적이지만 특수한 이야기를 담은 다큐멘터리 영화이다. 제주를 떠나 일본으로 건너가 뚜렷한 직업도 없이 열성적으로 조총련 활동을 하는 아버지, 그런 아버지를 묵묵하게 내조하는 어머니, 1971년 북한의 귀국 사업에 따라 평양으로 건너가 40년 넘도록 그곳에 사는 세 명의 오빠와 감독의 삶을 10년 동안 촬영한 작품이다. 이 작품은 2005년 부산국제영화제를 통해 선보인 뒤 다음해인 2006년 베를린영화제 넷팩상과 미국 선댄스영화제 다큐멘터리 부문 심사위원 특별상을 수상해 세계 영화계의 주목을 받았다.

- 영화 '가족의 나라에'(2012년, 양영희 감독)

제62회 베를린 국제영화제에서 국제연맹상 수상. 양 감독은 다큐멘타리와 영화 사이를 오가면서 그리고 한국과 북조선과 일본의 경계를 횡단하면서 작품활동을 하고 있다. 그의 부모는 총련의 간부이고 아버지는 제주도 출신으로 15세에 오사카로 왔다. 귀국사업으로 부모는 북한에 세 아들을 보냈다. 양 감독은 북한에 간 세 오빠들을 그리며 "개인으로부터 사회와 역사를 본다"고 말했다.

이상 여러 장르의 영상매체를 통하여 일본사회 내 재일제주인이 내외부적으로 무엇을 어떤 시선으로 그려왔는가에 대해 일부 소개하였다. 일단 이러한 것들이 대중매체를 통하여 공개되면 어떠한 여론을 형성하여 확산되며, 궁극적으로는 한 공동체의 망탈리테(집단적 무의식)에 어떤 영향을 끼치게 되는지에 대해서는 앞으로 계속적인 모니터링 작업이 필요할 것이다.

5. 소 결

본문에서 필자는 2000년대 들어 전체 재일한국·조선인 수가 줄어들고, 오사카를 중심으로는 재일제주인 수가 소폭 감소하고 있다고 지적하였다. 거기다 이들 중 특별영주자로 분류되는 자이니치 사회를 생각해 볼 때, 제1세대를 중심으로 유지되던 제주인 커뮤니티들 또한 축소되거나 해체되며, 2000년대에 들어서는 급격히 그 활기를 잃어가고 있다. 여기에는 여러 가지 이유가 있겠으나, 가장 큰 이유로 고선휘의 지적에 따르면, 일본의 불경기와 산업구조의 변화로 제주인 커뮤니티의 주산업이었던 소규모 제조업의 공동화가 그 하나이고, 또 하나는 재일 1세들의 고령화와 사망이다(고선휘, 2013:45). 주지하다시피, 제1세대들의 고향 생각과 고향을 향한 전폭적인 지원의 역사는 아무리 강조해도 지나치지 않을 정도다. 그리고 재일제주인 제2세대만 해도 비록 출생지는 아니지만, 부모의 고향 방문을 계기로 동행하며 고향의 친척들도 만나고 벌초도 하면서 나름대로 제주도와 유대감을 갖고, 일본 사회 내 제주인 커뮤니티 형성에 적지 않은 공헌을 하였음을 우리는 알고 있다.

그런데 3, 4세대로 이어지는 젊은 세대 사이에서는 아무래도 '제주와 제주인'에 대한 의식이 전 세대들과 다르고, 사회적인 차별을 이유로 '귀화(엄밀히 말하면 국적 선택)'하는 사람도 증가하고 있다. 그만큼 본문에서 언급한 '재일제주인'을 둘러싼 여론형성의 네트워크가 전 세대에 비해 좁아지고 있다. 그렇다고 이들 네트워크 안팎의 사람들이 우리가 말하는 '재일제주인'의 범주에서 멀어졌다고 속단할 수는 없다. 이들 세대만의 시대적 문제로 대두된 '자이니치'관, '제주인'관, 나아가 여론형성 욕망이 분명 있을 것이기 때문이다. 하지만 제주도의 입장에서 보면, 한 마디로 말해 이들 차세대 '자이니치' 즉 재일제주인과는 여러 측면에서 거리감을 느낄 수밖에 없는 것도 사실이다.

바로 그렇기 때문에 제주도 및 관련 연구자들은 오히려 이들과 어떤 관계를 형성할 수 있으며, 또 형성해야 할 것인가를 고민할 때가 왔다. 이 점에 대해서는 고선휘도 논문에서 여러 차례 지적한 적이 있다. 그에 따르면, 앞으로 재일제주인과 제주도인의 관계는 제주도(제주인) 측이 적극적으로 주도하지 않으면 관계가 소원해질 것(고선휘, 2013:50)이라 한다. 과거에는 제주도가 너무도 빈곤하여 재일 1세대들의 고향에 대한 관심과 물질적 지원으로 양자의 관계가 돈독히 유지돼 올 수 있었다. 물론 재일 1세대들은 언어에서 의식까지 제주도와 공유할 부분도 많았다.

하지만 차세대 재일제주인과는 직접적으로 공유할 내용들이 점점 희박해지고 있다. 그렇다고 손을 놓아 버릴 수는 없다. 왜냐하면 그들이야말로 자신들의 아버지, 할아버지 세대들을 기억하고, 그들의 유형·무형의 자산을 지키고 있기 때문이다. 이 지점이 바로 제주도와 차세대 재일제주인들의 연결고리가 되어야 한다.

그러므로 이번에는 제주도가 이들 차세대 재일제주인에게 다가서며 그들과의 돈독한 관계의 끈을 만들어야 할 차례다. 물론 거기에는 개인적 교류에서부터 언어·문화·학술 교류 등을 위한 치밀하고 장기적인 계획과 열의가 요구된다. 그러면서 제주도는 제주에 이주해서 오는 사람들을 맞이하고, 동시에 나가는 제주인들에게도 열려 있어야 한다. 이러한 고향 제주도 이미지를 고선휘는 "만들어지는 고향(創られる故郷)"이라 부르며, 제주도와 차세대 재일제주인 간의 '새로운 관계' 형성을 적극 주장하고 있다(고선휘, 2013:50). 바로 이러한 '새로운 관계' 구축이야말로 향후 '자이니치'와 재일제주인을 둘러싼 여론형성 전개에 있어서 가장 중점을 두어야 할 것으로 사료된다.

재일제주인 구술사를 통해서 본 제주 4·3의 한 단면*

다카무라 료헤이(高村竜平)

아키타대학 교육문화학부 준교수

1. 구술사와 생활사

제주 4·3 연구에 있어 역사학적인 연구를 포함하여 구술사의 활용은 일반적이었다고 할 수 있다. 1980년대까지 4·3이 역사교과서에 "제주도 폭동 사건은, 북한 공산당의 사주아래 제주도에서 공산무장폭도가 봉기하여, 국정을 위협하고 질서를 무너뜨렸던 남한 교란작전 중의 하나였다"[1]고 규정되어 다른 해석이 금기시 되었을 뿐만 아니라 문헌 기록도 제한적이었다. 그런 상황에서 경험자의 증언 수집부터 사건에 대한 진상규명이 시작되었다. 중앙에서 본 역사, 위에서 본 역사가 아닌 지방사나 아래로부터의 역사라는 관점

---

* 이 논문은 일본의 '조선사연구회 제48회 대회'(2011년 10월)에서 발표한 내용의 일부를 보완·수정한 것이며, 연구 진행을 위해 일본정부과학연구비(과제번호 제21510253호)의 지원을 받았다.

1) 1982년 국사 교과서의 기술. 고성만, 「제주 4·3 담론의 형성과 정치적 작용」, 제주대학교 사회학과 석사학위 청구논문, 2005년, p.18에서 재인용.

에서 대항적인 역사쓰기의 방법이 필요했기 때문에 구술사가 활용
된 것이다.[2]

구술사가 문헌으로 남기 어려운 부분에 대한 자료 수집 방법으로
효과적인 것은 명백하다. '문헌으로 남기 어려운' 이유로서는 다음 두
가지를 꼽을 수 있다. 하나는 '극한 상황이었기 때문'이라는 것이다.
일본에서 구술사 연구의 축적이 두터운 영역으로 2차 대전 말기의 오
키나와전이 있는데,[3] 이때는 오키나와 섬 전체가 전투 지역이 될 정
도로 극한 상황이었다.[4] 함한희가 한국 구술사를 발전시킨 견인차
역할을 한 주제로 4·3, 5·18, 일본종군위안부를 꼽은 것도 그러한 극
한 상황을 서술하는 데 구술사가 효과적이었기 때문일 것이다.[5]

그런데 구술사가 많이 다루는 내용들이 문헌으로 남기 어려운 이
유 중 다른 하나는 '너무 일상적이기 때문'이다. 다시 말해서 일상생
활사의 한 방법으로도 구술은 많이 활용된다. 민속학자나 인류학자
에 의한 민족지적 구술사는 물론이고, 경제사나 노동사의 연구자들
도 통계나 문서자료만이 아니라 그러한 자료에 기록되기에는 너무
나 평범하고 일상적인 사람들의 삶을 구술로 기록하고 자료로 활용
해 왔다.[6]

---

2) 함한희, 「증언, 생활사, 구술사」, 『4·3과 역사』 9·10, 2010.12, pp. 13-14.
3) 原山浩介, 「コメント②日本近現代史の立場から」, 岩本通弥·法橋量·及川祥平編, 『オーラル
   ヒストリーと<語り>のアーカイブ化に向けて』, 成城大学民俗学研究所グローカル研究セ
   ンター, 2011年.
4) 나카무라 마사노리의 전쟁에 관한 구술사 기록서에는 '오키나와, 만주, 히로시마, 나가사
   키의 극한상황'이란 부제가 달렸다(中村政則, 『昭和の記憶を掘り起こす 沖縄, 満州, ヒロ
   シマ, ナガサキの極限状況』, 小学館, 2008年).
5) 함한희, 앞의 논문, p.8.
6) 일본의 한 사례로 中村政則, 『労働者と農民』, 小学館, 1976年. 또한 ポール·トンプソン(酒

'극한 상황이었기 때문'과 '너무 일상적이기 때문'이라는 두 가지 이유는 언뜻 모순되어 보인다. 그러나 여기서 특히 4·3을 생각할 때 중요한 것은 '극한 상황과 일상생활의 관계'이다.

4·3은 4·19나 5·18 등과 함께 날짜로 기록된 역사적인 '사건'이다. 그러나 4·3은 기간이 너무 길어서 도저히 하나의 '사건'으로 취급할 수 없다. 그리고 기간이 길다는 것은 '사건' 속 '생활'의 비중도 다른 '사건'에 비해 훨씬 크다는 뜻이다. 따라서 4·3은 제주도민의 생활 속에서 기록되어야 한다. 함한희 역시 4·3과 구술사의 관계를 개관하면서 "4·3사건 피해사실의 진상규명 차원에서 제주도민들의 삶의 노정, 즉 일상생활의 변화를 추적하는 방향으로 관심이 바뀌었다"고 지적하면서, 이 변화에서 만들어낼 수 있는 세부 과제 중 하나로 "4·3사건 경험자들의 생활을 총체적으로 파악해서 역사를 재현하는 방법이다. 여기에는 재일제주인들까지를 포함해서 당시의 상황을 포괄적으로 파악하고자 하는 의도가 담겨 있다"고 한다.[7]

함한희의 이 논문은 2010년 10월에 열린 심포지엄에서의 발표된 것인데, 이때 제주4·3연구소의 '4·3천인증언채록' 사업에 대해 발표한 김은희도 4·3에 대한 구술은 사건에 대한 내용만 있는 것이 아니라 "생활사의 보고(寶庫)"이며 "사건도 삶의 일부였다"고 지적한다.[8] 따라서 4·3은 제주인의 삶 속에서 봐야 하는 것이며 그러한

井順子訳), 『歴史から記憶へ』, 青木書店, 2002年(Thompson, Paul, *The Voice of the Past*, Oxford University Press, 2000) 제3장도 참조.

7) 함한희, 앞의 논문, p.27.

8) 김은희, 「경험과 기억을 통한 4·3의 재구성--2004-2008년 4·3천인증언채록을 중심으로」, 『기억의 구술과 역사』(제주4·3 62주년 기념 국제심포지엄 자료집), 제주4·3연구소, 2010년, p.185.

과제를 수행하기 위해서는 구술 자료의 범위를 '사건'에만 한정시키지 말고 성장과정, 직업생활, 결혼 등의 이야기도 포함시킬 필요가 있다.

이 논문은 필자도 참가하는 '재일제주인의 생활사를 기록하는 모임'이 지금까지 발표한 재일제주인 구술 자료를 활용하여 당시의 일상생활 중에서도 특히 제주도에서의 사람과 자연과의 관계와 관련된 내용을 통해 4·3을 고찰하려는 시도이다. 당시 제주도민의 대다수는 농업, 어업, 목축업 등에 종사하고 식량이나 생활에 필요한 물품의 많은 부분을 바다와 땅에 의존한 상태였다. 따라서 자연과의 관계야말로 일상생활의 중심이라고 할 수 있다. '구술사를 통해 본 4·3'이라는 제목을 붙이기는 했지만 구술 중에 4·3의 경험이 어떻게 다뤄지는가 하는 것뿐만 아니라, 얼핏 4·3과 직접적인 관련성이 없어 보이는 구술 내용도 포함하여 당시 제주도민의 생활과 관련해서 4·3에 대해 생각해 보고자 한다.

2. '재일제주인의 생활사를 기록하는 모임'과 그 조사에 대해

우선 이 논문의 주된 자료가 된 '재일 제주인의 생활사를 기록하는 모임'(이하 '모임')에 의한 인터뷰 조사에 대해 소개하겠다. 이 조사는 1998년 4·3 50주년을 기념하여 열린 국제심포지엄에 참가했던 연구자 가운데 재일제주인 생활사 조사에 필요성을 느낀 몇몇 사람들의 모임을 계기로 시작되었다. 즉, 애초부터 '4·3'과 생활사의 관련성에 관심을 갖고 있었던 것이다.9) 따라서 '모임'의 인터뷰 기록은 어린 시절의 생활에서부터 일본으로 건너간 과정, 일본에서의 정착 과정과 생계 수단 등 여러 방면에 걸친 생애사 조사이다. 물론 재일 제주인의 삶에 있어서도 4·3은 중요한 사건이며, 특히 도일 과정과 깊이 관련되는 경우가 많기 때문에 반드시 4·3에 대한 질문을 포함 시킨다.

구술 내용은 모임의 멤버인 후지나가 다케시 교수가 재직하는 오 사카산업대(大阪産業大) 기요(紀要)에 '해방직후·재일 제주도 출 신자의 생활사조사(解放直後·在日済州島出身者の生活史調査)'라 는 제목으로 게재되어 있으며 현재까지 14명의 재일제주인 구술사 가 발표됐다. 현재까지 발표된 구술자는 다음의 표와 같다.10) 또 그 중 양애정 씨(1번), 김호진 씨(6번), 현종민 씨(7번), 김춘해 씨(8번), 양수옥 씨(9번)의 기록을 김경자 교수가 한국어로 번역해서 『재일 제주인의 생활사1-안주의 땅을 찾아서』(선인, 2012)로 출판하기도 했다. 이 논문에서는 한국어 책에 수록된 자료는 그것을 인용하고, 번역이 안된 것은 일본어판을 인용하였다(실제 구술에서는 일본어, 한국어, 제주어 등 여러 언어가 사용된다).

---

9) 이 '모임' 자체에 대한 자세한 설명은 『재일제주인의 생활사1-안주의 땅을 찾아서』(선 인, 2012)의 '필자후기' 또는 고정자, 「해방 직후 재일 제주도 출신자의 생활사 연구 현황과 과제」(『4·3과 역사』 9·10, 2010. 12)를 참조하기 바란다.

10) 이 외에 조사는 했으나 아직 발표하지 못한 사례도 있다. 조사 날짜에 공백기간이 있는 이유는 2001년부터 2004년까지 이 모임의 활동이 중단되었기 때문이며, 필자는 2005년 활동을 재개한 후 합류했다.

〈표 1〉'해방직후·재일 제주도 출신자의 생활사조사' 구술자 일람 (2014년 11월 현재)

번호	조사날짜	구술자에 관한 정보				
		이름	성별	생년	본적지	4·3경험
1	1999.08.30.	양애정(梁愛正)	남	1937	애월읍 하귀리	D
2	2000.02.20.	김덕인(金德仁)	여	1936	조천읍 신촌리	D
		박인중(朴仁仲)	남	1933	조천읍 신촌리	D
3	2000.09.11.	강경자(姜京子)	여	1937	대정읍 동일리	D
4	2006.04.29.	이건삼(李建三)(가명)	남	1937	조천읍 신촌리	D
5	2006.12.23.	고란희(高蘭姬)	여	1930	조천읍 신촌리	B
6	2006.12.24. 2007.05.06.	김호진(金好珍)	남	1920	대정읍 신도리	A
7	2007.10.04.	현종민(玄瑽玟)	남	1928	성산읍 신천리	C
8	2008.07.13.	김춘해(金春海)	여	1922	서귀포시 중문동	D
9	2008.07.06.	양수옥(梁寿玉)	여	1917	서귀포시 중문동	B
10	2009.08.23.	박영만(朴栄万)	남	1930	한림읍 금악리	C
11	2008.07.12.	김옥환(金玉煥)	여	1938	조천읍 대흘리	D
12	2008.09.13.	이성호(李性好)	여	1920	한림읍 대림리	D
13	2009.07.19.	부희석(夫熙錫)	남	1935	조천읍 함덕리	C
14	2008.03.21.	김옥래(金玉来)	남	1924	조천읍 함덕리	A

위 표의 '4·3 경험'은 4·3 경험과 관련해서 구술자들의 일본 도항 시기를 아래와 같이 유형화한 것이다.

A 해방 전부터 계속해서 일본에 살았음.
B 1948년 4월 3일의 봉기를 전후해서 일본에 도항했음.
C 대체로 한국전쟁 발발 직후까지 일본에 도항했음.
D 4·3과 한국전쟁을 한국에서 경험한 후 일본에 도항했음.

A는 4·3시기를 일본에서 지냈기 때문에 직접 경험하지는 않았고, B는 1948년 4월 3일의 봉기 직전이나 직후에 일본에 갔기 때문에 어느 정도 경험은 있으나 사건의 전개과정에 대해서는 일본에서 전해 들은 분들이다. C와 D를 구별하는 것은 4·3 직후에 갔는가 아니면

한참 지나서 갔는가이다. 그러나 제주 사람들은 해방 전, 후를 막론하고 일본과 자주 왕래를 하고 있고 일본에 입국한 후에도 출입국관리소에 의해 강제출국을 당하기도 했다. 따라서 이 유형은 어디까지나 4·3을 어디에서 경험했는가를 표시하기 위한 수단에 불과하다.

각각의 유형별로 구술자들의 4·3에 관한 이야기에 일정한 경향이 있다고 판단하기에는 아직 신중한 검토가 필요한 단계이다. 예를 들어, 유형 A에 속하는 김호진 씨와 김옥래 씨는 모두 4·3 당시 오사카에 살고 있었고 사회주의자가 주도했던 재일조선인연맹(조련)에서 활동을 했음에도 불구하고, 김호진 씨는 4·3에 대해서 제주도와 왕래하는 사람으로부터 듣고 위령 사업도 했던 반면 김옥래 씨는 같은 날짜에 제사를 여러 군데 간 경험은 있으나 4·3에 대해서 알게 된 것은 나중의 일이라고 한다.[11]

이 논문에서는 양수옥 씨와 고란희 씨의 구술을 주된 자료로 하나, 그것은 이 두 분이 생업과 관련된 내용을 말해주었기 때문이며, 두 분 모두 유형 B에 속하는 것에 관련성이 있는지에 대해서는 앞으로 더 고민해야 할 과제이다. 여기서는 어디까지나 이 '모임'의 조사 대상자를 소개하는 수준에서 이 유형을 제시한다.

---

11) 藤永壯 외, 「解放直後·在日済州島出身者の生活史調査(6) – 金好珍さんへのインタビュー記録—(上)」, 『大阪産業大学論集 人文·社会科学編』 4, 2008年10月, pp. 150-151. 藤永壯 외, 「解放直後·在日済州島出身者の生活史調査(14) – 金玉來さんへのインタビュー記録—(下)」, 『大阪産業大学論集 人文·社会科学編』 22, 2014年10月, pp. 125-126. 한편 4·3 발발 직후에 오사카로 온 고란희 씨는 4·3 위령제를 했냐고 묻자, "일본에서 그런 일은 있을 수 없는 일"이라고 했다(藤永壯 외, 「解放直後·在日済州島出身者の生活史調査(5) – 高蘭姫さんへのインタビュー記録—(上)」, 『大阪産業大学論集 人文·社会科学編』 2, 2008年2月, pp. 120-121). 일본에 온 지 얼마 안 된 고란희 씨는 위령제를 준비한 인맥과 아직 연결이 안 되어서 그랬을까?

3. 한라산의 이용과 4·3

먼저 소개할 내용은 양수옥 씨의 사례이다.[12] 양수옥 씨는 1917년 서귀포 중문리에서 태어나 8살부터 12살까지 어머니가 사는 일본 교토에서 지냈다. 귀국 후 독립운동가이자 사회주의자인 김한정이 지도하는 야학에 다니게 됐는데, 17세가 되는 해 다시 일본에 가기까지 가르침을 받았다. 19세에 결혼하고 남편과 일본, 중국, 한국을 왕래하는 생활을 했으나 남편은 양수옥 씨가 23세가 되는 해 돌아가셨다. 남편과의 사별(死別) 후 다시 중국으로 떠나 제2차 세계대전 기간을 중국에서 지냈다. 전쟁이 끝나 제주도에 귀국했으나 4·3 발발 직전에 다시 일본으로 도항했다. 그 이유는 1947년 3·1절 발포 사건 후 어느 날 밤중에 "변호사인지 판사인지"가 "날이 새면 주재소에서 체포하러 올 테니까 날이 새기 전에 어서 피신하라"고 전해줬기 때문이라고 한다.[13] 그 조언에 따라 양수옥 씨는 바로 밀항선을 타고 일본으로 건너갔다. 1947년 3·1절에는 "김한정 선생님의 연줄로" 성내에서 열린 대회에 참가했다고 한다.[14] 따라서 좌익조직의 일원으로 지목됐을 가능성도 있으나, 중국에서 귀국한 후 양수옥 씨는 그리 적극적인 활동을 한 것 같지 않다. 결국 3·1절 발포 사건 이후의 검거 열풍이 '활동가'라고 부르기에는 애매한 사람까지 포함시켰고, 그

---

12) 양수옥 씨의 생애는 재일제주인의 생활사를 기록하는 모임, 「중국, 일본, 그리고 제주-양수옥」, 『재일제주인의 생활사1-안주의 땅을 찾아서』, 선인, 2012년, pp. 87-138에 기록됐다.

13) 앞의 책, p.120.

14) 앞의 책, p.122. 이날 중문에서도 대회가 있었으나 양수옥 씨는 성내에서 열린 행사에 혼자서 참가했다고 한다.

러한 바람을 맞아 양수옥 씨는 일본으로 도피하게 된 것이다.

따라서 양수옥 씨 이야기에는 '4·3 경험'이라고 부를 만한 내용이 없다고 할 사람도 있을 법하다. 그러나 이 논문에서 필자가 4·3과 관련해서 주목하고자 하는 부분은 한라산에서 야생 열매를 따먹었던 일에 대한 이야기이다. 양수옥 씨는 소녀 시절에 외삼촌과 또 다른 삼촌, 언니들과 한라산 '오백 장군' 부근까지 '틀(산딸나무 열매)', '볼레(보리수 열매)', '탈(산딸기)', '졸갱이(으름)' 등 다양한 과일과 열매를 따러 간 경험을 생생히 이야기하고 있다. 일행의 앞장을 선 사람은 외삼촌이며 그는 방목하는 우마를 관리하고 있었기 때문에 한라산을 잘 아는 사람이었다. 밤에는 동굴 속에서 지냈으며 음식은 갖고 가지 않았고 물과 식량은 모두 산속에서 조달했다. 큰 바위 위에 자갈을 늘어놓아서 방향을 표시하고, 동굴 안에는 장작이 준비되어 있었다. 약간 길지만 아래에 관련된 부분을 발췌해 소개한다(일부 번역문을 변경했다).

> 사료 1 (1930년대, 중문리 주변)
> 그래서 '볼레'[보리수]라고 해서 시커멓고 요렇게 작은데, 맛있어. 그걸 많이 따 먹었더니 혓바닥이 시커멓게 됐어(일동 웃음). 그러니까 아무것도 가져가지 말라고 했어, 한라산에. (중략) 열심히 보려고 해도 하늘이 안 보여. 나무가 우거져서. 그런 곳을 계속 가다가, 삼촌이 그럼, 다들 지고 온 대나무 바구니를 내려놓으라고 했어. 그리곤 삼촌이 높은 나무에 올라가서, '와' 하며 흔들었더니 이런 나무열매, '틀'이 비 오듯이 떨어졌어. 그게 맛있었어. (중략) 다다미 10장정도 되는 공간이야. 덩굴에 둘러 쌓여 그 안이 방처럼 되어 있어. 그래서 '졸갱이' [으름]라고 해서. 바나나 껍질을 벗긴 것 같은 건데. (중략) 이렇게

반쯤 껍질이 싸 있어. 거기 들어가 또 정신없이 먹었지. (중략) 큰 바위가 이렇게 있는데, 그 위는 평평해. 그 위에 올라가서 놀면 좋겠다고 생각하면서 보고 있으니, 바위 위에 작은 돌들을 조금씩 조금씩 늘어놓은 거야. 보니까 원래 그렇게 되어 있는 게 아니라, 누군가가 일부러 놓은 것 같았어. 그래서 내가 이상하다며, 이렇게 만져 보려고 하니까, 삼촌이 만지면 안 된다며 화를 냈어. 그게 길표시야. 산에 와서 길을 잃었을 때, 동서남북이라든가 어디가 어딘지 모르게 됐을 때, 알 수 있도록 말이지. 길표시로 돌을 놓아둔 거라고. 그러니까 만지지 말라고 그런 거지. (중략) 벌써 저녁노을이 질 때니까 여기서 자라고 해서 갔더니, 이 집 정도 되나? 이렇게 큰 바위가 있고, 동굴이 있어. (중략) 그 아래에는 마른 잔가지와 낙엽들이 수북이 쌓여 있고, 또 그 아래에는 솔잎과 낙엽이 수북이 있고. 옆에 성냥도 있었어. 그래서 우리들도 [그 안에] 들어갔지.15)

우선 이 이야기는 일제강점기의 제주도민이 경작지보다 고도가 높은 지역을 어떻게 이용하고 있었는지에 대한 민족지적 기록으로써의 의미가 있다. 일반 제주도민의 이러한 채집 활동은 농업이나 어업만큼 생계를 이어나가기 위해 중요한 것이 아니었고, 반대로 전문적으로 야생 열매를 채집하고 있었던 것도 아니다. 따라서 이러한 활동은 사료로 남기 어려운 것이며 따라서 귀중한 증언이라고 할 수 있다.

한편 야생 열매와 같은 것을 시장에서 판매하고 있었다는 기록도 있다. 1926년 조천면 조천리에서 태어나 우편국장의 아들로 1939년까지 제주도에서 지냈다는 일본인 도가와 아키오(戸川昭夫)는 그의

---

15) 앞의 책, pp. 129-135.

회고록에서 오일장에 대해 "미각의 계절이 되면 산딸기와 산포도 같은 것도 팔고 있었는데, 한 그릇에 몇 전이었는지 잊었지만 신문지를 삼각으로 접은 봉투에 넣어 준다"고 썼다.16) 이처럼 야생 열매를 채집하고 있었던 것은 중문면에 한정된 것이 아니며 또한 이를 통해 생계를 유지하고 있었다고는 할 수 없지만 어느 정도 경제적인 의미도 있었음을 엿볼 수 있다.

뿐만 아니라 이 이야기에는 4·3 연구에도 시사하는 바가 있다. 다음은 《제민일보》 취재반에 의한 기록 중 가시리에 살던 '당시 18세 소년'의 증언이다.

> 사료 2(1948년 10월 무렵, 가시리)
>
> 그즈음 '입산한다'는 것은 계속 산에 머무는 게 아니고 며칠씩 살다가 오는 식이었습니다. 산에 갔다 온 친구들이 볼레 따먹으며 재미있게 놀았던 이야기를 하면 나도 산에 가고 싶어서 몸살이 날 지경이었지요. 그러나 할아버지 때문에 꼼짝 못했습니다. (…) 하루는 우리 마을 출신으로 입산했던 한 청년이 집에 들렀을 때 할아버지는 그에게 "어보게! 토벌대도 무섭긴 하지만 정말로 산에 오르는 게 사는 길인가?"라고 물었습니다. 그러자 그 청년은 "지금 산에서는 아침 먹고 나면 무사히 점심 해 먹을 곳을 찾아 헤맵니다. 이제 추워지는데 어떻게 산에서 지낼 수 있겠습니까. (…)"라고 했습니다. 11월 초에 할아버지는 나와 여동생을 연고자를 찾아 표선리로 내려보냈습니다.17)

인용 부분 말미의 "11월 초에 (…)"에서 알 수 있듯이, 이 내용은

---

16) 戸川昭夫, 『遙かなり済州島』, じゃんぼり書房, 1999, p. 19. '미각의 계절'은 가을을 가리킨다.

17) 《제민일보》 4·3취재반, 『4·3은 말한다』 제5권, 도서출판 전예원, 1998, p.95.

적어도 1948년 10월 이전의 일이다. 그리고 "그즈음 '입산한다'는 것은 산에 계속 머무는 것이 아니라 며칠씩 살다가 오는" 것이었으며, 그것은 이 소년의 친구에게는 "볼레 따먹으며 재미있게 놀았던" 일, 즉 양수옥 씨가 말한 야생 과실 채집과 같은 경험이었다. 4·3에 관한 이 증언은 4·3과는 시대도 다르고 직접 관계없는 양수옥 씨의 이야기를 참조함으로써 그 배경을 더 깊이 이해할 수 있게 된다.

또한 대정읍 출신으로 현재 오사카에 사는 강경자 씨는 4·3 직전에 오빠가 서북 청년단의 박해를 피해 산으로 가라고 했다고 한다.

> 사료 3(1947년 무렵, 동일리)
> 오빠가 "너희들도 모두 어디 집에서 멀리 떨어진 산 아래로 가서 동굴 파 놓았으니까, 너무 무서우면 그곳에 들어가서 위에 나뭇잎을 덮고는 자연스럽게 해서 숨죽이고 숨어 있어"라고.[18]

한편 고광민은 해발 300~400미터 지대에서 방목하고 있던 '들소'에 대한 논고에서 "봉기 세력들은 용암 동굴에서 살고 있었기 때문에 소들이 통과하는 길을 잘 파악할 수 있었다. 그 길에 덫을 설치해서 소를 잡아먹고 살아남았다"는 말을 무장대에 합류한 한 남성(제주시 건입동)으로부터 들어서 소개하고 있다.[19] 무장대뿐만 아니라 양수옥 씨가 얘기한 것처럼 도민들이 한라산을 이용하고 있었기 때

---

18) 藤永壯 외, 「解放直後·在日済州島出身者の生活史調査(3) － 姜京子さんへのインタビュー記録－」, 『大阪産業大学論集 人文科学編』 105, 2001, p.103.

19) 高光敏, 「落葉樹林の野牛について(連載 済州島の民俗11)」, 『季刊東北学』 11号, 2007, p.186. 여기서 말하는 '들소'는 야생 소가 아니라 소유자가 있는 것으로 4계절 내내 산에 방목하는 소를 가리킨다.

문에, 5·10 단독 선거와 그 후의 토벌시기에 '입산'해서 지내는 일이 가능하지 않았을까. 물론 평상시에 한라산에서 야생 식물을 채집하면서 지낸 생활은 단기간이었으며, 1948년 가을 이후의 오랜 피난 생활은 그것과 달라서 입산한 사람들의 예상을 깨고 몹시 힘든 생활이 되어 버렸다.

이처럼 당시 제주도민들의 산지와 임야 이용을 배경 지식으로 삼음으로써 4·3 당시 주민들의 행동에 대해 보다 깊이 이해할 수 있을 것이다.

4. 농목축업과 4·3

다음으로 생업과 4·3에 대해 보다 직접적인 관계를 생각해보고자 한다. 조천면 신촌리에 본적을 둔 고난희 씨 이야기다.[20] 고난희 씨는 1930년 일본 고베에서 태어나 해방 후 처음으로 제주도에 살게 되었다. 아버지가 제유회사 직원으로 있었기 때문에 고베라는 대도시 단독주택에서 비교적 여유롭게 자랐고, 제주도에 와서 초가집을 보고 처음에는 일시적인 거처로밖에 생각하지 못했다고 한다.

신촌소학교에서 한국어를 배우게 되고, 거기서 이덕구와 김대진을 만나 조직 말단에서 지시서를 전달하는 활동을 하게 되었다.[21]

---

20) 고난희 씨의 생애사는 藤永壯 외, 「解放直後·在日済州島出身者の生活史調査(5) – 高蘭姫さんへのインタビュー記録—(上·下)」, 『大阪産業大学論集 人文·社会科学編』 2-3, 2008年2月–6月에 기록됐다.

21) 이덕구는 '조천중학원'에서 교직에 있었다는 기록이나 증언은 있으나 '신촌소학교'에서 재직했다는 기록은 확인할 수 없다. 그러나 고란희 씨는 '신촌소학교'에서 이덕구를

그래서 경찰에 쫓기게 되었고 이를 걱정한 아버지가 1948년 여름에 밀항선에 태워 일본에 보냈다. 아버지는 겨울이 되면 자기가 고란 희 씨를 데리러 가겠다고 했으나 그 후 일본에 오지 못하고 학살당 했다.

일본에서 결혼한 남편도 제주도(대정면 동일리) 출신이며 아버지 와 남동생 세 명이 4·3으로 학살당한 분이었다. 고란희 씨는 총련에 서 활동했고 북한에도 자주 방문했다. 뿐만 아니라 밀항선을 탄 장 소에서 '도피자'라고 불린 것이 잊혀지지 않아서 오랫동안 제주도로 오지 못했다. 그러나 2000년의 남북정상회담을 계기로 제주도 방문 을 시작하고 제주 고 씨 묘소의 정비사업에 협력하는 등 제주도와의 관계가 이어지게 됐다.

위와 같은 고란희 씨의 경험은 활동가로 간주된 사람을 대신하여 가족이 살해당하는 '대살(代殺)'의 한 사례를 말하기도 하고, 2000년 대의 남북관계 개선이 한 개인에게 새로운 기회를 제공한 사례이기 도 하다.

그런데 여기서 주목하고자 하는 것은 아버지가 고란희 씨를 피난 시키기 전에 한 말이다.

사료 4
나를 보내면서 아버지가 하시기엔 10월쯤 되면 너를 데리러 가겠다 고. 내가 간 건 아마 7월인가 8월이었던거 같아요. 우리 집에 소와 말이 있어서 사료, 사료를 뭐를 주냐 하면, 새, 촐이란 것이 있었어요,

만났다고 한다. 다만, 고란희 씨도 '이덕구가 신촌소학교의 교사였다'고 주장하는 것이 아니라 '이덕구에게 배웠다'고만 한다.

풀. 여름철에 잘라서 가득 쌓아서 둥글게 만들어 두지 않으면 안 되니까, 그 소와 말에게 줄 사료를 준비해놓고. 10월쯤 되면 여유가 생기니까 나를 데리러 온다고. 그렇게 말씀하셨어요.[22]

아버지는 자기 피신보다 우마의 사료 확보를 우선시 한 것이다. 오늘날 사정을 모르고 이러한 기록을 읽는 독자 중에는 위험이 다가오고 있음에도 불구하고 농사를 우선시하는 것을 이해하지 못하는 사람이 있을지도 모른다(필자 역시 그랬다). 그러나 당시의 생활환경을 생각하면 원래 평상시에도 밭과 가축을 지키는 것은 살아 남기 위한 최소한의 행위였다. '칼 받은 삼월, 호미 받은 사월'이라는 속담이 있듯이 3~4월에는 특히나 식량이 부족해서 야생의 나무열매나 뿌리, 해초 등이 구황 식품이었다.[23]

해방 직후에는 일본 등 외지에서 귀환한 인구가 6만 명에 달했고 거기에다 미군정에 의한 미곡수집이 도민들의 강한 반발을 불러일으켰다.[24] 부희석 씨도 해방 직후의 식량 상황에 대해 "20만 명에 가까웠던 도민 인구가 30만 명 가까이 됐다. 그러나 산업도 아무것도 없지 식량도 없지, 그래서 생활이 아주 곤란한 상태였습니다. 그 땐. 작은 배라도 먹는 것이 없었습니다. 그래서 바닷가에 가서 해산물을" 먹었다고 한다.[25]

---

22) 藤永壯 외, 앞의 글(上), pp. 120-121. 새, 좁 등 겨울철 가축 사료에 대해서는 高光敏, 「パグムジ·オルム 牛の越冬飼料に関する民俗の一面(連載 済州島の民俗6)」, 『季刊東北学』 6号, 2006.

23) 高光敏, 「飢饉の克服(連載 済州島の民俗19)」, 『季刊東北学』 19号, 2009.

24) 양정심, 『제주 4·3 항쟁-저항과 아픔의 역사』, 선인, 2008, pp.47-48.

25) 藤永壯 외, 「解放直後·在日済州島出身者の生活史調査(13) – 夫熙錫さんへのインタビュー記録—(上)」, 『大阪産業大学論集 人文·社会科学編』 19, 2013年10月, p. 164.

4·3과 같은 비상시에는 식량 부족 상황이 더욱 심각해진다. 역시 신촌리 출신으로 현재 오사카에 살고 있는 김덕인·박인중 씨 부부는 4·3 당시의 상황에 대해 다음과 같이 말했다.

　　사료 5
　　――저기, 산에서 내려오거나, 군대가 낮에 오거나 하던 시기에 평소에 밭 같은데 가셨어요?
　　김 : 갈 수 없었어요. 그래서 양쪽 다 무서워서 밭에도 갈 수 없어서 밭농사를 할 수 없었어요. 그래서 모두 먹을 게 없어서 그땐 엄청 힘들었어요, 정말.
　　――어떻게, 뭐를 드시고?
　　김 : 뭐 숨어서, 밭에 가서 고구마줄기 캐서 가져와서 먹고. 뭐 거의 하루 종일 밥 한끼 먹을까 말까였지. 농사도 못 지었으니까.
　　박 : 3일 동안 아무것도 먹지 못한 때도 있어.
　　(중략)
　　박 : 바다가 있어서 다행이었지.
　　김 : 하긴 그래, 미역도 캐고, 김도 가서 쭉쭉 뜯어 와서 된장국도 해먹고. 톳 뜯어 와서 구워서 밥도 톳밥. 좁쌀, 거기에 톳 넣어서 밥해서 먹었어요. 정말이지, 우리가 살아온 게 신기할 정도야. 그 보릿가루로 떡 만들면 최고의 요리였어, 보릿가루가. 정말 지독했던 건 줄기가 썩어서 써도 그걸 먹은 적도 있어. 경단 만들어서 가루로. 대부분. 뭐 밭이 있어도 농사를 지을 수 없었으니깐.[26]

이러한 상황을 염두에 두고 ≪제민일보≫ 4·3취재반의 『4·3은 말

---

26) 藤永壯 외, 「解放直後·在日済州島出身者の生活史調査(2)―金德仁さん·朴仁仲さんへの インタビュー記録―(上)」, 『大阪産業大学論集 人文科学編』 104, 2001, pp.67-68.

한다』를 읽으면 "방목하다가 죽임을 당했다", "밭에 갔다가 죽임을 당했다"는 사례들을 특히 1948년 10월부터 11월경에 많이 찾아볼 수 있다.

사료 6(서귀포시 서홍동, 1948년 11월 6일)

우리가 살던 '너벅슬'은 서홍리보다 산 쪽에 위치해 있어서 늘 불안했지요. 그러나 우린 농사를 많이 지었기 때문에 수확을 마무리해야 했습니다. 집 마당에서 거둬들인 조와 산디(밭벼)를 손보고 있는데 갑자기 토벌군이 들이닥쳤습니다. 그들은 무조건 총을 쏘고 집에 불을 붙였습니다.[27]

사료7(1948년 10월 26일, 애월면 고성리)

김창언은 신변에 위험을 느끼자 제주읍내로 피신해 살았는데 이날은 자신의 밭에 익어가는 조를 베러 고향을 찾았다가 변을 당한 것이었다.[28]

사료8(1948년 10월 31일, 구좌면 행원리)

그날 아침에 아버지와 함께 밭에 가는데 서북청년단과 맞닥뜨렸습니다. 난 재빨리 도망쳤지만 아버지는 잡혀서 일주도로변 '모살목'에서 돌아가셨습니다.[29]

사료9(하례리)

1948년 10월 9일 중산간을 휩쓸고 다니던 군인들이 촐(꼴) 베러 들

---

27) ≪제민일보≫ 4·3취재반, 『4·3은 말한다』 제4권, 도서출판 전예원, 1998, p. 273.

28) 앞의 책, p. 83.

29) 앞의 책, p. 307.

녘에 나갔던 김영옥(金英玉, 48) 김인호(36)를 사살한 사건[30]

사료10(법환리)
토벌전이 강화되던 1948년 10월 16일 꼴 베러 들녘에 나갔던 강묘생(康卯生, 67)이 군인들의 무차별 총격에 희생됐다.[31]

사료 11(1948년 12월 7일, 창천2구)
아버지는 군산 남쪽에 풀어놓은 말을 보러 갔다가 감산리 사람들과 같이 붙잡혀 중문지서로 끌려가 학살당했습니다.[32]

즉 생존을 위한 생업 활동조차 허락하지 않는 상황이 되어가던 때가 바로 1948년 10월 무렵의 상황이었다. 이어지는 시기에는 법적 근거가 애매한 계엄령이 선포되고 해안에서 5km 이상 거리에 있는 지역에 출입을 제한하는 극한 상황에서 학교 운동장에 모인 주민들을 죽이는 등의 대량 학살이 발생했다. 그런 '양(量)'의 그늘에 가려지는 경향이 있긴 하지만 학살의 배경에 당시 제주도 주민의 생업 활동과 그것을 진압세력이 무시했다는 점이 있었다는 것을 위의 사례들을 통해 알 수 있다.[33]

---

30) ≪제민일보≫ 4·3취재반, 『4·3은 말한다』 제5권, 도서출판 전예원, p.152.
31) 앞의 책, p.188.
32) 앞의 책, p.281.
33) 영화 '지슬'은 제목이기도 한 감자를 둘러싼 에피소드를 그리고 있다. 그 외에도 마을에 남은 돼지에게 사료를 주러 갔다가 죽음을 당하는 인물이 등장하는 등 먹는다는 것이 하나의 주제가 되고 있으며, 이러한 4·3 시기의 상황을 그린 것으로 평가할 수 있다

5. 일본에서의 구술사 조사의 의의

이상에서 살펴본 사례들은 제주도민의 생활이 마을 주변의 논밭과 바다, 또는 중산간 지대의 밭이나 더 위쪽의 방목지나 새왓(띠의 밭), 그리고 자연에 있는 식물의 이용도 포함해서 이루어지고 있었으며, 중산간 지역 출입 금지 및 해안으로의 소개 등 진압하는 측에서 주민과 자연과의 관계에 대한 배려가 전혀 없었던 것이 사태가 심각해진 요인 중 하나였음을 보여준다. 필자는 이러한 내용은 물론 제주도에서 들을 수도 있겠지만 일본에서 인터뷰함으로써 보다 기록으로 남기 쉬웠을 것이라고 생각한다.

예를 들어 ≪제민일보≫ 4·3취재반의 기록인 사료2의 일본어 번역은 "볼레를 따 먹고 즐겁게 놀았다"는 부분이 "벌레를 잡아먹고 즐겁게 놀았다"로 오역되어 있다.[34] '볼레'가 표준어가 아니어서 사전에 게재되지 않은 용어이기 때문에 '벌레'라고 해석한 것으로 상상할 수 있으므로 오역을 비난할 수는 없다. 역으로, 왜 ≪제민일보≫ 4·3취재반은 이 부분에 각주를 달 필요성을 느끼지 않았을까를 따져보자. 그 이유는 볼레를 산에 가서 먹을 수 있다는 사실이 취재 당시 기자에게도 위화감이 없는 활동이었기 때문이 아닐까.

제주도에서는 새마을운동과 감귤 재배, 관광지개발 등으로 생활의 변화가 크게 이루어졌지만 그러한 변화들은 대부분 1970년대부터 1980년대에 시작되었다. 이지치 노리코는 구좌읍 행원리에서 사람들이 '생활에 여유가 생겼다'고 느낀 것이 1980년대라고 얘기했다

---

34) 済民日報四·三取材班編, 『済州島四·三事件』第5巻, 新幹社, 2000, p.84.

고 하는데,[35] 필자 역시 서귀포시 예례동에서 "1980년대에 생활이 전부 바뀌었다"라는 이야기를 들었다. 4·3에 대한 증언 조사가 본격적으로 시작된 것은 1980년대 후반이며,[36] 그 시기의 인터뷰어들은 1970년대 이전의 생활을 경험한 사람들이었다. 따라서 이 논문에서 다룬 내용들은 듣는 사람과 말하는 사람 모두에게 상식의 범위 안에 있었을 것이다.

한편 양수옥 씨는 고향을 떠나 오랫동안 일본에서 살고 있었기 때문에 과거의 아름다운 추억으로 산행에 대해서 즐겁게 얘기해 주었으나, 그것을 들었던 우리 '모임'은 일본의 생활밖에 모르는 이가 대부분이었다. 그래서 이런 형태의 기록으로 남았다고 할 수 있다.

현재 4·3평화재단이 4·3평화교육사업을 실시하고 제주도교육청도 '4·3평화교육위원회'를 조직하는 등 4·3에 관한 교육이 앞으로의 과제 중 하나가 되고 있다. 그러나 4·3이 발생한 지 70년 가까이 지나는 동안 당시와는 생활양식이 크게 변했으며 앞으로 4·3에 대해 교육해야 하는 상대는 당시 생활을 전혀 모르는 사람들이다. 또한 '4·3의 세계화' 역시 제주도 생활을 모르는 외국인을 주로 상대로 하고 있다. 따라서 당시의 생활양식에서 4·3 경험을 해석하는 일은 4·3 경험의 계승과 4·3에 대한 이해의 진전에도 중요하다.[37]

사실, 재일제주인의 4·3 구술 조사는 예전부터 진행되었고[38] 4·3 경험에 관한 증언 조사라는 점에서는 제주도 내에서의 조사와 큰 차

---

35) 伊地知紀子, 『生活世界の創造と実践』, 御茶の水書房, 2000年, p.104.
36) 박찬식, 『4·3과 제주역사』, 도서출판 각, 2008, p.392
37) 예를 들면 본고에서 몇 번 인용한 고광민의 생업민속 연구는 이러한 4·3의 이해에 크게 기여할 것이다.
38) 한 사례로 양정심, 앞의 책, p.58, p.89 등에서 일본에서의 조사가 활용되고 있다.

이가 없다고도 할 수 있다. 그러나 일본에서의 4·3 구술사 조사와 그 기록에는 제주도 외의 시각이 담겨져 있으며, 그러한 외부의 시각은 앞으로 4·3을 생각할 때 필요한 것 중 하나일 것이다.

재일제주인에 대한 민속학적 연구의 가능성

재일제주인 3세의 가족 사례를 중심으로

마치다 다카시(丁田隆)

제주대학교 재일제주인센터 특별연구원

1. 서론

본 논문은 재일제주인 가정의 성(姓)과 이름의 선택 및 혼인 등 가족 양상에 관한 사례를 통해 재일제주인에 대한 민속학적 연구의 가능성과 문제점을 찾는 것에 목적을 둔다.

재일제주인에 대한 민속학적 연구는 한일 양국에 일정한 축적이 존재한다.[1] 그 성과들은 '재일제주인'이라는 영역을 설정한 것이라

---

1) 재일제주인에 대한 민속학적 연구 성과를 정리해보면 아래와 같다.

① 재일코리안의 무속신앙에 관련된 연구, 특히 2010년에 철거된 오사카시 사쿠라노미야 (大阪市桜ノ宮)의 용왕궁(龍王宮)의 무속의례, 그리고 이코마산(生駒山) 주변에 집중되어 있는 조선사(朝鮮寺)에 관한 연구가 비교적 많이 축적되어 있다. 宗教社会学の会 (1985·2012), 李文雄(1989), 谷富夫(1995), 許点淑(1999), 飯田剛史(2002·2010), 金良淑 (2005), 宮下良子(2009), 高正子(2010), 玄善允(2010), 玄善允·藤井幸之助(2013) 등.

② 재일코리안의 묘에 관한 연구. 李仁子(1996)는 高麗寺霊園墓地와 光山金氏専用霊園 을 사례로 이주자 정체성 표현의 중층성을 묘사하였고, 島村恭則(2001)는 그 묘지에 나타난 가문(家紋) 창출에 주목하였다.

③ 재일코리안의 상장례, 제사(ホージ)에 관한 연구. 李文雄(1988), 松原孝俊·玄丞桓 (1996), 島村恭則(2001) 등.

기보다 복수의 영역이 겹치는 지점에 재일제주인이 존재한다고 해야 할 것이다. 그 영역에는 적어도 다음 세 가지의 영역이 포함된다. 첫째, 재일코리안이라는 큰 집합의 일부로서의 재일제주인 연구, 둘째, 일본 국내 지역(예를 들면 오사카지역)에 소수자로서 존재하고 지역사회 구성요소의 일부로서의 재일제주인 연구, 셋째, 제주사회와 제주문화의 연장선에서 파악되는 재일제주인 연구이다.

각각 영역에는 각기 관심의 방향성이 함의되어 있고, 그 방향성에 따라 재일제주인은 다양한 시선에 의해 비추어지게 된다. 즉, 한국의 문제와 일본의 문제, 혹은 제주의 문제와 오사카의 문제라는 다른 맥락이 교차되는 지점에 재일제주인의 민속이 놓이게 되는 것이다. 한국의 맥락에서는 중국 조선족과 재미코리안, 중앙아시아의 고려인 등을 포함하는 재외 한인의 여러 네트워크 속에 자리매겨지고, 일본의 맥락에서는 오키나와인과 아이누, 피차별부락 출신자 등 국내의 여러 소수자와 사회적 약자들의 집합으로 분류되는 경향이 있다. 그 결과, 한국에서 언급되는 '교포' 문화와 일본에서 말하는 '자이니치' 문화 사이에는 여전히 일정한 인식상의 거리가 존재한다고 본다.

재일제주인 민속 연구가 하나의 학문영역으로 기능하기 위해서는 이들 복수의 영역과 관심들을 종합하고 소통을 도모하는 공간으로서 발전할 필요가 있다. 그리고 동시에 이러한 관심들 속에서 재일

---

④ 도시적 문화 창출에 관한 연구. 島村恭則(2001)는 모닝(モーニング)이나 서퍼클럽(サパークラブ, 나이트클럽) 등에 주목하여 재일코리안의 생활양상을 고찰하였다. 기타 김환경(1998)의 설화 연구, 魯成煥, (2003)의 세시풍속에 관한 연구, 황혜경(2010)의 축제 연구 등이 있다. 이러한 재일코리안 민속 연구 중에 재일제주인의 생활상은 혼재되면서 부분적으로 가시화되는 실정이라 할 수 있다.

제주인 자신이 아니라 외부의 시선으로 재일제주인이 규정되는 경향에 대해서도 비판적인 시각이 확보되어야 한다고 생각한다.

또한 재일제주인 민속연구에는 민속학이라는 학문의 성격이나 방법에 기인하는 과제도 존재한다. 민속학은 그 성립 과정에 있어서 자민족의 전통문화연구라는 성격을 띠어 왔으며[2] 기존의 많은 연구에서 '한국문화'나 '일본문화'라는 카테고리의 존재를 자명한 것으로 전제하고 있다. 하지만 재일제주인 민속이라는 과제 설정은 애초에 그러한 국민국가의 틀을 넘어서는 것이며 그것을 상대화해 가는데 적극적인 의미를 찾으려는 태도라고 할 수 있다. 그런 의미에서 재일제주인 민속연구는 '민족문화연구'라는 기존 민속학의 한계를 극복하여 더욱 넓은 연구 시각을 확보할 계기가 될 것으로 기대되는 것이다.[3] 그러한 문제의식에서 기존 연구를 살펴볼 때 떠오르는 중요한 문제 중의 하나는 재일제주인 혹은 재일코리안의 아이덴티티(identity)에 관한 담론이다.

많은 재일코리안 문화 연구에 있어서 '정체성'은 주된 주제가 되어 왔다. 그 담론 중에는 재일코리안을 아이덴티티를 지키는 존재로서 선험적(a priori)으로 규정하는 것이 포함되어 있다. 그 담론에는

---

2) 일본 민속학의 대표적인 담론은 야나기타 쿠니오(柳田國男)의 '일국민속학(一國民俗學)'이다. 또한 한국의 민속학은 손진태의 『朝鮮民族文化의 硏究』(1948)를 비롯하여 "한국 민족과 그 문화를 연구하는 학문"(李杜鉉 외 1991), "동아시아 문화 속에서 우리 민족문화의 정체를 밝히고자"(임재해 1994)하는 학문으로서의 성격을 띠어 왔다. 즉, 민속학은 그 성립 시점부터 현재까지 자신이 속하는 사회의 문화를, 원칙적으로는 대상 사회의 언어와 동일한 언어로 기록하고 서술하는 방법을 자명한 것으로 여겨 왔다고 할 수 있다.

3) 시마무라 타카노리는 재일코리안 등 일본사회 내부의 소수자에 대한 연구를 계기로 '다문화주의민속학'을 주장하였다. (島村恭則 2003)

연구자 자신의 의식적·무의식적인 정치의식이나 욕구가 반영되는 일도 적지 않다. 재일코리안을 "일본에 살면서도 민족 전통을 꾸준히 지켜나가는 존재"로 적극적으로 평가하는 담론에는 그렇지 않은 존재에 대한 '실망'도 내재되어 있다.

물론 우리가 일상적으로 접하는 사람들 속에 아이덴티티를 축으로 한 커뮤니티와 문화가 존재하는 것은 사실이다. 그렇다고 그들이 항상 '재일제주인', '재일코리안'이라는 정체성의 표출로만 존재하는 것은 아니다. 이창익이 지적했듯이 재일제주인은 "제주도 출신들의 집단 거주지역인 이카이노(猪飼野-현 오사카 이쿠노) 등지에서는 한국식 전통문화와 일본문화가 혼재되었고, 한국식 전통문화 안에서도 제주문화와 그 외의 지역문화가 공존하면서"4) 생활을 구성하고 있다.

그들은 한편으로는 지역사회의 구성원이며 일본 학교를 일본 이름으로 다니고 일본인과 똑같이 공부하고 동아리 활동에 참가하는 학생이기도 하다. 그 다양한 생활 국면 속에서 '한국인다움'이나 '제주인다움'은 개개인의 선택으로, 각각 구체적인 장면에 있어서 채택되기도 하고 안 되기도 한다. 그 선택 요건에는 생활환경의 차이, 세대 차이, 경제적 사정 차이, 교육의 차이, 주변 일본인과의 관계 차이 등이 복잡하게 작용되며 단순히 '정체성'이라는 분절화로써는 파악할 수 없는 실태가 존재한다.

아이덴티티를 기준으로 재일제주인 및 재일코리안 사회를 규정하

---

4) 이창익, 「재일한국인 개념의 일고찰: 渡日의 역사성과 호칭을 통해」, 『재일한국인 연구의 동향과 과제』, 제주대학교 재일제주인센터, 2014, p.15

는 것의 부정적 측면으로서 현지(일본사회)에 대한 동화·적응에 대한 소극적 평가, 조국지향성이 강한 대상(민족단체 구성원, 민족학교 관계자, 집주지역)에 대한 편향, 2세 이하보다도 1세를 각별히 중시하는 경향 등을 지적할 수 있겠다. 결과적으로 변화해가는 재일제주인의 실태로부터 동떨어진 관찰이나 이해가 생기거나 재일제주인 자신이 가지는 고민, 관심 등과 다른 것에 초점이 맞추어지는 경우도 있다.

본 논문에서는 '정체성' 개념을 일단 보류하여 대상 가족의 희망과 관심, 욕구를 충실하게 이해하려고 노력해 보고자 한다. 그것이 대상 사회의 내적논리(emic)를 중시하는 민속학적 실천이 될 것이라 생각하기 때문이다.

2. 한 재일제주인 가족의 사례를 통한 민속학적 연구 시도

1. 후지와라 집안의 가족과 성(姓)

본 조사의 주요 제보자인 김홍미(金弘美, 通名: 후지와라 히로미, 藤原弘美)[5]는 현재 도쿄에 거주하는 재일제주인 3세(1979년생)이다.

김홍미의 할아버지인 김기만(金琪萬)은 1906년에 한경면 저지리의 농가에서 태어나 십대에 결혼한 뒤 1920년대 전반에 일본으로 건너왔다. 그 뒤 도쿄에서 취학하였으며 1933년에는 오사카시 니시나리구(大阪市西成區)에 정착하였다. 그 집이 현재 김홍미의 친정이

---

5) 이 논문에 나오는 인명은 본인의 허락을 받아 모두 실명을 사용한다.

다. 가업은 주로 철강업이었으며 비누공장 등 여러 사업을 해보았지만 대부분 실패했다고 한다. 할아버지 형제의 자식(조카)들도 사업을 도왔고, 그들은 지금도 일본에 거주하고 있다.

일본 패전 후 할아버지가 일본에서 재혼하여 홍미 씨의 아버지인 김철구(金哲丘, 통명: 후지와라 텟큐, 藤原哲丘)를 포함 1남 4녀를 낳았다. 할아버지는 초혼 아내와의 사이에도 아들이 있었으며, 그 아들도 오사카에 살았지만 요절하였다. 때문에 현재 김씨(후지와라) 집안의 가장은 철구이다. 할아버지는 1991년에 타계하였다. 홍미 할머니는 제주시 성내 출신으로 1974년에 타계하였다.

김철구는 1948년에 오사카에서 태어나 중학교까지 일본 학교를 다녔다. 고등학교는 조선학교(大阪朝鮮高級學校)에 다녔고, "조고위원회 제13기 체육부장(朝高委員會 第13期 體育部長)"을 맡았다. 그는 조선학교 입학을 계기로 "민족의식에 눈떴다"고 한다. 현재는 농업용 토양개량관계 사업을 하고 있다.

김홍미의 어머니인 다테 마키코(舘萬起子)는 재일코리안 1세(이북에서 밀항했다고 한다) 남자와 일본 여자 사이에 태어난 재일코리안 2세(일본 국적)이며 현재 한식당을 운영하는 겸업주부이다. 이 후지와라 집안은 김홍미 할머니가 1953년에 창가학회(創價學會)에 입회한 이래 대부분이 그 회원이며 김홍미를 포함하여 적극적으로 종교 활동에도 참가하고 있다.

김철구의 형제는 위로부터 장녀, 차녀, 삼녀, 철구(장남), 사녀의 순이다. 삼녀는 요절했지만 나머지 형제들은 모두 결혼하여 자녀를 낳았다. 현재는 장녀도 타계하였고, 차녀, 장남, 사녀가 생존해 있다. 이 집안의 특징으로는, 장남인 철구를 중심으로 자매관계와 그 자녀들

〈사진 1〉 김철구와 다테 마키코

의 이토코(イトコ, 사촌) 관계를 축으로 하여 신세키(親戚) 집단을 형
성하고 있는 점을 들 수 있다. 그리고 또 한 가지는 이 신세키(親戚,
친척) 구성원들의 국적이 혼재되어 있다는 점이다. 또한 각자가 사용
하는 성과 이름에 대해서도 상당히 복잡한 양상을 띠고 있다.

장녀의 배우자에 대해서는 자세히 알 수 없었고, 차녀는 일본인
(야마시타, 山下)과 결혼하여 일본 국적을 취득하였다. 일본 민법의
부부동성 규칙에 따라 성(姓)은 야마시타로 바꿨다. 차녀 집안에는
외동딸(야마시타 카즈미, 山本一美, 일본 국적)이 있으며, 이 딸이
한국 유학을 계기로 본국의 한국인 남자(육지 출신)와 결혼하였고,
그 자녀들(1남 1녀)은 현재 이중국적(한·일 양쪽으로 출생신고를
한 상태)이다. 남편은 한국에서 건너와 오사카에 같이 살고 있다.
카즈미는 호적상으로 아버지(일본인)의 성과 일본식 이름을 가진

일본인이지만 그 자녀가 앞으로 일본 국적을 선택할 경우 자녀들은 아버지의 한국 성이 아닌 어머니의 야마시타 성으로 들어갈 것이 예상된다.

김철구의 자녀(김홍미의 형제)들은 더욱 복잡하다. 형제는 홍미(장녀), 광선(장남), 양자(차녀), 철재(차남), 주혜(삼녀)로 다섯 명이며 그들의 호적상의 이름과 생활상의 이름(通名)은 다양하다. 아버지(철구)는 한국적이며 호적상은 김철구, 통명은 후지와라 텟큐(藤原哲丘)이다. 어머니(마키코)는 일본 국적이며 호적상의 이름은 그의 일본인 어머니의 성(외가 성)인 다테(舘)이지만 생활상의 성은 남편의 성(藤原)을 사용하고 있다. 일본 사회에서 기혼자인 마키코가 아버지의 성을 사용하는 상황은 거의 없을 것이다.

장녀인 김홍미는 한국적이며 호적상의 '김홍미'와 통명인 '후지와라 히로미'를 상황에 따라 같이 사용한다. 다음 절에서 상세히 서술하겠지만 그는 일본인과 결혼했으며 자녀(1남 1녀)는 이중국적 상태이다. 단 일본인 가정을 시집으로 삼아 도쿄에 사는 홍미는 지역 사회에 있어서는 남편의 성(가야모리, 栢森)으로 불리는 일도 현실적으로 예상된다.

김홍미의 동생인 김굉선(金宏宣, 통명: 후지와라 히로노부, 藤原宏宣, 1980년생, 장남)은 한국적이며 일본인 여성과 결혼하였다. 이때 그 여성은 남편의 성을 따르기를 희망했는데, 남편의 경우는 통명은 있어도 호적상의 일본식 성은 없다. 그러므로 아내인 일본인 여성은 남편의 통명인 '후지와라' 성을 새로 '창씨'하여 이 집안에서 법적으로 '후지와라'씨인 최초의 사람이 되었다. 이 부부에게는 아들이 셋이 있으며 이들 모두 한국으로 출생신고를 하지 않았고 일본

국적으로 되어 있다.

김홍미의 여동생인 김양자(金陽子, 통명: 후지와라 요코, 藤原陽子, 1983년생, 차녀)는 미혼이고 호적상의 한국명과 일본식 통명을 가지고 있으며 상황에 따라 번갈아 사용하고 있다. 삼녀 이하 두 명(김철재와 김주혜, 후지와라 테츠야와 후지와라 타마에)은 미혼이며 여러 사정으로 일본 국적을 선택했는데, 그 경우에 일본 국적인 어머니 호적(다테, 舘)으로 들어가기 때문에 통명인 후지와라가 아닌 어머니의 호적상의 성으로 되어 있다. 이들도 일상생활에서는 후지와라를 사용하고 있는데, 이 경우에는 일본인이면서도 호적명과 통명의 이중성명을 가지게 되는 상황이 발생한다.

후지와라 집안의 이중성명은 본인의 국적과 배우자의 국적, 또한 자녀의 국적이라는 다양한 요소가 서로 얽히면서 양국의 가족제도, 혼인제도의 차이에서 기인하는 모순을 안고 있다. 그러나 결과적으로는 현실적으로 선택 가능한 범위 안에서 자신과 가족에게 유리한 선택을 하고 있다는 것도 알 수 있다. 보다 실제적으로 말하면 그들은 큰 의미에서 후지와라 집안(藤原家)이며 혼인과 호적상의 모순에 직면했을 때, 그들 자신의 생활 감각이나 가족 유대와 다른 원리를 가진 법제도에 대응하여, 제도적·형식적인 이름과 생활 차원의 이름을 따로 나눠서 사용하고 있을 뿐이다.

재일제주인의 성씨와 이름의 문제에 대해서 이즈미 세이이치가 일찍이 주목한 바 있다. 그는 1950년대 도쿄에 거주하는 제주인을 대상으로 조사를 실시하였다. 연구의 초점은 1939년 조선총독부령으로 규정되었고 오늘날에 '민족문화말살정책'의 상징으로 여겨지고 있는 '창씨개명'으로 창출되었던 일본식 성씨와 일본식 이름이 해방 후 재일제주인 사이에서 어떻게 잔존하여 변화하고 있는가였다.[6] 또 현재까지 재일코리안 사회에서 성씨와 이름은 민족의 속성을 직접 표시하는 기호라는 점에서, 민족정체성의 상징으로 삼고 본명(민족명)을 권장하는 운동을 중요시해 왔다.

일본식 성명의 사용이 역사적으로 강요된 것이라는 인식, 또는 다수자 사회에 대한 타협이라는 인식은 지금도 존재한다. 단 "개인의 혈족계통을 표시하는 전칭(專稱)"인 한국의 성씨와 "가족의 표식"[7]인 일본의 묘지(苗字)[8]는 그 인식도 사회적 기능도 다른 것으로 이해해야 할 것이다. 즉, 한국의 성씨가 부계혈통을 '뿌리'로 나타내는 기호인 것에 비해 일본의 묘지는 가족으로의 귀속을 나타내는 기호라는 민속 차원의 차이이다. 그 차이 때문에 혼인으로 인한 성의 변경이라든가 외가 성의 사용 등 한국문화의 맥락에서 벗어나는 일이 이루어지기도 한다. 그들이 현실적으로 어떤 상황에서 일본식 이름을 사용하는지는 일본사회의 맥락 속에서 파악되어야 할 필요가 있는 것이다. 그러한 현실적인 국면에서 정체성이 꼭 판단 기준이 되는 것은 아니다. 오히려 주목해야 할 것은 그들의 생활 속에서 이루어지는 복수의 선택적인 '가려쓰기(使い分け)' 양상일 것이다.[9]

또 후지와라 집안에서는 여성들의 혈연이 축이 된 관계성이 작용

---

6) 泉靖一, 「東京における濟州島人」(泉 1966, pp.233~275).

7) 泉靖一, 앞의 논문, p.248.

8) 역사적으로 일본인의 씨(氏)와 성(姓), 묘지(苗字)는 서로 별개의 것이지만 메이지시기 이후 민법상의 氏로 통일되었다. 그러므로 일본인의 성에는 혈통과 비혈연자를 포함하는 가족집단의 성격을 포괄적으로 뜻하는 '이에(家)' 개념과 밀접하게 연결되는 것으로 이해할 필요가 있다.

9) 재일코리안의 본명(本名)과 통명(通名) 가려쓰기 양상에 대해서는 許点淑(1999, pp.21~35)에 의한 상세한 분석이 있다.

하고 있는 것을 알 수 있다. 그 관계성에는 배우자인 일본인과 본국의 한국인도 받아들여 확대되면서 재일제주인의 이에(家)인 '후지와라 케(藤原家)'를 계승·발전시켜 나가려는 그들의 희망이 존재한다.

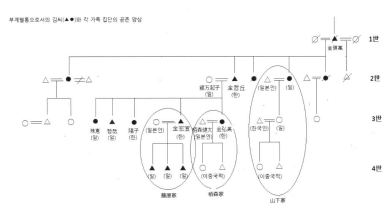

〈그림 1〉 부계혈통으로서의 김씨와 각 가족 집단의 공존 양상

〈표 1〉 김홍미 가족의 호적명과 생활상의 이름

	국적	호적상 이름	생활상 이름
父	한국	김철구(金哲丘)	후지와라 텟큐(藤原哲丘)
母	일본	다테 마키코(舘万起子)	후지와라 마키코(藤原万起子)
長女	한국	김홍미(金弘美)	후지와라/가야모리 히로미(藤原/栢森 弘美)
長男	한국	김굉선(金宏宣)	후지와라 히로노부(藤原宏宣)
二女	한국	김양자(金陽子)	후지와라 요코(藤原陽子)
二男	일본	다테 테츠야(舘哲哉)	후지와라 테츠야(藤原哲哉)
三女	일본	다테 타마에(舘珠恵)	후지와라 타마에(藤原珠恵)

2. 김홍미의 결혼

김홍미는 초등학교부터 대학교까지 일본 학교(초·중·고는 오사카, 대학교는 도쿄)를 다니면서 어릴 때부터 조선무용 교실에도 열심히 다녔다. 그러므로 무용교실에서 조선학교 아이들과도 일상적으로 접촉하여 무용공연으로 평양도 여러 번 방문하면서 이른바 '총

련계자이니치(總聯系在日)'로서의 의식을 가지고 자랐다. 대학 시절에는 '한글문화연구회'라는 동아리에 소속하여 그 활동을 통해 한국을 방문하였다. 대학교 재학 중에는 교환학생으로서 서울에 있는 사립대학교에 유학하여 본격적으로 한국어를 배웠다.

대학 졸업 후 일본 기업에서의 직장생활을 거쳐 다시 한국으로 유학하여 대학원 석사과정에 입학, 대학에서 일본어 강사를 하면서 2008년에 졸업했다. 2010년에는 대학원 박사과정(북한대학원)에 입학하여 현재는 과정 수료 상태이다. 신랑인 가야모리 켄타(栢森健太)는 1980년생 도쿄 출신으로 김홍미와 같은 학교 동기이지만 재학 중에는 서로 모르고 지냈다. 대학 졸업 후에는 일본의 일반 기업에 취업했다.

김홍미와 가야모리 켄타는 같은 대학교 선배를 통해 2011년 여름에 알게 되었고, 10월부터 교제가 시작되어 11월에는 결혼할 마음을 갖게 된다. 신랑이 오사카 출장을 갈 때 홍미 아버지(김철구)에게 인사하러 갔으며 이때 신랑이 철구의 마음에 들었던 것이 계기가 되었다. 철구는 홍미가 중학생 때까지 "일본인과의 결혼은 허락하지 않는다. 자이니치(在日)나 한국인과 결혼하라(日本人との結婚はあかん。在日か韓国人と結婚せえ)"고 했다. 그러나 대학 입학 때쯤부터 '좋아하는 놈과 결혼하면 된다(好きな奴と結婚したらええ)'고 생각을 바꿨다고 한다. 홍미는 이러한 아버지의 변화를 할아버지(1세)가 돌아가신 것을 계기로 민족성에 대한 책임감이 누그러진 것으로 해석하고 있다.

이 부부는 결혼 피로연을 도쿄, 오사카, 서울에서 각각 세 번 열었다. 도쿄에서는 신랑 친척과 대학 친구들을 중심으로, 오사카에서는 신부 친척을 중심으로 초대하였고, 서울에서는 신부의 직장과 학교 관계자, 한국 친구들을 초대하여 파티를 열었던 것이다. 이렇게 세 번이나 하게 된 큰 요인은 이 결혼이 한국과 거의 인연이 없었던 신랑의 관계자(도쿄 거주)와 재일코리안을 중심으로 한 신부 관계자(오사카 거주), 한국의 신부 관계자(서울 거주)라는 서로 다른 세 가지 문화·사회와 각각 접촉하고 있었기 때문이다. 그리고 각각의 사회가 신랑신부에게 요구하는 의례 내용도 달랐기 때문에 신랑신부는 그 모두를 만족시키고 모두에게 받아들여질 필요가 있었다고 해석할 수 있다.

12월 신랑신부는 오사카 쓰루하시(鶴橋)에 있는 야스다상점(安田商店, 전통의상점, チョゴリ屋さん)에서 오사카 피로연에서 입는 한복(チマチョゴリ, 치마저고리)[10]을 고른 뒤 야스다상점 스튜디오에서 혼례사진을 찍었다. 이때 신랑과 신부는 '한국식'의 '전통의상'을 입고 촬영하였다.

다음해인 2012년 3월 16일 김홍미와 가야모리 켄타는 혼인신고서를 서울에서 발급 받은 김홍미의 가족관계증명서·혼인관계증명서와 함께 도쿄도 스기나미구청(東京都杉並区役所)에 제출하여 입적(入籍)했다. 다음날인 17일, 도쿄에 있는 가야모리 집에서 혼례를 지냈다. 두 사람 다 창가학회 회원이므로 의례는 '불전결혼식(佛前結婚式)'이었다. 친족이 참석하여 불단(佛檀) 앞에서 근행(勤行, 讀經)

---

10) 재일코리안사회에서는 한복을 주로 치마저고리(チマチョゴリ), 혹은 그 준말인 저고리라고 부르며 일본사회에서도 대부분 그 말을 사용한다. 여기서 말하는 저고리는 한국어 문맥에서의 '저고리'보다 가타카나로 쓰이는 피진(pidgin)으로서의 'チョゴリ'가 더 민속 어휘(folk term)에 가깝다고 본다.

〈사진 2〉 야스다 상점에서
촬영한 혼례사진(2011년 12월)

이 끝난 후 신랑은 몬츠키 하카마(紋付袴),11) 신부는 한복(치마저고리)을 입고 산산쿠도(三々九度, 합근례), 이어서 친족끼리 '가타메노 사카즈키(親族固めの盃)'를 행하였다. 신랑 집안이 오래된 큰 집이어서 상대적으로 전통 일본식 혼례의 성격을 따랐다.

이날 도쿄 긴자(銀座)에 있는 레스토랑에서 피로연이 열렸으며 친족, 친구 등 약 100명이 참석하였다. 신랑신부는 혼례 옷차림 그대로 참석하였고, 음식메뉴는 프랑스식 코스 요리였다. 이어서 5월 3일에는 오사카 난바(難波)에 있는 이탈리아 레스토랑에서 두 번째 피로연이 열렸다(참석자 약 70명). 이때도 신랑은 몬츠키 하카마, 신부는 치마저고리를 입었다. 피로연 중간에서는 조선노래와 신부에 의한 조선무용 공연도 있었다. 7월 7일에는 서울 은평구에 있는 뷔페 fp스토랑에서 세 번째 피로연(착석 파티 형식)이 열렸다. 이 피로연에는 신부의 직장, 학교 관계자, 신부의 한국 친구들이 하객으로 참석하였으며 이때 신랑은 몬츠키 하카마, 신부는 후리소데(振袖)12)로 등장하였다.

신부가 서울 피로연에서 기모노를 선택한 배경에는 몇 가지 요인이 있었다. 첫째로는 신부가 직장(대학)에서 일본어 원어민 교원이

---

11) 일본 전통 의상으로 남성의 예복.
12) 일본 전통 의상으로 주로 미혼 여성의 예복.

〈사진 3〉 혼례 산산쿠도(도쿄, 2012년 3월 16일)

었다는 점이다. 홍미의 학생들은 일본어 전공자들이며 재일코리안
으로서의 김홍미보다 일본에서 태어나 일본문화를 전해주는 존재로
서의 모습에 대한 기대가 존재했던 것이 사실이다. 젊은 한국사람들
에게 무엇을 보여주면 더 좋아할 것인가 하는 아이디어에서 나온 행
동이었다. 둘째 요인으로서 외할머니가 남겨둔 후리소데를 김홍미
의 어머니(마키코)가 소유하고 있었다는 점이다. 재일코리안 가정
으로 시집을 오고 한국인 친척들 사이에서 살았던 일본인 외할머니
가 다시 재일코리안 가정으로 들어가는 딸(마키코)에게 기모노를
남겨준 심정은 일본인 어머니로서 딸에 대한 애정과 책임감의 표현
으로 이해할 수 있다. 피로연에서 입은 기모노는 새로 구입한 것이
었으나 이러한 어머니와 딸 사이에 존재했던 심정으로 '한번쯤은 기
모노를 입자'라는 욕구가 나온 것은 자연스러운 것이기도 했다.

〈사진 4〉 피로연(서울, 2014년 7월 7일)

김홍미의 결혼과 관련된 여러 행사를 정리하면 다음과 같다.

2011년 12월 혼례 사진: 신랑신부 다 한국 혼례의상
2012년 3월 16일 입적: 혼인신고
2012년 3월 17일 혼례: 후지모리 집, 불전결혼식, 산산쿠도, 신랑: 몬츠키 하카마, 신부: 치마저고리
2012년 3월 17일 피로연①(도쿄): 레스토랑(프랑스요리점), 신랑: 몬츠키 하카마, 신부: 치마저고리
2012년 5월 3일 피로연②(오사카): 레스토랑(이탈리아요리점), 신랑: 몬츠키 하카마, 신부: 치마저고리
2012년 7월 7일 피로연③(서울): 뷔페 레스토랑, 신랑: 몬츠키 하카마, 신부: 후리소데

판단이나 선택의 기준이 되는 최우선의 준거는 물론 그들 자신의

취향과 의사였다. 그럼에도 그들을 둘러싼 사람들의 다양성에 맞추어서 복수의 선택지(option)를 조합함으로써, 그들 나름의 방식을 만들어내려고 한 것에 의의를 두어야 한다. 더 주목할 것은 그들의 주변에 있는 서로 다른 문화·사회에 속하는 사람들 ― 재일코리안, 한국인, 일본인 ― 이 그들의 혼인과 그 의례를 통해 접촉하여, 친족과 친척을 포함한 더 큰 집합으로 발전해나가는 모습이다.

그들의 혼인 의례는 '전통적'인 한국 혼례가 아니다. 일반적인 재일코리안의 혼례와도 다르고, 또 일본의 '전통' 혼례와도 차이가 있다. 그렇다고 해서 그들이 각각의 '전통'을 무시한 독자적인 의례를 창출한 것이라 할 수도 없다. 이 혼인의례에서 보이는 양상은 혼인 당사자인 그들이 각각 다른 '전통'의 요소를 선택 조건으로 고르고 조합하고 있다는 점이며, 그것은 그들 자신뿐만 아니라 그들을 둘러싸고 있는 사람들이 가지는 복수의 '전통'에 대한 배려로부터 만들어진 양상이라고 할 수 있다.

3. 결론

위의 사례와 같은 재일제주인과 일본사회의 문화적 혼합 현상을 '혼종성(hybridity)'이라 부를 수도 있고, 또는 일종의 피진·크리올화로 파악하는 것도 가능하다. 하지만 중요한 것은 그 선택과 판단에 개재하는 내적 논리의 적용이며, 그 논리를 밝히기 위해서는 당사자의 입장에 접근한 시점으로부터의 서술이 필요하다고 생각된다.

재일제주인 3세 이후 세대에서 나타나는 제주도 문화는 충실히 계승해야 할 전통이라기보다 한국의 전통, 재일코리안의 전통, 일본의 전통, 서양의 양식과 함께 공존한다. 제주도 문화는 그들에게 현실생활에 도움이 되는 것을 선택하고, 생활의 문맥 위에서 재해석·재배치해야 할 옵션들 중의 하나이다. 물론 정체성과 민족성, 전통이라는 개념이 지금도 여전히 중요한 판단기준으로 작용하고 있는 것은 부정할 수 없다. 그러나 그것이 전부가 아니라 수많은 사정과 논리 중의 하나에 지나지 않는다는 것도 이해하여야 할 점이다.

이인자(李仁子)는 재일코리안 공동묘지(高麗寺靈園墓地·光山金氏專用墓地)에 대한 조사를 통해 그 묘지(墓誌) 기술이나 '입일본국조(入日本國祖)'가 되는 1세 사례를 분석하면서 그것이 '일본식'과 '조선식'처럼 단순히 구분할 수 없는 중층적인 표현임을 지적하여, 묘가 "가족과 개인의 문화적 자기연출"로서 다양한 선택의 결과라는 점을 밝혔다.[13]

시마무라 타카노리도 재일코리안 묘에 새겨지는 가문(家紋)[14]의 창출에 주목하여 그것이 일본문화에 대한 일방적인 동화로 보는 시각에게 이의를 제기했다. 즉, 일본문화의 일부인 석탑묘(石塔墓)나 가족묘의 관습, 가문 등은 동화라기보다 주체적인 전통 선택의 결과로서 이루어진 점을 강조한 것이다.[15] 이들 사례에서 알 수 있는 것은 재일제주인이 제주도, 한국, 일본, 서양 등 복수의 전통 속에서 자신의 의지와 상황에 맞는 것을 수시로 선택함으로써 일본인이나 본국의 한국인보다 상대적으로 많은 자기표현의 방법을 가지게 되

---

13) 李仁子 1996, p.394.
14) 일본인이 의복, 묘, 등불 등에 표시하는 자기 가문을 나타내는 문장(紋章).
15) 島村恭則 2001, pp.780-783.

었다고 하는 점이다. 본 논문에서 소개한 김홍미와 후지와라 집안의 사례도 그러한 맥락에서 해석할 수 있을 것이다.

　일상생활에서 벌어지는 행위와 현상의 관찰, 그리고 당사자의 서사를 전제로 내적 논리를 가능한 한 구체적으로 추구하여 온 민속학의 방법은, 재일제주인의 생활문화를 연구하는 하나의 방법이다. 단, 민속학 자체가 지니는 내셔널한 지(知)의 성격, 그리고 연구자가 가지는 주체성, 정체성에 대한 전제를 한 번 유보(留保)할 필요가 있다. 재일제주인 연구는 그러한 학문의 국적, 연구자 주체의 경계를 넘는 계기가 되어야 할 것이다. 다문화주의적인 민속학은 연구자 자신이 자기의 주체성과 타자의 주체성 사이를 횡단(cross-over)하는 내적인 대화 과정을 통해서 이루어질 것이기 때문이다.

'국경선을 넘는 생활권'의 생성과 변용

재일 제주도 출신자의 이동 경험으로부터[*]

이지치 노리코(伊地知紀子)

오사카시립대학 대학원 문학연구과 교수

1. 들어가며

본 논문은 일제시대부터 현재까지 제주도 출신자의 이동 경험을 통해 일본과 한반도 간에 형성된 '국경을 넘는 생활권'의 변용에 대해 고찰하고자 한다. 여기서 제주도 출신자에 착목하는 이유는 크게 두 가지이다. 첫째는, 재일코리안의 역사에 있어 해방후사(解放後史)를 재검토 하기 위해서이다. 두번째는, 이것이 재일코리안의 다양성을 나타내기 때문이다.

---

* 본 연구는 平成21년도 과학연구비조성금(기반연구(B))「재일코리안의 노동세계에 관한 실증적 연구-'국경을 넘는 생활권'의 형성과 변용(在日コリアンの労働世界に関する実証的研究—「国境をまたぐ生活圏」の形成と変容)」(과제번호:21330119, 대표:伊地知紀子) 및 (기반연구(A))「신자유주의의 시대에 있어 생활세계가 생성하는 새로운 공동성에 관한 생활인류학적 연구(新自由主義の時代における生活世界が生成する新たな共同性に関する生活人類学的研究)」(과제번호:21242033, 대표:松田素二), (기반연구(C))「제2차대전 직후·오사카재주조선인의 생활상황에 관한 역사적 연구(第2次大戦直後·大阪在住朝鮮人の生活状況に関する歴史的研究)」(과제번호:21520697, 대표:藤永壯)의 성과의 일부이다.

우선 재일코리안사의 기술에 관한 문제이다. 종래의 연구에서 재일코리안은 해방 전에 도일한 후 계속하여 일본에 정주하고 있는 사람들로 여겨져 왔다. 거기에는 일단 '고향을 떠나면 돌아오지 않고 일본에 그대로 체재한다'는 이동의 측면에서는 일방향적인 시점이 있다. 그러나 실제는 고향과 도항처인 일본을 왕래하는 사례가 드물지 않다.

본 논문의 대상인 재일 제주도 출신자의 궤적을 더듬어 보면, 해방 직후부터 1960년대까지 일본과 육지부 혹은 제주도 간의 왕래, 그리고 제주도에서 일본으로 건너갔던 사례가 빈번하게 보인다. 그 이후에도 '밀항'에 의한 도일은 계속됐고, 1988년 이후에는 항공기를 통해 합법적으로 도일하는 사람들이 증가했다. 결국 재일코리안의 역사는 1945년 8월 15일에 일본에 거주하고 있던 사람들만으로 구성되는 것은 아니라는 것이다.

본 논문은 이러한 사람들의 쌍방향적인 이동의 궤적과 그것을 창출한 배경을 밝힘으로써 '국경을 넘는 생활권'의 생성과 변용에 대해 논하고자 한다. 또 이러한 이동을 뒷받침하는 구조에는 가족, 그리고 노동이 상당 부분 연관되어 있다. 조사 대상자의 이동에 있어 가족이나 친족을 연고로 도일하는 사례나 조사 대상자 자신에 의지하여 그들의 가족이나 친족이 도일하는 사례도 적지않다. 또한 도항 후의 생활을 위해서는 반드시 어느 곳인가에서 노동에 종사하지 않으면 안 되는, 일자리를 얻기 위해서는 가족과 친족, 동향(同郷)이라는 인간관계가 밑바탕이 되고 있다. 본 논문에서는 특히 이러한 가족과 노동에 착목하여 도일에 이르는 역사와 도일 후의 생활, 고향과의 유대, 귀환에 이르는 경위, 귀환 후의 생활 등을 구체적으로 밝히고자 한다.

단, 여기서 주의해야 할 것은 당사자에게 있어서는 가족, 친척과의 관계나 취업 관계에서의 연속적인 이동이라 할지라도 법 제도 상에서는 해방 전, 즉 제국 일본의 확장기에서의 이동과 해방 후인 제국 일본 붕괴와 냉전 구조 하에서의 이동은 비연속적인 것으로 여겨져 왔었다는 점이다. 그 때문에 해방 후의 재일코리안 내부에는 세대 구분뿐 아니라, 재류 자격의 합법/비합법 문제도 발생되게 된다. 여기에 더하여 남북 분단에 의한 재일코리안 내부의 분열이라는 문제도 있다. 이러한 재일코리안의 해방후사에 있어 한반도와의 관계에 입각한 이동사의 연구 성과는 미미하다. 이는 당시에 대한 당사자의 증언이 기록되기 곤란했던 점, 공공기관의 자료를 사용하지 않을 수 없었던 한계가 있었기 때문일 것이다.

또한 본 논문의 대상인 제주도에서 일본으로의 이동 배경에는 제주4·3 역시 깊게 연관되어 있었다. 한국에서의 상황에서 보여지는 것처럼 오랫동안 4·3에 대해 말하는 것은 금기였기 때문에 종래의 재일코리안에 관한 연구에서는 4·3를 포함시킨 '밀항' 경험에 관한 상세한 연구 역시 전무했었다. 이 점에 대해서는 현재 보고자가 참여하고 있는 공동연구 '해방직후·재일 제주도 출신자의 생활사 조사'에 의한 조사 연구가 진행 중이다.

두 번째로는, 일본에 있어서의 재일코리안의 학설사(学説史)에 대해서이다. 전후 재일 코리안은 '일시적 체재자'로서 정치문제화됐고, 1970년대부터 '정주'를 둘러싼 문제가 공론화되게 됐다. 모두 '재일 조선인 문제'로서 문제화되어 왔는데, 1990년대에 들어서는 '국제화' 시대에 있어 '내부의 타자'로서, '학문'의 영역에서도 '에스니시티

(ethnicity)' 연구의 대상으로 다루어지게 됐다. 결국 일본 국내의 소수 민족으로서 분석의 대상이 됐던 것이다.

이러한 연구 경향은 21세기를 전후로 재일코리안의 '아이덴티티의 다양화'를 주제로 하는 연구로 나타났다. '세대 교체'와 '국제 결혼의 증가', '더블(double)' 등이 제목이 되는, 민족적 아이덴티티의 행방이 논의되고 있다. 이러한 연구는 재일코리안을 획일적으로 논해 왔던 기존 연구의 시점을 검증하는데에는 의미가 있다. 재일코리안을 획일적으로 논하는 경향은 두 가지로 접근해 볼 수 있는데, 재일코리안을 차별이나 배제의 대상인 수동적 존재(비차별자)로 기술하는 것, 혹은 차별이나 배제와 싸우는 능동적 존재(운동체)로 기술함으로써 어느 한쪽에 집약되는 경향이 많았다.

재일코리안의 다양성을 논하는 연구는 이러한 연구 경향에 이의를 제기하는 것으로 평가할 수 있지만 한계도 있다. 그것은 기존의 재일코리안 연구가 재일코리안을 일본 국가의 테두리 내에 있는 존재로만 인식함으로써, 한반도와의 관계를 논외로 두고 있다는 점이다. 최근의 연구에서는 재일코리안과 한반도와의 관계를 시야에 넣고, 동시에 앞에서 언급한 두 가지의 패턴과는 다른 시점으로서 항상 비차별자도 아닌, 때에 따라서는 어느 쪽도 아닌 일상생활을 영위하는 민중의 모습을 기술하는 연구가 나타나기 시작하고 있다(杉原 1998;高鮮徽 1998;伊地知 2000).

본 논문은 이러한 일상생활을 영위하는 개인의 시점에서 재일 제주도 출신자가 이동해온 궤적을 그들의 생활사를 통해 더듬어 가면서 국경을 넘는 시점으로부터 재일코리안을 파악해야 할 필요성에 대해 논할 것이다. 이것은 '국경을 넘는 생활권'의 형성과 변용에 대

해 논의해 가는 또 하나의 포인트이다. 여기에서 제주도 출신자의
이동과 생활사에 초점을 두는 것은 "그 특수성을 나타내기 위해서라
기 보다는, 그것이 조선 민중 전체의 경험의 일환이고 보편적인 현
상이나 문제가 집중하거나 돌출하고 있는 것이기 때문에, 거기에 일
본 제국주의와 조선의 관계성을 부각시킬 가능성이 내재하고 있다
고 생각하기 때문이다"(伊地知·村上 2008:88).

이상의 두 논점을 통해 본 논문은 일본에서의 종래의 재일코리안
연구에서 결여돼 있는 '국경을 넘는' 시점, 즉 한반도와의 관계를 개인
의 일상 이라는 시점에서 제시할 것이고, 그것은 동시에 한반도의 역
사와 재일코리안의 역사와의 관계성을 생각하는 소재가 될 것이다.

본 논문은 필자의 1992년 이후의 개인 연구와 1999년 이후의 공동
연구의 성과를 바탕으로 하고 있다. 개인 연구로서는 제주도 북동부
의 바닷가 마을인 행원리가 보고자의 주요한 조사 대상지이기 때문
에 행원리 출신자의 생활사가 자료의 주축이 되고 필요에 따라 다른
마을 출신자의 사례를 취하는 방식이 될 것이다.

2. 제주도민의 도일

1. 식민지시기의 도일

1) 임노동

식민지 시기에 제주에서 임노동자로 도일한 사람들로는 어민과
공장 노동자를 들 수 있다. 어민으로는 잠수를 꼽을 수 있다.[2] 잠수

〈자료 1〉 제주도 잠수의 출가처 지도(1932年) (출처 : 桝田 1976:79)

1,000人
100人
10人
1人

들은 육지로 출가한 후 1903년 미야케지마(三宅島)로의 출어를 발판
으로 일본 각지에서 어업 활동을 했다. 제주도와 부산을 연결하는
기선 운항에 진출했던 '제주상선주식회사'가 1922년에 설립됐는데,
이에 대해 조선근현대사 연구자인 후지나가 다케시(藤永壯)는 "잠
수(해녀)들이 부산 지방에 다수 출가했던 당시 상황을 고려하여 제
주–부산 간의 기선 운항에 뛰어들었던 것은 아닌지 생각된다"고 논
하고 있다(藤永 1999:75). 그리고 제주상선주식회사는 이듬해 제주

---

2) 잠수란 제주도 말로 '해녀'를 의미한다. 어민 가운데는 잠수의 인솔자나 어선 승조원도
   있지만 어느 정도 어떠한 형태로 고용되었던가는 앞으로의 과제로 남겨두고 이 보고에
   서는 논외로 한다.

와 오사카 간의 직행 항로에 취항했던, 오사카에 있는 아마가사키 (尼崎) 기선부와 업무 제휴를 한다.

이 정기항로는 제주에서 오사카로 도항하는 많은 사람들을 실어 날랐다. 그 중에는 앞에서 언급했던 잠수도 있었고, 그 다음으로 공장 노동자로 도일했던 사람들도 있었다. 일본의 근대화에 있어 '동양의 맨체스터'라 불리며 공업도시가 된 오사카로의 도항은 1911년 셋츠(摂津) 방적 키즈가와(木津川) 공장의 직공 모집으로부터 시작된다. 토지 조사 사업에 의해 토지가 강제로 강탈됐던 1910년대 제주도에서의 도일자 수는 증가 일로를 걷게 된다. 이것을 뒷받침한 것이 앞서 언급했던 제주도-오사카 간의 정기항로였다.

지리학자인 마스다 이치지(桝田一二)도 1934년 기미가요마루(君が代丸)를 통해 오사카에서 제주도를 왕래했다. 이 배의 규정 정원은 365명이었지만 출가 선객 정원으로 685명까지 허용됐다. 마스다 이치지는 당시 자신이 탔던 배의 선객 563명 가운데 561명이 제주도 사람들이었다고 말한다. 선내에는 "젊은이들이 많았고, 17~8세부터 30세 전후의 사람들이 대부분이다. 그 중에는 상투를 올려 말의 꼬리로 짠 갓을 쓰고 턱수염을 길게 늘어뜨린 사람이나 노파도 있다". 또 행새 등으로 보아 "출가 해녀"나 일가족 모두가 "출가한 사람", "얼굴이 창백한 여공처럼 보이는 여자" 등도 탔었다고 말한다.

필자가 행원리에서 얘기를 들어보면, 해녀로 출가하기 위해 도일했던 사람들 가운데에는 오사카에서 양복의 '마토메'(양복의 단추를 달거나 소매, 겨드랑이 부분을 봉합하는 등의 마무리 작업)라는 하청을 받아 하는 부업을 한 뒤 귀향했던 사람도 있었다. 사람들은 현금을 벌기 위해 다양한 노동에 종사했었던 것이다. 직행 항로로 연결됐던 제주도와 오사카를 왕래하는 사람들. 그 모습을 마스다는 "배는 마치 제주도의 일부가 떨어져 나와 바다 위를 떠다니는 것과 같다"고 기술하고 있다(枡田 1976:27-28).[3]

또 내선협화회(內鮮協和会)의 히로세 마사루(広瀬勝)는 1926년 '재판조선인과 제주도(在阪朝鮮人と済州島)'라는 제목의 문장에서 제주도에 유입되는 물자에 대해 "시대의 물결은 이곳에도 밀어닥쳐, 자동차가 질주하고, 트렁크가 보이며, 기차나 전등은 없지만 날이 가고 달이 갈수록 웬만한 유행품은 거의 모두 들어오는 상황"이라고 기술했다(広瀬 1926:65).

제주도의 서북부 애월읍 곽지리에서 오사카로 넘어온 박여옥(林汝玉, 여, 1921년생) 씨는 14살 당시 아버지에게 우격다짐으로 부탁하여 도항증명서를 얻은 후 같은 마을 사람이 임원으로 있었던 아마가사키의 방적 공장에 들어갔다. 오사카로 간 이유에 대해 박여옥 씨는 제주도와 일본을 오고가는 사람 가운데 방적 공장에서 일하는 사람이 가지고 온 일본 귤이 너무 달아서 "껍질까지 남길 수 없을" 정도로 먹었고, 일본에서 돌아오는 사람은 "얼굴빛이 희다. 예쁘다. 그걸 보니까 다시 옷도, 누더기 옷도 예쁘게 보이고. 그렇게 왠지모

---

3) 히로세 마사루는 "섬을 나오는 배는 하얀 옷을 입은 사람을 배에 싣고, 섬에 들어오는 배는 양복 혹은 일본 옷의 검은 모습을 실어 돌아간다. 선원 등의 모습은 염색옷 차림으로 송영하며 웃고 있다. 사실 한 번 섬을 나온 사람 가운데 전통적인 백의를 입고 다시 섬에 돌아가는 사람은 절대 없다. 어느 사람이라도 크고 작은 수화물 안에는 정말로 새롭게 보이는 트렁크를 휴대하고, 의기양양하게, 신사답게 차려입은 모습으로 귀도(歸島)한다"(広瀬 1926b:67)고 기술한다. 귀도자는 정말로 조선의 '전통'을 버리고 '문명'으로 갈아 입었던 것일까. 그러나 마스다의 문장에서는 "상투를 올려 말꼬리로 짠 갓을 쓰고 턱수염을 기른 자"도 등장하고 있어, 기술되었던 시기의 차이도 있겠지만, 보는 사람의 시각을 반영하는 문장으로도 파악할 수 있는 것은 아닐까.

르게 전부 마음이 끌렸다"고 말한다.

일본에서 돌아온 사람들의 "색이 희다"라는 것은 "악취와 소음, 호흡도 만족스럽게 할 수 없는" 방적 공장에서 일했던 한림읍 출신 여성의 생활사(成 1994:49)에서 엿볼 수 있는 것처럼, 가혹한 노동 때문이었을 것이다.[4] 히로세의 기술에서는 귀향하는 사람이 몸에 걸치거나 가지고 돌아간 "양복과 일본옷"이 헌 옷을 파는 가게에서 구입한 것이라는 것도 한 눈에 알 수 있었다(広瀬 1926:68).

앞에서 언급한 것처럼, 직행 항로의 개설로 인해 제주도에서 도항했던 사람들의 수는 증가했다. 당초에는 남성이 단신으로 출가했던 경우가 대부분이었지만, 1924년에 정기항로 체제가 확립되고 도항자 수가 22년의 3배가 되자, 여성 도항자의 수도 이 시기부터 증가하기 시작한다.

실제 제주도에서 오사카나 시모노세키(下關)로 반출되었던 것은 생선이나 어패류, 감태와 같은 해산물이 대부분이었고, 반대로 제주도로 유입됐던 것은 설탕, 면직물, 쌀 등의 생활용품이었다(善生 1929:88). 또 이 항로는 단지 사람이나 물건을 운반하는 것만이 아닌 일본과 관련되는 다양한 정보나 이미지를 섬으로 가져왔다.

행원리 사람들이 오사카로 넘어가 객지벌이를 시작한 것은 1920년대부터였다. 마을에서는 "좋은 밭을 살 돈을 벌기" 위해서였다고 얘기된다. 지금도 밭에 얽힌 출가 얘기가 이어진다. 행원리에서 오사

---

4) 제주도에서 오사카로 넘어간 여성들 대부분이 종사했던 방적공장에서는 노동 환경이나 노동 조건이 열악했다. 이에 대해 1930년 기시와다(岸和田) 방적계분공장에서 일본인 노동자와 조선인 노동자가 공동투쟁하여 이의를 제기했었다. 자세한 것은 김찬정(金賛汀, 1982)을 참조.

카로 갔던 김춘록(金春綠, 1915년생) 씨는 1931년부터 5년 동안 오사카에 있었다.5) 김춘록 씨는 15살에 홋카이도(北海道)의 탄광노동자 '모집'이 있었을 당시 자신이 끌려갈지 모른다는 생각에 산에 숨었던 경험을 가지고 있었다. 당시 행원리에서 홋카이도로 3명이 보내졌다. 그 후 1930년대에 가라후토(樺太)의 목재 벌채에 징용되어 간 사람도 있었다. 김춘록 씨는 다시 어디론가 끌려가게 될 것을 염려했고, 또 학교에 가고 싶다는 생각도 강하여 일본에 가면 그것이 가능할 것이라고 생각했다.

김춘록 씨가 도일했던 때는 도항 허가증이 필요했기 때문에 김녕 출장소에 신청했다. 12명의 경관 중에 조선인은 한 명. 일본어를 할 수 없는 사람이 거기에 가면 "냄새 난다"거나 "더럽다"며 바보취급을 받거나 매를 맞았다. 증명을 발급받는 비용은 2엔이었지만 뇌물로 경관에게 5엔에서 10엔을 더 줬었다.6) 그런데도 신청 후에 다시 신상 조사가 있었다. '선량하고 건강한 성인 남성'이 허가의 기준이었던 것이다. 김춘록 씨와 같이 도항 허가증을 취득할 수 없었던 사람들은 밀항으로 도일하고 있었다.

2) 동향성(同鄕性)과 취업

정기항로가 개설되면서 1934년 말에는 제주도민의 5분의 1이 일본에 거주하기에 이른다. 오사카에서는 "메리야스는 월정, 인쇄는 행원"이라는 말이 생길 정도로 제주의 마을과 일본의 근대 공장 간

---

5) 당시 일본에서 번 돈을 부모에게 송금하는 사람은 '뛰어나다'라는 평판을 얻었다.
6) 1924년 당시 조선 농부의 일당은 92전(100전=1엔)이다(河明生 1997:30).

의 경로는 확실해졌다. 당시 일본은 제1차 세계대전 후의 호황에 의해 대기업에 의한 설비 투자나 중소 영세기업이 증가하고 있었다. 당시의 오사카는 급격한 경제 성장에 필요한 노동력을 한반도나 오키나와(沖繩) 출신의 도항자로 보충하는 '국제 도시'였다. 식민지 체제의 지배 속에 살기 위한 방책으로 도항했던 많은 사람들이 토목 건축과 화물 운반, 위생 청소 등의 '장기간, 과혹 불쾌(過酷不快), 저임금'이라는, 오늘날 '3D'로 불리는 하층 노동에 종사했다. 그 가운데 한신(阪神) 지역에서 '직공 모집'이 있었던 것이 1910년대 제주도로부터의 도일자가 증가한 배경이었다.

오사카 시내에서 현재의 이쿠노쿠(生野区)를 포함한 당시의 히가시나리구(東成区)는 도시 계획 사업의 본격적인 발전 속에서 도시화가 진행됐다. 히가시나리에는 중소 공장이 집중되어 있었는데, 당시 면직물 공장이나 비누 공장은 공장의 수나 생산액만으로도 오사카시에서 1위를 차지했고, 고무 공장의 공장 수도 오사카시에서 1위, 생산액은 2위를 차지하고 있었다. 또 양초 공장, 셀룰로이드 공장, 금속품 공장, 법랑(琺瑯) 공장, 유리 공장, 양산 공장과 같은 영세 공장도 많아 어디서든지 직공이 부족했었다. 그런 까닭에 이러한 부족 노동력을 메우기 위해 제주도 사람들이 오사카로 동원되게 됐던 것이다.

1920년대 출가 당시에 행원리에서 오사카로 도항했던 사람으로 소위 '잘 된 이'가 강(康)씨 집안에 한 명 있었다. 그는 김춘록 씨의 고모부로, 처음 인쇄공장에 들어가 "일을 잘 해서" 돈을 벌어 식당 겸 하숙을 시작했다. 김춘록 씨는 그곳에서 신세를 지며 일을 소개받았던 행원 사람이 "백 명은 된다"고 말한다.

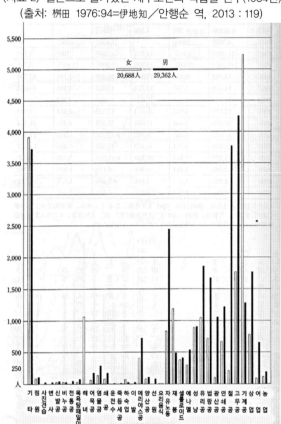

〈자료 2〉 일본으로 출가했던 제주도인의 직업별 인구(1934년)
(출처: 桝田 1976:94=伊地知／안행순 역, 2013 : 119)

한편, 마을에서 오사카로 가는 사람들이 서로의 사정을 모두 알고 있었던 것은 아니었다. 다만 마을에서는 타니마치(谷町)나 카라호리쵸(空堀町)라고 하는 지명만이 행원리 사람이 많이 있는 장소로 귀에 익어 있었다. 행원리 사람들이 특히 많이 모여 살고 있던 타니마치 욘 쵸메(谷町 4 丁目)에는 '강칩 동네'라고 부르는 구역이 있었다고 김춘록 씨는 말한다. 이곳을 찾는 사람들에게는 '만관당(万貫

堂)'이라는 가게가 일종의 표시였다.

행원리 출신자가 모이는 '강칩 동네'와 같이 동향 출신의 사람들이 집주하고 있던 지역은 현재의 이쿠노쿠, 그리고 히가시나리구에 걸쳐 있는 '이카이노(猪飼野)'라 불리는 지역뿐만이 아니었다. 1931년 18세 때, 당시 성내로 불렸던 제주시에서 아이를 한 명 데리고 남편이 있는 오사카에 온 고록산(高綠山)씨는 시댁의 친척과 자신의 남동생이 있는 모리마치(森町, 현재의 모리노미야(森之宮) 부근)으로 향했다. 처음에는 그 곳에서 남서로 떨어진 혼죠(本庄, 현재의 히가시이마자토(東今里) 부근)에서 '조선 사람'(같은 고향 사람도 제주도 사람이 아닐 때의 표현)으로부터 임대로 다다미 석 장의 방한 칸을 한 달에 5엔을 주고 1년간 살았다. 남편이 도박을 했던 까닭에 좀처럼 급료를 가지고 돌아오지 않아 어려웠던 때에 인근의 '조선 사람'이 우산에 풀칠을 하는 부업을 가져와서 가르쳐 주었다. 그때 번 돈은 그 '조선 사람'이 계주(親)가 되어 계를 할 수 있게 해준 덕택에 모리마치에서 집을 빌릴 수 있는 자금을 마련할 수 있게 되었다.

하지만 비어 있는 집이 곳곳에 많이 있었음에도 불구하고 일본인 집주인은 도무지 빌려 주려 하지 않았다. 거기서 "옛날 야쿠자처럼 보이는" 일본인에게 부탁하여 어떻게든 찾아냈다. 그러나 일은 순조롭게 되지만은 않았다. 우선 집세는 고록산 씨가 1년 분을 지불하기로 하고, 먼저 오키나와 출신 사람에게 빌려줬다. 다음으로 그 집의 2층을 세를 놓는다는 전단을 세입자가 된 오키나와 사람에게 붙이게 하여 고록산 씨가 빌렸다. 그리고 1년 뒤 오키나와 사람이 집 주인에게 자신이 오키나와에 돌아가 있는 사이 집세는 모두(1층과 2층의 집세 모두) 고록산 씨가 지불한다고 알리고 떠났다. 그러한 수순을 밟아서 가까스로 고록산 씨는 한 채의 셋집을 사용할 수 있게 되었던 것이다.

당시의 집세는 월 20엔, 유리공이었던 남편의 월수입은 35엔이었다. 고록산 씨가 부업을 해도 충당하기 어려웠다. 하지만 고록산 씨는 2층의 다다미 여섯 장을 나누어 5엔씩 '조선 사람'에게 또 빌려주는 것으로 고액의 집세를 변통했다.

이렇게해서 제주도를 비롯하여 조선에서 온 사람들이 집주하게 되는 것이다. 그러한 상황을 오사카시 사회부 조사과(1930)는 보고서를 통해, "일본인 집주인은 조선인이 한 가호에 군집 하기 때문에 쉽게 빌려 주지 않는다"고, 거부 이유를 대고 있지만 사실은 그 반대이다. 일본인들이 거부를 하기 때문에 조선사람들은 집주하지 않을 수 없었던 것이다. 고록산 씨와 같이 중간에 오키나와 사람을 개입시키는 전략이나 다양한 동향 네트워크, 제주도/육지라고 하는 지역을 넘은 조선인 네트워크 등도 형성·활용하면서, 사람들은 고유의 생활 공간을 형성해 왔다.

집주 지역에는 사람들과 함께 생활필수품도 모인다. 그렇게 해서 사람들은 각각 돈이나 물건을 추렴하여 행원리 출신 사람들과 같이 친목회를 결성해 관혼상제를 치렀다. 그것은 도시의 거주 공간에 "생활 세계로서의 마을을 재현하려고 하는, 출가하는 사람들의 실천"(松田 1996:141)으로서 생성, 응용된 것이었다.

2. 해방 전후의 도일

제2차 세계대전에 돌입하면서 전황이 악화되는 가운데, 도시에 있던 제주도 출신자에게 '시골'인 제주도는 피난처가 되었다. 1945년에 해방을 맞이하자 제주도로의 이동은 '인양'이 되어, 1944년부터 1946년 사이의 제주도 인구는 약 5만3천 명이 증가했다(済民日報4·3取材班 1994:39). 해방으로 인해 제주도의 생활은 돌연 식민지 경제 구조 밖으로 내던져지게 된다. 식민지 시기 제주도의 생활필수품은 일본으로부터의 송금 및 수입에 의해서 조달되고 있었다(伊地知 2000:86-93). 그러한 흐름이 해방으로 인해 돌연 끊기게 된 것이다. 게다가 고향으로 돌아올 때 갖고 올 수 있는 재산이 천 엔으로 제한되었기 때문에 사람이나 물품을 반입하기 위해 화물선이나 소형 어선이 현해탄을 왕래하고 있었다(済民日報4·3取材班 앞의 책 : 190).

양애정(梁愛正, 1937년생) 씨는 어머니와 남동생 두 명과 함께 1945년에 피난을 통해 본적지인 제주도 하귀리에서 처음으로 살게 된다. 아버지와 언니는 1946년에 인양되어 왔는데, 그때 물건을 매입하여 제주도에서 팔아치웠다고 한다(藤永 他 2000). 이건삼(李健三) 씨는 1937년에 오사카에서 태어나 1946년에 가족과 함께 제주도 신촌리로 귀향했다. 이건삼 씨의 어머니는 4·3이 일어나기 전해에 마을 내의 불온한 분위기를 느껴 제주시로 이사 가기로 결심했다. 어머니는 일본에 남아 고무장화 공장을 운영하는 장녀로부터 이사 자금을 조달하기 위해 다시 일본으로 갔다가 제주도로 돌아왔다.

이건삼 씨가 "당시 왕래는 자유로웠기 때문에"라고 말하는 것처럼 해방으로 인해 돌연 국경선이 그어졌어도 사람들의 생활 감각에 바로 국경선이 반영됐던 것은 아니었다(藤永他 2007). 그러나 실제는 국경선이 성립하고 있는 것이어서 GHQ 당국의 허가를 받지 못하는 외국인의 일본으로의 출입국은 금지되고 있었다. 게다가 일본으로부터의 물자의 반입은 '밀수'로 간주됐다. 당시 미군정의 경찰복으로 갈아 입은 '일제의 순경들'이 '밀수품을 단속한다'라는 대의명분으로 활동했었다. 그러나 물자 반입을 처분하는 것보다는 뒷거래로 사리를 채운 자들이 많았고, 후에는 이러한 부당이익을 노리는 행위에 미군정 관리나 경찰 고위 간부, 서북청년단과 같은 사설 단체가 가담하여 더 많은 폭리 사건으로 연결됐던 것이다(済民日報4·3取材班 앞의 책:45).

해방 후에도 일본에 거주하는 사람들이 제주도에 있는 사람들을 지원하는 모습, 그리고 일본과 한반도 양쪽의 점령군이 왕래를 단속하는 상황은 과연 '해방'이란 무엇이었던가를 묻게 한다. 이들 경제적 요인에 더해 1946년에 콜레라가 발생하고, 피폐한 생활에 쫓겨 흉작이 계속된다. 이러한 상황 속에 사람들은 도일·재도일을 이어갔고, 결국 1946년 '불법 입국'으로 검거된 인원수는 1만7천 명을 넘게 된다(法務省入国管理局 1959:14). 그리고 사람들을 일본으로 향하게 하는 요인 가운데에는 1948년에 일어난 제주 4·3도 깊게 관련돼 있었다.

3. 밀항에 의한 도일

해방 직후의 도항은 1945년 10월부터 시작되어 1946년에는 2만 명을 넘게 된다. 이는 모두 밀항, 즉 사전허가가 없는 도항이었다. 이러한 움직임에 대해 1946년 3월 미군정 장관은 GHQ에 "본국에 귀환한 비일본인은 연합국 최고 사령관에 의해 인가된 경우를 제외하고 통상상의 교통기관을 이용할 수 있을 때까지 일본으로 돌아오는 것이 불허된다"라는 항목을 요청 사항에 포함시켰다(SCAPIN822)(伊地知·村上 2008:98-99).

1947년 이후의 밀항을 제주 4·3과 연관된다. 1947년 3월 1일의 3·1 독립운동 28주년 기념집회 후, 경찰의 무차별 발포에 의해 어린아이를 포함한 6명의 주민이 희생이 되는 사건이 일어났다.[7] 도민들은 민관 총파업을 섬 전체에 전개하며 경찰에 항의했다. 이러한 움직임을 미군정은 북한과 공모한 것이라고 간주하고 육지부에서 경찰을 동원해 파업 관련자를 검거하기 시작했다. 제주 사람들에게는 이러한 탄압을 피하기 위한 도항처의 하나가 일본이었다.

전체적인 상황 파악은 불가능하지만, 1947년 5월부터 12월까지 큐슈(九州) 지방으로 '밀항'선 15척에 479명이 도착했다(伊地知·村上 2008:105-106). 이러한 사람들을 기다리고 있었던 것은 1947년 5월에 공포·시행된 칙령[8] 207호인 '외국인 등록령'이었고, GHQ는 이들을 허가 없는 '불법 입국자'로 처우했다. 여기서 GHQ의 시각은 "점령의 목적에 유해한 활동을 하는 인물의 흐름이라는 관점에서 치안의 측면에서도 지극히 중요하다"[RG331,GHQ/SCAP Records.]라

---

7) 1947년 3월 1일 제주시에서 개최된 3·1절 28주년 기념 대회 종료 후, 가두 데모에 나섰던 이어졌던 군중에 대해 경찰이 관덕정 광장에서 발포해, 6명이 사망, 또 부상자가 옮겨진 도립 병원에서도 이성을 잃은 경찰관이 무차별 난사하여 일반 시민이 중상을 입는 사건이 일어났다. 미군정과 제주도 민중 운동 세력의 대립을 격화시킨 이 사건은 4·3사건이 발발하는 데 도화선 역할을 하게 됐다.

8) 천황의 대권(大權)에 의해 제정·공포된 명령.

는 것이었다(伊地知·村上 2008:108-109).

이 시기를 중심으로 하여 필자를 포함한 '해방 직후 재일 제주도 출신자의 생활사 조사'팀에서는 1999년부터 현재까지 32명에 대해 인터뷰 조사를 실시해 왔다. 그 중에서 2008년까지의 데이터인 [자료 3]의 사람들 가운데, 김호진(金好珍) 씨와 손유형(孫裕炯)씨를 제외한 모두가 밀항으로 도항했고, 고태성(高太成) 씨를 제외한 모두가 가족·친족에 의지한 도일이었다.

양수옥(梁壽玉) 씨와 이성호(李性好) 씨, 고난희(高蘭姫) 씨, 강경자(姜京子) 씨는 자신 혹은 가족이 '무장대'[9]로 활동했기 때문에 도일한 사례. 고봉정(高奉淀) 씨는 한국 해군으로 4·3 진압을 위해 제주도의 해상 경비에 파견됐다가 수장(水葬)[10]을 목격하고, 육지부로 돌아온 후에 좌익사상의 저서를 읽게 되면서 군에 쫓겨 도일한 사례. 양애정 씨는 아버지가 3·1 집회 후의 검거를 우려하여 도일했고, 그 후 아버지에 의지하여 진학을 위해 도일한 사례. 이건삼 씨도 진학을 위해서 도일한 경우.

이러한 사정 외에 경제적 이유도 있다. 제주 4·3과 한국전쟁이라고 하는 격변의 한가운데인 1950년대는 '보릿고개'라는 말로 상징되는 기아의 시대였다. 특히 1957년은 40년 만의 대흉작이었다. 이러한 상황 속에서 1958년 12월 17일 밤에는 "조천면 신촌포구에서 일본에 밀항하려고 했던 9명을 검거"했다는 기사도 확인된다(≪제주신보≫

---

9) 오늘날 일반적으로는 1948년 4월 3일에 봉기한 유격대를 '무장대', 토벌·진압 작전에 참가했던 군·경찰·우익청년단 등을 '토벌대'라 부른다.

10) '토벌대'가 검거한 '무장대'를 배에 태워, 발에 추를 매달아 산 채로 바다에 던져 버리는 것을 '수장'이라 한다.

1958년 12월 20일). 앞에서 언급했던 사람들과는 다른 도일의 배경에는 이러한 생활난도 있다.

또 해방을 전후하여 갈라졌던 가족의 결합이라는 사정도 있다. 1968년 8월 21일자 ≪제주신문≫에는 '일본 특별 체재 신청'이라는 기사가 있다. 내용은 다음과 같다.

> 김양숙(金良淑, 당시 13세) 씨는 한 살이었던 자신을 제주에 두고 도일했던 어머니에게 가기 위해 밀항했다. 그러나 상륙하자마자 출입 국 관리 수용소에 수감되고 말았다. 이에 제주도 내 각계에서 1만 명에 달하는 서명 운동이 일어나 인도주의의 관점에서 김양숙 씨가 일본에서 살 수 있도록 재일한국대사관이 일본정부와 교섭하여 특별 재류 허가를 얻었다.

이 기사는 그녀가 재류 허가를 얻을 때까지 세 번에 걸쳐 게재됐다. 이러한 가족 결합을 위한 도일은 앞서 <자료 3>에서 언급한 현정민 씨의 사례가 대표적이다. 단, 주의할 것은 본 논문에서 사례로 제시하고 있는 도일의 요인은 직접적인 것으로, 그 배경에는 제국 일본의 확장과 붕괴라는 역사적 변화가 있다는 것이다. 밀항자 수 자체는 1965년 한일조약을 기준으로 적발 건수가 급감한다(玄武岩 2007:170). 그러나 한일국교정상화에 의한 정규 루트로의 입국이 가능하게 된 후에도, 수속이 번잡해서 1980년대까지 밀항은 끊이질 않았다. 이러한 해방 후의 밀항에 의한 이동은 일본에서는 물론 한국으로부터도 '불법 행위'로 여겨져 비연속적인 처우를 받게 됐다.

반면, 해방 전부터 형성되어 온 생활권 내에서 살고 있었던 제주 사람들에게는 연속적인 것이었다. 앞에서 언급했던 김양숙 씨와 같이 가족의 결합을 포함하여, 도일은 다양한 사정에 의한 것이지만, 무엇보다 '생활에 여유가 생겼다'고 실감할 수 있는 1980년대(伊地知 1999:103-104)까지, 사람들에게 '밀항'이란 그 불법성을 묻기 이전에 경제적·사회적으로 선택하지 않을 수 없었던 이동 수단이었던 것이다.

〈자료 3〉 '해방 직후 재일 제주도 출신자의 생활사 조사'에 의한 이동 역사

양수옥 씨	1917년 제주 출생→ 1925년 교토(京都)→ 1929년 제주도→ 1934년 오사카→ 1936년 도쿄→ 1937년 천진(天津)→ *1946~47년 인천(仁川)→ 목포(木浦)→제주도(済州島)→오사카(大阪)*
이성호 씨	1920년 제주도 출생→ 1935년 와카야마(和歌山)→ 아마가사키(尼崎)→ 1938년 제주도→ 1942년 아마가사키→ 1944년 제주도→ *1948년 오사카→ 제주도→ 1949년 오사카*
김호진 씨	1920년 제주도 출생→ 1941년 오사카
김옥환 씨	1921년 스이타(吹田) 출생→ 1930년 제주도→ *1960년 오사카*
김춘해(金春海) 씨	1922년 제주도 출생→ 1928년 오사카→ *1946년 제주도→ 1957년 오사카*
고봉정 씨	1925년 제주도 출생→ 광주(光州)→ *1949년 제주도→1950년 나주(羅州)→ 오사카*
현정민 씨	1928년 제주도 출생→ 1942년 오사카→ 1944년 규슈(九州)→ 1945년 오사카→ *1947년 제주도→ 1949년 오사카*
손유형씨	1929년 제주도 출생→1943년 오사카
고난희 씨	1930년 니시노미야(西宮) 출생→ *1946년 제주도→1948년 오사카*
박인중(朴仁仲) 씨	1933년 제주도 출생→ 한국전쟁 후에 의정부→ *1964년 오사카*
김덕인(金德仁) 씨	1936년 오사카 출생→ 해방 전에 제주도→ 한국전쟁 후에 의정부→ *1964년 오사카*
양애정 씨	1937년 오사카 출생→ 1945년 제주도→ *1953년 부산→ 제주도→ 1955년 부산→ 오사카*
강경자 씨	1937년 오사카 출생→ 해방 직전에 제주도→ *1950~1952년 오사카*
이건삼 씨	1937년 오사카 출생→ *1946년 제주도→ 1957년 카코가와(加古川)→ 오사카*
고대성	1937년 제주도 출생→ *1957년 오사카*

▶기울어진 굵은 글씨는 1945년 8월 15일 이후의 이동

4. 88서울올림픽을 거쳐

1988년 서울올림픽을 거쳐 1989년 해외 도항 자유화를 전후하여,

사람들은 비행기를 타고 제주도에서 일본으로 오게 된다. 3개월의 친족 방문 비자, 그리고 15일의 관광 비자를 이용하여 한 차례 일을 해서 다시 제주도에 돌아가고, 다시 도일하는 단기 체재 방식의 이 동 형태가 생겨났다. 단, 처음부터 '한 차례의 일'을 목적으로 일본을 방문했다고는 할 수 없다. 필자가 행원리에서 이 시기 이후의 도일 이유에 대해 물었을 때, "일본에서 남동생이 하고 있는 어머니 제사 에 한 번 얼굴을 비추고 싶어서", "조카의 결혼식 때문에", "형의 소상 (小祥)에 아들과 함께", "마을의 밭 관리 문제로 상담하기 위해" 등등 출가 외의 다양한 대답을 들을 수 있었다. 그래서 가족이나 친척의 심부름으로 시작하여 근처의 공장으로 옮길 수도 있었다. 물론 그 중에는 비자 기간이 끊겨도 그대로 '불법 체재'하는 사람들이 있다. 보고자가 1994년에 행원리를 처음으로 방문했을 당시, "내가 간사이 (関西) 공항을 만들었어", "츠루하시(鶴橋)에 츠루이치(鶴一)라는 불고기 집이 있을 거야. 내가 거기 있었거든"과 같은 이야기를 거리 낌없이 들을 수 있었다.

〈자료 4〉 제주도 행원리 상동(上同)의 도일 경력

세대별 번호	도일 시기 1900년은 생략	도일 경위	주요 체재지	일본에서의 상황
1	남편 : 30년대	어머니와 사촌형이 친척이 있는 곳으로 먼저 도일 '해녀' 모집	大阪 : 谷町	인쇄공장 업무
	부인 : 40년대		八丈島, 大阪	우뭇가사리 채취
2	남편 : 30년대 부인 : 30년대	확실치 않음 남편이 먼저 건너 감	大阪, 神戸 大阪, 鹿児島, 神戸	공장 해초 채취, 해녀
3	부인 : 30년대 88년 이후 재도일	아버지와 오빠들이 친척이 있는 곳으로 먼저 도일, 해방 전부터 일본에 거주한 남편이 있는 곳으로 어머니와 함께 건너감	大阪 : 谷町 東京 : 上野 三重	오사카의 중학교 통학, 상업 남편의 친척 일 거들어 줌 지인에게 일거리를 받음
4	부인 : 30년대 일본에서 태어남 88년 이후 재도일	부모님의 도일 아는 분의 소개	大阪 : 左官町 三重	아는 분의 일을 받음

5	부인 : 20년 일본에서 태어남 88년 이후 재도일 남편 : 60년대	부모님의 도일 해방후엔 남편이 있는 곳 숙부가 해방 전부터 재일	大阪 : 猪飼野(鶴橋) 東京, 西宮(叔父) 三重, 堺	남편 일을 도움 지인에게 일거리 받음. 프레스, 야키니쿠, 커피숍, 야구배팅연습장
6	남편 : 60년대	1950년대에 건너 간 형	大阪 : 都島	형의 판금 일
7	남편 : 80년대 (88년 이전)	해방 전부터 일본에 거주한 누나	大阪 : 鶴橋	일용직
8	부인 : 88년 이후 차녀 : 88년 이후	해방 전부터 일본에 거주한 남편 친척 아버지 친척	東京 : 新宿 東京	남편 친척 일 아버지 친척 일
9	남편 : 88년 이후 부인 : 88년 이후 장남 : 88년 이후	50년대부터 사는 사촌동생 남편의 사촌동생 아버지의 사촌동생	大阪 : 都島 大阪 : 都島 大阪 : 都島	부부가 사촌조카 결혼식, 사촌동생 일 아버지 사촌동생 일
10	남편 : 88년 이후	친척	大阪	친척 일
11	남편 : 88년 이후 부인 : 88년 이후	해방 전부터 일본에 거주한 큰어머니	大阪 三重	큰아버지의 3주기 아는 분의 일을 받음
12	남편 : 88년 이후	해방 전부터 일본에 거주한 작은이모	大阪	일용직
13	남편 : 88년 이후 부인 : 88년 이후	해방 전부터 일본에 거주한 어머니 친척 먼저 건너간 남편	大阪 : 生野	일용직 커피숍
14	부인 : 88년 이후	해방 전부터 일본에 있던 남편 친척	東京	남편 친척 일
15	남편 : 88년 이후	먼저 건너간 누나 부부	大阪 : 生野	일용직
16	부인 : 88년 이후	해방 후 건너간 동생	大阪 : 生野	어머니 제사문제로
17	남편 : 88년 이후	행원리 친목회 방문	大阪	마을 기부금을 부탁하러
18	남편 : 88년 이후	지인	大阪	미장 일, 지인 공장
19	남편 : 88년 이후	지인	東京	참치잡이 어선 선원
20	장녀 :88년 이후	친척	東京	어학 유학
21	부인 : 88년 이후	딸	大阪	딸이 재일 2세와 결혼하여 오사카에 있어서 놀러 감
22	장녀 : 88년 이후	친척	大阪	어학 유학
23	부인 : 88년 이후	해방 전부터 일본에 거주한 어머니 친척	大阪	어머니 친척 일을 도움
24	부인 : 88년 이후	해방 후 살고 있는 아들	対馬	아들을 만나러

(출처:伊地知 2000:123＝伊地知／안행순 역, 2013 : 157)

그 가운데 한 명인 '희진이 아방'은 30세(90년 당시) 때 오사카의 친척에 의지하여 사촌과 함께 도일했다가 그 후 3년 동안 '불법 체제'하고 있었다. '희진이 아방'은 당초 친척이 빌려 준 오사카시 이쿠 노쿠의 아파트에 들어갔지만, 일을 찾는 것은 자기 몫이었다. 츠루하 시에는 그와 같이 '불법 체재'하는 사람끼리 정보를 교환하고 생활 용품을 판매하는 장소가 있다. 거기서 '희진이 아방'과 같은 '불법 체 재'자를 고용해 주는 자갈 채집업자나 전기공사 회사 등으로부터 정 보를 얻어 일을 해왔다. 그와 같은 사람들에게 살 집을 찾는 것 또한 상당한 고생이었다. 1989년 이후 비행기로 사람들이 오기 이전부터 '셋방 놓기'가 있었다. 이쿠노쿠에서 인터뷰했던 여성도 당시 아는 사람으로부터 소개받아 '불법 체재'하는 사람에게 2층의 방을 빌려 줬다. 1992년 당시 66세 이상의 한국국적·조선국적 사람들은 일본 의 국민연금제도에서 배제되어 있어 셋방을 놓으면서 얻는 현금 수 입이 생계의 버팀목이 되었다. 사실 이러한 '셋방 놓기'는 이미 해방 전부터 실천되고 있었던 것이다(伊地知 2005:89-90).

3. 재일제주도민의 도한(渡韓)

1. 재일 친목회와 고향

'국경을 넘는 생활권'에 있어서 해방 후 사람들의 이동은 일본으 로 향하는 것만이 아니라 제주도로 향하는 흐름도 있었다. 그러한 상황은 단체에서 개인에 이르기까지 다양했다. 단체 규모에서는 간 토(関東)에서 1961년 '재일본제주개발협회[11]가 발족하여 이듬해인

---

11) 1992년 '재일본제주도민협회'로 개칭, 그 후 2005년에는 '재일본관동제주도민협회'로 다 시 개칭했다.

1962년에 방문단으로 14명이 제주도로 향했다. 간사이에서는 1963년 '오사카향토경제인협회시찰단'이 제주도를 방문한 바 있다.12)

이러한 움직임은 당시의 박정희 정권이 재일한국인의 자금을 경제 개발에 활용하기 위해 '포용 정책'을 취했던 것과도 관계가 있다. 1963년 한국에서는 '국토건설종합계획법'이 제정됐다. 이 법률에서 제주도는 고도경제성장을 상징하는 세 번째의 '특정지역'으로 지정되어 관광자원의 개발을 기초로 한 국제관광도시로서 발전할 수 있는 토대를 마련하게 됐다(文京洙 2005:130-136).

이 시기를 전후하여 일본에 거주하는 동향 출신자들의 친목회나 유지들의 기부를 볼 수 있다. 제주도의 지방지인 ≪한라일보≫나 ≪제주신보≫ 10)에 이러한 내용이 게재되어 있다. '재일교포 토지 희사'(≪제주신보≫ 1958년 4월 6일자)라는 제하의 기사에는 조천면 신촌리 출신의 김씨가 조천중학교 구역 내에 있는 토지 1,380여 평을 개인적으로 매입하여 희사했다는 내용이 소개되고 있다. 기사에는 조천중학교 관계자가 김 씨에게 구입을 의뢰했다는 것과 김씨가 식민지 시대에 무일푼으로 일본에 출가했고 금속공업으로 성공한 내용도 게재되어 있다.

또 '재일 김녕리 출신 학술 기재 기증'(≪제주신보≫ 1958년도 12월 16일자)이라는 기사도 볼 수 있는데, 기증식에 참가하기 위해 일본에서 귀국했다는 내용이 게재되어 있다. 이 후에도 다양한 친목회나 유지들의 희사에 관한 기사가 게재되어 있는데, 학교 관계, 도로나 다리의 공사, 마을회관 등 인프라 정비에 투자한 것을 볼 수 있다.

---

12) 1994년 다른 세 단체와 함께 '관서제주도민협회'로 통합됐다.

재일 제주도 출신자들의 마을 친목회를 조사했던 고선휘는 친목회가 1960년대를 기준으로 그 이전과 이후가 다르다고 지적한다. 1960년대 이전에는 일본에 거주하는 동향자 간의 생활 부조가 주를 이뤘지만, 이후는 그때까지 자유롭게 왕래할 수 없었던 출신 마을로의 지원 활동이 활동의 주된 목적이 되었다고 지적하고 있다(高鮮徽 1998:232-233).

필자의 주 조사지역인 행원리의 경우, 해방 후에 재일 친목회를 시작한 것은 해방 후 처음으로 도일했던 강씨(1928년생)와 해방 전부터 있었던 5~6명의 사람들에 의해서였다. 강씨는 해방 전에 서울에서 중학교에 다니고 있었는데, 해방 후에 마을로 돌아왔다. 1947년 마르크스의 『철학의 빈곤』을 갖고 있던 것을 알아차린 경찰에 통보될 것을 알고 곧바로 오사카에 있는 작은 아버지에 의지하여 밀항했다. 당시 일본에서는 재일코리안의 민족 교육을 위한 학교가 각지에서 세워지고 있었던 시기여서 교원이 부족했다. 강씨는 오사카부의 야오(八尾)조선중학교의 수학 교사가 됐다. 그 후 정년까지 조선학교에서 근무했다.

재일본행원리친목회 가운데 해방 전부터 있었던 사람들은 거의 인쇄공장을 하고 있었다. 해방 후 강씨의 작은아버지가 새로운 일자리로 양복의 프레스 공장을 시작했다. 1959년은 북으로의 귀국 사업이 시작되던 때이다. 당시 행원리 친목회를 창립하고 운영에 관여했던 주 회원은 총련 사람들이었다. 당시 총련 내부에서 제주도의 각 마을 친목회가 민족통일을 위한 활동과 뜻을 같이 하지 않는다는 의견이 제기됐는데, 이때 행원리 친목회도 해산을 선언하고 살구 그림을 그렸던 깃발을 태웠다.

귀국 사업으로 북으로 간 것은 약 40세대. 그 중에는 인쇄 관계에 종사하던 사람들이 많았다. 또 한국전쟁 후에 한국에서 인쇄 기술자가 필요하다는 이야기를 들어 한국으로 간 사람도 있었다. 그렇게 해서 친목회 내에서 인쇄 관계자들은 거의 없어지게 됐다. 그 후 친목 회원 가운데 가장 많은 직업이 양복 프레스가 됐다. 단, 2세 이후가 되면 부모의 일을 잇는 사람이 줄어들게 된다. 친목회 자체는 귀국 사업 때의 해산 선언 이후 활동을 정지한 상태였으며, 일상에서 일을 하면서 관계를 맺거나 관혼상제를 통한 왕래 정도만 계속되고 있었다. 그리고 1980년에 현재의 명예회장인 강씨가 "마을의 일, 우리의 자식들이나 손자를 생각하면 이대로는 안 된다"고 생각해서 친목회를 재편, 규약도 작성하여 고치고 현재까지 이끌어 왔다.[13]

귀국 사업 당시 해산한 후, 일본에 살고 있는 유지들이 1968년 행원리 마을 안쪽에 이르는 제주도 일주도로 이설 개수 공사에 60만 엔을 기부했다. 1980년에 재개한 후에는 친목회가 마을길이나 농로, 해안도로의 포장과 개설을 위해 50만 엔, 1994년 이민회관 신축 비용에 9백만 엔을 기부했다.[14] 1995년의 이민회관 준공 기념식에는 재일본행원리친목회에서 2명이 참가하게 됐다. 직전까지 명예회장의 참가 여부가 결정되지 못해 문제가 됐었는데 결국 보류됐다. 해방 후 도일한 명예회장은 조선 국적이며 조선 학교와 관련된 임원을 맡고 있었기 때문이었다. 1996년부터 거의 매년 필자가 방문하고 있는 재일본행원리친목회의 정기행사인 꽃놀이 자리에서 명예회장의 아

---

13) 2008년 기준 재일본행원리친목회에는 48세대가 회원으로 등록되어 있다.
14) 1971년 당시 제주도민 1인당 소득은 8만3천 원. 1달러＝373원＝308엔.

내는 "죽기 전에 한 번만이라도 마을에 가고 싶기는 한데… 남편 문
제로 좀처럼 가지 못하고 있어…"라고 말하고 있다. 그녀 역시 해방
후에 남편을 따라 도일했던 것이었다. 기념식에는 한국 국적의 고문
과 부회장이 참가했다. 부회장의 경우 1965년에 밀항으로 도일한 후
30년만의 고향 방문이었다.

재일본행원리친목회의 임원들이 일본에서 살아온 역사는 다양하
다. 도일 시기도 사람에 따라 제각각이다. 1988년의 도항 자유화 이후
로는 비행기로 도일한 사람들이 일본에 거주하는 친척의 밭이나 묘
의 관리에 대해 부탁을 받거나 한국 국적의 친목회원이 마을에 갔을
때에 조선 국적의 친목회원의 일을 대신 처리해 주거나 해왔다.

2. 본적지와 국적

재일 제주도민의 본적지는 당연히 제주도이지만, 일본의 외국인
등록증에 기재하는 '국적'에는 '한국'과 '조선' 두 가지가 있다. 1965
년까지 외국인등록증에 기재하는 '국적'은 '조선'인 경우가 많았다.
대부분의 재일코리안이 해방 전에 도일했었기 때문이다. 한일조약
이후에는 협정 영주권 취득을 위해 한국 국적이 필요하게 되어 약
80%의 재일코리안이 한국 국적이 됐다. 그러나 현재까지도 조선 국
적의 재일코리안이 있고, 재일 제주도민 가운데에도 있다. 이들은 비
록 국적은 '조선'이라 하더라도 본적지와의 관계를 완전히 끊고 있
는 것은 아니다.

고베(神戶)에서 태어난 김경해(金慶海) 씨는 63세가 되던 2001년
에 태어나서 처음으로 본적지인 제주도를 방문하게 된다. 20년 가깝

게 조선고급학교에서 교원으로 근무 했는데, 어머니와 맏형, 둘째 형이 북으로 갔고, 셋째 형 밑으로 두 명의 형이 총련 간부였기 때문에 한국 방문에 대해서는 신중했었다. 조직을 멀리한 지 20년 가까이 된 김경해 씨는 '방한단'이 아닌 개인 자격으로 주일 한국총영사관에 가서 조선 국적인 상태로 입국 허가를 얻었다. 바로 직전에 제주도를 방문하고 있었던 필자는 김경해 씨의 도착을 제주공항에서 기다리고 있었다. 공항 로비에서 재회하자마자 김경해 씨는 처음으로 한국의 입국 심사장으로 향할 때, 과거의 이력과 국적 때문에 '갑자기 어딘가로 데려가거나 하지는 않을까'라고 진심으로 걱정하고 있었다고 진지한 표정으로 말했다. 조선 국적인 채 단신으로 본적지에 내려설 때의 그 경계감은 역사 속에서 신체에 새겨져 온 족쇄이자, 일본에 거주하는 사람들과 한반도를 둘러싼 과거와 현재를 비추는 것이라고 말할 수 있겠다.

오랜 시간의 고민과 신중한 결단 끝에 겨우 갈 수 있게 된 제주의 고향 마을. 그곳에는 자신이 상속받아야 할 집과 밭이 있고 관리해야 할 묘가 있는 사람도 있다. 거기서 상속 수속을 진행시키고자 할 때, 사람들은 역사적으로 켜켜이 쌓여온 벽에 계속 차단당하게 된다. 김경해 씨의 경우, 부모님이 식민지 시대에 도일한 후 귀향하지 않은 채 아버지는 일본에서 어머니는 북한에서 돌아가셨다. 부모와 형제 여섯 모두가 조선 국적이다. 그런데 어머니가 민단에 있는 친척에게 부탁하여 한국의 호적에 가족 관계를 반영시켜, 김경해 씨 본인과 가족 모두의 출생이 게재되게 됐다. 재일조선인에게는 이러한 수속 하나 하나에 '번거로움'이 따른다.

재일조선인의 혼인과 출생, 사망 등의 신고는 거주지의 지자체에 해야할 필요가 있다. 예를 들어 출생 후 14일 이내에 출생 신고를 하지 않을 경우, 원칙적으로 그 유아는 강제 퇴거의 대상이 된다. 그러나 신분 관계의 변경 내용을 자신들의 본국에 보낼 의무는 없다. 그 때문에 재일조선인의 혼인과 출생, 사망 등에 대해서 본적지의 호적에 반영되어 있지 않은 것은 드문 일이 아니다. 한국 호적에 이러한 내용들이 반영될 경우, 재일조선인에 대해서는 주일한국총영사관에 신청하는 것도 가능하다. 그러나 외국인등록증의 국적란이 '조선'으로 표기돼 있을 경우 신청은 받아들여지지 않는다. 국적란을 변경하지 않고 수속하는 경우는 직접 본적지를 관할하는 시·읍·면의 기관장에 우편 등으로 신고서를 제출해야 한다(在日本朝鮮人人權協会 2004:315-317).

김경해 씨의 경우는 어머니가 민단에 있는 친척과 연락을 하고 있었던 덕분에 일이 비교적 순조롭게 끝났다고 한다. 어머니는 할아버지가 제주도에서 돌아가신 후, 유산으로 남은 집과 토지(묘와 밭)의 명의를 직계비속이자 외아들인 아버지와 그 아들인 맏형에게 배분하였다. 그러나 아버지와 맏형이 제주도에 없었기 때문에, 실제로는 친척이 집과 토지를 관리해 왔다. 일본에 거주하는 친척이 총련 관계자인 경우, 제주도에 있는 친척이 더이상 고향으로 돌아올 수 없다고 판단하여 자의대로 명의를 변경했지만, 나중에는 왕래할 수 있게 되어 뒤늦게 말썽이 생기는 경우도 있었다고 한다. 그러나 김경해 씨의 친척은 언젠가 돌아올 것이라 하여 집과 토지를 지켜왔다.

일본에 거주하는 형제 가운데 처음으로 김경해 씨가 제주도에 갔다. 아버지가 고향을 떠난지 73년이 지난 뒤에야 처음으로 아들이 선조의 묘를 찾았던 것이다. 거기서부터 제주도의 친척과 일본에 거

주하는 김경해 씨 형제 사이에 앞으로의 재산 관리에 대한 얘기가
시작됐다. 그 사이에 아버지가 일본에서 돌아가시고 맏형도 북한에
서 돌아가셨기 때문에, 일본에 거주하고 있는 셋째 형과 넷째 형, 다
섯째 형, 그리고 김경해 씨에게 제주도의 토지를 상속하는 것으로
결론이 났다.

북한에 둘째형과 맏형의 장남이 살아 있지만, 한국정부는 그들의
상속권을 인정하지 않기 때문에 일본에 거주하고 있는 네 명의 형제
가 상속하기 위해, 할 수 없이 둘째 형과 맏형의 장남을 사망 혹은
행방불명이라는 이유로 호적에서 말소하도록 합의한다. 김경해 씨
는 그러한 결론에 이르렀던 것이 "쇼크였다"고 말했다. 그러나 그들
은 더 큰 벽에 직면하게 된다. 한국 정부 입장에서 보면 조선 국적의
사람들은 '내국인도 외국인도 아닌' 존재인 것이다. 그러므로 김경해
씨의 가족들이 상속을 받기 위해서는 한국적으로 국적을 변경해야
만 했다. 그러나 김경해 씨의 가족들은 그것을 거절했고, 실제 살아
있음에도 불구하고 한국에 있는 호적 상에 형제 전원이 '사망'한 것
으로 처리하여, 김경해 씨의 조카들이 재산을 계승하기로 했다.

4. 나가며

일본에 거주하는 사람들의 생활은 거주하는 일본과 국적국(国籍
国), 본적지 각각으로부터 규제를 받지 않을 수 없다. 이러한 생활을
카지무라 히데키는 "'국경을 넘는 생활권', 나아가서는 정주 외국인
으로서 고국과의 유대는 관념이나 의식의 수준 이전에 먼저 생활의

실태로서 현재하는 것이다. 그것은 역사가 형성시킨 것이지, 본인에 게 책임 여하를 물을 것이 아니"라고 주장하고 있다(梶村 1985:27). 제주도 출신자의 해방 이후의 역사를 보면 '국경을 넘는 생활권'은 확실히 생활상의 필요로부터 유지되어 왔기 때문이다.

'국경을 넘는 생활권'에서의 사람들의 이동에는 경제적 이유와 진학, 가족과의 재회, 재산이나 제사의 관리 등 생활과 관련된 다양한 사정이 따르고 있었다. 최근 단기 체재형의 도일자도 증가하고 있지만, 제주도의 경험에서 보면 그러한 사람들을 단지 체재 기간으로 분류하는 것만으로는 불충분하다고 말할 수 있겠다. 물론, 스기하라가 지적하듯이 나날의 현실 속에서는 다양한 자이니치의 역사가 부 딪치고, 예를들면 합법/비합법의 분절에 의해 배타적 관계의 재생산도 보여진다(杉原 1998:31, 伊地知 2005:342-346).

이러한 관계의 실상은 제주도에 있어서는 오히려 반대로 나타나는 경우가 있다. 일본에서 나고 자라 조선어를 할 수 없는 친척이 마을을 방문하고 돌아간 후에, 그 사람들의 어색한 행동에 대해 마을에서는 '일본인'이라고 부르는 경우가 종종 있는데, 거기에서 피아의 경계가 그어져 버리기 때문이다. 이러한 차이화/차별화의 작용 역시 국경을 넘는 생활권이 유지되는 가운데 역사적으로 형성된 것이다.

또 김경해 씨의 경험에서도 알 수 있는 것처럼, 재일조선인의 경우 본인의 의식과는 상관없이 모든 법적 행위는 각각의 국면마다 거주국인 일본과 외국인등록증의 국적 표시에 따라 한국 혹은 북한의 법률이 적용된다. 본국의 상황이 일본으로의 이동이나 본적지로의 왕래에 영향을 주고, 일본에서의 생사 여부를 파악하는 것 조차 곤

란하게 된다. 이러한 국적 표시에 의한 판단이나 행동에의 다양한
영향을 포함하여 생활의 실정에 다가가면서 사람들의 이동이나 왕
래의 경험을 파악함으로써 재일코리안의 다양성을 그 역사적 맥락
속에서 읽어 내는 것이 지금 우리에게 요구되고 있는 것은 아닐까.

한국·제주로부터의 도일사[*]

동회천 마을 조사 사례에서

이지치 노리코(伊地知紀子)
오사카시립대학 대학원 문학연구과 교수

고정자(高正子)
고베대학 비상근 강사

후지나가 다케시(藤永壯)
오사카산업대학 인간환경학부 교수

1. 머리말

본고는 제주도 북부의 중산간 지대[1]에 위치한 동회천 마을[2] 주민들의 일본으로의 도항, 정착, 왕래 등의 경험을 기록한 조사보고서이다. 제주도민이 일본으로 도항하게 되는 상황과 일본에서의 노동, 사회운동, 생활 등의 실태를 밝히기 위한 연구는 역사학, 사회학, 인류학, 지리학 등 다양한 학문분야에서 많이 축적되어 있고 필자들도 해방직후의 생활사에 관한 청취조사[3]를 계속하고 있다. 다만 이번

---

[*] 본 연구는 2012년 제주대학교 재일제주인센터 학술연구지원사업에 의하여 실시되었다.

1) 화산섬인 제주도의 산악지대와 해안지대의 중간에 위치한 지역(대략 해발 200미터 이상)을 중산간 지대라고 한다. 제주 4·3사건 때에는 1948년 11월부터 군인과 경찰에 의해 '적성지역'으로 간주되어 집중적인 초토화 작전이 전개되었다(각주 18참조).

2) 현지에서는 '동회천동'이라고도 부르고 있으나 본고에서는 '법정동' '행정동' 등의 법적 근거를 갖는 지명과의 혼동을 피하기 위해 '동회천 마을'이라는 호칭으로 통일한다. ('법정동' '행정동'에 대해서는 뒤에 게재하는 각주 4, 7 참조)

3) '해방직후·재일제주도 출신자의 생활사 조사'라는 제목으로 지금까지 13편의 인터뷰

조사에서는 시점과 방법을 조금 달리하여 특정한 촌락 공동체에 초점을 맞추고 공동체 구성원이 엮어내는 각각의 '일본'을 둘러싼 체험을 상호 관련적이고 총체적으로 파악하려고 하였다.

본고의 조사 대상 지역인 동회천 마을은 행정구역상 제주특별자치도 제주시 봉개동에 속하는 취락지구이다. 행정동[4])으로서의 봉개동은 구 제주시 지역[5]) 중산간지대의 동쪽 끝과 구 북제주군 조천읍(현 제주시 조천읍)과의 경계에 위치하고 있다. 봉개동의 5·6통[6])이 법정동[7])으로서의 회천동이며, 회천동은 동회천(봉개동 6통), 서회천(봉개동 5통) 두 마을로 나뉘어져 있다.[8]) 회천이라는 지명은 취락지구의 곳곳에 샘이 있었던 것에서 유래하였다고 하며, 특히 동회천 마을은 예부터 '새미'또는 '세미'('샘'의 제주도 방언), 또는 '새미(세미) 마을'로 불려왔다.

이번 조사에서 필자들은 2012년 9월 5일부터 9일, 2013년 2월 19일

기록을 발표하였다(2014년 1월 현재, 단 제13편은 미완결). 제1편에서 제4편(상)까지는 『오사카산업대학논집 인문과학편(大阪産業大学論集 人文科学編)』에 게재하고, 제 4편(하) 이후는 『오사카산업대학논집 인문·사회과학편(大阪産業大学論集 人文·社会科学編)』에 게재하고 있다. 또한 이러한 성과의 일부를 번역하여 한국에서 출판하였다(재일제주인의 생활사를 기록하는 모임 지음, 김경자 옮김, 『안주의 땅을 찾아서: 재일제주인의 생활사 1』, 선인, 2012年).

4) '행정동'은 행정운영의 편의를 위해 설정된 사구의 하위 행정구역으로 주민 수의 증감에 의해 수시로 설치되거나 폐지된다. 행정관청은 인구가 많은 법정동을 몇 개의 행정동으로 나누거나 인구가 적은 복수의 법정동을 모아서 하나의 행정동을 설치하는 경우가 있다.

5) 제주도가 2006년 7월 1일에 '제주특별자치도'라는 행정구역이 됨에 따라 종래의 북제주군(조천읍·구좌읍·우도면·애월읍·한림읍·한경면)은 제주시에 병합되었다.

6) '통'은 행정동 아래, 반 위에 설치된 행정단위이다.

7) '법정동'은 각종 공식 장부의 주소로 사용되는 것으로 대부분은 식민지 시대인 1913~1914년에 조선총독부의 행정구역 통폐합으로 결정되었다. 전통적인 고유지명을 채용하고 있는 경우가 많고, 오늘날까지 거의 변동이 없다고 한다.

8) 제주대학교 국어교육과·국어국문학과, 1994년, p.210.

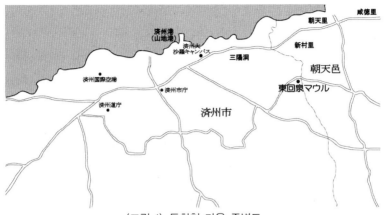

〈그림 1〉 동회천 마을 주변도

부터 22일, 9월 20일부터 23일, 세 번에 걸쳐 현지조사를 실시하여 주민분들께 귀중한 말씀을 듣고 발행된 지 얼마 되지 않은 『제주동 회천향토지 새미』등의 자료를 제공받았다. 그리고 봉개동사무소에 서는 관내의 인구통계·지도 등의 자료를 받았고, 고성만 씨(오사카 시립대학 인권문제연구센터 연구원)는 답사실시에 관한 여러 가지 편의를 제공해 주셨다. 그리고 다카무라 료헤이(高村竜平, 아키타대 학(秋田大学) 교육문화학부 준교수)씨도 다수의 문헌자료를 제공해 주셨다. 이 자리를 빌어 감사드린다.

　본고에서는 제2장에서 동회천 마을의 역사를 개관하고, 제3장과 4장에서는 동회천 마을 주민들의 가족사를 통해 다양한 도일·재일체 험 양상을 그려내고자 하였다. 집필은 '머리말'과 제2장을 후지나가 (藤永)가, 제4장을 고정자가, 제3장과 맺음말을 이지치(伊地知)가 담당하고 최종적으로 전체를 이지치가 조정하였다. 그리고 본고와 관련된 조사에서 가족사에 대해 말씀해주신 분들의 이름에 대해서

는 알파벳순으로 표기하지만, 이미 간행되어 있는 문헌에 근거하는
내용을 다룰 때 이름이 표기되어 있는 경우에는 그 기준을 따르지
않았다.

〈그림 2〉 동회천 마을 중심부

2. 동회천 마을의 역사

1. 동회천 마을의 형성 과정

오늘날 '동회천 마을', '새미 마을'이라 불리는 지역에 취락이 만들
어지기 시작한 시기는 고려시대 말기부터 조선시대 초기에 이르는
기간(14세기 후반~15세기 전반)으로 보인다.9) 이시기에 동회천 마
을 뒤에 있는 '역적 수월'('수월'은 가시덩굴로 이루어진 숲'을 의미
하는 제주 방언)이라는 지역에서 조선왕조에 대해 반기를 든 현황두

---

9) 『제주동회천 향토지 새미』, 2013년, p.62.

가 내성과 외성으로 된 이중성벽을 쌓았다고 전해지며, 실제로 1970년대까지는 폭 1.5미터 정도의 내성터가 남아 있었다.[10] 그 후 일부 주민은 '역적 수월'을 나와 '산물낭 우영'(귤밭을 의미하는 제주 방언)이라고 불리는 지역에 본격적으로 취락을 형성하였다.

1600년대 경에는 김해 김씨(金海金氏), 1700년대 경에는 평강 채씨(平康蔡氏)와 평안 강씨(平安康氏), 1800년대 경에는 진주 강씨(晋州姜氏)가 정주하고, 조선시대에는 경주 김씨(慶州金氏), 연산 김씨(連山金氏), 천안 전씨(天安全氏), 양천 허씨(陽川許氏), 수원 백씨(水原白氏) 등도 입촌하였다. 이들 대부분은 지금도 동회천 마을에서 유력한 가문이며 서로 인척관계를 맺는 경우도 많다고 한다.[11]

이 마을이 지도상에 최초로 나타난 것은 1678년에서 1700년 사이에 제작된 '탐라도'이며, '천미촌(泉味村)'이라고 표기되어 있었다. 1785년에 편찬된 『제주읍지』에 의하면 '천미리(泉味里)'에는 36호 178명(남자 77명, 여자 101명)이 거주하고 있었다. 그러나 1872년에 제작된 '제주삼읍전도'와 '제주지도'에는 인근 마을(현재의 서회천 마을)과 통합되어 '세천리(細泉里)'로 표기되었고, 1890년의 「삼읍 환폐급서막혁명거절목(三邑還弊及庶瘼革命祛節目)」에서는 '회천리'로 개명되고 주민 수도 227명이라고 기재되어 있다. 그리고 1904년에 편찬된 『삼군호구가간총책(三郡戶口家間摠冊)』에는 "회천에 연기가 나고 있는 집은 94호이다. 남자 166명과 여자 146명을 합쳐 남녀합계는 312명이다. 초가집은 295칸이다"라고 기록되어 있다.[12]

---

10) 앞과 동일, p.31, 63~64.
11) 앞과 동일, p.65.
12) 앞과 동일, p.22~22.

2. 식민지시대의 동회천 마을

오늘날 법정동으로서의 동회천은 식민지시대에 조선총독부가 제주면을 설치(1914년)함에 따라 창설된 회천리를 직접적인 원형으로 하고 있다. 식민지시대 회천리의 호구 수에 대해서는 1920년대 후반에 조사된 수치로 보이는 두 가지 기록이 남아 있다. 하나는 1929년에 조선총독부가 발행한 조사보고서에 게재된 수치로, 여기에는 호 수 161, 인구 652(남자 320, 여자 332)명이라고 되어 있다.[13] 다른 하나는 1930년에 조선인 편집자에 의해 발행된『제주도편람』으로, 여기에 호 수는 전자와 동일한 161가구지만 인구는 192명이나 많은 844명으로 되어 있다.[14] 양자의 인구 수에 큰 차이가 있지만 지금으로서는 이 의문을 풀 방법이 없다. 그리고 해방 전 동회천 마을에는 90여 세대가 거주하고 있다고 서술한 문헌도 있다.[15]

식민지시대에는 다수의 제주도민이 먹고살기 위해 일본으로 도항했는데 동회천 마을에서도 20여 명이 일본으로 건너갔다. 전시체제하에서는 다른 지역과 마찬가지로 동회천 마을 주민도 10~20명씩 차례로 일본군의 시설 공사에 강제동원 되어, 대정면 알뜨르 비행장과 제주읍 진뜨르 비행장(현재 제주국제공항)의 활주로 공사와 명도암 오름을 비롯한 오름에 건설하는 갱도진지[16] 공사현장 등에서 가혹한 노동에 종사할 수밖에 없었다. 특히 1940년 이후가 되면 유기

---

13) 善生永助, 1929년, p.102.
14) 高禎鐘 편, 1930년, p.68.
15) 제주대학교 국어교육과·국어국문학과, 앞에 게재한 보고, p.214.
16) 봉개동에 있는 명도암 오름의 갱도진지는 1945년 4월경부터 건설공사가 시작되었다. 일본국 제 96사단 보병 제293연대가 주둔하여 진뜨르 비행장의 경비, 제주읍 동부지역의 방어 등을 실시하였다고 추측된다.

등의 금속류와 곡물 등의 식량이 강제적으로 공출되었기 때문에 주민들은 돌담 구석을 파서 보리나 조를 숨겼다는 일화도 남아 있다. 산물낭 우영 지역을 중심으로 형성되었던 취락은 식민지시대 이후 그 중심이 서서히 남쪽으로 이동되었다.[17]

3. 제주 4·3사건과 동회천 마을

일본의 패전으로 식민지지배에서 해방을 맞이하자 일본으로 건너 갔던 20여 명의 동회천 마을 출신자 중 10여 명이 고향으로 돌아왔 다. 그러나 1948년에 발생한 제주 4·3사건은 동회천 마을에도 엄청난 공포와 타격을 가져다주었다. 중산간 지대에 속한 동회천 마을은 이른바 초토화 작전[18]의 대상이 되었다. 특히 음력 11월 초(양력으로 는 12월 초)에는 군인과 경찰을 중심으로 구성된 토벌대의 수색에 의해 석왓굴에 숨어 있던 주민 20여 명(15~30세, 남자 15명, 여자 5명) 중 6명은 현장에서, 나머지는 함덕 모래사장에서 사살되는 참사 가 일어났다.

소개명령에 의해 주민들은 신촌, 조천, 삼양 등의 해안 지역으로

17) 앞에 게재한 『제주동회천향토지 새미』, p.71~72.
18) 1948년 10월 17일 제주도에서 이루어진 무장봉기 진압을 실시하였던 한국군 제 9연대의 송요찬 군대장은 게릴라 부대와의 연락을 차단하기 위해 중산간 지대의 통행을 금지하고, 11월 17일에는 이승만 대통령에 의하여 제주도 일원에 계엄령이 선포되었다. 이때부터 '초토화 작전'이라고 불리는 중산간 지대에 대한 대대적인 소탕작전이 전개되어 집중적인 살육이 벌어졌다. 중산간 지대의 주민에게 해안지대로 소개할 것을 명령하였지만, 명령이 전달되지 않은 일부지역 주민들은 군사작전 과정에서 집단적으로 학살되었다. 초토화 작전은 1949년 3월 2일에 설치된 제주도지역 전투 사령부가 무력진압과 선무활동을 병행하는 방침으로 전환할 때가지 계속되었다. 4·3사건에서 자행된 민간인 학살은 이 초토화 작전시기에 집중되고 있다.

내려갔으나 그 중에는 토벌대에 대한 공포와 불신 등으로 한라산 쪽
으로 올라간 사람도 있었다. 결국 산에 숨은 사람들의 대부분은 다
음해인 1949년 봄, 토벌대의 선무공작에 의해 산에서 내려와 군용트
럭으로 수용소로 이송되었다. 그런데 지금의 제주대학교 사라캠퍼
스 근처의 오름에서 하산한 사람이 도망치는 사건이 발생하였고, 그
사건 때문에 같은 트럭에 타고 있던 사람들이 몰살당하였는데, 그
중에는 동회천 마을 주민도 몇 명 포함되어 있었다고 한다.[19]

　주민들은 1954년이 되어서야 동회천 마을로 돌아올 수 있었다. 4·3
사건 이전, 동회천 마을에는 100여 세대의 주민이 살고 있었지만 5년
남짓한 소개 생활을 끝내고 돌아온 것은 그 중 50세대뿐이었다.[20]
돌아온 주민들은 힘을 모아 글자 그대로 초토화된 고향 복구에 힘을
기울여 3년 만에 완전히 복구하였다고 한다.[21] 1955년에 제주읍이
제주시로 승격되고 25리가 40동으로 개편되자 회천리는 '회천동'으
로 바뀌었다. 그리고 1962년 40동이 14개의 행정동으로 병합·재편됨
에 따라 봉개·회천·용강의 세 개의 법정동이 행정동인 봉개동에 속하
여 현재에 이르고 있다.[22]

4. 오늘날의 동회천 마을

　1960년대부터 1970년대까지 동회천 마을의 '근대화'가 진행되었
다. 동회천 마을 출신의 재일동포 김평진(金坪珍, 1926~2007)[23] 등

---

19) 앞에 게재한 『제주동회천향토지 새미』, p.73~74.
20) 앞과 동일, p.77.
21) 『향토지(봉개·명도암·용강, 동회천·서회천)』, 1987년, p.20.
22) 앞에 게재한 『제주동회천향토지 새미』, p.24.

의 지원으로 마을회관 (1960년대 초에 초가에서 함석지붕으로 개축), 삼양초등학교 동회천 분교(1963년 개교), 상수도(1960년대 중반 부설), 전기(1970년 부설) 등의 공공시설이 다른 중산간지역과 비교해 일찍 정비되었다.[24]

그러나 1973년 3월 제주도에 그린벨트[25]가 지정되었고 동회천 마을도 그린벨트에 포함되자 농지의 개량확장과 주택의 건설·개축이 엄격하게 제한되었기 때문에 생활에 불편을 느낀 많은 젊은이들이 마을을 떠났다고 한다.[26] 특히 1980년대에 들어서자 제주도의 산업구조 변화가 농촌지역의 전반적인 인구유출을 초래하기 시작하였는데, 회천동의 경우도 제주시가지 근교라는 이점에도 불구하고 그린벨트문제에 의한 인구유출이 계속되었다(<표 1>참조). 이러한 약년층의 이촌이 진행된 결과 1996년에는 삼양초등학교 회천분교가 폐교되기에 이르렀다.[27]

그런데<표 1>에서 최근 2012년 통계를 보면 회천동에서는 인구감소가 계속되는 것에 반해 세대수는 현저하게 증가하고 있다는 사실을 알 수 있다. 세대수의 증가는 새롭게 유입된 세대의 증가를 나타

---

23) 김평진에 대해서는 나가노 신이치로(永野慎一郎)「김평진」(나가노 편저, 『한국의 경제발전과 재일한국기업인의 역할』, 이와나미쇼텐(岩波書店), 2010년, p212~216), 고광명「재일(在日) 제주인 기업가 東泉 金坪珍 연구」(『일본근대학연구』제30집, 2010년 11월) 등의 연구가 있다.

24) 앞에 게재한 『제주동회천향토지 새미』, p.82~92, p.200~203.

25) 도시의 환경보전 등에 대한 목적으로 설치된 녹지대. 한국에서는 1971년에 이 제도가 도입되어 전 국토 면적의 5.5%에 상당하는 토지(농지, 임야, 택지 등)이 개발제한 구역으로 지정되었다. 제주도에서는 82.6km²가 지정되어 41개의 마을이 포함되었다.

26) 앞에 게재한 『제주동회천향토지 새미』, p.99~100. 그 후 2001년 8월에 제주도 그린벨트는 해제되었다.

27) 현혜경, 1998년, p.20.

〈표 1〉 회천동 세대·인구 수

년도	총인구 수	남	여	세대 수	1세대 당 가족 수
1955	615				
1987	758	367	391	165	4.6
1993	628	306	322	141	4.5
1998	610				
2012	513	286	227	204	2.5

출전 : 1955,1998년은 현혜경, 『제주 농촌마을의 기제사의례 변화—회천마을 사례—』
(제주대학교 사회학과 석사학위 논문, 1998년). 1987년은 『향토지(봉개·명도암·용강, 동회
천·서회천)』(봉개국민학교 1987년), 1993년은 제주대학교 국어교육과·국어국문학과, 「제주
시 봉개동 회천리 현지학술 조사보고(1993.7.30~8.2)」(국어교육학회 『백록어문』 제10집,
1994년 10월). 2012년은 봉개동사무소에서 제공한 자료에 준한다.

내고 있다고 보이지만 한편으로 세대 당 가족 수가 격감했다는 것을
알 수 있다. 이를 근거로 과소화와 함께 급속하게 핵가족화가 진행
되고 고령자 부부만으로 구성된 세대가 급증하는 현상이 진행되고
있다고 추측할 수 있다.

이러한 경향은 동회천 마을의 통계만 보더라도 확인할 수 있다.
즉 1993년에는 67세대 288명(남자 144명, 여자 144명)이었으나[28],
1998년 9월 현재에는 83세대 321명[29], 2012년 8월 31일 현재는 96세
대 237명(남자 122명, 여자 115명)으로[30], 회천동 전체의 경향과 마
찬가지로 세대 수의 증가와 인구 감소가 병행하여 진행되는 모습을
볼 수 있다.(2008년에서 2012년까지의 회천동 마을에 대한 세대·인
구 수 변천은 <표 2> 참조.)

---

28) 제주대학교 국어교육과·국어국문학과, 앞에 게재한 보고, p.214.
29) 현혜경, 앞에 게재한 논문, p21. 이 1년 동안 '육지'(한반도 본토)에서 3~4세대가 이주해
    왔다고 한다.
30) 봉개동사무소의 조사에 준한다.

〈표 2〉봉개동 6통(동회천 마을) 세대·인구 수(2008~2012)

2008년

	세대 수	총인구 수	남	여
6통 1반	36	102	59	43
6통 2반	25	58	33	25
6통 3반	26	73	37	36
6통합계	87	233	129	104
회천동합계	200	545	305	240
봉개동합계	1,141	3,100	1,620	1,480

2009년

	세대 수	총인구 수	남	여
6통1반	36	102	59	43
6통2반	27	58	32	26
6통3반	28	72	36	36
6통합계	91	232	127	105
회천동합계	194	520	286	234
봉개동합계	1,143	3,042	1,577	1,465

2010년

	세대 수	총인구 수	남	여
6통1반	39	108	66	42
6통2반	27	57	32	25
6통3반	26	69	33	36
6통합계	92	234	131	103
회천동합계	201	528	296	232
봉개동합계	1,161	3,032	1,600	1,432

2011년

	세대 수	총인구 수	남	여
6통1반	38	112	66	46
6통2반	27	62	33	29
6통3반	28	75	37	38
6통합계	93	249	136	113
회천동합계	206	532	299	233
봉개동합계	1,197	3,044	1,609	1,435

2012년

	세대 수	총인구 수	남	여
6통1반	43	108	59	49
6통2반	24	57	30	27
6통3반	29	72	33	39
6통합계	96	237	122	115
회천동합계	204	513	286	227
봉개동합계	1,227	3,045	1,601	1,444

출전 : 봉개동사무소제공자료.

비고 : 데이터는 매년 8월 31일 현재.

지금 회천동 마을은 산업화 사회에 나타나는 과소화와 고령화라
는 농촌의 보편적인 과제에 직면하고 있다고 할 수 있다.

3. 해방 전의 도일-V일가, W일가, X일가의 사례에서

본 조사에서는 일본에 대한 도항사를 개인사적인 관점뿐만 아니
라 가족사로 파악함으로써 이동의 동기와 네트워크를 중층적으로
분석한다. 본 장에서는 인터뷰에 응해주신 V일가, W일가, X일가의
가족사와 사람들의 이동에 대해 살펴보고자 한다.

1. 동회천에서 오사카로-V일가

해방 전 많은 사람들이 일을 찾아 제주도에서 오사카로 건너갔다.
13대 선조가 동회천에 정착한 V일가의 A의 가족사를 살펴보기로 한
다. A는 본관으로는 71대손이고 제주 입도 21대손이 된다. 입도조는
고려말기에 좌정승이었는데, 그가 곽지에 상륙한 후 선흘, 하도, 종
달, 제주성내를 거쳐 회천에 정착하였다. 증조할아버지는 어렸을 때
아버지를 여의고 고조할머니와 고조할머니의 출신지인 선흘에서 생
활하다 동회천으로 돌아왔기 때문에 A의 집은 '선흘집'으로 불리기
도 하였다.

A의 가족 중에 해방 전에 도일한 사람은 할아버지의 두 번째 남동
생인 Va, 세번째 남동생인 Vb, 아버지의 형님인 Vc, 아버지의 사촌인
Vd, Xe이다. 최초로 도일한 것은 Va였다. 해방이 된 후에도 그들 중
아무도 제주도로 돌아오지 않았고 Va가 오사카 이쿠노구(生野区)에,

Vb가 교토(京都)에 살고 있었던 사실을 A가 파악하고 있었을 뿐이다. 일본에 있는 친척 중 Vb의 아들인 Vf는 1970년대 후반에 아들을 데리고 한 번 온 적이 있다. 그리고 A가 여행경비를 대서 Vb부부를 제주에 초대한 적이 한 번 있었다. 이처럼 일본에 있는 친척과의 대면은 단 두 번뿐이며 그 후로는 소식이 끊긴 상태이다.

2. 해방 후에 동회천에 이주한 사람들—W일가

W일가의 삼녀 G는 1934년에 오사카시 고노하나구 니시쿠조(此花区西九条)에서 태어났다. 부모는 동회천의 동쪽에 위치한 와흘리 2구 출신이다. 부모는 20세가 되기 전인 1927년 장남B, 차남C(1923년생)를 데리고 군대환(君が代丸)를 타고 일본으로 건너갔다. 아버지는 10남매(5남 5녀) 중 차남이었다. 아버지를 포함한 남자형제 다섯 명은 모두 해방 전에 일본으로 건너갔는데, 아버지의 형제 중 G의 아버지만 항만노동자가 되었다. 부모와 B, C가 일본으로 건너간 후에 6명의 아이들이 태어났고, 그 중 삼남D, 장녀E(1928년생), 차녀F(1931년생), 삼녀G까지 고나하나구에서, 사남H(1939년생, 호적에는 1940년생)과 오남I는 오사카시 이쿠노구 모모다니(桃谷)에서 태어났다. H는 자신이 태어난 집 주소까지 자세하게 기억하고 있었다.

1945년 3월, 부모와 누나 두 명, 남동생 두 명은 제주도로 떠났다. 이때 아버지가 제주도로 돌아갈 결심을 하게 된 이유를 H는 다음과 같이 말하고 있다.

가족이 많았기 때문에 어느 날 아버지가 시골에 가서 쌀을 사서 자전거에 싣고 오는데 경찰에게 잡혔다고 합니다. 경찰관이 암거래 쌀일 것이라고 하면서 빼앗아버렸습니다. 집으로 돌아온 아버지는 "이 나라는 사람이 살 곳이 못 된다"고 하면서, 장남은 동서(아내의 여동생의 남편)가 있으니까 전라남도 광주로 보내고, 둘째와 셋째 형은 일본에 남겨 두고 우리는 제주도로 돌아왔습니다.

G일가는 신촌 해안으로 상륙하여 와흘로 갔으나 이미 조부모가 돌아가셨기 때문에 세 분의 큰어머니 시집인 동회천으로 향하였다. H에 의하면 아버지는 일본에서 동회천에 있는 세 명의 누나들에게 돈을 보냈고, 그 돈으로 동회천에 있는 밭 세 개를 구입해 두었다고 한다. 동회천에서 생활을 시작했지만 G일가의 누나E는 '여기서는 살 수 없다'고 하며 바로 일본으로 돌아갔다. 그 후 제주 출신 남성과 일본에서 결혼하여 4·3사건이 일어날 즈음에 돌아와 제주시내에 정착하였다.

동회천에 살기 시작한 G일가도 1948년 12월 17일에 신촌으로 소개되었다. F는 동회천에서 16세 때 결혼하였는데, 소개하지 않고 그대로 마을에 남아있었기 때문에 총에 맞아서 18세에 사망하였다. H는 신촌초등학교 2학년에 편입하여 졸업한 후, 경제적인 이유로 중학교를 다니지 못하고 신촌리 중동에 있는 서당에 다녔다.[31] G는 신촌에 있을 때 와흘 사람(1931년생)과 결혼하였다. 남편의 군복무기간 동안에는 경기도 포천시 이동면 장암리에서 생활하였다. 남편은 군복무가 끝난 후, 남편의 부모는 해방 전에 이미 사망했기 때문에 동회천에 재건한 G의 친정에서 아내의 부모와 같이 살았으며 지

---

31) H에 의하면 당시 신촌리에는 서당이 세 곳 있었다고 한다.

금까지 동회천에서 살고 있다. H에 의하면 1955년에 집을 다시 짓기 위해 동회천으로 돌아왔다.[32] 이때 미국의 원조물자 중에서 집을 지을 재료를 얻었다. 육지에 있던 B도 목수 기술이 있으니 돌아와서 집을 짓는 일을 도우라는 아버지의 말에 가족과 함께 전주에서 동회천으로 옮겨왔다.

G, H의 형제자매 가운데 C와 D는 해방 후에도 일본에 거주하였다. 두 사람의 직업은 목수였다. 아버지의 형제 중 세 명은 그대로 일본에 정주하였다. C는 그 후 이쿠노구 모모다니에서 집에 재봉틀 공장을 차렸다. G는 1984년부터 1년에 한두 번 일본에 갔는데, 합쳐서 열 번 정도 다녀왔다. 2010년에 C가 사망하였다. H는 "예전에는 이런 말을 할 수 없었는데, 조총련이었어. 둘째 형네는"이라고 말하고, 그런 이유로 C의 아이들이 조선학교에 다녔으며 조선말을 쓸 줄 알았다며 조카가 보낸 조선어로 된 편지를 보여주며 설명하였다. C가 전화로 어머니께 "어머니께서 일본에 한 번 와주시면 저도 한국에 가겠습니다"라고 말한 것이 계기가 되어 1970년 전후에 어머니는 C가 한국에 올 수 있는 상황을 만들려고 일본으로 가셨다. 어머니는 자식 중에 C를 가장 아꼈기 때문에 제주에 있는 자식들이 "천천히 계시다 오세요"라고 하며 어머니를 일본으로 보냈다. 그런데 3일 후 어머니에게서 전화가 걸려와 (제주) 공항으로 데리러 오라는 것이었다. 마중을 나갔더니 "아무튼 집으로 가자"고 하시길래 집에 모시고 오자 "형님 집 2층에 선생의 사진이 있었다"는 것이다. C의 집에

---

32) 전게한 『제주동회천향토지 새미』에 의하면 소개에서 마을로 돌아오기 시작한 것은 1954년이다. 4·3이전에 100세대 정도 있었는데 그 가운데 50세대가 돌아왔다.

김일성 사진을 걸어두었던 것이다.

어머니가 제주로 돌아오고 난 후 얼마 지나지 않아서 다시 C에게서 전화가 걸려왔고, H에게 일본에 한 번 오지 않겠냐고 물었다. H는 "제가 일본에 가면 저희 둘만 만날 수 있지만, 형님이 한국에 오시면 형제자매를 모두 만날 수 있어요"라고 대답하였다. 그러자 이번에는 H의 생일에 C의 큰사위(장녀의 남편)가 전화를 걸어 "죄송합니다. 얼굴도 모르는데 부탁드립니다. 아버지(장인어른)가 살아계실 때 한 번만 일본에 와 주시면 안 될까요?"라고 하였다. 그래서 H는 일본 방문을 결심하고, 시청에 근무하고 있었기 때문에 시장의 허가를 받았다. 일본에 가기 전에 누나의 딸이 "외삼촌, 한국인은 가난하다고 생각하고 있을 테니까 돈 많이 가지고가서 손자들에게 듬뿍 주세요"라고 하였다. 조카가 이런 말을 한 이유는 그때 당시는 특히 조총련 사람들이 그렇게 생각한다고 여겼기 때문이라고 H는 말하였다. 실제로 일본에 갈 때 돈 만이 아니라 제주에 있는 형제와 누나들이 모아준 돈으로 고기를 60만 원어치 사서 일본에 가져갔다. 고기는 둘째 형수가 근처에 사는 한국인에게 나누어 줄 만큼 많았다.

C의 자식들과 손자들이 모두 인사할 때 일본어를 사용하지 않아서 기특했다. 17명의 손자들에게 H가 천 엔씩 주는 것을 보고 사촌 형제의 부인은 "한국은 가난하다고 들었는데 왜 그렇게 돈을 쓰세요?"라고 물었다. 3일 정도 체재하고 나서 귀국하기 전에 C는 H만 불러서 "해가 바뀌면 (제주에) 가마"라고 하였다.

다음 해 4월 1일에 제주에 있는 H에게 C가 전화로 "내일 대구로 가서 경주를 거쳐 제주에 도착한다"고 하기에 형제들은 C를 맞을 준비에 들어갔다. 고문수 시장[33] 시절이었는데 공항에서 꽃다발과 환영 영접까지 준비해 주었다. 제주에 사는 가족들은 C와 형수를 데리고 관광을 한 후에 부모님 산소로 안내하였다. 산소는 아버지가 생전에 가족 묘지를 단장해 두었었다. 처음 C가 동회천에 왔을 때는 삼양 파출소에서 "오늘은 어디를 갔었느냐"고 매일 전화로 물었다. 마침 H가 동장을 하고 있을 때였는데, "걱정마세요"라고 대답하고 그날 간 곳을 설명했다고 한다. 그 후로 C는 1년에 한두 번 제주에 오게 되었다. H는 C에 대한 생전의 부모 마음에 대해 "일본에 있어도 자식 아닙니까"라고 말했다.

마음이 있어도 친족 간의 문제는 한국 내에 있는 사람끼리 해결해야 하는 경우가 있다. 예를 들면 C의 큰아버지에게 아들이 없었기 때문에 원래대로라면 C가 큰아버지의 양자가 되어야 하는데 일본에 있었기 때문에 H가 큰아버지의 양자가 되었다.

아버지가 돌아가시고 난 후 I가 밭을 팔아서 일본에 있는 C와 D에게 5,000만 원을 송금하였다. 그것을 형들은 매우 기뻐했다. G는 2011년에 D가 아프다는 소식에 문병을 갔고, 그 후 그 형은 사망하였다. C와 D가 사망했을 때 장례에 참석하기 위해 일본으로 갔다.

3. 도일 후의 노무 동원-X 일가

J(1941년생)는 4장에서 거론하는 Y일가의 인척이 된다.[34] X일가 30대가 동회천에 정착한 후 J가 6대째이다.

일본으로 건너간 할아버지와 작은아버지는 마찬가지로 일본으로

---

33) 재직기간 1995.7.1~1998.6.30.
34) J의 육촌형제(1948년생)가 Y일가의 3녀인 M과 결혼.

간 J의 아버지를 '사할린'으로 불러 들였다. 아버지가 사할린에 갔을 때 J는 한 살이었다.[35] 해방 후 1946년에 할아버지와 작은 아버지는 고향으로 돌아왔지만 아버지는 행방불명이 되었다. J에 의하면 사할린에서 아버지는 "탄환이나 식량 등을 군인에게 등에 져서 나르는 일"을 하고 있었다고 했던 것으로 보아 노무 동원되었던 것 같다. 어떤 사할린으로부터의 귀환자(성산읍 오조리 출신)의 이야기에 의하면 아버지는 소련시대에 현지 여성과 결혼하여 딸도 한 명 낳았으나 사망했다는 것이다.

사할린에서 돌아온 작은아버지와 큰할아버지의 셋째 아들과 넷째 아들 그리고 작은할아버지의 큰 아들이 4·3사건으로 희생되었다.

4. 해방 후의 도일—Y일가의 사례에서

본장에서는 7대 전에 동회천에 입촌한 Y일가의 가족사 중에서 일본 도항에 대해 기술한다.

1. Y일가과 동회천 마을

Y일가는 7대 전에 동회천 마을에 정착하였으나 현재는 거주하지 않는다. 동회천 마을은 중산간 마을로 4·3사건에 의해 1948년 음력

---

35) 사할린에는 탄광이 몇 군데 있어서 제2차 세계대전 때 일본에 의해 많은 조선인이 동원되었다. 해방 후인 1946년 7월에 실시된 인구조사를 보면 치시마(千島)를 포함한 사할린 전 지역에 있는 조선인 인구는 2만3,496명이었다(국제고려학회 일본지부, 『재일코리안 사전』, 편집위원회 2010).

11월에 마을이 폐쇄[36])되었다. Y일가는 입촌이 허가된 1954년에 가장 먼저 돌아왔지만 제주 4·3사건으로 장남이 사망하였기 때문에 차남이 장남 역할을 하였다. 1960년대에 차남의 직장 때문에 동회천 마을을 떠나 제주시내에서 살게 되었고, 현재도 그곳에 집을 마련하여 차남이 종가가 되어 제사 등 모든 의례를 도맡아 하고 있다.

본장에서 다루는 Y일가 사람들은 제주도 입도 후 43대째가 되며 오남매이다. 오남매의 아버지(1899년생)가 36세(1935년)라는 젊은 나이에 돌아가시고 난 후 어머니(1900년생)와 할머니가 중심이 되어 장녀K(1922년생), 차녀L(1925년생), 삼녀M(1929년생), 장남N(1932년생), 차남O(1934년생)을 키웠다. 오남매의 할아버지인 41대에게는 두 명의 아들이 있었다. 그 중 장남은 아들과 딸을 낳았고, 그 아들은 딸을 한 명 낳고 사망하였다. 장남의 딸은 결혼 상대가 오사카의 니시나리(西成)에 있었기 때문에 식민지 시대에 일본으로 건너가 니시나리에 살고 있었다. 한편 41대인 차남에게는 아들이 태어났기 때문에 장남 대신에 차남O가 종가가 되어 제사를 맡고 있다. 본장에서 대상이 되는 오남매란 이 41대손인 차남의 자식들을 일컫는다.

오남매의 아버지가 일찍 돌아가시고 동생들이 어렸기 때문에 장녀K가 10대 때 결혼을 하였다. 그때 결혼 조건이 동회천에서 사는 것이었다. 근처 마을 출신인 K의 남편은 아내의 동생이 어렸기 때문에 아내의 처가가 있는 동회천 마을로 옮겨와 데릴사위처럼 처가를 보살폈다.

이 가족이 동회천 마을을 떠난 것은 1948년 음력 11월이었다. 제주

---

36) 앞서 게재한 『제주동회천향토지 새미』, p73, p.77.

4·3사건 당시 중산간 지대에 대한 초토화 작전에 의해 마을을 떠날 수밖에 없었기 때문이었다. 일가는 친적을 연고로로 하여 해변 마을인 조천읍 신촌리로 소개되어 갔는데, 당시 제주공립농업중학교에 재학 중이던 장남N은 초토화 작전이 시작되었을 때 마을 사람들과 동굴로 피난하였다. 나중에 마을 사람들이 동굴을 나간 후에도 동굴에 남아 있었기 때문에 친구 여섯 명과 함께 사망하였고, 장녀 K의 남편도 산으로 갔는데 나중에 체포되어 사망하였다. 이때 K도 경찰서에서 남편의 행방을 자백하라는 고문을 받았다.

그 동안 차녀L과 삼녀M도 결혼하여 동회천 마을을 떠났으나 L은 남편과 함께 1945년 음력 12월에 일본으로 도항하였다. 다음은 L의 일본 도항에 따라 그녀를 중심으로 가족들이 어떻게 일본으로 도항하였는지에 대해 살펴보고자 한다.

2. 차녀L의 일본도항

L은 1925년 음력 2월에 태어나 1942년 세는 나이로 18세 때 가까운 화북동 출신의 남편과 결혼하였고, 결혼 후에는 화북동에서 살고 있었다. 남편은 식민지시기에는 순회선 기관사를 하고 있었으나 해방 후에는 그 일이 없어졌기 때문에, 일본에 가서 알루미늄 그릇을 사와서 제주도에서 팔면 돈을 벌수 있지 않을까하는 생각에 1946년 1월(1945년 음력 12월)에 남편의 사촌이 조종하는 사촌의 작은아버지 배를 타고 저녁 7시쯤 화북항을 출항하였다. L은 그때 같이 승선한 사람은 남편 외에도 동회천 마을 친구(여성) 두 명과 그 외에 네다섯 명이 있었다고 당시의 기억을 더듬어 말했으나, 그 부분은 그다지

정확하지 않은 것 같다.

　항해 중에 배가 침몰할 뻔한 사고가 났는데 그 일이 너무나도 공포스러웠기 때문에 일본에 도착한 후에는 그곳에 정착하기로 결심했다고 한다. 아무튼 배는 어디도 기항하지 않고 출발한지 2~3일 후 밤에 고베에 도착하였다. 그곳에서 처음 몸을 의지한 곳이 앞서 서술한 오사카 니시나리에 살고 있는 사촌언니 집이었다.

　니시나리에 자리 잡은 L은 다음날 사촌언니의 남편이 주민센터에 해당하는 구야쿠쇼(区役所)에 데려가서 '쌀표'(미곡통장)를 얻어줘서 생활하였는데, L의 남편은 일단 제주도에 돌아가 오사카와 제주도를 왕래하고 있었다. 아이가 없었던 L은 남편이 돌아올 때까지 야채를 사다가 노점에서 팔아서 생활하였다. 이 시기에 제주도에 갔었던 남편은 제주4·3사건의 박해를 피해 오사카로 도망쳐 왔다. 일본으로 건너올 때 밀항선을 조종했던 남편의 사촌은 제주도에 돌아간 후 4·3사건으로 사망하였다.

　당시 조선인 가운데는 종전 후에 장사 기회를 잡아 일본에서 성공을 꿈꾸는 사람도 있었는데, 남편과 함께 일본에 살게 된 L부부는 알고 있는 조선인의 권유로 공동출자해서 사업에 참가하였다. 이 사업에 대해 L은 당시의 일은 잘 모른다고 하면서 '폭발탄'의 채굴권을 얻으려고 야마쿠치현 도쿠야마시(山口県徳山市)(현재 슈난시(周南市))로 갔다고 한다.37) 당시 GHQ에 교섭하였으나 자본이 없는 조

---

37) 후지나가의 논문에 의하면 "2차 세계대전 전 도쿠야마에 있었던 구 제3해군 연료창적지(旧第3海軍燃料廠跡地)불하, 또는 석유정제권 획득을 계획하는 활동에 종사했다고 여겨진다. 이러한 권리는 결국 산코코산(山光興産) 등의 일본 석유기업이 획득하게 되었고 일본 유수의 석유화학 콤비나트가 이 지역에 건설되었다고(와키 히데오(脇英雄), 오니시 아키오(大西昭生), 가네시게 무네카즈(兼重宗和), 도미요시 시게키(富吉繁貴),

선인들은 채굴권을 조금밖에 얻을 수 없었다고 한다. L부부는 기다리는 동안 생활하기 위해서 밀주를 만들어서 생계를 잇고 있었다. 그러나 1949년 5월 유통통제해제(주류배급공단의 해산에 의한)로 통제가 해제되자 팔리지 않게 되어버렸다.

그 해 여름, 돈도 없고 먹을 것도 없어서 며칠을 굶고 있었는데 쌀을 파는 행상인이 왔다. 그 상인에게 쌀을 한 되 꾸어서 밥을 해 먹었다. 그러나 오사카로 돌아갈 차비가 없었는데, 마침 쌀 구입 도중에 도쿠야마에 들른 L의 친구(함께 밀항해 온 동향 사람)가 차마 볼 수 없었던지 장사 자금을 여비로 빌려 주어서 함께 오사카의 모리마치(森町)에 돌아왔다.

도쿠야마에서 오사카로 돌아온 음력 10월(양력 11~12월)에 남편은 '연맹'(재일본조선인연맹 1945년 결성, 1949년 9월 해산) 회의에 참가하고 돌아오자 고열이 나서 당시 히가시나리구(東成区)에 있는 헤이와병원(平和病院)에 두 달 동안 입원하였으나 사망하였다. L의 말에 의하면 헤이와병원은 조선인이 경영하는 병원이었다고 하는데 정확하지는 않다. 남편의 유해는 화장하여 오사카시 텐노지(大阪市 天王寺)에 있는 일본인이 경영하는 절에 맡겼는데, 일주기가 되기 전에 제주도와 일본을 왕래하던 남편의 사촌이 제주도로 가져갔다.

혼자가 된 L은 히가시나리구에서 암거래되는 쌀을 운반하는 일을 하면서 생활하였고, 28세(1952년)에 결혼을 주선해 주는 사람이 있어서 재혼하게 되었다. 재혼 후 이쿠노구로 옮겨와서 살게 되었다.

『도야마해군연료창사(德山海軍燃料廠史)』, 도야마대학 종합경제연구소, 1989년)" 한다 (후지나가 2014). 이 부분에 관해서는 L 자신이 잘 모르기 때문에 추정할 수밖에 없다.

L은 재혼한지 얼마 되지 않아서 임신하였다. 1953년 낳은 딸을 시작으로 2남 2녀를 두었다. 첫 아이를 임신했을 때도 L은 농촌에서 쌀이나 야채를 사다 파는 '가이다시(買い出し)'라고 불리는 암시장에 쌀을 팔기 위해 지방으로 쌀을 사러 다니는 일을 하고 있었다. 미에현(三重県)의 구와나(桑名), 나바리(名張), 마츠사카(松坂) 등지의 농가에서 사온 쌀을 긴테츠 후세역(近鉄布施駅)(현재의 히가시오사카시(東大阪)에서 중개업자에게 팔았다.

당시는 단속이 심했기 때문에 L은 많을 때는 30㎏ 되는 쌀자루를 몸 앞쪽에 두 개, 뒤쪽에 두 개, 좌우에 하나씩 몸에 감고 전철을 타서 역에 닿기 전에 창밖으로 던져두었다가 전철에서 내린 후 가지러 가는 식이었다. 결혼 전부터 이 일을 하면서 몇 번이나 경찰에게 붙잡혔다고 한다. 가까운 곳으로 사러갈 때는 아침 첫 전철을 타고 간 다음, 오사카로 돌아와 12시에 후세역에서 암거래 되는 쌀을 팔고 나서 13시에는 다시 한 번 농가에 쌀을 사러가는 일을 일주일에 두 번 하고 있었다. 그런데 임신 중에 단속에 걸렸을 때 엉겁결에 달려서 도망쳤는데 심하게 넘어지고 말았다. 그 광경을 보고 있던 어떤 일본인 아주머니에게 "이러면 아이가 큰일나요"라는 말을 듣고 쌀 암거래 일을 그만 두었다.

그 후에는 집에서 일본어를 잘 읽고 쓰지 못하는 재일 한국인 1세들 사이에서 당시 유행하고 있었던 부업을 하였다. 특히 오사카 주오구(中央区)에는 기성품 신사복을 취급하는 가게가 많았고, 재일 한국인 중에도 신사복 하청을 하고 있는 사람도 많았다. 재봉틀로 봉재하는 부분과 손바느질을 해야 하는 부분을 품삯을 주고 맡기는 식이었다. 그 부업을 '마토메(まとめ : 정리)'라고 불렀고 많은 재일

1세 여성들이 이 부업으로 생활을 꾸렸다. L은 이 일을 30년 동안 하면서 생계를 이었다.

그녀의 일은 부업의 영역을 넘어 생업에 가까웠다. 남편은 소규모 공장에서 적은 월급을 받으며 일을 하고 있었기 때문에 같이 살던 시아버지는 실을 감고 남편은 공장에서 돌아오면 단추를 달았다. 딸이 어렸을 때는 실을 감았고 초등학교에 들어가자 소매붙이기, 주머니달기, 밑단박기를 하는 식으로 나이가 들수록 어려운 일을 맡아 도와주었다. 가족이 모두 나서서 도와준 덕에 남편 월급의 두 배를 벌 때도 있었다고 한다.

그동안 고향소식은 제주도를 오가는 사람들에게서 듣고 있었으나 L 자신이 고향에 간 것은 1965년 한일기본조약이 체결되고 난 후였다. 이때 한국 국적을 취득하는 사람에게 여권이 발급되었다. L은 일찍 여권을 신청해서 1966년에 처음 제주도에 갔다. L은 부산항에 마중 나온 남동생을 알아보지 못했다. L이 일본에 갈 때 남동생은 초등학생이었기 때문에 금방 알아볼 수 없었다. L은 지금까지 제주를 오가면서 할머니와 어머니의 장례식에도 참가할 수 있었다. 지금도 제주를 오가고 있고 89세 때도 제주에 다녀왔다.

3. 삼녀M에 의한 제주도에서 일본으로의 밀항

L이 재혼하기 전인 1950년에 제주도에서 M이 L을 연고로 일본으로 밀항해왔다. M은 1929년생으로 1947년 화북동 출신 남성과 결혼하였다.[38] 1948년 20세 때 딸을 출산하였지만 4·3사건으로 남편이 붙

---

38) 2012년 9월 6일, 제주도에서 실시한 M의 인터뷰에 의한다.

잡히고 M도 고문을 당했다. 친정어머니가 데리러 와서 함께 조천읍 신촌리로 소개하였다. 소개된 곳에서 아이가 병이 나서 사망하였다. 남편은 대구형무소에 수용되었는데 그 후 소식이 끊겼다. 한국전쟁이 일어나자 경기도 이남의 모든 형무소에서 좌익계열 수감자들이 집단적으로 살해 되었는데 현재까지 그 진상이 밝혀지지 않고 있다. M의 남편도 이때 살해된 것으로 보인다.

아이를 잃은 M은 마음을 둘 곳이 없어서 22세 때(1950년) 제주도를 떠나기로 마음먹었다. 그래서 오사카에 있는 언니를 연고로 하여 일본으로 밀항하기로 하였다. 당시 제주에는 밀항을 안내하는 사람들이 있었는데 M은 그 사람들의 안내로 제주시 산지항 부두에서 밤에 출항하여 3일 후에 하카타(博多)에 도착하였다. 세 명을 제외한 서른세 명은 일본 거주 경험이 있었기 때문에 제각각 목적지로 향했지만 전원 검거되어 버렸다. 나머지 세 명은 가까운 여관에 있었는데 얼마 지나지 않아 경찰에 연행되었다.

하카타의 경찰서에서 조사를 받고나서 오무라수용소(大村収容所)39)에 수감되었다. 마침 송환선이 출항한 직후였기 때문에 3개월간 수용소에서 지내게 되었다. 오무라수용소에 수감되어 있을 때 둘

---

39) 1947년 5월 2일, 외국인등록령 공포 시행에 따라 불법입국과 등록절차를 위반한 외국인에 대해 지방장관 및 내무대신은 국외퇴거를 명령할 수 있게 되었다. 그리고 1952년 4월 28일에 체결된 샌프란시스코 강화조약에 의해 재일조선인은 일방적으로 일본 국적에서 제외되어 출입국관리령(1951년 10월 4일 공포)의 적용대상이 되었다. 동 관리령에는 여권을 소지하지 않은 입국, 상륙허가를 받지 않은 상륙, 초과체재, 징역 또는 금고 1년 이상의 실형 등의 강제퇴거 사항이 정해져 있었다.
1950년 12월, 출입국관리청(외무성의 외국)이 나가사키현 오무라시에 설치한 오무라입국자수용소는 이러한 강제퇴거 처분을 받은 한반도 출신자들을 한국으로 송환할 때까지 수용하는 시설이었다. 만5천 명 가까이 송환되었으나 1952년에 법무성 입국관리국으로 이관되었고, 1993년에는 '오무라입국관리센터'라고 개칭하여 현재에 이르고 있다.

째언니(L)가 면회를 왔다. 사실은 작은 고모 딸이 함께 밀항해 왔는데 그녀는 남편이 일본에 살고 있었기 때문에 남편이 데리러 와서 석방되었다. 석방된 그녀가 L에게 M이 오무라수용소에 있다는 사실을 전했다고 한다.

M은 오무라수용소에 대해 다음과 같이 증언하였다. 그 당시의 수용자는 남성보다 여성이 많았고 남녀 성별에 따라 각 100명씩 수용할 수 있는 큰 방에서 살았으며 수용소 내에서의 행동은 비교적 자유로웠다. 수용소 안에 조선말을 할 수 있는 행상인도 드나들어서 돈만 있으면 갖고 싶은 것을 자유롭게 살 수 있었다. 예를 들어 L이 영치해준 화장품을 M은 행상인에게 알루미늄 그릇과 물물교환해서 제주도에 가져왔다고 한다. 당시 화장품은 귀한 것이었지만 M은 제사를 많이 지내야 하는 어머니를 위해 알루미늄 그릇을 선택했다.

L은 오무라 수용소까지 혼자서 면회를 갔는데 여동생과의 면회가 30분밖에 허락되지 않았다. 면회할 때 남편이 있으면 일본에서 살 수 있으니 "남편감을 알아볼까"라고 말을 건네보았지만 M은 "모르는 사람과 결혼하기 싫다"면서 그냥 돌아가겠다고 하더니 제주도로 돌아가 버렸다. L은 지금도 이때 여동생이 밀항에 성공했더라면 일본생활이 지금처럼 외롭지는 않았을 것이라고 생각하고 있다.

3개월간 오무라수용소에서 지낸 후 송환선이 가득 찰만큼 수용자(약 100명)가 수용되었기 때문에 M은 한국으로 송환되었다. 부산에 도착한 송환선은 송환자를 일단 하선시키고 10일 동안 간단한 조사를 한 후 제주도 출신은 제주시 산지항까지 데려다 주었다. 밀항에 실패한 M은 일본에서 살 '운명'이 아니라고 생각하여 두 번 다시 일본에 가려고 하지 않았다. 어머니는 제주도로 돌아온 M을 걱정하여 혼자 지내는 것보다 재혼할 것을 권했다.

다음 해인 1951년에 어머니가 권유해 식민지시기에 13년간 일본에서 군인으로 근무했던 서회천 출신의 남자와 재혼하였다. 재혼한 남편은 둔부에 총을 맞았지만 해방 후에 제주도로 돌아왔다. 이 남성과 결혼한 M은 5남 1녀를 낳았다. 남편의 형은 4·3사건 때 32살 젊은 나이에 사망하였다. 일본에 남아있던 시어머니와 남편의 남동생은 한국전쟁 정전 후에 일본에서 제주도로 돌아왔다. M의 장녀(1952년생)의 시아버지는 동회천 마을의 X일가 사람으로, 식민지시기에는 일본에 있었고 해방 후에 돌아왔으나 4·3사건 때 사망하였다.

4. 장녀K의 자녀들의 밀항

K(1922년생)는 결혼 후 어머니와 동생들 때문에 동회천 마을에서 살았다. 아버지가 일찍 돌아가시고 동생들도 어렸기 때문이다. K의 남편은 아들 역할도 하였다. 그런 남편이 4·3사건 때 삼양경찰지서 습격에 가담한 일로 채포되고 1949년 6월에는 사형선고를 받았다. 10월에 수감되었던 주정공장에서 현재의 제주국제공항으로 끌려가 처형당했다. 유골은 아직까지 발견되지 않았기 때문에 동회천 마을에 있는 Y일가의 가족묘지 구석에 유골이 없는 묘를 만들었다. 현재 제주국제공항 활주로에서 유골 발굴이 이루어지고 있는데 유골이 발견되면 가족묘지에 매장할 예정이다.

1) K의 차남 Kb의 일본 밀항

아버지가 돌아가셨을 때 Kb는 두 살이었다. 아버지의 얼굴도 모르는 Kb는 가난했기 때문에 고등학교에 가지 못하고 미래에 대한 희망도 가질 수 없었다. 1946년 그가 18세 때 일본에 있는 L을 연고로 밀입국[40]하였다. 그 후 아버지의 사촌형이 경영하는 직장을 거쳐 밀입국자라는 사실을 숨기고 다른 직장에서 일을 하였는데, 같은 밀입국자인 여성과 1970년에 결혼하여 장녀를 낳았다. 그 사이 K는 남편의 사촌형의 초청으로 Kb를 만나기 위해 일본에 왔다. 그 후 Kb는 매정한 사람의 밀고로 경찰에 체포되었는데 일본에서 거주하기를 희망하였음에도 불구하고 어쩔 수 없이 1976년에 제주도로 돌아와야만 했다.

귀국 후에 딸을 낳았지만 10대 때부터 일본에서 살았기 때문에 제주에서 살 기반이 없어서 1985년에 아내와 자식을 제주도에 남겨두고 홀로 일본에 다시 밀입국하였다. 일본어를 알고 방향감각이 있어 밀입국에 성공하였다. 그 후 오사카에서 가죽 재단사를 하고 있을 때 제주도에 있던 아내가 여행차 일본에 왔다. 그 때 임신하여 1992년에 제주도에서 아들이 태어났다. 그 후 Kb는 일본에 온지 10년째 되는 해에 자수해서 제주도로 돌아온다. Kb는 일본에서 일해서 번 돈을 제주도로 보내어 땅을 사 두었다. 제주도에 돌아온 후에는 제주시 환경미화원으로 근무하면서 틈틈이 귤 농사도 지었다. 그런데 Kb는 그 동안 무리했던 탓인지 병이 났고 투병 끝에 2005년에 사망하였다.

---

40) 2013년 3월 10일 Y일가의 L의 인터뷰에 의한 것이다.

2) K의 장남 Ka의 밀항

장남Ka는 1944년 생으로 4·3사건 당시에는 다섯 살이었다. 중학교를 졸업하고 제주 시내와 부산의 이발소에서 견습생으로 일하고 난 후 시내에 자신의 이발소를 열었으나 생각처럼 잘 되지 않아서 장래가 불투명했기 때문에 일본에서 희망을 찾으려고 하였다. 남동생과 이모를 연고로 1971년에 밀항을 시도하였다. 그런데 밀항선이 고장이 나는 바람에 현해탄 공해상에서 표류하게 되었다. 표류하던 배를 일본 어선이 발견하였고, 해상보안청의 배로 견인되어 해상보안청 배안에서 취조를 받았다. Ka에 의하면 본인은 일본 땅을 한발자국도 밟지 않았다고 한다. 이처럼 Ka의 밀항은 실패로 끝났다.[41]

그런데 이때 Ka일행의 밀항은 '북한의 간첩'으로 한국에서 다루어졌다. 북한의 지시를 받아 '월북'하려다 실패했다는 줄거리가 만들어지고 Ka는 주모자와 같은 존재가 되었다고 한다. 부산에서는 심한 고문을 받았으나 다행히 혐의가 풀려서 제주도로 돌아올 수 있었다. 당시는 남북이 첨예하게 대립하고 있는 상황이어서 모든 것이 반공으로 엮였을 것이다.

3) 인척 네트워크에 의한 도항

Ka와 같은 시기에 K의 장녀의 남편이 역시 L을 연고로 오사카로 밀항하였다. L은 달리 연고가 없는 조카 남편을 위해 일할 곳과 지낼

---

41) 2013년 2월 21일, 본인에 대한 인터뷰. 장남은 이 사건이 당시 일본과 한국에서 대대적으로 보도되었다고 한다. 한국에서는 ≪썬데이 서울≫에 보도되었다고 하였으나 찾을 수 없었다. 그러나 일본에서는 「한국에서 '밀항선'/42명 타서 현해탄에서 사고」, ≪아사히(朝日)신문≫ 1971년 2월 9일 석간 기사가 본 사건을 다루고 있는 것 같다.

곳을 소개해 주었다. 당시 일손이 부족했던 이쿠노구의 영세기업은 값싼 노동력인 밀항자를 고용하였다. 그는 이쿠노구의 플라스틱 공장에서 일을 하였는데 1년 남짓 지났을 때 불법체류자로 밀고당하여 체포되었다. L은 입국관리국에 불려가 조사를 받았으나 밀항을 유도하지 않았기 때문에 벌을 받지는 않았다. 그는 오무라 수용소에 수감되었다가 제주도로 돌아왔는데 두 번 다시 일본에 가지 않았다.

L을 연고로 일본에 온 사람들 중에는 동회천 마을의 친족뿐만 아니라 근처 마을의 인척도 있었다. 예를 들면 어머니 쪽의 사촌 여동생인 김덕인(1936년생)[42]은 남편인 박인중(1933년생)의 뒤를 따라 1967년에 일본에 갔다. 조천읍 신촌리 출신이지만, 원래 김덕인은 오사카에서 태어나 해방직후 만 아홉 살 때 제주도로 돌아왔다. 같은 마을 출신인 박인중은 4·3사건 후에 군인이 되어 전국 각지로 부임하였다. 당시 육지에서는 제주도에 대한 이미지가 좋지 않았기 때문에 출신지를 물으면 '충청도 출신'이라고 거짓말을 하였다. 제주도 출신이기 때문에 출세하기 힘들다고 판단하여 군인을 그만두고 일본으로 밀항하였다. 그리고 아내의 사촌 언니인 L의 소개로 집과 일할 곳을 얻어 안정되자 바로 아내인 김덕인을 불러 오사카에서 1남 2녀를 두었다. 그러던 중 자녀가 학교에 들어가는 것을 계기로 자수하여 정주허가를 얻으려고 하였다. 김덕인은 오사카 출신으로 초등학교 때의 학적부 등이 보관되어 있었기 때문에 1년도 되기 전에 외국인 등록증이 발급되었다. 나중에 남편과 아이들에게도 외국인 등록

---

42) 후지나가 다케시 외, 「해방 직후 재일 제주도 출신자의 생활사 조사(2) - 김덕인씨·박인중씨에 대한 인터뷰기록 - 」, 『오사카산업대학논문 인문과학편』 제104호, 2001년 6월.

증이 부여되었다.

해방 후에 제주도로 돌아온 김덕인 일가 가운데 큰오빠는 4·3사건으로 28세 때 경찰에 연행되어 경상북도 김천수용소에 수감되었으나 한국전쟁 발발 직후에 살해되었다. 작은오빠는 선원이었기 때문에 4·3사건에 휘말리지 않고 그대로 일본에 몸을 숨겼다. 일본어가 능숙한 작은오빠는 나이가 들자 경찰에 자수하여 제주도로 돌아왔다. 그리고 작은오빠의 아들(김덕인에게는 조카)도 1970년대에 일본으로 밀항하였으나 사람들의 눈을 피해 생활하는 것이 고통스러워서 바로 자수하여 돌아왔다.

동회천 마을 출신뿐만 아니라 많은 사람들이 인척을 연고로 막다른 길에 부딪친 제주도 생활을 벗어나 새로운 삶을 찾으려고 일본으로 건너갔다. 물론 자유롭게 생활하지 못하고 숨어서 조심조심 생활하는 것을 견디지 못하고 곧바로 돌아간 사람들이나 밀고당해 돌아간 사람, 밀항에 실패한 사람 등 일본에 대한 왕래는 다양한 양상을 보였다.

5. 맺음말

본고에서는 동회천 마을 사람들의 일본에 대한 도항경험을 가족사를 통해 파악해보았다. 한정된 사례이기는 하지만 가족에 주안점을 둠으로써 개개인들이 일본으로 도항하게 되는 배경과 네트워크 및 이동시간 등이 중첩적으로 관련되어 있다는 사실을 파악할 수 있었다.

사람들이 일본으로 도항하게 된 배경에는 한반도 전역에 깊이 새겨진 일본에 의한 식민지 지배와 나아가 일본의 근대화 과정에서 형성되어 온 제주도와 오사카라는 두 지역 사이에 관한 역사가 있었다. 이러한 가운데 본고에서는 다섯 가족이라는 한정된 사례 분석이지만 다음과 같은 흥미로운 점을 찾아낼 수 있었다.

먼저 제주도에서 일본으로 이동하는데 가족친족 네트워크와 동향(同鄕) 네트워크에 대해서는 선행연구에서도 지적되고 있으나 (스기하라 1998, 고선휘 1999, 이지치 2000), 각 가족의 사례를 연구하는 과정에서 같은 마을 안에서도 이동 네트워크는 똑같지 않고 다양한 시기와 배경을 가진 이동이 있다는 것을 확인할 수 있었다. V일가, W일가, X일가, Y일가의 도일자는 일을 찾아서 이동하였지만, 인터뷰를 하던 중 W일가가 동회천 마을이 아니라 근처의 와흘리에서 도일하였다고 동회천 마을 주민은 말했다.

W일가는 해방 전에 제주도로 돌아왔으나 집과 밭을 지키고 있던 조부모는 이미 돌아가셨기 때문에 아버지의 누나(고모)들의 시집이 있는 동회천으로 이주한 것이다. 여기서 인척 네트워크에 의해 이동이 이루어졌다고 보이지만, W일가가 동회천에 옮겨와 살게 된 배경에는 일본에서 아버지가 누나들에게 송금해 준 돈으로 누나들이 동회천에 토지를 구입해 두었기 때문에 생활기반이 존재한다는 복합적인 이유도 있다.

Y일가의 사례에서는 해방 전의 도일은 보이지 않고 식민지 시장경제 구조가 붕괴되어 생활유지 자체가 곤란해진 가운데 제주도의 생활을 돕기 위해 도일한 L의 이동이 있었다. 또한 M의 이동에서 보이듯이 제주에서 일본으로 건너간 배경에는 4·3사건이 크게 영향

을 끼치고 있다. 4·3사건이 계기가 된 도일에 대해서는 이미 선행연구가 축적되어 있고, 본고의 저자 3명이 조사한 것을 포함한 조사 성과가 간행되었다는 사실은 서두에서도 서술하였다.

앞서 지적하였지만 이번 조사에서 W일가 및 Y일가의 사례에서 알 수 있는 흥미로운 사실은 인척 네트워크에 의한 도일이다. 가족·친족과 동향 네트워크를 연구할 때 자칫하면 부계 네트워크에 관심을 두기 쉬운데, 이번 조사에서 파악한 것처럼 인척 네트워크를 주목함으로서 종래의 조사 성과와 다른 양상을 발견할 가능성을 생각할 수 있게 되었다. 일본에 살고 있는 친족과의 관계에 대해 이러한 가족마다 가지고 있는 차이가 구체적으로 어떠한 경위에서 생겨났는지에 대해 향후 더욱 상세한 조사가 필요하다.

일본에서 살고 있는 친족과의 관계도 다양하다는 사실을 알 수 있었다. V일가의 경우 A의 할아버지와 아버지를 제외하고 할아버지의 형제와 아버지의 형제·사촌형제는 모두 해방 전에 도일하여 해방 후에도 계속 일본에 살고 있지만, A와 친족들은 관계가 소원해져서 일본에 있는 친족들의 동향을 거의 파악하지 못하는 상태였다.

한편 W일가의 사례에서는 해방 후에 계속해서 일본에 살고 있는 아버지의 형제와 지속적인 관계를 유지하고 있었고, 해방 전에 일본에서 태어난 조카인 G와 H는 이들을 연고로 수 차례 일본을 방문하고 있다. H의 이야기에서 알 수 있듯이 만남이 거듭되는 동안 재일본조선인연맹에 관련된 작은아버지 C와 조선학교에 다니는 자녀들에 대해 나름대로 해석을 하고 있다.

그리고 V일가, W일가, X일가와 달리 해방 후에 도일자가 나온 Y일가의 사례에서는 최초로 도일한 L을 연고로 여동생과 언니의 자

식들이 차례로 밀항을 하였다. L을 연고로 도일한 사람들 중에 일본
에 정주하게 된 사람은 K의 차남Kb와 K의 장녀의 남편, 그리고 어머
니쪽 사촌 여동생인 김덕인 부부였다. 이 가운데 Kb는 가족을 제주
에 남겨두고 홀로 도일하여 나중에 제주로 돌아왔다. 또한 L의 입장
에서 보면 밀항을 시도했을 때 너무나 고생스러웠기 때문에 같은 방
법으로 제주에 돌아가는 것을 단념함으로써 계속 일본에 살게 되었
다. 하지만 가족관계가 두절되었다고 인식하지 않는 것은 물론이고
자신의 뒤를 따라 차례로 도항해 오는 가족과 친족들을 받아들이면
서 현재까지 제주와 오사카를 자신의 생활권으로 해왔다는 사실을
발견할 수 있었다.

부기

  본고의 제2장은 후지나가 다케시(2014)의 일부를 가필·보충한 것
이며, 제4장에도 내용이 중복되는 기술이 포함되어 있다. 본고는 청
암대학교 재일코리안연구소의 각별한 배려로 본서에 게재할 수 있
게 되었다. 지면을 빌어 진심으로 감사드린다.

제3부
마이너리티와 이민

한국에서의 소수자 연구를 위한 시론

박경태(朴俓泰)

성공회대학교 사회과학부 교수

1. 『마이너리티란 무엇인가』에 대한 평가

『마이너리티란 무엇인가』는 2012년에 한국어로 번역, 한울출판사에서 출판되었다. 내가 출판사에서 이 책과 관련된 연락을 받은 것은 2010년이었다. 한국어로 번역해서 출판을 하려고 하는데, 이 책의 학문적 가치와 예상 판매부수 등을 고려해서 출판하는 것이 좋을지를 묻는 연락이었다. 그때 첨부해서 보내준 목차와 일부 번역을 본후 나는 "당연히 출판을 지지합니다. 한국의 학계에서 아직 소수자와 관련된 논의가 무르익지 않았다는 점을 생각해보면 빨리 출판을 해서 논의에 불을 지피는 역할을 할 수 있게 해주시는 것이 좋겠습니다"라고 답했다.

그리고는 시간이 흘러서 2012년 초, 이제 책을 출판하려고 하니 이 책의 추천사를 써달라는 부탁을 받았다. 긴 시간동안 책의 출판을 기다리고 있던 입장이어서 기쁜 마음으로 써서 보냈고, 얼마 후에 두툼한 책이 배달되어 왔다. 추천사의 마지막 부분에 나는 다음과 같이 썼다.

"아직 소수자에 대한 연구가 총론 수준에 머물러 있는 한국의 실정을 생각해보면, 정밀하게 묘사된 일본의 상황과 각국 현실에 대한 각론들은 한국 소수자 연구 수준의 질적 발전에도 큰 자극이 될 것이다."

나는 당시에 정말로 그렇게 생각했고, 비록 한국의 학계가 이런 연구에서 한발 늦었지만 이 책이 한국에서 (나를 포함한) 관련 연구자들 사이에 큰 주목을 끌며 다양한 반응을 이끌어 낼 것으로 기대했다. 그러나 현실은 그렇지 못했다. 신문기사 검색서비스를 제공하는 '한국언론진흥재단'의 '미디어 가온'에서 검색해보니 신문의 새 책 소개란에 등장한 것은 한 건도 없었고,1) 주요 인터넷 서점들의 판매실적도 미미했다.2) 더구나 독자들의 '북 리뷰'는 한 건도 없었다.

이런 결과는 전문 연구자들의 작업에서도 마찬가지다. 학술논문 검색서비스를 이용해서 책의 제목이나 저자 이름으로, 또는 소수자나 마이너리티 등의 핵심개념을 이용해서 검색을 해서 나열된 논문들의 참고문헌 목록들을 검토했지만, 이 책을 인용했거나 읽은 흔적을 보여주는 논문은 하나도 발견할 수 없었다. 정말로 큰 실망이 아닐 수 없다.

나는 이 책이 놀라운 책이라고 생각한다. 이 책은 학계에서나 일

---

1) http://www.kinds.or.kr/ 검색일 2014. 10. 11.
2) 2014. 10. 11. 검색: '알라딘' 세일즈 포인트 16, 'YES24' 판매지수 12, '교보문고' 추천지수 12.

상생활에서 빈번하게 사용되고 있는 소수자라는 단어가 어떤 의미를 지니고 있는지, 어떤 사회적·정치적 과정을 거쳐서 그런 의미를 갖게 되었는지, 그리고 그런 의미가 각 나라에서 어떻게 다른 방식으로 사용되고 있는지를 꼼꼼하게 밝혀주고 있다. 사실 이런 연구를 하는 것은 전문 연구자들의 의무다. 그러나 한국에서는 소수자라는 용어가 이런 내용이 없이 전문 연구에 사용되고 있고, 일상에서도 두루뭉수리하게 사용되고 있다. 그런 맥락에서 볼 때 이 책은 소수자를 연구하는 한국의 학자들에게 한 단계 진전된 연구를 위한 소중한 출발점으로 이용되어야 했고, 아직은 그렇게 되지는 않았지만 앞으로는 그렇게 될 것이라고 믿는다. 이 글에서는 『마이너리티란 무엇인가』에서 제기한 소수자의 정의와 다양한 용법에 자극을 받아, 한국에서는 소수자에 관한 논의와 연구가 어떻게 진행되고 있는가를 살펴보기로 한다.

2. 한국의 소수자 논의

한국 사회에서 소수자에 대한 연구가 '제대로' 시작된 것은 대체로 2000년대 이후라고 할 수 있다. 영어의 'minority'에 해당하는 단어가 소수, 소수민, 소수집단 등의 혼용을 거쳐서 소수자라는 용어로 통용되기 시작한 것도 대체로 2000년 이후의 일이다.3) 물론 개

---

3) 학술논문 검색서비스에서 '소수자'로 검색을 해보면, 이 단어가 등장하는 최초의 학술 논문은 2002년에 출판된 아래의 두 개가 검색된다. 김준형, 「한국정치에서 대의제 위기와 소수자문제」, 2002 ; 이준일, 「소수자(minority)와 평등원칙」, 2002. '소수민'이 검색되는 최초의 논문은 Lin, Yao-Hua(1993)의 "A Comparative Study of Chinese Koreans

별 소수자 집단에 대한 관심과 연구는 예전부터 있어왔다. 예를 들면 장애인에 관한 관심은 매우 오래전부터 있어왔고, 따라서 장애인과 관련된 연구도 수없이 많이 이뤄져왔다. 마찬가지로 여성이라는 소수자에 관한 관심과 연구도 양적으로나 질적으로 풍성하게 이뤄져왔다.

그렇지만 각 연구자들은 자기가 관심을 갖는 개별 집단에 대해서만 연구를 수행했을 뿐 그 집단들이 소수자라는 공통점을 가지고 있는 사람들이라고 여기지는 않았다. 즉 장애인을 연구하는 사람은 장애인에 관해서 열심히 연구를 했지만, 장애인이 소수자라는 큰 틀에 속하는 사람이라는 생각을 하면서 연구를 하지는 않았다. 이렇게 볼 때 한국의 학계는 개별 소수자 집단들에 관한 연구는 활발하게 해왔지만, 다양한 특성을 갖는 소수자들을 소수자라는 개념으로 묶어서 집합적으로 연구하거나 관심을 기울이지는 않았던 셈이다.

2000년을 전후하여 소수자에 대한 관심이 높아진 것은 한국 사회에서 인권에 대한 인식이 변화해온 것과 관계가 깊다. 1980년대까지만 해도 경제성장과 독재타도라는 거대한 목표들에 밀려서 인권 개념은 보편적인 주목을 받지 못했다. 그러다가 경제 성장을 통해 어느 정도 먹고살 만해지고 군부독재를 무너뜨린 후 민주 정부를 수립하고 난 다음부터 개인들의 권리문제에 대한 관심이 서서히 생기기 시작했고, 1990년대 초반에는 인권을 고민하는 시민단체가 생겨나기 시작했다.[4]

and Other Minority Ethnic Groups in Northeast China"이다. '소수집단'이 검색되는 최초의 논문은 박장식 등(2000)이 쓴 「인도 동북부와 동남아 산지세계의 소수종족 – 종족성, 국민국가, 분리주의운동」이다.

개인들의 권리에 대한 관심이 커져가면서 권리를 제대로 누리지 못하는 사람들에 대한 관심도 커져가기 시작했는데, 소수자들이 바로 여기에 해당한다. 그동안 여러 인권 관련 시민단체들이 꾸준히 활동을 해오면서 소수자의 인권 문제를 알리고 해결하기 위해서 노력해왔고, 2001년에 출범한 국가인권위원회도 '국가'의 틀에서 소수자를 위한 나름대로의 역할을 하고 있으며,5) 언론도 소수자들이 처한 현실에 대해서 꾸준히 보도를 해왔다. 또한 당사자라고 할 수 있는 소수자들도 억압적인 구조에 대항해서 끊임없이 싸워왔는데, 최근 들어서 소수자들은 자기가 속한 개별 집단의 문제뿐만 아니라 소수자 전체의 문제와 소수자라는 집단정체성에 관심을 가지기 시작했으며, 경우에 따라서는 공동행동을 보이기도 하고 있다.

최근 들어 관심이 커졌다고는 하지만 소수자 연구는 이제 시작인 셈이며 아직 학술적인 주목을 충분히 받지 못하고 있다. 특히 이 방면의 연구가 활발하게 진행된 '학문 선진국'들과 비교해보면 한국에서의 연구 수준은 매우 기초적인 수준, 총론적인 수준을 벗어나지 못하고 있다. 그러다보니 소수자들이 어떤 상황에 놓여 있는가, 어떤 정책이 필요한가 등도 제대로 연구되지 못해왔을 뿐만 아니라, 심지어는 어떤 사람들이 소수자에 해당되는가에 대한 논의나 합의도 아직까지 제대로 없는 것이 현실이다.

한국에서 '소수자'라는 용어가 사용되는 방식을 살펴보기 위해서

---

4) 인권운동사랑방은 1993년에 출범했고, 한국인권재단은 1998년에 태동했다.
5) 국가인권위원회법에는 소수자라는 표현이 나오지 않고 '다수인'이라는 표현이 나오는데, 이것도 '다수인 보호시설'을 설명하는 부분에서 "많은 사람을 보호하고 수용하는 시설"이라고 밝히고 있어서 단순히 '많은 사람들'을 의미하는 것에 불과하다.

는『마이너리티란 무엇인가』에서 사용된 소수자의 정의를 이해할 필요가 있다. 이 책은 소수자의 용법을 한정형과 확산형으로 나누는데, 한정형은 소수자를 민족적·종교적·언어적인 면에서의 소수자에 한정해서 부르는 방식이고, 확산형은 일반적으로 모든 사회적 약자를 의미하는 방식이다. 이렇게 볼 때 한국에서 소수자의 용법은 확산형에 해당한다. 예를 들어 국가인권위원회법은 소수자에 대한 설명은 없지만 19개의 기준들을 나열하면서 이것들을 이유로 차별을 하면 안 된다고 규정하고 있다.[6) 비록 이 법이 소수자의 정의를 내리고 있지는 않지만, 보호되어야 할 기준들을 자세하게 규정함으로써 소수자에 해당하는 사람들이 누군가에 대한 '상식'을 제공하고 있다.

『마이너리티란 무엇인가』에도 나오는 것처럼 소수자라는 표현을 사용한 최초의 책은 한국인권재단이 2000년에 엮어낸『일상의 억압과 소수자의 인권』인 것으로 보인다. 그러나 이 책에도 소수자가 누구인지에 관한 엄밀한 정의를 제시하지는 않으며, 여성·성노동자·학살당한 민간인·한부모가정·미혼모·이주노동자의 자녀·동성애자·에이즈환자 등을 포함하는 많은 사람들에 관한 이야기들을 포괄하고 있다.

이후에 발간된 다른 책들과 학술논문들도 마찬가지다. 예를 들어 소수자 연구에서 또 하나의 중요한 책이며 한국사회학회와 한국문

---

6) 국가인권위원회법에서 나열하는 19개의 기준은 다음과 같다: 성별, 종교, 장애, 나이, 사회적 신분, 출신 지역, 출신 국가, 출신 민족, 용모 등 신체 조건, 기혼·미혼·별거·이혼·사별·재혼·사실혼 등 혼인 여부, 임신 또는 출산, 가족 형태 또는 가족 상황, 인종, 피부색, 사상 또는 정치적 의견, 형의 효력이 실효된 전과(前科), 성적(性的) 지향, 학력, 병력(病歷).

화인류학회가 공동연구한 결과를 출판한 『한국의 소수자, 실태와 전
망』(2004)에서도 홈리스, 학업중단 청소년, 장애인, 성소수자, 정신
병원 수용자, 성매매여성 등이 인종민족적 소수자들과 함께 다뤄지
고 있다.

　비록 한국의 학계에서 소수자에 대한 엄밀한 정의가 내려진 적은
없지만, 일부 이뤄졌던 시도들은 크게 볼 때 다음 두 가지 다른 용법
으로 나눠볼 수 있다. 하나는 나를 포함하는 다수의 학자들이 사용
하는 방식이고 다른 하나는 윤수종의 방식이다. 나는 루이스 워스
(Louis Wirth)의 정의를 약간 변형해서 소수자를 "신체적 또는 문화
적 특징 때문에 사회의 다른 성원들에게 차별을 받으며, 차별받는
집단에 속해 있다는 의식을 가진 사람들"이라고 규정한다(박경태
2008). 비록 학자들에 따라 약간의 차이는 있지만, 이 정의가 한국의
학계에서 일반적으로 수용되고 있는 방식이라고 할 수 있다.

　예를 들어 일찍이 2000년에 소수자와 관련된 논문을 쓴 윤인진
(2000)도 인종차별과 성차별을 다루면서 '차별받음'을 소수자의 핵
심요소로 다루었고, 소수자에 대한 이론적 설명을 최초로 시도한 전
영평(2010) 등도 외국인노동자, 동성애자, 탈북자뿐만 아니라 비정
규직노동자와 일본군위안부 등을 포함하여 차별받는 모든 사람들을
소수자로 보고 있다.[7]

　한편 윤수종은 위의 정의와는 달리 소수자를 "다르게 사는 사람
들"로 보며 "표준화를 거부하는 사람"으로 규정한다(윤수종 2002,

---

7) 이런 방식으로 소수자 개념을 사용하는 연구들은 정근식(2013)의 글에 잘 정리되어
　있다.

2005). 이런 시각에서 소수자는 차별받는 불쌍한 존재로 여겨지는
수동성과 피해자성을 거부하고, "국가의 감시 시선에 감지되지 않는
자신들만의 활동"을 벌여나가는 사람들, "자신들의 고유한 욕망을
표출하면서 주변으로 향하는 다양한 출구들을 찾아 나선" 사람들이
다. 이 시각은 소수자들의 능동성을 적극적으로 보여주려는 것으로,
소수자의 권리를 위한 사회운동이 지향해야 하는 입장이라고 할 수
있다. 반면 이 시각은 객관적인 조건에 관한 규정이 없는 채로 주관
적 의지만으로 정의를 내린다는 한계가 있고, 따라서 소수자의 현재
모습과 처한 상황을 보여주는 정의로는 너무 '운동적'이라고 할 수
있다.8)

　비록 입장의 차이는 있지만 위의 두 정의 모두 확산형에 해당한다.
그렇다면 왜 한국의 소수자 개념은 확산형이 되었을까? 한국은 긴
세월동안 세계에서 보기 드물게 단일민족적인 상황을 누려왔다. 이
런 상황은 국제인권법에서 말하는 민족, 종교, 언어의 기준에 따른
소수자가 사실상 존재하지 않게 만들었고, 따라서 '한정형' 소수자
개념이 자리 잡지 못하는 결과를 낳았다. 물론 거의 유일한 예외로
화교가 있다. 한국의 화교는 기록에 의하면 1882년부터 한국에 들어
온 것으로 되어 있어서 100년 이상을 한반도에 거주해왔다. 하지만
이들은 원래부터 한반도에 거주하던 사람들이 아니라 이주민 집단
이었고 숫자도 최대 8만 명에 불과해서 적극적으로 권리를 주장하는
소수자가 되지 못했다. 물론 한국 정부의 차별적인 정책도 이들의

---

8) 비록 윤수종의 소수자 정의는 '일반적인 지지'를 얻고 있지는 못하지만, 활발한 저술
　활동과 새로운 소수자운동의 필요성을 강조하고 있어서 많은 연구자들에게 좋은 영감
　을 주고 있다.

'성장'을 막았고, 이들은 새로운 기회를 찾아 다른 나라로 재이주를 해감으로써 이제는 불과 2만 명만이 남아있을 뿐이다(박경태 2008: 143-151).

화교를 제외하면 한국에는 소수민족에 해당하는 사람들이 실질적으로 없는 셈인데, 다만 인종의 측면에서 소수자로 볼 수 있는 사람으로 '혼혈인'이 있다. 이때의 혼혈인은 주한미군을 아버지로 둔 사람들을 의미하는데, 해방 이후 미군이 주둔하면서 태어나기 시작한 이 사람들은 최근의 국제결혼 증가로 태어나는 새로운 유형의 이른바 '다문화가정 자녀'들이 등장하기 전까지 한국 사회에서 통상적으로 유일한 혼혈인으로 여겨져 왔다. 그러나 현실에서 분명히 살아 있는 존재임에도 불구하고 이들은 존재하지 않는 사람들인 것처럼 취급받아왔다.

그동안 한국에서 태어났던 혼혈인의 숫자가 공식적으로 확인된 것만 약 11,000명이고, 실제 숫자는 이것을 훨씬 넘어서는 것으로 추정되고 있다. 그러나 국가가 정책적으로 입양을 보내고 이민을 '유도'한 결과, 가장 마지막에 파악된 1999년의 혼혈인 인구는 불과 613명에 그치고 있다(위의 책: 206-211). 비록 일부 혼혈인 연예인들이 활동을 하고 있음에도 불구하고 이들은 존재 자체가 감춰져 있고, 따라서 한정형 소수자로서의 권리를 주장할 주체로 인정받지 못하고 있다.

이런 상황에서 한국 사회에는 민주화가 이뤄지고 인권에 대한 관심이 늘게 되었다. 화교나 혼혈인 등에 관한 관심이 없는 상태에서 소수자 개념은 자연스럽게 인간으로서의 권리를 충분히 누리지 못하는 모든 사람들을 포괄하는 개념으로 인식되었고, 결과적으로 확산형 소수자 개념이 자리를 잡게 되면서 사회적 약자의 개념과 뒤섞이게 되었다.

3. 소수자와 사회적 약자

확산형 정의에서는 소수자와 사회적 약자가 구분되지 않고 같은 의미로 사용되는 경향이 있으며, 실제로 서로 구분되지 않고 섞여서 사용되고 있다. 그러나 나는 2008년에 출간한 『소수자와 한국사회』에서 소수자와 사회적 약자의 개념을 구분했다. 여기에서는 그 책의 논의에 기초해서 두 개념의 차이를 구분해본다.

사회적 약자는 말 그대로 "사회적으로 약한(불리한) 위치에 있는 사람들" 모두를 일컫는 표현인데, 이들은 불리한 위치에 있을 뿐 어느 집단에 속해 있다는 이유로 차별을 받는 것은 아니다. 예를 들어, 가난한 사람은 가난하다는 사실 때문에 사회적으로 불리한 위치에 놓이게 되고 여러 모로 불이익을 당할 수 있다. 그러나 그 사람이 가난한 집단의 성원에 해당하기 때문에 낙인이 찍히고 차별을 받는 것은 아니다.

예를 들어보자. 가난하지만 소수자가 아닌 사람(예를 들면 미국의 가난한 백인)은 가난해서 불편하고 불리하다. 반면에 가난한 소수자(예를 들면 가난한 흑인)는 가난해서 불편하고 불리할 뿐만 아니라 소수자(흑인)이기 때문에 차별을 받고 손가락질을 당한다. 부유한 흑인도 조금 나을지는 몰라도 흑인들이 일반적으로 겪고 있는 차별과 편견에서 자유롭지 못하다.

사회적 약자와 소수자의 개념 구분은 <그림 1>에 나와 있다. 전체 사회는 다수자와 소수자로 구분될 수도 있고, 사회적 강자와 사회적 약자로 구분될 수도 있다. 다수자는 회색으로 표시된 큰 동그라미 부분인데, 여기에서 사선이 그어진 부분을 제외하면 사회적 강자가 된다. 사회적 약자는 사선이 그어진 작은 동그라미 부분인데, 여기에서 회색과 겹쳐진 부분을 제외하면 소수자가 된다. 이 그림에 따르면 사회적 약자는 소수자를 포괄하는 개념이며, 다수자는 사회적 강자를 포괄하는 개념이다. 여기에서 다수자(예를 들어, 백인)는 사회적 강자가 될 가능성이 크지만 다수자의 일부(가난한 백인)는 사회적 약자에 속한다. 그럼에도 불구하고 그 사람이 소수자(흑인)에 속하는 것은 아니다. 사회적 강자와 사회적 약자 사이의 경계선이 점선인 이유는 서로 넘나들 수 있는 경계라는 것을 의미한다. 즉, 사회적 강자인 부유한 백인이 가난해지면 사회적 약자가 될 수 있으며, 반면에 가난한 백인도 부유해지면 사회적 강자가 될 수 있다는 뜻이다. 그러나 다수자와 소수자는 실선으로 나눠져 있고, 서로 넘나들 수 없다. 소수자이며 사회적 약자인 가난한 흑인이 돈을 번다고 해도 사회적 강자가 될 수는 있어도 다수자(백인)가 될 수는 없다는 뜻이다.

소수자를 사회적 약자로부터 구분하는 특성을 정리해보면 다음과 같다. 첫째는 영구성(永久性)이다. 만약 사회적으로 불편하고 차별받는 이유가 일시적인 것이라면 그것은 사회적 약자의 특성이 되지만, 영원히 계속되는 성질의 것이라면 그것은 소수자의 특성이 된다. 예를 들어서, 병에 걸리거나 다쳐서 몸이 불편하지만 다 나아서 '정상'으로 회복될 수 있다면 그 사람은 몸이 불편한 동안 사회적 약자

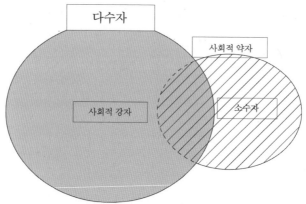

〈그림 1〉 다수자와 소수자, 사회적 강자와 약자의 관계

일 뿐 소수자는 아니다. 반면에 평생 회복할 수 없는 장애를 가지고 있는 경우라면 소수자라고 할 수 있다. 둘째는 특수성인데, 이것은 사회성원 누구나 차별의 기준이 되는 특성을 가질 가능성이 있는가, 아니면 일부만 그런 특성을 가질 수 있는가를 의미한다. 사회적 약자의 특성 중의 하나인 '가난함'은 누구나 가질 수 있지만, 남성이 여성이라는 소수자의 특성을 가질 수는 없다.

세 번째는 대체불가능성으로, 차별을 받고 있는 특성을 다른 장점으로 극복할 수 없다는 뜻이다. 예를 들어서 가난한 사회적 약자는 (현실 사회에서 쉬운 일은 아니겠지만) 개인의 능력이 뛰어나면 차별받는 현실을 극복할 수 있다. 하지만 흑인은 아무리 다른 장점을 갖더라도 흑인이라는 소수자의 지위는 변함이 없다. 마지막으로는 앞에서 소수자의 특징에서도 언급된 집단의식(소속의식)이다. 사회적 약자인 가난한 사람들 중에는 비슷한 사람들과 공감대를 가지며 '가난한 집단'에 속한다는 집단의식을 느끼는 사람도 있을 수 있겠지만, 실제로 그럴 가능성은 별로 없고 대부분은 그냥 살아갈 뿐이다. 반면에 소수자는 집단으로서 차별을 받기 때문에 성원들이 집단 의식을 가질 가능성이 매우 높다. 비록 구체적인 행동으로 나아가지는 않는다고 할지라도 미국에 살고 있는 어느 흑인이 차별적인 현실을 깨닫고 자신이 흑인 집단에 속한다는 것을 깨닫는 것은 과히 어려운 일이 아니다.

물론 사회적 약자와 소수자 사이에는 애매하게 겹쳐지는 지점이 있을 수 있다. 예를 들면, 장애인이던 사람이 미래의 어느 날 의학의 발달로 치료를 받아서 비장애인이 된다면 그 사람은 그 때의 기준으로 보면 장애인이라는 소수자였던 것이 아니라 환자에 '불과'했던 셈이 된다. 또 어느 소수자 집단에게 가해지던 차별이 없어지는 순간이 오면 그 사람들은 더 이상 소수자가 아니라 각자에게 해당하는 기준에 따라 사회적 약자에 '불과'하게 될 수도 있다.

예를 들어, 뒤늦게 미국으로 이민을 간 아일랜드계 이민자들은 그곳에서 백인 대접을 못 받고 소수인종·소수민족 취급을 받았지만, 나중에 백인의 일부로 받아들여지고 난 후에는 소수자가 아니라 그냥 가난한 사회적 약자가 되었다. 물론 그 후에는 완전한 주류의 일원이 되어서 다른 백인들과 동등한 지위를 갖게 되었고, 케네디 가문과 같이 일종의 명문가가 된 경우도 있다. 반면에 어떤 사람이 힘겹게 살아오다가 어느 날 자기가 차별받고 있음을 깨닫는다면, 그리고 차별받는 이유가 자신의 어떠한 특징 때문(또는 강자들이 '너희는 이런 특징이 있다'고 규정한 것 때문)임을 깨닫는다면 그는 자기가 속한 집단을 발견함으로써 사회적 약자에서 소수자로 변하게 된다.

4. 올바른 소수자론을 위하여

지금 한국 학계의 상황을 한 마디로 정리하자면, 소수자(에 해당하는 사람들)를 연구하는 학자들은 많지만 소수자에 대해 엄밀하게 정의내리고 사용하는 학자는 많지 않은 상황이라고 할 수 있다. 국제인권법에서 말하는 소수자의 정의가 무엇인지, 그것이 어떻게 형성되어 왔는지에 대해서 관심을 갖는 학자도 별로 없는 것 같다. 이럴 경우에 생기는 문제는 아마도 엄밀한 연구가 어려워진다는 점이 아닐까? 요즘 한국에서 '유행'하고 있는 다문화 논의와 연결해서 보면 그런 면이 있는 것 같다. 한국은 원주민이나 소수민족이 없는 상태에서, 오직 이민자들이 늘어나면서 다문화사회를 찬양하는 방향으로 바뀌었다. 그러나 한국에 온 이민자들은 아직 집단으로서의 인정과 권리를 요구하는, 즉 다문화 권리를 요구하는 단계에 이르지 않은/못한 상태며, 내가 볼 때 오히려 (개인적인 수준에서의) 차별 없는 통합을 희망하는 단계에 머무르고 있다. 하지만 일부 학자들은 이런 차이는 주목하지 않고 그저 다문화를 논하고 있다. 원주민이나 소수민족과 관련된 다문화 논의와 이민자와 관련된 다문화 논의는 차이가 있을 것이다. 엄밀하게 구분하고 정의를 내려야 한다.

다문화를 찬양하는 목소리가 높고 다양성에 대한 관용의 목소리가 커지고 있다. 이것은 다양한 배경을 가진 사람들의 권리를 존중해주자는 논의로 이어지고 있는데, 정작 그동안 소홀히 대해왔던 화교나 혼혈인들에 대한 사과나 반성과는 무관하게 진행되고 있다. 나는 이것이 소수자에 대한 세밀한 논의를 건너뛴 채 연구가 진행되어 온 결과라고 생각한다. 한국의 학계가 앞으로도 소수자를 엄밀하게 정의하지 않고 논의를 진행한다면 소수자에 대한 제대로 된 논의를 진행하기 어려울 것이고, 따라서 정당한 소수자 권리보장도, 바람직한 정책도 나오기 어려울 것이다.

일본의 마이너리티문학의 현황과 미래

소명선(蘇明仙)

제주대학교 일어일문과 교수

1. 일본사회의 에스닉 마이너리티

이와마 아키코(岩間曉子)·유효종 편저『마이너리티란 무엇인가—개념과 정책의 비교사회학(マイノリティとは何か—概念と政策の比較社会学)』(ミネルヴァ書房, 2007.05)에 의하면, 일본사회에서 유통되는 마이너리티 개념은 '약자' 일반을 가리키는 말로서 '확산'되어 있고, 에스닉 및 내셔널 마이너리티로서의 인식은 약하다. 이 '약자' 속에는 문화적, 신체적 특징으로 인해 차별받는 집단 등의 다양한 소수집단이 포함되어 있어 마이너리티라는 개념은 아이누인, 오키나와인, 재일외국인과 같은 에스닉 및 내셔널 마이너리티 외에도 장애인, 피차별부락인, 독특한 사고와 행동방식의 소유자, 여성, 매춘부, 동성애자, 아동, 이민자, 외국인 노동자, 정신병자, 홈리스 등을 포괄하고 있다.

이처럼 마이너리티 개념이 '확산'되어 사용되고 있는 사회적 배경에는 일본의 법률에 마이너리티라는 용어 자체 혹은 이에 상당하는 말이 존재하지 않는다는 점, 즉 공적인 장에서의 개념 규정이 이루어지지 않고 있다는 점을 들고 있으며, 이는 국제인권규약을 준수하여 마이너리티의 권리 옹호에 대해 적극적이지 못한 일본정부의 미온적인 태도와도 연결됨을 지적하고 있다.[1]

한편, 일본사회에서 에스닉 마이너리티에 대한 인식이 부족한 이유에 대해서는 일본 내의 마이너리티연구에서 나타나는 특징으로 에스닉 아이덴티티 그 자체가 아니라 '차별'이라는 현상에 초점을 맞추어 차별받는 집단이라는 공통항으로 묶어 분석하려는 데서 그 원인을 찾고 있다.[2]

그러나 본고에서는 마이너리티의 개념을 국제인권규약이 규정하는 민족·종족·종교·언어의 4가지 측면에서 다수파와는 다른 특성을 가진다고 여겨지는 소수집단을 가리키는 용어로써 사용하게 될 것이며, 이에 따라 일본사회 속의 대표적 에스닉/내셔널 마이너리티라 할 수 있는 아이누인, 오키나와인, 재일외국인을 주로 지칭하게 될 것이다.

'마이너리티문학'이라는 표현을 사용하는 데에 있어서도 주의가 필요하다. 앞에서 살펴본 바와 같이 마이너리티를 지칭하는 대상이 명확하지 않은 일본사회인 만큼 '마이너리티문학'이라는 용어 또한 문학연구의 장에서 일반화되어 있다고 할 수는 없다. 본고에서 '마이너리티문학'이라는 용어는 지금부터 언급하게 될 아이누문학, 오키

---

1) 岩間暁子, ユ·ヒョヂョン編著, 『マイノリティとは何か─概念と政策の比較社会学』, ミネルヴァ書房, 2007.5, p.57.
2) 상게서, p.402.

나와문학, 재일조선인문학을 통칭하는 편의상의 표현에 지나지 않으며, 이들 일본사회의 소수집단의 문학 각각의 개별성과 다양성, 역사적 특수성을 고려하지 않고 동일한 범주 안에서 다루고자 하는 것이 아니다.

현재 일본의 에스닉 마이너리티 중 아이누인은 머조리티사회에 완전히 동화된 상태라 할 수 있다. 1997년 아이누문화진흥법 시행으로 1899년에 제정된 이래 토지 몰수는 물론 아이누어 사용 금지와 일본어 교육, 일본식 개명과 고유의 전통문화 및 관습 폐지를 강요한 이른바 아이누인에 대한 제국주의적 동화정책 실시를 위한 법적 규제였던 홋카이도 구토인보호법이 폐지되었다. 그리고 2008년에는 일본정부로부터 선주민족으로서 인정받게 되었지만, 아이누어 및 아이누문화는 더 이상의 계승과 발전 없이 '박물관화' 혹은 '화석화'되어 있는 상태라 할 수 있으며, 그들의 에스니시티(ethnicity)를 바탕으로 한 문학 생산 또한 단절에 가까운 상태이다.

아이누인들의 전통 문학은 유카라(ユーカラ)라 불리는 서사시와 오이나(オイナ)라 불리는 신(神)과 관련된 민요이다. 그러나 근대일본의 억압과 동화정책은 그들의 민족적 체험과 사색을 문학으로 표현화하는 것으로부터도 멀어지게 했다. 현재 일본의 문단에서 아이누로서의 에스닉 아이덴티티에 근거하여 창작활동을 하고 있는 작가는 존재하지 않는다. 한때, 일본사회의 아이누인에 대한 차별과 아이누인으로서의 민족적 의식을 자각해 가는 과정을 자전적인 요소를 담아 그려낸 「증거의 공문(証しの空文)」(『山音文学』 33号, 1963.8)과 같은 작품을 남기기도 한 하토자와 사미오(鳩沢佐美夫 : 1935-1971)의 경우 36세라는 이른 나이에 사망했다.

강제당한 근대화 이후를 살아가는 아이누인들의 삶의 모습을 『도카치평야(十勝平野)上·下』(筑摩書房, 1993.2)와 같은 작품으로 담아낸 우에니시 하루지(上西晴治:1925-2010), 그리고 아이누문제를 문학의 핵심이 되는 모티브로 하여 작품활동을 시작한 무카이 도요아키(向井豊昭:1933-2008)는 비아이누인으로서 아이누문학의 새로운 기수로 기대가 모아졌으나 모두 사망함으로써 현실적으로 아이누문학의 산문작가는 소멸했다고 볼 수 있다. 따라서 현재 일본의 에스닉 마이너리티문학이라고 칭할 수 있는 것은 재일조선인문학과 오키나와문학 정도에 지나지 않는다.

재일조선인과 오키나와인은 일본제국의 식민지 지배로 인해 고유의 언어사용을 금지당한 역사적 체험을 공유하고 있다. 1872년부터 시작된 '류큐처분'은 일본제국으로의 식민지 편입을 의미하며 이후 오키나와는 정치체제, 언어, 문화 등 모든 면에서 일본으로의 동화를 강요당했다. 동화정책의 핵심이 되는 것은 언어로, 일본어 교육을 통해 피식민지인을 일본인화하려는 황민화정책의 결과, 재일조선인과 오키나와인의 '빼앗긴 언어'는 그들에게 있어 더 이상 문학언어로서 기능할 수 없게 했다. 해방 직후 재일조선인작가 중에는 조선어(한국어)에 의한 창작을 시도한 작가도 존재했고, 오키나와문학에서도 오키나와어를 문학언어에 적극적으로 도입하려는 시도는 끊이지 않고 있으나, 현재 재일조선인과 오키나와인의 문학언어는 표준일본어이다.

필자는 이처럼 일본사회의 에스닉/내셔널 마이너리티가 "마이너의 언어에 의한 문학이 아니라, 소수민족에게 널리 사용되어지고 있는 언어를 사용하여 창조하는 문학"[3]이라는 의미에서 '마이너리티문학'이라는 용어를 사용하고자 한다.

본고에서는 일본사회 속의 마이너리티문학의 현재적 상황과 위치, 그리고 전체적인 구도에 대해 살펴본다. 마이너리티문학(재일조선인문학과 오키나와문학)의 역사를 공간화(또는 도식화)해 보는 시도, 이들 마이너리티문학의 성립과 구조적 지배/피지배관계, 문학의 장을 획득해가는 과정을 통해, 다시 말해 머조리티문학과의 문학적 투쟁을 통해 일본의 마이너리티문학, 특히 재일조선인문학의 세계문학공간에서의 의의와 그 위치를 가늠해보고자 한다.

2. 마이너리티문학의 현황

영화평론가이자 비교문학자인 요모타 이누히코(四方田犬彦)는 『일본의 마라노문학(日本のマラーノ文学)』(人文書院, 2007.12)에서 15세기의 스페인에서 사용된 모욕적인 호칭 '마라노'(marrano : 카스티야(Castilla)의 고어로 '돼지'를 의미. 숨은 유대인을 가리키던 표현)를 보다 보편적인 의미로 확대시켜 일본 내의 특수한 문학적 현상을 설명하는 용어로 사용하고 있다. 일본사회 내부에서 단일민족 신화에 의한 민족적 동질성과 언어적 일원성의 환상으로 인해 배제된 자들이, 자신의 민족적, 종교적 출신을 속이거나 의도적으로 애매하게 하면서 영위해 온 문학에 대해 '마라노문학'이라는 장르로서의 성립 가능성을 제기하고 있는 것이다.

---

3) G.ドゥルーズ/F.ガタリ, 『カフカ―マイナー文学のために』, 法政大学出版局, 1978.7, p.27.

이러한 일본의 '마라노문학'의 원형으로 요모타는 차별의 내면화와 내면의 전도를 피차별부락 출신의 주인공을 통해 그려낸 시마자키 도손(島崎藤村)의 『파계(破戒)』(1906)를 들고 있으며, 피차별부락 출신의 현대작가인 나카가미 겐지(中上健次)의 작품세계, 그리고 여기에 재일조선인문학까지를 '마라노문학'의 영역에 포함시키고 있다.

요모타는 가령 다치하라 마사아키(立原正秋)와 같이 재일조선인임을 숨기고 작품활동을 해 오다 커밍 아웃한 작가, 통명(일본명)으로 문학활동을 해 온 츠카 코헤(つかこうへい), 이이오 겐시(飯尾憲士), 다케다 세지(竹田青嗣) 외에도 "결코 커밍 아웃하는 일 없이 가면의 아이덴티티를 쓰고 집필을 계속해 온 자", "일본인이라는 이야기를 연기하면서 문학적 활동을 계속해 온 자"가 틀림없이 더 존재할 것이라 단언하고, 이들의 출신을 둘러싼 양의적인 회피와 집착의 구조를 종래의 재일조선인문학론과는 다른 각도로 다뤄야 한다고 주장하고 있다. 재일조선인으로서의 확고한 아이덴티티를 지니고 민족성을 표출해 온 작가들과는 대조적으로 재일조선인문학론에서도 등한시되어온 "조선적인 주제를 기피하면서 마치 일본인인 것처럼 문학활동을 계속하고 있는 소설가나 시인"[4]들을 통합적으로 파악할 필요성을 제기하고 있는 것이다. 이러한 제기와 함께 요모타가 분석하고 있는 대상은 다치하라 마사아키 외에도 배우이자 극작가인 마츠다 유사쿠(松田優作), 심장외과의자 시인인 송민호(宋敏鎬), 작가 현월(玄月) 등이다

---

4) 四方田犬彦, 『日本のマラーノ文学』, 人文書院, 2007.12, p.20.

　　마찬가지로 전후일본사회만을 예로 들어봐도, 재일조선인과 피차
별부락민은 공동체의 이념의 존재방식에 있어서도, 문화적인 차이 문
제에 있어서도 크게 다르고, 더욱이 거기에 오키나와인과 아이누인의
경우를 생각해 보면, 개개의 역사적 사정에 유래하는 다양성만이 지
나치게 부각되어, 도저히 그 텍스트로서의 표출을 종합적으로 확인하
는 것은 불가능하게 여겨진다. 그럼에도 불구하고 그 다양성에 우선
판단중지를 하고, 굳이 출신을 숨긴다고 하는 원형적인 몸짓만을 공
통의 단서로 하여 해독해 가는 것을 통해서, 근대적 자아의 형성과
고백이라는 제도의 성립과 제도화에 관련된 문제로서, 문학에 새로운
조명을 내던질 수는 없을까. 이제까지 일본의 문예평론은 '재일조선
인문학'이라든가 '오키나와문학'이라는 하위구분을 고안하고, 작가의
출신에 따라 문학작품을 세분화하는 것에 정열을 쏟아왔다. 거기서
범주화의 전제가 되어 온 것은 어떠한 주제가 어떻게 텍스트 내부에
서 다뤄지고 있는가가 아니라, 오로지 어떤 작품의 작자가 한국인인
가, 재일조선인인가 또는 일본인인가 라는 출신 혈통의 문제에 지나
지 않았다. 하지만 이러한 일본문학의 하위구분을 우선 보류해 두고,
그들 사이를 자유자재로 횡단하는 것으로 새로운 문학적 비전에 도달
할 수는 없을까.[5]

　　상기의 인용을 보면 요모타가 재일조선인문학 혹은 오키나와문학
의 성립 과정에 나타난 역사적 특수성과 이들 문학이 일괄적으로 다
루어질 수 없는 다양성을 전면 부정하고 있지 않음은 알 수 있다.
그러나 중요한 것은 요모타가 이들 문학의 세분화를 지양할 것을 주
장하지만, 이들 문학이 일본문학의 하위구조를 형성하고 있다는 인

---

5) 상게서, pp.41~42.

식 자체를 부정하는 것은 아니라는 사실이다. 그리고 이러한 인식을 바탕으로 재일조선인문학에 대해 "출신을 숨긴다는 원형적인 몸짓"만을 공통항으로 추출하여 분석함으로써 일본근대문학의 전형적인 틀을 형성하고 있는 "근대적 자아의 형성과 고백이라는 제도의 성립과 제도화와 관련된 문제"를 해석하는 재료로서 제공하고자 하고 있다. 즉, 마이너리티문학을 피라미드의 정점에 위치하는 일본문학 해석에 있어서의 보완장치로서 이용하고자 하는 것이다.

일본제국 주변의 식민지 혹은 점령지에 대해서는 말할 것도 없고 일본 스스로가 탈식민지화하지 못한 상태이고, 이로 인해 식민지종주국에 영주하고 있는 재일조선인에 대한 차별과 법적 지위를 둘러싼 투쟁이 계속되고 있는 것처럼 재일조선인의 문학적 투쟁 또한 여전히 진행 중이다. 이처럼 차별과 억압이 계속되는 사회 속에서 마이너리티가 그들의 마이너리티성을 주장하는 것은 머조리티에 대해 대항적인 내셔널리티로 작용하기 때문에 그 내용과는 상관없이 언제나 정치적일 수밖에 없다. 그리고 이러한 마이너리티의 문학행위는 머조리티에 대해 탈국가적이고 탈정치적이며 탈역사적인 형태로 문학적 영역을 획득하려는, 문학의 장에 있어서의 투쟁이라 할 수 있다.

마이너리티문학은 문학언어로써 지배자의 언어를 사용하지 않을 수 없고, 중앙문단의 심급으로부터도 자유로울 수 없다. 그들은 일본문단이 규정한 미적 기준과 정통성을 의식하지 않을 수 없고, 그들이 정치적 투쟁의 도구가 아닌 문학으로서 인정받기 위해서는 세계문학공간에서의 문학적 보편성을 획득할 필요가 있다. 따라서 마이너리티의 문학행위는 다중의 압제 하에 놓여 있다고 할 수 있다. 마이너리티문학이 중앙의 심급에 대해 자유로울 수 없다는 사실은 일본문단이 재일조선인작가와 그들의 작품에 대해 권위있는 문학상을 부여하는 행위와 비평계의 반응과 해석에서 나타나는 시대적인 분위기와 사회상황, 즉 재일조선인작가와 일본문단과의 관계를 통해 확인할 수 있다.

1971년도 하반기 제66회 아쿠타가와상은 오키나와인 작가 히가시 미네오(東峯夫)의 「오키나와 소년(オキナワの少年)」(『文学界』, 1971.12)과 재일조선인 작가 이회성(李恢成)의 「다듬이질하는 여인(砧をうつ女)」(『文学芸術』 18号, 1971.6)이 공동수상을 하게 된다. 일본문단의 등용문이며 최고의 권위를 자랑하는 아쿠타가와상을 수상한다는 것은 중앙의 문학적 심급에 부합되는 작품으로 인정받는다는 것을 의미한다. 이회성의 수상은 재일조선인작가로서는 첫 수상이고, 히가시 미네오의 경우, 오키나와문학에서는 오시로 다쓰히로(大城立裕)의 1967년도 수상에 이어 두 번째 수상자가 되는 셈이다.

이회성은 1969년 「또 다른 길(またふたたびの道)」(『群像』, 1969.6) 이란 작품으로 제12회 군상(群像)신인문학상을 수상하면서 데뷔했다. 이회성이 문단에서 두각을 드러내기 시작한 시기는 '전쟁은 끝났다'와 '전후는 끝났다'라는 인식에 이어 혼다 슈고(本多秋五)의 『이야기 전후문학사(物語戦後文学史)』(新潮社, 1966.3) 등으로 대표되는 '전후문학은 끝났다'라는 인식이 팽배하던 때이다. 좁은 의미의 '전후파문학'의 종언만이 아니라 대중문학 붐을 배경으로 순문학에 대한 위기의식과 함께 전후문학의 이념이 재검토되었던 시기에 이회성은 새로운 전후문학의 계승자로서 환영받은 것이다.[6]

그리고 이회성의 존재는 『치쿠마현대문학대계(筑摩現代文学大系)』(筑摩書房, 1971.5-1981.12) 제96권에서 후루이 요시키치(古井由吉), 구로이 센지(黒井千次), 고토 메세이(後藤明生)와 한 권에 묶여 간행된 사실에서도 알 수 있는 것처럼 그의 문학사적 위치는 '내향의 세대'와 함께 분류되기도 했다.[7] 이와 같이 일본문학의 범주 안에서 다뤄진 이회성은 그의 작품 해석에 있어서도 '집' 혹은 '가족'이라는 일본근대소설의 대표적인 테마와 연결시켜 일본문학의 전통 속에서 해석되어지는 경향이 있었다.

당시의 문단은 재일조선인작가로서는 첫 수상자였던 만큼 재일조선인에 의한 문학 생산에 대해 그리고 그들의 문학적 특성에 대해 무자각적이었을 것이라는 추측은 가능하다. 그러나 이회성의 수상이 있기 전 이미 김사량(金史良), 김달수(金達寿), 김석범(金石範) 외에도 다치하라 마사아키(立原正秋)와 이오 겐시(飯尾憲士)와 같은 재일조선인작가들이 아쿠타가와상 후보작으로 수차례 노미네이트되고 있었다. 당시 이들의 문학행위에 대해 일본문단은 문학 주체가 일본사회의 마이너리티라는 사실은 인정하되, 일본문학이 전반적으로 민족문제를 회피해 온 것처럼, 이들 에스닉 마이너리티문학

---

6) 당시 군상신인문학상 선평을 보면, 사할린 잔류 조선인의 역사라는 모티브 자체가 일본인에게는 미지의 세계였고, 지금까지 일본문학에서는 볼 수 없었던 표현(野間宏)과 문체(江藤淳, 安岡章太郎)는 일본문학에 있어서의 새로운 가능성으로 받아들여졌음을 알 수 있고(「第12回群像新人文学賞発表 選評」, 「群像」, 1969.6, pp.132~138 참조), 이후에도 고도경제성장과 함께 일본인이 상실해 온 것을 이회성의 작품에서 발견해 내려고 하고 있다.

7) 여기에는 '내향의 세대'의 비평가로 분류되는 가라타니 고진(柄谷行人)이 평론분야에서 이회성과 함께 군상신인문학상을 수상하면서 데뷔한 사실도 어느 정도 작용했으리라 본다.

이 그들 문학과 대항적인 문학이라는 인식은 없었던 것으로 보인다. 이러한 현상은 중앙심급의 승인을 획득하기 위한 에스닉 마이너리티의 문학적 투쟁의 초기단계에서 나타나는 결과라고도 할 수 있을 것이다.

이와 같이 당시 문단의 상황과 사회적 콘텍스트가 문학상 수상작 선정에 영향을 미치기도 하지만, 한편으로는 중앙 심급의 권위를 대행하는 선고위원의 문학적 기호와 정치적 성향에 좌우되기도 한다. 아쿠타가와상 수상작 선고자 중 특히 1995년 하반기부터 2012년 하반기에 이르기까지 선고위원을 맡은 이시하라 신타로(石原慎太郎)의 선평을 그 예로 살펴보기로 하겠다.8) 먼저 1996년도 하반기 제114회 아쿠타가와상 수상작인 마타요시 에이키(又吉栄喜)의 「돼지의 보은(豚の報い)」(『文学界』, 1995.11)에 대한 선평이다.

　　일본에 있어서 오키나와라고 하는 풍토의 매력과 가치와 의미는 비획일성에 있다. 그것은 일찍이 있었던 전쟁이라든가 현존하는 군대의 기지라든가 하는 정치적인 요인을 넘어선, 진정으로 또한 순수하게 문화적인 것으로, 오늘날 일본의 대체로 표백된 듯한 문명 상황 속에서 오키나와의 매력은 문화인 것에 대한 외경조차 유발한다. (중략) 又吉栄喜씨의 작품은 오키나와의 정치성을 떠나 문화로서의 오키나와의 원점에 입각하여, 적어도 확고한 오키나와라고 하는 하나의 우주 존재를 느끼게 하는 작품이다. 주제가 현대의 사건이면서 시간

---

8) 이시하라 신타로의 언설에 대해서는 졸고 「마이너리티문학 속의 마이너리티이미지」(『일어일문학』 54집, 2012.5)에서 언급한 적이 있으나 본고에서는 주류의 문학에 대해 에스닉/내셔널 마이너리티가 독립된 문학의 장을 획득하기 위한 과정에서 재검토하고자 한다.

을 일탈한 현기증 같은 것을 느끼는 것은 말하자면 이질적인 본질을 접하게 되기 때문으로 풍토의 개성에 힘입은 소설의 성공의 증거라 할 수 있다.[9]

아래 인용은 1997년도 상반기 제117회 아쿠타가와상 후보작으로 선정된 사기사와 메구무(鷺沢萠)의 「그대는 이 나라를 사랑하는가 (君はこの国を好きか)」(『新潮』, 1997.6)와 수상작인 메도루마 슌(目取真俊)의 「물방울(水滴)」(『文学界』, 1997.4)에 대한 선평이다.

이번 후보작은 어쨌든 질리지 않고 읽은 작품이 많고 대체로 양질의 작품이었다. 무엇보다 그것이 현대의 흐름일지 모르지만 아무리봐도 마케팅에 의한, 즉 결과를 기대한 소재가 많고, 그만큼 흥미가떨어진다. 읽어보고 주제와 작자의 어쩔 수 없는 관계가 그다지 느껴져 오지 않는다. 鷺沢萠씨의 『君はこの国を好きか』 등이 그 좋은 예로, 지금 유행인, 여러 가지 성가신 한일관계를 재일한국 자제의 입장에서 그리고는 있어도, 吳善花씨의 『攘夷の韓国 開国の日本』나 『スカートの風』와 같은 탁월한 한일비교문화론에는 훨씬 미치지 못한다. (중략) 目取真俊의 『水滴』는 또 오키나와인가 하는 느낌이지만, 그것은 즉 오키나와의 일본에 있어서의, 과거의 전쟁체험도 포함한 특이한 지위에 의한 것일 것이다. 이것은 오키나와가 아니라면 성립하지 않는 현대의 우화일 것이다. 어느 장면에서는 이상한 환상성조차 느끼게 하는데, 우화를 만들어내는 부분이 그것을 상쇄해 버려 작품의 완성을 해치고도 있다. 그렇다고는 해도 이상한 인상의 성과이기는 하다. 역시 전쟁체험과 같은 것은 오키나와에 있어 단지 유산에 머무르지 않고, 오늘날도 역시 재산으로서 계승되고 있다고 하는, 오키나와 지방으로

---

9) 石原慎太郎, 「一つの小さな宇宙」, 『文芸春秋』, 1996.3, p.363

서의 개성을 명백히 한 작품이라고도 할 수 있다.10)

마지막으로 2000년도 하반기 제122회 아쿠타가와상 수상작인 현월(玄月)의「그늘의 집(蔭の棲みか)」(『文学界』, 1999.11)에 대한 선평이다.

> 玄月씨의「蔭の棲みか」은 읽을거리로서 가장 재미있게 읽었지만, 또인가 하는 느낌을 부정할 수 없다. 일본인이 가지는 재일조선인에 대한 일종의 죄의식은 독자들을 이러한 소재에 민감하게 반응시킬 것이라는 것은 알지만, 그렇다고 해서 이 작품이 그러한 마케팅에 의존한 것이라고도 생각하지 않지만, 그렇다면 작자가 무엇을 호소하려 하고 있는 것인지 모르겠다. 그런 한 이것은 단지 풍속소설의 영역을 벗어나지 않고 있다.11)

마타요시의「돼지의 보은」과 메도루마의「물방울」에 대한 이시하라의 선평은 대조적이다. 오키나와의 토착성의 상징인 돼지와 세 명의 여성의 재생 이야기를 통해 오키나와인으로서의 주체성 확립과 치유의 과정을 그린「돼지의 보은」에 대해서는 "정치성을 떠나 문화로서의 오키나와"와 풍토성이 부각되어 있는 점을 높이 평가하고 있다. 반면, 오키나와전쟁에 대한 기억을 신체의 이변을 통해 그려낸「물방울」에 대해서는 "또 오키나와인가"라는 식상한 듯한 감상에 이어 오키나와전쟁은 오키나와인에게는 소중한 "재산"으로써 계승되

---

10) 石原慎太郎,「あらためての, 沖縄の個性」,「文芸春秋」, 1997.9, p.431.
11) 石原慎太郎,「輝き無し」, 『文芸春秋』, 2000.3, p.363.

고 있고, 그것이 지역의 개성이 되고 있다는 발언을 하고 있다.

재일조선인문학의 경우, 사기사와 메구무의 「그대는 이 나라를 사랑하는가」에 대해서는 후보작에 대한 평가이기는 하지만, 작품의 비교대상이 오선화의 언설인가 하면, 재일조선인 집단촌의 역사, 세대교체와 뉴커머의 증가로 공동체 내부의 변화라는 문제의식을 집단촌의 살아있는 '화석'과도 같은 인물의 시각을 통해 그려내고 있는 현월의 「그늘의 집」에 대해서는 "또인가"라고 노골적인 반감을 드러내고 있다. 일본인들의 "재일조선인에 대한 일종의 죄의식"을 자극하고자 하는 것이 소설의 목적이 아니라면 대체 무엇을 전달하고자 하는 것인지 명확하지 않다고 하는, 그 점에서 "풍속소설의 영역"을 벗어나지 못하고 있다는 식의 평가를 하고 있다.

머조리티의 제도화된 문학 형식과 문학 장르를 받아들이고 그들의 인지와 평가를 받으려는 태도는 포스트콜로니얼 비평에서는 식민지문화의 계승으로 해석되기도 하지만, 이러한 의존형태는 동시에 머조리티의 지배로부터의 해방과 정통성을 획득하기 위한 과정이기도 하다. 이시하라는 문학상 선정의 '최고의 권위자'로서 일본제국의 식민지역사와 도발전쟁의 역사를 은폐하고, 머조리티사회의 대항적인 존재로서의 마이너리티란 존재 자체를 부정하고 있는 것이다. 이처럼 머조리티문학에 대해 그들 문학의 자율과 문학의 보편성을 추구하는 마이너리티문학은 중앙문단의 심급으로부터뿐만 아니라 경우에 따라서는 승인자의 문학적 기호로부터도 자유로울 수 없는 이중의 부담을 안고 있는 것이다.

재일조선인문학은 일본의 문학계에서 시민권과 "문학 자체로서의 자율성"을 획득하고 식민지성이라는 부정의 각인으로부터 "해방과

자유를 지향"하고 있다.12) 이것은 일본문학의 장으로부터의 독립을
의미한다. 김석범은 재일조선인문학이 일본문학의 하부구조로 취급
되거나, 일본문학에 "신선한 혈액이라도 주입하는 담당자"13)처럼 일
본문학의 자장 속에서, 일본문학의 보완장치로 기능하는 것에 반발
한다. 이러한 입장은 오키나와문학의 경우도 마찬가지이다. 오키나
와의 문학비평가 신죠 이쿠오(新城郁夫)는 근·현대 오키나와에 있
어 일본어로 글을 쓴다는 행위는 "국민국가 생성의 과정에 참가하기
위한 대단히 강력한 정치적 의미"를 가진 만큼 일본어라는 표현영역
속에서 소설을 쓰는 행위에서 비롯되는 정치성에 대해 자각적이어
야 한다고 주장한다.14) 아쿠타가와상 수상작가인 오시로 다츠히로
가 그의 에세이 「오키나와에서 일본어 소설을 쓰는 것(沖縄で日本語
の小説を書くこと)」에서 오키나와방언이 일본어의 표현영역을 확대
시키고 완성도를 높이는 데 도움이 된다는 발언에 대해 신죠는 주의
를 촉구하고 있는 것이다. 오시로의 발언은 결국 오키나와어가 "일
본어라는 중심을 보완하는 주변문화로서만 승인되고 허가되어 온
공허한 기호"에 지나지 않는다는 의미가 되어버리고, 이것은 곧 "'일
본어'라는 기준 내부에 있어서 오키나와방언이 어떠한 주변적인 공
헌을 할 수 있는가'라고 하는 반전된 승인욕구"15)로도 해석될 수 있
기 때문이다.

---

12) 金石範, 『新編「在日」の思想』, 講談社, 2001.5, p.143.
13) 상게서, p.158.
14) 新城郁夫, 『到来する沖縄―沖縄表象批判論』, インパクト出版会, 2007.11, p.98.
15) 상게서, p.100.

3. 재일조선인문학의 과제

문학적 독자성과 정통성을 획득하기 위한 마이너리티의 문학적 투쟁은 일본의 머조리티문학으로부터의 승인과 평가가 종국적인 지향점이 될 수 없다. 그것은 파스칼 카자노바(Pascale Casanova)가 세계문학공간의 이상적인 모델로 설명하는 "순수한 창조의 왕국, 문학적 보편이 자유와 평등 속에 지배하고 있는 최량의 세계"16) 에서의 위치 획득일 것이다.

> 문학공간은 피라미드구조와 일방적인 지배관계 속에서 굳어버린 부동의 구조가 아니다. 가령 문학자원의 불균형한 배분에 의해 계속적인 지배형태가 초래되고 있다고 해도, 이 공간은 끊임없는 투쟁의 장이고, 권위와 정통성에 대한 이의제기의, 반항의, 불복종의 장, 나아가서는 힘 관계를 변용시켜 피라미드구조를 전복시키기에 이르는 문학혁명의 장인 것이다. 이 의미에서 현실의 유일한 문학사라고 하는 것은, 특수한 혁명의 무력행사의, 선언의 역사, 형식과 언어의 발명의 역사, 조금씩 문학과 문학세계를 '만들어'가는 문학질서 전복의 역사이다.17)

재일조선인문학은 일본제국의 조선 지배에 대해 주권 회복을 위한 투쟁에서 출발했다. 해방 이후 민족의 역사와 현실이라는 1세대의 테마는 세대교체와 함께 민족적 아이덴티티 탐구로, 그리고 일본

---

16) バスカル・カザノヴァ/岩切正一郎訳, 『世界文学空間—文学資本と文学革命』, 藤原書店, 2002.12, p.30.
17) 상게서, p.229.

사회의 차별구조와 사회적 모순이라는 외적 요인과 민족적 아이덴티티의 위기라는 내적 요인은 재일조선인문학 내부에도 다양한 변화를 가져왔다. 그러나 식민지종주국에서의 문학활동은 정치적, 언어적 지배뿐 아니라 불가시한 문학적 지배 상태에 놓여있다는 사실에는 변함이 없다. 구조적인 차별 시스템의 온존과 특히 최근의 재특회(재일의 특권을 용납하지 않는 시민의 모임)에 의한 'hate speech'와 같은 노골적인 민족멸시, 끊임없는 동화 요구라는 외적 요인 외에 세대교체를 거듭한 재일조선인 내부의 아이덴티티문제는 재일조선인문학의 미래를 위협하는 요인이기도 하지만, 한편으로는 문학적 투쟁을 지속하지 않을 수 없는 강력한 동기부여로도 작용하고 있다.

재일조선인문학이 일본문학의 지배에서 벗어나 자율과 문학적 보편성을 획득하고, 세계문학공간에서 확고한 위치를 다지기 위해서는 어떻게 해야 하는 것일까. 현시점에서 무엇보다 요구되고 있는 것은 재일조선인의 문학의 장을 유지하는 것이다. 그러나 재일조선인문학이 처해 있는 상황을 낙관할 수만은 없다. 이를 에스닉 간행물 현황을 통해 살펴보면, 해방 직후 일본 내의 신문용지 사정의 악화와 재일조선인 단체들의 경제적 기반 부족에도 불구하고, 전국지와 지방지를 합해 1946년 당시 재일조선인에 의해 발행된 신문은 170여 종에 달했다.[18] 1960년대부터 80년대 사이, 재일조선인에 의한 에스닉 잡지는 『한양(漢陽)』(1962-1984), 『일본 속의 조선문화(日本のなかの朝鮮文化)』(1969-1981), 『계간 삼천리(季刊三千里)』(1975-1987),

---

18) 「해방 5년, 동포신문 사정⑤—170종의 재일동포신문」, ≪조선신보≫, 2006.4.11.

『계간 마당(季刊まだん)』(1973-1975), 『계간 잔소리(季刊ちゃんそり)』(1979-1981), 『계간 청구(季刊靑丘)』(1989-1995), 『계간 민도(季刊民涛)』(1987-1990) 등을 포함 50여 종 이상이 발간되었다. 그리고 1980년대 이후 에스닉 잡지 수와 종류는 이전에 비해 눈에 띄게 증가했다. 재일조선인사회의 구조 변화, 즉 세대교체와 뉴커머의 등장으로 인해 특히 동인지 성격의 잡지와 각종 생활정보지가 차지하는 비율이 높아졌고, 온라인지도 등장하고 있으나, 이에 반해 문예지 수는 감소하는 현상을 볼 수 있다. 이후 급속하게 글로벌화가 진행되고, 세계적인 인구 이동으로 인해 일본사회에도 다국적·다문화 현상이 현저해지면서 에스닉 잡지는 보다 다양한 형태로 그 수도 증가해 왔다.

그러나 한편으로는 이와 같은 재일외국인에 의한 에스닉 미디어의 증가 추세에 대항하듯 일본 보수계 논단에서도 내셔널한 역사와 문화의 정통성을 회복 혹은 재구축하려는 움직임이 활발해졌고, 이러한 현상은 보수계 논단지만이 아니라 그라비아지, 만화, TV에 이르기까지 다양하게 확산되어 갔다. 이러한 1990년대의 내셔널리즘 언설에 대해 요시노 슌야(吉見俊哉)는 보수계 논단지의 압도적 다수를 차지하는 독자가 남성이라는 점에 착안하여 글로벌화와 페미니즘의 확대와 젠더의 경계 재구축이라는 움직임에 대한 "반동적=방위적인 언설"[19]이라고 분석하고 있다.

이와 같이 글로벌화 속의 내셔널리즘이 다양한 미디어를 통해 생산·소비되어지고 있는 머조리티사회 속에서 에스닉/내셔널 마이너

---

19) 吉見俊哉, 『カルチュラル・ターン, 文化の政治学へ』, 人文書院, 2003.5, pp.276~277.

리티, 특히 재일조선인인의 문학 생산의 장은 갈수록 협소해지고 있다. 1991년 창간되어 년1~2회 간행되던『호르몬문화(ほるもん文化)』는 2000년 9월 9호로 종간했고, 첫 여성 문학동인지였던『봉선화(鳳仙花)』도 1991년 창간되어 2013년 9월에 27호로 종간했다. 그리고 재일조선인 역사상 첫 종합 여성문예지『땅에 배를 저어라(地に舟をこげ)』가 2006년 11월에 창간되어, 재일조선인문예지의 명맥을 여성이 중심이 되어 이어가리라 기대가 모아졌으나, 2012년 11월 7호로 종간되었다. 이로써 재일조선인에 의한 문예잡지는 2014년 현재 제로인 상태이다. 오키나와문학과는 달리 재일조선인문학은 중앙문단의 지배에 대해 지역적 거점은 물론 문학 생산의 장도 확보하지 못한 상태인 것이다.

최근 일본문단에서는 주목할 만한 새로운 현상이 나타나고 있다. 오키나와인과 재일조선인에 이어 중국인(2008년 139회 아쿠타가와상 수상 작가 楊逸), 유대계 미국인(リービ英雄), 대만인(邱永漢, 陳舜臣, 溫又柔), 스위스인(David Zoppetti), 이란인(Shirin Nezammafi) 등의 재일외국인에 의한 일본어 작품이 연이어 권위 있는 문학상을 수상하고 있고, 소설 영역 외에도 일본어로 문학활동을 하고 있는 외국인(프랑스인, 오스트레일리아 등)이 증가하고 있다.

이러한 추세를 재일외국인의 국적의 다양화에 따른 자연스러운 결과로만 보기는 어렵다. 재일외국인이 그들의 모국어가 아닌 일본어로 창작활동을 한다는 것은 일본문단으로부터의 인정과 평가를 원해서임에는 틀림없다. 그러나 중국 국적의 작가 양이(楊逸)를 비롯해 최근 일본의 문학상을 수상한 작가의 작품은 반드시 문단이 규정한 미적 기준만이 선정의 기준이 되고 있다고 볼 수는 없다. 일본문단은 이들 재일외국인들을 통해 중심문학으로서의 권위를 한층 더 부각시키고, 세계문학공간에서 일본이라는 국가와 언어에 대한 위치를 재확인하는 기회로 삼고 있는 것이다.

글로벌화로 인해 경계와 공간이 가지는 의미는 탈구축되었지만, 다국적·다문화 현상에 대항하듯 일본 내에 새로운 내셔널리즘이 대두되는 것처럼 그곳에는 새로운 경계가 설정되었다. 다문화공생을 표방하는 일본사회 내부에는 새로운 경계가 그어진 것이고, 이로 인해 공간관계는 다양화했지만, 중심과 주변의 역학관계는 여전히 존재한다.

축적된 문학자본과 언어자본을 통해 문학적 패권을 쥐고 있는 자는 '보편'과 '평등'이라는 이름 하에 그 피라미드를 보이지 않는 것으로 하고 있을 뿐 세계문학공간에는 누구도 부정할 수 없는 피라미드 구조가 존재한다. 이러한 세계문학공간에서 새로운 문학('소'문학)의 출현은 새로운 '국민'의 출현과 불가분하다. 그러나 예를 들어 19세기말의 아일랜드, 오늘날의 카탈로니아, 마르티니크, 퀘벡, 그리고 그 외 정치적, 문학적 내셔널리즘운동이 일고 있는 지역의 경우 정치체제로서의 국가가 없음에도 불구하고 국민문학공간을 형성하는 예를 볼 수 있다.[20] 본고에서 살펴본 바와 같이 재일조선인문학이 이들 문학처럼 세계문학지도 상에 하나의 문학공간으로 그 위치를 확보하기 위해서는 이중의 심급과 이중의 위치 획득이 요구된다. 그리고 오키나와와 같이 실제 지도 상의 지역 공간을 보유하고 있지

---

20) パスカル・カザノヴァ／岩切正一郎訳, 『世界文学空間—文学資本と文学革命』, 藤原書店, 2002.12, p.140.

않는 재일조선인문학의 경우, 재일조선인의 문예공간마저 사라진 현재, 일본 내에서 고유의 문학공간 확보가 점차 어려워질 것으로 예상된다. 아이누문학과 같이 소멸되지 않고, 세계문학공간에서 그 위치를 확고히 하기 위해서 재일조선인문학에 남겨진 과제는 산적해 있다고 봐야 할 것이다.

'마이너리티'란 무엇인가

동아시아, 미국, 유럽의 비교

유효종(劉孝鐘)
와코대학 현대인간학부 현대사회학과 교수
이와마 아키코(岩間曉子)
릿쿄대학 사회학부 사회학과 교수

1. 문제설정

필자들은 일본, 한국, 중국, 미국, 독일, 러시아, 프랑스 7개국의 '마이너리티' 개념과 정책에 관한 국제비교를 실시하여, 그 결과를 『마이너리티란 무엇인가? - 개념과 정책의 비교 사회학』으로 정리하였다(이와마·유효종(岩間·그, 2007). 이 책은 한국어로도 번역되어 2012년에 출판되었다.

이 글에서는 그 성과를 토대로 세 가지 과제에 대해 논의하고자 한다. 첫째로, '내셔널·마이너리티'란 무엇인가에 대해 보다 상세한 검토를 하고자 한다. 최근 유럽에서는 이민을 '새로운 마이너리티'라 부르는 표현이 등장하고 있다. 이 '신 마이너리티'라는 표현과 짝을 이루는, 이른바 '구 마이너리티'가 바로 '내셔널·마이너리티'이다. 신·구의 마이너리티는 모두 다수파 민족과 구별되는 소수파 민족으로 당연히 양자의 요구에는 겹치는 부분도 있다(Medda-Windischer,

2009; 2011). 그러나 정책에는 차이가 있으며 뒤에 설명하는 것처럼 내셔널·마이너리티의 보호에 보다 높은 프라이어리티(Priority:우선권)가 주어지고 있다. 또 이민정책을 검토할 때 내셔널·마이너리티 정책과의 균형이 고려되는 경우도 적지 않다. 그러므로 유럽의 이민정책을 참조할 때는 이민을 둘러싼 사회경제적 상황뿐만 아니라 내셔널·마이너리티의 존재유무와 내셔널·마이너리티 정책을 이해하는 것이 중요하다.

그러나 한국과 일본에서 이민·외국인(노동자)문제가 논의될 때 종종 유럽의 이민문제에 대한 언급이 이루어짐에도 불구하고 유럽의 이민정책의 준거틀이 되고 있는 내셔널·마이너리티의 존재와 내셔널·마이너리티 정책에 대해서는 거의 알려져 있지 않다.

유럽을 중심으로 내셔널·마이너리티에는 민족의 언어와 문화, 민족적 아이덴티티의 유지·발전을 위한 특별한 권리가 에스닉·마이너리티에 비해 보다 많이 인정되고 있는데 그 근거와 이유를 밝히는 것이 두 번째 과제이다. 자유권규약 제27조에는 들어 있지 않았던 '내셔널'이라는 말이 1992년에 UN총회에서 채택된 이른바 '마이너리티 권리선언'(Declaration on the Rights of Persons Belonging to National or Ethnic, Religious and Linguistic Minorities)에서는 추가되었다. 그리고 유럽평의회(Council of Europe)에서는 1995년에 '내셔널·마이너리티 보호기본조약(Framework Convention for the Protection of National Minorities:FCNM)이 채택되는 등 소련·동구권 해체와 함께 내셔널·마이너리티의 처우가 국제사회, 특히 유럽에서 중요한 쟁점이 되어 왔다.

한편 유럽에서는 같은 시기부터 이민의 포섭이 중요한 정책과제로 부상했다. 이민은 에스닉·마이너리티에 해당되기 때문에 내셔널·마이너리티와 에스닉·마이너리티의 차이 및 관계에 대한 확인, 검토는 한국과 일본이 직면하고 있는 이민수용책을 검토하는데도 중요한 의의를 가진다.

이 두 가지 과제에 대해서는 내셔널·마이너리티에 관한 선행연구를 대상으로 한 검토와 2013년 8월에 덴마크와 스웨덴의 정부기관을 대상으로 실시한 인터뷰조사의 성과 등을 토대로 3절에서 검토한다.

한국에서 2000년대 이후 이민을 대상으로 한 사회적 포섭책이 급속하게 정비되어 온 것과는 대조적으로 일본에서는 이민 및 외국인 주민에 대한 부정적인 언론과 '헤이트 스피치' 등의 문제가 보다 격렬해진 형태로 사회의 전면에 등장하고 있다. 이민의 수용을 둘러싼 한일 양국 사이의 이러한 차이에 대한 사회적·정치적인 배경을 마이너리티론의 관점에서 검토하는 것이 세 번째 과제이다(4절).

세 가지의 과제를 검토하는데 있어 전제이자 출발점이 되는 것이 '마이너리티' 개념의 세 가지 유형이다. 그래서 2절에서는 먼저 '마이너리티' 개념의 세 유형을 소개하기로 한다. 유형분류의 기본틀은 2007년에 출판된 책과 기본적으로 같지만 이 글에서는 (1) 덴마크와 스웨덴의 사례를 추가하고 (2) 각 유형의 특징과 유형마다의 정책목적의 차이 등을 보다 알기 쉽게 시각적으로 나타내기 위해 새로이 도표를 추가하고 있다.

2. '마이너리티' 개념과 정책의 유형화

1. 연구방법

'마이너리티'라는 말의 개념 및 이해방식은 나라나 지역에 따라 다른 데 여기에는 '마이너리티'라 불리는 사람들을 둘러싼 각 나라나 지역의 민족구성 및 민족관계의 역사와 사회적·정치적 상황이 깊이 간여하고 있다. 그렇기 때문에 각국에서의 '마이너리티' 개념을 살필 때는 '마이너리티'라는 말이 등장하는 구체적 장면이나 맥락 그 자체에까지 파고들어가 분석할 필요가 있다. 이러한 상황을 고려해 정부 등 공적기관에 의한 문서나 법률뿐만 아니라 '마이너리티' 연구로 분류되는 선행연구, 사회학을 중심으로 한 사회과학 분야의 사전(事典, 辞典), 일반독자를 대상으로 한 각종 용어 사전과 더불어 신문 기사나 인터넷 등에서의 사용례 등 해당국의 '마이너리티' 개념을 파악하는 데 필요하다고 여겨지는 자료를 될 수 있는 한 폭넓게 이용, 검토하였다.

2. '마이너리티' 개념의 세 유형

UN과 아홉 개 대상국의 '마이너리티' 개념은 <표 1>과 같이 크게 3가지 유형으로 나뉜다

우선, '전통적/한정형'마이너리티개념은 내셔널·에스닉·종교적·언어적인 면에서 다수파(자)와는 구별되는 상대적인 소수파(자)만을 일컫는다. UN과 독일, 러시아, 덴마크, 스웨덴, 중국에서 사용되고 있다.

〈표 1〉 '마이너리티' 개념의 세 유형

유형	(1) 전통적/한정형	(2) 확산형	(3) 회피형
A. 대표적인 정의 또는 중요한 요소	● 내셔널, 에스닉, 종교적, 언어적 마이너리티 ● 다수파에 대한 상대적인 수적 열세	● 차별을 받은 경험 ● 상대적인 수적열세는 그리 중시되지 않는다 ● 피해자성(Gleason, 1991)	-
B. 해당되는 국가 등	국제연합(UN), 러시아, 독일, 덴마크, 스웨덴, 중국	미국, 일본, 한국	프랑스
C. '마이너리티'로 인식·인정되는 대상	● 독일 내셔널·마이너리티 (덴인, 소르브인, 프리지아인, 신티·로마인) 및 에스닉·마이너리티 ● 러시아: 내셔널·마이너리티 (어느 지역에서 소수자의 상태에 있으면서 일정한 통합성을 유지하고 있는 민족집단) ● 덴마크: 내셔널·마이너리티 (독일계 마이너리티) 및 에스닉·마이너리티 ● 스웨덴: 내셔널·마이너리티 (사미, 스웨덴·핀인, 로마인, 토르네달인, 유대인) 및 에스닉·마이너리티 ● 중국: 한족 이외의 55의 '소수민족'	● 에스닉·그룹, LGBT, 장애인, 고령자, 노숙자, 실업자, 비정규노동자, 외국인, 외국인노동자, 환자, 여성 등 ● 3개국 사이에는 차이도 보인다. 미국에서는 아프리카계 미국인을 중심으로 한 에스닉·그룹이 중핵을 차지하는데 반해, 한국과 일본에서는 에스닉·그룹이 '마이너리티' 개념과 이미지에서 차지하는 비중은 상대적으로 작다.	-
D. '마이너리티' 보호를 위한 법률이나 제도의 유무	● 위에 열거한 국가에서는 모두 '마이너리티' 보호를 위한 법제가 마련되어 있다. 예) '내셔널·마이너리티 보호기본조약(FCNM)', '지역언어 또는 소수언어를 위한 유럽헌장 (European Charter for Regional or Minority Language)', 헌법, 법률	● 미국: 차별시정을 위한 약자 우대정책 (affirmative action) ● 일본: '마이너리티/소수자'라 는 말이 들어있는 법률이나 제도는 없다. ● 한국: '마이너리티/소수자'라 는 말이 들어있는 법률이나 제도는 없지만, 외국인과 '다문화가족' 지원을 목적으로 한 법률이 2000년대 후반에 잇달아 제정되고 있다.	● '내셔널·마이너리티 보호기본조약'을 비준하지 않고 있다. 헌법의 '법 앞의 평등' 원칙에 반한다고 생각하여, '마이너리티'의 존재를 기본적으로 인정하지 않고 있다.

이와는 달리 미국과 일본, 한국에서는 상대적인 수적 열세가 중시되지 않고 차별을 받은 경험과 '피해자성'이 보다 중시된다. 즉 약자와 마이너리티의 구별은 실질적으로 거의 없다. 다만 세 나라 사이에는 차이도 보인다. 미국에서는 아프리카계 미국인을 중심으로 한 에스닉·마이너리티가 '마이너리티' 개념의 중핵을 차지하고 있다. 또 1960년대의 공민권운동의 성과를 참고로해 LGBT와 장애인이 당사자 운동을 전개하는 가운데 스스로를 '마이너리티'라고 부르게 된 것이 이러한 '마이너리티' 개념의 확산에 박차를 가했다고 생각된다 (이와마·유효종, 2007: 5장). 그러나 일본과 한국에서는 에스닉·마이너리티의 존재감이 상대적으로 약하고, '마이너리티(＝소수자)'가 약자 일반을 지칭하는 말로 사용되는 경향이 미국보다 강하다.

한편 프랑스는 유럽연합 가맹국 가운데 '내셔널·마이너리티 보호 기본조약'을 비준하지 않고 있는 예외적인 국가로 마이너리티의 존재 자체를 인정하지 않고 있다.

이러한 '마이너리티' 개념의 유형은 UN의 인권보호기본틀의 마이너리티와 약자의 관계에 따르면(Symonides, 2000: Part Ⅲ)[1] 그림 1과 같이 정리할 수 있다.

여기서 보듯이 UN의 인권보호기본틀에서는 선주민족을 포함한 '전통적/한정형' 마이너리티[2]에 여성·어린이·이주노동자를 더한 것

---

1) 이 책은 국제인권법의 인권개념과 그 기준의 올바른 이해와 보급을 목적으로 바르샤바 대학 국제법·국제관계론 교수로 유네스코 평화·인권·민주주의·관용부 부장(Director of the Department for Peace, Human Rights, Democracy and Tolerance)인 시모니데스에 의해 편집되어 유네스코에서 출판되었다.

2) 선주민족은 '선주성'에 기초해 다른 전통적 마이너리티의 비해 더 크고 넓은 범위의 권리가 인정된다.

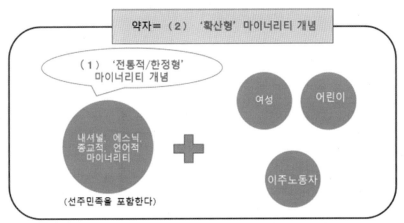

〈그림 1〉 UN의 인권보호기본틀에서의 '마이너리티'와 '약자'의 관계

이 '약자'로, <표 1>의 '확산형'에 해당한다. 이 가운데 이주노동자는 '전통적/한정형' 마이너리티와 마찬가지로 민족적 아이덴티티를 표현·유지·발전시키고자 하는 요구를 일반적으로 가지고 있다.

　<그림 2>에 나타낸 것처럼 '내셔널·에스닉·종교적·언어적 마이너리티'를 대상으로 한 정책과 '약자'를 대상으로 한 정책의 목적 사이에는 본질적인 차이가 보인다. 전자를 대상으로 한 정책은 각 집단의 독자성을 존중하고 그 집단이 형성하는 공동체의 승인·유지를 목적으로 하는데 반해, 후자를 대상으로 한 정책은 약자성의 경감 및 약자적 상황으로부터의 탈출 또는 그때까지 각 집단이 받아 온 차별과 편견 등에서 유래하는 불이익의 보상에 중점이 놓여진다.

3. '내셔널·마이너리티'란 무엇인가?

1. '내셔널·마이너리티'의 발자취

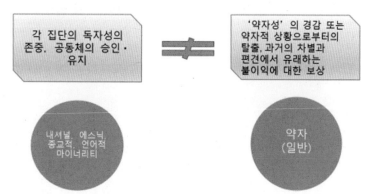

〈그림 2〉 (전통적/한정형) '마이너리티' 정책과 '약자' 정책의 목적의 차이

'내셔널·마이너리티'라는 용어는 원래 19세기 말 유럽에서 태어나 제1차 세계대전 전후에 급속하게 퍼졌다. 오스트리아·헝가리 제국 등의 해체와 그 영향으로 동유럽을 중심으로 새로운 국가들이 탄생하는 과정에서 자신들을 주체로 한 국가를 형성하지 못했던 민족과 자민족을 주체로 한 국가의 바깥, 곧 다른 민족이 주체로 되어 있는 국가에서 살고 있는 민족 등을 '내셔널·마이너리티'로 간주하고 그들에 대한 일정한 배려가 필요하다는 사상·의식이 등장했다.

그러나 냉전체제하에서는 내셔널·마이너리티의 보호문제는 뒷전으로 제껴졌다(미야와키(宮脇) : 1998). 또 '집단의 권리'로 보장이 검토되어야 함에도 불구하고 국제분쟁을 일으킬 수도 있다는 우려 등의 이유로 '개인의 권리'에 머물러 왔다는 문제도 있었다.

이러한 상황이 크게 바뀌게된 계기는 소련·동구권의 해체였다. 사

회주의 국가들에서 민주주의를 요구하는 움직임이 활발해지고 서방
국가로의 인구이동의 증가, 독일 통일 등으로 내셔널·마이너리티 보
호의 필요와 중요성이 높아지는 동시에 보호를 요구하는 당사자의
요구와 운동 등이 활발해짐에 따라, 1992년에 UN총회에서 '마이너
리티 권리선언'이 채택되고 1995년에 '내셔널·마이너리티 보호기본
조약'이 채택되어 1998년에 발효되었다.[3]

유럽평의회의 가맹국들에게는 '내셔널·마이너리티 보호기본조약'
의 비준이 요구되고 있다. 비준한 나라는 조약이 정하는 기준에 따
라 국내의 '내셔널·마이너리티'를 보호해야 한다. 또 법률과 정책 등
에 의해 내셔널·마이너리티가 어떻게 보호되고 있는가에 대한 보고
서를 5년에 한번씩 작성하여 유럽평의회에 제출해야 할 의무를 진
다. 그리고 제출된 보고서는 전문가위원회(the Advisory Committee)의
심사를 받는다.

그러나 조약주석(Explanatory Report)의 '어프로치(접근)와 기본개
념(Approaches and fundamental concepts)'의 12항에 설명되어 있는 것
처럼 "현 단계에서는 유럽평의회 가맹국 모두의 지지를 얻을 수 있
는 정의에 도달할 수는 없다는 인식에 입각해, 내셔널·마이너리티에
대한 정의는 내리지 않는다는 실용적인 접근을 채용"했기 때문에 내
셔널·마이너리티로 인정하는 기준[4]과 어느 집단을 구체적으로 내
셔널·마이너리티로 인정할 것인가에 대한 판단 등은 각국 정부에 맡

---

3) 이에 앞서, 유럽평의회는 1992년 11월 5일에 '지역언어 또는 소수언어를 위한 유럽헌장'
 (Europian Charter for Regional or Minority Languages)을 채택하였다.

4) 주석은 아래 사이트에서 열람할 수 있다. (http://conventions.coe.int/Treaty/EN
 /Reports/Html/157.htm)

겨져 있다.

주석 자체가 내셔널·마이너리티를 둘러싼 문제의 다양성과 어려움을 나타내는 동시에 조약이 갖고 있는 한계를 나타내고 있다고 할 수 있다. 먼저 내셔널·마이너리티의 정의와 인정기준이 각국에 맡겨져 있기 때문에 인정에 따르는 '자의성'의 문제가 있다. 보다 근본적인 문제로 국가가 내셔널·마이너리티를 인정하는 중대한 권한을 갖는다는 위험성도 있다. 또 제1차 세계대전 직후에 내셔널·마이너리티에 대한 문제가 제기되었을 당시의 '내셔널·마이너리티'의 함의와 이에 근거해 실제로 내셔널·마이너리티로 인식되었던 집단의 확인 및 재검토 등이 이루어지지 않았다는 점, 그리고 무엇보다도 '내셔널'이라는 말 자체가 구체적으로 무엇을 의미하는지가 명백하지 않은 채로 방치되어 있다는 문제도 지적할 수 있다.

이러한 한계와 문제가 남아 있지만 '내셔널·마이너리티 보호기본조약'과 이를 기초로 한 각국의 실천에 비추어 보면 현재 유럽에서의 '내셔널·마이너리티'란 '국가특별지정소수민족/국가특정소수민족', '국가의 지정에 의해 특별한 권리를 부여받는 소수민족'이라고 이해할 수 있을 것이다.

국내의 일부분의 소수민족집단을 내셔널·마이너리티로 특정하는 이유는, 1)선주성 2)절대적 소수성(인구수가 극단적으로 적은 경우), 그리고 3)국외에 동포를 갖고 있는 점 등을 생각할 수 있다. 이 가운데 1)과 2)에 대해서는 특별한 보호조치를 취하지 않을 경우에 예상되는 민족 및 민족문화의 소멸이라는 사태를 회피한다는 생각, 곧 국가의 문화적 다양성의 유지 및 타문화에 대한 관용이라는 이념적 관점에서 특별한 보호가 필요하다는 생각이 전제되어 있는 것으로 보인다. 이에 대해 3)의 다른 국가에도 동포가 살고 있는 경우에 대해서는 민족생활에 대한 충분한 배려가 되지 않을 경우 그것이 바로 국제문제화 해 국제분쟁의 요인이 될 수 있다는 점이 크게 작용하고 있는 것으로 보인다.

내셔널·마이너리티에 대해서는 나라에 따라 약간의 차이가 있지만 일반적으로 민족어로 사회생활을 영위할 수 있는 권리(교육, 복지서비스, 재판 등에서의 민족어 사용, 신문, 잡지를 포함한 각종 출판물의 민족어에 의한 출판), 그를 위한 각종 시설(학교, 보육원, 유치원, 도서관, 연구소, 신문사, 출판사 등)을 설립할 권리, 민족단체·조직을 설립할 수 있는 권리, 그리고 다른 나라에 사는 동포와 교류·협력할 수 있는 권리 등이 보장되고, 이러한 활동, 사업의 추진, 운영 등에 대해서는 국가 또는 지방자치단체로부터 폭넓은 재정지원이 이루어진다. 이밖에 집주지역의 운영에 대한 보다 높은 대표권을 보장하기 위해 내셔널·마이너리티에 대해서는 일반주민에 비해 낮은 득표율이라도 대표를 선출할 수 있도록 하는 제도를 도입하고 있는 경우도 있다.

에스닉·마이너리티는 이러한 국가에 의한 특별한 지정을 받지 못하고 따라서 국가나 지방자치단체의 지원도 받지 못하는, 그 밖의 모든 소수민족집단을 가리킨다.[5]

'내셔널·마이너리티 보호기본조약' 비준 후에 각국 정부가 제출한

---

5) 중국을 포함해 동아시아 삼국에서는 '소수민족'이라는 번역어가 내셔널·마이너리티와 에스닉·마이너리티 양자를 가리키는 말로 쓰여져 왔다. 하지만 '소수민족'이라는 번역어로는 양자의 차이가 구별되지 않기 때문에 원어 (내셔널 또는 에스닉 마이너리티)를 그대로 쓰지 않을 수 없다.

보고서에는 조약 제3조에 대응하는 형태로 내셔널·마이너리티의 정의(이를테면 각국의 인정기준)가 나와 있다. 그리고 구체적으로 누구를 마이너리티라고 인정하는가 등에 대해서도 명기하도록 요구하고 있기 때문에 보고서를 검토하면 내셔널·마이너리티에 대한 각국의 기본적인 생각 및 자세 등을 확인할 수 있다.

2. 덴마크의 '내셔널·마이너리티'-정의의 부재

1997년에 '내셔널·마이너리티 보호기본조약'을 비준한 덴마크의 「제1회 보고서」에는 "역사적 이유에서 남유틀란트지방에 있는 덴마크의 독일계 마이너리티는 내셔널·마이너리티로 특정할 수 있다"는 기술이 있을 뿐, 내셔널·마이너리티라고 판단하는 기준은 제시되어 있지 않다(Council of Europe, 1999: 10-12). 또 헌법과 그 밖의 법률 어디에도 내셔널·마이너리티의 정의가 없다는 것도 명기되어 있다.

보고서의 설명 가운데 '역사적인 이유'라고 언급되어 있는 것은 독일계 마이너리티에 대해 인정되고 있는 권리에 관해 덴마크 정부가 1955년 3월 29일에 내놓은 '코펜하겐 선언'을 가리킨다. 이 선언의 내용에 관한 설명 다음에 페로 제도와 그린란드가 자치령이라는 기술이 있다. 그러나 이 자치령에 살고 있는 사람들이 내셔널·마이너리티에 해당된다고는 되어 있지 않다.(페로 제도는 1948년, 그린란드는 1979년에 자치령이 되었다.)

덴마크에는 스웨덴과 마찬가지로 로마인도 살고 있다. 로마인은 스웨덴에서는 내셔널·마이너리티로 인정받고 있는 반면 덴마크에서는 인정되고 있지 않다. 이처럼 독일계 마이너리티 이외의 민족을 내셔널·마이너리티로 인정하지 않는 덴마크 정부의 대응은 전문가 위원회 등으로부터 비판을 받고 있다.

3. 스웨덴의 '내셔널·마이너리티'-판단기준의 명시와 보편성에 대한 지향

내셔널·마이너리티의 정의를 제시하고 있지 않는 덴마크와는 대조적으로 2000년에 동 조약을 비준한 스웨덴은 <표 2>에 제시하는 네 개의 기준 모두를 충족시키는 집단을 내셔널·마이너리티로 간주한다고 명확하게 기술하고 있다(Council of Europe 2001: 8).[6]

이러한 기준에 근거하여 선주민족이기도 한 사미인, 그리고 스웨덴·핀인 (이하 '핀인'이라 줄여 부른다)·토르네달인, 로마인, 유대인 다섯 민족이 내셔널마이너리티이며, 내셔널·마이너리티 정책을 결정할 때는 각각의 마이너리티의 승인을 받지 않으면 안된다 점이 명기되어 있다(Council of Europe 2001:9).

4. 덴마크와 스웨덴의 '내셔널·마이너리티' 개념·정책의 차이점

지면의 제약으로 여기서는 정책 내용을 설명할 수는 없지만, 양국의 내셔널·마이너리티 정책의 차이점은 다음과 같이 세 가지로 정리할 수 있다(이와마·유효종(岩間·그) : 2014).

---

6) 스웨덴의 법규에는 마이너리티의 정의가 존재하지 않는다는 점도 함께 기술되어 있다. 스웨덴의 4가지 기준은 독일의 기준과 비슷하다. 독일의 기준에 대해서는 유효종·이와마(그·岩間, 2014)를 참고 할 것.

〈표 2〉 스웨덴의 '내셔널·마이너리티' 인정에 적용되는 기준

1. 인구수가 현저하게 소수이며 집단내부에서 통합되어 있을 것.
2. 종교적·언어적·전통적 그리고 / 또는 문화적 소속 면에서 다수파와 구별되는 특징을 지니고 있을 것.
3. 스스로의 아이덴티티를 유지하고자 하는 희망과 열의를 가지고 있을 것(자기인식).
4. 스웨덴과의 역사적 또는 오랜 유대 관계를 가지고 있을 것. 그 유대관계의 시간적인 길이에 대해 정부가 절대적인 기준을 마련 할 수 있다고는 생각하지 않지만, 20세기가 되기 전에 스웨덴에 고유한 문화를 가지고 존재하고 있던 마이너리티 집단은 역사적 또는 오랜 유대관계라는 요건을 충족시킨다고 볼 수 있을 것이다.

첫째로 덴마크는 인정기준을 명시하지 않고 어디까지나 '역사적 이유'에 근거하여 개별적으로 독일계 마이너리티만을 내셔널·마이너리티로 간주하고 있는데 반해, 스웨덴은 네 가지 기준을 명시하고 다섯 민족을 내셔널·마이너리티로 인정하고 있다.

둘째로 내셔널·마이너리티와 이민의 구별 방법에도 차이가 보인다. 스웨덴은 네 번째 기준으로서 스웨덴 국내에서의 거주이력을 들고 현재는 19세기 이전부터의 관련을 기준으로 하고 있지만, 절대적인 기준으로는 생각하고 있지 않다는 사실도 함께 기술하고 있어 거주이력이라는 조건의 설정방식에 따라 장래에 이민도 내셔널·마이너리티로 인정될 가능성을 내다볼 수 있다. 한편 덴마크의 경우에는 1920년에 독일과의 국경선 획정에 근거하여 인정한 것이기 때문에, 위에서 지적한 인정기준의 부재와 함께 생각한다면 장래에도 이민을 내셔널·마이너리티로 인정할 여지나 의사는 없어 보인다.

셋째로 내셔널·마이너리티정책 배경에서 보이는 '보편성'의 차이이다. 덴마크의 경우 독일에 남겨진 동포(덴인)보호를 위해 독일계 마이너리티를 대상으로 한 정책을 실시하고 있다는 성격이 강하고, 실질적으로 독일과의 사이의 쌍무성(상호주의)에 기초한 내셔널·마

이너리티 정책을 실시하고 있다. 이러한 자세는 '내셔널·마이너리티 보호기본조약'의 비준 후에도 달라지지 않고 있다. 이와는 달리 스웨덴은 내셔널·마이너리티에 대한 정책적 대응은 늦었지만 '다양성의 존중', '권리평등', '인권존중'이라는 스웨덴이 중시하는 보편적인 가치관과 정합시키면서 국제기준의 실현을 위해 내셔널·마이너리티 정책을 전개하고 있다는 점이 두드러진다.

마지막으로 '구 마이너리티'와 '신 마이너리티'의 관계에 대한 앞으로의 전망과 관련해 흥미로운 점은 스웨덴에서의 핀인에 대한 대우이다. 핀인은 내셔널·마이너리티 가운데 가장 사람 수가 많은데, 이 가운데는 제2차 세계대전 후에 핀란드 등에서 취직이나 진학을 위해 온 사람들도 많이 포함되어 있다. 이처럼 겨우 수십 년 전에 이주해 온 사람들도 내셔널·마이너리티로 인정하는 근거에 대해 내셔널·마이너리티 정책을 소관하는 스톡홀름 렌청(중앙 직속의 지방행정기관)의 내셔널·마이너리티 담당과장에게 질문했더니 "핀인은 중세부터 스웨덴 국내에 살고 있다는 전통을 가지고 있고, 내셔널·마이너리티 인정은 자기신고에 근거하는 권리이기 때문"이라고 설명했다.

스웨덴의 헌법에는 스웨덴으로 새로이 이주해 온 사람들(에스닉·마이너리티)도 희망에 따라 자신의 민족 언어와 민족문화를 계승해 갈 권리를 인정하고 있다. 신·구 마이너리티가 이러한 공통된 요구를 가지는 면이 있다는 사실에 비추어 보면 내셔널·마이너리티의 연장선상에 이민이 자리매김될 여지가 있고, 또 보편성을 지향하는 스웨덴의 내셔널·마이너리티정책은 그 경험과 성과가 모두 이민정책에 유기적으로 활용될 가능성을 가지고 있다는 점에서 주목할 만한 선구성을 지니고 있다고 생각한다.

4. 이민 수용을 둘러싼 한국과 일본의 차이 – '내셔널·마이너리티'의 존재유무

현재 일본과 한국은 급속하게 진행되는 저출산 고령화에 기인하는 노동력부족에 대한 대응이 요구되고 있다. 양국은 첫째, 전통적으로 민족적 동질성이 높고 둘째, 이민을 엄격하게 관리하는 한편, 이들을 원활하게 통합 또는 편입시키기 위한 프로그램이 부족하고 (Chan, 2010) 셋째, 제2차 세계대전 후 미국으로부터 학술연구 분야에서도 많은 영향을 받았다는 점 등 공통된 특징을 가지고 있다. 특히 세 번째 미국으로부터 받은 영향의 정도가 양국의 미국형 '마이너리티' 개념의 수용으로 이어진 면이 크지만, 첫 번째의 '높은 민족적 동질성'이라는 조건이 미국에 비해 '마이너리티' 개념에서 차지하는 에스닉·마이너리티의 비중이 작다는 한국과 일본에 공통된 특징을 가져온 면도 있다고 생각된다.

다만 이민 수용에 관한 최근 양국의 대응은 대조적이다. 2007년에 '재한외국인 처우 기본법', 2008년에 '다문화가족 지원법'(2011년에 개정)을 제정하는 등 이민을 원활하게 수용하기 위한 시행을 거듭하고 있는 한국과 달리, 일본정부는 여전히 '이민'이라는 말을 사용하는 것에 대해서조차 신중한 자세를 취하고 있고, 단기간 체재하는 노동자로서 외국인을 받아들인다는 기본방침에 변화는 보이지 않는다. 장기간 일본에 체재할, 이를테면 이민예비군으로 상정되고 있는 그룹은 고도의 지식과 기술을 가진 전문 관리직종으로, '기대되는 이민'으로서의 '고급인재'를 표적으로 한 덴마크형 이민정책에 대한 검토가 시작되고 있다(아마세(天瀬), 2013). 양국 사이의 이러한 차이를 낳고 있는 사회적·정치적 배경은 무엇인가.

마이너리티론의 관점에서 중요하다고 생각되는 것은 내셔널·마이너리티의 존재 유무이다. 현재의 유럽에서 통용되고 있는 기준에 따른다면 오키나와 사람들(류큐민족)과 아이누 민족이 일본의 내셔널·마이너리티에 해당한다고 할 수 있다. 한편 한국에는 내셔널·마이너리티에 상당하는 소수민족은 없다고 해도 좋을 것이다. 내셔널·마이너리티에 해당하는 소수민족이 있는 일본에서는 유럽 국가들과 마찬가지로 사회적·정치적 안정성을 유지하기 위해 소수민족들이 납득할 수 있는 이민정책을 수립, 실행하는 것이 필요하다. 그렇기 때문에 일본에서는 이러한 측면을 고려한 신중한 조정이 중요하지만 한국은 이러한 '부담'으로부터 기본적으로 벗어나 있다.

국가와 지역의 사회적·정치적 안정성을 유지하기 위해서는 자신의 의지로 이주해 온 이민의 권리보다, 근대국가가 형성되기 이전부터 해당지역에 거주해온 내셔널·마이너리티의 권리를 우선적으로 생각하는 것이 현실적으로 중요하다는 인식이 유럽에서는 널리 공유되어 있다. 이러한 필요성은 일본을 포함해 유럽 이외의 다른 국가와 지역에도 존재한다고 생각한다. 실제로 일본전체의 미군기지 시설 가운데 75%가 좁은 오키나와에 집중되어 있는 상황에 대한 오키나와 사람들의 반발은 최근 한층 거세지고 있고, 그 해결책의 하나로서 독자적인 민족적 아이덴티티를 발판으로 일본으로부터의 '독립'을 요구하는 움직임도 활발해지고 있다(마쯔시마(松島), 2014).

그러나 일본정부는 아이누와 오키나와 사람들의 내셔널·마이너리티성을 인정하는 것 자체에 대해 매우 소극적이며 당연히 특별한 권리부여도 이루어지지 않고 있다. (아이누에 대해서는 늦은 감은 있지만 2007년에 '선주민족'으로서의 지위를 인정하고 민족문화 전승의 지원에 착수했다). 곧 내셔널·마이너리티를 안고 있다는 구체적인 경험이 있음에도 불구하고 일본의 경우에는 그 경험이(스웨덴과 같이) 이민정책에도 활용될 가능성이 있는 긍정적인 경험이 아니고 '부정적인 경험'으로 받아들여지고 있으며, 그것이 이민이나 외국인, 이민족에 대한 부정적인 이미지로 이어지고 있는 것으로 보인다.

물론 이러한 상황의 배경에는 재일한국인의 존재가 크게 가로놓여 있다고 생각한다. 당연히 일본정부는 그들의 지위와 권리, 처우를 둘러싼 문제해결을 위해 주체적, 적극적으로 노력해야 함에도 그러한 노력은 소극적, 미온적으로밖에 이루어지지 않아 아직도 많은 문제가 남겨져 있다.

이민 수용에서 나타나는 한일양국의 차이가 여기서 지적한 한국과 일본의 사회적·정치적·역사적 상황의 차이에 의해 생겨난 것이 아닐까 생각된다.

끝으로 한국과 일본의 차이점 가운데 흥미로운 것은 외국인이나 이민에 대한 사람들의 시선의 차이이다. 한국에서 외국인을 받아들이기 시작한 것은 일본보다 늦었지만, 결혼이민이나 외국인 노동자에 대한 일반인들의 '공감'과 '서로 돕는 정신'은 일본보다 더 널리 공유되고 있는 것 같다. 이러한 상황이 외국인과 이민을 대상으로 한 지원책을 단기간에 도입하게 된 배경이라 생각된다. 한편 일본에서는 외국인이 '범죄'와 '위험'이라는 말과 연결되는 경향이 강하고 외국인 및 이민에 대한 부정적인 시선이 뿌리 깊게 남아 있다.

물론 한국의 이민 수용 및 통합정책이 결혼이민자 및 그들의 가정에 대한 지원에 거의 한정되어 있고 또 이들 '다문화가족'에 대한 정책기조도 한국인 및 한국사회로의 거의 일방적인 동화라는 비판이 있는 점 등은 필자들도 알고 있다. 하지만 정부가 정주외국인에 대한 전국레벨의 법률을 제정하지 않고 관련 정책도 내놓지 않아 결국 각 지방자치체의 노력으로 외국인 수용정책이 전개될 수밖에 없는 상황에 있는 일본과는 달리 한국에서는 정부가 관계 법률을 만들어 각 지방자치단체에 그 실시를 요구하고 그에 필요한 예산 조치도 실시함으로써 그 결과 문제의 소재가 가시화되고 있다는 의의는 매우 크다고 할 것이다.

[Acknowledgment]This work was supported by JSPS KAKENHI Grant Number 24530668.

스웨덴의 도전
난민정책과 다문화주의

히키치 야스히코(挽地康彦)
와코대학 현대인간학부 현대사회학과 준교수

1. 유럽의 이민문제와 이민정책

유럽의 이민문제는 오늘날까지 중요한 정치적 쟁점이 되어왔다. 그것은 이민문제 대응에 대한 고심 그 자체이며, 1970년대부터 시작했다고 보아도 이미 반세기 가까이 고민해 온 문제이다.

1970년대 초반에 일어난 오일쇼크를 계기로 저성장과 국제경쟁 속에서 재편이 불가피했던 경제[1]는 종래의 이민노동자 고용에 직접적인 영향을 주었고, 유럽 주요 국가들은 신규 이민노동자 모집을 중지하였다. 또한 유럽국가들 가운데는 프랑스처럼 실업으로 사회적인 부담이 늘어나는 반숙련·비숙련 이민노동자에게 귀국을 권장한 정부도 있었다. 그러나 실업자 예비군이라 할 수 있는 이민 인구를 컨트롤하여 경제와 복지의 재편을 모색하는 각국 정부의 의도와는 달리, 이민노동자는 귀국하지 않고 오히려 자신의 가족을 고

---

1) 이 시기의 경제편성은 이른바 포디즘에서 포스트포디즘으로의 이행을 지적하고 있다.

국에서 불러들여[2] 주류사회에서의 체류를 장기화하여 '정주외국인'(denizens)의 성격을 확대시켰다.

이에 따라 1970년대부터 1980년대의 유럽국가들에서 종래의 동화주의를 대신해 이질적인 문화유지를 용인하는 '다문화주의'(multiculturalism)와 '편입'(insertion)론이 대두됨에 따라 게스트워커에서 생활자로 변모한 이민자(및 그 가족)에 대해 정주자로서의 모든 권리를 인정했다. 다양성과 평등에 기초한 '다문화주의'는 인종차별을 금지하는 법률제정과 지방 참정권을 부여하고, 모국어 교육기회를 보장(다문화교육)하며 공공예산을 지원하여 무슬림학교를 설립하는 등의 각종 정책과 연결되어 있다. 그리고 일부의 유럽 국가에서는 '비합법'적인 상태의 장기체류 및 취업 이민자들에 대한 대규모적인 '앰네스티'(체류의 합법화·정규화)도 실시되었다.

그러나 민족포섭을 위해 전개된 다문화주의 정책은 1980년대 후반부터 후퇴하기 시작하고 1990년대 이후에는 인기가 식어갔다. 예를 들면 네덜란드는 다문화주의가 성공한 예로 알려져 있지만, 지금은 다문화주의 최초의 실패사례로 인식되고 있다.[3]

네덜란드를 비롯한 유럽에서 다문화주의가 구심력을 잃은 이유를 살펴볼 때는 이미 정주화한 이민자의 통합문제 외에, 1980년대 이후 새로운 형태의 이민 유입이라는 또 다른 요인을 고려해 볼 필요가 있다. 이 새로운 이민은 동유럽과 아프리카 등지에서 온 비호신청자

---

2) 가족초청이민은 '자유권 규약' 및 '어린이 권리 조약'에 의해 보장되는 '가족의 재결합'(family reunion) 권리로 인정되고 있다.
3) 21세기에 접어들어 독일, 프랑스, 영국의 각국 수상이 '다문화주의의 실패'를 공언한 것도 기억에 새롭다.

(asylum seeker)와 동유럽, 구소련, 아프리카, 아시아에서 온 '비합법' 이민이다. 그 중에서도 아프리카와 아시아에서 들어오는 무슬림 이민자와 난민의 증가로 말미암은 이민문제의 심각화는 유럽에서 다문화주의를 매장시키는 주된 요인이 되었다.

다문화주의에 대해 비판적인 입장에서 보면 그 이념과 정책은 공간적으로도, 미디어적[4]으로도 심한 세그리게이션(차별)을 배경으로 이민자에게 주류 국가의 언어습득과 이문화 간의 접촉에 대한 인센티브를 부여하지 않고 주류사회의 노동시장에 대한 참가를 저하시켜 에스닉·엔클레이브(ethnic enclave)의 형성을 촉진하고 나아가 복지에 의존하는 이민이라는 낙인화(stigmatization)를 긍정하는 것처럼 비치고 있다. 2000년대에 발생한 경제 위기로 이민실업과 범죄증가, 미국의 9·11테러사건(2001년 9월 11일)에 의한 불안과 불신 고조는 그러한 다문화주의에 대한 비판적인 견해를 정당화하는 빌미가 되어 국내 분열을 심화시켰다.

실제로 무슬림문화가 유럽문화(계몽주의·공화주의 등)와 대립한다고 간주되어 유럽 각 지역에서는 미나렛트(첨탑) 금지(스위스), 부르카 금지(프랑스), 사촌 간의 결혼금지(네덜란드)에 대한 법률을 제정하려는 움직임이 잇달았다. 네덜란드 영화감독인 테오 반 고흐 살인사건(2004)은 네덜란드 사회의 '관용성'의 원리를 크게 뒤흔들었고, 모하메드 풍자화 문제(2005)와 오슬로 연속테러사건(2011)은

---

4) 1990년대 이후 글로벌미디어의 진전은 이민자의 미디어 환경에도 크게 영향을 끼치고 있다. 예를 들면 위성방송의 보급에 따라 이민 가정에서 TV를 볼 때 주류국가의 프로그램이 아닌 출신국의 프로그램을 시청하는 경우가 늘고 있다. 유럽 도시부에서 드문드문 보이는 '파라볼라 안테나'(satellite dish)는 분리를 상징하는 표식이 되고 있다.

무슬림 이민에 대한 증오와 적개심이 강하게 나타난 사건으로 전 세계에 알려졌다. 유럽에 살고 있는 무슬림들은 '통합되지 않는 민족'의 상징일뿐만 아니라 '이슬람공포증'(islamophobia)에서 오는 배외주의의 표적이 되어왔다. 위와 같은 경험에서 오늘날의 유럽 국가들에서는 이민 정책을 보다 제한적인 규제노선으로 전환하고 ① 이민규제의 엄격화 ② 선택적인 이민의 수용 ③ 사회통합을 위한 '시민화' 정책 추진이라는 상호보완적인 세 가지 방침을 실시하는 경향이 강해지고 있다.

① 이민 규제의 엄격화
● 신규 이민의 영역 내에 대한 참가 억제
(입국사증과 취업허가 발급 요건의 엄격화, 비합법 이민에 대한 입국관리 강화)
● 국내에서 이루어지는 비정규 잠재자 배재('비합법' 신분조회 등)
② 선택적 이민의 수용
● 신규 '노동이민' 확보(하이테크 부문 / 저변부문)
→정주 가능성을 부정한 일시적이고 기간 한정적인 가처분 노동력 조달
③ '시민화'정책추진
● 장기체재 허가와 시민권리를 취득하기 위한 의무요건으로 통합테스트(시민테스트) 도입

1990년대 후반 이후에 등장하는 위와 같은 이민정책은 유럽의 요새화와 동화주의적인 통합체제형성을 초래하고 있다. 유럽의 요새화는 유럽 외부에서 유입되는 새로운 이민자들의 입국과 권리를 제

한하고, 그러한 권리대상자에 대한 제한을 근거로 유럽 역내에 있는 기존 이민자의 권리를 옹호하려 하고 있다. 다만 신규이민을 제한함으로써 요새화를 지향하는 유럽은 기존의 이민에 대한 권리도 다문화주의가 아닌 동화주의적인 수법으로 옹호하도록 이민(통합) 정책을 전환해왔다.

2. 스웨덴의 이민·난민정책

1970년대 이후로 한정해 보면 스웨덴을 비롯한 북유럽의 이민문제와 이민정책에 대한 변천도 앞에서 살펴본 내용과 거의 비슷하다. 예를 들면 경제 호조와 높은 수준의 복지국가를 달성한 스웨덴의 '황금의 60년대'에는 핀란드, 그리스, 구 유고슬라비아, 터키 등에서 들어오는 노동이민이 폭발적으로 증가하였다. 그러나 1970년대 이후에는 스웨덴 경제가 악화되어 외국에서 노동이민을 수용할 여지가 없어졌다. 그로 인해 1972년 노동이민의 자유로운 수용은 중지되었고 노동이민을 수용할 때는 정부에 의한 '노동시장 테스트'5)가 도입되었다.

이후 취업목적의 이민은 거의 찾아볼 수 없게 되었지만 다른 한편 난민에 대한 보호 움직임이 활발해져 '외국인 법' 개정(1989) 등 법제도가 정비됨에 따라 그들이 불러들이는 가족도 급증하여 스웨덴으로 이주하는 외국인의 대다수를 난민이 차지하게 되었다(이비(井

---

5) '노동시장 테스트'란 외국에서 노동자를 고용하기 전에 스웨덴 국내에서 이루어지는 모집에 의해 구인이 충당될지 여부를 국가가 체크하는 제도이다.

樋) 2010:141). 더욱이 스웨덴으로 유입되는 난민은 칠레, 이란, 이라크, 소말리아, 그리고 구 유고슬라비아 등 전 세계의 분쟁지역에서 빠져나온 비 북유럽지역 출신자가 차지하고 있다.

> 스웨덴에 비호를 요구할 수 있었던 난민은 노동목적으로 온 외국인 유입자와 마찬가지로 스웨덴에서 취업이 허락될뿐만 아니라 가족을 불러들일 수 있었다. 이렇게 해서 스웨덴이 생명의 안전과 가족단위 생활을 보장하는 인권을 중시하는 국가라는 이유로 1972년 이후에 유입되는 외국인은 대부분 난민이 차지하게 되었다. 그리고 유입자의 출신지는 눈에 띄게 다양해졌다. 1960년대 초까지 스웨덴 건국 이래부터 스웨덴 국적을 가지는 소수민족인 사메인과 핀란드계의 국민을 제외하면 국민의 대부분이 언어·문화면에서 균질하였다. 그러나 1960년대부터 현재까지 다양한 이민유입으로 인해 스웨덴은 다민족이 정주하는 국가로 바뀌었다.(야마모토(山本) 2000:7)

유럽의 가난한 농업소국이며 '이민송출국'이었던 스웨덴은 제2차 세계대전 이후부터 단기간에 '이민수용국'으로 바뀌면서 국제화되어 '외국인에게 관대한 스웨덴'이라는 전통을 만들어 왔다. 그 결과 현재에는 '외국에 배경을 가진 사람'(부모가 외국에서 태어난 스웨덴 태생의 사람+외국에서 태어난 사람)은 스웨덴 전국적으로 1,921,992명, 수도 스톡홀름 628,050명이다(2012년 시점: SCB Statistics Sweden). 이는 스웨덴 총 인구(9,555,893명)의 20.1%, 스톡홀름 총 인구(2,127,006명)의 29.5%를 차지하여 유럽국가들 중에서도 비교적 높은 이민인구율을 보이고 있다.

또한 다른 유럽주요국의 이민정책과 비교해 보면 스웨덴의 이민·

난민정책은 보다 개방적인 평등주의 성격을 가진다. 스웨덴 의회는 1975년에 '이민과 마이너리티에 관한 정책지침'을 채택하여 오늘날에도 이를 이민정책의 기본이념으로 삼고 있다. 그 정책지침은 ① 평등의 원칙(재주 외국인은 다른 시민과 같은 가능성·권리·의무를 가진다.) ② 선택자유의 원칙(재주 외국인은 모국 언어와 문화를 어느 정도까지 유지하고, 스웨덴의 언어와 문화에 어느 정도 동화할지를 스스로 결정할 수 있다.) ③ 파트너십 원칙(재주외국인·소수민족 집단과 다른 다수민족 집단 사이의 쌍방식·포괄적 협동을 추진한다)이라는 세 가지 원칙으로 이루어져 있고, 채택한 후에는 다음과 같은 모든 권리가 스웨덴에 살고 있는 이민자에게 인정되어 왔다(오카자와(岡沢) 1991:118~119)

> a. 주택·교육·복지 등의 정책에 대한 동등한 권리, b. 연대책임제(동일 노동, 동일 임금), c. 지방의회 선거권·피선거권, d. 국민투표 참가권, e. 지방공무원 취직권, f. 복수언어로 정보제공하고 재주외국인 신문발행, g. 스웨덴어 학습기회 제공, h. 모국어의 학습기회 제공, I. 통역서비스이용 신청권, j. 민족차별반대에 관한 옴브즈맨 설치 (← 민족차별 대항법 1986년), k. 민족단체와 외국인협회에 대한 보조금 제공 등.

이와 같이 1990년대 후반 이후 유럽의 많은 주류국가들이 이민정책에 대한 규제강화를 선택하는 상황에서 스웨덴은 그러한 국가들과는 확연히 차이가 나는 다문화주의와 복지국가에 근거한 이민자에게 관대한 정책을 실시해 왔다. 요새화되고 있는 유럽에서는 이미

일반화 된 '선택적인 이민수용' 정책에 대해 스웨덴은 방침을 달리하여, 고령화 진행에 따른 노동력 부족과 국내에 실업자가 존재하고 있음에도 불구하고, 필요한 인재가 부족하다는 문제를 해소하기 위해 2008년에 '노동시장 테스트'를 중지하고 기업의 자유로운 해외 구인을 인정하는 등의 '외국인 법' 개정을 통과시켜 실시하였다(이비 2010:142).

〈표 1〉 이민통합정책지표(2010年)에 의한 9개국 지표(36개국 중)

2010	Denmark	France	Germany	Japan	Netherlands	South Korea	Sweden	UK	USA
노동시장 접근성	73	49	77	62	85	81	100	55	68
가족초청이민	37	52	60	51	58	60	84	54	67
교육	51	29	43	19	51	56	77	58	55
정치 참가	62	44	64	27	79	60	75	53	45
장기체류허가	66	46	50	58	68	62	78	31	50
국적취득	33	59	59	33	66	45	79	59	61
차별금지조치	47	77	48	14	68	54	88	86	89
종합평가	53	51	57	38	68	60	83	57	62

출전) 이민종합정책지표(http://www.mipex.eu/)를 기초로 작성

난민에 대해서도 "난민증가에 따른 국고부담증가와 난민이 스웨덴 사회로 통합되는 문제에 대응하기 위해 2009년 노동시장에서 난민의 능력을 효율적으로 활용하는 제도를 신설하는 법안이 정부에 의해 제출되었고 2010년에 법률이 통과되었다"[6] (전게서:142). 노동이민의 자유와 난민정책을 연동시키는 것을 기획한 이 법률은 '난

---

6) '특정의 신착이민을 위한 정착도입에 관한 법률(Lag om etableringsinsatser för vissa nyanlända invandrare (2014:197))'(2010년 12월 1일 공포).

민'(그 중에서도 약년층과 고령자 이외의 취업가능성이 높은 연령층)을 가능하면 자연스럽게 노동으로 유도하는 새로운 제도를 만들고, 그와 관련된 업무로 인한 지방자치단체인 커뮌(kommun)이 받는 부담을 줄이고 국가에게 책임을 이행시키는 것을 주된 내용으로 하고 있다(전게서:146).

<표 1>에서 보는 바와 같이 이민정책을 국제 비교한 '이민 통합정책지표(MIPEX: Migrant Integration Policy Index)(2010년 조사)'[7]에서 스웨덴의 종합평점(83점)은 조사 대상이 된 36개국 가운데 가장 높다. 특히 노동시장에 대한 접근성(100점)에 관해서는 이민자와 난민에게 완전히 개방되어 있다고 해석할 수 있다. 다만 '이민자와 난민에게 주류사회가 관대한 것'과 '이민자와 난민이 주류사회에 통합되는 것'은 반드시 일치하지 않는다는 점도 주의해야한다.

이에 관해 루드·쿠프만(Ruud Koopmans)은 독일, 프랑스, 영국, 네덜란드, 스위스, 스웨덴, 오스트리아, 벨기에의 유럽 8개국을 대상으로 각국의 통합정치와 복지 국가체제가 이민과 난민의 사회적·경제적 통합에 어떠한 영향을 미치고 있는가를 검토하고 있다. 그 결과 "다문화주의 정책(합법이민의 경우 평등한 권리에 대한 접근성을 쉽게 하는 한편 주류국가의 언어습득과 다른 문화 간의 접촉에 대한 인센티브를 주지 않는 정책)은 복지국가와 결합되어 이민자의 노동시장에 대한 참가는 낮아지고 공간적인 격리(세그리게이션) 수준은

---

7) '이민통합정책지표(MIPEX: Migrant Integration Policy Index)'란 영국의 국제문화 교류 기관인 브리티쉬 카운실이 EU(유럽연합) 가맹국을 중심으로 한 36개국의 이민정책에 대해 여섯 개 분야(노동시장 접근성, 가족 초청이민, 장기체류허가, 정치참가, 국적취득, 반차별 방지 조치)를 수치화하여 국제비교를 가능하게 한 것이다. 2010년 조사데이터가 최신의 것이다.

높아져 범죄자로서의 이민이라는 말이 상당히 강하게 와 닿게 된
다"(Koopmans 2010:1)고 그는 결론을 내리고 있다.

쿠프만의 분석결과를 국가별로 살펴보면 내실 있는 복지국가로
다문화주의 정책을 채용하는 스웨덴, 벨기에, 네덜란드 등은 상대적
으로 약한 통합이라는 귀결을 나타내는 한편, 복지에 제한적이고 동
화주의적인 통합정책을 실시하는 독일, 오스트리아, 스위스, 프랑스
와 자유주의적인 방식으로 복지국가를 재편한 영국에서는 통합달성
이 보다 강하게 나타났다. 스웨덴과 같이 관대한 복지국가에서 이민
자는 인적 자본과 사회관계자본이 없고, 주류사회에 적응하려고 노
력하지 않아도 나름대로 생활을 유지할 수 있다. 한편 다문화주의적
인 통합정책은 노동시장에 참가할 때 필요한 이민자의 인적자본을
묵혀두게 된다. 따라서 네이티브(선주민)와 이민자 사이의 사회경제
적인 격차는 스웨덴과 같은 사회민주적인 복지국가에서 더욱 커지고
영국과 같은 자유주의적인 복지국가에서는 작아진다.[8]

3. 북유럽의 복지배외주의

관대한 복지국가의 경우 평등한 권리에 대한 접근성과 동화 압력

---

8) 덧붙여 다문화주의적인 통합정책을 실시하는 영국이 사회경제적인 통합에서 부정적인
결과를 낳지 않았던 것은 자기실현과 저임금 고용에 역점을 둔 관용적인 복지국가와
언어적·문화적 유대를 지닌 구식민지 출신의 이민자 존재에서 기인한다고 할 수 있다.
그리고 상대적으로 관대하고 포섭적인 복지국가인 독일어권 나라들이 비교적 이민자들
을 잘 통합해 온 배경에는 제한적인 외국인 등록이 '귀화'를 촉진시켜 이민자 자신의
행동에 의거한 체류허가를 실시하고 있기 때문이다(Koopmans 2010:26).

을 가미한 국가일수록 이민자와 난민의 사회통합이 낮아진다는 것
은 극우정당이 대두되고 있는 최근의 북유럽의 사회정황과도 부합
된다. 주지하는 바와 같이 유럽의 새로운 우익정당은 모두 '이민반
대'를 슬로건으로 내걸고 각국의 총선거에서 캐스팅 보드를 쥐게 되
는 존재로 성장하고 있다. 이민자와 난민에게 관용적인 사회에서 왜
그러한 극우정당이 많은 유권자의 지지를 모으고 있는 것일까. 필자
는 앞서 서술한 약한 사회통합이야말로 관대한 이민·난민정책을 채
택하는 포섭적인 복지국가에서 배외주의가 발호한다는 패러독스를
푸는 열쇠라고 생각한다.

　이미 복지국가의 한계에 다다른 유럽에서는 1990년대 중반에 '워
크페어(workfare)'라는 복지국가를 개혁하기 위한 논리가 등장한다.
워크페어란 복지수급자의 취업을 촉진하여 사회보장에 대한 재정을
재건하고 사회적 배제(social exclusion) 극복을 동시에 달성한다는 개
념이다. 워크페어는 복지에 대한 권리를 가지는 대신 '의무', '책임',
'참가'라는 도덕적인 관념을 강조하고 복지급부를 업적원리와 연결
시키는 패턴으로 전환시켰다. 이러한 업적원리를 기본정신으로 하
는 복지국가 (워크페어적 복지국가)로 편성할 것을 요구하는 조류
는 북유럽사회에서 '플래시 큐리티(flexi-curity)'라는 말로 알려지게
되었다. flexibility와 security를 합친 플래시 큐리티는 노동시장의 유연
화(해고 규제완화)와 실업급여를 동반한 취업지원을 양륜으로 하는
북유럽의 새로운 복지국가 모델의 키워드가 되었다.

　다만 워크페어적인 복지국가는 약자의 입장에서 살아가는 이민자
와 난민에게는 환영할 수 없는 무대가 되었다는 것도 주의를 기울여
야할 필요가 있다. 이민자와 난민에게 있어 워크페어는 이른바 자신

들에게 부적격 낙인을 찍는 재판관이 되어 그들의 사회적 배제를 재생산하기 때문이다. 앨리스·브롯호와 리샤·슈스타(Bloch, A& Schuster, L)가 지적한 바와 같이 유럽 각국 정부가 이민노동자의 신규수용을 중지하고 비호 희망자(asylum seekers)가 증가한 상황에서는 비호 희망자의 유럽에 대한 접근을 '복지감축에 대한 접근'으로 간주하는 주류사회의 인식이 강해져 비호와 복지가 긴밀하게 연결된 정치적 이슈가 된다(Bloch&Schuster, 2002).

복지국가의 정통적인 수급자로 이루어진 커뮤니티의 경계를 보다 강화하려는 압력이 강해지면 비호 희망자와 난민은 '복지 수익자'로 개념화되어, 경우에 따라서는 업적원리를 침식하는 프리라이더(무임승차)로 인식되거나 나아가 사회질서를 악화시키는 주요인으로 인식된다. 낮은 수준의 사회 통합은 '복지국가가 이민자를 지킨다'는 이념을 '이민자로부터 복지국가를 지킨다'(미즈시마(水島) 2006:214)는 논리로 반전시켜 다수파 쪽에 배외주의가 생겨날 수 있는 토양을 준비하는 것이다. 이러한 상관관계가 이민과 난민에 대해 관대한 복지국가에서 배외주의가 생겨나는 메카니즘이다.

이처럼 '프리라이더'로부터 복지국가를 지키기 위한 특별한 카테고리의 사람들(이민자와 난민 등)을 배척하는 입장을 '복지배외주의'라 한다(welfare chauvinism). 근래의 북유럽에서는 복지국가에 공헌하지 않으면서 그 혜택을 누리는 계층을 비판하여 재분배 정책대상을 민족적으로 제한한다는 특징을 지닌 '복지배외주의'가 새로운 우익으로 나타나고 있다. 구체적으로는 스웨덴의 '민주당', 노르웨의의 '진보당', 덴마크의 '국민당'이 북유럽의 새로운 우익정당이며 이들이 대두된 배경에는 기존의 사회지지층 가운데 '새로운 우익' 정당으로 전환하려는 움직임이 있다.

이하에서는 유럽정당연구의 식견을 참고하여 북유럽의 새로운 우익의 대두에 대해 검토하고자 한다. 키챌트에 의하면 1980년대 중반 이후의 유럽의 정당정치는 <그림 1>과 같이 재분배를 둘러싼 대립축(자본주의-사회주의)에서 비스듬하게 45도 기울어져 '자유주의-권위주의'의 대립축에 크게 접근하였다(Kitschelt 1995:15).

예를 들면 사회민주주의 정당이 젠더평등, 환경보호, 다문화주의, 정치참여 등에서 탈물질주의적이고 다원적인 가치를 지향하는 정책으로 전환하는 경우에는 '좌파 자유주의 정치'로 기울어져 '녹색당'과 겹쳐있다. 또한 기존의 보수 정당이 보다 권위적인 정책을 지향하는 경우에는 '우파 권위주의 정치'로 전환하여 '새로운 우익(극우정당)'과 경합하는 까닭에 새로운 우익의 대두를 억제하게 된다. 한편 온건 보수정당과 사회민주주의 정당 사이의 정책거리가 축소되면 이번에는 '새로운 우익'이 출현하기 쉬워지고 그 활동 범위도 넓어진다.

북유럽의 새로운 우익에 착안해 보면 새로운 우익이 약진할 수 있는 조건은 사회민주주의 정당이 후퇴하는 것이다. 즉 북유럽의 새로운 우익은 사회민주주의 정당의 기반인 노동자계급을 착취하는 형태로 성장하여 블루컬러계층의 지지와 함께(세금 반대 등의) 신자유적인 주장을 제한하여 재분배적인 정책으로 전환해 간다(미야모토(宮本) 2004:71~74). 거기에 '이민반대'가 다시 하나의 축이 되면 '복지배외주의'(권위적인 성격을 가진 배외주의+복지국가 옹호)를 기조로 하는 새로운 우익 정당이 활로를 찾게 된다.

그렇다고 하더라도 진보당(노르웨이)과 국민당(덴마크)의 전개는 앞에서 서술한 프로세스에 들어맞지만 스웨덴 민주당의 경우는 조금 다르다. 미야모토(宮本)가 실시한 정당 지지층에 대한 분석결과에 따르면 스웨덴 민주당의 지지기반이 계급적으로 분산돼 있고 블루칼라계층으로 치우치는 경향은 없다. 그런 까닭에 복지배외주의 보다 기존 정당에 대한 비판을 축으로 전개하는 포퓰리스트형의 새로운 우익이라는 성격을 가지는 것 같다.

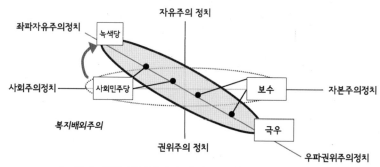

〈그림 1〉유럽 정당정치의 대립구조 변화(1980년대 이후)
출전) Herbert Kitschelt, *The Radical Right in Western Europe: A Comparative Analysis,* University of Michigan Press, 1995.를 기초로 작성

4. 스웨덴의 도전

2013년 5월 스톡홀롬 외곽의 휴비스 지구에서 일어난 이민자에 의한 폭동은 세계가 우려했던 것처럼 분명 이민대국 스웨덴의 '관용정책'의 허점을 드러낸 것인지도 모른다. 그러나 같은 해 9월 스웨덴은 다른 주요 유럽국가들보다 먼저 시리아 난민에 대한 전면적인 수용을 발표하고 오늘날까지 수만 명 규모의 난민을 받아들이고 있다. 그리고 받아들인 시리아 난민 모두에게 체류허가뿐만 아니라 영주

권 부여와 가족초청이민도 허가하는 대응을 계속하고 있다.

본고에서 전개한 지금까지의 분석에 입각한다면 이러한 스웨덴의 난민정책을 어떻게 이해하고 평가해야 할 것인가. 이번 스웨덴 총선거(2014년 9월)에서는 지난번 총선보다 지지율이 높아진 극우 스웨덴 민주당이 캐스팅 보드를 쥐게 된 형국이 되었지만, '증세'를 외치는 야당인 사회민주노동당 등 좌파연합이 최대세력이 되어 중도 우파 연합으로부터 정권교체를 실현할 전망이 보이게 되었다. 다문화주의적인 통합정책을 유지하고 막대한 수의 난민을 수용하면서 사회민주주의적인 관점에서 사회변혁을 꾀하고 있는 스웨덴. 그 모습에서는 복지배외주의를 염려하는 모습을 엿볼 수 없다. 이러한 사실에 비추어볼 때 오늘날 스웨덴의 '국가이성'에 대해서는 아직 충분히 해명되지 않고 있으며 여전히 흥미로운 과제로 남아 있다.

[Acknowledgment] This work was supported by JSPS KAKENHI Grant Number 24530668.

제4부
제주·오키나와의 문화교류와 평화

사회변화가 초래한
사자(死者)와의 관계 변화

요론섬의 화장 시설 신설 사례를 중심으로

가미야 도모아키(神谷智昭)

류큐대학 법문학부 준교수

1. 머리말

필자는 2003년에 1년간 한국에서 필드워크를 했을 당시 70대 한 할아버지로부터 "일본인은 부모가 돌아가시면 시신을 화장한다고 들었는데 사실이야? 어떻게 그럴 수 있어!!"라며 혼난 적이 있다. 일본의 화장률은 2006년 현재 통계에 따르면 99.8%에 달하며,[1] 외국에 비해 현격히 높은 편으로 '일본＝화장'이라는 이미지가 강하다고 해도 무리는 아닐 것이다. 그러나 일본에서 전국적으로 화장이 주류가 된 것은 메이지 시대 이후이며[2] 그 전에는 지역이나 종교에 따라

---

[1] NPO 법인 日本環境齋苑協会 홈페이지 (http://www.j-sec.jp/tsuukyouyouiku.html)

[2] 일본의 화장풍습은 불교의 전래와 함께 시작되었다고 한다. 『속일본기』에는 서기 700년 도쇼라는 승려를 다비했다는 기록이 있고, 그것이 문헌상에서 확인할 수 있는 일본 최초의 화장이라고 한다. 화장은 처음에는 귀족 등 상류계급을 중심으로 한 장례방식이 었으나 불교의 보급에 따라 서민층에도 퍼졌고, 근세에 들어 일정한 사원에 소속되는 사단제도(寺檀制度)의 성립에 따라 사원이 화장시설을 경영하거나 교외에 규모가 큰 화장시설을 설치하였다. 그러나 여전히 주된 장례 방법은 매장이었다[勝田 2006]. 전국 적으로 화장으로 전환하는 것이 뚜렷해지는 시기는 메이지 정부가 보건 위생적인 관점

다양한 화장 방식이 있었다. 특히 류큐제도(琉球弧)에서는 시신을 먼저 애장묘(崖葬墓, 또는 龜甲墓, 破風墓)에 안치해서 부패하기를 기다렸다가 3~7년 정도 지나면 시신에서 유골만 골라내는 '세골(洗骨)'이 1960년대 무렵까지 이뤄졌으며, 일본의 '복장(複葬)' 문제와 관련해서 오랫동안 인류학·민속학의 관심을 받아왔다(赤田, 1984; 近藤, 1991 2004; 蔡, 2004; 長田, 1955; 比嘉, 1999).

본고에서는 2003년에 첫 화장 시설이 건설되어 본격적으로 화장이 도입된 요론섬(与論島)의 사례를 중심으로, 화장을 수용함으로써 기존의 매장(土葬) 중심의 장제(葬制)·묘제(墓制) 및 장송(葬送)의 민속에 어떤 변화가 발생했는지, 특히 산 자와 죽은 자, 또한 산 자 간의 관계가 어떻게 변화했는지 살펴보려고 한다.

2. 도서지역의 화장 도입

1. 조사 지역 개황

요론섬은 북위 27도 2분 40초, 동경 128도 25분 2초에 위치하며 둘레 23.65㎞, 면적 20.49㎢의 작은 섬이다. 섬 남쪽으로 오키나와 본섬의 북부가 눈에 들어오는 거리에 있지만, 행정상 가고시마현(鹿児島県)에 속하며 2014년 6월 현재 1도(島) 1정(町) 제도(요론정)하에 있

에서 화장을 권장한 이후이다. 그 전에는 지역에 따라 화장과 매장 비율이 일정하지 않았다. 예를 들면 호쿠리쿠(北陸)지방에서는 다른 지방에 비해 화장이 많았는데 그 배경에는 죠도신슈(浄土真宗)의 활동과 연관이 있다[福田 2004]. 화장의 보급과정에 대해서는 그 시대의 위정자나 정부시책뿐만 아니라 지역마다 전개되고 있던 종교와 종파의 활동을 시야에 넣고 생각해야 한다.

다. 섬에 전해지는 '안마유(아마미 세상)', '나하유(나하의 세상)', '야마토유(야마토의 세상)' 등의 말에서 알 수 있듯이, 시대에 따라 소속이 다양하게 변화되고 그때마다 소속지로부터 큰 문화적 영향을 받은 '경계의 섬'이다.

요론정(町)은 아사토(朝戸), 차하나(茶花), 나마(那間), 후루사토(古里), 히가시구(東区), 니시구(西区), 구스쿠(城), 릿쵸(立長), 가노우(叶)의 아홉 개 구로 나뉘어 있다. 그 가운데 아사토, 구스쿠, 무기야(麦屋-히가시구·니시구)에는 오래전부터 취락지구가 형성되어 있었는데, 그 외의 취락지구는 기본적으로 이 세 곳의 취락지구에서 나뉘었다고 전해지고 있다.

섬의 거의 중앙에 위치한 고지대에는 류큐 호쿠산왕(琉球北山王)의 셋째 아들이 지었다고 하는 요론성(与論城)이 남아 있다. 그 주변은 '구스쿠(城)'라고 불리며, 지역 주민들은 유서 깊은 가문이나 이름난 가문이 모여 있는 섬에서도 특별한 지역이라고 인식하고 있다. 현재의 행정중심은 주민센터에 해당하는 마치야쿠바(町役場)가 있는 차하나구(茶花区)로 이 지역에는 농협과 슈퍼마켓, 식품점이 모여 있어 상점가를 형성하고 있으며 상업의 중심지가 되고 있다.

요론섬의 경제는 1950년대 후반까지 전체 가구의 90%가 농가였던 사실에서 알 수 있듯이 농업이 압도적인 비중을 차지하고 있으며 생산도 주로 자급을 목적으로 하고 있었다. 그러나 1960년대에 들어오면서 육지부의 고도 경제 성장이 요론섬의 노동 인구 유출을 초래하였다. 반면 아마미(奄美) 부흥특별조치법에 따른 부흥사업의 일환으로 요론섬의 인프라 정비가 추진되고, 대형 제당 공장이 들어서는 등 요론섬 사회에 큰 변화가 일어났다.

1967년에는 처음으로 농업 외 소득이 농림 수산 소득을 웃돌았으며, 그 차이는 해를 거듭 할수록 증가했다. 1977년에는 농업 외 소득이 전체 소득의 4/5를 차지하게 되었다(戸谷, 1980). 이러한 농업 외 소득의 급격한 증가는 관광산업이라는 새로운 산업의 등장과 연관되어 있다.

태평양 전쟁 종전 후 요론섬은 1946년 2·2 선언에 의해 미군정하에 있었지만 1953년에 일본에 복귀되어 본토와의 자유로운 왕래가 가능해졌다. 아름다운 바다와 자연 덕택에 '동양의 진주'라고 불리며, 1972년에 오키나와가 일본에 반환되기 전까지는 일본 최남단의 섬이었으며 일본 본토에서 많은 관광객이 방문했다. 1979년에는 연간 15만 명의 관광객이 찾았고, 지금도 섬 곳곳에 펜션과 호텔건물이 있다.

그러나 오키나와가 일본에 반환되어 일본의 남방한계선이 연장되면서 관광객의 방문도 오키나와와 미야코·야에야마 제도(宮古·八重山諸島)까지 확대되었고, 반대로 요론섬의 관광객은 감소해 갔다. 호황이었을 때 '사람이 많아서 똑바로 걷기도 힘들다'고 했던 '요론의 긴자(銀座)'라고 불리는 중심가도 현재는 곳곳에 문을 닫은 점포가 눈에 띄고 지나는 사람도 섬 주민이 대부분이다. 현재 총 인구는 5,432명(남성=2,635, 여성=2,797 : 2014년 6월 현재)[3]. 섬의 경제 침체로 인한 취업 환경의 악화와 교육 환경 때문에 인구는 감소세를 보이고 있다.

---

3) 요론섬 마을 홈페이지 (http://www.yoron.jp/)

2. 화장 수용 이전의 장제(葬制)·묘제(墓制)

화장을 수용하기 이전에도 요론섬에는 전통적인 장례방식이 있었다. 다만 '전통적'이라고 해도 이른바 '고대'로부터 변함없이 이어져온 것이 아니라 역사적인 변천을 거치고 있다. 특히 근대 이후에는 쓰하(津波)의 지적과 같이 가고시마현 당국의 정치적 개입으로 장례방식이 바뀐 역사가 있으며[津波 2008 28~29 페이지], 현재의 장례방식도 그러한 역사의 연장선상에서 생각해야 한다. 다음에서는 근세 이후 요론섬의 장례법의 변천과 그에 따른 화장 방식의 개요를 기술하려고 한다.

1) 절벽장(崖葬, 風葬)

요론섬에는 해안가의 자연 동굴이나 고지대의 절벽 아래에 '기시' 또는 '즈시'라고 불리는 곳이 있으며 이곳에 많은 인골이 안치되어 있다(<사진 1>,<사진 2>). 요론섬에서 가족 단위로 묘를 만드는 것은 그다지 오래된 풍습이 아니고 쇼와(昭和)시대에 들어 일반화되었다고 한다. 이전에는 기시에 시신을 안치하고 풍화되기를 기다리는 '구소(空葬 = 風葬)'라는 방식이 있었다고 한다. 이러한 방식은

〈사진 1〉 즈시 내부1   〈사진 2〉 즈시 내부2

사람이 죽으면 시신을 관에 넣어 기시로 옮겨서 관을 명석 같은 것으로 덮고, 다시 야자수 잎으로 관을 덮어서 3~5년 정도 방치해뒀다가 육신이 완전히 썩었을 때쯤 세골(洗骨)한 후 유골을 안치하는 것이었다고 한다. 유골은 항아리 등에 개별적으로 분리하지 않고 한꺼번에 안치했기 때문에 개인 식별은 어렵다. 그러나 지금도 동일한 기시에 안치되어 있는 유골 및 그 고인의 후손들은 막연하나마 같은 '파로지(친척)'라는 의식을 가지고 있다. 최근 기시 근처에 새롭게 비석을 세워 선조를 모시는 사례도 관찰된다<사진 3>.

〈사진 3〉 즈시 앞에 세운 비석

메이지 시대에 들어와서 보건 위생상의 이유로 풍장은 문제시되었고, 요론섬에는 메이지10(1877)년에 풍장 금지가 지도되었다(栄, 1964:206). 그러나 이후에도 얼마 동안은 당국의 눈을 피해 몰래 풍장하는 사람도 있었다고 한다. 사카에에 따르면 '메이지10(1877)년부터 점차 매장으로 바뀌고는 있었지만 풍장을 결정적으로 중단하

게 된 것은 메이지35(1902)년의 금지 때문이다. 그 후로는 시신을 풍
장하는 풍습이 완전히 자취를 감추고 백골을 기시에 넣는 행위만 이
뤄졌다고 한다(栄, 1964: 207).

2) 매장(土葬)

① 장례식에서 매장까지

매장으로 바뀐 이후의 묘지는 해안 근처나 내륙의 평탄한 장소에
마련되었다<사진 4>. 또한 유골은 개별적으로 유골항아리에 넣을
수 있게 되었기 때문에 가족 별로 함께 묻히게 되었다<사진 5>. 현재
묘지에서 동일한 구획에 묻혀있는 사람들은 같은 '일가(가족)'의 사
람이며, 구체적으로는 자신의 부모나 할아버지처럼 자기 집의 가미
도코(神床)에 모신 사람들이 묻혀 있다고 한다. 아이들이 결혼하여
분가하면 원칙적으로는 별도로 무덤을 만들게 되므로 그때부터는
다른 구획에 묻히게 된다.

사람이 죽으면 신주(神主)를 불러 제단<사진 6>을 만들고 그 앞
에서 장례식을 거행한다. 요론섬에는 상조업체가 없기 때문에 장례
준비는 농협의 장제부가 맡고 있다. 농협은 제단의 대여나 관의 준

<사진 4> 현재의 묘지(원경)

<사진 5> 현재의 묘지(근경)

〈사진 6〉 장례식에 사용되는 제단

비 등 장례와 관련된 일련의 작업을 대행하는 업무를 수행하고 있다.
그러나 의례 진행 등에 사람이 필요한 경우에는 현지에서 친족 중에
가까운 사람들에게 부탁해서 거행한다. 예를 들어 관을 운구하는데
네 명이 필요할 경우 고인의 자식이나 손자, 사촌형제, 조카 등 고인
과 가까운 사람이 운구를 맡는다.

　제단에는 소금, 쌀, 야채, 과일, 생선 등을 올린다. 현재는 여러 단
으로 구성된 멋진 제단이 있어서 각각의 단에 제물을 올리지만, 예
전에는 각 가정의 밥상 등을 제단으로 사용하여 상을 차리는 정도였
다. 불교식으로는 향을 올리는데 요론섬에서는 대부분 신도식으로
장례가 치러지므로 비쭈기나무에 종이 오리를 단 다마구시(玉串)를
올린다.[4]

---

4) 요론섬에서는 메이지 이후에는 장례를 주로 신관이 전담하였고 장례도 신도식으로 하는
　경우가 많았지만, 최근 섬 출신 인물이 가이엔지(海円寺)라는 사원을 세우고 그 활동을
　통하여 점차 불교식으로 장례를 하는 사람도 나오고 있다고 한다. 도코누시 신사(地主

　장례식이 끝나면 장례 행렬을 이루어 묘지에 매장하러 간다. 지금처럼 도로가 정비되기 전에는 '구쇼미치(後生道)'라는 묘지까지 가는 길이 정해져 있었다고 한다. 장례행렬은 사진이 앞서고 그 뒤를 위패가 따른다. 그러나 영정사진은 시대적으로 나중에 도입되었기 때문에 장례행렬에서 위패가 먼저인지 영정이 먼저인지 엄격하게 정해져 있는 것은 아니어서 위패가 앞서는 경우도 있다. 매장하는 경우에는 위패가 앞선다.

　일반적으로 위패를 모시고 걷는 사람은 상주이지만 반드시 상주가 드는 것은 아니고 가족 중 한 사람이 드는 경우가 많다. 간부타 속에는 위패를 놓는 대가 있다. 이 대는 판자가 지면에서 뜨게 하기 위해 다리를 만들고, 판자 세 곳에 구멍을 뚫어 대나무를 끼워 넣은 다음 대나무에 가지마루라는 뽕나무과의 상록교목 잎으로 장식하고 그 위에 위패를 올린다. 장례행렬에서는 위패 뒤에 이 대를 든 사람이 따른다. 예전에 장례 행렬을 이뤄 도보로 관을 묘지까지 운반하던 시절에는 장례 행렬의 선두에 빗자루를 가진 사람이 걷고, 그 뒤로 깃발, 초롱, 신발(짚신), 위패, 대(위패를 올려놓는 받침대), 관, 그리고 맨 마지막에 다시 빗자루 순서로 걸었다. '간부타'는 관 위에 얹는다. 차를 사용하면서부터는 집에서부터 차를 타기까지가 '장례 행렬'이며 위패, 대, 관 순서이다. 깃발과 초롱, 꽃 등은 다른 차로 먼저 묘지로 옮긴다.

神社)의 묘지에는 나무로 만든 묘표를 세운 묘 몇 기가 보이는데 이는 가이엔지 주지가 장례를 맡고 난 후에 주지의 지도로 세워진 불교식 묘이다. 가인엔지의 주지는 젊고 주민들에게 표교활동도 활발하게 하고 있어서 여러 사람들로부터 그의 이름을 들을 수 있었다. 인터넷에 '인터넷사원(ネット寺院)'을 개설 하는 등의 활동도 하고 있다. 그의 활동에 의해 향후의 장송민속이 새로운 전기를 맞이할 것으로 예상된다.

묘지에서는 '이케호리닌'이라는 사람들(주로 친척이 그 역할을 한다)이 미리 무덤을 파고 기다린다. 시신은 다리와 무릎을 묶고, 무릎을 안고 위를 향해 누워있는 상태에서 매장된다. 사람이 무덤 정면에 마주했을 때를 기준으로 머리가 반대편이고 다리가 앞쪽이 된다. 주민의 말에 의하면 "만약 고인이 살아나서 일어난다면 묘 앞에 있는 사람과 마주보게 되는 상태"라고 한다.

관을 내리면 멍석으로 감싸서 그 위에 흙을 덮는다. 묘혈에는 마디를 깎은 대나무를 꽂는데 이것은 부패가 잘 되도록 하고 영혼이 드나들 수 있게 하기 위해서라고 한다. 흙을 고른 후 바로 위에 대가 놓이고 그 위에 위패[5]가 놓인다. 다시 그 위에 간부타를 씌운다. 장례 행렬에 이용한 깃발이나 장식은 간부타 뒤에 세우며, 고인이 노인인 경우에는 생전에 사용한 짚신과 지팡이를 함께 두고 간다.

② 세골(洗骨)·이장(改葬)

매장 후 3~5년이 지나면 세골·이장을 한다.[6] 세골·이장을 하기

---

5) 여기서는 위패라고 적었으나 조사 결과 위패 대신 작은 도리이(鳥居)를 넣는다고도 하고, 작은 꽃병을 넣어둔 경우도 볼 수 있었다. 가미도코에 모시는 것이 위패인가 거울인가 하는 문제와 도코아게(トコアゲ) 의례(장례식후 집에 있는 제단을 종료하는 의례로 주로 49일 째에 실시한다고 한다)까지의 기간, 위패가 어디에 모셔지는지에 대한 문제도 사람들에 따라 달랐다. 이러한 문제들은 서로 관련되어 있어서 요론섬 사람들의 영혼관을 고려하거나 장송민속의 변천을 밝히기 위해서도 앞으로 계속 자료 수집과 분석이 필요하다.

6) 요론섬에서는 7주기까지 세골을 해야 한다. 이전에는 세골을 하기 전에 야부(ヤブー, 요론섬의 무속인)을 찾아가 그 해에 세골을 해도 되는지 물었다고 한다. 야부는 의뢰자와 고인의 생년월일을 묻고, 그것을 다카시마력(高島暦)과 대조하여 점을 쳐서 "아직 시신이 충분하게 부패되지 않았다" "올해는 운세가 세골하기 좋지 않다" 등으로 판단해 주었다고 한다.

좋은 날은 음력 3월 27일, 29
일이나 음력 8월 27일, 29일
로 한정되어 있다고 한다. 세
골을 할 때는 시신에 햇빛이
들면 안 되기 때문에 작업은
해가 뜨기 전에 이루어진다.
세골 의례를 할 때는 전날 세
골에 참석할 사람들이 모여
전야제를 지낸다. 이장에 사
용할 항아리를 바닷물로 깨
끗이 씻어서 고인에 대해 대
표자가 술잔이나 찻잔을 앞

〈사진 7〉 매장 직후의 무덤과 간부타

에 두고 절한다. 묘지는 아침이 밝기 전에 출발하지만 전야제에서
출발까지 향불이 꺼지지 않도록 조심한다.

　무덤을 파내는 작업은 주로 친척 남자가 한다. 무덤을 팔 때는 괭
이와 삽을 사용하는데 세골을 할 때는 보통 때와 반대 방향(마주보
고 오른쪽)으로 파낸다고 한다. 어느 정도 흙이 제거되면 친족 중에
서도 고인과 가장 가까운 남자(주로 장남)가 무덤에서 유골을 집어
낸다. 이때 유골을 빠뜨리지 않도록 꼼꼼하게 수습한다고 한다.

　한편 유골을 씻어 정화하는 역할은 여자 친족이 맡는다. 큰 통이
나 스티로폼 상자에 우물물을 길어와서 깨끗한 천으로 유골을 닦아
깨끗하게 한다. 시신의 부패가 충분치 않아서 뼈에 살점이 달라붙어
있으면 대나무로 긁어낸다. 깨끗이 닦아낸 뼈는 흰 종이 위에 정렬
하는데 두개골은 가까운 친척이 안고 있다. 그러는 동안 두개골과

여성에게는 손자 등 작은 아이가 검은 우산을 받치고 있다. 모든 뼈를 깨끗하게 하고 나면 다리뼈부터 차례로 항아리에 담으며 마지막에 두개골을 담는다. 이때 뼈의 위아래 위치까지 신경을 써야 하므로 뼈를 거두는 것은 골격을 잘 아는 사람이 적임자라고 한다. 세골이 끝나면 항아리는 묘지의 구석, 비석이 있는 경우에는 그 뒤쪽에 뚜껑이 지상에 나온 상태에서 매장된다. 세골할 때 나온 관의 파편이나 사용한 천 등은 무덤 가까운 곳에서 태운다.

세골 작업이 모두 끝나면 모두들 집에 돌아가서 가미도코(에) 작업이 종료되었음을 고한다. 그 다음엔 의례 참가자와 작업을 도와준 사람들에게 술과 음식을 대접한다.

3. 화장 시설의 건설

1) 화장 시설 건설의 배경

전술한 바와 같이 약 20년 전까지는 요론섬에 연간 10만 명 이상의 관광객이 찾고 있었는데, 매년 관광객 중 몇 명이 바다에서 익사하는 사고가 발생했다. 객사자가 발생한 경우 그 신원을 확인하고 유족에게 연락하기까지 많은 시간이 걸린다. 그러나 그 당시는 시신을 보관할 시설도 없고 유족을 찾아서 시신을 본토로 데려가는 경우에도 시신을 그대로 운반할 수는 없었다. 그럴 때는 어쩔 수없이 요론섬에서 시신을 매장하는 조치가 취해졌다.

한번은 관광객이 바다에서 수영하다 심장마비로 사망하였는데 시신을 인도하는 것이 어려웠기 때문에 부모를 불러 장례를 치루고 일단 섬에 매장하였다. 3년 후 다시 부모를 불러 세골을 한 후, 유골을 함석판에 올려놓고 불을 지펴서 간단하게 화장한 다음 유골 항아리에 넣어 가져가게 하였다. 이러한 일련의 작업은 민박 경영자 등이 중심이 되었다고 한다.

그러나 관광 산업의 지속적인 발전을 생각하면 객사자의 적절한 처리는 신속하게 해결되어야만 했다. 사실 화장 시설을 건설해달라는 요청은 관광업에 종사하는 주민들로부터 제기된 것이었다. 그러나 당시는 화장에 대한 거부감이 강해서 화장 시설의 건설은 좀처럼 실현되지 않았다.

2) 화장시설에 대한 반대

1973년 11월에 요론정 마치야쿠바(주민센터에 해당)에 의해 실시된 '화장 시설'에 관한 세대 전체의 앙케이트 조사에 의하면 화장시설이 건설되면 이용하겠다는 의견이 60%, 이용하지 않겠다는 의견이 36%라는 결과가 나왔다[요론정 마치야쿠바 1973]. 이를 통해 30년 전부터 주민의 절반 이상은 화장시설의 건설을 희망하고 있었다는 사실을 알 수 있다. 그러나 실제로는 2003년 10월 6일이 되어서야 화장시설이 건설되었다. 그동안 건설되지 못한 이유는 화장시설에 대한 주민들의 복잡한 감정이 있었기 때문이었다.

당초 교통의 편리성 등을 고려하여 섬의 행정과 상업의 중심지인 차하나에 건설될 예정이었으나, 관광객이 붐비는 한낮에 상복을 입은 사람과 영구차가 다니면 보기 좋지 않다고 하여 '요론긴자'의 가게 주인들이 거세게 반발하였다. 그래서 다른 지역으로 건설후보지를 선정하였으나 후보지가 된 장소의 지역 주민이 모두 반대하여 계획을 실행으로 옮길 수 없었다. 모두 이성적으로는 화장시설의 필요성을 이해하지만, 그것이 자신의 생활권 내에 건설되는 것에 대해서는 저항감이 있었다. 의회에서도 각 취락지구의 노인회장 등을 '화장시설 운영위원회'에 임명하여 합의하려고 하였지만 잘되지 않았다. 그리고 여러 환경단체 등의 반대도 있었다고 한다.

3) 건설에 대한 인식 전환의 계기

화장시설을 건설하는 쪽으로 바뀌기 시작한 것은 2002년이 되어서였다. 현재 화장시설이 위치한 이하(伊波)지구의 자치공민관장이 중심이 되어 주변 주민을 설득하고 합의를 위해 노력하였다. 여기에는 요론정 마치야쿠바 담당직원의 노력도 있었다.

그러나 이하지구 주민이 화장시설 건설을 적극적으로 찬성하지는 않았고, 건설에 대해 여러 가지 조건을 내걸었다. 그 가운데 몇 가지를 살펴보면 "이하 취락지구 내의 도로(일정지구)는 통과하지 않는다", "차량은 분명하게 운구차라고 알 수 있는 차량(속된 말로 장의차)의 사용을 금한다", "장례식장으로 가는 차량에서는 검은 넥타이와 검은 상의를 벗던지 다른 옷으로 가린다", "장례식장은 고토히라 신사(琴平神社)에서 내려다보이는 장소이다. 장의차에서 차를 타고 내리는 사람이 보이지 않도록 차량의 주차장과 승강장은 가림시설을 설치한다. 당연히 주변에는 나무를 심는다. 요론정 안내판(팸플릿 등)에 시설 입구에 화장시설 표시를 하지 않는다. 화장시설을 표시할 필요성은 없다" 등이 있다. 이러한 조건 뒤에는 화장시설의 필요성을 이해하면서도 화장시설에 대한 혐오감을 완전히 떨쳐버릴 수 없었던 주민들의 마음이 잘 나타나있다고 생각한다.

4) 화장 시설 '승룡원(昇龍苑)'

우여곡절 끝에 건설된 화
장 시설은 승룡원이라는 이
름이 붙여졌다. 승룡원의
화장로는 등유를 사용하는
방식이다. 이곳은 190리터
의 등유를 저장할 수 있는

〈사진 8〉 화장시설 '승룡원'

탱크를 갖추고 있는데, 이는 9~10구를 화장할 수 있는 양이다.

화장을 요구할 때는 사전에 예약이 필요하다. 이 시설에는 화장로
가 1기 밖에 없기 때문에 화장을 하기 전에 화장로가 제대로 작동하
는지 점검해야 하며 시신을 맞이하기 위한 제례실 청소도 해야 한다.
최소 2시간 전까지 연락을 하도록 되어 있지만 실제로는 하루 전까
지 관청에 예약해줄 것을 부탁하고 있다. 화장하는 경우에는 복지과
를 통해 '사망 신고'와 '화장 신청서'를 발급받아야 한다. 요금도 관
청에서 지불한다. 승룡원은 어디까지나 화장 업무만 맡고 있다.

5) 화장에 대한 주민들의 태도

시신이 화장 시설에 운반되면 시설 내에서 의식을 거행한다. 이 의
례는 '장례식'이 아니라 '화장 제사'이다. '장례'는 각 가정에서 실시하
는 것으로, '화장 제사'는 화장하기 직전의 의례이다. 화장 제사는 개
인과 가정의 종교적인 이유와 여러 가지 사정 등에 의해 실시할지

여부는 각 가정이 결정하지만 대부분의 하고 있다. 요론섬에서는 대부분 신도를 믿기 때문에 화장과 화장 제사에는 신관이 참석한다.

오랫동안 매장 중심이었기 때문에 주민들은 화장에 익숙하지 않아서 화장을 하는 것에 거부감이 컸다. 특히 사후에 '불태워지는' 것에 대해 '끔찍하다', '무섭다'는 이미지를 갖고 있었다고 한다. 화장 전 의례(화장 제사) 중에 시설의 관리인이 "화장은 무서운 것이 아니다"라고 강조하지만 아무래도 시신을 화장로에 넣고 불을 켜기 직전이 되면 우는 사람도 있었다. 화장에 익숙하지 않은 사람들은 화장로에 들어가는 고인의 시신에 대해 "무섭지 않아요", "뜨겁지 않아요", "힘내요"라고 말을 걸면서 화장로의 스위치를 누르는 경우도 있다.

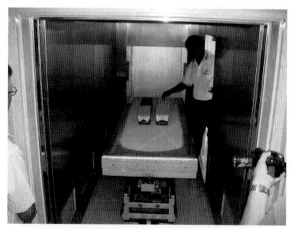

〈사진 9〉 화장 소각로 내부

화장로의 불을 켜는 스위치는 화장로 입구 옆에 설치되어 있으며 기본적으로 고인의 유족에게 누르도록 하고 있다. 그 이유는 유족에게 일종의 책임감을 갖게 하기 위해서라고 한다. 그러나 실제로 화

장로에 불을 넣는 스위치는 의례실 안쪽 관리실에 있고 유족이 스위
치를 누르는 것을 보고 관리인이 불을 넣는다. 의례실 쪽의 스위치
는 형식에 불과하며 유족이 스위치를 누르는 것은 어디까지나 의례
의 일환이다. 화장로의 스위치를 누르는 사람은 대개 상주이다. 다만
반드시 상주가 눌러야 한다는 것보다 유족 중에서 가장 고인과 가까
운 사람이나 관계가 깊은 사람이 누르는 경우가 많다.

　스위치를 누를 때 유족들을 스위치 앞에 모이게 해서 다 함께 팔
짱을 끼거나 어깨동무를 해서 스위치를 누르도록 권장하고 있다. 가
급적 다 함께 스위치를 누르는 형식을 취하기 위해서이다. 혼자서는
작별의 감정이 복받쳐서 좀처럼 스위치를 누를 수 없다. 화장에 익
숙하지 않은 것도 이유 중 하나일 것이다. 반면 본토에서 오랫동안
살아서 화장 풍습에 익숙한 사람은 비교적 자연스럽게 스위치를 누
른다고 한다.

6) 화장에 얽힌 소문의 출현

　본장(本葬, 시신을 화장하는 일)의 경우에는 버너의 불의 세기를
조절하기 힘들어서 유골이 뿔뿔이 흩어져 버리기 때문에 관리인이
발부터 차례로 유골을 정리해서 꺼낸다고 한다. 고인이 불에 타서
고통 받은 것처럼 보이지 않게 하려는 배려에서이다. 요론섬 사람들
은 화장에 대해 시신을 태울 때 마치 시신이 고통 받고 있는 것처럼
몸부림친다는 등의 잘못된 정보를 외부로부터 듣고 있다. 이 때문에
그러한 오해를 풀기 위해서라도 유골을 유족에게 보여주기 전에 어
느 정도 정돈되어 있어야 한다고 한다.

화장 도입 초기에는 "시신이 화장로에서 몸부림치고 있는 거 아냐?"라고 소문내는 사람도 있었다.[7] 마른 오징어나 건어물을 구울 때 오그라들거나 뒤틀려서 몸부림치는 것처럼 보이는데 그런 느낌에서 나온 소문이 아닌가 한다. "생전에 악한 행동을 하면 화장할 때 시신이 몸부림친다"는 등의 소문도 있었다. 최근에는 "살아 있을 때 제대로 하지 않으면(성실하게 살지 않으면) 곱게 타지 않아"라는 훈계의 말도 들리게 되었다고 한다.

7) 습골에 남아 있는 요론섬의 풍습

승룡원에서는 유골을 전부 젓가락으로 수습하는 경우와 큰 뼈만 습골하는 경우가 있다. 유골 전부를 수습할 경우에는 참가자 전원이 젓가락을 사용하여 유골을 수습해 유골항아리에 담고, 작은 뼈는 부셔서 퍼 담는다. 주된 뼈만 습골할 경우에는 특히 머리뼈와 울대뼈는 반드시 유족이 수습하도록 하고 있다. 요론섬에서는 오래전부터 머리뼈와 울대뼈를 중시해왔기 때문이다.

예전에 매장이 중심이 되었던 시절에는 습골풍습이 없었기 때문에 습골에 관해서는 승룡원 측이 지도하였다. 요론섬의 풍습을 받아들여 재편성하여 장례를 치루는 것이다. 예를 들면 머리뼈를 중시하는 것 등이다. 그리고 본토에서 온 사람은 습골할 때 여기저기서 뼈를 가져와 유골 항아리에 넣으려고 하는데 그런 경우도 주의해야 한다. 사람이 앉을 때는 다리부터 앉기 때문에 유골항아리에 넣을 때

---

7) 이러한 소문을 없애기 위해 화장시설의 관리인은 화장로에서 나온 시신이 흩어져있는 경우에는 어느 정도 가지런하게 정리하고 나서 유족에게 건네도록 배려하고 있다고 한다.

도 다리뼈부터 항아리에 넣고 마지막에 머리뼈를 넣도록 지도하고
있다. 매장을 했던 시대에 세골이장할 때는 반드시 그렇게 하였기
때문이다. 뼈 자체도 상하가 뒤바뀌지 않도록 주의해서 다리에서 허
리, 가슴 순으로 항아리에 담고 마지막에 두개골을 위에 얹어 놓도
록 하고 있다. 그렇기 때문에 요론섬 사람으로 세골을 경험한 분은
뼈에 대해 매우 자세히 알고 있다고 생각한다. 그 뼈가 어디 뼈인지
알아야 항아리에 가지런히 넣을 수 있기 때문이다. 본토에서 온 사
람은 그런 사실을 잘 몰라서 습골할 때 아무렇게나 뼈를 넣으려고
하기 때문에 그에 대해 엄격하게 지도하고 있다고 한다.

3. 화장 시설의 건설이 초래한 장제(葬制)·묘제(墓制)·장 송(葬送) 민속의 변화

1. 세골(洗骨)·이장(改葬)의 필요성 소멸

장례제도의 변화에 대해서 말하자면 세골·이장을 할 필요가 없어
진 것이 무엇보다도 크다. 화장 시설이 생긴 지금도 매장을 선택하
는 사람들은 있지만 그 수는 점차 감소하고 있다. 화장 시설이 생기
기 이전에 매장된 사람을 제외하고 향후 다시 세골·이장이 이뤄질
가능성은 매우 낮아질 것이다. 인터뷰 조사에서도 세골·이장의 번거
로움과 부담이 화장을 선택하는 이유로 거론되는 경우가 많다.

세골·이장에 따른 부담은 실제로 작업에 필요한 노력보다도 정신
적·경제적 부담이 크다고 한다. 세골·이장 시에 무덤에서 유골을 꺼
내고, 유골을 닦아 깨끗이 하는 것은 고인의 아들과 딸 등 매우 가

까운 친족이 해야 하지만 사랑하는 부모의 시신이라고 하더라도 부패한 시신을 만지는 것은 꽤나 배짱이 필요하다고 한다. 심한 경우에는 먼 친척 중에 용기 있는 남자 친족이 작업을 수행하고 가까운 친척들은 멀리서 지켜보기만 한 적도 있었다고 한다.

경제적인 면에서 보면 친척의 수가 적으면 소수 인원만으로 간단히 세골을 끝내면 되지만, 세골에 입회하는 친척이 많은 경우에는 그 사람들을 대접하기 위해 불필요하게 많은 비용이 소요된다. 세골의례를 할 때 그 전날 의례에 참석할 사람들이 모여 전야제를 지내고 다음 날 아침 날이 밝기 전에 나가서 세골하고 묘지에서 돌아오면 다시 제사를 지낸다. 그때마다 제물을 준비하고 참가자들에게 음식을 대접하기 때문에 참가자가 많을수록 비용이 많이 든다. 참가자 입장에서도 요론섬이나 가고시마현에 살고 있는 사람이라면 괜찮지만 일부러 본토에서 오게 되면 여비 등의 부담이 크다. 시신을 화장함으로써 이러한 경제적 부담과 정신적 번거로움에서 해방될 수 있다.

2. 이장화장(改葬火葬)의 보급

화장 시설의 설립은 세골을 하거나 이장 후의 유골도 화장하는 '이장화장'을 가능하게 했다. 이장화장을 하는 이유는 앞서 언급한 가족묘로의 전환이나 세골·이장의 해결뿐 아니라 사회·경제적 사정에 의한 주민의 전출도 있다. 요론섬은 일자리 부족과 교육 시설의 미비로 가족 모두가 전출하거나 청소년과 젊은 층이 취학을 위해 섬을 나가서 취직하거나 결혼하는 일이 많다. 매장하던 시절에는 뼈가 그대로 남아 있기 때문에 유골함도 크고 운반에 불편하다는 이유로 요론섬에 유골을 두고 위패만 가지고 나가는 경우가 많았다.

하지만 화장 시설이 생기고 나서부터 유골이 태워져서 작아졌기 때문에 이동이 편해졌다. 섬 밖으로 나갈 때 조상의 유골을 가져가고 싶어서 세골·이장화장을 한 후 유골을 정리해서 갖고 가는 사람도 생겨났다. 즈시에 있는 오래된 유골을 이장화장한 사람도 많이 있다. 대부분은 그 뼈를 화장해서 본토로 가져가고 싶은 사람들이다. 이 경우에는 즈시 속의 어느 것이 조상의 유골인지 알고 있는 사람들이다.

또한 이전에는 위패만 가지고 섬 밖으로 나갔던 사람들이 화장시설이 설립됨에 따라 요론섬의 묘지에 남아있던 유골을 화장해서 현재 살고 있는 곳으로 가져가고 싶어 하는 사례가 늘고 있다. 부모의 사망을 계기로 선조의 유골도 현재의 거주지로 옮기려는 경우도 있을 것이다. 예를 들어 가고시마로 이주한 사람들이 섬에 와서 호텔에 묵으면서(요론섬에는 이미 집이 없기 때문에) 유골을 가져갔던 적이 있었다. 그때 사람들은 우선 무덤에 절을 한 후 유골을 꺼내서 화장시설에서 화장한 후 원래의 무덤에 유골을 하룻밤 안치한 후 다음날 다시 유골을 꺼내서 비행기 등으로 이주한 곳으로 가져가는 순서를 밟았다고 한다.

3. 가족묘의 증가

화장이 가능해지면서 가장 크게 바뀐 것은 무덤의 형태라고 할 수 있다. 최근 소위 본토식의 대형 납골당을 갖춘 호화로운 가족묘가

〈사진 10〉 일본 본토식 가족묘

많아지고 있다. 매장·이장을 한 경우 대퇴골 같은 큰 뼈도 거의 그대로 남아 있기 때문에 유골을 담을 항아리는 1미터 가까운 큰 것이 필요하게 된다. 화장으로 유골항아리가 작아지면서 여러 항아리를 넣을 수 있는 본토식의 가족묘를 도입할 수 있게 되었다. 또한 화장이 가능해지면서 시신을 부패시키는 첫 번째 장을 위한 기간과 공간이 필요 없게 되었으며, 그때까지 '일가'에서 사용하고 있던 묘지 구획 전부를 가족묘 건설을 위해 사용할 수 있게 되면서 무덤이 대형화되고 호화스러워진 것으로 볼 수 있다.

4. 기타 장송 민속의 소멸과 변화

화장을 하기 시작하면서 세골·이장 풍속이 쇠퇴하고 있으며 따라서 장송의 민속에도 변화가 생기고 있다.

요론섬에는 매장하던 시절 고인과 친한 사람들이 7개 정도의 수건을 갖고 와서 시신의 머리를 묶는 풍습이 있었다. 화장 도입 초기에는 머리에 수건을 몇 겹이나 두른 채로 시신을 가져오는 일이 많았다. 마치 책처럼 수건도 여러 겹을 감게 되면 고열로도 좀처럼 그 안쪽까지 불이 들어가지 못한다. 그래서 시신의 머리 부분이 다 타지 못하는 일이 있었기 때문에 현재는 수건을 감는 경우에도 많아야 세 장 정도로 해달라고 유족 분들에게 부탁하고 있다. 승룡원의 관리인은 이러한 풍습도 조만간 사라질지 모른다고 말한다.

또한 생전에 딱히 큰 불효를 한 것도 아닌데 어쩐지 꿈자리가 안 좋다든가, 마음에 걸리는 것이 있을 때 이미 세골·이장을 마친 유골을 꺼내 다시 세골하는 일이 있었다. 첫 번째 세골은 '아라우간'이라고 하고, 두 번째·세 번째 세골은 '마타우간'이라고 했다. 마타우간은 세월이 흘러 유골항아리 속에 들어간 개미나 항아리 속에 파고든 나무뿌리를 제거하여 깨끗하게 하려는 목적도 있었다고 한다. 마타우간은 화장하게 되면서 전혀 하지 않고 있다. 마타우간 자체가 반드시 해야만 하는 것이 아니라 하는 집 안 하는 집이 있었기 때문에 화장하게 되면 하는 집이 거의 없을 것이라고 한다. 매장하던 시절에는 시신을 묻고 나서 몇 년 후에는 세골해야 하고, 그 연장선상에서 마타우간을 하고 있었는데, 세골의 필요성이 없어지면 마타우간을 할 필요도 없어진다. 혹자는 "결국 이런 부분에서부터 다양한 풍습이 사라져가는 것"이라고 탄식했다.

한편 화장이 수용된 후에도 방식을 바꿔서 계승하는 민속도 있다. 의사 매장 또는 의사 이장이라고 부를 법한 화장방식이다. 이 경우 분골을 넣은 항아리를 시신에 비유하여 항아리 중앙에 유골함을 넣고 그 주위에 부장품을 넣어 항아리의 입구가 지상에 나오도록 땅속에 묻는다. 그리고 그 위에 위패를 두고 다시 간부타를 씌운다.[8] 간부타 앞에 술잔 등을 두고 뒤에 깃발을 세운다. 매장 후 3년이 경과

---

8) 간부타는 예전에는 사망자가 생길 때마다 고인의 친척 가운데서 제작방법을 알고 있는 사람이 만들었으나 현재는 농협의 장제부에 장례식을 부탁할 때 주문해서 구입한다고 한다. 농협은 섬의 목공소에 간부타를 주문하고 있다.

하면 '세골'하기 위해 유골함을 항아리에서 꺼내 깨끗이 한다. 그 다음은 세골·이장 때처럼 비석 뒤에 항아리 입구가 나온 채로 묻거나, 가족묘가 있으면 그 안에 납골한다. 화장을 하더라도 옛 장례법을 최대한 지키려 할 때 이러한 장례법을 따를 수 있다고 한다.

매장이 주류를 이뤘던 때는 인형이나 술 등 고인이 좋아했던 물건을 관 속에 넣는 풍습이 있었다. 일종의 저승 여행길에 건네는 용돈인 셈이다. 특히 많은 사람들이 고인에게 반드시 주고자 하는 것은 '지참금' 또는 '선물'이라고 불리는 돈이다. 이것을 '저 세상에서 쓸 용돈' 혹은 '조상에 대한 지참금'이라고 생각하고 있다. 지참 금액은 30엔이나 300엔 정도이지만 그것을 관에 넣을 때는 '300만 엔' 또는 '3000만 엔'이라고 말하고, "이것만 있으면 저 세상에서도 충분히 살아갈 수 있습니다"라고 말을 건넨다.

화장 시설 관리인에 따르면 화장을 막 시작했을 무렵에는 관 속에 그대로 지참금을 넣어 두는 경우가 있었는데, 고열로 동전이 녹아서 시신을 올려놓는 대에 붙어 버리는 일이 많았다고 한다. 그렇게 되면 대가 손상되고 원래 화폐를 태우는 것은 법률로 금지되어 있기 때문에, 반드시 지참금을 넣고 싶은 경우에는 동전을 종이에 싸서 화장하고 난 후 유골항아리에 넣도록 지도하고 있다고 한다.

4. 맺음말

이상에서 살펴본 바와 같이 요론섬에서는 본격적으로 화장을 도입한 후 짧은 기간에 급속도로 화장으로 전환되고 있다. 메이지 시대부터 계속된 당국의 지도에도 불구하고 좀처럼 풍장에서 매장으로의 이행이 진행되지 않았던 것과는 대조적이다. 1994년경부터 섬 밖으로 시신을 옮겨 화장하는 사례가 간혹 있었는데, 이는 지지부진한 화장시설 건설을 기다리다 지쳐서 자력으로 화장을 한 경우였다. 자동차에 관을 싣고 페리로 오키노에라부(沖永良部) 등지로 옮겨 화장한 것이다. 이때는 선원도 못 본 척 해주었다고 한다. 마을 설문조사에 의하면 1973년 시점에서 60%의 주민들이 화장 시설을 사용할 의사를 보였다고 한다. 이때 이미 많은 주민들이 화장의 편의를 어느 정도 긍정적으로 파악하고 있었다고 이해할 수 있다. 관광객과 섬 밖으로 전출 나간 사람들의 소문, 텔레비전·신문 등을 통한 화장에 대한 정보의 유입에 따른 것으로 생각할 수 있다. 그 밖에도 요론의 사회 변화, 즉 관광 산업의 발전, 섬 밖으로의 인구 유출과 인구 감소, 위생 관념·합리성을 우선시하는 현대 규범의 침투 등이 화장의 도입 배경에 자리한다.

한편 아직까지 화장에 대한 거부감을 가진 사람들이 있는 것도 사실이다. 특히 고령자들 사이에서는 아직도 화장에 대한 거부감이 강하다. 그들은 "화장은 뜨겁고 고통스러워서 싫어"라고 한다. 지금도 아들딸들에게 "만약 화장하게 되면 (도깨비가 되어서) 너의 다리에 달라붙어 살 거야"라고 말하는 노인도 있다고 한다.

화장의 수용은 요론섬의 다양한 장송 민속의 소멸과 변화를 가져왔다. 이러한 변화는 산 자와 죽은 자, 산 자와 산 자와의 관계에도 큰 변화를 가져올 것으로 예상된다. 가장 큰 변화는 앞에서 언급한 바와 같이 세골·이장의 풍습이 없어지는 데 따른 것이라고 볼 수 있다. 몇 년 만에 죽은 자와 대면해서 그 변해 버린 모습을 목격하는 것은 육친의 죽음을 재확인하는 것이다. 또한 자신의 손으로 부패한 살점을 씻어내고 뼈를 꺼내 안치하는 작업을 함으로써 고인의 신체적 특징을 통해 생전의 고인의 모습과, 함께 보낸 날들의 기억 등을 강렬하게 떠올리게 된다. 이렇게 해서 산 자는 죽은 자와의 관계를 재인식하는 것이다.

실제로 "세골의 풍습을 지켜야 한다"고 주장하는 사람들은 섬의 전통이니까 지켜야 하는 것이 아니라, 본인이 세골을 해본 경험을 통해 역시 이 풍습은 지속되어야 한다고 말하는 사람이 대부분이다. 혹자는 "해 보기 전에는 무서웠지만 실제로 끝나고 보니 하길 잘했다고 생각했다. 지금은 부모의 시신을 세골하는 것은 자식의 의무라고 생각한다"고 말했다. 이런 기회가 화장의 도입으로 사라지는 것이다.

또한 세골·이장에는 고인의 가족·친족들이 폭넓게 참여한다. 섬밖에 거주하면서 매년 추석 때에도 좀처럼 돌아오지 못하는 가족·친족들도 세골·이장만큼은 고인에 대해 매우 중요한 일로 생각하기 때문에 이때만큼은 대부분 섬에 돌아온다. 그리고 세골 전날은 전야제를 지내면서 고인의 추억을 함께 이야기하고, 오랜만에 만나는 친척끼리 섬 밖으로 나가서 지금까지의 사건이나 최근의 생활 등에 대해 이야기꽃을 피운다. 새로 생긴 가족을 소개하는 장소가 되기도 한다. 이렇게 해서 고인의 후손인 산 자 간의 관계성을 확인할 수 있다. 세골·이장이 필요 없어지면서 멀리 떨어진 자손들이 모이는 기회가 줄어들게 된다. 요론섬의 사자 제사에 대해서 말하자면 자손들이 한자리에 모이는 기회는 장례식 이후 세골·이장의 기회를 제외하면 마지막 제사인 33주기밖에 없다.

전술한 이장 화장의 보급과 유골을 섬 밖으로 가지고 나가는 움직임도 중요하다. 세골·이장을 하고 있었을 무렵에는 자손이 모두 섬 밖에 살았다 해도 무덤 관리나 제사를 하기 위해 일 년에 몇 번, 혹은 몇 년에 한 번 꼴로 나간 사람들이 돌아 왔다고 한다. 그 때 섬의 친족들과 얼굴을 마주하거나 이야기를 할 수 있었다. 그러나 유골을 섬 밖으로 갖고 나가서 살고 있는 지역에 무덤을 만들어 버리면 섬으로 돌아올 이유가 없어지고, 섬의 친족과 만날 기회도 자연스럽게 줄고 만다. 이처럼 세골·화장 풍습의 소멸은 산 자끼리의 관계를 약화시킬 가능성이 있다.

화장을 수용하기에 이른 요론섬의 사회 변화는 그 배경에 대학 등 고등교육 기관의 부재와 기간산업의 부진, 젊은이의 일자리 부족, 인프라 미비 등 도서 사회가 공통적으로 안고 있는 문제가 존재하고 있다. 이로 인해 섬 사회와 섬 밖의 사회의 관계가 강화되는 것과 병행해서 변화가 생겨나고 있다. 앞서 살펴본 것처럼 민속의 변화·소멸이 실제 사회에 미치는 영향을 포함하여 민속의 유지·상속의 문제를 생각할 경우에는 섬 사회뿐만 아니라 섬 외부 사회와의 관계를 어떻게 규정할 것인가에 대한 시각이 필요하다.

제주도 장묘제도의 전통과 변화

쓰하 다카시(津波高志)

류큐대학 명예교수

1. 머리말

한국에서는 매년 9월에서 10월 사이에 보건복지부[1]가 지난해의 화장률을 발표한다. 현 시점(2013년 1월 현재)에서 전국적인 화장률에 대한 공식적인 수치에 대한 최신 자료는 2012년에 공표된 2011년의 것이다.

2012년 9월 27일, 정확하게 말하면 보건복지부 노인지원과 과장과 담당자가 연명되어 있는 다음날의 조간용 '보도 자료'가 그날 오후 각 신문사에 배부되었다. 다음날 ≪조선일보≫ 일본어판은 "화장률이 70%를 초과하는데도 화장장 건설은 난항"이라는 제목으로 보도했다. 기사의 주요 내용은 다음과 같다.

2011년 화장률은 전국 71.1%이며 전년 2010년의 67.5%에서 3.6% 포

---

1) 한국 정부의 '○○부'는 일본의 '○○성'에 해당한다. 예를 들어 문교부는 일본 문부과학성에 해당한다.

인트 상승했으며 10년 전인 2001년의 38.3%에 비해 약 2배가 늘었다. 남녀별로 보면 남성은 74.4%, 여성은 66.8%이다. 연령이 낮을수록 화장률이 높고 30대 이하는 91.0%이다. 또한 지역별로는 부산 85.%, 인천 84.%, 울산 79.%, 서울 78.7% 등의 화장률이 높고, 반대로 낮은 곳은 전남 51.9%, 충남 53.7%, 충북 54.7%이다.

화장률이 처음으로 70%를 초과했음에도 불구하고 화장장 건설이 각지에서 난항을 겪고 있다. 행정 측이 화장장 건설을 추진하고 싶어도 그것을 '혐오시설'로 간주하는 주민들의 저항을 받고 있기 때문이다. 구체적인 지명으로는 경기도 안산시, 이천시, 포천시, 부천시, 김포시 등을 들 수 있다.

이 기사에서 한국의 장례법의 현황을 대략적으로 다음과 같이 파악할 수 있다. 대도시, 특히 수도권에서는 화장장의 건설이 따라가지 못할 정도의 기세로 화장이 보급되고 있으며 거의 일반적인 장례법으로 정착되어 있다. 반면 화장률이 낮은 지역은 50%를 약간 넘을 뿐이고 현 시점에서는 화장과 매장 중 어느 쪽이 대세 혹은 일반적인지 딱히 구분 지을 수 없는 절반 정도의 상황을 보이고 있다.

이 기사에서 화장률이 낮은 지역으로 올라 있지는 않으나 2011년의 제주도(이하 '제주'로 표기)의 화장률은 54.8%이다. 보건복지부의 수치는 그렇게 나와 있지만 제주도청의 발표는 더 낮은 52.8%이다. 이 둘의 차이는 외국인을 포함할 것인지 여부에 따라 집계했기 때문으로 보인다. 어쨌든 간에 전남 51.9%, 충남 53.7%, 충북 54.7% 등과 별 차이는 없다. 대략적으로 파악하자면 제주 지역도 현재 매장과 화장이 각각 절반인 상황에 있다고 볼 수 있다.

자세한 내용은 나중에 기술하겠지만 지금까지의 경위를 살펴보면

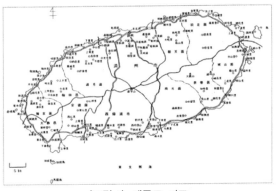

〈그림 1〉 제주도 지도

제주는 2003년까지는 화장률이 전국 최하위였다. 그 후에도 전국적인 비교치는 계속 낮은 편에 속했으며 2011년에 현 수치에 이르렀다. 따라서 각각 절반인 상황이라고는 하지만 증가율에서 보자면 급속도로 증가해온 셈이 된다.

한국의 화장률은 2000년 1월에 공포된 '화장 등에 관한 법률'에서 '화장의 국책화'(高村, 2006 : 79)가 규정됨에 따라 전국적으로 급상승하고 있다는 점은 주지하는 바와 같다. 공포 후 약 10년 새에 화장률이 2배 가까이 증가하고 "화장률이 '장묘 문화 개선'의 기준"(高村, 2006 : 80)이 되기도 한다. 제주와 같이 화장률이 낮은 지역에서도 큰 흐름에서 장기적으로 보면 화장이 일반화 될 것으로 보인다.

단지 국책으로 규정한 화장이 언젠가는 정착될 것이라는 장기적인 전망에 입각하더라도 거기에 이르기까지 각지의 문화적 상황은 반드시 동일하다고는 할 수 없다. 또한 현대 한국의 '장묘 문화'의 변화는 "최근 수십 년 동안 현재진행형의 사건이며 그 연구는 또한 향후에 기대하는 바가 크다"(田中, 2010 : 16). 따라서 현 단계에서는 향후 추가 연구의 심화·발전을 위한 각 지역의 사례 연구가 필요하다. 그 한 예로 매장과 화장이 각각 절반을 차지하는 제주 지역의 장묘제도에 대한 구체적 양상을 살펴보는 것이 본고의 목적이다.

2. 화장 시설과 화장률

'<표 1> 연도별 화장률'은 전국과 제주의 지난 10년간의 연도별 화장률을 인터넷에 공표된 자료나 신문 기사 등에서 발췌하여 작성한 것이다. 여기에서 보는 바와 같이 2001년부터 2011년까지 제주에서 화장률 증가는 3.4배나 된다. 그동안 전국적인 증가율이 2배 미만임을 비교하면 역시 급상승이라고 할 수밖에 없다.

〈표 1〉 연도별 화장률

연도	'01	'02	'03	'04	'05	'06	'07	'08	'09	'10	'11
전국(%)	38.3	42.5	46.4	49.2	52.6	56.5	58.9	61.9	65.0	67.5	71.1
제주(%)	16.1	18.3	25.7	31.5	35.0	38.2	41.0	42.5	46.6	48.3	54.8

급상승을 가능하게 하는 화장 시설은 인구 약 60만 명의 제주 전체를 통틀어 한 곳뿐이다. 제주시 영평동에 소재한 '양지공원'이 그곳인데, 명칭은 '공원'이지만 화장장과 납골당 등을 갖춘 제주특별자치도의 도립시설이다. 1972년에 현재 위치 근처에 화장장이 설립되었지만 화장장만 있을 뿐 납골당이 없어서 이용자가 적었다. 2002년 현재 위치로 옮길 때 화장장뿐만 아니라 납골당도 함께 설치되면서 이용자가 증가했다고 공원의 사무직원은 설명한다.[2]

---

2) 양지공원의 사무직원 인터뷰 조사는 2009년 8월 25일 및 2010년 9월 20일에 있었다.

〈사진 1〉 양지공원 전경

<사진 1>은 양지공원의 전경이다. 오른쪽 건물이 화장 시설이며 중앙의 건물이 사무실과 홍보관, 유족 대기실로 구성된 관리동이다. 왼쪽의 두 동은 봉안당, 즉 납골당이다.[3) 그 뒤에 '유택(幽宅) 동산'이라고 칭하고 소위 '자연장'이라고 하는 화장 후 뼈를 산골(散骨, 합골)하는 공간이 펼쳐진다. 공원 안내 책자에 의하면 건축 면적은 3,173.08㎡(연면적 5,249.11㎡)이며 부지 면적은 45,838㎡, 사업비

첫 번째는 강경희·가미야 도모아키(神谷智昭), 두 번째는 다카무라 료헤이(高村竜平)가 동행해 주었다. 기록으로 감사의 뜻을 전한다.

3) 다나카 사토루(田中悟)는 '납골'이라는 용어는 일본식이라는 이유로 현재는 '봉안'이라는 용어로 대체되고 있다는, … 따라서, 예를 들면 '납골당'이라는 표현은 '봉안당'으로 고쳐야 한다는 것이다. 그냥 본론에서는 용어의 일관성이라는 관점에서 인용을 제외하고 기본적으로 '납골'을 사용하기로 한다(田中, 2010 : 26). 또한 '납골'에서 '봉안'으로의 대체작업은 "필자의 소견으로는 단순한 용어의 대체이며, 의미나 내용적으로 이러한 단어는 같다고 생각해도 무방한 것으로 보인다"(田中, 2011 : 31)라고도 말하고 있다. 나는 현지 조사에서도 공식적으로는 '봉안당'이라고는 하지만 인터뷰에서는 대부분의 사람들이 '납골당'을 사용하고 있다. 본고에서도 특별한 경우가 아닌 한 납골당을 사용한다.

7,205억 원이 투입된 대규모 시설이다.

직원에 따르면 화장로의 시신 처리 능력은 다음과 같다. 화장 시설은 지상 1층, 지하 1층 건물에 화장로 5기가 구비되어 있다. 한 구의 시신 처리, 즉 태워서 항아리에 넣고 화장로를 청소하고 다음 순번을 준비하는 데 걸리는 시간은 약 2시간 정도이다. 하나의 화장로에서 하루에 처리 할 수 있는 능력은 3건이며 따라서 5개 화장로의 하루 처리 능력은 15건이다.

'<표 2> 연간 사망자 수와 화장률'은 최근 2년간 제주에서 사망자 수와 화장자 수를 공원의 자료를 토대로 나타낸 것이다. 2011년에만 화장된 사망자 수는 1,657명이며 단순 계산하면 하루에 4.5명이다. 연간 사망자 3,021명 전원이 화장되더라도 시설 자체의 대응 처리 능력은 충분히 여유가 있는 셈이다.

〈표 2〉 연간 사망자 수와 화장률

| 2010년 | 사망자수 3017명 | 화장자수 1,457명 | 화장률 48.3% |
| 2011년 | 사망자수 3021명 | 화장자수 1,657명 | 화장률 54.8% |

그러나 화장 시설 운영 실태는 그리 간단하지 않다. '무덤'이라 불리는 전통적인 만두 모양의 무덤(<사진 2> 참조)에서 이장하기 위해 발굴된 시신의 유골 및 사산아 처리까지 맡고 있기 때문이다. 당연히 이러한 경우는 화장률에 집계되지 않기 때문에 연간 '화장자 수'만으로 실제 운용 횟수를 계산할 수는 없다. 다만 이장 유골의 화장은 연간 예약제로 조정되기 때문에 유골 화장을 계산에 넣더라도 시설의 처리 능력에 문제는 없다고 한다.

시설 이용 요금은 시신의 화장인지 또는 유골의 화장인지에 따라

〈사진 2〉 무덤

〈사진 3〉 양자공원 이용 안내

서도 다르고, 제주도 주민인지 아닌지에 따라서도 다르다. 홍보관에 걸린 '양지공원 이용 안내'(〈사진 3〉 참조)의 '화장 비용 안내'에 의하면 '〈표 3〉'과 같다. 또한 여기에서 '도내' '도외'의 구분은 시신의 화장인 경우는 사망 시에 주민등록이 제주도에 되어 있으면 도내, 없으면 도외이다. 또한 유골의 화장인 경우는 이장하기 이전의 묘지

〈표 3〉 화장 비용 안내

구 분	도 내	도 외
성인 (15세이상)	50,000원	120,000원
어린이(15세미만)	35,000원	84,000원
사산아	24,000원	48,000원
이장 유골	18,000원	36,000원

위치로 구분한다.

화장 시설의 처리 능력에 문제가 없는데도 화장률이 전국적인 수준에서 보면 낮은 편에 속하는 요인은 무엇일까? 직원에 따르면 "제주에서는 지금도 매장에 대한 의식이 높다"고 한다. 즉 매장에 대한 집착이 강하다. 장사(葬事)에 관한 법률은 '매장도 화장도 인정하고 있기 때문에 특히 농촌에서 아직도 매장이 많이 이뤄지고 있다'라고 되어 있다.

그 설명을 뒷받침하는 흥미로운 연구가 이미 발표된 바 있다. 정희종은 2000년대에 들어서 장례를 집에서 하지 않고 마을의 '공동묘지'에 부설된 '장례식장'에서 실시하게 된 예로 <표 4>에서처럼 표선면 성읍 1리의 3년간의 통계를 제시하고 있다(정, 2009 : 353).

〈표 4〉 성읍 1리 공동묘지 장례 시설 사용 현황

연도	사망자	매장지		장례식장	
		공동묘지	기타	공동묘지시설	집 또는 병원
2006년	8	6	2 (화장)	2	6
2007년	10	9	1 (문중묘지)	8	2
2008년	10	9	1 (화장)	8	2

<표 4>를 보면 장례식장의 사용뿐만 아니라 매장과 화장의 상황도 알 수 있다. 매장지란의 공동묘지는 마을을 단위로 하는 공동묘지이고, 그곳을 매장지라고 하는 것은 무덤이라 불리는 만두 모양의 묘에 매장했음을 의미한다(<사진 4> 참조). 또한 '화장'이 아니라

〈사진 4〉 마을공동묘지

〈사진 5〉 문중공동묘지

'문중묘지'를 매장지로 사용하거나 문중을 단위로 하는 공동묘지에 같이 매장했음을 의미한다(<사진 5> 참조).

　이를 토대로 사망자 수와 매장지의 관계를 보면 2006년은 사망자 8명 중 매장 6명, 화장 2명, 2007년은 사망자 10명 전원 매장, 2008년 은 사망자 10명 중 9명이 매장이며 1명만 화장이다. '<표 1>'연도별 화장률'에서 보는 것처럼 2006년부터 2008년까지 3년간 제주의 화장 률은 40% 전후이다. 그런 시기에 성읍 1리에서 3년간 사망자 28명 중 3명만 화장했으니 비율로는 10.7%밖에 되지 않는다.

　또한 필자가 1980년대부터 지속적으로 현지 조사를 실시하고 있 는 성산읍 수산 1리의 경우는 매장에 대한 집착이 성읍 1리보다 강 하다. 1980년대 전반에 이장을 지낸 70대의 화자(話者)에 따르면 2011년 9월 현재 아직까지 화장한 사람이 한 명도 없다고 한다.

　이러한 사례를 보면 역시 직원의 설명대로 제주의 화장률이 낮은 요인은 주로 농촌 지역의 매장에 대한 강한 집착에 있다고 생각해도 좋을 것이다. 농촌에서 이런 상황인데도 화장률이 50%를 넘는 것은 반대로 도시 지역에서는 상당히 높다는 얘기이다.[4] 그 요인은 무엇 일까? 여기에 대해서는 먼저 화장을 수용하게 되면서 무덤이 어떻게 변화해 왔는지에 대해 기술한 후 그 이유를 살펴보려고 한다.

3. 화장 후 유골 처리 방법

한국에서 화장을 국책으로 추진하고 있는 이유는 매장에서 화장으로의 장례법 전환만이 목적은 아니다. 주지하는 바와 같이 그 진정한 목적은 장례법을 전환해서 전통적인 무덤 조성에 의한 국토의 침식을 막으려는 데 있다. 다시 말해 장례법의 전환에 따른 묘지제도의 쇄신을 목적으로 하고 있다.

양지공원도 이러한 목적에 따라 설립된 시설이다. 공식 홈페이지에서는 첫머리에 다음과 같이 적고 있다.

"우리나라의 묘지 면적은 매년 여의도 면적에 해당하는 9km²나 확대되어 제주도의 경우는 종합경기장(메인 스타디움)의 4배에 해당하는 면적이 묘지로 변했습니다. 특히 제주시의 경우 시 면적의 2.6%인 625km²가 묘지로 덮여 있습니다. 심각한 국토의 침식을 막고 묘지로 덮여있는 넓은 벌판을 삶의 터전으로 보호하는 방법은 매장 중심의 장묘 문화를 화장 문화로 전환하는 것만이 유일한 방법이라는 사실에 논의의 여지가 없을 것입니다."

이처럼 "매장 중심의 장묘 문화를 화장 문화로 전환"하는 진정한 목적은 쉽게 말하면 '묘'를 매장에 대응하는 무덤에서 화장에 해당하는 납골당과 유택 동산으로 바꾸는 것이다. 앞서 언급했듯이 양지

---

4) 제주의 도시, 특히 제주시의 인구 집중은 정광중의 논문(정, 2012)에 상세하게 나와 있다.

〈사진 6〉 납골선반

공원에서는 〈사진 1〉의 왼쪽 두 채가 납골당이다. 그 중 왼쪽 전면의
건물이 '제1추모의 집'이고, 그것과 관리동 사이의 후미진 곳에 위치
한 건물이 '제2추모의 집'이다.

　제1추모의 집은 지상 2층, 제2추모의 집은 지상 2층, 지하 1층으로
되어있다. 각각의 내부에는 가로, 세로, 깊이 모두 29센티로 구획된
납골 선반이 빽빽이 늘어서 있다 (〈사진 6〉 참조). 기본적으로는 그
선반에 유골을 항아리에 넣은 채로 한 위를 안치하며 부부 또는 2인
용으로 두 위를 안치할 수 있는 선반도 있다.

　제1추모의 집에만 8,390위를 안치할 수 있다. 양지공원 개원 당시
의 납골당은 제1추모의 집뿐이었지만 그것만으로는 수요를 따라 가
지 못해 2007년에 더 큰 규모의 제2추모의 집이 건설되었다. 그곳에
는 2만 위의 안치가 가능하다.

　〈사진 6〉에서 보듯이 납골된 각 선반의 겉에는 고인의 명찰과 사
진이 부착되어 있고 조화 화환도 걸려있다. 꽃은 규격에 맞는 조화
를 제외하고는 금지되어 있다. 납골당에 음식물을 반입하거나 분향

을 하는 것도 금지되어 있다.

추모의 집에는 '분향실'이라고 하는 조문 의례를 집전하는 방도 마련되어 있다. 분향은 고인의 유골이 안치되어 있는 선반 앞에서가 아니라 분향실에서 시행하도록 규칙을 정하고 있다. 그곳에는 음식물, 즉 제물 반입도 허용되고 있기는 하지만 반드시 갖고 돌아갈 것을 당부하는 시설 사용의 주의사항이 쓰여 있다.

납골당의 사용료는 제주 도민이라면 10만 원, 도민 이외는 20만 원이다. 한 번 지불하면 15년간 사용할 수 있다. 3회까지 연장이 가능하며 60년간 사용이 가능하다. 그러나 그 이상의 연장은 인정되지 않으며 그 후에는 유택 동산에 모셔진다.

'양지공원 이용 안내'에 명기되어 있는 대로 두 곳의 추모의 집이 화장 후 유골을 '안치'하는 시설인데 반해 유택 동산은 '산골(散骨)' 시설이다. 다만 산골은 실제로 뼈를 뿌리는 것이 아니라 큰 항아리에 많은 유골을 함께 넣는 것이다. 따라서 '산골'과 '합골(合骨)'이 같은 의미로 사용되고 있다. 또한 유택 동산 임대료는 무료이다.

이렇듯 양지공원에서 화장된 시신이 묻히는 장소인 '무덤'은 납골당 또는 유택 동산 중 어느 한 곳이다. 그러나 화장장이 양지공원 한 곳 뿐이라고 해서 화장 후 모두가 이곳에 장사지낸다고는 할 수는 없다. 유족이 양지 공원의 '무덤'을 선택하지 않으면 어떻게 묻히게 되는 것일까? 제주에서는 양지공원 이외에 유택 동산에 상당하는 시설이 없기 때문에 산골과 합장은 제외하고 그 점을 살펴보려고 한다.

한 가지 분명한 것은 화장 후에는 무덤이라 불리는 만두 모양의 묘에 매장되지 않는다는 사실이다. 그것도 제외하면 오늘날 제주에서 진행되는 화장 후 처리 방법에는 두 가지 선택이 있다고 볼 수 있다.

물론 하나는 납골당이다. 또
하나는 평장(平葬)이라고 불
리는 것으로 만두 모양 없이
평지에 매장하는 것이다.

둘 중에는 납골당이 보다
일반적으로 보인다. 그렇다
고는 해도 그 실태는 매우

〈사진 7〉 서귀포시 성산읍 납골당

복잡하다. 예를 들어 서귀포시의 경우 시의 '추모 공원'이 있으며
도시의 각 읍과 면에도 납골당이 있다(<사진 7> 참조). 그런 공적
인 것이 있는 반면 가족과 일족(부계 집단)5)의 납골당도 있고 불
교와 기독교 등 종교 단체의 납골당도 있다.

따라서 그 전모를 파악하기란 매우 힘들다. 특히 가족과 일족(부
계 집단)의 납골당 실태를 정확하게 파악하기는 어렵다. 공적인 시
설이나 종교 단체의 시설은 양지공원과 유사한 형식을 보이지만 그
들은 형태 자체가 다를 뿐만 아니라 가족과 일족의 관계도 애매한
측면이 있다.

일반적으로 외형은 집 모양 내지 상자 모양이다(<사진 8> 참조).
내부는 2단 또는 3단으로 구분되어 있고 위쪽 단부터 차례로 유골함
을 안치하도록 한다. 가족 납골당의 경우 대개 비석에 'ㅇㅇ ● 씨 후
손 가족묘지'라고 되어 있고, ㅇㅇ에 본관, ●에 씨가 적혀 있다. 또한

---

5) 이 경우 일반적으로 일가라고 불리는 고조를 공통의 선조로 하는 부계 집단이다. 단,
  맥락에 따라 고조보다 윗세대 조상을 공통 선조로 하는 경우도 있어서 일정하지는 않다.
  본고에서는 세대가 다른 다양한 공통 조상의 부계 자손들의 집단을 일괄적으로 단순히
  '일족'이라고 기술했다.

〈사진 8〉 가족납골당

●씨의 몇 대에 해당하는 누구누구의 '후손 일동'에 의해 만들어졌다
는 내용이 적혀있다.

　이처럼 '가족묘지'라고 불리는 가족 납골당은 최근 들어 특정 개인
의 자녀들 내지 후손들에 의해 만들어진 것으로 미래에는 어떻게 될
지 정작 본인들도 잘 모르는 것 같다. 즉 '가족묘지'라고 해도 장래에
는 실제로 묻혀 있는 고인의 직계 장남만 묻히게 될지, 아니면 부계
자손 모두가 함께 묻힐지, 지금은 어떻게 될지 잘 모른다는 것이다.

　게다가 가족 납골당과 일족 납골당과의 관계도 미묘하다. 2002년
애월읍의 어느 노부부가 가족 납골당을 짓고 나서 사망했다. 두 사
람은 화장 후 그곳에 묻혔다. 그 몇 년 후 일가(고조를 선조로 하는
부계 집단)의 납골당이 건립되었기 때문에 그곳에 다시 장사지내야
하는 상황이 되었다. 가족 납골당이 있어도 일족 납골당이 건립되면
거기에 흡수될 수밖에 없는 복잡한 상황도 실제로 발생하고 있다.

　향후 예상하기 어렵다는 등의 혼란은 있다 해도 행정이 강력하게

추진하고 있는 점, 경제적이고 합리적인 것으로 인식되고 있는 점 등을 고려하면 화장 후의 처리 방법으로는 납골당을 이용하는 것이 가장 일반적인 듯하다.

한편 납골당에 모시는 것은 정서적으로 아무래도 맞지 않는다고 하는 사람들도 있다. 그 사람들에 따르면 "납골당은 죽은 사람을 마치 물건처럼 거두고 있다. 죽은 자는 물건이 아니기 때문에 역시 땅에 묻어야 한다"는 것이다. 납골당만큼은 아니지만 평장(平葬)도 나름대로 유력한 처리 방법이 되고 있는 배경에는 이런 사고가 존재한다. 평장은 화장 후 유골을 나무 상자에 넣어 땅에 묻고 시간이 지나면 흙으로 돌아가는 것을 의도한 장사 방법이다. 앞서 기술한 바와 같이 매장이긴 하지만 기존의 무덤처럼 흙을 둥글게 덮지 않고 아무개의 무덤이라는 비석이 서있을 뿐이다(<사진 9> 참조). 납골당처럼 평장에도 가족묘지와 일족묘지가 있다.

요컨대 오늘날 제주에서 화장 후 유골을 거두는 방법은 산골이나 합골 같은 자연장, 납골당에 안치하는 안치장(일단은 이렇게 표현하는 것으로), 땅에 묻는 평장의 세 가지 방식이 있다. 어쨌든 무덤으로 볼 수 있는 개인 단위의 '무덤' 내지 '묘지'는 아니다. 어떤 의미에서 '집단무덤' 내지 '집단묘지'이다. 그러나 그 '집단'에 '마을'이 단위인 예는 찾아보기 힘들다.

4. 화장 수용의 주요 요인

제주의 농촌에서 여전히 매장에 대한 집착이 강함에도 불구하고

〈사진 9〉 가족납골당

화장률이 급상승하고 있는 이유는 무엇일까? 양지공원의 직원에 의하면 사회 변화에 따라 사람들의 의식도 바뀐 데 따른 시대적 요구이며, 특히 벌초의 부담 경감이 큰 요인이 되고 있을 것이라고 말한다.

일반적으로 벌초는 음력 8월 15일 추석 전에 이루어지는 무덤의 풀베기·청소를 가리킨다. 다만 제주의 전통적인 오래된 무덤은 '산담'이라고 불리는 돌담으로 둘러싸여 있으며 그 손상 부분의 수리 등도 포함되기 때문에, 보다 좋은 표현을 빌리자면 묘지의 유지 관리를 위한 작업이라고 할 수 있다.

벌초는 부계 집단의 남성 구성원이 중심이 되어 실시한다. 다카무라 료헤이(高村竜平)는 서귀포시의 사례를 소개하면서 벌초는 "몇 가지로 갈라지는 분기점이 되는 조상을 기준으로 자손들이 공통 조상의 무덤을 관리하는 것이다"(高村, 2006 : 91)라고 기술하고 있다. 그 '분기점인 조상'은 세대가 다른 공통의 조상을 말하며 입도 시조

를 기점으로6) 각지에 입촌 시조, 갈라진 집단의 시조를 거쳐 일가
(가족)라 불리는 집단의 공통 조상, 즉 고조까지 자리매김하고 있다
(高村, 2006 : 84). 그 조상을 기준으로 이뤄지는 부계 자손들에 의한
벌초와 부모 등의 묘에 대한 가족별 벌초도 이뤄진다.

다만 제주에서도 지역이나 일족과 시기에 따라 약간의 차이가 보
인다. 필자가 올해(2012년) 조사한 성산읍 일족의 경우는 고조와 증
조할아버지 세대는 일가 전원이 벌초하고 조부모 이하는 그 자손들
이 하고 있다. 다만 후자에 해당하는 무덤에서도 그 위치에 따라 일
가 전원이 실시하는 융통성도 보이고 있다. 고조보다 윗세대 벌초는
일가에서 하지 않는다. 왜냐하면 그 조상들의 벌초는 조상 제사를
위한 특별한 땅, 즉 소분전(掃墳田) 또는 제월전(祭越田)을 상속한
후손의 의무이기 때문이다.

벌초에 실제로 참여하고 있는 40대 남성은 1980년대까지는 이른
아침부터 저녁때까지 하루 종일 걸리던 일가의 벌초도 "지금은 차로
이동하고 벌초 기계를 사용하기 때문에 느긋하게 해도 오전에 끝난
다. 지금은 편해요"라고 말했다. 일가 전체 벌초는 양력 9월 첫 번째
일요일에 하고 사촌이나 형제만 하는 벌초는 이전에 끝마쳐둔다고
한다.

이처럼 최근에는 꽤 편해졌다고는 하지만 도시 생활자에게는 여
전히 부담이 되고 있다. 부계 집단에 의한 벌초는커녕 집집마다 해
야 하는 벌초조차 어려워지고 있는 것이 현실이다. 예를 들어 노부
부가 제주에 살고 있고 그 자녀들이 육지(본토)에 살고 있으면 비록

---

6) 단 제주 본래의 고, 양, 부의 세 씨족은 제외한다.

일족 벌초와 집 벌초를 한꺼번에 하루에 한다고 해도 역시 부담이된다.

이 때문에 10년 전부터 당사자를 대신하여 벌초를 대행하는 업체도 나오고 있으며 최근 몇 년 동안 유행하고 있다. 그 대표적인 업체가 농협이다. 농협은 의뢰받은 업무를 조합원에게 나누어 도급하기때문에 농민에게는 짭짤한 임시 수입이 되기도 한다. 무덤 당 10만원에서 15만원 정도가 요즘의 시세라고 한다.

신문이나 인터넷 등에 광고를 내서 개인적으로 업무를 대행하고있는 경우도 있다. 이 경우에는 적어도 2인 1조로 시행한다고 한다. 인터넷으로 신청하는 이용자는 벌초 후의 모습을 사진으로 확인하고 나서 비용을 입금시키는 구조이다. 재일제주인들 사이에서도 이용되고 있다고 한다.

회사 조직이건 개인이건 간에 벌초 대행의 수요는 높다고 한다. 하지만 수요가 높을수록 벌초는 도시 생활자에게 부담이 되고 있음을 의미한다. 각지에서 인터뷰 조사를 실시해 보더라도 벌초의 부담경감을 화장 수락 이유로 가장 먼저 꼽고 있다. 다음에서 화장 후가족 납골당에 안치된 예와 평장 가족묘지에 묻힌 예를 각각 기술하기로 한다.

2002년 애월읍의 80대 남성이 이제부터는 벌초 때문에 자손을 힘들게 하고 싶지 않아서 매장하지 말고 화장으로 바꿔서 일가의 납골당도 세우자고 제안했다. 그러나 일족 중에 반대가 있어 실현되지못했다. 그래서 사유지에 800만 원을 들여 자신들 만의 가족 납골당을 세웠다. 그의 아내가 2007년, 본인이 그 다음 해에 사망하여 둘다 화장되어 그 무덤에 묻혔다. 일족 사람들도 필요성을 인정하고

7000만 원을 들여 일족 납골당을 건립했다. 아직 그 납골당에는 한 구도 안치되어 있지 않다.

가족 납골당에 안치된 고인의 차남에게 인터뷰한 결과 부모의 유골을 언젠가 일족 납골당에 옮겨야한다고 생각한다. 하지만 자신의 사후에는 벌초의 부담 경감은 당연하겠지만 납골당에는 들어가고 싶지 않다고 말했다. 또한 평장도 원하지 않는다고 하는 것으로 보아 명확히 말하지 않았지만 자연장을 생각하고 있는 것이다.

다음은 대정읍에서 평장 가족묘지가 만들어진 경위를 소개하겠다. 화자는 50대 후반의 남성이다. 5년 전에 가족묘지를 건설했다. 큰집(종가)의 삼촌과 화자가 의논해서 "앞으로 아이들이 육지(본토)에 살게 되면 제주에는 내려오기 힘들 수 있다. 그렇게 되면 무덤이 지금처럼 여러 곳에 있으면 벌초하는데 매우 힘들 수 있다. 향후 무덤을 한 곳에 모으는 것까지 생각하면 화장 후에 평장하는 것이 좋을 것 같다"고 했다. 큰아버지가 돌아가시고 나서 그 차남이 비용을 대서 가족묘지를 만들어 평장했다. 현재 묻혀있는 것은 그 큰아버지 뿐이다.

평장은 화장 후에 유골을 작은 나무 상자에 넣어서 묻는다. 한 위당 30㎝×50㎝ 정도의 면적이다. 물론 주변 청소를 포함하여 벌초도 한다. 만두형의 무덤에 비하면 비교가 되지 않을 정도로 편하다고 한다.

이 두 사례에서도 알 수 있듯이 제주에서는 노인 자신이 앞으로 벌초 때문에 자손을 힘들게 하고 싶지 않아서 생전에 납골당에 안치하거나 평장하도록 의사를 표시해 두는 경우도 적지 않아 보인다. 제주시에 사는 40대 여성에 의하면 아버지는 일찍 돌아가시고 무덤에 묻혔다. 80대 후반의 어머니는 불교 신자이기 때문에 사찰 납골당에 안치할 것을 희망하고 있다고 한다.

고령자 자신이 가능한 자손에게 폐를 끼치지 않으려는 마음을 품고 있는 점은 화장의 수용에만 국한되는 것은 아닐 것이다. 나이가들어도 육체적으로 가능하면 자식에게 신세지지 않으면서 부모 자식이 각각 세대를 이루고 일해 왔던 전통적인 가족에서의 노인의 위치와도 일맥상통한다고 생각한다.

한편 필자의 인터뷰에 응해준 몇 분의 화자들은 화장의 장점으로 벌초의 부담 경감 이외에 경제성과 합리성을 들고 있다. 물론 공설납골당을 이용하는 경우는 그 점도 수긍할 수 있다. 그러나 가족과일족에 의한 납골당의 건축 및 평장용 토지를 구입하게 되면 나름대로 새로운 지출이 수반되며, 경제성과 합리성이라는 점에서 반드시이롭다고는 할 수 없다.

이와 관련해서는 향후 벌초의 번거로움 때문에 자손에게 폐를 끼치지 않으려고 하는 고령자의 마음과 가족과 일족이 무덤 앞에서 조상을 추모하고자 하는 후손의 마음, 이 둘의 균형을 잡는 것을 중시하고 있는 것으로 이해하려고 한다. 이를 위해서라면 얼마간의 지출은 들어도 상관없다는 것이다. 바로 이 점에서 화장의 보급에 공설납골당의 건설이 따라가지 못하는 대도시, 특히 수도권과 제주의 화장을 둘러싼 상황은 다르다. 제주에서는 공설 납골당에만 의존하는것이 아니다.

5. 장례 장소의 변화

벌초의 부담 경감이 사람들의 의식에 화장을 수용하게 하는 큰 요
인이 되고 있을 것이라는 점은 이론의 여지가 없을 것이다. 이 점을
인정하고 더 큰 의미에서는 사회 변화에 따른 의식의 변화이며 시대
적 요청이라는 설명에도 귀를 기울일 필요가 있을 것이다.

일단 본고에서는 '장묘 문화'나 '장례 문화'로 한정하더라도 사람
들의 의식의 변화는 현저하다. 여기에서 그것을 보여주는 좋은 예로
써 조문을 받고 발인하기까지의 장례 장소에 관한 변화를 살펴보기
로 하겠다.

이와 관련해서는 '의례 공간의 변화'로 이미 정희종이 지적한 바
있다. 정희종의 설명으로 제주의 농촌 상황을 알 수 있으므로 그것
을 감안하면서 도시 지역도 살펴보려 한다. 정희종은 다음과 같이
말하고 있다.

전통적으로 농촌 사회에서는 집에서 장례를 치르는 것이 일반적이
었다. 그러나 2000년대 들어 제주도의 농촌 사회에서도 집이 아니라
장례식장을 이용하는 문화가 확산되고 있다. 제주도 내 농촌 마을에
서도 규모가 큰 지역에서는 장례식장이 건설되어 있다. 장례식장이
없는 지역은 제주시와 서귀포시의 병원에서 장례를 치르고 있다. 또
한 대부분의 마을 공동묘지에도 장례를 치르는 데 편리한 시설 등이
구비되어있다. 공동묘지의 도입과 죽음에 대한 전통 사상의 약화는
장례를 치르는 사회관계에도 큰 영향을 주었다. 마을 공동묘지에 장
례를 치를 수 있는 시설이 갖춰지기 시작하자 주민도 집이 아니라 조
문을 받고 장례를 치르기 편리한 장례식장을 즐겨 사용하고 있다.

집에서 장례를 치르는 것보다 전문적인 시설을 이용하는 것은 '집'에 대한 인식의 변화를 보여주고 있는 것이다. 전통적으로 집은 세상에 태어나서 죽어가는 공간이며, 자신이 태어난 방인 안방에서 죽음을 맞이하는 것이 전통적인 사고방식이다. 집은 그 영령과 자손이 공존하는 공간이었다. 조령(祖靈)신앙의 전통이 있고 조상의 영령들이 집과 가족을 보호해 준다고 믿어왔다. 그러나 현대에서는 이러한 조령신앙이 급격히 약화되고 있다. … 40대에서 50대의 젊은 세대에서는 무속 신앙에 근거한 의례에 대해 부정적인 사고방식도 있고 부모 세대의 전통을 계승하지 않겠다는 인식도 있다(정희종, 2009 : 364-365).

이 설명에 약간 덧붙이자면 우선 '마을 공동묘지'는 화장 후의 묘지가 아니라 매장한 '무덤'이 겹겹이 늘어선 마을의 공동묘지라는 점이다. 다시 말해 화장하지 않더라도 장례 장소는 집에서 장례식장으로 바뀌고 있다는 것이다.

다음으로 '집에서 장례를 하는 것이 일반적이었다'는 사실에 대해서도 그 배경에 생사관과 민속종교가 얽혀 있었다는 것을 고려할 필요가 있다. 필자가 조사했던 1980년대 전반 무렵의 현지 조사에서는 세상에 나와서 삶을 얻었던 방인 안방에서 죽고, 조상으로서 그 방에서 자손들로부터 모셔지는 것이 이상적인 것으로 여겨지고 있었다. 동시에 장례는 죽은 장소에서 치러야만 했다. 따라서 병원에 입원중이라도 죽음이 임박하게 되면 집에 데리고 와서 안방에서 임종을 맞이하도록 했다. 그럼에도 불구하고 장례를 치르는 장소는 집에서 장례식장으로 변화하고 있다. 즉 생사관과 민속종교의 이상형이 변화한 것이다.

또한 이와 관련하여 장례식장이 없는 지역에서는 '제주시와 서귀포시의 병원에서 장례를 치르고 있다'는 사실에도 주목할 필요가 있다. 전국적인 흐름에 조금 뒤쳐져 있던 제주에서도 10년 전부터 대규모 병원에서 장례식장까지 경영하게 되면서 그곳에서 장례를 거행하는 것이다.

최근에는 과거와는 정반대로 임종이 가까워졌다고 생각하면 입원시키고 병원에서 최후를 맞이하도록 하는 것이 일반화되고 있다. 그곳에서 장례까지 치르게 하는 것도 장례식장을 선택하는데 유력한 조건이 되고 있다.

장례식장은 그 밖에도 농협이 경영하는 곳이나 장례에 특화한 전문적인 식장도 있다. 어떤 식장을 사용할 지는 사망자와 유족의 거주지라든지, 조문객의 수 등, 여러 가지 조건을 감안하여 결정하게 된다. 참고로 제주시의 전문 장례식장의 현황에 대해 언급하고자 한다.

필자는 2011년 3월에 제주도 역사문화진흥원에 근무하는 강경희 씨와 함께 G장례식장과 B장례식장을 찾았다. 둘 다 회사 조직이며 장례에 특화된 전문 식장이다. G장례식장은 그 전 해의 5월, B장례식장은 같은 해 7월에 각각 영업을 시작했으며 1년도 채 지나지 않았다.

두 업체 모두 조문을 받고 조문객에게 식사를 제공하고 발인 때까지 의례의 장을 제공하는 것을 업무로 하고 있다. G사 직원의 말을 그대로 인용하면 "저희는 식장을 빌려주고 식사만 제공한다. 다른 것은 하지 않는다. 시신을 씻거나 깨끗이 정돈하는 것은 업체가 따로 있다. 의례 진행도 다른 업체가 한다. 식장에서 하는 것이 편리하기 때문에 사람들이 이용하고 있다"고 했다.

G사가 단독으로 조사한 바에 따르면 제주에서는 "매월 150건 정도의 장례가 있다. 그 중 30건 정도는 우리가 맡고 있다"라고 했다. B사에서는 매월 20건 정도의 장례가 이루어지고 있다고 했기 때문에 두 곳에서 한 달에 60여건의 장례식이 진행되는 셈이다.[7]

이처럼 장례는 예전처럼 집에서는 거의 하지 않게 되었다. 화장률이 50%정도인데 비해 장례식장의 이용률은 거의 100%에 가깝다고 한다. 게다가 그 상황은 장례에만 국한되는 것이 아니라 결혼식장도 비슷하다고 한다. 장례도 결혼도 지금은 집에서 치르지 않게 되어 "집에서 하는 것은 제사뿐" 즉 조상 제사뿐이라고 이구동성으로 얘기하고 있다.

6. 맺음말

제주가 전국적으로 화장률이 낮은 편에 속하는 것은 제주 사람들도 대체로 인식하고 있다. 그러나 정확한 화장률까지 알고 있는 것은 아니다. 그것은 화장률 증가에 관해서도 마찬가지이다. 급격히 상승하고 있는 사실은 인식하고 있지만 어느 정도 성장했는지 정확한 수치까지는 모르는 사람들이 대부분이다.

다만 정확한 수치는 그렇다 치고 장제(葬制)와 묘제(墓制)를 둘러싼 여러 상황이 격변하고 있는 것은 실감하고 있다. 장례도 결혼도 전문 식장에서 치르게 되면서 "집에서 하고 있는 것은 제사뿐"이

---

7) 2012년 12월 조사에서는 G사가 B사를 인수하여 원래 B사의 시설만으로 운영하고 있었다.

라고 이구동성으로 이야기하는 사실에서도 알 수 있다.

나아가서 실은 그렇게 얘기하는 제사조차도 전통 방식과는 달라지고 있다. 성산읍 출신으로 제주 시내에 사는 40대 남성은 조상의 기일마다 고향에서 일가친척이 모여서 지내는 제사의 시작 시간을 지난해부터 오후 8시로 변경했다. 지금까지처럼 새벽(보통은 오전 0시경)부터 시작하면 자신의 출근과 아이들의 등교에 지장을 초래하기 때문에 직장이나 학교에 제대로 나가려면 어쩔 수 없다고 생각했다. 반대도 있었지만 강하게 주장해서 밀어붙였다. 그 남성에 의하면 지금은 대부분이 그렇게 변경하고 있고 자신들의 경우는 오히려 늦은 편이라고 했다.

필자의 중요한 인터뷰 대상자인 70대 부친은 맹렬히 반대했다고 한다. 그러나 '일'과 '교육'을 위해서라는 얘기를 듣고 마지못해 승낙하지 않을 수 없었던 모양이다. 부친은 필자에게 사회의 변화가 "너무 빨라요"라고 한숨 섞인 말투로 말했다.

제주의 화장 수용은 보는 사람에 따라서는 한숨이 나올 정도의 변화이다. 그러나 또 다른 시각에서 보면 사람들의 의식 변화에 따른 시대적 요구이기도 하다. 이제는 벌초의 부담을 경감해야한다는 의식의 변화가 화장 수용의 큰 요인이 되고 있는 것은 틀림없다. 또한 장례 장소의 변화를 보면 화장도 그러한 의식 변화의 일환으로 수용되고 있다고 이해해야 할 것이다. 장례 장소의 변화 및 기타 변화와 서로 관련되고 연동하면서 뒤늦게나마 따라가고 있는 양상을 띠고 있다.

'무덤'에 관해서는 다소 혼란도 있는 것 같다. 제주 사람들에게 지금까지 묘(무덤)는 무덤이 당연했다. 산담으로 둘러싸인 개인 무덤이든, 산담 없는 집단 묘지의 무덤이든, 묘는 무덤 이외의 것은 생각할 수 없었다.

그런 인식에서 보면 납골당은 어디까지나 당(堂)이며 결코 묘(무덤)일 수는 없다. 당은 가옥과 건물이지 묘는 아니라는 얘기다. 즉 시신을 매장하는 장소로서의 '무덤'이라는 개념에 포함되는 당과 묘가 아니라 서로 대치되는 민속 개념이다.

평장 무덤은 만두 형태로 되어 있지 않아도 묘로 간주되고 있다. 단 1명밖에 듣지 못했지만 벌초의 부담을 경감하기 위해 매장인 평장을 한 예도 있다. 그 '무덤'도 묘로 간주되고 있다.

민속 개념상 묘로 분류되든 그렇지 않든 화장 후 유골을 묻는 장소인 '무덤'은 유택 동산과 납골당과 평장묘 등 세 가지이다. 화장 후 무덤에 매장하는 일은 없다. 화장 후 무덤은 모두 집단 무덤 내지 집단 묘지로 되어 있지만 그 집단이 마을 단위인 예는 찾아보기 어렵다.

무덤을 설치하는 단위를 기준으로 하면 유택 동산은 공설 한 곳뿐이다. 납골당은 공설도 있고 가족 납골당도 있고 일족 납골당도 있다. 반면 평장 '무덤'은 공설이 아니라 가족 묘지와 일족 묘지 두 가지 뿐이다.

납골당이든 평장이든 가족과 일족의 '무덤'에 가미야 도모아키(神谷智昭)가 경기도 파주시의 사례에서 보고한 것과 같은 '이전 세대의 유골'이 담겨있는 사례(神谷, 2008 : 144)는 보이지 않는다. 앞으로의 세대를 위해 건설되고 있으며 기껏해야 최근 사망자의 시신이 한 구 또는 두 구가 들어 있는 정도이다. 물론 아직 한 구도 들어 있지 않은 것도 있다. 게다가 공설 납골당 일변도가 아닌 사실이 제주의 화장 후 '무덤'에 뚜렷하다는 점이다.

이상에서 매장과 화장이 각각 절반인 상황에 있는 제주의 장묘제도의 양상을 기술하였다. 화장의 수용도 또한 그에 따른 '무덤'의 변화도 시작 부분에 인용한 대로 바로 현재진행형의 사건이며, 지역의 연구자에게 물어 보더라도 "지금은 원칙 같은 것이 없는 상황이다"라는 설명 밖에 되돌아오지 않는다. 이 문제는 오늘날 연구를 필요로 하는 과제로서 지속적인 관찰이 필요하다고 생각한다.

부기

본 글은 『流大アジア研究』제10호(2012년)에 게재한 동명의 논문을 가필·수정한 것이다.

오키나와 전후문학과 제주 4·3문학의 연대*
마타요시 에이키의 「긴네무 집」과 현기영의 「순이삼촌」의 세계성

이명원(李明元)

경희대학교 후마니타스칼리지 교수

1. 소설과 기억투쟁

본고에서는 오키나와 작가인 마타요시 에이키(又吉榮喜)의 「긴네무 집(원제: ギンネム屋敷)[1]」(1980)[2]과 제주 작가인 현기영(玄基榮)의 「순이삼촌」(1978)[3]을 중심으로 오키나와 전후문학과 제주 4·3문학의 연대 가능성의 문제를 검토하고자 한다.

---

* 이 글은 제주대 재일제주인센터와 탐라문화원이 공동주최한 「제주오키나와의 문화교류와 평화」(2014. 9.19)에서 발표한 것을 수정·보완한 것이다.

1) 한국의 일문학계에서 이 작품을 논의할 때는 보통 「자귀나무 저택」으로 번역해 쓰이고 있다. 아마도 번역자는 오키나와적 성격을 강조하기 위해 '긴네무'라는 오키나와 원어를 쓴 듯하다. 다만 '屋敷'를 '집'으로 번역하기보다는 '저택'으로 번역하는 게 필자의 입장에서는 소설에서 묘사되는 공간적 묘사를 고려하면 더 타당하지 않았을까 하는 생각이 든다.

2) 본고에서의 인용은 『ギンネム屋敷』(集英社, 1981)를 저본으로 곽형덕이 번역한 「긴네무 집」, 『지구적 세계문학』 제3호(2014 봄, 글누림) 수록본으로 하기로 한다. 최근에 위 번역자가 『긴네무 집』(글누림, 2014)이란 제목으로 마타요시의 다른 두 작품과 함께 번역 출간한 바 있다.

3) 본고에서의 인용은 현기영, 『순이삼촌』 제2판(1980, 창작과비평사)을 대상으로 한다.

여기서 필자가 오키나와의 전후문학이라 말하고 있는 것은, 태평양전쟁 말기 오키나와 전쟁(1945)의 비극적인 체험의 결과 오키나와인들이 자각하게 된 전쟁의 상흔과 식민주의에 대한 주체적 극복과 진실을 추구하는 문학을 의미한다. 마찬가지 의미에서 제주 4·3문학은 해방직후 제주도에서 일어났던 4·3제주항쟁의 비극적 체험과 자각의 결과, 이데올로기적·무력적 폭력에 대한 제주인들의 주체적 극복과 진실을 추구하는 문학을 의미한다.

공교롭게도 오늘 논의하게 된 두 작품은 오키나와와 한국에서 비슷한 시기에 창작되었을 뿐만 아니라, 비통하게 경험했으나 명백하게 발화할 수 없었던 오키나와전쟁과 4·3제주민중항쟁을 섬사람(島民)의 관점에서 주체적으로 제기하고 있는 소설이다. 동시에 이 소설은 오키나와전쟁과 제주 4·3항쟁의 상흔 때문에 결국 자살에 이르게 되는 두 인물을 공히 보여주면서, 그 죽음을 둘러싼 미스터리를 해명하는 과정 속에서 두 역사적 사건의 진실에 대해 질문을 던지는 공통된 구도를 보여주고 있다.

표면적으로 보면, 이 두 소설에서의 갈등과 그 당사자들의 배치는 편차가 있다. 마타요시의 소설에서 주된 갈등을 빚는 당사자들은 우치난츄[4](오키나와인)와 소설 속에서 '조세나'[5]로 경멸적으로 지칭되고 있는 미 군속 소속의 한국인이다. 이렇게 보면 마타요시의 소설 속에서는 오키나와인, 한국인, 미국인(또는 2세) 등이 갈등의 3성

---

[4] 오키나와인들은 현재도 스스로를 '우치난츄'로 부르며, 일본 본도인들을 '야마톤츄'라 부른다. 이런 명명을 통해 우리는 오키나와 정체성의 독자성을 확인할 수 있다.

[5] 1945년 이전 오키나와인들은 조선인을 '조시나' 또는 '조세나'로 불렀다. 이런 명칭은 '조센징'이라는 일본 본도의 호칭과 유사하게 차별적 뉘앙스를 띤 것이었다.

분이다. 일본인은 사건의 표면적 갈등에서 은폐되어 있다. 반면, 현기영의 소설 속에서 갈등의 당사자는 제주인, 서북인, 서울사람으로 나타난다. 마타요시의 소설 속에서 오키나와인과 한국인은 조작된 '강간사건'을 중심으로 가파르게 갈등하고 있고, 현기영의 소설 속에서는 서북청년단으로 입도하여 친족관계로 얽혀 제주인과 공존하는 고모부와 제주 출신 조카가 미묘하게 갈등하고 있다.

마타요시 소설에서 오키나와를 식민통치하고 있는 미국인과의 갈등은 표면적으로는 약화되어 있다. 특히 오키나와전쟁에서 가해책임의 큰 몫을 짊어진 일본인은 서사의 배후로 밀려나 은폐되어 있다. 아마도 이것은 소설적 배경을 오키나와 전쟁으로부터 7년이 경과된 미군정기로 설정한 데서 나타난 소설적 배려일 것이다. 현기영의 소설에서도 4·3항쟁의 격화와 악화에 책임이 있는 미군정의 문제가 암시적으로 제기될 뿐 '전경화'되고 있지 않은 것은 그것을 불가능케 했던 1970년대 당시 한국의 정세에 기인하는 일일 것이다.

마타요시 에이키의 「긴네무 집」과 현기영의 「순이삼촌」을 통해서, 필자가 궁극적으로 상기하고자 하는 것은 '증언'의 문학화와 '기억투쟁'을 통한 소설의 진실탐구, 그것을 통해 가능해지는 '해방의 서사'가 갖는 비서구 문학 특유의 세계문학적 가치의 확인에 있다. 제국주의·식민주의와 궤적을 같이 했던 서구문학과는 달리 비서구문학은 식민주의·제국주의의 폭력에 저항하면서 스스로의 주체성을 구성해냈다. 오키나와의 전후문학과 제주의 4·3문학이 이를 어떻게 구현하고 있는지를 살펴보는 것은 이 점에서 중요하다.

2. 사건의 현장으로 소환되는 매개자

마타요시 에이키(이하 마타요시로 약칭)의 「긴네무 집」의 화자인 '나'는 미야기 토미오라는 중년의 우치난츄다. 그는 오키나와전쟁 중 미군의 폭격으로 외아들이 죽자 삶의 의미를 완전히 상실한 인물로 그려진다. 이 상흔 때문에 부인인 쓰루와 헤어지고 풍속업소에 나가는 20대의 하루코와 우라소에(浦添)6)에서 동거생활을 하고 있는데, 하루코와의 섹스에의 몰입만이 그의 고통을 해소하는 창구처럼 소설에서 묘사되고 있다. 그는 소설에 등장하는 다른 인물들처럼 전후 오키나와인들이 수입원으로 삼았던 불발탄이나 고철수집 등의 생계노동을 하지 않는 완전히 무기력한 인물로 그려지고 있다.

한편 현기영의 「순이삼촌」의 화자인 '나'는 유년시절에 겪은 4·3의 트라우마를 간직하고 있으면서도, 그것을 억압하거나 은폐한 채 이제는 서울에서 자못 성공한 직장생활을 하고 있는 중년의 남성이다. 제주의 사투리도 완전히 교정해서 서울사람들이 그의 고향을 의식할 수 없을 정도로 현실에 잘 적응한 것처럼 보이며, 아내 역시 서울 여자를 만나 평범한 중산층의 삶을 살아간다. 어떤 이유 때문인지는 몰라도 고향 제주에는 7년여 동안 내려오지 않아서 이제는 거의 절반은 육지사람이 된 듯한 인상을 풍기는 인물이지만, 조부의 제사 때문에 제주에 내려왔다가 '순이삼촌'의 죽음을 확인하게 되는 것으로 소설은 전개되고 있다.

---

6) 우라소에 시는 오키나와 본도 남서부에 있으며, 오키나와 최초의 역사시대를 열었다고 추정되는 영조(英祖) 왕이 건설한 성읍이다. 그가 건설한 우라소에 구수쿠(城)와 왕릉에서는 계유년에 고려도공이 제작한 고려기와가 다수 출토되어, 오키나와 역사형성 기원을 둘러싸고 한일 학계 간에 여러 논의가 지속되고 있다.

「긴네무 집」에서의 '나'는 오키나와 전쟁이 자신의 삶 전체를 내파시킨 충격을 일종의 책임 없는 동거생활로 회피하고 있는 인물인 반면, 「순이삼촌」의 '나'는 대도시 서울에서의 성실한 가장과 직장인으로 4·3항쟁의 상흔(傷痕)을 억제하고 있는 인물로 그려지고 있다. 사실 소설의 전반적인 스토리라인을 보자면, 이들은 이후 소설 속에서 가파르게 전개될 오키나와전쟁 과정에서의 오키나와인과 조선인, 서북인과 제주인의 가해/피해의 분열증적인 상흔을 얼마든지 억제하고, 비루하고 또 굴욕적이기는 하지만 별 변화 없이 이어질 일상적 삶을 살아갈 수도 있었을 사람들이었다.

그런데 어떤 우연적 계기가 그들로 하여금 오키나와전쟁과 4·3항쟁의 비극적 본질로 그들의 도덕감정을 몰입하게 만들었으며, 자살로 생을 확정한 '조세나'와 '순이삼촌'의 죽음을 묻게 하고 있다.

소설에서의 화자가 담당하는 역할은 의제가 되는 사건의 목격자 또는 매개자로서 사태를 객관화하는 역할을 하는 것인데, 따라서 사건의 입구로 나아가게 되는 것은 대체로 그 자신의 의지와 무관한 일종의 우연 또는 운명의 성격을 띠게 된다.

가령 「긴네무 집」에서의 미야기가 오키나와전쟁 당시 조선인군부와 현지동원된 방위대원으로 조우했던 기억을 되살리게 하는 계기를 만드는 것은 전후 오키나와에서 흔하게 볼 수 있었을 부유하는 민중표상인 유키치 때문이었다. 소설을 읽어보면, 유키치는 가령 한국의 손창섭 등의 전후소설에서 흔히 발견할 수 있는 뒤틀린 내면과 행동의 소유자이면서도, 기회만 오면 진창 같은 삶에서 탈출해 한몫 잡을 수 있으리라는 인생역전을 꿈꾸는 가련하면서도 비열하며 소외된 인물로 그려진다.

오키나와전쟁에서 자식을 잃고 손녀 요시코를 홀로 키우고 있는 할아버지도 등장한다. 요시코는 매춘부다. 오키나와전쟁의 상흔으로 정신지체를 앓지만 영혼이 순수한 인물이다. 이 소설에서의 미군 군속인 한국인 엔지니어를 미야기가 재회하게 되는 계기는, 이 조선인이 매춘부 요시코를 강간했다는 유키치의 음모 때문이다. 물론 요시코를 조선인 엔지니어가 강간했다는 주장은 이 소설을 끝까지 읽어보면 결국 허위로 드러난다.

거꾸로 요시코를 강간한 것은 유키치 자신이며, 그는 끈질기게 요시코의 할아버지에게 자신과 요시코의 결혼을 허락해 달라고 애청했지만, 할아버지가 이를 거절하자 강간의 형태로 요시코를 소유하고자 한 것이라는 사건의 비밀이 고백된다. 그렇다곤 하지만, 요시코가 긴네무 집에서 조선인과 만났던 것은 사실이기에, 그는 그 혐의를 조선인에게 덮어씌워 미야기, 할아버지, 그 자신이 거액의 배상금을 받아낼 수 있다는 주장을 피력했던 것이다. 이런 이유 때문에 전후의 상흔 속에서 허우적거리던 30대 중반의 미야기가 조선인 엔지니어를 만나게 되고, 그 참혹했던 오키나와전쟁의 상흔과 조우하게 만들었던 것이다.

「순이삼촌」에서의 '나'가 일종의 매개자 역할을 하게 된 것은 '순이삼촌'과의 관계 때문이다. 4·3항쟁 당시 토벌군에 의한 민간인 학살에서 기적적으로 살아남은 순이삼촌은 죽음의 기억이 자욱한 제주를 떠나고 싶어 한다. 이런저런 사정으로 순이삼촌이 서울에 있는 자신의 집에 거주하게 되면서, 섬에서의 악몽을 억제하고 육지, 그것도 대도시 서울에서의 중산층적 일상에 평온하게 적응하려던 '나'의 일상은 요동치기 시작한다. 순이삼촌과 조우하게 되면서 그는 일종의 제주인의 정체성을 지우려던 자신의 오랜 노력이 '위기'에 빠지는 것을 직감한다.

그 위기의 가장 명백한 징후는 주체의 아이덴티티를 구성하는 '제주방언'에 대한 아내의 몰이해에서 시작된다. "벌써 쌀이 떨어졌어요?"라는 평범한 아내의 표준어 어조를 마치 자신이 쌀독을 다 들어냈다는 식의 타매(唾罵)로 이해한 순이삼촌은 실의에 빠져 안절부절못하게 된다. 이러한 상황은 제주 출신이면서도 서울생활에 안착했다고 생각되는 '나'와 '아내' 사이의 내밀한 긴장의 벼랑을 넓히면서, 결국 '나'로 하여금 그 자신의 본래적 정체성의 기원인 제주로 귀향하게 만들고, 그곳에서 수십 년간 누구도 명백하게 언급하기를 꺼렸던 4·3항쟁의 진실에 대해 '발성'하게 만드는 것이다.

「순이삼촌」을 더 읽다보면, 4·3을 둘러싼 토벌대/양민, 육지 것들/섬사람, 억압/저항의 대주제는 서북청년단 출신인 고모부와 사촌인 길수형의 제삿날의 우발적이면서도 격한 논란을 통해 '전경화'되는 것이다.

「긴네무 집」에서의 미야기가 그렇듯 「순이삼촌」에서의 '나' 역시 이 협잡과 갈등의 중심인물은 아니다. 어떤 차원에서 보자면 미야기와 '나'는 갈등의 중심으로부터 한 발 떨어져 이 상황 전체를 관조하는 인물이면서도, 그것이 초래한 도덕감정의 하중을 그것대로 짊어지면서 내밀하게 회의하는 인물로 그려진다. 그러나 이 회의와 반추의 과정은 그 자신이 억압하거나 망각하고자 했던 사건의 기원으로 '회귀'하는 과정이기도 하고, 따라서 이 두 소설의 목표영역이라 할 수 있는 오키나와전쟁과 4·3항쟁의 본질을 종합하는 과정이기도 하다.

역시 「긴네무 집」과 「순이삼촌」의 백미는 이 무기력하고 때로는 진실에의 직시를 회피하고자 했던 관찰자들이 사태의 중심으로 자신의 의식의 촉수를 옮기고, 그러한 과정 속에서 망각하고자 했던 기억에 해석과 판단을 제기하는 부분에서 오는 것이라 할 수 있다. 이런 사명을 짊어진 두 인물이 소설의 도입부에서, 무기력한 제스처로 상흔 이후의 일상성을 잘 살아내는 것처럼 의지적으로 행동하는 것은 이 서사의 종결부를 미리 읽은 사람이라면, 오히려 극적 전환을 암시하는 서사적 트릭이라는 것을 인정하게 된다.

3. 은폐된 가해와 폭력의 구조

그렇다면, 「긴네무 집」과 「순이삼촌」에서 서사적 갈등을 초래하는 인물들의 행태를 우리는 어떻게 판단해야 하는가. 가령 「긴네무 집」에서 요시코가 조선인에게 강간당했으니 그로부터 거액의 배상금을 뜯어내야 한다며 할아버지와 미야기를 시종일관 충돌질 하는 유키치를 우리는 어떻게 볼 것인가. 4·3항쟁 당시 서북청년단으로 입도한 후 제주인들을 '폭도'로 간주해 무차별 학살을 자행한 '고모부'를 우리는 어떻게 볼 것인가.

소설을 표면적으로 읽을 경우, 그것은 가해책임의 부인에서 인정 및 고백으로 이행하는 구조를 띠고 있다. 가령 「긴네무 집」에서 유키치는 요시코를 강간한 것은 한국인 엔지니어이며, 따라서 할아버지와 미야기가 이 사실을 조선인에게 밝힌 후 배상금을 받아내는 것은 오키나와인으로서는 당연한 일이라고 강변한다. 한국인이 설사 창

녀라고 해도 오키나와 여성을 강간한 것은 동족인 오키나와인으로
서 치욕에 해당하는 것이며, 더구나 한국인이 오키나와를 점령하고
있는 미군 군속이라는 점에서 그것은 더 치욕스러운 사태에 해당된
다고 역설하는 것이 유키치의 논법이다.

물론 할아버지와 미야기는 유키치의 진실을 전적으로 신뢰하고
있는 것이 아니다. 평소 유키치가 요시코에게 마음을 두고 있다는
사실을 짐작하고 있기도 하거니와, 유키치란 인물 자체가 오키나와
의 전통무예인 공수도(空手道) 유단자이면서도, 강간사태를 목격하
고 가만히 있었다는 점을 납득할 수 없기 때문이다. 그러면서도 미
야기와 미군 군속인 조선인에게서 배상금을 빼내는 일이 불가피하
다고 스스로를 설득한다. 그것은 전후 오키나와의 빈곤에서 헤어날
길이 없는 자신들의 삶의 탈출구가 거기에 있고, 더불어 오키나와전
쟁기부터 조선인들과 오키나와인 사이에 맺혀 있는 애증의 관계가
상기되고 있기 때문이다.

일제말기 오키나와전쟁에 다수의 강제연행된 조선인이 존재했었
다는 점은 잘 알려져 있다. 특히 소설에서 미군 군속으로 등장하는
한국인이 과거 오키나와전쟁 당시 조선인 군부(軍夫)였다는 설정에
서 알 수 있듯, 한반도에서 강제연행된 조선인 군부와 위안부들은
오키나와인들과 마찬가지로 참혹한 고통과 희생의 운명에 처해졌
다.7) 그런데 일본제국의 신민(臣民)으로 강제연행되어 종군했던 조
선인이나 현지에서 동원되었던 오키나와인 사이의 관계는 매우 미
묘한 상황이었다는 점이 이 소설에서 상기된다.

---

7) 이명원, 「오키나와의 조선인」, 『녹색평론』, 2014, 3-4월호 참조.

조선에서 강제연행되어 특별수상근무대 요원으로 종군했던 조선인들은 군부(軍夫)로 불렸다. 군부는 군속의 최말단으로 오키나와 현지에서 주로 기지건설과 군수품의 하역, 해상특공정인 마르레(マルレ)의 은폐를 위한 진지구축 작업 등에 동원되었고, 때때로 오키나와 현지인들로부터 식량을 공출하는 역할을 맡았다.8)

오키나와인들 역시 현지에서 일본군이나 방위대원으로 동원되었기에 남서제도 방위를 위해 1944년에 편성된 32군의 지휘 아래 오키나와전쟁에 참가했다. 하지만 대일본제국의 국민(國民)이라는 일본인, 오키나와인, 조선인 사이의 관계는 매우 미묘한 것이었다. 그것은 일찍이 일본의 한 현으로 편입되었지만, 오키나와전쟁기의 오키나와인들은 '잠재적 스파이' 혐의로 학살당하거나 군의 명령에 의한 대규모 집단강제사(집단자결)에 처해지기도 했던 사실에서도 잘 알 수 있다.9)

일제말기에 일본정부는 오키나와 현에 관하여 우치나구치(오키나와어)의 사용금지와 창씨개명, 총력전으로서의 오키나와전쟁에 전면적으로 협력할 것을 강제했지만, 그렇다고 해서 오키나와인들이 명백한 대일본제국의 믿을 수 있는 국민(國民)으로 간주되었던 것은 아니다. 오키나와인들은 일본과는 다른 고유한 역사와 언어와 문화를 소유하고 있었는데, 이 사실이 전쟁이라는 극한적인 상황 속에서는 일본에 대한 배신으로 나타날 것이라 일본군은 우려했다. 오

---

8) 오키나와전쟁 당시 조선인 군부의 전쟁체험은 金元榮, 『朝鮮人軍夫の沖繩日記』(三一書房, 1992) 참조.

9) 오키나와전쟁에서의 스파이학살과 집단자결에 대한 증언은 많다. 그 가운데 게라마제도에서의 집단자결을 다룬 증언집 森住卓, 『沖繩戰集団自決お生きる』(高文硏, 2009)의 증언은 생생하다.

키나와 현지에서 오키나와인들은 '2등 국민' 취급을 받았다. 그들 자신이 일본의 천황제 파시즘 체제 아래서 강력한 황민화정책에 의해 동화되었지만, 전쟁이 극한적인 방향으로 갈수록 일본군은 오키나와인들을 비국민(非國民)=스파이 혐의로 간주해 학살하는 일도 자주 있었으며, 방공호에서 그들을 내쫓아 미군의 폭격에 사망하게 만들었고, 미군이 점령하게 되면 "남자는 탱크로 밀어죽이고 여성은 강간한 후 불태워 죽일 것이다"라는 루머를 체계적으로 유포해 '집단강제사'의 비극으로 내몰았다.

이것은 강제연행된 조선인 군부와 위안부에 대해서도 마찬가지였다. 오키나와에서 오키나와와인이 '2등국민'이었다면, 조선인은 '3등국민'이었다. 그러나 군부로 종군했다는 사실은 현지의 오키나와인들과의 관계에서, 이 2등국민과 3등국민이라는 관계의 역전을 일시적으로 허용하기도 했는데, 그것은 조선인 군속과 오키나와 민중 사이에 미묘한 민족적 적대감정을 야기하기도 했으며, 일본군은 이것을 때로는 화해시키고 때로는 갈등을 고조시키는 정책을 취했다. 그러나 전쟁말기에 다수의 조선인들이 '스파이 혐의'로 일본군에 학살당한 것은 오키나와인들과 동일한 운명이었다고 볼 수 있다.

「긴네무 집」에서 시종일관 오키나와인과 한국인 군속 사이에 긴장감이 초래되고 있는 이유는 오키나와전쟁 당시 조선인 군부 학살 사건을 소설의 등장인물들인 오키나와인이 기억하고 있으며, 그 죽음에 자신들이 연루되어 있다는 사실에 죄의식을 느끼고 있기 때문이다. 아래의 인용문을 살펴보기로 하자.

전쟁 때 보던 광경은 여전히 생생하다. 중년의 조선인은 울고 아우

성치며, 두 손 두 발을 뒤에서부터 잡고 있는 오키나와인의 손을 풀려고 날뛰었다. 조선인의 마르고 벌거벗은 가슴을 총검으로 천천히 문지르던 일본 병사가 갑자기 엷은 웃음을 거두더니, 스파이라고 하며 이를 갈았다. 그 직후에 조선인의 가슴팍 깊숙이 총검을 꽂고, 심장을 도려냈다. 나는 눈을 굳게 감았지만, 그 기계가 삐걱대는 듯한 조선인의 목소리는 지금도 귓가 깊숙이에서 되살아난다.[10]

일본군에 의해 자행된 스파이 혐의 학살에서, 이 소설의 문제적 인물인 한국인 엔지니어는 살아남는다. 그를 살린 것은 이 소설의 화자인 미야기로 제시되고 있으며, 위의 인용문은 그의 회상장면이다. 그러나 한국인 엔지니어가 살아남았다고 해도, 이전에 오키나와인이 일본군에 협력에 다수의 조선인 군부를 죽였다는 사실은 변하지 않는다. 여러 종류의 오키나와전쟁 당시의 기록을 읽어보면 오키나와 주민들의 믿을 수 없는 제보, 즉 조선인 군부가 오키나와 여성을 강간했다는 등의 이유로 학살당한 기록 등도 나타나고 있다. 그역의 경우도 성립한다. 투항을 권고하러 온 오키나와 여성을 일본군이 체포하고 스파이 혐의로 처단하는 일, 또는 스파이 혐의 오키나와인을 천황에 대한 충성심의 시험대로 삼아 오키나와 출신 군인에게 맡기는 등의 비인간적인 행위들이 오키나와전쟁에서 자행되곤 했던 것이다.

문제는 전후 오키나와라고 하는 공간에서 과거 조선인 군부로 강제연행되어 고된 노동과 죽음 직전까지 갔던 사내가 이제는 점령군 미군의 군속으로 다시 오키나와인들 앞에 나타났다는 사실이다. 미

---

10) 마타요시 에이키, 「긴네무 집」, 위의 책, P.413.

군의 폭력에 대한 분노 및 공포는 물론, 오키나와전쟁 당시 조선인 군부에 대한 오키나와인들의 죄의식이 분열증적으로 결합되면서, 소설 속에서는 시종 그 한국인 엔지니어가 권총으로 자신을 죽이면 어떻게 하느냐는 근거 없는 불안이 지속적인 배음으로 강조되고 있다.

이렇게 보면, 이 소설에서 가장 명백한 가해자는 사실상 '은폐'되어 있다고 볼 수 있다. 당연히 오키나와인들과 조선인들의 학살이나 집단강제사의 실행자는 천황제 파시즘을 무력적으로 수행했던 일본군이다. 그런데 소설 속에는 전쟁당시 '우군'이었으면서도 조선인과 오키나와인을 학살했던 일본군의 정체는 흐릿한 채 다만 이면으로 은폐되어 있고, 전후 오키나와 식민지배의 명백한 가해자에 해당되는 미군 역시 집중적인 묘사의 표적이 되고 있지는 않다. 아마도 이것은 이 소설이 발표되었던 시대적 한계 탓이라고 생각한다.

「순이삼촌」의 경우 가해자의 역할을 떠안으면서, 자신의 행위를 때로는 강변하고 결국은 정당화해 제주인들의 분노를 사게 되는 역할을 담당하는 것은 서북청년단 출신의 고모부다. 서북청년단원으로 입도해 토벌대가 되어 제주도의 양민들을 무차별 학살했던 주체인 고모부는 4·3항쟁 당시 제주의 현지여성과 결혼해 현재는 토착화되어 있는 상황이다. 그런데 집안의 제사를 계기로, 화자인 '나'와 4·3항쟁의 역사적 진실을 역설하는 길수형과 모인 자리에서 고모부는 감정이 격해져 4·3당시 자신의 행위를 정당화한다.

> 도민들이 아직도 서청을 안 좋게 생각하고 있디만, 조캐네들 생각해보라마. 서청이 와 부모형제 니북에 두고 월남해왔갔서? 하도 빨갱이 등쌀에 못이겨서 삼팔선을 넘은 거이야. 우린 빨갱이라믄 무조건

이를 갈았디. 서청의 존재이유는 앳새 반공이 아니갔어. 우리네 무데
기로 엘에스티(LST) 타고 입도한 건 남로당 천지인 이 섬에 반공전선
을 구축하재는 목적이었디. 우리네 현지에서 입대해설라무니 순경도
되고 군인도 되었디. 기란디 말이야, 우리가 입대해 보니까 경찰이나
군대나 다 엉망이드랬어. 군기도 문란하고 남로당 빨갱이들이 득실거
리고 말이야.[11]

「순이삼촌」에서 4·3항쟁의 진실규명이 어려운 것은 소설 내적으
로는 가해/피해의 경험자들이 제주라는 공간에서 긴장되게 공존하
고 있다는 점에서 오며, 그런 까닭에 이 일상적 안정을 동요시키는
4·3항쟁의 상흔은 어지간하면 상기되지 않는다.

소설 바깥으로 나가 당시의 시대상을 유추해보면, 반공이데올로
기에 입각해 철권통치를 휘둘렀던 당시의 독재적 상황 아래에서 빨
갱이 또는 폭도화해서 죽음에 이른 제주인들의 상흔을 상기한다는
것은 매우 위험한 일에 해당하는 것이었을 것이다.

그렇기 때문에 이 소설에서는 4·3항쟁 과정에서의 희생의 폭력성
과 부조리성을 '전경화'하는 방식을 취하기 위해 순정한 양민들이
'비무장 폭도'로 몰려 학살당한 일을 상기하면서, 토벌대의 잔학성이
강조되고 외상후 스트레스에 기인한 순이삼촌의 죽음이 이데올로기
적인 장막을 걷어내고 친족으로써 정서적으로 애도되는 식으로 서
사가 전개되고 있다.[12]

---

11) 현기영, 「순이삼촌」, 위의 책, p.67.
12) 물론 현기영의 「순이삼촌」은 당대적 시점에서 금기를 뛰어넘는 표현의 최대치를 보여
　　주며, 이 소설을 구성하는 서사와 방언의 대립구조가 일종의 알레고리 장치로 4·3항쟁
　　을 둘러싼 힘의 역학을 잘 보여주고 있다는 관점에서의 분석도 진행한 바 있다. 이명원,
　　「4·3과 제주방언의 의미작용」, 『연옥에서 고고학자처럼』, 새움, 2005.

그러나 역시 생각해 보면, 이 소설에서 가해자의 고백과 속죄의 몫을 짊어지고 있는 고모부 역시 그것의 실행자이기는 하되, 은폐된 가해와 폭력의 중핵적 기획자 내지는 주동자라고 볼 수는 없다. 4·3항쟁이 놓여 있는 세계사적 폭력과 비극의 의미를 정교하게 해명하기 위해서는 오키나와전쟁과 타이완에서의 2.28사건, 그리고 제주4·3항쟁으로 이어지는 일련의 비극적 사태를 아시아 태평양에서의 미국 헤게모니의 구축이라는 관점에서 파악하는 거시적 시야가 필요할 것이지만, 4·3항쟁의 초기적 진실을 촉구하는 소설에서 이러한 작업은 사실상 불가능했다고 보는 것이 타당하다.

4. 상흔(trauma)을 넘어서기: 고백과 증언

마타요시 에이키의 「긴네무 집」과 현기영의 「순이삼촌」에서, 오키나와전쟁과 4·3항쟁의 비극을 체험한 한국인 엔지니어와 순이삼촌은 공히 자살로 생을 마치고 있다. 자살이라는 극단적인 삶의 선택을 할 정도로 전시폭력의 기억은 끈질긴 상흔을 남기고 있고, 이들의 자살은 살아남은 자에게 죄의식의 형태로 각인되어 '진실추구'로 나아가게 만드는 역할을 하고 있다.

필자는 이들을 '지연된 희생자'로 규정하고 싶다. 「순이삼촌」의 서술에서도 나오는 것처럼, 순이삼촌은 시체가 나뒹굴던 4·3 당시의 옴팡밭에서 이미 정신적으로는 죽었다고 보는 것이 옳을 듯하다. 이것은 「긴네무 집」의 한국인 엔지니어의 경우도 마찬가지다. 동료 군부가 학살당하던 장소에서, 또 그가 사랑했으나 위안부로 오키나와에 강제연행되어 실성하고, 전후 미군 상대의 매음녀로 전락한 동향의 여동생의 실성 앞에서 그는 이미 죽어 있었던 것이다.

「긴네무 집」에서 요시코를 강간했다는 혐의가 유키치의 음모였음은 앞에서도 밝힌 바 있다. 그런데 기묘한 것은 화자인 미야기가 요시코 강간사건을 추궁하는 장면에서 이 한국인 엔지니어가 순순히 그것을 인정하고, 막대한 물적 보상을 치룬 후 자살을 선택한다는 사실이다. 그렇다면 원인은 아마도 다른 데 있을 텐데, 역시 오키나와전쟁의 상흔이 한국인 엔지니어에게는 중요한 것이었다.

제가 이렇게 태평스럽게 살아남은 것은 샤리를 보았기 때문입니다. 일본군에게 끌려와 요미탄(讀谷)에서 오기나와인이니 대만인과 함께 비행장건설 강제노동을 하고 있던 때였습니다. 저는 직사광선과 눈으로 파고드는 땀 때문에 눈이 부셨지만, 수십 미터 앞에 멈춘 군용트럭에서 대장과 동행해서 내린 여자가 샤리라는 것을 바로 알아챘습니다. 저는 곡괭이를 버리고, 달리기 시작했습니다. 바로 옆에 있던 일본병사에게 붙잡혀서, 달려든 담당 반장에게 호되게 두들겨 맞고, 발로 차이고, 쭈그리고 앉은 채로, 원래 서 있던 곳으로 질질 끌려갔습니다.(…)

종군 간호부라면 모두 위안부가 아닙니까. 그렇지요? 오키나와 여자도 마찬가지입니다. 당신의 여동생은 징용되지 않았나요? 여동생이 있습니까? 그렇습니까? 그렇지만 말입니다. 오키나와인들은 전쟁이 없는 곳으로 소개(疏開)하고, 조선인은 격전지에 가야 한다니, 어딘가 이상하다고 생각하지 않습니까? 아니, 이건 그쪽 책임은 아니지요. 기분 상하시지 않기 바랍니다. … 한때는 여러분들이 옥쇄(玉碎)하지 않은 것이 분했습니다. 삼십만 명이나 살아남은 것은 비겁하다. 한 사람도 남김없이 전부 스파이라서 그랬다고 생각합니다. 그렇지만 저는 오키나와인을 원망하지 않습니다. 미군도 원망하지 않습니다.
우리를 끌고 간 인간을 원망합니다.[13]

샤리는 일본군 위안부로 오키나와로 강제연행된 조선인 여성이
다. 조선 식으로 부르면 '소리'일 것이다. 기록이 차별적어서 명백한
숫자는 밝혀지지 않고 있지만, 대략 1000여 명 내외의 조선 여성이
오키나와에 일본군 위안부로 강제연행되었음이 밝혀졌다. 종전 이
후 한반도로 귀환한 여성도 많았지만, 소설 속의 샤리나 실제로 오
키나와에서 삶을 마쳤던 배봉기 할머니처럼, 전후 오키나와에 건설
된 미군 기지촌 주변에서 매춘부로 전전하다가 고독 속에서 죽어간
여성들도 상당수 있었다.[14]

이 소설에서 한국인 엔지니어는 전쟁 당시 일본군 위안부로 전락
한 샤리를 목격한 이후 충격에 빠진다. 조선에서 연모의 정을 품고
있던 여성이 일본군의 성노예로 전락한 모습을 보는 것은 자신이 군
부로 연행되어 극한적인 노역에 시달리고 있는 것보다 더한 고통이
자 충격으로 경험되었을 것이다.

어떤 이유 때문인지는 몰라도, 이 한국인 군부는 전후 오키나와에
남아 미군 군속으로 일하게 되었고, 전쟁 중에 조우했으나 이후 소
식이 끊긴 샤리를 찾아 헤맨다. 그러던 그가 기지촌의 한 업소에서
샤리를 발견해 그녀가 떠안고 있던 빚을 갚고 자신이 거주하고 있는

---

13) 마타요시 에이키, 위의 책, p. 421.
14) 가와다 후미코(川田文子), 오근영 역, 『빨간기와집』, 꿈교출판사, 2014 ; 朴壽南, 『アリ
    ランのウタ』, 靑木書店, 1991 등의 여러 증언집에 오키나와의 조선인 위안부의 전쟁체험
    과 그 이후의 인생역정이 잘 그려져 있다.

긴네무 집으로 데려오지만, 몸과 영혼이 소모되어 착란상태인 샤리는 그의 얼굴을 전혀 기억하지 못하고 발작한다.

긴네무 집을 탈출하려는 샤리를 붙들고 절규하던 이 한국인 엔지니어는 발작적으로 샤리의 목을 조르기 시작하다가 급기야 그녀를 죽이게 되며, 긴네무 나무가 일렁거리는, 일본군의 사체 두 구가 매장되어 있다는 우물 근처에 그녀를 매장한다.

오키나와 출신 매음부인 요시코를 어떤 이유로 그가 자신의 긴네무 집으로 불렀는가는 알 수 없다. 그게 단순하게 성욕을 해소하려하는 이유가 아니었다는 것은 요시코를 보고 샤리라며 착란 속에서 애원했던 그의 행동에서도 잘 드러난다. 그러나 요시코는 이 한국인 엔지니어의 한국어를 알아들을 수 없었고, 더구나 그녀는 샤리도 아니었기에 한국인 엔지니어는 비통하게 체념하면서 정원의 요시코를 그냥 둔 채 거실로 들어갔던 것이다. 이 모든 장면을 목격하고 있었던 유키치가 요시코를 강간하고, 알리바이를 들어 이것은 한국인 엔지니어의 소행이라며 보상금을 뜯어내는 것이 소설의 스토리라인이다.

이 소설 속에서는 시종일관 한국인 엔지니어와 오키나와 원주민 사이의 애증이 서술되고 있다. 유키치는 오키나와전쟁 당시 일본국민인 오키나와인과 식민지인인 조선인이 동일한 강제노역에 시달리는 것은 타당하지 않다고 말한다. 더구나 그랬던 조선인이 이제는 오키나와를 점령한 미군 군속이 되어 오키나와인 위에 군림하는 듯한 거드름을 피우는 것은 더더욱 용납할 수 없고, 요시코와 같은 오키나와 여자를 농락하는 것은 동족인 오키나와인 입장에서 분노해야 한다고 주장한다.

미야기는 앞에서 말한 것처럼 전쟁기의 조선인 학살문제를 상기하면서 깊은 전율과 죄의식에 빠지는 한편, 한국인 살해에 가담한 오키나와인들에 대해 저 조선인 엔지니어가 흡사 원한을 품고 있는 것은 아닐까 하는 의혹에 휩싸인다. 그러면서도 그 장소에서 조선인 엔지니어를 구한 것은 바로 자기 자신인데, 혹시 그가 내 얼굴을 기억하고 있는 것은 아닐까 라는 생각에 잠기기도 한다.

소설 속의 한국인 엔지니어가 자살을 감행한 것은 표면적으로 그가 사랑했던 샤리를 발작적으로 죽인 것에 대한 '자기응징'의 성격을 띠고 있다. 이것은 자살의 이유로서 충분한 설명이 된다. 그러나 그 죽음 속에는 더 중층적이고 누적적인 역사의 비극이 숨어 있다. 위의 인용문에서 말한 것처럼 "저는 오키나와인을 원망하지 않습니다. 미군도 원망하지 않습니다. 우리를 끌고 간 인간을 원망합니다." 라는 발언의 진실성을 믿게 되면, 그를 죽음에 이르게 만든 것은 샤리도, 요시코도, 그 자신도 아니며, 오키나와에서 전혀 예기치 않은 상흔에 직면하게 밀어 넣은 일본의 식민주의와 제국주의라는 것이 된다.

이것은 이 소설 속에서 마타요시가 노골화하지는 않았지만, 지속적으로 암시하고자 했던 오키나와전쟁의 책임 문제를 둘러싼 추궁이다. 이 소설 속에서는 일본군에 의한 오키나와인들의 '스파이혐의 학살'이나 '집단강제사' 등의 비극이 전경화 되고 있지 않지만, 우군인 일본군에 의해 우리도 죽었다는 진술이 지나가듯 제시되고 있다. 또 조선인 엔지니어의 말을 빌어 '유령의 집'으로 전락한 긴네무 집의 내력도 다음과 같이 암시되고 있다.

"이 집에 유령이 나온다는 소문이 있죠? 괜찮습니다. 아마도 조선
인 앞에서는 둔갑하지 않는 것 같습니다. 이 마루 아래에 묻었다는
것 같아요. 두 명의 일본군은 … 여기서 주무시고 가시지 않으실래요?
나올지도 모릅니다 … 오키나와 사람 손에 괭이랑 낫으로 갈기갈기
찢겨졌다고 하니까요."15)

"오키나와 사람 손에 (…) 갈기갈기 찢겨" 죽은 일본군에 대한 암
시를 통해서, 이 소설 속의 엔지니어는 오키나와전쟁기에 조선인과
오키나와인이 나눠 가진 상흔이 동류의 것임을 환기하고 있다. 그런
점에서 보면 일본군 위안부로 끌려온 조선여성 샤리나 전쟁과정에
서 실성해 미군 상대 매음부로 전락해 있는 요시코의 상처 역시 동
일한 것은 아니지만, 동류의 것이라 할 수 있다. 이런 고백을 통해서
「긴네무 집」에서의 오키나와인과 조선인은 간신히 오키나와전쟁기
에 뒤얽힌 애증의 칸막이를 걷어내지만, 그것이 화해로운 결말로 이
어지는 것은 아니고 조선인의 죽음이라는 비극으로 종결되는 것이
다. 진실고백의 과정은 자기해방의 출발점이기도 하지만, 개인적으
로 고백한다 한들 구조적 모순이 해소되지 않는다면, 그것은 전쟁
트라우마가 다만 잠복했을 뿐이라는 것을 의미하는 것이다.

이에 비하자면 「순이삼촌」에서의 '순이삼촌'의 죽음은 더욱 비극
적이다. 양민학살의 트라우마를 고스란히 가슴 속에 담아온 삼촌은
제주에서도 또 도피처인 서울에서도, 제 안의 절망을 해소할 수 있
는 계기를 찾지 못한다. 가해/피해를 짊어진 친족공동체 안에서도,
4·3의 진실은 꺼내서는 안 되는 무거운 금기로 남아 있었으니, 그녀

---

15) 마타요시 에이키, 위의 책, p. 417.

에게 나날의 일상은 끝없는 4·3의 고통스런 반복이었을 것이다. 이 반복강박을 승화하거나 치유할 수 없었기에 순이삼촌은 미스터리한 죽음의 형식으로 자신의 생을 마감한다.

이 죽음을 계기로 4·3의 진실을 고백하고 성찰하는 임무를 담당하는 것은 용길형과 같은 후세대들이다. 이들은 어둠 속의 금기를 해 아래 꺼내놓고, 가해/피해를 넘어선 4·3의 객관적 진실을 밝히는 작업으로 나아간다.

> "고모부님. 고모분 당시 삼십만 도민 중에 진짜 빨갱이가 얼마 된다고 생각햄수꽈?"
>
> "그것사 만명쯤 되는 비무장 공비 빼부리면 얼마 되어? 무장공비 한 3백명쯤 될까?"
>
> 이 말에 나도 모르게 발끈 성미가 났다.
>
> "도대체 비무장 공비란 것이 뭐우꽈?" 무장도 안한 사람을 공비라고 할 수 이서마씸? 그 사람들은 중산간 부락 소각으로 갈 곳 잃어 한라산 및 여기저기 동굴에 숨어살던 피난민 이우다."
>
> 나의 반박하는 말에 고모부는 의외라는 듯 흠칫 나를 바라보았다.
>
> "그건 서울 조캐 말이 맞아. 나도 내 눈으로 직접 봤쥬. 목장지대서 작전중인디 아기 울음소리가 들리길래 덤불속을 헤쳐 수색해보난 동굴이 나왔는디 그 속에 비무장 공비 스무 남은 명이 들어 있지 않애여."
>
> "비무장 공비가 아니라 피란민이라 마씸."
>
> 나는 다시 한번 단호하게 고모부의 말을 수정했다.
>
> "맞아. 내가 자꾸 말을 실수해. 그땐 산에 올라간 사람은 무조건 폭도로 보았으니까…" 16)

---

16) 현기영, 위의 책, pp.70-71.

"공비가 아니라 피난민이라 마씀"이라는 진술의 반복은 4·3항쟁 과정에서의 폭력과 학살을 이데올로기적으로 봉쇄하는 냉전적 담론에 대항하는 비타협적인 진실추구의 태도를 보여준다. 물론 이 소설이 발표되던 당시의 상황에서 4·3을 둘러싼 거시적이고 체계적인 분석과 해명이 제출될 수는 없었다. 거꾸로 이러한 소설적 진술을 통해 그것의 불가피성과 필연성은 적극적으로 환기되고 있는데, 이것이 상흔을 극복하려는 증언과 고백의 서사가 갖고 있는 힘이다.

5. 제주 4·3문학과 오키나와 전후문학의 연대

오키나와와 제주가 본토와 섬 사이의 '구조적 차별'을 공히 체험하고, 2차대전을 전후한 시기에 공히 전쟁과 내전적 상황에 준하는 국가폭력에 노출되었고, 전후에는 냉전적 국제정치 지형 아래서 한쪽은 미군점령지로, 다른 한쪽은 반공독재 정권의 강압 아래서 고통받아왔다는 사실을 부정할 수 없다.

이러한 구조적 차별과 구조적 폭력을 거슬러 제주와 오키나와 민중들은 그간 짊어져왔던 역사적 상흔을 극복하기 위한 진실투쟁과 민주화 운동을 지속해 왔다. 이러한 과정 속에서 그간 억압되거나 체계직으로 망각되어 왔던 사실과 진실들이 마치, 융기 석회암과 현무암 아래 매장되어 있던 하얀 유골이 발굴되듯이 역사의 지평 위로 떠올랐던 것이다.

마타요시 에이키의 「긴네무 집」과 현기영의 「순이삼촌」은 역사보다도 앞서, 또는 그것과 앞서거니 뒷서거니 하면서, 섬사람들의 열망과 절망을 넘어선 시대정신을 열어놓은 작품이다. 그러나 이 두 작품 속에서 적극적으로 음미되고 상기되고 있는 오키나와전쟁이나 4·3제주항쟁은 투명하게 그 진실규명이 완료된 사안은 아니다.

가령 오키나와의 경우 미국과 일본의 이중식민지 체제라는 고압적 상황이 현재도 지속되고 있는 실정이며, 제주 역시 오키나와와 동일한 것은 아니지만 제주인들의 역사를 이데올로기적 금제로 억압하고 은폐하려는 시도는 여전히 강력한 현실권력을 지니고 있다.

그러나 분명해 보이는 것은 마타요시 에이키로 상징되는 오키나와 전후 문학과 현기영으로 상징되는 제주 4·3문학이 증언의 문학화에 기반한 기억투쟁의 서사화를 통해, 평화와 정의, 역사와 진실을 높은 수준에서 촉구하고 각성하게 만들고 있다는 것이다. 동시에 이 두 소설은 현대 오키나와와 제주라는 한정된 시공간을 넘어 세계문학의 지평에서도 크게 기여할 수 있는 '전쟁과 평화'라는 보편적 주제의식과 비서구 문학 특유의 '탈식민'의 과제를 적극적으로 환기하고 있다.

그런 점에서 보면 제국주의·식민주의 안쪽에서, 그것을 성찰하고 내적으로 저항했던 유럽문학의 문화식민주의적 세계성과는 다른 탈식민적 세계성을 이 작품들이 담지하고 있다고 우리는 보아야 한다. 이 탈식민적 세계성 안에는 제국주의와 식민주의, 냉전적 이데올로기와 패권주의가 촘촘하고 구체적으로 묘사폭로되면서, 평화와 인권, 자치와 연대라는 미래적 비전이 담겨 있는 것이다. 무엇보다도 그 어떠한 끔찍한 절망 속에서도 스스로의 인간됨을 포기하지 않는 작고 위대한 민중들의 목소리가 이 두 소설 속에서는 장엄하게 발성되고 있다.

　이제 우리에게 주어진 과제는 제주와 오키나와의 문학적 연대를 두 작품 간의 해석적 연대를 뛰어넘어, 더욱 동시대적이고 미래지향적인 연합의 형식으로 두 문학을 만나게 하는 것이다. 그 문학적 만남이 체계화된다면 동아시아의 평화적 공존에 있어서도 매우 큰 의의를 확보할 수 있을 것이다.

동아시아 시각에서
바라본 오키나와와 제주

체제 이행기 주변의 군사화와 평화의 모색

정영신(鄭煐璶)
제주대학교 SSK 전임연구원

1. 문제제기

동아시아 변경의 두 섬, 제주도와 오키나와는 올해도 여전히 군사기지 문제로 고통을 겪고 있다.

제주에서는 지난 1월 31일, 국방부와 해군이 해군관사의 건설을 위한 행정대집행을 강행했다. 지난해 10월25일부터 천막농성을 해온 지 99일 만이다. 철거 과정에서 용역·경찰 1000여명과 강정마을 주민들 사이에 충돌이 일어나 크고 작은 부상자가 속출하고 주민과 활동가 24명이 연행됐다. 제주도는 강정마을 인근의 민유지를 대안으로 제시하면서 중재에 나섰지만, 행정대집행 과정에서는 수수방관의 태도를 보였다. 국방부는 제주도와 주민들과의 '협의'를 진행해 왔다고 주장하지만, 폭력적인 행정대집행 과정이 말해주는 것처럼 그 동안 국방부가 진행했던 '협의'는 단순히 명분 쌓기에 불과했던 것으로 보인다. 제주에서는 지난 2014년 6월 24일, 원희룡 제주도

지사 당선인의 새도정준비위원회 강정치유분과가 제주해군기지 갈
등 치유를 위해 진상조사 및 사법처리에 대한 화합조치, 보상대책
강구, 주민들이 동의하는 강정발전계획 수립을 추진해야 한다는 의
견을 내놓았고, 강정문제 해결을 대표적인 협치 모델로 만들겠다고
밝혔다.[1]

진상조사의 실시 여부를 두고 오랫동안 논의해 온 강정마을회는
지난 11월 11일 임시총회를 열고, 해군이 추진하고 있는 군관사 사업
을 제주도가 철회시킨다는 것을 전제조건으로, 제주도가 제안한 해
군기지 진상조사를 만장일치로 수용한 바 있다.[2] 그러나 국방부가
강권으로 행정대집행을 강행하고, 해군관사를 완공할 의지를 보임
에 따라 제주해군기지 문제는 새로운 국면을 맞게 되었다. 더구나
해군이 세계에서 6번째로 잠수함 사령부를 창설하면서 제주도에 잠
수함을 배치할 것으로 밝혀져서, 제주를 둘러싼 군사적 긴장과 갈등
이 더욱 높아질 전망이다.[3]

한편, 오키나와에서는 2014년 8월 17일부터 일본 방위성 오키나와
방위국이 오키나와현 헤노코(辺野古) 연안에서 다시 지질조사에 착
수하면서 기지건설 문제가 새로운 국면을 맞이하고 있다. 2004년에
일본정부가 헤노코에서 굴착조사를 실시하다가 주민들의 강력한 저
항에 직면했고, 2005년 10월에 코이즈미 준이치로(小泉純一郎) 총리
가 조사 중지를 선언한 지 10년 만의 일이다. 보수적인 인사였음에도

---

1) 그러나 신임 도정과 민군복합형관광미항추진단은 진상조사의 결과가 어떻게 나오더라
도 해군기지 문제를 원점에서 재검토하는 것은 현실적으로 불가능하다는 입장을 보였
다. ≪제주의 소리≫ 2014.07.15. <元 "해군기지 원점재검토는 현실적으로 불가능">.
2) ≪제주의 소리≫ 2014.11.12. <진상조사 수용에 제주도 전향적, 8년 갈등 해결 '훈풍'>.
3) ≪경향신문≫ 2015.02.01. <제주도에도 해군 잠수함 배치>.

불구하고 그 동안 후텐마 미군기지의 '현외 이전' 입장을 보였던 나카이마 히로카즈(仲井真弘多) 오키나와현 지사가 2013년 12월 27일 '현내 이전'에 동의하는 의견을 표명하면서, 일본정부가 후속 조치를 취할 것이라는 점은 예견되어 왔다.

지난 10년 동안 일본정부도 기지건설을 착실히 준비해 왔겠지만, 2005년에 코이즈미 총리가 조사 중지의 이유로 거론했던 "격렬한 반대운동" 역시 쇠퇴하지 않고 있다. 특히 향후 정국의 향배를 가늠할 오키나와현 지사 선거에서 오키나와의 반기지평화운동은 헤노코 기지건설 반대를 위해 보수와 혁신, 중도가 '섬전체(島ぐるみ) 규모로' 총결집 해 왔다. 11월 16일에 개표된 오키나와현 지사 선거에서 "헤노코 신기지는 절대로 만들게 하지 않는다"는 입장을 밝힌 오나가 다케시(翁長雄志)가 신임 현지사로 선출되고, 기지건설을 위한 매립을 저지하기 위해 현지사의 권한을 행사할 것을 밝힘에 따라 오키나와 정국은 크게 요동치고 있다.4) 이에 대해 일본정부는 오키나와 진흥예산의 삭감을 내세우며 현지의 여론을 압박하고 있어서, 중앙과 지방 사이의 대립이 더욱 증폭될 것으로 예상된다.

동아시아 군사기지 재편의 최대 현안으로 부상하고 있는 오키나와와 제주도의 기지문제를 어떻게 이해해야 할 것인가? 왜 두 섬의 군사기지 문제가 비슷한 시기에 중앙정치와 지방정치의 현안으로 부상하고 있는가? 두 섬은 동중국해를 통해 서로 연결되어 있지만, 지리적·정치적으로는 분리되어 온 동아시아의 주변부에 해당한다. 그 동안 한국의 국방부는 제주도 해군기지가 미군재편과는 별개이

---

4) ≪沖縄タイムス≫ 2014.11.17. <新知事に翁長氏 仲井真氏に約10万票差>.

고 미군이 사용하지도 않을 것이며, 남방 무역로를 보호하기 위해 필요하다는 점을 강조해 왔다. 반면, 오키나와의 후텐마 미군기지는 주일미군의 핵심 기지이며, 후텐마에 주둔한 미 해병대는 미국이 전 지구적 범위에서 벌여 온 여러 전쟁에도 동원되어 왔다. 헤노코의 신기지는 후텐마 미군기지를 더욱 현대화한 형태로 확장하는 것이 며, 향후 동아시아 미군의 배치나 미국의 동아시아 전략의 향방을 가늠할 열쇠로 평가받고 있다.

이 글은 두 군사기지의 문제를 구조적으로 연결된 하나의 현상으 로 이해하기 위해 제주와 오키나와가 동아시아의 '변경', '주변'으로 서 서로 연결되어 있었다고 본다. 우선, 20세기 중반부터 현재에 이 르기까지 두 섬이 동아시아의 '변경'으로서 비슷한 시기에 '기지화· 군사화'의 압력에 처해 왔음을 살펴보고, 그러한 연관성을 동아시아 규모의 체제변동이라는 맥락에서 해석해 볼 것이다. 마지막으로 최 근 제주와 오키나와의 군사적 관계성이 부각되는 현실을 검토하면 서, 각자가 추진해 온 '평화의 섬' 운동을 섬의 '경계' 너머로 확장해 갈 것을 제안하고자 한다.

2. 동아시아와 주변에 대한 재검토

이 글에서는 제주와 오키나와의 위치를 지칭하는 개념으로 변경 (frontier)과 주변(혹은 주변부: periphery)을 구분한다. '변경'이 국경 에 인접한 변두리 지역을 지칭하는 '지리적' 개념이라면, '주변(부)' 는 중심-주변 관계 속에서만 존재하는 것으로, 이때 중심부에서 부와 권력의 축적은 주변에 대한 억압과 수탈 속에서 가능하다고 이해할 수 있다. 즉, 중심에서 권력의 집중과 주변에서의 소외, 중심부에서의 발전과 주변부에서의 저발전은 구조적으로 연결된 현상이다. 제주와 오키나와는 각각의 국민국가와의 관계 속에서 지리적 '변경'이면서 동시에 정치·경제적 '주변'으로서 자리매김 되어 왔다는 점에서 공통점을 지니고 있다. 제주와 오키나와를 변경이자 주변에 위치해 온 섬으로 인식할 때, 두 가지 특징에 주의할 필요가 있을 것이다. 첫째, 그러한 위치가 각각의 국민국가와의 관계 속에서 규정된다는 점에서 보자면, 그러한 구조적 위치는 두 섬의 역사에 차이점을 만든 요인이기도 하다. 두 섬은 개별 국민국가의 정치와 경제, 역사와 문화라는 고유의 맥락 속에서 변경이자 주변인 위치를 부여받아 왔다고 해야 할 것이다. 둘째, 이하의 본문에서 살펴볼 것이지만, 두 섬은 동아시아 질서가 크게 변동하는 동아시아체제의 이완기나 이행기5)에는 국민국가로부터의 압력뿐만 아니라 보다 직접적으로 초국적인 질서 변동의 압력을 받아왔다는 것이다. 이것은 두 섬이 개별 국민국가의 변경-주변일뿐만 아니라 동아시아의 변경-주변이었다는 것을 의미한다고 볼 수 있다.

그 동안 제주와 오키나와 사이의 연관성에 대한 이해는 주로 동아시아론의 맥락에서 제기되어 왔다. 1990년대 후반부터 제주와 오키나와는 대만과 더불어 동아시아의 '주변'으로서 국가폭력을 경험했다는 점에서 함께 논의되어 왔다(제주4·3연구소 편, 1999; 동아시아

---

5) 여기에서 '이행기'는 하나의 체제에서 다른 체제로 질서가 전환되는 시기를 말하며, '이완기'는 하나의 체제 안에서 질서가 크게 변동하면서 체제의 대립과 긴장이 완화되는 시기를 말한다.

평화인권한국위원회, 2001a; 2001b). 특히 국가 중심의 역사서술이나 현실인식을 비판하기 위한 방법으로서 동아시아의 '주변', '변경'의 시각에서 동아시아사를 재인식하기 위한 시도가 이어졌고, 이 과정에서 오키나와와 제주는 대만이나 아이누, '해양의 시각' 등과 함께 거론되어 왔다(전형준 외, 2004). 여기에서 '주변'은 중심부로부터의 구조적·직접적 폭력이 가해지는 대상이자, 그러한 폭력 비판의 근거점이 된다. 이러한 시각은 한류나 국제결혼, 노동력의 국제 이동 등 최근의 초국적 이동-흐름에 대한 분석에도 적용되고 있다(최원식 편, 2010). 요컨대, 역사의 재인식과 현실문제의 개혁 두 방향에서 '주변'이나 '경계'에 대한 관심은 동아시아적 지평을 고려하는데 핵심적인 역할을 담당하고 있다(백영서, 2013).

그러나 동아시아의 '주변'에 대한 재인식을 강조해 온 기존 연구들은 사회과학적 엄밀성보다는 인문학적 통찰에 주로 의지해 왔고, 사회과학적 분석이 적용되는 경우라고 하더라도 그것은 국가적 혹은 지방적 수준에 머물러 왔다. 예외적인 것으로, 김민환은 세 곡의 노래에 드러난 동아시아적 냉전의 긴장을 소재로 삼아 오키나와평화기념공원, 타이페이2·28평화기념공원, 제주4·3평화공원이 동아시아 탈냉전의 산물임을 밝히고 있다(김민환, 2013). 그는 세 평화기념공원에 대한 분석을 통해 각각의 평화의 의미가 국민국가 내부의 투쟁 양상에 따라 매우 다르게 표상될 수 있음에도 불구하고, 분단된 동아시아라는 맥락에 위치시켜야만 '발견' 할 수 있는 평화의 의미를 강조하고 있다.

또한 필자는 역사적 분석을 통해 제주도가 동아시아의 질서 변동의 시기에 여러 차례에 걸쳐 군사기지화의 압력을 경험해 왔음을 분석한 바 있다(정영신, 2012b). 이 연구는 다층적인 수준에서 분석을 전개했으며 보다 긴 역사적 시간대에서 분석을 진행했다는 장점이 있지만, 분석의 초점은 동아시아적 지평에서 바라본 제주도의 문제에 한정되어 있다. 동아시아적 지평에서 바라 본 '주변'들 사이의 '관계' 문제는 흥미로운 주제임에도 불구하고, 기존 연구들에서 본격적으로 다루어지지 않았다. 이 글에서는 동아시아적 지평 위에서 전개된 오키나와와 제주의 역사적 관계를 역사적·구조적 시각에서 살펴볼 것이다.

3. 제주와 오키나와의 최초의 군사기지화와 제국 일본의 붕괴

제주와 오키나와는 탐라국과 류큐왕국이라는 이름으로 근대 이전에 독자적인 왕국을 형성하고 해상교역을 통해 번성했던 경험을 가지고 있다. 평화로운 해상교역을 지향했던 이 왕국들은 근대 이전 시기에 한반도에 복속되거나 일본 본토의 정치적 지배를 받는 처지로 전락했다. 그럼에도 불구하고 이 왕국들이 해상의 군사적 거점으로서 군사기지화 되지는 않았던 듯하다. 이하에서는 근대 이후에 두 섬이 동아시아 질서의 변동에 따라 군사기지화의 압력에 직면했던 몇몇 사례들을 살펴보고, 그 과정이나 결과가 상이했음에도 불구하고 서로 이어져 있었음을 살펴보고자 한다.

이 섬들이 본격적인 군사기지화의 압력에 직면했던 것은 일본제국이 동아시아 대륙과 아시아·태평양으로 팽창해 나갔던 시기였다.

제주도에서는 1926년부터 10여년에 걸쳐서 1차로 20만 평 규모의 비행장 건설이 진행되었고, 1937년 중일전쟁 시기에는 난징 폭격을 위한 폭격기가 나가사키의 오무라 해군 항공기지를 출발하여 모슬포 평야(알뜨르)에서 연료를 공급받기도 했다. 이후에 일본군은 2차로 비행장을 확장하여 1945년까지 80만 평 규모의 군사비행장을 갖추었고, 사세보의 해군항공대 2500여 명과 전투기 25대를 배치했다. 한편, 비무장(非武裝)의 섬으로서 오키나와의 전통적인 모습이 사라지게 된 것도 일본제국의 침략전쟁에 오키나와가 동원되면서부터였다. 1930년대 후반부터 강화된 전시체제 하에서 오키나와현은 '후방 농촌의 건설'이라는 구령 하에 ① 전선에 병사를 공급하는 것, ② 군수 공업에 노동력을 공급하는 것, ③ 전시 식량을 증산하여 공급하는 것을 국책 수행의 임무로서 할당받고 있었다(大城将保, 1998b: 212). 이러한 초기의 군사화에서 본격적인 군사기지화의 단계로 이행한 것은 아시아·태평양 지역까지 점령한 일본제국이 점차 붕괴되던 시점이었다. 미국을 비롯한 연합국과 아시아 민중의 저항으로 인해 제국 일본의 경계가 남방에서부터 축소되자 먼저 오키나와에 군사기지화의 압력이 들이닥쳤다.

1941년 7월에 일본의 남진정책이 구체화되자 오키나와 본도(本島)의 나카구스크(中城)만과 이리오모테섬(西表島)에 임시요새가 건설되면서 오키나와는 처음으로 기지화를 경험했다. 1941년 8월에는 아마미오오섬(奄美大島)의 요새화와 더불어 오키나와에 소규모의 포병부대가 주둔하기 시작했다. 태평양 전선이 붕괴되기 시작하는 1942~43년을 경과하면서 오키나와는 '후방농촌'보다는 '남방의 생명선'으로서의 역할이 부각되었다.

1942년 6월, 미드웨이 해상에서 일본의 연합함대가 미 해군에게 참패당한 이후, 일본군 대본영은 한편으로 항공전력의 시급한 재건·강화를 통감하면서 국가총동원태세로 비행기의 증산을 독촉하고, 다른 한편으로는 항공모함군의 손실을 보충하기 위한 방편으로 '불침공모(不沈空母)' 구상을 내놓았다. '불침공모' 구상은 서태평양의 크고 작은 섬들에 비행장을 건설하여 지상 기지로부터 항공작전을 전개한다는 것이었다. 1944년 2월에 트럭(Truk) 섬에서 일본해군의 항공전력이 다시 한 번 타격을 입자, 일본군 대본영은 남서제도 방면의 방위 강화를 위해서 대본영 직할의 오키나와수비군, 즉 제32군을 창설했다.

일본군 제32군의 창설과 더불어, 오키나와는 본토 방어를 위한 항공요새로 개편되었고 '전 섬의 기지화'가 추진되었다(정영신, 2012b). 우선 항공기지의 건설은 1944년 3월에 제32군과 대만군에 발령된 '10호작전 준비요강'에 따른 것이었다. 6월의 마리아나 해전과 사이판섬 공방전에서 일본군이 괴멸됨에 따라 오키나와를 비롯한 남서제도는 본토방위의 방파제로서 더욱 큰 중요성을 지니게 되었고 병력도 증강되었다(大城将保, 1999: 91-92).

1944년 7월 24일, 대본영은 '육해군 이후의 작전지도대강'을 책정하여, 본토 결전에 대비한 '첩1-4호 작전'을 마련하는데, 남서제도 방면은 '첩2호 작전'이라고 불렸다. 이 '첩호작전'의 주 목적은 공격하는 적 함선을 항공 병력으로 격퇴하는 것이었다.[6] 9월말까지 오키

---

6) 이후에도 일본군은 해군의 항공전력을 바탕으로 한 작전을 계획한다. 1944년 10월의 레이테해전에서 패배한 이후인 1945년 1월 20일, 일본군은 본토결전을 전제로 한 동중국해 주변에서의 작전으로서 '제국육해군 작전계획대강'을 결정한다. 그 일환인 '천호

나와 본도를 비롯하여 미야코섬(宮古島), 이시가키섬(石垣島), 토쿠
노섬(德之島) 등에 다수의 비행장이 건설된다. 하지만 10월 10일에
남서제도 전역에 걸쳐 진행된 미 비행기동부대의 5차에 걸친 대규모
공습, 이른바 '10·10공습'에 의해 주요 항만시설과 비행장이 파괴된
다(吉浜忍, 1999: 181-197). 이에 오키나와수비군은 주야로 주민들
을 독촉하고, 전투부대까지 동원하여 1945년까지 오키나와현 내에
총 16개의 비행장을 건설하였다.7) 그런데 1944년 11월에 정예병력이
었던 제9사단이 대만으로 차출됨에 따라, 제32군은 '첩2호작전에 근
거한 오키나와본도 방위전투계획'을 변경하지 않을 수 없었다. 1944
년 11월 26일에 예하 부대에 하달된 '신작전계획'은 항공병력을 중심
으로 한 '결전주의(決戰主義)'에서 전 섬의 요새화를 통한 '전략지구
(戰略持久)'로의 이동을 주 내용으로 하는 것이었다.8) 이로부터 오
키나와의 군사기지화는 '전 섬의 기지화'라는 방향으로 전환되어, 오
키나와의 여러 섬들에는 다수의 참호와 동굴진지가 건설되었고, 이

작전'에 따라 대본영으로부터 하달된 제32군의 임무는 항공작전의 일환으로서 "남서제
도를 확보하고, 특히 적의 항공기지의 진출을 파쇄(破碎)하는 것과 동시에 동중국해
주변에서 항공작전대행의 근거지를 확보하는 것"이었다(大城将保, 1998a: 116). 그러
나 오키나와 항공기지로부터 일본군의 전개는 전국의 빠른 변화와 일본 해군의 대규모
패배에 따라 실제로는 제대로 실현되지 않았다.

7) 비행장 이외에 병사, 포대, 물자보급 기지, 진지 구축 등의 부지로서 반강제적으로 접수
되어 국유지가 된 토지는 오키나와현 내 12개 시정촌에 걸쳐, 지주 수 2,024명, 면적
약 1,414만 평방미터에 달한다(旧軍飛行場用地問題調査檢討委員会, 2004: 34).

8) 난공불락의 요새라고 일컬어지던 사이판섬이 3주만에 함락당하자 일본군 전쟁지도부
는 1944년 8월에 '도서수비요령'을 하달한다. 이것은 "수비에 임하는 부대는 작열하는
적의 포·폭격에 항감(抗堪)하면서 장기지구전에 적합하도록 진지를 편성, 설비하라"는
내용이었다(大城将保, 1998a: 93-97). 이러한 방침은, 오키나와 내에서 한정된 자원과
인원을 동원해야 하는 오키나와 수비군의 입장에서는, 항공기지 건설을 목표로 하는
종래의 '첩호작전' 및 1945년 초의 '천호작전'과 모순되는 것이기도 했다.

것은 대규모의 지상전을 통한 인명 피해로 귀결되었다.

일본제국의 붕괴가 목전에 다다르자, 제주도 역시 군사기지화의 압력을 피해갈 수 없었다. 일제 말기에 이루어진 제주의 군사기지화에 대해서는 다수의 연구 성과가 나와 있는데, 간략하게 그 과정을 요약하면 다음과 같다(신주백, 2003; 이병례, 2007; 츠카사키 마사유키, 2004; 황석규, 2006). 1944년 3월에 '10호작전준비요강'을 발표하여 우선 대만과 오키나와를 항공기지화 한 일본군은 1944년 7월에 '첩호작전'과 1945년 1월에 '천호작전'을 구상하여 남방의 섬들을 기지화함으로써 해상항공작전을 벌이는 동시에 본토결전에 대비하려 했다. 그러나 1945년에 접어들자 일본 본토에서의 전쟁이 현실적인 것으로 인식되고 아시아대륙으로부터의 공격도 염두에 두지 않을 수 없었다. 1945년 2월에 이오지마(硫黄島)가 함락되자, 일본군은 본토결전 계획인 '결호작전'을 기획하는데 이 가운데 '결7호작전'은 일본 영토 이외의 지역으로는 유일하게 제주도를 군사기지화하려는 것이었다. 오키나와에서 미군과 일본군 사이에 격렬한 지상전이 한창이던 1945년 4월 15일, 제주도에서는 제58군사령부가 신설되어 본격적인 기지화·군사화 작업이 진행되었다. 일본 본토의 부대와 만주의 관동군 등 종전 직전까지 7만5천의 병력이 제주도에 결집하였으며, 제주도 섬 전체가 군사기지로 전변되었다. 상륙 예상지점이었던 서남부에는 각종 참호와 동굴진지, 비행장이 건설되었다. 하지만 히로시마·나가사키의 원폭투하와 소련군의 대일참전을 계기로 일본이 항복하면서 제주도는 전쟁의 참화에서 벗어날 수 있었다.

일본의 항복이 조금 더 늦춰졌을 경우, 제주도가 경험했을 전쟁의 피해가 얼마나 컸을지는 오키나와전(沖縄戦)[9]의 사례를 통해 간접적으로 확인할 수 있다. 일본군은 군수물자의 부족 및 미군 잠수함과 항공기에 의한 보급로의 차단이라는 조건 하에서 전투를 펼치게 되었다. 따라서 오키나와전은 그 준비단계에서부터 '현지자급의 총동원작전'이라는 양상을 띠었다. 고립된 좁은 구역 내에서 다수의 군인들에 의한 전투가 벌어지면서, 전장은 '군민혼재'의 양상을 띠었고, 그러한 전투 양상은 '정규 군인을 상회하는 주민희생'으로 귀결되었다. 오키나와현 원호과 자료에 따르면, 전체 희생자 200,656명 중에서 외부에서 온 일본군이 65,908명, 미군이 12,520명이며, 오키나와현에서 차출된 군인과 군속이 28,228명, 일반 현민이 94,000명으로, 오키나와 현민의 희생은 122,228명에 달한다(沖縄平和祈念資料館, 2001: 90).

이상에서 살펴본 것처럼, 제주와 오키나와에 대해 최초로 가해진 군사기지화 압력의 특징은 제국 일본의 팽창으로부터 시작되었다는 점, 그리고 제국 일본의 붕괴를 지연시킴으로써 제국의 지배구조(이른바 '국체')를 유지하려는 의도에서 본격적으로 군사기지화가 진행되었다는 점에 있다. 오키나와와 제주는 일본을 중심으로 한 식민지·제국체제가 전후 질서(동아시아 분단체제)로 이행하는 과정에서 벌어진 전쟁에서, 제국 일본의 중심부에서 멀리 떨어진 '변경'으로서 군사적 방파제의 역할을 부여받았던 것이다. 또한 그 역할은 두 섬(특히 오키나와)에 가해지고 있던 박해와 차별의 맥락(즉, 주변의

---

9) 오키나와전은 미군에 의한 포격이 시작되는 3월 23일에 시작하여 미군의 게라마 열도 상륙(3월 26일)과 오키나와 본도 상륙(4월 1일) 시점부터 전투가 본격화된다. 일본군의 조직적 저항이 종료(6월 19일)되고 일본군사령관의 자결(6월 23일)을 거쳐, 미군의 오키나와 작전 종료선언이 발표되는 7월 2일에 오키나와전은 일단 종료된다. 오키나와전의 항복조인일은 9월 7일이었다.

위치)에서 부여된 것이라고 이해할 수 있다. 초기의 항공작전 위주의 기지화 방침이 지상전 위주로 변화하면서 대규모 인명 피해가 예고되었는데, 오키나와에서는 이것이 엄청난 비극으로 현실화되었다면 제주에서는 예고로 끝났다는 차이가 있을 뿐이다. 군사기지화라는 측면에서 보면, 제주는 한반도에서 분리되어 오키나와와 일본 본토(규슈)와 유사한 위치에 놓였다고 할 수 있다. 그러나 한반도 분단체제의 형성과정에서 제주는 한반도로 강하게 통합되었고, 뒤이은 한국전쟁에서 일본 본토에서 분리된 오키나와는 군사기지로서 한반도 및 제주와 연결되었다.

4. 체제이행의 과정에서 엇갈린 운명: 오키나와의 군사화와 제주의 탈군사화

식민지·제국체제가 붕괴한 후 새로운 질서가 태동하는 과정에서 제주와 오키나와는 유사한 경험을 반복했다. 두 섬은 오키나와전과 4·3사건이라는 대규모 인명 피해를 경험했고, 한국전쟁에 직접적으로 연루되는 과정에서 중요한 군사적 역할을 담당했다. 그러나 군사기지화의 측면에서 각 섬에 두 사건이 남긴 의미는 크게 엇갈렸다.

제주의 4·3사건은 식민지·제국체제의 유산이 제대로 해소되지 않은 상황에서, 미국과 소련이 임의로 설정한 분단선이 점차 한반도 분단체제로 고착화되는 과정에 대해 제주도민들이 저항하고, 이것을 중앙정부에서 군사적으로 진압하여 대규모 학살로 발전한 사건이다. 1999년에 국회에서 통과하고 2000년에 공포된 제주4·3사건진상규명과희생자명예회복에관한특별법(이하 4·3특별법)에 의해 구성된 제주4·3사건진상규명및희생자명예회복위원회(이하 4·3위원회)는 2003년 10월 15일에 공식 보고서를 확정했고, 4·3사건을 "1947년 3월 1일 경찰의 발포사건을 기점으로 하여, 경찰·서청의 탄압에 대한 저항과 단선·단정 반대를 기치로 1948년 4월 3일 남로당 제주도당 무장대가 무장봉기한 이래, 1954년 9월 21일 한라산 금족지역이 전면 개방될 때까지 제주도에서 발생한 무장대와 토벌대간의 무력충돌과 토벌대의 진압과정에서 수많은 주민들이 희생당한 사건"으로 규정하고 있다. '초토화작전'을 동반한 이 대규모 학살에 의한 사망자 수만 보더라도, 2만5천에서 3만 명으로 추정되고 있다. 1949년 낭시 제주의 인구가 25만여 명이었고, 1948년 4월 3일부터 1954년 9월 21일까지 희생된 사망자수가 그 정도였으니 제주도 거주민의 대략 10% 이상이 4·3사건으로 희생되었다고 할 수 있다.[10] 4·3사건의 발발 직후부터 제주도에는 계엄령이 선포되고 군경을 비롯한 토벌대에 의해 군사점령과 유사한 상태가 지속되었다. 4·3사건은 무엇보다 제주도를 국민국가 대한민국의 주변부로 강하게 통합시켰다. 제주의 도민들과 유가족들은 생존을 위해 중앙으로의 강한 통합과 동화를 지향했다. 특히 '빨갱이의 섬'으로 낙인찍힌 제주도의 청년들은 생존을 위해 육군과 해병대에 입해하여 한국전쟁에 적극 참여했다. 하지만 4·3사건 자체는 영구적인 군사기지화로 이어지지 않았는데, 거기에는 무엇보다 한국전쟁의 영향이 컸다.

---

10) 제주4·3사건진상규명및희생자명예회복위원회, 『제주4·3사건 진상조사보고서』, 2003, 363~367쪽.

한국전쟁의 과정에서 제주도는 크게 세 가지 역할을 담당했다. 먼저 제주도는 군사훈련지의 역할을 담당했는데, 1950년 7월 16일에 육군 제5훈련소가 설치되었고, 1951년 1월 22일에는 대구에 있던 육군 제1훈련소가 제주도 모슬포로 이동했다. 이외에도 국방부 제2조병창, 무선통신중계소 등이 설치되었다. 둘째, 제주도는 포로수용소의 역할을 담당했다. 유엔군사령부는 거제도에 설치되었던 포로수용소에서 많은 문제가 발생하자, 1952년 6월부터 북한군 포로는 육지에, 중공군 포로는 제주도에 수용하기 시작했다. 중공군 포로 중본국송환을 원하는 '친공포로'는 제주비행장에, 송환을 원하지 않는 '반공포로'는 모슬포비행장에 수용하였다. 1953년 2월 1일의 포로수용인원은 제주비행장의 포로가 5,809명, 모슬포의 포로가 14,314명이었다. 셋째, 제주도는 피난지의 역할을 담당했다. 1950년 12월부터 피난민들이 제주도로 대거 몰려들기 시작했는데, 1951년 1월 3일에 16,000여 명이던 피난민 숫자는 1월 15일에는 87,000여 명으로 증가했고, 5월 20일에는 148,794명에 이르렀다. 전선이 안정되면서 피난민 일부가 고향으로 복귀하였지만 1952년 1월 말에도 북제주군에 22,000여 명, 남제주군에 6,500여 명 등 28,460여 명의 피난민이 제주도에 남아 있었다(제주4·3사건진상규명및희생자명예회복위원회, 2003: 338-340). 4·3사건과 한국전쟁이라는 큰 격변을 겪으면서 제주도에는 몇몇 군사기지가 자리잡게 되었지만, 기지문제가 크게 부각되지는 않았다. 이것은 무엇보다도 당시 군사기지화의 압력이 한반도 분단체제의 중심이었던 휴전선 부근에 집중되었기 때문이다. 말하자면, 체제이행의 시기(1945~1953)에 제주도가 군사기지화의 압력에서 비켜날 수 있었던 것은 휴전선의 중무장화를 전제로 한 것이었다고 할 수 있다.

반면, 오키나와는 군사화의 압력에서 비켜날 수 없었는데, 그것은 무엇보다도 오키나와가 동아시아 차원의 분단과 대립의 최전선기지로 자리매김 되었기 때문이다. 오키나와의 군사기지화는 오키나와전과 한국전쟁을 거치면서 급진전되었다. 오키나와전이 남긴 영향에 대해서는 여러 측면에서 살펴볼 수 있지만, 여기에서는 군사기지화의 진전이라는 측면에 한정하여 살펴본다(정영신, 2007).

오키나와전 당시에 오키나와를 점령한 미군은 향후에 일본 본토에 대한 공격에 대비하여 오키나와에 대규모의 군사기지를 건설했다. 미군 공략부대의 임무인 아이스버그(Iceberg)작전의 목적은 "오키나와의 공략, 점령, 방위, 전개 및 남서제도(류큐)의 제공·제해권의 확보"에 있었다(沖繩県教育委員会, 2001: 46). 미군은 오키나와전 초기부터 일본 본토에 대한 공격을 위해 일본군의 북(요미탄)비행장과 중(카데나)비행장을 확장하여 3일 후부터 항공기 운항을 실시했다(大城将保, 1998a: 116-118).[11] 일본의 항복 이후에도 미군은 오키나와를 '태평양의 요석(keystone)'으로 지칭하면서 군사기지화 방침을 이어갔다. 그리고 냉전의 격화, 중국혁명의 성공과 중화인민공화국의 수립, 중국에서 일본 중심으로 미국 동아시아정책의 전환, 그리

---

11) 현재까지 남아 있는 비행장 가운데, 카데나 비행장과 요미탄 보조비행장이 일본군에 의해 건설되었다가 미군에 의해 확장된 비행장을 대표한다면, 후텐마 비행장은 미군에 의해 신설된 비행장을 대표한다(沖繩平和祈念資料館, 2001: 126). 당시 기지건설의 가장 큰 특징은 '전시점령' 하에서 대부분의 주민이 미군의 수용소에 강제로 수용된 상황 하에서 기지건설이 진행되었다는 점에 있다. 1947년 이후에 고향으로 돌아온 오키나와 주민들은 미군기지 주변에 정착할 수밖에 없었는데, 그 결과 오늘날까지 위험한 대규모 군사기지 주변이 주택지가 밀집한 형태로 민군관계가 정착되었다.

고 한국전쟁을 거치면서 오키나와는 미국의 동아시아 정책에서 핵심적인 요소로 부각되었다.[12]

한국전쟁으로 인해 미국의 대오키나와 정책은 보다 복합적인 영향을 받았다. 우선, 오키나와는 미군의 전략폭격기인 B-29의 출격기지가 되어 한국전쟁에 직접적으로 참여하게 되었다. 이때 오키나와 주민들은 관제등화 등 전시체제하의 생활을 반복하게 된다. 이때 오키나와의 미군기지는 처음으로 전쟁에 이용되어 그 군사적 기능을 발휘했다. 둘째, 한국전쟁의 발발과 더불어 미국은 대일강화를 조속히 실현하는 것으로 입장을 전환했다. 미국은 대일평화조약을 조속히 체결하자는 국무부의 입장을 수용하는 대신에, 미일안보조약을 체결하여 비군사화하기로 예정되어 있던 일본 본토에 주일미군을 주둔시킴으로써 군부의 요구도 충족시켰다. 하지만, 일본 본토의 비군사화를 전제로 하여 수립했던 오키나와의 군사기지화 방침을 변경하지 않았다. 1952년 4월 28일 '대일평화조약', 즉 샌프란시스코 강화조약의 발효에 의해 미일간의 전쟁상태는 종료하고 일본은 독립국으로서의 주권을 회복하지만, 오키나와는 동 조약 제3조에 의해 일본 본토로부터 분단되어 미국의 시정 하에 놓이게 되었다. 이러한 조건들은 미국이 오키나와에서 자유롭게 기지를 건설할 수 있는 배

---

12) 미 국가안보위원회는 1949년 5월 6일의 문서 NSC13/3, 「일본에 대한 미국의 정책에 관한 권고」를 통해 오키나와의 분리·지배방침을 정식으로 결정했는데, 여기에서 ①오키나와의 장기 확보, ②오키나와 군사기지의 확충, ③오키나와 주민의 경제적 적자 경감을 위한 장기계획의 책정, ④해군기지로서의 오키나와의 가능성 개발 등이 결정되었다(歷史學硏究會 編, 1990b: 59-61). 맥아더는 이러한 오키나와의 기지화를 통해 일본의 안보를 보장할 수 있을 것이라고 보았다. 오키나와에 대한 분리·지배방침은 일본에 대한 미군의 장기주둔이 결정되지 않은 상황에서 일본에 대한 비군사화 방침과 짝을 이루고 있었던 것이다.

경이 되었다.

한국전쟁의 종전이 다가오자, 미군은 오키나와를 직접 지배하면서 포령과 포고를 통해 기존 미군기지를 합법화하는 동시에 새로운 기지건설 작업에 들어갔다. '헤이그 육전법규'를 빌미로 무법적인 기지건설을 강행하던 미군은 대일평화조약이 발효된 후인 1952년 11월, 군용지임대차계약을 위한 포령91호, '계약권'을 공포하였다(中野好夫 編, 1969: 105). 90% 이상의 군용지주들이 계약을 거부하자, 미 민정부는 1953년 12월, 포고26호를 공포하여 '전시점령' 하에서 사용하던 토지에 대해 "장기간에 걸친 사용 사실에 의해 '묵계(黙契)'가 성립되었다"고 간주하여 기존 기지에 합법성을 부여하였다(中野好夫 編, 1969: 107-108). 더 나아가 미군은 신규의 토지접수를 위해 1953년 4월 3일, 포령109호인 '토지수용령'을 공포하여 시행하였다(中野好夫 編, 1969: 106). 이때부터 미군은 마와시촌의 아자, 메카루, 오로쿠촌의 구시, 이에촌의 마자지역, 기노완촌의 이사하마 등의 지역에서 무장군인을 출동시켜 농민들의 완강한 저항을 제압하고 '총검과 불도저'에 의한 토지접수를 실시하였다(新崎盛輝, 2005: 12-15). 이에 대해 오키나와 민중들은 미 민정부의 토지 수탈에 대항하여 대규모 항의운동을 전개하는데, 이것이 이른바 '섬 전체 투쟁(島ぐるみ鬪爭)'이다(정영신, 2007).

한국전쟁은 오키나와의 군사기지를 확장·강화하는 데 그치지 않고 동아시아 전체에 걸쳐 미군기지의 설치 및 재편에 결정적인 영향을 미쳤고, 이것은 다시 오키나와의 군사기지화에 영향을 주었다.[13]

---

13) 한국전쟁 직후 동아시아 미군의 재편에 관해서는 이철순(2000; 2005)과 정영신(2012c)

한국전쟁 직전인 1949년 초에 미국은 주한미군을 철수하면서 대만과 한국을 태평양 도서방어선에서 제외했었다. 말하자면, 대만과 한국은 미국의 동아시아 전략의 핵심이었던 일본과 정치·군사적으로 분리되어 있었던 것이다. 그러나 한국전쟁이 끝난 후에는 대만과 한국, 일본 본토에 미군을 주둔시키기로 결정했다. 미국은 한국전쟁 과정에서 소련의 세계적 위협뿐만 아니라, 동아시아 지역에서 중국의 군사적 위협을 인정하지 않을 수 없었다. 특히 중국 변수의 부상으로 인해 동아시아에 대한 미국의 기존 전략의 재검토, 즉 동아시아적 차원을 반영해야 한다는 요구가 뒤따랐다. 1954년 4월 9일에 제출된 미 국가안전보장위원회 문서 NSC-5416, 「극동에서 군사력의 지위를 진전시키기 위한 미국의 전략」에서는 미국의 기존 극동정책이 극동 지역의 국가별 혹은 그 지역 가운데 일부만을 대상으로 하였고 극동을 하나의 전략적 실체로 간주하지 않았다는 점이 비판되었다. 극동을 하나의 전략적 실체로 간주한다는 미국의 시각이 가장 잘 드러난 정책 가운데 하나가 동아시아 미군의 재편 정책이었다(정영신, 2012c).

한국전쟁이 종결된 1953년의 시점에서 미국은 육군 20개 사단 가운데 7개 사단, 해병대 3개 사단 가운데 1개 사단을 한국에 파견하고 있었고, 30만 이상의 대병력을 운용하고 있었다. 한국전쟁에 동원되었던 주한미군의 철수와 관련하여, 미국정부 내에서는 크게 세 가지 의견이 대두하고 있었다. 미국의 재정적 부담을 우려하는 아이젠하워 대통령과 재무부의 소극적 주둔론, 라드포드 합참의장을 중심으

을 참조.

로 한 적극적 주둔론, 그리고 한국의 군사전략적 가치를 낮게 평가
하는 리지웨이, 테일러 등 육군 장성들의 완전철수론이 그것이다.
1953년 10월부터 시작된 이 논쟁은 점차 미 지상군 3개 사단의 병력
을 어디에 주둔시킬 것인가의 문제에 집중되었다. 해병대 1개 사단
은 오키나와에 배치해야 한다는데 대체적인 합의가 이루어졌다. 하
지만 육군 2개 사단의 주둔에 대해서는 2년에 걸친 논쟁이 계속되었
다. 1955년 6월에 미군의 한국 주둔이 최종적으로 결정되는데, 주한
미군의 주둔은 한국의 전시상황에 대한 인식, 한국에서 미국의 군사
적 위신에 대한 고려뿐만 아니라, 일본 방위에서 한국의 방위가 지
니는 의미에 대한 인식 및 일본에서 주일미군기지를 둘러싼 정치적
움직임, 일본의 재군비계획 등과의 관계 속에서 결정되었다(정영신,
2012a: 94-120). 이후, 1957년에 기시 노부스케 수상과 아이젠하워
대통령의 정상회담을 통해 일본 본토에서 미 지상군을 철수시키기
로 결정함으로써, 한국에 2개 사단의 육군을 배치하고, 일본에서 지
상군을 철수시키는 대신 해군과 공군을 배치하며, 오키나와에 해병
대 1개 사단을 배치한다는 분업적 배치, 전후 미국의 동아시아 기지
네트워크의 기본 골격이 완성된다. 이 과정에서 오키나와는 미군 전
략의 핵심으로서 일관되게 그 중요성이 인정되었고, 휴전선이 동아
시아 세력 충돌의 잠재적인 전선이라는 점이 확인되었다.

동아시아 기지네트워크가 형성되는 과정에서 제주와 오키나와는
이중의 엇갈린 운명 속에 놓여 있었다. 먼저, 1950-60년대에 한국과
일본은 국가의 기본전략으로서 중무장·군사주의 노선과 경무장·경
제주의 노선을 각각 채택한다(정영신, 2012c). 미국의 군사원조를 통
해 북진이 가능한 국방정책에 골몰했던 이승만의 정책과, 안보는 주

일미군에게 맡기고 경제성장에 주력한다는 일본 요시다 수상의 노선이 이를 대변한다. 그런데 한반도와 일본 본토의 최남단에 위치했던 제주와 오키나와는 이러한 국가전략에서 어느 정도 예외적이었다. 한반도에서 휴전선의 중무장 상태에 비해 제주도는 경무장(혹은 비무장) 상태에 있었던 반면, 오키나와는 일본 본토의 경무장 노선을 가능케 하는 중무장한 '기지의 섬'으로 재편되었던 것이다. 제주와 오키나와는 각각 국민국가 속으로 강하게 통합되었고, 그 군사적 상태는 매우 상이했다. 그리고 주변부 시민사회 사이의 교류가 단절되고 정보가 차단된 결과, 제주와 오키나와의 관계는 비가시화되었다. 그러나 이러한 (한국전쟁의) 전후 구도에 변화가 없었던 것은 아니다.

5. 1960년대 말, 체제 이완기의 군사기지-안보-평화

베트남전쟁은 한국전쟁 직후에 만들어진 동아시아 기지네트워크가 어떻게 작동하는가를 잘 보여주었다. 미국은 1965년 2월 7일 북베트남지역에 대한 무차별 폭격, 이른바 '북폭'을 개시하면서 지상군을 대규모로 투입했다. 미국의 이 전쟁에 동아시아 국가들은 다양한 방식으로 참전했다. 한국은 주한미군의 계속적인 주둔을 위해 한국군의 참전을 결정했다. 그리고 일본을 비롯하여 필리핀과 태국 등은 미군에게 필요한 군사기지를 제공했다. 그런데 베트남전쟁이 수행되는 과정에서 미일 간에 오키나와(미군기지)의 반환에 관한 협상이 진행되었고, 제주의 '예외적인 경무장화'와 오키나와의 '예외적인 중무장화' 구도는 요동치기 시작했다.

먼저, 오키나와는 베트남전쟁의 전선(前線)기지가 되었다. 오키나와의 주요 도로는 군수물자나 군인을 가득 싣고 항구로 향하는 군용트럭이나 전차로 가득 찼고, 공군기지로부터는 수송기나 전투폭격기가 베트남을 향해 날아갔다. 미군은 오키나와 미군기지를 자유롭게 사용했는데, 그것이야말로 미국이 오키나와를 직접 지배한 이유이기도 했다(新崎盛暉, 1998: 84-91). 그런데 역설적인 것은 베트남전쟁이 미국의 오키나와 지배의 근간을 흔들어버렸다는 것이다(정영신, 2013).

원래 미국은 세계대전을 거치면서 기존의 제국주의국가들과 다르게, 자신들은 탈식민주의를 지향한다는 점을 강조해 왔다. 영토적 야심이 없다는 주장은 미국이 오키나와에 대한 직접 지배의 방침을 결정할 때 가장 세심하게 주의를 기울였던 부분이기도 하다. 대일평화조약 제3조를 통해서 오키나와를 일본 본토로부터 분리시킬 때 일본에게 '잠재주권'을 남겨둔 것도 그런 이유 때문이었다.[14]

일본 측으로부터 영토를 회복해야 한다는 강한 민족주의운동이 없을 때 이러한 구도는 안정적일 수 있었다. 그런데 1965년 무렵부터 일본의 고도성장을 배경으로 보수층 내에서도 영토 회복의 요구가 나오기 시작했고, 오키나와 측에서도 일본 민족으로의 통합을 요구하는 복귀운동이 강하게 전개되기 시작했다. 1965년 8월 일본의 사토

---

14) 대일평화조약 제3조는 다음과 같다. "일본국은 미합중국이 국제연합에 제안한, 북위 29도 이남의 남서제도를 미합중국을 유일한 시정권자로 하는 신탁통치 하에 둔다는 것에 동의한다. 이러한 제안이 가결될 때까지 미합중국은 영해를 포함한 이들 제도의 영역 및 주민에 대해 행정, 입법 및 사법상의 모든 및 일부의 권력을 행사할 수 있는 권리를 지니는 것으로 한다."

에이사쿠 수상은 전후 일본의 수상으로서는 처음으로 오키나와를 방문하여 "오키나와의 조국 복귀가 실현되지 않는 한 일본의 전후는 끝나지 않는다"고 언명하고, 오키나와 반환협상을 본격화 했다.

여기에 더해서, 주일미군이 베트남전쟁에 동원되고 오키나와가 베트남전쟁의 출격기지로 이용되자, 일본의 평화운동과 민족운동, 오키나와의 복귀운동이 강하게 결합하면서 오키나와의 반환과 미군기지의 철거를 요구하는 대중운동이 폭발했다. 1960년의 '안보투쟁'이 재현되어 보수지배구도가 붕괴함으로써 친미적인 일본정부가 붕괴하는 것은 미일 양측이 가장 피하고 싶은 일이었다. 이러한 사태를 맞아, 미국은 대오키나와 정책의 재검토 및 일본과의 반환협상에 들어갔고, 1969년 11월 사토 수상과 미국의 닉슨 대통령은 정상회담을 열고 1972년까지 오키나와를 일본에 반환할 것이라고 발표했다.

오키나와에서 아래로부터 군사기지화에 대한 탈피 움직임이 폭발하자, 동아시아 기지네트워크를 통해 제주도에 군사기지화의 압력이 가해졌다. 오키나와가 일본으로 복귀한다는 소식은 당시 한국과 대만 정부에게 큰 두려움을 주었다.[15] 오키나와에 주둔하고 있던 미군의 상당수가 철군하고 미군기지의 상당수가 폐쇄될 것으로 예측되었기 때문이다. 그렇다면 오키나와의 탈군사화 움직임은 어떤 경위를 거쳐서 제주도에 영향을 주었을까.

오키나와반환협상이 일본의 정계를 뒤흔든 1968년, 당시 정일권 총리와 최규하 외무장관은 폐쇄되거나 축소될 오키나와 미군기지를

---

15) 대만은 안보위협뿐만 아니라 오키나와를 포함한 류큐열도에 대한 권리가 중국에 있다고 보았고, 최소한 일본으로 재편입 되는 것은 막아야 한다는 입장도 가지고 있었다.

한국의 제주도에 유치해야 한다고 국제무대에서 강력하게 주장했다. 정 총리는 여러 차례에 걸쳐 미국이 오키나와 군사시설을 철수하게 되는 경우 한국영토를 새로운 미군기지로 제공할 뜻을 밝혔다. 그는 미군과 함께 한국군을 동원하여 외세의 침략을 당하는 다른 비공산아시아국가들을 지원할 수 있을 것이라고 말했다.16) 또한 "미국이 극동으로부터 물러나지 않는다는 것을 북괴에게 확실히 경고하는 의미에서" 한국에 공군기지를 추가 건설하도록 미국에 요청하고, 제주도 다음으로는 대구와 김해를 미 공군기지 후보로 거론했다.17) 특히 한국정부는 오키나와 미군기지에 있는 메이스B 등의 핵무기를 포함한 주요 전략기지와 ABM(미사일요격망) 레이다망 등의 미군시설에 관심을 두었다.18) 69년 3월에 진행된 국회의 대정부 질의에서도 국회의원들은 주한미군과 오키나와에 있는 미군기지 철수설에 대한 대응방안을 집중 추궁했다.19)

당시 한국정부의 입장은 1969년 4월 초 포터(William J. Porter) 주한미국대사와 가나야마 마사히데(金山政英) 주한일본대사에게 전달한 '비망록'에서 가장 잘 드러난다. 이 '비망록'에서 한국정부는 다음과 같이 요구사항을 정리하고 있다.

---

16) ≪조선일보≫ 1969.03.16. <丁一權총리 언명 "한국을 극동방위기지로", "오키나와 철수면 후보지제공"> ; ≪조선일보≫ 1969.04.03. <丁一權총리 오키나와 기지 보존 등 촉구. 닉슨 방한 확약> ; ≪조선일보≫ 1969.04.09. <丁총리 귀국 길. 오키나와 기지 한국이전 환영> ; ≪경향신문≫ 1968.10.18. <미 공군기지 제주도에 증설 촉구>.

17) ≪경향신문≫ 1968.10.18. <미 공군기지 제주도에 증설 촉구>.

18) ≪조선일보≫ 1968.06.18. <한일의원간에 오키나와 미국기지 제주도 이전논의, 미국선 난색>.

19) ≪조선일보≫ 1969.03.06. <국회질의 외교-국방 중점 추궁. 오키나와 미군철수 등>.

가. 유구 문제는 동 문제가 미일 양국에만 한정된 것이라는 입장을 떠나서 전체 아세아 국가의 평화와 안전이라는 대국적인 입장에서 해결을 기하여야 할 것임.

나. 동 문제는 동 제도 소재 미군기지가 아세아의 공산세력, 특히 북한 괴뢰로부터의 여하한 침략도 물리칠 수 있는 실효적인 방패 역할을 계속할 수 있도록 하기 위하여 **동 기지의 전략적 가치를 손상시키지 않는 방향으로** 해결되어야 할 것임.

다. 따라서 **미국정부는 대한민국의 안전에 대한 이들 미군기지의 중요성을 인정할 것과 아울러, 유구 제도 소재 미군기지의 가치에 대한 여하한 변경에 대해서도 대한민국 정부가 중대한 관심을 갖고 있음**을 충분히 이해하며, 유구 문제 해결에 있어 대한민국 정부와 충분히 협의할 것을 요청하는 바임(강조는 인용자, 유구는 오키나와의 옛 지명).[20]

즉, 한국정부는 오키나와 미군기지의 기능을 그대로 유지하는 문제를 사활적인 안보문제로 인식하고 오키나와 반환문제에 개입하고자 했던 것이다(정영신, 2012b). 2005년 8월 26일 외교통상부가 공개한 외교문서는 오키나와 반환과 관련하여 1968년 열린 제1차 한미국방각료회담에서 한국이 미군기지의 제주도 유치를 시도했던 사실을 확인해주었다. 당시 최영희 국방장관은 "일본에서 미군기지 철거 요청을 하고 있는데 한국에 이동해 올 것을 전적으로 환영한다. 필요한 토지도 제공할 것"이라고 밝혔다. 이에 대해 미국측은 "막대한 예산이 드는 일이니 간단하게 할 수 없다"고 답변했다.[21] 69년에 열린

---

20) 외교문서.C-0029(1960-1970), 파일번호20, 『미일간 오키나와 반환문제, 1969, 전2권 (v.1 1969.1-6월)』, 분류번호 722.12 JA/US, 등록번호 2958, pp.130-131, 1999년 외교통상부 공개 자료.

2차 회담에서도 임충식 국방장관은 "일본에서 반환 요구가 일고 있는 오키나와 기지를 미측이 어떻게 할지 걱정"이라며 주오키나와기지의 향방에 관심을 표명하였고, 당시 데이비드 패커드(David Packard) 미 국방차관은 "오키나와 기지는 이 곳 군사지역 전역에 영향을 주고 있기 때문에 일본과 미국 정부가 서로 지원하는 방향으로 해결책을 찾아야 한다"며 원론적인 수준에서 답변했다. 그러자 임장관은 "우리 제주도에 공군기지와 해군기지를 만들어 줄 것을 제의"한다고 밝히고 "제주도에 만드는 것이 여러 가지 면에서 실질적"이라고 밝혔다.22) 그런 가운데 1969년 6월 박정희 대통령은 제주도를 미 공군기지와 해군기지로 제공할 용의가 있음을 미국 당국자들에게 재확인했고, 7월 17일 패커드 미 국방차관은 한국 의원단과 만난 자리에서 오키나와 기지반환에 관한 협상이 실패할 경우 한국이 제시한 안을 수락할 용의가 있다고 말했다.23)

1969년 11월의 사토-닉슨 정상회담을 통해 마무리되는 오키나와 반환협상은 한미일 정부의 입장에서 볼 때 매우 '성공적인' 것이었다. 원래 미국으로부터 일본으로 오키나와를 반환한다는 정치협상은 오키나와의 '조국복귀'를 바라는 오키나와 민중들의 투쟁에 의해 떠밀린 측면이 컸다(정영신, 2013). 따라서 미일 양 정부는 오키나와에 배치된 핵무기를 철거하고, 오키나와에 집중된 미군기지도 일본

---

21) 월남전관련문서목록, Re-0019, 파일번호08, 『한미국방각료회담, 제1차. Washington, D.C., 1968.5.27-28』, 분류번호 729.21 US, 등록번호 2634, p.78, 2005년 외교통상부 공개 자료.

22) 월남전관련문서목록, Re-0019, 파일번호09, 『한미국방각료회담, 제2차. 서울, 1969.6.3-4』, 분류번호 729.21 US, 등록번호 3100, pp.113-114, 2005년 외교통상부 공개 자료.

23) ≪경향신문≫ 1969.07.18. <오키나와 반환협상 실패하면 제주에 미군기지 용의>.

본토에 배치된 미군기지 수준으로 축소하라는 아래로부터의 요구를 외면할 수 없었다. 그래서 미일 양 정부는 협상 과정에서 오키나와 에 배치된 핵무기를 철거하고 미군기지도 어느 정도 축소할 것이라 고 밝혔다. 그런데 반환협상의 결과를 발표하기 위해 마련된 1969년 11월 21일의 사토-닉슨 공동성명에서, 일본의 사토 수상은 "한반도 의 평화유지를 위한 UN의 노력을 높이 평가하고, 한국의 안전은 일 본 자신의 안전에 있어서 긴요하다"고 밝히고, "대만 지역의 평화와 안전의 유지도 일본 자신의 안전에 있어서 매우 중요한 요소"라고 말했다. 바로 이 '한국·대만 조항'은 오키나와 반환과 관련한 한국과 대만 정부의 안보불안에 응답하는 것이었다. 그 결과 69년 말의 시점 으로 가면 한국에서 오키나와 미군기지의 제주도 유치론은 사라지 게 된다.

1960년대 말, 제주도 군사기지화의 움직임은 일본으로 복귀한 후 에도 오키나와 미군기지가 그대로 유지된다는 조건 하에서 중단되 었던 것이다. 그렇다면 오키나와의 미군기지를 대체하는 지역으로 왜 제주도가 선택되었을까? 그와 관련된 명시적인 언급은 없지만, 당시 한국정부가 보기에 오키나와가 지닌 지정학적 위치(이 글의 입 장에서 보자면 변경이자 주변으로서의 위치)와 가장 유사한 곳이 제 주라고 판단했을 것이라고 추론해 볼 수 있다.[24] 즉, 한국정부는 제 주와 오키나와가 공유하는 섬으로서의 주변성에 주목하여 오키나와

---

24) 미국은 위와 같은 한국정부의 견해에 동의하지 않았다. 미국은 오키나와의 전략적 장점 을 대체하기 힘들다는 점, 제주도가 중국 대륙에 근접하여 레이다망에 포착된다는 점, 기지로서의 입지조건과 건설비용에 난관이 많다는 점, 적절한 항만시설이나 기본적인 수도 및 전력시설이 부족하고 바람이 세다는 점 등을 난점으로 거론했다(≪조선일보≫ 1968.06.18.).

의 군사적 역할을 제주도로 대체하려 했던 것이다. 이 일련의 과정은 오키나와의 중무장 상태와 제주의 경무장(혹은 비무장) 상태가 동아시아 기지네트워크를 통해 구조적으로 연결되어 있었고, 베트남전쟁과 동아시아 질서의 변동 속에서 그 구조적 연결, 즉 중심-주변 관계 속에서 주변들의 연결이 일시적으로 드러난 것으로 해석할 수 있다. 그러나 냉전시대 동안 이러한 연결 상태, 동아시아의 주변으로서 지니는 공통성은 가시화 되지 않았다. 그것은 정보의 비공개 상태 때문이기도 했지만, 한반도와 제주의 시민사회 내에 반기지평화운동이 부재했기 때문이기도 했다.

6. 반기지평화운동의 성장과 연대·교류의 확대

1980년대 말에서 1990년대 초, 민주화와 탈냉전을 배경으로 군사기지, 특히 미군기지를 둘러싼 새로운 움직임이 일어났다. 제주와 오키나와는 1970~80년대 반기지운동의 부재·정체 상태를 깨고 기지문제를 지방과 중앙의 중요한 정치문제로 제기했으며, 그 과정에서 서로를 인식하면서 연대와 교류를 확대해 왔다.

민주화와 탈냉전의 시기였던 1980년대 말, 제주도는 다시 한 번 군사기지화의 압력에 직면했다. 당시 한국정부는 한국군의 현대화와 군사력 증강의 일환으로 제주도 송악산 일대, 서산 해미 등 여러 곳에 공군기지 확충을 시도하고 있었다. 남제주군 대정읍 모슬포 지역에는 한국전쟁 시기부터 군사시설보호구역으로 지정된 곳이 많았고, 이 지역을 빌려서 농사를 짓는 사람들도 많았다. 1987년 11월 대통령선거에 나섰던 노태우 후보는 이 토지들을 보호구역에서 해제하겠다고 약속했다. 그러나 국방부는 대선이 끝난 직후 군사시설보호구역 심의위원회를 열고 오히려 그 주변지역까지 보호구역으로 지정해 버렸고, 이 사실은 1988년 8월 12일 ≪제주신문≫의 보도에 의해 알려지게 되었다. 정부가 송악산 일대의 관광개발계획을 취소하고, 기존 국공유지 70만평에 주변 토지를 더 포함시켜 197만평 규모의 군사기지와 비행장을 건설할 계획이었던 것이다(김수열, 1989; 정영신, 2012a; 2012b; 조성윤, 1992a; 1992b; 2003; 조성윤·문형만, 2000a; 2000b; 2005). 1988년 10월 1일 제주도 대정 지역의 주민들은 '모슬포 군비행장 설치 결사반대 대정읍 공동대책위원회'를 결성하고 기지건설 반대행동에 나섰다. 주민들은 "생존권을 위협하는 어떠한 군사기지 설치도 거부"한다며 "대통령 선거공약의 이행"을 요구했다. 주민들은 일제시기와 6·25에 이르기까지 국가안보라는 차원에서 희생을 강요당했음에도 불구하고 다시금 군비행장을 설치한다는 것은 어불성설이라며 강한 반대의사를 표명했다. 한편, 87년 민주화운동을 통해 성장한 도내 19개 종교 및 민주단체들은 '송악산 군사기지 설치 결사반대 도민대책위원회'를 구성하고 '한반도 평화', '주한미군 철수'와 '한반도 비핵화', '남북한 평화협정 체결' 등을 주장하며 집회나 평화대회를 개최하였다. 지역 정치인들과 재경 유학생 조직까지 나선 이 반대운동의 결과, 정부는 1990년 3월 송악산 군사기지 설치 계획을 전면 백지화한다는 결정을 내렸다. 그리고 국방부 소유 군사기지 중 47만 평을 주민들에게 불하하기로 하면서(이후 국방부는 토지를 불하하지 않았다) '송악산투쟁'은 일단 종료되었다. 이 '송악산 투쟁'은 한국 현대사에서 제주도에 불어닥쳤던 몇 번의 군사기지화 압력에 대해 시민사회 차원에서 대중적인 저항에 나섰던 최초의 사례였다. 또한 제주의 시민사회가 군사기지 문제를 두고 (동)아시아로 시야를 넓힌 최초의 사례이기도 하다.[25]

이러한 반기지운동의 성장을 배경으로 제주에서는 제주의 지정학적 주변성을 평화로운 동아시아를 건설하는 자원으로 활용하려는 움직임이 나타났다. 1990년대 제주에서는 제주4·3사건의 진상을 규명하고 국가의 사과와 명예회복을 요구하는 운동이 줄기차게 벌어졌다. 제주도민의 끈질긴 요구와 투쟁 그리고 정권교체에 힘입어 2000년에 제주4·3특별법이 제정됨으로써 4·3사건 이후부터 제주사회를 억눌러왔던 감시와 통제, 제주사회 내부의 갈등과 반목의 문제는 어느 정도 해소되게 되었다. 동시에, 민주화와 탈냉전의 분위기 속에서 1991년 4월에 고르바초프 대통령이 제주를 방문하여 한소정상회담을 개최했고, 동구권의 국가들과 중국, 일본, 베트남, 몽골의 정상들이 제주를 방문하여 2000년까지 23회의 정상급 회담이 제주에서 개최되었다. 이러한 조류 속에서 제주는 동아시아 분쟁의 완충지대이자 협력의 거점으로 부각되었다. 1991년 5월 미국 뉴욕에서 개최된 '태평양의 평화유지'를 위한 국제회의, 6월 제주국제협의회 창립기념 학술회의에서 '평화의 섬' 구상이 제안된 이래로, 1990년대에 제주 안팎의 학자들은 제주를 '평화의 섬'으로 지정할 것을 요구했다. 1997년 당시 김대중 대통령 후보가 이를 약속하고 당선되면서, 그 실현의 가능성은 급격히 높아졌다. 1998년부터 제주에서는 북한

---

25) 당시 반기지운동 진영은 필리핀의 미군기지가 철수할 경우, 제주로 이전할 가능성을 우려하고 있었다. 그러나 이런 인식이 동아시아의 기지네트워크에 대한 구체적인 분석에 근거한 것은 아니었던 것으로 보인다.

에 감귤보내기운동을 시작했고, 2000년의 남북정상회담과 6·15선언 이후 제주는 남북회담과 교류의 중심지로도 부각되었다. 이러한 조류를 기반으로, 2000년에 '제주도개발특별법'이 개정되면서 특별법 52조에 세계평화의 섬 지정의 법적 근거가 마련되었고, 그 세부적인 사업으로 국제평화협력기구의 유치, 평화 연구소의 설립, 국제회의의 유치 등이 제안되었다. 2001년 9월 제주도는 '제주 평화의 섬 추진위원회'를 건설하여 세부적인 사항을 준비했다. 2002년에 제주도개발특별법이 제주국제자유도시특별법으로 대체되는 과정에서도 이 규정은 존속되었고, 2004년 7월에 제주도는 '세계평화의 섬 지정 계획안'을 제출하기에 이르렀다. 그리고 2005년 1월, 정부는 제주를 '세계평화의 섬'으로 지정하게 되었다.

 오키나와에서도 비슷한 시기에 변화의 조짐이 나타났다. 1990년 11월의 오키나와현 지사 선거에서 혁신의 후보로 나선 오타 마사히데(太田昌秀)가 12년간 지속된 보수 현정을 막고 당선되었던 것이다. 오키나와의 복귀 이후 보수 현정은 경제진흥에 집중하면서 기지문제를 회피해 왔다. 오타 지사는 반안보(체제)·반기지·반자위대라는 슬로건을 내걸고 당선되어, 평화기념자료관의 확충, 평화의 초석의 건립, 국제평화연구소의 설립 등 '평화행정'을 실시했다. 그러나 미군기지의 축소·철거와 관련해서는 별다른 진전이 없는 가운데, 1995년 9월 이른바 미군에 의한 소녀 성폭행사건이 발생했다. 이 사건은 그 동안 기지문제로 인해 여러 가지 피해를 받아오던 오키나와의 반기지 여론을 폭발시켰고, 미군기지의 축소·철거와 안보의 재검토를 요구하는 대중적인 반기지평화운동 역시 강하게 전개되었다. 오키나와 현민의 의사는 8만5천 명이 결집한 1995년 10월 21일의 현민총궐기대회, 1996년 9월 8일의 오키나와 현민투표(투표율 59.53%, 기지의 정리·축소에 89.09%가 찬성)를 통해 표출되었다(新崎盛暉, 2005).

이러한 아래로부터의 움직임에 대해, 미일 양 정부는 '오키나와에 관한 미일특별행동위원회(SACO)'를 설치하여, 노후한 후텐마(普天間) 미군기지를 포함한 오키나와 미군기지에 관한 정리·통합·축소 방안을 모색하기 시작했다. 그러나 SACO는 1996년 12월의 최종보고서를 통해 후텐마를 대체하는 해양시설의 건설을 제안했고, 1997년 미일 양 정부는 그 건설장소를 캠프 슈와브 앞바다의 헤노코(辺野古)로 합의했다. 이에 대해 헤노코가 위치한 나고시(名護市)의 시민들은 1997년 12월 21일의 나고시민투표를 통해 반대 의사를 명확히 했다.[26] 오키나와 현민과 나고 시민, 그리고 헤노코 주민들의 반대 의사에 직면한 미일 양 정부는 정치공작과 경제진흥자금의 투입, 기지찬성파의 양성 등 다양한 수단을 동원하여 헤노코에 신 기지를 건설하려 했지만 오늘날까지 성공하지 못하고 있다.[27]

제주도에서 공군기지 건설이 좌절되고 오키나와에서 후텐마 대체기지의 건설이 좌절된 이후, 일련의 소강상태가 2000년대 말까지 지속되었다. 그 동안 제주에서는 기지건설의 주체가 해군으로 바뀌었고 화순과 위미를 거쳐 강정으로 기지건설 예정지가 바뀌었으며, 오

---

26) 당시 친기지의 입장에 있던 나고 시장은 찬성/반대의 시민투표조례의 내용을 바꾸어 4지 선택방식으로 바꾸었다. 시민투표의 결과는 투표율 82.45%에 '찬성' 8.13%, '환경대책이나 경제효과를 기대할 수 있어서 찬성' 37.18%, '환경대책이나 경제효과를 기대할 수 없어서 반대' 1.22%, '반대' 51.63%로 나타났다.

27) 미일 양 정부의 다양한 술책에 대해서는 아라사키 모리테루(2008), 개번 매코맥·노리마쯔 사또꼬(2014)를 참조.

키나와에서는 헤노코의 주민과 활동가들이 해상시위까지 포함한 저항운동을 벌여 방위시설청의 굴착조사를 저지했고 2005년 10월에 코이즈미 수상이 주민들의 강력한 저항을 이유로 조사의 중지를 선언하기에 이르렀다.

하지만 2000년대 말에는 이러한 상황에 큰 변화가 나타났다. 동아시아 지역 수준에서 보면, 이러한 변화에 가장 큰 영향을 미친 요인은 2000년대 중반 미국이 추진한 전 세계 미군재편(Global Posture Review)이었다(매코맥·노리마쯔, 2014). 1990년대 이후 정보통신기술을 군사전략에 결합시킨 군사혁명(Military Revolution)과 더불어 2001의 9·11테러를 배경으로 진행한 대테러전쟁을 거치면서 미국은 전 세계 미군의 체계와 전략을 보다 신속하고 유연하며 통합적인 것으로 전환했고, 이에 따라 전 세계에 주둔한 미군과 미군기지의 주둔 체계 역시 변화하게 되었다(강한구, 2007; 김성철, 2008; 김일영, 2003; 정세진, 2004).

미군재편은 제주와 오키나와의 군사기지 문제에 대해 두 가지 측면에서 영향을 주었다. 첫째, 냉전체제 하에서 안정적으로 유지되던 기지체계가 크게 변동하면서 이를 둘러싼 정치적 불안정성이 크게 증가했다. 한국에서는 평택미군기지를 확장하기로 한 결정이 당시 노무현 정권의 지지기반을 크게 침식했고, 제주해군기지의 건설문제는 이명박과 박근혜 정권 하에서도 지속적인 갈등의 원천이 되고 있다. 오키나와에서는 후텐마 미군기지의 재배치(헤노코의 신기지 건설) 문제가 미군재편의 핵심 사안으로 떠오르면서 일본 정권의 명운을 가르는 문제가 되었다.

2009년 8월에 대미·대중 관계에 관한 새로운 입장을 발표하고 후텐마 대체시설을 "최소한 오키나와현 밖으로 재배치"할 것이라고 약속한 일본 민주당이 총선에서 승리하여 정권을 획득함으로써 기지건설 문제에서 새로운 국면이 시작되었다(매코맥·노리마쯔, 2014). 그러나 "최소한 현외 이전"을 약속했던 하토야마 유키오(鳩山由紀夫) 수상은 미국과 일본 미디어, 그리고 관료들의 조직적인 저항에 직면했다. 결국 그는 2010년 5월에 후텐마 대체시설을 "캠프 슈워브-헤노코곶지역 및 인접한 해상"에 건설한다는 협정에 서명한 뒤에 사임하고 말았다. 이후의 민주당 정권과 자민당 정권은 헤노코로의 이전계획을 강조하고 있지만, 후텐마기지의 폐쇄와 헤노코 신기지의 건설 문제는 아직도 미일안보체제의 가장 큰 불안정 요인이 되고 있다.

둘째, 미국은 미군기지의 재편과 더불어 농맹관계의 재편 역시 요구했고 이에 따라 한국과 일본의 대외적인 군사활동과 한·미·일 군사협력이 강화되고 있으며, 이 과정에서 제주와 오키나와의 역할이 주목받고 있다. 우선, 한국과 일본은 1990년대 이후 유엔의 평화유지 활동과 미국을 중심으로 한 대테러전쟁에 적극적으로 동참하고 있다. 한국군과 자위대 모두 일국의 영토적 경계만을 지키는 군대에서 탈피하고 있으며, 이라크에 파병하는 등 적극적으로 해외군사활동을 벌이고 있다. 이때 제주도와 오키나와는 매력적인 기항지나 모항이 될 수 있다.[28]

또 한국과 일본은 미국과의 동맹관계를 강화하면서 대중국 봉쇄를 위한 군사협력을 강화하고 있다. 오바마 행정부는 동아시아에서

---

28) 그렇지만 한 번 출항하면 수개 월 이상의 기간 동안 활동을 펼쳐야 하는 상황에서 반드시 제주도나 오키나와에 군사기지를 두어야 하는지는 논란의 대상이 되고 있다.

두 개의 3국 군사협력을 강화함으로써 중국을 제약하려 하고 있다. 즉, 동북아시아에서 한미·일 3각 군사협력, 동남아시아를 포함한 아시아태평양 지역에서 미·일·호(주)의 3각 군사협력을 강화한다는 것이다. 특히 2010년대에 들어서면서 한미일 군사협력이 동맹에 준하는 수준으로 빠른 속도로 실체화되고 있다. 지난 7월 21~22일, 제주의 남방 해상에서 한미일 3국이 진행한 합동군사훈련이 실시되었는데, 여기에는 미 해군 제7함대 소속의 항공모함인 조지워싱턴호를 비롯한 3국의 함정과 항공기들이 참여한 것으로 알려지고 있다. 2012년부터 실시되어 올해로 3회째를 맞이하는 이 훈련에 대해, 한미일 3국은 이 훈련의 목적을 수색·구조(SAREX: Search and Rescue Exercise)를 위한 것이라고 밝히고 있다. '인도적 목적'을 내세우고 있지만, 한반도 주변에서 '유사사태'가 발생할 경우에 자위대의 파견을 비롯한 한미일 군사협력을 목적으로 한 훈련이라고 보아야 할 것이다(정욱식, 2014). 또한 2012년부터 위의 수색·구조훈련과 더불어 3국의 해상미사일방어(MD)훈련인 '태평양의 용(Pacific Dragon)' 훈련이 매년 실시되고 있다.

이와 같은 군사협력의 진전 상황에 대해 한국정부는 국민들에게 정보를 은폐하는 방법으로 비판을 회피해 왔다. 특히 그 목적이 불명확한 제주도 강정의 해군기지는 한·미·일 군사협력의 거점으로 활용될 가능성이 큰데, 이것은 최근에 벌어진 이른바 '수색·구조훈련'이 제주도 해역에서 벌어진 것을 보면 어렵지 않게 예측할 수 있는 일이다.

이와 같은 정세 변화 속에서 제주도와 오키나와는 다시 한 번 공동의 운명의 수레바퀴 속에서 끌려들어가는 듯하다. 아시아·태평양

전쟁 시기와 베트남전쟁 시기에 그랬던 것처럼, 현재의 상황 역시 동아시아 체제의 이행기·변동기라는 점 그리고 그러한 변동이 기지와 군대의 대규모 재편을 동반했다는 점에서 주목된다. 과거의 두 시기에는 제주와 오키나와의 관계가 군사안보라는 측면에서 긴밀하게 연결되었고, 현재의 주변 상황 역시 그런 경향을 보여주고 있다.

그러나 이러한 경향이 반드시 일방적으로 진행될 것이라고는 확언할 수 없다. 한편에서는 한미일 군사협력의 강화에 따라 제주도와 오키나와를 연결하는 군사기지의 네트워크가 보다 가시화될 가능성이 커져가고 있지만, 다른 한편에서는 1990년대 후반 이후 한국과 일본, 제주와 오키나와를 포함한 동아시아 시민사회의 교류와 협력이 강화되고 있고 군사기지에 반대하는 국제적인 연대운동 역시 점차 활성화되어 왔기 때문이다. 동아시아 시민사회와 평화운동의 교류와 연대는 아직 그 영향력 측면에서 미미한 수준이지만, 그럼에도 불구하고 중요한 역할을 담당할 가능성은 열려 있다.

7. 결론: 섬의 경계를 넘어선 평화를 위하여

최근 제주와 오키나와가 맞이하고 있는 군사기지 건설 문제를 보다 장기적인 역사적 시간대 속에서 고찰해 보면, 제주와 오키나와가 여러 차례에 걸쳐 군사화·기지화의 압력 속에 놓여 왔다는 점을 확인할 수 있다. 본문에서 살펴본 것처럼, 동아시아의 지역적 체제가 변동하는 시기에 기지와 군대의 대규모 재편이 동반될 경우, 중심부의 국가나 중앙정부는 '주변'과 '변경'을 요새화함으로써 체제변동의 비용을 떠넘기려는 유혹을 지녔었다. 아시아·태평양전쟁의 말기와 베트남전쟁의 과정에서 제주와 오키나와는 특히 군사적 측면에서 그 연관성이 부각되었다. 그리고 냉전 시기의 대부분 동안 이러한 연관성은 시민사회나 연구자들에 의해 제대로 포착되지 않았다. 그 구조적인 이유는 1945년 이후에 서서히 등장한 동아시아 분단체제 속에서 제주와 오키나와의 직접적 연결 관계는 잠재화 되었고, 제주와 오키나와가 개별 국민국가와의 관계 속에서 상이한 위치를 부여받았기 때문이었다. 중앙으로부터 가장 멀리 떨어진 '변경'에 (지리적으로뿐만 아니라 정치적으로) 위치한다는 이유 때문에, 제주는 중무장한 한반도 분단체제의 군사기지화 압력으로부터 비켜날 수 있었지만, 오키나와는 '평화국가, 일본'을 가능케 하는 '기지의 섬'으로 재편되었다.

그러나 1960년대 말 제주도의 위기에서 보이는 것처럼, '주변' 혹은 '변경'이 가질 수 있었던 중심으로부터의 '거리감'이나 그로부터 비롯되는 '자율성'은 매우 취약한 것이었고 언제든지 몰수당할 수 있는 것이었다. '자율성'은 곧 '고립성'에 다름 아니었던 것이다. 2000년대 이후 새로운 기지 건설 문제에 직면하고 있는 제주와 오키나와의 처지는 오랫동안 구조적 관계를 통해 연결되어 있던 두 지역이 보다 직접적인 연결 관계 속으로 통합되는 과정으로 이해할 수 있다. 따라서 제주와 오키나와가 지닌 '주변성', 중앙으로부터의 지리적·역사적·정치적 거리감을 활용하고(그것이 비록 취약한 것이라 할지라도) '주변'들 사이의 교류와 연대를 강화함으로써 섬의 '경계'를 넘어서는 평화를 창조해갈 필요가 있다.

그렇다면 제주와 오키나와, 동아시아의 시민사회는 제주와 오키나와가 직면하고 있는 새로운 환경의 변화에 대처할 준비를 갖추고 있는가? 1990년대 이후 양측의 시민사회는 반기지평화운동의 성장을 배경으로 각각 '평화의 섬'을 실현하기 위한 운동을 진행해 왔다. 오키나와에서는 1990년부터 1998년까지 집권한 혁신의 오타 마사히데(太田昌秀) 현정에 의해 오키나와를 평화의 섬으로 만들기 위한 '평화행정'이 실시되었다. 평화행정의 세 기둥은 오키나와현 평화기념자료관의 확충과 강화, '평화의 초석'의 건립, 그리고 국제평화연구소의 건립이었다. 오타 지사는 1996년 1월에 '기지반환행동계획(Action Program for Return of the Bases)'을 발표하면서, 2015년까지 오키나와 미군기지를 점진적으로 반환시키고, 반환되는 토지의 이용계획까지 포함하는 '국제도시형성구상'을 통해 홍콩과 같은 '1국가-2체제'적인 국제적인 도시를 만들고자 했다. 하지만 이러한 일련의 계획은 미일 양 정부의 강압과 오타 지사의 낙선으로 인해 중단되고 말았다.

제주도에서는 1990년대 초부터 지역 언론과 지식인들을 중심으로 제주를 평화의 섬으로 지정해야 한다는 요구가 증가해 왔다. 2000년에 개정된 제주도개발특별법에 평화의 섬 지정과 관련한 조항이 포함되었고, 2005년 1월에 당시 노무현 대통령이 제주를 '세계평화의 섬'으로 지정하고 2006년에 '제주특별자치도 설치 및 국제자유도시 조성을 위한 특별법'을 제정하면서 그 구체적인 실시사업을 명기했다. 그러나 제주의 '평화의 섬' 구상은 처음부터 '평화의 섬' 지정이 가져올 관광 이미지의 상승에 방점을 두었고, 4·3기념사업과의 관계 역시 불명확했다. 특히, 동 법에 의해 해군기지의 건설이 정당화되면서 '평화의 섬' 정책은 무력화되었다. 그 결과, '평화의 섬' 구상은 국제자유도시 구상의 하위개념으로 포섭되어, 중앙의 자금지원을 받아내기 위한 개발사업으로 전락하고 말았다(조성윤, 2008).

20세기 중반부터 오늘에 이르기까지, 제주와 오키나와가 지닌 주변성, 육지로부터의 지리적·문화적 거리는 섬에 대한 구조적인 차별로 이어져 왔다. 주변의 섬들은 중심부의 위기에 대한 방어막으로서, 중심부의 원활한 작동에 필요한 기능적인 부속물로 취급되어 왔다. 군사적 거점으로서의 역할뿐만 아니라 관광산업으로 특화된 경제구조 역시 육지부에 대한 종속성을 강화해 온 것이다. 이에 대해, 두 섬에서는 자신들이 경험했던 국가폭력과 전쟁의 경험을 평화의 비전으로 전환하기 위해 노력해 왔다. 하지만 개발주의의 거센 압력은 '평화의 섬'의 실현에 대한 장애가 되고 있으며, 체제 이행기를 맞이하여 미중대결·미일갈등의 최전선에 위치한 두 섬에는 군사기지화의 압력이 더욱 강화되고 있는 것이 현실이다. 요컨대, 동아시아의 체제 전반에서 고조되고 있는 대립과 갈등, 군사화의 움직임이 변경이자 주변인 섬들에 가하고 있는 압력은 결코 평화롭지 못한 것이다.

1940년대 말에서 50년대 초반의 시기, 그리고 1960년대 말에는 이러한 압력에 각각의 섬이 개별적으로 고립적으로 대응해 왔다. 하지만 2000년대에는 높아가는 군사기지화의 압력 속에서 평화를 위한 섬들 사이의 연대와 교류 역시 확대되고 있다는 점에 주목해야 할 것이다. 주변부의 역사와 현실에 근거하면서도 주변화되지 않도록 섬들 사이의 '공동의 평화'를 위해, '평화의 섬들'을 잇는 '평화의 바다'를 건설하기 위해 공동의 노력을 확대해 나가야 할 시점이다.

제주와 오키나와의 창세 여신 신화와 후대의 변모

허남춘(許南春)
제주대학교 국어국문학과 교수

1. 서

설문대할망 이야기는 지금 우리에게 무엇인가. 무가 본풀이에서 구연되는 것도 아니고 신화의 면모를 지니면서 전승되지도 못한다. 전설의 파편화된 이야기일 뿐이다. 그런데 왜 신화인가. 설문대할망 이야기의 흔적을 더듬어보면 제주도라는 지형 창조의 창세신적 면모가 감추어져 있고, 그 이야기를 복원하면 여신 창세신화의 비밀을 찾아낼 수 있을 것이다. 창세신화는 다양하게 전승되고 있다.

우리나라의 경우 <창세가> <시루말> <천지왕본풀이> 계열은 미륵과 석가와 천지왕 등 남성신 위주의 창세신화다. 창세 여성신 신화는 미미하다. 여성신이 대지를 창조하거나 인간을 창조하는 세계적 보편성이 우리에게는 잘 보이지 않는다. 그러나 설문대할망 이야기를 조망하면 그 흔적의 일단을 확보할 수 있다. 그래서 신석기시대의 대지모신 혹은 거석(巨石)시대의 거녀신을 만날 수 있게 된다.

여성신화에 대한 관심과 여성신의 의미 규명에 대한 최근의 열의는 무엇인가. 남성 중심, 가부장적 권위에서 벗어나 여신의 자애로움이나 모성, 그리고 만물 생육의 가치를 찾으려 함이 아니던가. 힘 위주의 경쟁이 낳은 폐단이 이어져 무한경쟁의 시대를 맞고, 우승열패의 신화 속에서 양극화가 심각하게 진행되고 있다. 더 이상 근대문명이 행복을 주지 못하고 있다. 그래서 중세와 고대의 가치로 회귀하려 하고 있다. 중세의 인간에 대한 배려와 예의의 가치, 고대의 고난 극복의 투지와 영웅의 성취, 더 거슬러 올라가 인간과 자연과 그 안에 깃든 생명의 공존을 추구하는 여성성의 가치를 회복하고자 한다.

설문대할망 이야기가 제주에서 다시 부각된 이유는 무엇인가. 원시와 고대 신화에 대한 탐구가 이루어지는 과정에서, 지금까지의 관심 대상은 건국신화 위주였는데 무속신화에까지 영역을 넓혔더니 다채로운 신화의 세계가 펼쳐졌고, 그 중에서 제주의 무속신화가 주목의 대상이 되었다. 특히 <세경본풀이>의 '자청비' 이야기나 <삼공본풀이>의 '가문장' 이야기는 여성신의 주체성을 여실히 느낄 수 있는 매력적인 것이었다. 이와 더불어 거녀(巨女)인 설문대할망 이야기도 관심의 대상으로 떠올랐다.

제주도 구비문학은 여느 소수민족의 문학이 그러하듯이 온전한 소수민족의 전범을 보이고 있으며 제주도 구비문학은 이러한 각도에서 논의를 해야만 온전한 의의를 가지고 있다고 생각한다. 아울러 소수민족의 문학인 제4세계문학으로서의 보편성을 검증하기 위해서는 유사한 사례의 소수민족과의 비교가 불가피하다.[1] 그런 사례

---

1) 김헌선, 「제4세계문학 범례로서의 제주구비문학연구」, 『한국언어문화』 제29집, 한국언

로 적절한 대상이 되는 것이 일본에서는 홋카이도와 오키나와 소수민족이고, 중국에서는 만주와 몽골 그리고 중국 남부 운남 등의 소수민족이라 하겠다. 그래서 본고는 제주와 오키나와를 중심으로 비교하되, 주변 소수민족의 창세 신화를 함께 언급하면서 여성 거인신화의 정체성을 밝히고자 한다.

2. 창세신화의 흔적

1. 천지분리

하늘광 땅이 부뗫는디 천지개벽홀 때 아미영ᄒ여도(아무리 하여도) 열린 사름이 이실 거라 말이우다. 그 열린 사름이 누게가 열렷느냐 ᄒ민 아주 키 크고 쎈 사름이 딱 떼어서 하늘을 우테레(위로) 가게 ᄒ고 땅을 밋트로(밑으로) ᄒ여서 ᄒ고 보니 여기 물바다로 살 수가 읎으니 ᄀ드로(가로) 돌아가멍 흑 파 올려서 제주도로 맨들엇다 ᄒ는디 거 다 전설로 ᄒ는 말입쥬.

하늘과 땅이 붙어 있었는데, 천지개벽할 때에 아무래도 열어젖힌 사람이 있을 것이란 말입니다. 그 연 사람이 누군가 하면 아주 키 크고 힘이 센 사람이 (붙은 것을) 딱 떼어서 하늘은 위로 가게하고 땅은 아래로 가게하고 보니, 그곳이 물바다로 살 수가 없어서 가장자리로 돌아가면서 흙을 퍼 올려서 제주도를 만들었다고 하는데, 그것이 모두 전설로 하는 말입니다.[2]

어문화학회, 2006, 6쪽.

2) 『한국구비문학대계』 9-2, 한국정신문화연구원, 1981, 710-714쪽. 오라동 설화 23, 송기

이 이야기는 설문대할망이 한라산을 어떻게 만들었냐고 하는 조사자의 질문에 답한 내용이다. 이 내용을 두 번에 걸쳐 이야기했는데, 처음에는 키가 크고 힘이 센 사람이 나와서 천지를 분리시키고 난 후, 여기가 물바닥이어서 살 수가 없어서 가장자리로 흙을 파면서, 목포까지 흙을 파버리니 육지와 길이 끊어졌다고 말했다. 이어서 설문대할망이 치마에 흙을 퍼다가 물바닥을 메우려고 하다가 흙이 많이 떨어진 곳은 큰 오름(한라산)이 되고 적게 떨어진 곳은 작은 오름이 되었다고 한다. 육지와 떨어진 사연을 이야기하는 대목에서 조사자가 다시 '붙었다가 떨어진' 사연을 묻자 이어서 위의 이야기를 반복했다. 하늘과 땅이 붙었다가 떨어진 이야기와, 물바닥에 흙을 퍼담아 섬으로 만든 이야기와, 제주가 육지와 떨어지게 된 이야기가 연속되었는데, 조사자의 부적절한 개입에 의해 '하늘과 땅을 분리시킨 이야기'가 두 번 구술되었다.

조사자의 부적절한 개입 덕분에 우리는 확실한 것을 얻게 되었다. 제보자의 생각은 명료했다. 키가 크고 힘이 센 설문대할망이 천지가 붙어 있던 혼돈의 시절에 하늘을 밀어올려 분리시켰던 이야기와, 제주도를 섬으로 만든 이야기를 함께 구술했다. 이 중요한 대목을 독자들은 왜 지나쳤을가. 그리고는 우리가 익히 알고 있는 치마에 흙을 퍼 담아 한라산과 오름을 만든 지형형성 이야기에만 주목했을까. 앞 부분을 다시 살펴 본다.

　[김영돈: 설문대할망이 한라산을 어떵ㅎ영(어떻게 해서) 만들엇댕

조 남, 74.

(만들었다고) 흡니까?] 요전이 아으덜(아이들)이 전설을 써 주시오 ᄒ
기에 서 줘신디(주었는데), 뭐옌(무어라고) 써줘싱고(써 줬는고) ᄒ
니, 옛날에는 여기가 하늘광(하늘과) 땅이 부떳다(붙었다). 부떳는디
큰 사름이 나와서 떼여 부럿다(버렸다). 떼연(떼어서) 보니, 여기 불
바닥이라 살 수가 읎으니 ᄀᆞ로(가로)물을 파면서, 목포(木浦)ᄁᆞ지
아니 파시민(팠으면) 질을(길을) 그냥 내 불테인데(버릴 터인데) 그ᄁᆞ
지 파부니(파 버리니) 목포도 끊어젓다.

구술한 앞의 이야기는 성글고 뒤의 이야기는 촘촘한 편이다. 설
문대할망이 어떻게 한라산을 만들었냐고 묻자, 천지가 붙어 있을
때 '큰 사람'이 나와서 분리시켰다고 했고, 뒤에는 '키가 크고 힘이
센 사람'이 나와서 분리시켰다고 했다. '큰 사람'은 '설문대할망'의
모습을 구체적으로 형상화해서 표현한 것이고, 뒤에는 더 구체적으
로 형상화하였다. 제보자는 천지분리 이야기에 이어서 치마에 흙을
퍼 담아 한라산과 오름을 만드는 주체를 '설문대할망'이라고 적시
하고 있다.

  그것은 그때에 여기를 육지 맨드는(만드는) 법이 잘못ᄒᆞᆫ 거쥬. 기
  연디(그런데) 설문대할망이 흑(흙)을 싸다가, 거길 메울려고 싸다가
  걸어가당(걸어가다가) 많이 떨어지민 큰오롬이 뒈곡, 족게 떨어지문
  족은 오롬이 뒈엿다, 그런 옛말입니다. [김영돈: 어떵마심?] 치매(치
  마)에, 치매에 흑(흙)을 싸다가 많이 떨어지민 한라산이 뒈곡, 족게
  (적게) 떨어지민 도둘봉이 뒈엿다, 그건 옛날 전설이곡.

그런데 우리는 여태까지 설문대할망이 앞치마에 흙을 퍼 담아 한

라산과 오름 등 제주 지형을 형성한 '지형형성' 혹은 '국토형성' 이야
기에만 주목해 왔다. 기실 키가 크고 힘이 센 설문대할망이 천지가
붙어 있던 혼돈의 시절에 하늘을 밀어올려 분리시켰던 이야기가 남
아 있는데 말이다. 그렇다면 설문대할망은 창세신화 중 국토형성에
만 관여한 신이고, 천리분리에는 전혀 관여하지 않았다는 편견은 시
정되어야 한다. 설문대할망 이야기 속에 천지분리와 지형 형성의 온
전한 창세신화를 발견할 수 있겠다.[3]

> 설문대할망은 하늘과 땅을 두 개로 쪼개어 놓고, 한 손으로는 하늘
> 을 떠받들고 다른 한 손으로는 땅을 짓누르며 힘차게 일어섰다. 그러
> 자 맞붙었던 하늘과 땅 덩어리가 금세 두 쪽으로 벌어지면서 하늘의
> 머리는 자방위(子方位)로, 땅의 머리는 축방위(丑方位)로 제각기 트
> 였다.[4]

여기서도 『구비문학대계』의 설화처럼 설문대할망의 천지분리 화
소가 명확하다. 위에서는 하늘과 땅을 분리시켰다고만 했는데, 여기
서는 한 손으로 하늘을 떠받들고, 다른 한 손으로 땅을 짓눌렀다고
좀더 구체적으로 표현되어 있다. 뒤에는 다음의 이야기가 이어진다.
천리분리의 사실을 안 옥황상제는 진노하였는데, 그 이유는 땅의 세
계가 옥황상제 권역 밖이 되었기 때문이다. 이것이 말젯딸(설문대할

---

3) 설문대할망이 지형형성뿐만 아니라 천지분리에까지 관여하여 창조여신적 면모를 지니
고 있음은 이미 권태효의 다음 논문에서 확인할 수 있다. 권태효, 「여성거인설화의
자료 존재양상과 성격」, 『탐라문화』 37호, 제주대 탐라문화연구소, 2010, 245~246쪽 ;
권태효, 「지형창조 거인설화의 성격과 본질」, 『탐라문화』 46호, 제주대 탐라문화연구소,
2014, 24~25쪽.

4) 진성기, 『신화와 전설』(증보 제21판), 제주민속연구소, 2005, 28쪽.

망) 소행임을 알고 그를 땅의 세계로 쫓아냈다. 설문대할망은 속옷도 챙겨 입지 못하고 인간세상에 내려오는데, 흙을 치마폭에 담고 내려와 흙으로 제주도를 만들었다고 한다. 천지분리에 이어 지형 창조가 이루어짐은 위의 신화와 같다.

진영삼의 구술인 이 이야기에는 속옷도 챙겨 입지 못하고 내려온 것과 결부되어 속옷을 만들어주면 육지에까지 닿는 다리를 놓아주려 했던 이야기 등등 설문대할망과 관련된 이야기가 모두 종합되어 있다. 천지분리 화소를 제외하고는 모두 익숙한 화소들이다. 그런 측면에서 천지분리 화소도 신빙성이 있다고 판단된다.

설문대할망의 천지분리와 지형형성 화소가 특이한 것은 아니다. 유구의 신화 속에는 천지를 분리하는 창세 여신의 흔적이 명료하게 드러난다. 물론 후대의 이야기일수록 천상계 신의 명령으로 하계에 내려와 지상의 땅을 만드는 지형형성 이야기로 되어 있고, 남녀신이 함께 등장하는 경우도 있다. 중국의 소수민족 신화에서도 여신이 천지분리의 반을 담당하는 내용이 있어 주목된다.

오키나와에 살았다는 거인 아만츄가 있다. '천인(天人)'이란 의미다. 그는 태고적 하늘이 낮아 인간은 개구리처럼 엎드려 살았는데, 아만츄가 인간을 불쌍히 여겨 양손과 양발의 힘을 다해 하늘을 들어 올렸다고 한다. 『沖繩民話集』에는 천지 사이가 좁았을 때 아만츄메가 하늘을 들어 올렸다고 되어 있다. 창세신화의 흔적들이다. 다른 아만츄 이야기를 보자.

> 아만추의 발자국: 오랜 옛날 천지는 하나로 붙어 있어서 당시 인간들은 개구리처럼 기어다녔다. 아만추-고류큐 개벽의 신, 오모로 신

가 등에는 '아마미쿄'라고 적여 있다-는 이것을 불편하다고 여겨, 하루는 단단한 바위가 있는 곳에 가 바위를 발판으로 양손으로 하늘을 밀며 일어섰다. 이때부터 천지는 멀어지게 되고 인간은 서서 걸을 수 있게 되었다.[5]

아만추의 천지분리: 옛날에는 하늘과 땅이 떨어져 있지 않고 거의 붙어 있었다. 그래서 사람들은 기어다닐 수밖에 없었다. 먹을 것을 구하려면 일어나서 걸어다녀야 하므로 하늘과 땅이 붙어 있다는 것은 곤란한 상황이었다. 그런데 어디서 내려왔는지 모르나 아만추라는 이가 와서 나하의 유치노사치라는 곳에 서서 '이얍!' 하고 하늘을 들어올렸다. 이때부터 사람들은 서서 걸을 수도, 먹을 것을 구할 수도 있게 되었다.[6]

아마미쿄는 여신이다. 이 거인 아만츄 이야기는 아마미쿄(あまみきょ) 이야기와 뒤섞이게 된다. 그 명칭상의 유사성 때문이다. 오모로사우시(10권 52번) 유구 개벽의 이야기를 보면, 최초에 일신(日神)이 온 세상을 비추었는데 세상을 내려다 보다가 아마미쿄에게 명령해 세상에 내려가 섬들을 만들게 했고 후에 하늘나라 백성과 같은 사람이 살도록 했다고 한다. 이 비슷한 이야기가 『中山世鑑』에 전한다.

천제가 아마미쿠(阿麻美久)를 불러 아래에 신이 머물만한 영지(靈處)가 있으니 내려가 섬을 만들도록 명령했다. 아마미쿠가 내려와 보니 영처로 보여 하늘로부터 토석초목(土石草木)을 받아 그것

---

5) 정진희, 『오키나와 옛이야기』, 보고사, 2013, 64쪽.
6) 정진희, 위의 책, 76쪽.

으로 섬을 여럿 만들었다. 아마미쿠는 하늘에 올라가 사람 종자를 받아 갔다.[7] 거인 아만츄 이야기가 변질되어 천지분리 이야기에서 국토 창조의 이야기로 바뀌고 있으며 인간 창조의 내용도 담고 있다.

『中山世鑑』에서는 천제의 1남1녀가 인간의 시조가 되었다고 했다. 다른 곳에서는 아마미쿄(혹은 아마미야)의 여신과 남신(시네리야) 부부가 지상에 내려와 섬을 만들고, 3남2녀를 두었다고 했다. 첫 아들은 왕이 되고, 2남은 아지(按司)가 되고, 3남은 백성이 되었으며, 1녀는 신녀(神女)가 되고 2녀는 무녀(巫女, のろ)가 되었다고 했다. 왕은 유구를 3개로 분할하여 통치했다고 한다. 이는 삼산시대(三山時代)를 반영하는 변이라고 하겠다.[8]

중국의 지뇌족(基諾族)의 아모요백(阿嫫腰白)이란 여신은 물속에서 나와 하늘과 땅을 분리시키는데, 반을 밟고 반을 밀어 올려 천지를 형성시켰다고 했다.[9] 하늘과 땅이 붙어 있었다는 전제를 떠올릴 수 있다. 천지를 분리시킨 것은 천지 형성과 맥락이 통한다. 다음의 중국 신화는 천지를 형성한 이야기가 주종이다.

중국 남부 소수민족인 백족(白族)의 창세서사시인 <창세기>에는 반고와 반생이 등장하는데, 반고의 몸은 하늘이 되고 반생은 땅이 되었다고 한다. 동족(侗族)의 창세서사시인 <기원지가>에서는 악위라는 신이 땅을 만들고, 왕의라는 신이 하늘을 만들었다고 했다.[10] 하늘을 만든 신이 남신이고 땅을 만든 신이 여신일 것으로 추정되는

7) 伊波普猷, 外間守善 校訂, 『古琉球』, 岩波文庫, 2000, 220~222쪽.
8) 허남춘, 「유구 오모로사우시의 고대·중세 서사시적 특성」, 『비교민속학』 47집, 비교민속학회, 2012, 364~365쪽.
9) 김화경, 『신화에 그려진 여신들』, 영남대학교출판부, 2009, 97~99쪽.
10) 조동일, 『동아시아 구비서사시의 양상과 변천』, 문학과지성사, 1999, 201쪽.

납서족과 이족의 신화가 있다. 납서족(納西族)의 창세서사시 <숭반도>에는 천신 아홉 형제가 하늘을 열고, 지신 일곱 자매가 땅을 이룩했다고 한 것을 근거로 하면 남녀신이 합세하여 하늘과 땅을 만든 것으로 나타나 천지분리의 파생형이라 하겠다. 이족의 신화집인 『메이커』에서 남신 5형제는 하늘을 만들고, 여신 4자매는 땅을 만들었다고 하는데, 남녀신의 합작으로 천지가 만들어졌다고 한다.[11] 다음의 만주족 신화에서는 창세여신의 역할이 두드러진다.

만족의 창조여신인 거루돈(葛魯頓)은 물에서 탄생하면서, 물방울을 덮혀 놓았는데 그 다음의 변화를 보자. "가벼운 것은 구름이 되고 무거운 것은 산이 되었네. / 머리 아홉에 팔이 여덟 개인 거루돈 마마께서는 / 눈빛 한 번에 산을 흙이 되게 하고 / 입김 한 번에 흙에서 초목이 자라나게 하셨네. / 그래서 대지와 창천이 있게 된 거라네."[12]

여기서 하늘로 올라간 구름과 땅으로 내려온 물기가 각각 하늘과 땅이 되는 내력인데, '산을 흙으로 만들고 이어 대지'가 생겨나게 한다. 설문대할망은 흙을 쌓아 산을 만들었는데, 거루돈 여신은 산을 흙으로 만든다. 거루돈 여신의 몸이 녹아 해와 달 그리고 하천과 삼

---

11) 나상진 역, 『오래된 이야기 梅葛』, 민속원, 2014, 82-85쪽. 내용의 일부를 소개하면 다음과 같다. "땅을 만드는 네 딸들 / 세심하고 섬세하기도 하지 / 딸들마다 즐겁게 땅 만들고 / 모두들 즐겁게 일하네 / 둘째는 나는 듯이 재빠르게 일하고 / 셋째는 잠시도 손을 쉬지 않은 채 / 넷째는 밥 먹을 생각도 잊고 쉼 없이 일하였지 / 부지런한 네 자매 / 먹고 입는 것도 / 자는 것도 잊고 땅을 만들었지." 거쯔 천신의 다섯 형제는 놀면서 자면서 먹으면서 하늘을 만든 대신에, 거쯔 천신의 네 자매는 먹지도 자지도 놀지도 않으면서 부지런히 땅을 만들었다고 한다. 그래서 "하늘은 너무 작게 / 땅은 너무 크게" 만들어져, 땅을 주름 잡고 파헤쳐 산과 강을 만들고 나서야 하늘과 땅의 크기가 맞게 되었다고 한다.

12) 김재용, 「동북아 창조신화와 양성원리」, 『창조신화의 세계』, 소명출판, 2002, 46쪽.

림이 창조된다. 여신의 몸에서 천체만물이 창조되었다는 이야기는 같은 만족의 여신 아부카허허에서 더욱 자세하다. 아부카 여신의 몸이 녹아 해, 달, 별, 하천, 살림 등이 만들어진다. 그 장면을 자세히 보면 다음과 같다.

> 그녀는 공기로 만물을 만들고, 빛으로 만물을 만들고, 자기 몸으로 만물을 만들어 허공에 만물이 많아졌다. 그래서 청탁이 갈라져, 맑디 맑은 것은 상승하고 흐린 것은 하강하였다. 빛은 상승하고 안개는 하강하여, 위쪽은 맑아지고 아래쪽은 흐려졌다. 그리고 아부카허허 하신(下身)이 찢어지며 바나무허허(땅의 신) 여신을 생산해 내시었다. 이렇게 맑은 빛이 하늘이 되고 흐린 안개는 땅이 되면서, 비로소 하늘과 땅 두 자매신이 있게 되었다.[13]

맑은 기운은 하늘로 올라가고 흐린 것은 땅으로 내려오면서 하늘과 땅이 만들어졌다고 하면서, 동시에 하늘을 관장하는 여신 아부카허허와 땅을 관장하는 여신 바나무허허의 탄생으로 하늘과 땅이 만들어졌다고 이중으로 말하였다. 여신은 자연의 다른 이름인 셈이다. 만주 <우처구우러번>의 창조여신 아부카허허는 하늘에 닿을 만큼 큰 여신이다. 이런 창조신의 거인성은 자연의 거대함, 자연에 내재한 초월성에 대한 인류 상상의 소산이며 초월적 자연의 의인화라 하겠다.[14] 여신을 숭배하는 관념은 바로 자연을 숭배하는 것이고 자연과의 공존을 추구하는 원시적 상상력이라 하겠다.

---

13) 김재용·이종주, 『왜 우리 신화인가』, 동아시아, 1999, 347쪽.
14) 조현설, 『마고할미 신화연구』, 민속원, 2013, 45~46쪽.

아부카허허는 혼돈에서 탄생하여 하늘과 땅을 구분하고(공간의 구분), 낮과 밤을 창조하고(시간의 구분), 해와 달과 별 그리고 만물을 창조하는 주체여서, '여신이 창조의 주체'[15]임을 명확히 확인할 수 있다. 그러나 예루리와의 끝없는 싸움 뒤에 홍수가 일어나고, 그 후에 남신 아브카언두리가 등장한다. 그리고 아부카언두리가 세계와 인간을 창조했다는 신화도 창출된다. 이렇게 여신 창세신화는 남신 창세신화로 변모해 간다.

2. 지형형성

위에 예로 든 설문대할망 신화는 하늘과 땅이 붙었다가 떨어진 이야기, 물바닥(혹은 물바다)에 흙을 퍼담아 섬을 만든 이야기, 치마에 흙을 담아 한라산과 오름을 만든 이야기로 이어진다. 세 번째 화소는 빈번하게 나타나는 것인데 두 번째 화소에 주목하여야 한다. 동아시아 주변 신화 속에서 흙을 퍼 담아 땅을 만든 이야기가 여럿 보인다. 우선 물속에서 흙을 퍼 올렸다는 중국 주변신화에 주목해 본다.

하늘과 땅을 분리하려고 결정한 몽골의 에헤보르항(창조신)은 야압(野鴨)을 만들어 야압으로 하여금 물속에서 진흙을 가져오게 한다. 이 진흙으로 어머니가 될 대지(大地) 우르겐(울겐)을 창조한다.[16] 하늘의 불이 타서 커지자, 우주의 공기와 흙이 수면으로 떨어져 쌓여 대지가 형성되었다는 '여천신 맥덕이'라는 파생신화도 있지만 물속에서 흙을 가져다 대지를 만든다는 사유는 대지모 신앙과 함

---

15) 김재용, 「동북아 창조신화와 양성원리」, 50쪽.
16) 하선미 편, 『세계의 신화와 전설』, 혜원출판사, 1994 ; 박종성, 「동아시아의 청세신화 연구」, 『창조신화의 세계』, 소명출판, 2002, 144~145쪽에서 재인용.

께 오래 된 것이다.

에벤키 신화에서도 오리가 등장한다. 세상이 처음 시작할 때는 오직 물과 두 형제뿐이었다 동생 에크세리는 오리를 키웠는데, 오리를 물속으로 보내 흙을 가져와 땅을 만들게 되었다고 한다. 창세의 상위신적 존재의 명령에 의하여 흙을 전달하는 존재가 하위신적 존재이기도 하고 창세와 관련된 새이기도 하여 어느 한 쪽이 다른 한 쪽으로 변한 것으로 추정[17]한 것을 보면, 흙을 가져오는 존재의 가변성을 알 수 있다. 그러나 그것이 설문대할망 신화와 같은 지형형성 혹은 그보다 더 고형인 천지창조 신화라는 것은 충분히 인정할 수 있다. 아울러 태초에 땅을 만들 때 물속의 흙을 퍼올려 대지가 이루어졌다는 원형질이 설문대할망 신화에 남아 있음을 확인할 수 있다.

천상의 흙을 가져다 섬을 만든 이야기는 유구 쪽에 흔하다. 앞에서 잠시 거론하였듯이, "천제가 아마미쿠(阿麻美久)를 불러 아래에 신이 머물만한 영지(靈處)가 있으니 내려가 섬을 만들도록 명령했다. 아마미쿄가 내려와 보니 영처로 보여 하늘로부터 토석초목(土石草木)을 받아 그것으로 섬을 여럿 만들었다."[18]는 이야기와 유사한 것들이 여럿 있다.

미야코의 창세신화를 보면, 하늘의 신이 딸에게 하계로 내려가 세상을 만들라고 보냈다. 흙이 없다고 하자 벼락과 번개를 동반해 흙을 내려보내고 이어 곡물 종자도 내려 보냈고, 처음 만나는 자를 남편으로 삼아 미야코 세상이 열렸다고 한다. 이시가키지마 이야기는, 하늘

17) 박종성, 「동아시아의 청세신화 연구」, 『창조신화의 세계』, 소명출판, 2002, 152쪽.
18) 伊波普猷, 外間守善 校訂, 『古琉球』, 岩波文庫, 2000, 220~222쪽.

의 신이 '아만'을 불러 하계로 내려가 섬을 만들라고 하고, 아만은 흙
과 돌을 받아 하늘의 창으로 섞자 이시가키지마(石垣島)가 생겼다고
한다.[19] 유구의 신화는 흙으로 땅을 처음 만든 창세의 신화를 전하는
데, 그 흙을 하늘에서 가져왔다고 하고 있다.

　신이 하늘에서 하강한 이야기도 있지만 원래는 바다 먼 곳에서 도
래한 것이 먼저였을 것으로 추정된다. 아마미쿄의 등장을 두고 折口
信夫는 바다로부터 오는 내방신에 주목했다.[20] 창세 여신은 바다를
건너오는 원초형도 있고 위에서처럼 하늘에서 하강하기도 하는 이
중적 존재로 전한다.[21] 유구에는 하늘에서 인간세계로 내려오는 수
직적 타계관 이전에 수평적 세계관이 자리하고 있었다. 그렇다면 바
다에서 흙을 건져 올려 섬을 만드는 사유가 먼저 있다가, 천상계 신
격의 도래가 보편화되면서 천상에서 흙을 가져오는 것으로 변모하
였다고 볼 수도 있다.

　널리 알려져 있듯이 니라이가나이는 풍요의 신이 출자하는 곳이
고, 아울러 농경에 재액(災厄)을 가져오는 충서(蟲鼠) 등 해로운 것
을 보내는 곳이다. 바다 저편에 있는 이상향으로 사유되는데 바다의
동쪽에 있다고 하고, 혹은 지역에 따라 남쪽, 서남쪽에 있다고도 한
다. 오모로에 의하면 니루야(ニルヤ)神은 수평이동을 하는 것으로
나타난다. 국왕이 축복을 빌면 火神이 매개하여 니루야 신에게 전하
고, 신은 바다를 건너고 걸어서 首里에 나타난다.[22]

---

19) 정진희, 『오키나와 옛이야기』, 47~52쪽.
20) 松前健, 『日本の神々』, 中央公論新社, 1974.
21) 波照間永吉, 『琉球の歴史と文化』, 角川書店, 2007, 66~67쪽.
22) 波照間永吉, 『琉球の歴史と文化』, 142~143쪽.

  이런 수평적 이동의 사유가 보편적이었는데, 후에 왕권을 강화하기 위한 수단으로 천상계의 개입이 중요하게 되었고, 그래서 고대국가 형성기에는 천상계에서의 수직적 이동이 두드러지게 된다. 이런 시간적 추이에 따라 수평적 이동에 의한 신의 내방은 희박해지면서, 혹은 신의 내방이 수직적 이동으로 바뀌게 되었고, 혹은 수직이동 뒤에 수평이동이 부가된 경우도 있게 된다.[23]

  베트남의 비엣족 창세신화는 중국 반고 신화의 영향을 받은 탓인지 거인이 하늘을 밀어올린 이야기가 있어, 베트남 소수민족의 창세신화와 다르다. 신이 흙과 돌을 모아 기둥을 세워 하늘을 떠받쳤고, 기둥이 위로 올라감에 따라 하늘과 땅이 나뉘어졌다고 한다. 그 다음 "하늘이 충분히 높아지고 굳어지자 무슨 까닭에선지 신은 돌기둥을 부숴버렸다. 신은 흙과 돌을 사방으로 던져버렸다. 던져진 돌덩어리는 지금의 산과 섬이 되었고, 사방에 부려진 흙은 지금의 구릉과 고원이 되었다."[24]고 하는데, 이 신이 남신인지 여신인지는 불분명하다. 다만 흙을 모은 후 다시 뿌려서 산을 만들고 구릉을 만들었다는 점이 설문대할망 신화와 흡사하다.

  흙을 퍼 담아 국토를 형성했다는 이야기는 동아시아에서 보편적인 것이다. 키가 큰 설문대할망이 어디에선가 왔다고만 했지만, 바다를 건너 왕래하는 설화[25]가 있는 것을 보면 설문대할망은 바다를 건너 도래한 신격일 수 있고, 바다의 흙으로 섬을 만드는 지형형성

---

23) 波照間永吉, 『琉球の歴史と文化』, 153~156쪽.

24) 최귀묵, 「월남 므엉족의 창세서사시 <땅과 물의 기원>」, 『동아시아 제민족의 신화』, 박이정, 2001, 243쪽.

25) 임동권, 「선문대할망 설화고」, 『제주도』 17, 제주시, 1964, 119쪽. "육지와 왕래할 적에 목포 쪽을 향해 건넜다고 하는데 바다의 가장 깊은 곳도 무릎 아래밖에 닿지 못했다."

신화의 원형을 간직하고 있다고 하겠다. 설문대할망 설화가 창조신화였을 것이라는 추정을 '지형형성'에서 우리는 찾고 있다. 한라산과 오름을 만들었다거나 우도를 분리시켰다는 내용을 두고 지형형성 설화라 했고, 이것은 천지창조 신화의 파편화라고 추정한다.

일본 연구자들에게도 이것은 보편적으로 받아들여진다. 오바야시(大林太良)가 대표 편자로 만든 『세계신화사전』에서 조선반도 신화를 소개하면서 '천지창조신화' 항목을 제일 앞에 두고 있는데, 거기에는 '천지분리신화, 복수의 해와 달, 국토생성' 세 가지 분류를 두었다. 천지분리신화에는 제주도 일반신본풀이 초감제와 함경도의 창세가, 복수의 해와 달에는 두 개의 해를 영웅이 해결하는 셍인굿과 도솔가, 국토생성에는 거인과 떠오는 섬 두 가지를 소개하고 있다.

'국토생성' 모티프는 일본신화의 '국생신화(國生神話)'와 같은 반열에서 보았던 것 같다. '국토생성설화'에는 첫째, 거인의 배설물과 편력에 의해 산천이 만들어졌다는 이야기로 일본의 '다이다라봇치'와 흡사한 것이라 했다. 둘째, 떠오는 섬 전설인데, 표류·이동하는 섬이 빨래하는 여자의 행동에 의해 멈췄다는 유형으로 일본의 '국토 끌기'와 유사하다고 했다.[26] 첫째의 유형이 바로 설문대할망 설화와 같은 거녀 설화이고, 둘째 유형은 비양도 전설과 같은 '움직이고 멈추는 섬' 설화이다.

한편 여신신앙을 연구한 노무라 신이치는 초창기 여신의 계보를 설명하면서 그 첫머리에 '천지를 창조한 여신'을 두었는데, 여기서 설문대할망을 포함하여 마고할미와 개양할미를 소개하고 있다. 설

---

26) 大林太良 外, 『世界神話事典』, 角川書店, 1994, 352~353쪽.

문대할망은 한라산을 베고 눕는 거대한 여신으로서 제주도의 오름을 만든 여신이라고 요약하고 있다.[27] 이제 설문대할망 신화는 천지분리와 국토생성의 두 가지를 모두 담고 있는 창세신화로 보아야 한다. 물론 흙을 퍼 담아 한라산과 제주도의 지형을 만든 이야기가 주종을 이루지만, 하늘과 땅을 밀어올려 천지를 분리한 이야기도 애초에 존재했을 가능성을 엿보았기 때문이다.

3. 여성신에서 남성신으로

제주에는 창세신화가 여러 심방들의 무가 속에 남아 있다. <천지왕본풀이>가 대표적인데, 창세의 흔적을 지니고 있는 설문대할망 이야기도 이와 함께 주목해야 한다. 제주도의 국토를 형성한 이야기로 거구의 여신이 엄청나게 많은 음식을 먹으며, 엄청난 양을 배설하고, 큰 옷을 지어달라고 한다는 이야기다.

설문대할망은 거대한 몸으로 국토를 형성하는 역할을 담당하여, 거대한 몸으로 하늘을 들어 올려 세상을 만든 창세신이기도 하다. 가장 대표적인 화소는 국토 혹은 지형을 형성하였다고도 할 수 있지만, 신화체계를 본다면 천지분리와 국토생성을 모두 갖춘 창세신화의 반열에 든다고 하겠다. 지형전설처럼 보이는 화소에도 섬과 오름의 창조 모티프까지 담겨 있어 원래 설문대할망 신화가 지니고 있었던 창세신화적 면모를 발견할 수 있었다.

애초 대지의 창조는 여성신의 몫이었을 것 같다. 이는 혼돈 속에서 모든 것의 어머니 '가이아'가 탄생하는 것을 보면 알 수 있다. 대

---

27) 野村伸一 編, 『東アジアの女神信仰と女性生活』, 慶應義塾大學出版會, 2004, 7~9쪽.

지가 모든 생명체의 어머니이기 때문이기도 하다. 그러나 설문대할망과 같은 여성신은 역사적 시간의 추이에 따라 변모한다. 여성 중심 사회가 남성 중심 사회로 바뀌면서, 여성영웅은 사라지거나 죽고 남성영웅이 등장한다. 여성 창세신이 남성 배우자를 만나 남성신의 배우자로서의 위치를 갖게 되고 이어서 아이를 낳는 어머니 여성신의 면모가 두드러진다. 강력한 힘을 가진 거대한 신이 점차 부드럽고 자애로운 여성으로 변모하는 현상을 볼 수 있다. 신화는 이렇게 전설로 바뀌는 경로를 따라간다. 그래서 설문대할망 이야기는 전설로 남게 된다.

키 크고 힘이 센 사람이 붙은 것을 딱 떼어서 하늘은 위로 가게 하고 땅은 아래로 가게 하였다는 주인공 설문대할망은 서서히 밀려나고 그 대신 힘 센 남신의 이야기로 바뀐다. 창조신의 지위를 천지왕이나 미륵과 같은 남성신으로 대체하는 변모가 일어나는데, 이는 고대국가가 남성중심적 사회이고 남성신을 중시하는 가운데 그렇게 되었다[28]고 역사적 흐름을 가늠하기도 한다. 고창학본 구연 <초감제>를 보면 다음과 같다. "하늘광 땅이 / 늬귀 줌쑥 떡징글이 눌어, / 늬귀가 합수ᄒ니 / 혼합으로 제이르자. / 천지개벽 도업으로 제이르자 / 도수문장이 흔 손으로 / 하늘을 치받고 / 또 흔 손으로 지하를 짓눌러 / 하늘 머린 / 건술 건방 ᄌ방으로 도업ᄒ고 / 땅의 머린 / 축방으로 욜립네다."[29]

도수문장이 한 손으로 하늘을 치받고, 또 한 손으로 지하를 눌러

---

28) 조현설, 『마고할미 신화연구』, 민속원, 2013, 126쪽.
29) 진성기, 『제주도무가본풀이사전』, 민속원, 1991, 655쪽.

개벽하였다는 이야기는 '천지개벽형 신화'이자, '천지분리형 신화'이기도 하다.[30] 하늘과 땅이 붙어 있었는데 어느 순간 서서히 떡징처럼 벌어졌다고도 한다. 누군가 거인의 힘으로 밀어올렸다는 이야기는 우주의 힘으로 자연스럽게 저절로 개벽하였다는 합리적인 서술로 흘러간다. 여기에는 창조자가 나타나 있지 않은데, 아마도 인격신에서 비인격신의 사유로 변모하는 과정인 듯하다. 인간 사유가 과학적이고 합리적인 쪽으로 선회하였음을 상징하는 바라 하겠다.

중세적 사유가 만연하기 이전 고대적 사유 속에서 여신의 이야기는 남신의 이야기로 바뀐다. 혹은 원시·고대의 경계면에서 창세서사시가 영영서사시로 바뀌는 양면을 갖춘 시기에 일어난 변모라고도 할 수 있다.[31] 좀더 엄밀하게 말한다면, 제주도 지역의 천지개벽 신화소는 현저하게 축약되어 변이된 형태로 보인다. 전반적으로 천지개벽의 내용을 함축하고 있는 신화소가 대거 위축되거나 탈락해서 민담화하고 있는 추세이고 그 대표적 예가 설문대할망 이야기로 추정된다.[32]

앞에서 여신 아부카허허 대신 남신 아부카언두리의 등장을 예고한 바 있다. 부권사회가 성립하면서 창조주 여신의 존재는 크게 약

---

30) 김헌선은 '천지개벽형 신화'를 크게 셋으로 구분한다. 첫째는 거인 또는 신인이 밀어올리는 유형의 천지개벽이 있다. 둘째는 여인의 언동 또는 절구로 쳐올리는 유형의 개벽신화이다. 셋째는 불 또는 태양에 의해 분리되는 유형의 개벽신화이다. 제주 지역의 창세신화에서 천지개벽은 매우 복합적인 형상으로 나타난다고 한다.(김헌선, 『한국의 창세신화』, 길벗, 1994, 119~121쪽.)

31) <천지왕본풀이>는 원시서사시를 고대서사시로 바꾸어놓는 작업이 철저하게 이루어지지 않아, 영웅의 신이한 능력을 강조하고, 원시서사시의 요소를 그냥 존속시킬 필요가 있어 거인신과 영웅의 이미지가 중첩된 것으로 보았다. (조동일, 『동아시아 구비서사시의 양상과 변천』, 문학과지성사, 1999, 62쪽.)

32) 김헌선, 『한국의 창세신화』, 길벗, 1994, 121쪽.

화되었다. 그리고 만족의 성지인 장백산주(長白山主)는 먼 옛날 지고의 여신에서 남신으로, 그와 동시에 아브카언두리의 또 다른 형상으로 만족신화에 등장하는 것[33])이란 예는 시사하는 바가 크다.

설문대할망의 성격 변화도 바로 이런 남성 중심 이데올로기가 가미된 때문이다. 거대한 몸으로 국토를 형성시켰고, 당당한 음부로 엄청난 생식력을 보인 할망이 어느 날 초라하게 죽게 된다. 아이들을 위해 자애롭고 희생적인 어머니로서의 역할이 강조된 것이다.

김선자 교수는 중국의 여와 신화를 예로 들어 여성성의 쇠퇴와 교체를 설명하고 있다. 여와는 잘 알다시피 천지와 인류 창조의 여신인데, 그 강하고 두렵고 무서운 힘이 해체되고 남신 복희의 아내로 자리매김하면서 부속적·종속적 존재가 되었다. 여성신의 위대함에서 한 남자의 아내로서 아이를 낳아 기르는 역할로 변모된 것이다.[34]) 설문대할망도 비극적 희생을 감수하는 생육신(生育神)으로서의 성격으로 변모한다. 중세 질서는 이렇게 여성에게 희생을 강요했고, 고대로부터 전해 오는 신화 속 여신들도 중세적 남성 중심 질서에 편입되고 말았다.[35])

대지가 모든 생명체의 어머니로 사유하는 대지모신(Great Mother) 신화는 인류 보편적이다. 그리스 신화에서도 혼돈 속에서 '모든 것의 어머니'인 가이아가 탄생한다. 가이아는 에로스와 결합하여 우라노스와 폰토스를 낳았고, 우라노스와의 사이에서 많은 자식을 낳는다.

---

33) 박종성, 「동아시아의 청세신화 연구」, 158~159쪽.
34) 김선자, 중국의 여신과 여신신앙,『동아시아 여성신화와 여성 정체성』, 이화여자대학교 출판부, 2010, 161~162쪽.
35) 허남춘, 「설문대할망과 여성신화」,『탐라문화』 42호, 제주대 탐라문화연구소, 2013, 125~126쪽.

이들은 티탄(남신)과 티티니아스(여신)을 합하여 티탄(Titan)족이라 했다. 초기 신족이던 티탄족들이 오명을 쓰고 그리스 신화의 악역을 맡으면서 유명무실하게 사라지게 된 것은 '제우스 중심으로 질서를 재편'하면서부터다.[36] 할머니의 신족들과 제우스의 형제들의 싸움에서 제우스가 승리하면서 아폴론은 티폰을 살해하고 아폴론의 아들 페르세우스는 메두사를 살해한다.

그 후 오래도록 땅의 신들과 남성영웅들이 벌이는 복수혈전이 이어진다. 아울러 티탄족(땅의 신)은 괴물로 등장하는 전철이 계속된다. 이를 두고 동북부에서 내려온 유목집단이 전차를 몰고 지중해의 평야지대를 침략한 역사적 사건과 연결된다고 하고, 이후 "지하의 힘을 대변하는 존재가 바로 괴물화된 티탄들이다"[37] 는 말은 시사하는 바 크다. 여신들은 남신들의 세상에서 부차적인 지위로 강등되었고, 이후 남신의 탁월함만이 남게 된다. 그래서 인류의 진보가 시작되는 듯하지만, 실은 파탄의 길이었음을 뒤에 확인하게 된다.

3. 설문대할망 신화의 재창조

세계 보편 신화들도 대체로 천지분리와 지형형성을 이야기한다. 수메르의 천지창조 신화를 보면, 태초에 어둠과 바다와 남무(Nammu)가 있었는데 남무가 안키(Anki)를 낳고 안키는 엔릴을 낳았다. 공기의 신 엔릴은 부모를 하늘인 안(An)과 키(Ki)로 나누었다. 하늘인 안은

---

36) 김융희, 『삶의 길목에서 만난 신화』, 서해문집, 2013, 31~32쪽.
37) 김융희, 위의 책, 33~34쪽.

올려졌고 땅인 키는 내려졌다. 그 후 엔릴과 땅의 신 키는 물과 초목과 지혜의 신이자 세계의 지배자 엔키(Enki)를 만들었다고 한다. 하늘과 땅이 분리되고 이어 땅과 만물이 형성되면서 땅의 지배자 남신이 등장한다.

일본의 천지분리 신화는 신들의 등장 이전으로 그려지고 있다. 『일본서기』에서 하늘과 땅이 분리되기 이전은 혼돈의 상태였는데, 그 가운데 맑고 밝은(淸明) 기운은 길게 드리워 하늘이 되고, 무겁고 탁한(重濁) 기운은 침전하여 땅이 되었다고 한다. 땅이 굳어지기 전에 떠다니는 상태일 때 세 명의 주신(柱神)이 등장하게 된다. 신이 하늘과 땅을 만들었다고 하지 않고 자연적으로 하늘과 땅이 분리되었다고 했다. 8세기의 역사책이 하늘과 땅의 분리를 추상화하여 그려내고 있다.

제주의 <천지왕본풀이>도 태초의 천지융합 상태가 시간이 흐르며 서서히 분리되는 것으로 그려지고 있다. 천지왕본풀이의 창세담도 구상적인 것에서 추상화하고 있음을 알 수 있다. 천지왕본풀이 일부에서는 신이 직접 들어올리고 밟아 내리는 것으로 그려진다. 함흥지방의 <창세가>에서도 미륵이 하늘과 땅이 분리되기 이전의 상태에서 탄생하여 하늘과 땅을 분리시킨 뒤 땅 네 귀에 구리기둥을 세운 것으로 되어 있다. 이러한 내용은 중국의 '반고신화(盤古神話)'와 같은 성격이며 창세신에 의한 창조론적 세계관을 보여주는 것이다.

천지분리 이후에는 일월조정과 인세 차지 경쟁담이 이어진다. 대별왕과 소별왕의 경쟁 혹은 미륵과 석가의 경쟁이 나타나는데, 일본의 미야코지마 창세담에서도 역시 미륵과 석가의 꽃피우기 경쟁이 나타난다.[38] 아마미오시마와 요론도에서도 미륵과 석가의 꽃피우기 경쟁담이 보고되고 있다.[39] 이런 유사성을 두고 중국 남조와의 해상 교역 경로를 따라 <창세가> 형 신화가 전승되었거나, 북전불교의 영향에 의해 중국 남조를 거쳐 한반도와 일본과 유구에 유사한 신화가 전파되었을 것이라는 추정과 더불어 한반도 북부지역의 신화가 유구에 전파되었을 것이라는 주장[40]이 있다. 제주의 대별왕과 소별왕 경쟁담이 미륵과 석가의 경쟁담의 변이형이라는 것을 염두에 둔다면, 한반도 남부와 유구의 교류를 떠올리는 것이 더 온당할 것이다.

이렇게 여성신의 창조 뒤에는 남성신의 지배가 있게 되는데, 인세차지를 위해 남성신 둘이 경쟁하는 이야기가 창세담의 마지막을 장식하고 있다. 여신의 창조와 남신의 싸움 사이에는 역사의 흐름이 느껴지고, 그 극단에 자본주의의 경쟁사회가 놓인다. 이제 그 벼랑을 뛰어넘어 다시 새로운 사유를 일궈내야 한다. 그 매개가 설문대할망과 여신의 이야기일 수 있다.

설문대할망 이야기 중에서 가장 유명한 것은 앞에 거듭 조명한 바 있듯이 앞치마에 흙을 퍼 담아 한라산과 오름을 만든 화소이고, 육지까지 다리를 놓아주겠다고 하면서 속옷을 지어달라고 했지만 명주 99동만 마련되고 마지막 한 동이 부족해 다리놓기에 실패하고 말았다는 화소다. 그리고 오백 아들을 위해 밥을 짓다가 죽솥에 빠져 죽는 비극적인 화소가 널리 알려진 것이다. 이 죽솥에 빠져 죽는 화소에서 모자관계가 '어느 어머니'에서 '설문대할망'으로 바뀌었다는 문제제기가 있었다. 이를 두고 현대 스토리텔링의 차원에서 접근하

---

38) 김헌선, 「한구과 유구의 창세신화 비교연구」, 『고전문학연구』 21집, 한국고전문학회, 2002.

39) 편무영, 「생불화를 통해 본 무불습합론」, 『비교민속학』 13집, 비교민속학회, 1996.

40) 박종성, 『한국창세서사시연구』, 1999, 태학사, 394쪽.

여, "설문대할망을 신격화하려는 의도가 구현된 스토리텔링"으로 "설문대할망은 한라산을 창조했으며 동시에 한라산신의 어머니이기도 한 중첩된 신격"이며, 왜곡 여부를 떠나 이 화소가 지속적으로 수용되는 현실을 주목하게 되면 "제주의 역사를 재구성하는 담론으로서 창작·향유되고 있음을 의미"[41]한다고 했다.

따라서 오백아들 혹은 오백장군의 어머니가 설문대할망일 개연성은 충분히 있다. 대지를 창조한 어머니신으로서 다산과 풍요의 신격이 될 수 있음은 자명하기 때문이다. 그러나 사실 여부를 떠나 오백아들에 대한 사랑과 희생적 죽음이 다시 거론되는 것은 현대 수용자의 관심이 이 이야기에 모아진 것이고, 설문대할망 이야기를 전면에 부각시키며 제주의 역사를 재구성하려는 의도도 읽힌다.

왜 설문대할망 이야기를 비롯한 신화가 우리 시대에 호출되는가. 그 근저에는 우선 파탄난 근대에 대한 불안이 있다. 우승열패의 신화로 일등주의와 투쟁에서의 승리만을 최선의 가치라고 여기면서 빛나는 근대의 발전을 구가했던 그 끄트머리에는 지구 멸망의 그림자가 드리웠다. 미래에 대한 불안과 위기감에 떨며 탈근대의 패러다임을 꿈꾸고 있다. 근대를 극복하고 다음 시대를 창조해야 하는데, 그러기 위해서 '원시·고대·중세의 과거'가 미래로 전환되어야 한다. 제주는 과거의 기억을 담고 있는 서사시를 생생하고 풍부하게 간직하고 있는데, "인류문명 창조의 소중한 유산을 불우한 민족이 간직하고 있어, 지금의 인류가 승패와 우열에 대한 그릇된 생각을 반성

---

41) 정진희, 「제주도 구비설화 <설문대할망>과 현대 스토리텔링」, 『국문학연구』 19호, 국문
학회, 2009, 245-249쪽.

하는 지혜를 찾을 수 있게 한다."42)는 발언 속에서 제주의 가능성을
느낄 수 있다.

과거 어느 시대건 미래를 밝혀줄 빛이 있었다. 중세의 평화와 평
등의 이상은 민족모순과 계급모순을 해결할 근거가 될 것이다. 고대
신화가 지닌 고난을 극복하는 투지는 민족과 그 하위 단위인 소수민
족 등 제4세계에 '자각의 근거'가 되어 줄 수 있다. 원시서사시의 요
소는 '사람과 다른 생명체, 인간과 자연의 바람직한 관계'를 일깨운
다. "자연을 얼마든지 정복해서 이용할 수 있다는 그릇된 생각을 시
정하고, 우주 안의 모든 것이 서로 대등한 관계에서 화합을 이룩해
야 마땅하다는 가르침"43)을 원시서사시가 간직하고 있다.

자연을 함부로 파헤치고, 쓰는 것을 아끼지 않고 함부로 버리며,
자연을 대등하게 바라보지 않고 소유하여 인간에 유익한 것을 무한
정 얻으려 했던 무모함을 반성해야 새로운 미래가 열릴 것이고, 그
해답을 오래된 신화의 정신에서 느낄 수 있다. 그래서 우리에게 신
화가 필요하다. 그런 메시지를 경청해 본다.

　　우리에게 필요한 신화는 모든 인간이 민족이나 국가, 이상에 따라
　　속한 집단에 구애받지 않은 채, 서로에게 동질감을 느낄 수 있게 도와
　　주는 신화이다. 우리에게 필요한 신화는 실용주의적이고 합리적인 이
　　세상이 충분히 생산적이지도 능률적이지도 않다고 치부하는, 연민의
　　중요성을 깨우쳐주는 신화다. 우리에게 필요한 신화는 우리가 정신을
　　중시하는 태도를 가질 수 있게 해주고, 당장의 부족함을 넘어서서 생

---

42) 조동일, 『동아시아 구비서사시의 양상과 변천』, 501~502쪽.
43) 조동일, 『동아시아 구비서사시의 양상과 변천』, 504~505쪽.

각할 수 있게 해주며, 우리의 유아론(唯我論)적 이기주의에 이의를 제기하는 초월적 가치를 경험하게 해주는 신화다. 우리에게 필요한 신화는 우리가 다시금 대지를 신성한 것으로 받들고, 단순한 '자원'으로 이용하지 않게 해주는 신화이다. 이는 매우 중요하다. 우리가 가진 뛰어난 과학 기술적 능력과 나란히 할 정신적 개혁이 어떤 식으로든 일어나지 않는 한, 우리는 지구를 살릴 수 없을 것이다.[44]

대지와 자연을 자원으로 바라보고 이용하는 데 골몰했던 문명을 반성하여야 지구를 살릴 수 있다고 한다. 위쪽의 발언은 인간과 자연을 대등하게 바라보는 연장선상에서 인간과 인간을 대등하게 바라보고, 물질주의에서 벗어나 인간 정신을 중시하고, 그 정신의 내부를 관통하는 '연민'의 중요성을 일깨우는 말이다. 지구를 살리기 위해서는 과학기술을 능사로 여기지만 말고 그에 상응하는 정신의 혁명이 필요한데, 그 해답이 신화에 있다고 말한다. 현세적 가치를 넘는 초월적 가치를 경험하기 위해 우리는 신화에 주목해야 한다. 정신 내부에 담긴 '연민'을 회복해야 하는데, 죽솥에 빠져 죽은 설문대할망 이야기가 그런 '연민'을 환기시킨다.

의도하였든 실수였던 간에 자식들을 위해 애쓰다 죽솥에 빠져 죽은 어머니는 지극한 사랑의 상징이다. 권력가와 재벌에 만연한 증여와 교환의 범람을 실감하는 현실에서 '순수증여'의 의미는 남다르다. 물질성을 초월하고 아무런 보답도 바라지 않는 것, 눈에 보이지 않는 힘에 의해 이루어지는 것이 순수증여[45]의 실상이다. 신화 속의

---

44) 카렌 암스트롱, 이다희 역, 『신화의 역사』, 문학동네, 2005, 146~147쪽.
45) 나카자와 신이치, 김옥희 역, 『사랑과 경제의 로고스』, 동아시아, 2004, 68쪽.

순수증여는 연민을 뛰어넘어 '공감'의 차원에까지 이르게 한다. 연민이 자기 위주라면, 공감은 다른 사람의 입장이 되어 생각하는 감정이입을 거친 단계다.[46) 인간이 물질주의적이고 이기적이고 실리적인 존재이지만, 공감을 넓히려는 본성을 찾아내 타자는 물론이고 심지어는 동물에 이르기까지 공감을 확대하여 지속가능한 균형을 회복해야 한다.[47)

연민과 사랑과 공감의 차원을 논하면서 다다르는 시간과 공간은 신석기시대에 농경과 함께 등장하기 시작한 대지모신의 품안이다. 농사를 짓고 공동으로 분배하던 원시공산사회의 평화는 고대국가의 출현으로 마감된다. 강력한 남성 정복자가 땅을 넓히고, 지배한 곳의 백성을 노예로 삼으면서 거대한 땅을 건설하고, 잉여농산물과 가축을 길들여 얻은 잉여가치를 바탕으로 고대제국의 영역을 더욱 확대해 갔다. 그 이후 지구는 힘을 바탕으로 한 쟁투를 일삼고 자연의 자원을 끌어다 쓰며 파괴가 극에 달하는 데까지 이르렀다.

우리는 이성 중심, 사유 중심, 또는 전두엽 중심적인 문명에서 벗어나야 한다. 현대문명의 냉혹함은 파충류적인 본능과 전두엽의 기계적인 지성이 혼종된 결과다. 지성이 연민과 공감, 감성을 소실한 채 파충류적 생존본능과 결탁한 것이 문명의 괴물인 셈이다.[48) 이제 다시 힘 중심의 쟁투를 반성하고 공존의 여성성에 회귀하여야 한다는 심정을 통해 여성신화의 가치를 새삼 느끼게 된다.

그러나 남성성의 횡포에 반해 여성성을 강하게 주장하며 여성신

---

46) 제러미 리프킨, 이경남 역, 『공감의 시대』, 민음사, 2010, 19쪽.
47) 제러미 리프킨, 위의 책, 55쪽.
48) 김용희, 『삶의 길목에서 만난 신화』, 124쪽.

화를 돌아보게 만드는 반성 속에도 함정이 있다. 영적 에코페미니스트들은 여성의 역할을 가이아의 역할과 동일시하여 자연과 여성의 관계가 자연과 남성의 관계보다 우월하며 여성만이 자연을 치유할 수 있는 능력을 가졌다는 여성우월의 극단주의에 빠지기도 하여 또 다른 분리주의를 낳는다는 지적[49]은 적절하다. 서구에서 여성과 자연의 타자화는 남성을 중심으로 한 도시문명과 긴밀한 관계를 갖는 것은 사실이지만, 그렇다고 자연을 치유하고 지구를 구원할 수 있는 것이 온전히 '여성과 자연'의 관계에서만 이루어질 수 있다는 극단적 분리주의 또한 경계하여야 마땅하다. 우리가 신화를 바탕으로 여성성을 회복하고자 함은 경쟁을 위주로 하는 남성주의를 극복하려 함인데, 오히려 분리주의에 빠져 공존과 공감의 세계를 훼손한다면 그것은 치유방식일 수 없다. 남성성의 횡포를 벗어나자마자 경제권을 쥔 여성성의 무지막지한 횡포에 시달려야 하는 한국의 풍속도는 시사하는 바가 크다.

여기서 창세여신을 새삼 화두로 다시 끄집어내는 이유는 무엇인가. 지구가 인간 중심으로 흘러가다가 자연계의 많은 것을 파괴하고 이제는 인간마저 종말의 벼랑 위에 서 있기 때문이다. 자연에 인공을 가하면서 문명은 새로운 질서를 만들었지만 동시에 무질서와 악을 만든 셈이다. 인간을 위한다는 명분으로 자연을 너무 홀대하였던 세월이 이제 무질서의 지경에 이르게 된 것이다. 인간을 위한 질서가 낡아 무질서의 원인이 되었다. 이제 다시 창세의 이야기를 되짚

---

49) 송정화, 「여성신화 연구사 개관 및 동아시아 여성신화의 전망」, 『기호학연구』 15집, 한국기호학회, 2004, 155쪽.

으면서 파괴의 문명을 창조의 문명으로 바꾸어야 할 전환점에 우리
는 서 있다고 할 것이다. 이때 창세신화는 오래된 미래의 의미로 우
리에게 다가오지 않을까 한다.

참고문헌

일본의 고무공업과 재일제주인 기업가

고광명,『재일(在日)제주인의 삶과 기업가활동』, 제주대학교 탐라문화연구소, 2013.

제주대학교 재일제주인센터,『재일제주인 기업가 현황 및 실태 조사 보고서』, 2014.

『大阪市工場一覽』, 1924年.

共同新聞社,『在日韓國人實業名鑑-關西版』, 1989.

大阪府商工經濟研究所, 「大阪府に於けるゴム工業の槪觀」,『調査研究資料』シリーズ第
        四号, 1951, 10쪽.

朴慶植編,『在日朝鮮人關係資料集成<戰後編>第5卷』, 不二出版, 2000.

寺西雄三,『兵庫ゴム工業史』, 兵庫ゴム工業共同組合·兵庫ゴム工業會, 1978.

徐龍達, 「在日韓國人の職業と經營の實態-國際化時代の盲点·差別の社會構造を考える」,
        『經濟學論集』14(3), 桃山學院大學, 1972.

杉原 達,『越境する民-近代大阪の朝鮮人史研究』, 新幹社, 1998.

日本ゴム工業會,『日本ゴム工業史 第一卷』, 東洋經濟新報社, 1969.

日本ゴム工業會,『日本ゴム工業史 第二卷』, 東洋經濟新報社, 1971.

日本ゴム工業會,『日本ゴム工業史 第三卷』, 東洋經濟新報社, 1971.

入管協會,『在留外國人統計』, 2012.

庄谷怜子·中山 徹,『高齡在日韓國·朝鮮人-大阪における「在日」の生活構造と高齡福
        祉の課題』, 御茶の水書房, 1997.

在日本濟州道民會,『日本의 濟州魂 : 在日濟州道民會30年史』, 나라출판, 1993.

在日韓國商工會議所,『在日韓國人會社名鑑』, 1997.

濟州特別自治道·濟州發展研究院,『在日濟州人 愛鄕百年』, 2010.

朝鮮人强制連行眞相調査団編著,『朝鮮人强制連行調査の記録-大阪編』, 柏書房, 1993.

統一日報社,『在日韓國人企業名鑑』, 1976.

『1,000万円を越える高額納稅者全覽 大阪國稅局管內』(각 年度), 淸文社.

재일동포 민족학급과 민족교육운동 43쪽

〈한국어〉

『교육백서』, 민단중앙본부, 1990.

안성민, 「일본학교 내에서의 민족교육-민족학급을 중심으로-」, 『재일동포교육 어제, 오늘 그리고 내일』(민단 창단50주년기념 재일동포민족교육서울대회 자료집), 1996.

강영우, 「재일동포 민족교육의 현황과 과제 그리고 진로-학교교육을 중심으로-」, 『재일동포교육 어제, 오늘 그리고 내일』(민단 창단50주년기념 재일동포민족교육서울대회 자료집), 1996.

김환, 「재일동포 민족교육의 어제, 오늘, 그리고 내일」, 『교육월보』 1996. 10.

오자와 유사쿠 지음, 이충호 옮김, 『재일조선인 교육의 역사』. 혜안, 1999.

송기찬, 「민족교육과 재일동포 젊은 세대의 아이덴티티-일본 오사카의 공립초등학교 민족학급의 사례를 중심으로-」, 한양대학교대학원 석사학위청구논문, 1999.

황영만, 「재일동포 민족교육을 위한 제언」, 『OKtimes』 통권123호, 2004. 2.

정희선, 『재일조선인의 민족교육운동(1945-1955)』, 재일코리안연구소, 2011.

정진성, 「'재일동포' 호칭의 역사성과 현재성」, 『일본비평』 통권 제7호, 2012.

김광민, 「해외 코리안 커뮤니티의 역할」, 아사쿠라 도시오 외 엮음, 『한민족 해외동포의 현주소』, 학연문화사, 2012.

김광민, 「재일외국인 교육의 기원이 되는 재일조선인 교육」, 『재일동포 민족교육』(청암대학교 재일코리안연구소 국제학술회의자료집), 2013. 10.

『재일동포 민족교육 현황 조사』(『2013 재외동포재단 조사연구영역 결과보고서』), 청암대학교 재일코리안연구소, 2013. 12.

김광열, 「일본거주 외국인의 다양화와 한국조선인의 위상 변화-소수자 속의 소수화의 과제-」, 『일본학연구』 제38집, 2014. 5.

<일본어>

中島智子, 「在日朝鮮人敎育における民族學級の位置と性格―京都を中心として」, 『京都大學敎育學部紀要』 27, 1981. 3.

徐海錫, 「在日同胞社會の現況と今後の展望--一九九0年代を目前にして-」, 在日韓國居留民團, 『法的地位に關する論文集』, 1987.

ヒョンホンチョル, 「民族學級の 現況課題」, 『제3차조선국제학술토론회, 논문요지』, 일

본대판경제제법과대학아세아연구소 중국북경대학조선문화연구소, 1990.

박정혜,『일본학교 내 민족학급의 현황과 과제』, 2007.

イルムの會, 『金ソンセンニム−濟洲島を愛し, 民族敎育に生きた在日一世−』, 新幹社, 2011.

재일제주인의 정체성과 제주도와의 경제적 교류　　　　　　　　　65쪽

김창민, 「재일교포 사회와 제주 마을간의 관계 변화:1930−2000」, 『비교문화연구』 제9권2호, 2003.

김희철·진관훈, 「재일제주인의 경제생활과 제주사회기증에 관한 연구」, 『法と政策』 第13輯 第1号, 2007.

고광명·진관훈, 「在日 제주인의 상공업 활동에 관한 연구」, 『濟州島硏究』 제26집, 2004.

고광명, 「재일제주인의 상공업활동과 지역사회 공헌」, 『사회과학연구』 14(1), 2006.

고광명, 「재일제주인의 제주지역 교육발전에 대한 공헌」, 『교육과학연구』 제13권 제1호, 2011.

이문웅, 「재일제주인의 의례생활과 사회조직」, 『濟州島硏究』 제5집, 1988 .

이문웅, 「在日 濟州人 사회에서의 巫俗−大阪 이꾸노 지역을 중심으로−」, 『濟州島硏究』 제6집, 1989.

임영언, 『재일코리안 기업가』, 파주: 한국학술정보, 2006.

안미정, 「오사카 재일(在日)제주인 여성의 이주와 귀향」, 『耽羅文化』 32호, 2008.

신행철, 『제주사회와 제주인 제5부』, 제주: 제주대학교출판부, 2004.

재외동포재단, 『母國을 향한 在日同胞의 100年足跡』, 서울: 재일동포모국공적조사위원회, 2008.

제주특별자치도, 『愛鄕의 보람』, 해동인쇄사, 2007.

小川伸彦·寺岡伸悟, 「在日社會から「故鄕」濟州道への寄贈」, 『奈良女子大學社會學論集』 2号., 1995

金贊汀, 『在日コリアン百年史』, 東京:三五舘, 1985.

高承濟, 『韓國移民史硏究』, ソウル:章文閣, 1973.

桑田芳夫, 『數字が語る在日韓國·朝鮮人の歷史』, 東京 : 明石書店, 1996.

渡辺信, 『經濟社會學のすすめ』, 東京 : 八千代出版, 2002.

在日濟州開發協會, 『愛鄕無限―在日濟州開發協會30年誌』, 東京: ケイピー・エス(株), 1991.

杉原達・玉井金五編, 『大正・大阪・スラム―もうひとつの日本近代史』, 新評論社, 1986.

高鮮徽, 『在日濟州島出身者の生活過程―關東地方を中心に』, 東京: 新幹社, 1996.

洪淳晩, 「濟州島人の試練と未來」, 『濟州島』 8 号, 1996.

梁聖宗, 「在日濟州人硏究의現況」, 『在日濟州人의 삶과 제주도』(濟州大學・耽羅文化硏究所, 社會科學硏究所, 濟州發展硏究院學術세미나), 2005.

梁聖宗, 「在日濟州人の渡日と暮し―東京における濟州・朝天里民會の事例を中心に」, 『白山人類學12号』, 東洋大學・白山人類學硏究會, 2009.

東日本朝天里民會報, 『在東日本朝天里相助會報 1982~2004』, 在東日本朝天里民會, 2004.

在東日本朝天里民會, 『在東日本朝天里民會 會員住所錄 : 1984年版・1990年版』, 在東日本朝天里民會, 1990.

河明生, 『マイノリティ起業家精神: 在日韓人事例硏究』, 東京 : 株式會社ITA, 2003.

Anderson, Benedict. 1991. *Imagined Communities*. Revised Edition. Verso.

Granovetter, Mark. 1985. "Economic Action and Social Structure: The Problem of Embeddedness." *American Journal of Sociology* 91, pp.481–580.

Granovetter, Mark. 2002. A Theoretical Agenda for *Economic Sociology*. In the New Economic Sociology, edited by Mauro Guillen, Randall Collins, Paula England, and Marshall Meyer, New York: Russell Sage Foundation.

Uzzi, Brian. 1997. "The Social Structure and Competition in Interfirm Networks: The Paradox of Embeddedness." *Administrative Science Quarterly* 42: 35–67.

밀항·오무라수용소·제주도　　　　　　　　　　　　　　　　　　97쪽

〈한국문헌〉

강창수, 「제주도의 교민행정」, 제주도 『제주도』 제57호, 1972년.

부만근, 『광복제주30년』, 문조사, 1976년.

제주도, 『2003재외제주도민 편람』, 2003년.

제주시, 『제주시』 제3호, 1967년.

<한국자료>

『제4차 한일예비교섭, 56-58 (V.1 경무대와 주일대표부간 교환공문, 1956-57)』 외교
　　　안보연구원 소장(C1-0002).

『재일한인 강제퇴거(송환) 1966』 외교안보연구원 소장(P-0004).

『재일한인 북한 송환 및 한·일 양국 억류자 상호석방 관계철(V.9 오무라수용소에
　　　수용중인 일본 밀입국 한국인 강제송환 및 나포어선 추방에 관한 건,
　　　1955-60)』 외교안보연구원 소장(C1-0010).

『재일국민 강제퇴거(송환) 1972』 외교안보연구원 소장(Re-0037).

『재일국민 강제퇴거(송환) 1974』 외교안보연구원 소장(Re-0037).

『한국인 강제퇴거(송환) 1973』 외교안보연구원 소장(P-0012).

〈외국문헌〉

ben	Benjamin Genocchio, "Discourse, Discontinuity, Difference: The Question of 'Other' Space", Sophie Watson & Katherine Gibson(ed.), *Postmodern Cities & Spaces*, 1995
bru	ブルース・カミングス(鄭敬謨・加地恵永都子訳), 『韓国戦争の起源 第2巻』, シアレヒム社, 1991年
care	カレン・カプラン(村山淳彦訳), 『移動の時代』, 未来社, 2003年
ed	エドワード・サイード, 『故国喪失についての省察』, みすず書房, 2006年
ichi	市場淳子, 『ヒロシマを持ちかえった人々-「韓国の広島」はなぜ生まれたのか』, 凱風社, 2000年
iji	伊地知紀子, 『生活世界の創造と実践-韓国・済州島の生活誌から』, 御茶ノ水書房, 2000年
izu	泉精一, 『済州島』, 東京大学出版会, 1966年
homusho-nyu	法務省入国管理局, 『入国管理月報』76号, 1967年3月
homusho-nyu	法務省入国管理局, 『出入国管理とその実態 昭和34年版』, 1959年
homusho-nyu	法務省入国管理局, 『出入国管理とその実態 昭和39年版』, 1964年
homusho-nyu	法務省大村入国者収容所, 『大村入国者収容所二十年史』, 1970年
hyun	玄武岩, 「日韓関係の形成期における釜山収容所／大村収容所の『境界の政治』」, 『同時代史研究』第7号, 2014年

jam	ジェームズ・クリフォード, 『ルーツ－20世紀後期の旅と翻訳』, 月曜社, 2002年
john	ジョン・アーリ(吉原直樹監訳), 『社会を越える社会学－移動・環境・シチズンシップ』, 法政大学出版部, 2006年
masu	桝田一二, 『桝田一二地理学論文集』, 弘詢堂, 1976年
mich	ミシェル・フーコー, 『ミシェル・フーコー思想集成 X』, 筑摩書房, 2002年
mun	文京洙, 『済州島現代史－公共圏の死滅と再生』, 新幹社, 2005年
kaji	梶村秀樹, 「定住外国人としての在日朝鮮人」, 『思想』734号, 1985年 8月
kato	加藤晴子, 「戦後日韓関係史への一考察(上)－李ライン問題をめぐって」, 『日本女子大学紀要・文学部』28号, 1978年 3月
kang	姜尚中, 『オリエンタリズムの彼方へ』, 岩波書店, 1996年
kimde	金徳煥, 「新・猪飼野事情」, 『済州島』, 創刊号, 1989年4月
kimdo	金東希(金建柱訳), 「私の記録(上)」, 『展望』第122号, 1969年 2月号
ko	高鮮徽, 『20世紀の滞日済州島人－その生活過程と意識』, 明石書店, 1998年
naka	中島竜美, 『朝鮮人被爆者・孫振斗裁判の記録』, 在韓被爆者問題市民会議, 1998年
oka	岡正治, 『大村収容所と朝鮮人被爆者』, 「大村収容所と朝鮮人被爆者」, 刊行委員会, 1981年 小川伸彦・寺岡伸悟, 「在日社会から『故郷』済州島への寄贈」, 『奈良女子大学社会学論集』第2号, 1995年 3月
oda	小田実編, 『ベ平連とは何か』, 徳間書店, 1969年
onu	大沼保昭, 『在日韓国・朝鮮人の国籍と人権』, 東信堂, 2004年
paku	朴正功, 『大村収容所』, 京都大学出版会, 1969年
sase	佐世保引揚援護局 編, 『局史(下巻)』, 1951年
seo	徐京植, 「怪物の影－「小松川事件」と表象の暴力」, 岩崎稔ほか 編, 『継続する植民地主義』, 青弓社, 2005年
sugi	杉原達, 『越境する民-近代大阪の朝鮮人史研究』, 新幹社, 1998年
tsu	鶴見俊輔, 「金東希にとって日本はどういう国か」, 『ベトナム通信』第2号(復刻版) 不二出版, 1990年

〈외국자료〉

『朝日新聞』, 1968年1月 26日(夕刊)

『朝日新聞』, 1958年1月 26日(朝刊)

『朝日新聞』, 1968年1月 26日(朝刊)

Illegal Entry－Koreans redemonstration of aliens, Dec.1949-Sept.1950, General Headquarters/Supreme Commander for the Allied Powers(한국국회도서관 데이터베이스)

재일제주인 여성의 무속실천과 그 전승   137쪽

飯田剛史, 『在日コリアンの宗教と祭り-民族と宗教の社會學-』, 世界思想社, 2002.

飯田剛史, 「龍王宮・箱作・濟州島-水辺の賽神-」, 『コリアンコミュニティ研究』vol.2, こりあんコミュニティ研究會, 2010, 15~20頁.

金良淑, 「濟州島出身在日一世女性による巫俗信仰の實踐」, 『韓國朝鮮の文化と社會』第 4号, 風響社, 2005, 14~54頁.

金良淑, 「日本で營まれる濟州島の「クッ」」, 『アジア遊學』92号(世界のコリアン特集), 勉誠出版, 2006, 134~147頁.

金良淑, 「韓國の出稼ぎ巫者とトランスナショナルな信仰空間の生成」, 『旅の文化研究所研究報告』18号, 2009, 17~33頁.

金良淑, 「大阪に生まれた濟州島の聖地「龍王宮」」, 『まほら』63号, 旅の文化研究所, 2010a, 46-47頁.

金良淑, 「龍王宮」國際高麗學會日本支部, 「在日コリアン辭典」, 編纂委員會 編, 『在日コリアン辭典』, 明石書店, 2010b.

高正子, 「大阪濟州人の祈り-ある濟州島出身女性の事例から-」, 『コリアンコミュニティ研究』vol.1, こりあんコミュニティ研究會, 2010, 15~20頁.

こりあんコミュニティ研究會, 「「龍王宮」の記憶を記録するプロジェクト」, 藤井幸之助, 本岡拓哉 編, 『「龍王宮」の記憶を記録するために-濟州島出身女性たちの祈りの場-』, 2011, 144頁.

宗教社會學の會編, 『生駒の神々-現代都市の民俗宗教-』, 創元社, 1985.

宗教社會學の會, 『聖地再訪, 生駒の神々-変わりゆく大阪近郊の民俗宗教-』, 創元社, 2012.

曹奎通, 「生駒・宝塚の韓寺を歩く」(前・後), 『濟州島』3・4号, 新幹社, 1990~91.

鄭鴻永, 『歌劇の街のもうひとつの歴史-宝塚と朝鮮人』, 神戸學生靑年センター出版部, 1997.

塚崎昌之, 「在日一世の祈りの場所・龍王宮をめぐる歴史」, こりあんコミュニティ研究會, 「「龍王宮」の記憶を記録するプロジェクト」(藤井幸之助, 本岡拓哉) 編, 『「龍王宮」の記憶を記録するために-濟州島出身女性たちの祈りの場-』, 2011, 41~51頁.

塚崎昌之, 「戰前・戰中期, 大阪における朝鮮人宗教政策の変化と朝鮮人の對応-「朝鮮

寺」と神社參拜政策を中心にして」, 『東アジア研究』57, 大阪経濟法科大學アジア研究所, 2012, 31~61頁.

樋口淳, 「在日韓國人のシャーマニズムとその継承-」, 『專修人文研人文科學年報』第23号, 1993, 1~13頁.

玄善允, 「濟州島出身在日一世の習俗の斷片」, 『コリアンコミュニティ研究』vol.1, こりあんコミュニティ研究會, 2010, 31~35頁.

玄善允, 「龍王宮再考-聖性を欠いた場における祈りと孤立した共同性-」, 『コリアンコミュニティ研究』vol.2, こりあんコミュニティ研究會, 2011a, 35~47頁.

玄善允, 「龍王宮から濟州へ, そして再び龍王宮へ-濟州に關する「常識」と「在日的信憑」と「村落共同体の構造」-」, こりあんコミュニティ研究會, 「「龍王宮」の記憶を記録するプロジェクト」(藤井幸之助, 本岡拓哉) 編, 『「龍王宮」の記憶を記録するために-濟州島出身女性たちの祈りの場-』, 2011, 52~65頁.

玄善允, 「濟州女性文化遺跡探訪1-女たちの水との格闘と悦びの跡-」, 『濟州ウイークリー』1号, 2011年10月.

玄善允, 「濟州女性文化遺跡探訪2-焚火と人情の溫もりを糧に海と格闘-」, 『濟州ウイークリー』3号, 2011年12月.

玄善允, 「濟州女性文化遺跡探訪3-聖地での祈りで癒され, それを糧に過酷な現實と闘った女たち-」, 『濟州ウイークリー』6号, 2012年4月.

玄善允, 「濟州女性文化遺跡探訪4-武器を持って戰った女たち-」, 『濟州ウイークリー』7号, 2012年3月.

玄善允, 「濟州女性文化遺跡探訪5-濟州の女性先覺者たち-」, 『濟州ウイークリー』8号, 2012年6月.

玄容駿, 『濟州島巫俗の研究』第一書房, 1985.

藤井幸之助, 「濟州島出身の女たちの祈りの場・櫻ノ宮「龍王宮」-遠からず姿を消す在日朝鮮人の心の據りどころ」, 『書評』132号, 關西大學生活協同組合, 『書評』, 編集委員會, 2009, 126~135頁.

藤井幸之助, 「「龍王宮」の最後-形はなくなっても未來の記憶に生きる-」, 『書評』134号, 關西大學生活協同組合, 『書評』, 編集委員會, 2010, 157~169頁.

宮下良子, 「龍王宮の空間が語るもの」, 『コリアンコミュニティ研究』vol.1, こりあんコミュニティ研究會, 2010, 15~20頁.

山口覺, 「往來する神々, 越境する人々-宝塚市の朝鮮寺・宝教寺をめぐって」, 『たからづ

か』第25号, 宝塚市敎育委員會, 2012, 84~115頁.

梁愛舜, 『在日朝鮮人社會における祭祀儀礼-チェーサの社會學的分析-』, 晃洋書房, 2004.

제주발전연구원, 『제주여성사Ⅱ』, 2011.

제주특별자치도여성특별위원회, 『제주여성의 삶과 공간』, 2007.

제주도여성특별위원회, 『구술로 만나는 제주여성의 삶 그리고 역사』, 2004.

국민국가를 넘는 4·3 역사인식의 가능성　　　　175쪽

고성만, 「4·3과거청산과 '희생자' - 재구성되는 죽음에 대한 재고」, 『탐라문화』 38호,
　　　2011, 249~277.

김성례, 「근대성과 폭력:제주4·3의 담론 정치」, 『제주4·3연구』, 역사비평사, 1999,
　　　238~267.

김원중, 「청산 없는 과거청산?:스페인의 사례」, 『세계의 과거사 청산』, 푸른역사, 2005,
　　　254~288.

김종민, 「존경받아 마땅한 4·3유족」, 『4·3과 평화』 Vol 16, 2014, 25~26.

박경훈, 「김석범·현기영 선생과 동경 웃드르에서의 하루-평화공원의 백비를 세우면
　　　통일이 된다」, 『박경훈의 제주담론2』, 도서출판 각, 2014, 356~389.

박찬식, 「4·3사자(死者)에 대한 기억 방식의 변화-제주지역민을 중심으로」, 『4·3과
　　　역사』 11호, 2011, 89~103.

법제처, 「동 위원회가 군인과 경찰을 희생자로 심사·결정할 수 있는지 여부」, 안건번호
　　　06 - 0120, 2006.

양정심, 『제주4·3항쟁 - 저항과 아픔의 역사』, 선인, 2008.

이한정, 「'자이니치' 담론과 아이덴티티」, 『日本硏究』 제17집, 2012, 363~388.

장윤식, 「현해탄 너머 타국에서의 비원과 희망」, 『4·3과 평화』 Vol 4, 12~13, 2011.

재일제주인의 생활사를 기록하는 모임, 『재일제주인의 생활사1-안주의 땅을 찾아서』,
　　　도서출판 선인, 2012.

정아영, 2010, 「일본의 4·3사건 추도 사업과 재일 동포 2세들의 체험과 사상」, 『4·3과
　　　역사』 제9·10호, 2010, 135~152.

제주4·3사건진상규명및희생자명예회복위원회, 『화해와 상생 제주4·3위원회 백서』
　　　2008.

헌법재판소, 「제주4·3사건 진상규명 및 희생자 명예회복에 관한 특별법 의결 행위 취소 등」, 『헌법재판소 판례집』, 2001, 13-2집.

후지나가다케시, 「재일제주인과 밀항」, 『4·3과 역사』 제9·10호, 2010, 153-176.

_____, 「제주도민의 도일·재일 체험과 혈연·지연 네트워크-동회천 마을의 사례에서-」 『재일코리안의 생활문화와 변용』, 선인, 2014, 327-342.

阿部利洋, 「参加にともなう公的承認-南アフリカ真実和解委員会とカンボジア特別法廷の事例から」『体制移行期の人権回復と正義(平和研究第38号)』, 2012, 23-40.

藤永壮·高正子·伊地知紀子·鄭雅英·皇甫佳英·高村竜平·村上尚子·福本拓, 「解放直後·在日済州島出身者の生活史調査(6·上) : 金好珍さんへのインタビュー記録」『大阪産業大学論集』4, 2008, 131-155.

伊地知紀子, 『在日朝鮮人の名前』, 明石書店, 1994.

伊地知紀子·村上尚子, 「解放直後·済州島の人びとの移動と生活史-在日済州島出身者の語りから」『日本帝国をめぐる人口移動の国際社会学』, 不二出版, 2008, 87-115.

望月康恵, 『移行期正義:国際社会における正義の追及』, 法律文化社, 2012.

文京洙, 「沈黙の壁を越えて-四·三事件をめぐる日本での取り組みをふりかえる」『済州島四·三事件　記憶と真実-資料集-済州島四·三事件60件を越えて』, 新幹社, 2010, 63-67.

杉原達, 『越境する民-近代大阪の朝鮮人史研究』, 新幹社, 1998.

杉山知子, 『移行期の正義とラテンアメリカの教訓-真実と正義の政治学』, 北樹出版, 2011.

Rigby, Andrew. 2001, *Justice and reconciliation : after the violence*, Lynne Rienner Publishers.

Hayner, Priscilla B., 2001, *Unspeakable Truths: Transitional Justice and the Challenge of Truth Commissions*. Routledge(阿部利洋訳, 『語りえぬ真実-真実委員会の挑戦』, 平凡社, 2006).

Mamdani, M., 1996, "Reconciliation without justice", *Southern African Review of Books*, No. 46, 3-5.

Morris-Suzuki, Tessa, 2007, *Exodus to North Korea: Shadows from Japan's Cold War*, Rowman & Littlefield Publishers.

_____, 2010, *Borderline Japan: Foreigners and Frontier Controls in the Postwar Era*, Cambridge, Cambridge University Press.

Phakathi, Timothy Sizwe and Hugo van der Merwe, 2008, "The impact of the TRC's amnesty process on survivors of human rights violations," Chapman, Audrey R. and Hugo van der Merwe eds., *Truth and Reconciliation in South Africa: Did the TRC Deliver?*, Philadelphia: University of Pennsylvania Press, 116－142.

Stan, Lavinia. 2008, *Transitional Justice in Eastern Europe and the former Soviet Union: Reckoning with the communist past*, Routledge.

'자이니치(在日)'와 재일제주인을 둘러싼 여론형성의 전개 193쪽

丹羽美之, 「1960年代の實驗的ドキュメンタリー」, 伊藤守 編, 『メディア文化の權力作用』, せりか書房, 2002.

山野車輪, 『マンガ嫌韓流』, 晋遊舍(Shinyusha Co., Ltd.), 2005.

서경식, 김혜신 옮김, 『디아스포라 기행: 추방당한 자의 시선』, 돌베개, 2006. (원저: 『ディアスポラ紀行 追放された者のまなざし』, 岩波書店, 2005年)

서경식, 권혁태 옮김, 『언어의 감옥에서: 어느 재일조선인의 초상』, 돌베개, 2011. (원저: 『植民地主義の暴力: 'ことばの檻'から』 高文研, 2010年)

재일제주인의 생활사를 기록하는 모임 엮음, 김경자 옮김, 『재일제주인의 생활사1-안주의 땅을 찾아서』, 도서출판 선인, 2012.

서경식, 형진의 옮김, 『역사의 증인: 재일조선인』, 반비, 2012.

平成24~27年度, 新しい社會 [公民] 中學校社會科用 文部科學省檢定濟 敎科書, 東京書籍, 2012~2015.

梁仁實, 「濟州四三と密航, そして家族物語~日本の映像における在日濟州人の表象」, 『アルテス リベラレス』 (岩手大學國際學部紀要) 第92号, 2013.6.

高鮮徽, 「在日濟州島人と故鄕の關係―創られる故鄕・新たな關係の模索をめぐって」, 『文敎大學國際學部紀要』 第24卷1号, 2013.7.

제주대학교 재일제주인센터편, 『재일한국인의 연구의 동향과 과제』, 제주대학교 재일제주인센터, 2014.

<인터넷 사이트>
일본 <법무성 입국관리국> http://www.immi-moj.go.jp/index2.html
영화 <HARUKO> http://eiga.com/movie/40989/
영화 <海女のリャンさん> http://www.sakuraeiga.com/ama.html

만화 <嫌韓流> http://ja.wikipedia.org/wiki/嫌韓流

일본 우익 단체의 혐한 및 반한 사이트: <正しい歷史認識, 國益重視の外交, 核武裝の實
　　現>(Yahoo Japan 키워드)

재일제주인 구술사를 통해서 본 제주 4·3의 한 단면　　　　　　　　221쪽

〈한국어〉

고성만, 「제주 4·3담론의 형성과 정치적 작용」, 제주대학교사회학과 석사학위 청구논
　　문, 2005년

고정자, 「해방 직후 재일 제주도 출신자의 생활사 연구 현황과 과제」, 『4·3과 역사』
　　9·10, 2010.12, pp.123-134.

김은희, 「경험과 기억을 통한 4·3의 재구성-2004-2008년 4·3천인증언채록을 중심으
　　로」, 『기억의 구술과 역사』(제주4·3 62주년 기념 국제심포지엄 자료집),
　　제주4·3연구소, 2010년, pp.176-192.

박찬식, 『4·3과 제주역사』, 도서출판 각, 2008년.

양정심, 『제주 4·3 항쟁-저항과 아픔의 역사』, 선인, 2008.

제민일보4·3취재반, 『4·3은 말한다』 제4권, 전예원, 1998년.

＿＿＿＿＿＿＿, 『4·3은 말한다』 제5권, 전예원, 1998년.

재일제주인의 생활사를 기록하는 모임(김경자 역), 『제일제주인의 생활사1-안주의
　　땅을 찾아서』, 선인, 2012년.

함한희, 「증언, 생활사, 구술사」 『4·3과 역사』 9·10, 2010.12, pp.7-36.

〈일본어〉

伊地知紀子, 『生活世界の創造と實踐』 御茶の水書房, 2000年.

高光敏(李惠燕訳), 「パグムジ・オルム 牛の越冬飼料に関する民俗の一面(連載 済州島の
　　民俗6)」, 『季刊東北学』 6号, 2006年.

＿＿＿＿＿＿＿, 「落葉樹林の野牛について(連載 済州島の民俗11)」, 『季刊東北学』 11
　　号, 2007年.

＿＿＿＿＿＿＿, 「飢饉の克服(連載 済州島の民俗19)」, 『季刊東北学』 19号, 2009年.

済民日報四·三取材班編(姜聖律訳), 『済州島四·三事件』 第5卷, 新幹社, 2000年.

戶川昭夫, 『遥かなり済州島』, じゃんぼり書房, 1999年.

トンプソン・ポール(酒井順子訳), 『歴史から記憶へ』, 青木書店, 2002年.(Thompson, Paul, *The Voice of the Past*, Oxford University Press, 2000).

中村政則, 『労働者と農民』, 小学館, 1976年.

＿＿＿＿＿, 『昭和の記憶を掘り起こす 沖縄, 満州, ヒロシマ, ナガサキの極限状況』, 小学館, 2008年.

原山浩介, 「コメント②日本近現代史の立場から」, 岩本通弥・法橋量・及川祥平 編 『オーラルヒストリーと＜語り＞のアーカイブ化に向けて』, 成城大学民俗学研究所グローカル研究センター, 2011年.

藤永壮/高正子/伊地知紀子/鄭雅英/皇甫佳英/張叶実/張征峰, 「解放直後・在日済州島出身者の生活史調査 (2)－金徳仁さん・朴仁仲さんへのインタビュー記録―(上)」, 『大阪産業大学論集 人文科学編』104, 2001年.

藤永壮/伊地知紀子/鄭雅英/皇甫佳英/張叶実, 「解放直後・在日済州島出身者の生活史調査 (3)－姜京子さんへのインタビュー記録―」, 『大阪産業大学論集 人文科学編』105, 2001年.

藤永壮/高正子/伊地知紀子/鄭雅英/皇甫佳英/高村竜平/村上尚子/福本拓/塚原理夢, 「解放直後・在日済州島出身者の生活史調査 (5)－高蘭姫さんへのインタビュー記録―(上・下)」, 『大阪産業大学論集 人文・社会科学編』2-3, 2008年2月-6月.

藤永壮/高正子/伊地知紀子/鄭雅英/皇甫佳英/高村竜平/村上尚子/福本拓, 「解放直後・在日済州島出身者の生活史調査 (6)－金好珍さんへのインタビュー記録―(上)」, 『大阪産業大学論集 人文・社会科学編』4, 2008年10月.

藤永壮/高正子/伊地知紀子/鄭雅英/皇甫佳英/高村竜平/村上尚子/福本拓, 「解放直後・在日済州島出身者の生活史調査 (13)－夫熙錫さんへのインタビュー記録―(上)」, 『大阪産業大学論集 人文・社会科学編』19, 2013年10月.

藤永壮/高正子/伊地知紀子/鄭雅英/皇甫佳英/高村竜平/村上尚子/福本拓, 「解放直後・在日済州島出身者の生活史調査 (14)－金玉来さんへのインタビュー記録―(下)」, 『大阪産業大学論集 人文・社会科学編』22, 2014年10月.

재일제주인에 대한 민속학적 연구의 가능성   243쪽

〈한국어〉

김화경, 「재일교포의 민속 변용에 관한 연구: 특히 설화의 변개 실태를 중심으로 한 고찰」, 『口碑文學研究』 6, 서울: 한국구비문학회, 1998.

魯成煥, 「在日韓人의 歲時風俗에 관한 研究」, 『韓國文學論叢』 34, 서울: 한국문학회, 2003.

료코 미야시타, 「경계를 넘는 샤머니즘 :재일한국인 1세대 여성의 사례 연구」, 『도시인문학연구』 2-2, 서울: 서울시립대학교 소, 2010.

松原孝俊・玄丞桓, 「在日 韓國人・朝鮮人의 文化變容: 特히 九州에 있어서 濟州道人의 祖先祭祀 및 民族宗敎의 變容을 中心으로」, 『比較社會文化』 2, 福岡: 九州大學大學院比較社會文化學府・研究院, 1996.

孫晉泰, 『朝鮮民族文化의 研究』, 서울: 乙酉文化社, 1948.

李杜鉉・張籌根・李光奎, 『韓國民俗學槪說』, 서울: 一潮閣, 1991.

李文雄, 「재일제주인의 의례생활과 사회조직」, 『濟州島研究』 5, 서울: 제주도연구회, 1988.

李文雄, 「在日濟州人 사회에서의 巫俗: 오사카 이쿠노 지역을 중심으로」, 『濟州島研究』 6, 서울: 제주도연구회, 1989.

이창익, 「재일한국인 개념의 일고찰: 渡日의 역사성과 호칭을 통해」, 제주대학교 재일제주인센터편, 『재일한국인 연구의 동향과 과제』, 제주: 제주대학교 재일제주인센터, 2014.

임재해, 「민속학 연구방법론의 전개」, 『한국민속연구사』, 서울: 지식산업사, 1994.

황혜경, 「재일코리안에 있어서 민족축제 의미와 호스트사회와의 관계: 오사카시(大阪市)와 가와사키시(川崎市)를 중심으로」, 『日本文化學報』 46, 서울: 한국일본문화학회, 2010.

허점숙, 「재일한국인의 무속신앙: 무속과 불교의 습합을 중심으로」, 『日語日文學研究』 40, 서울: 한국일어일문학회, 2002.

〈일본어〉
李仁子, 「異文化における移住者のアイデンティティ表現の重層性: 在日韓国・朝鮮人の墓をめぐって」, 『民族学研究』 61-3, 東京: 日本民族学会, 1996.

飯田剛史, 『在日コリアンの宗教と祭り: 民族と宗教の社会学』, 京都: 世界思想社, 2002.

飯田剛史, 「竜王宮・箱作・済州島 −水辺の祭祀−」, 『コリアンコミュニティ研究』 1, 大阪: こりあんコミュニティ研究会, 2010.

金良淑, 「済州島出身在日1世女性による巫俗信仰の実践」, 『韓国朝鮮の文化と社会』 4, 東京: 風響社, 2005.

桑山敬己,『ネイティヴの人類学と民俗学: 知の世界システムと日本』, 東京: 弘文堂, 2008.

高鮮徽,『在日済州島出身者の生活過程: 関東地方を中心に』, 東京: 新幹社, 1996.

高鮮徽,『20世紀の滞日済州島人 : その生活過程と意識』, 東京: 明石書店, 1999.

こりあんコミュニティ研究会・竜王宮の記憶を記録するプロジェクト第3(社会包摂)ユ
　　ニット編,『「竜王宮」の記憶を記録するために: 済州島出身女性たちの祈りの
　　場』, 大阪: こりあんコミュニティ研究会, 2011.

高正子,「大阪済州人の祈り: ある済州島出身女性の事例から」,『コリアンコミュニティ
　　研究』1, 大阪: こりあんコミュニティ研究会, 2010.

島村恭則,「比較と多文化の民俗学へ」,『東北学』9, 山形: 東北芸術工科大学東北文化
　　研究センター, 2003.

島村恭則,「多文化主義民俗学とは何か」,『京都民俗』17, 京都: 京都民俗学談話会, 1999.

島村恭則,「<在日朝鮮人>の民俗誌」,『国立歴史民俗博物館研究報告』91, 千葉: 国立歴
　　史民俗博物館, 2001.

島村恭則,『<生きる方法>の民俗誌: 朝鮮系住民集住地域の民俗学的研究』, 西宮: 関西
　　学院大学出版会, 2010.

宗教社会学の会編,『生駒の神々: 現代都市と民俗宗教』. 東京: 創元社, 1985.

宗教社会学の会編,『聖地再訪 生駒の神々: 変わりゆく大都市近郊の民俗宗教』, 東京:
　　創元社, 2012.

谷富夫,「エスニック社会における宗教の構造と機能: 大阪都市圏の在日韓国・朝鮮人社
　　会を事例として」,『人文研究 大阪市立大学文学部紀要』47, 大阪: 大阪市立大
　　学, 1995.

原尻英樹,「日本敗戦後の在日朝鮮人: 済州島人の生活史」, 原尻英樹・六反田豊編,
　　『半島と列島のくにぐに: 日朝比較交流史入門』, 東京: 新幹社, 1996.

原尻英樹,『日本定住コリアンの日常と生活: 文化人類学的アプローチ』, 東京: 明石書
　　店, 1997.

原尻英樹,『コリアンタウンの民族誌―ハワイ・LA・生野』, 東京: 筑摩書房, 2000.

玄武岩,『コリアン・ネットワーク: メディア・移動の歴史と空間』, 札幌: 北海道大学出版
　　会, 2013.

玄善允,「済州島出身在日一世の習俗の断片」,『コリアンコミュニティ研究』1, 大阪: こ
　　りあんコミュニティ研究会, 2010.

玄善允・藤井幸之助,「在日済州人女性の巫俗実践とその伝承:「龍王宮」を中心に」,
　　『女性学評論』27, 神戸: 神戸女学院大学インスティチュート, 2013.

許点淑, 「在日韓国・朝鮮人の生活文化」, 大阪大学大学院人類学専攻 博士学位論文, 1999.

松田睦彦, 「移動の日常性へのまなざし: 「動」的人間観の獲得をめざして」, 『<人>に向き
　　あう民俗学』, 東京: 森話社, 2014, 102~123.

宮下良子, 「済州スニム(僧侶)のトランスナショナリティ: 大阪市生野区の事例を中心に」,
　　『白山人類学』12, 東京: 白山人類学研究会, 2009.

宮下良子, 「竜王宮の空間が語るもの」, 『コリアンコミュニティ研究』1, 大阪: こりあんコ
　　ミュニティ研究会, 2010.

柳田国男, 『現代史学大系 第7巻 民間伝承論』, 東京: 共立社書店, 1934(『柳田国男全集』
　　8, 東京: 筑摩書房, 1998).

梁聖宗, 「在日済州人の渡日と暮し: 東京における済州・朝天里民会の事例」, 『白山人類
　　学』12, 東京: 白山人類学研究会, 2009.

'국경선을 넘는 생활권'의 생성과 변용　　　　　　　　　　263쪽

済民日報4・3取材班, 文京洙・金重明 訳 『済州島四・三事件』第一巻, 新幹社.

_____, 金蒼生訳 『済州島四・三事件』第六巻, 新幹社, 2004.

藤永壮, 「植民地期・済州島の実力養成運動団体とその人員構成－1920年代を中心に－」,
　　(大阪産業大学, 『大阪産業大学論集 社会科学編』113号, 1999, pp67~90.

藤永壮, 高正子, 伊地知紀子, 鄭雅英, 皇甫佳英, 張叶実, 「解放直後・在日済州島出身者
　　の生活史調査(1・上)－梁愛正さんへのインタビュー記録」『大阪産業大学論
　　集人文科学編』102号, 2000, pp.57~74.

藤永壮, 高正子, 伊地知紀子, 鄭雅英, 皇甫佳英, 高村竜平, 村上尚子, 福本拓, 塚原理夢,
　　李陽子, 「解放直後・在日済州島出身者の生活史調査(4・上)－ 李健三さんへの
　　インタビュー記録」, 『大阪産業大学論集人文科学編』122号, 2007, pp.99~124.

広瀬勝, 「在阪朝鮮人と済州島(一)」, (大阪府社会課社会事業連盟 『社会事業研究』第14
　　巻 第5号, 1926a.

_____, 「在阪朝鮮人と済州島(二)」, (大阪府社会課社会事業連盟 『社会事業研究』第
　　14巻第6号, 1926b.

法務省入国管理局, 『出入国管理とその実態 昭和34年度版』, 1959.

玄武岩, 密航・大村収容所・済州島―大阪と済州島をむすぶ「密航」のネットワーク」, 『現

代思想』第35巻第7号, 2007, pp.158-173.

伊地知紀子,『生活世界の創造と実践-韓国・済州島の生活誌から-』御茶の水書房(= 안행순 역, 2013,『日本人学者가 본 제주인의 삶』, 경인문화사), 2000.

──, 「営まれる日常・縒りあうカ-語りからの多様な『在日』像-」藤原書店編集部編 『歴史のなかの「在日」』, pp.337-355, 藤原書店.

伊地知紀子・村上尚子, 「解放直後・済州島の人びとの移動と生活史-在日済州島出身者 の語りから」, 蘭信三 編, 『日本帝国をめぐる人口移動の国際社会学』, 不二出 版, 2008. pp.87-145(村上担当分は第1節から5節, 伊地知分担分は4節から6節).

梶村秀樹, 「定住外国人としての在日朝鮮人」, 『思想』732号, 岩波書店. 1985.

河明生, 『韓人日本移民社会経済史』. 明石書店, 1997.

金賛汀, 『朝鮮人女工のうた-1930年・岸和田紡績争議』, 岩波書店. 1982.

高鮮徽, 『20世紀の滞日済州島人-その生活過程と意識-』, 明石書店, 1998.

大阪市社会部調査課, 『本市に於ける朝鮮人住宅問題』, 1930.

桝田一二, 『桝田一二地理学論文集』, 弘詢社, 1976.

松田素二, 『都市を飼い慣らす-アフリカの都市人類学』, 河出書房, 1996.

文京洙, 『済州島現代史—公共圏の死滅と再生』, 新幹社, 2005.

成律子, 『オモニの海峡』, 彩流社, 1994.

杉原達, 『越境する民-近代大阪の朝鮮人史研究』, 新幹社, 1998.

在日本朝鮮人人権協会, 『在日コリアン 暮らしの法律Q&A』日本加除出版株式会社, 2004.

善生永助, 『生活状態調査(其二)済州道』朝鮮総督府, 1929.

済州新聞 1968年8月21日付.

済州新報 1958年4月6日付. 1958年12月20日付.

한국・제주로부터의 도일사

〈한국어〉

고광명, 「재일제주인 기업가 東泉 金坪珍 연구」, 『일본근대학연구』第30集, 2010.

高禎鍾 編, 『濟州道便覽』, 濟州書館, 1930.

『濟州東回泉鄕土紙 새미』, 2013.

濟州大學校國語教育科・國語國文學科(1994) 「濟州市奉蓋洞回泉里現地學術調査報告 (1993.7.30~8.2)」, 國語教育學會, 『白鹿語文』第10輯, 1994.

『鄕土誌(奉蓋, 明道庵, 龍崗, 東回泉, 西回泉)』, 奉蓋國民學校, 1987.

玄惠慶, 『제주농촌마을의 기제사의례 변화-회천마을 사례-』, 濟州大學校 社會學科碩士學位論文, 1998.

후지나가 다케시(藤永壯), 「제주도민의 도일·재일 체험과 혈연·지연 네트워크-동회천 마을의 사례에서-」, 청암대학교 재일코리안연구소 편, 『재일코리안 디아스포라의 문화와 변용』, 선인, 2014.

〈일본어〉

伊地知紀子, 『生活世界の創造と実践-韓国済州島の生活誌から-』, 御茶の水書房, 2000.

藤永壯 他, 「解放直後·在日済州島出身者の生活史調査(2)―金德仁さん·朴仁仲さんへのインタビュー記録―」, 『大阪産業大学論集 人文科学編』 第104号, 2001.

高鮮徽, 『20世紀の滯日済州島人―その生活過程と意識』, 明石書店, 1999.

国際高麗学会日本支部, 『在日コリアン辞典』, 明石書店, 2010.

永野慎一朗, 「金坪珍」, 永野慎一朗編, 『韓国の経済発展と在日韓国企業人の役割』, 岩波書店, 2010.

杉原達, 『越境する民―近代大阪の朝鮮人史研究』, 新幹社, 1998.

善生永助, 『生活実態調査(其二)済州島』, 朝鮮総督府, 1929.

한국에서의 소수자 연구를 위한 시론 331쪽

김준형, 「한국정치에서 대의제 위기와 소수자문제」, 『사회연구』 2002, 191-218.

박경태, 『소수자와 한국 사회: 이주노동자, 화교, 혼혈인』, 후마니타스, 2008.

박장식, 김홍구, 이광수, 김경학, 박정석, 우제혁, 「인도 동북부와 동남아 산지세계의 소수종족 – 종족성, 국민국가, 분리주의운동」, 『아시아지역연구』 10, 2000, 180-239.

유효종, 이와마 아키코 엮음, 박은미 옮김(2012), 『마이너리티란 무엇인가』, 한울아카데미, 2007.

윤수종, 『다르게 사는 사람들: 우리 사회의 소수자들 이야기』, 이학사, 2002.

_____, 『우리 시대의 소수자운동』. 이학사, 2005.

윤인진, 「한국사회의 배타성: 소수차별의 메카니즘」, 『사회비평』 25, 2000, 24-36.

이준일, 「소수자(minority)와 평등원칙」 『헌법학연구』 8(4), 2002, 219-243.

전영평 외, 『한국의 소수자 정책: 담론과 사례』, 서울대학교출판문화원, 2010.

정근식, 「차별 또는 배제의 정치와 '소수자'의 사회사 재구성」, 『경제와 사회』 100, 2013, 183-208.

최협, 김성국, 정근식, 유명기 엮음, 『한국의 소수자, 실태와 전망』, 한울아카데미, 2004.

한국인권재단, 『일상의 억압과 소수자의 인권』, 한울아카데미, 2000.

Lin, Yao-Hua, "A Comparative Study of Chinese Koreans and Other Minority Ethnic Groups in Northeast China", 『재외한인연구』 10, 1993, 199-210.

일본의 마이너리티문학의 현황과 미래　　　　　　347쪽

岩間曉子・ユ・ヒョヂョン, 『マイノリティとは何か─概念と政策の比較社会学』, ミネルヴァ書房, 2007.

小熊英二, 『単一民族神話の起源─<日本人>の自画像の系譜』, 新曜社, 1995.

川村湊編, 『現代アイヌ文学作品選』, 講談社文芸文庫姜尚中・吉見俊哉, 『グローバル化の遠近法─新しい公共空間を求めて』, 岩波書店, 2010.

金泰泳, 『アイデンティティ・ポリティックスを超えて─在日朝鮮人のエスニシティ』, 世界思想社, 1999.

金石範, 『新編「在日」の思想』, 講談社, 2001.

鄭暎惠, 『<民が代>斉唱─アイデンティティ・国民国家・ジェンダー』, 岩波書店, 2003.

G.ドゥルーズ/F.ガタリ, 『カフカ─マイナー文学のために』, 法政大学出版局, 1978.

西川長夫, 『<新>植民地主義論─グローバル化時代の植民地主義を問う』, 平凡社, 2006.

新城郁夫, 『到来する沖縄─沖縄表象批判論』, インパクト出版会, 2007.

パスカル・カザノヴァ/岩切正一郎訳, 『世界文学空間─文学資本と文学革命』, 藤原書店, 2002.

吉見俊哉, 『カルチュラル・ターン, 文化の政治学へ』, 人文書院, 2003.5.

四方田犬彦, 『日本のマラーノ文学』, 人文書院, 2007.

渡戸一郎ほか編, 『他民族化社会・日本─<多文化共生>の社会的リアリティを問い直す』, 明石書店, 2010.

소명선, 「마이너리티문학 속의 마이너리티이미지」, 『일어일문학』 54집, 2012.

石原慎太郎,「一つの小さな宇宙」,『文芸春秋』3, 1996.

石原慎太郎,「あらためての, 沖縄の個性」,『文芸春秋』9, 1997.

石原慎太郎,「輝き無し」,『文芸春秋』3, 2000.

'마이너리티'란 무엇인가 369쪽

天瀬光二,「デンマーク」, 労働政策研究・研修機構,『諸外国における高度人材を中心とした外国人労働者受け入れ政策－デンマーク, フランス, ドイツ, イギリス, EU, アメリカ, 韓国, シンガポール比較調査』, 労働政策研究・研修機構, 2013, pp.21-73.

Chang, Erin Aeran, *Immigration and Citizenship in Japan*, New York: Cambridge University Press, 2010.

Council of Europe, *Report Submitted by Denmark Pursuant to Article 25, Paragraph 1, of the Framework Convention for the Protection of National Minorities*, Council of Europe, 1999.
(http://www.coe.int/t/dghl/monitoring/minorities/3_FCNMdocs/PDF_1st_SR_Denmark_en.pdf)

Council of Europe, *Swedish Report to the Council of Europe on the Framework Convention for the Protection of National Minorities: Initial Report Submitted in Accordance with Article 25, Paragraph 1, of the Framework Convention*, Council of Europe, 2001.
(http://www.coe.int/t/dghl/monitoring/minorities/3_FCNMdocs/PDF_1st_SR_Sweden_en.pdf)

Gleason, Philip, "Minorities (Almost) All: The Minority Concept in American Social Thought", *American Quarterly*, vol. 43, no.3 (Sep 1991): 392-424.

岩間暁子/ユ・ヒョヂョン, 『マイノリティとは何か－概念と政策の比較社会学』ミネルヴァ書房, 2007(유효종・이와마 아키코 엮음, 박은미 옮김,『마이너리티란 무엇인가－개념과 정책의 비교사회학』, 서울:한울아카데미, 2012).

岩間暁子/ユ・ヒョヂョン,「デンマークとスウェーデンにおけるナショナル・マイノリティ政策の現状と課題」『応用社会学研究』56, 2014, 241-253.

松島泰勝,『琉球独立論』バジリコ, 2014.

Medda-Windischer, Roberta, *Old and New Minorities: Reconciling Diversity and Cohesion: A Human Rights Model for Minority Integration*, Germany: Nomos, 2009.

Medda-Windischer, Roberta, "New Minorities, Old Instruments?: A Common but Differentiated System of Minority Protection", *International Community Law Review*, Vol. 13: 361-391, 2011.

宮脇昇, 「冷戦期の東西欧州の少数民族問題－CSCE/OSCE(欧州安全保障協力会議/機構)の人権レジームにおけるユーゴスラビアの役割」, 『広島平和科学』21, 1998, 151-170.

Symonides, Janusz ed., *Human Rights: Concept and Standard*, England: UNESCO, 2000.

ユ・ヒョヂョン/岩間暁子, 「小さな民族の広い世界－ドイツ東部のナショナル・マイノリティ『ソルブ人』を通して」, 『応用社会学研究』56, 2014, 191-210.

스웨덴의 도전 389쪽

井樋三枝子(いび みえこ), 「スウェーデンの外国人政策と立法動向」, 『四国の立法』246号, 2010, 139-151.

岡沢憲芙(おかざわ のりお), 「スウェーデンにおける外国人受け入れ政策」社会保障研究所 編, 『外国人労働者と社会保障』, 東京大学出版会, 1991, 109-131.

水島治郎(みずしま じろう), 「福祉国家と移民」宮本太郎 編, 『比較福祉政治』, 早稲田大学出版部, 2006, 206-226.

宮本太郎(みやもと たろう), 「新しい右翼と福祉ショーヴィニズム」, 斎藤純一 編, 『福祉国家／社会的連帯の理由』, ミネルヴァ書房, 2004, 55-85.

山本健児(やまもと けんじ), 「スウェーデンへの移民と移民問題」『地誌研年報』9号, 2000, 1-32.

Bloch, A. & Schuster, L., "Asylum and welfare: Contemporary debates", *Critical Social Policy*, vol.22, no.3, 2002, 393-414.

Herbert Kitschelt, 1995, *The Radical Right in Western Europe: A Comparative Analysis*, University of Michigan Press, 1955.

Ruud Koopmans 2010, "Trade-Offs between Equality and Difference : Immigrant Integration, Multiculturalism and the Welfare State in Cross-National Perspective", *Journal of Ethnic and Migration Studies*, Vol.36, No.1, 2010.

赤田光男, 「洗骨習俗と風水信仰：伊是名島の葬墓制と祖先信仰」, 『帝塚山短期大学 紀
　　　要 人文・社会科学編』21, 帝塚山大学, 1984.

近藤功行, 「洗骨儀礼と死生観の変化」, 『教育と医学』39(4), 慶応義塾大学出版会, 1991.

近藤功行, 「与論島における洗骨習俗の現状」, 『志学館法学』5, 志学館大学法学部, 2004.

蔡文高, 『洗骨改葬の比較民俗学的研究』, 岩田書院, 2004.

酒井卯作, 『琉球列島における死霊祭祀の構造』, 第一書房, 1987.

栄喜久元, 『奄美大島与論島の民俗』 ※非売品(自費出版), 1964.

比嘉政夫, 「門中墓と洗骨儀礼—民俗研究映像「沖縄・糸満の門中行事—神年頭と門開き
　　　制作から」」, 『国立歴史民俗博物館研究報告』82, 国立歴史民俗博物館, 1990.

与論町役場, 「火葬施設について」アンケート資料, 1973.

神谷智昭, 「東アジアにおける火葬の導入と伝統的慣習の変化—日本・与論島と韓国・京
　　　畿道坡州市の事例を中心に—」, 『遺体処理と祭祀に関する比較民俗学的調査
　　　研究』, 平成16年度〜平成19年度科学研究費補助金(基盤研究(Ｂ))課題番号
　　　16401027研究成果報告書, 2008.

高村竜平, 「墓を通じた土地と人との関係についての小論—韓国・済州道の墓地管理活
　　　動『伐草』の事例から—」, 『立命館言語文化研究』17巻 3号, 2006.

田中悟, 「現代韓国における葬墓文化の変容—納骨堂を中心に—」, 『大阪女子短期大学
　　　紀要』40号, 2010.

＿＿＿, 「韓国葬墓文化と経済合理性—慶尚南道南海郡を事例にして—」, 『大阪女子短
　　　期大学紀要』41号, 2011.

鄭光中, 「済州道における人口移動の実態と特徴」, 津波高志 編 『東アジアの間地方交流
　　　の過去と現在』, 彩流社, 2012

チョン・フィジョン, 「済州道農村社会喪礼文化の特徴と変化の研究—表善面地域を中
　　　心に—」, 『耽羅文化』第38号(韓国語), 2009.

오키나와 전후문학과 제주 4·3문학의 연대   463쪽

가와다 후미코(川田文子), 오근영 역, 『빨간기와집』, 꿈교출판사, 2014.

마타요시 에이키, 곽형덕 역, 『긴네무집』, 글누림, 2014.

이명원, 「오키나와의 조선인」, 『녹색평론』, 2014. 3-4월호

이명원, 「4·3과 제주방언의 의미작용」, 『연옥에서 고고학자처럼』, 새움, 2005.

현기영, 『순이삼촌』 제2판, 창작과비평사, 1980.

金元榮, 『朝鮮人軍夫の沖繩日記』, 三一書房, 1992.

又吉榮喜, 『ギンネム屋敷』, 集英社, 1981.

森住卓, 『沖繩戰集団自決お生きる』, 高文硏, 2009.

朴壽南, 『アリランのウタ』, 靑木書店, 1991.

동아시아 시각에서 바라본 오키나와와 제주   487쪽

강한구, 「주일미군 재편과 일본의 안보정책」, 『한일군사문화연구』 4권, 2007.

개번 매코맥·노리마쯔 사또꼬, 『저항하는 섬, 오끼나와』, 창작과비평사, 2014.

김동성·최용환, 「미군기지 평택이전에 따른 주한미군과 지역사회간 갈등관리 및 협력
　　　　제고 방안 연구」, 경기개발연구원, 『정책연구』, 2006년 6월.

김민환, 「중심과 주변의 중층성: 노래와 평화기념공원으로 본 동아시아」, 『사회와
　　　　역사』 97집, 2013.

김성철, 「미일동맹의 변화와 일본의 대응―주일미군의 재편을 중심으로―」, 『한일군사
　　　　문화연구』 6권, 2008.

김수열, 「송악산 군사기지, 누구를 위한 것인가」, 『실천문학』 13, 1989.

김일영, 「주한미군 재편; 배경, 경과, 그리고 전망」, 『한국정치외교사논총』 25권 1호,
　　　　2003.

동아시아평화인권한국위원회, 『동아시아와 근대의 폭력1』, 삼인, 2001a.

동아시아평화인권한국위원회, 『동아시아와 근대의 폭력2』, 삼인, 2001b.

백영서, 『핵심현장에서 동아시아를 다시 묻다』, 창비, 2013.

신주백, 「1945년 한반도에서 일본군의 '본토결전 준비'」, 『역사와현실』 49, 2003.

이병례, 「일제 말기 노동력동원의 일상화와 민중의 대응방식 - 제주도 주민동원을
　　　　중심으로」, 『역사연구』 17, 2007.

이철순, 「이승만정권기 미국의 대한정책 연구(1948-1960)」, 서울대학교 정치학과 박
　　　사학위논문, 2000.

이철순, 「한국전쟁 휴전 이후 주한미군 잔류정책: 미국의 국가이익 규정을 중심으로」,
　　　『국제정치연구』 8(1), 2005.

장화경, 「오키나와 주둔 미군기지와 여성인권의 지평」, 『여성학연구』 제19권 제1호,
　　　2009.

전형준·정문길·최원식·백영서, 『주변에서 본 동아시아』, 문학과지성사, 2004.

정근식, 「방법으로서의 오키나와」, 제458회 오키나와대학토요교양강좌 발표문, 2010.

정세진, 「미군재편과 자주국방론 분석: 한국 안보정책에 대한 함의」, 『한국과 국제정
　　　치』 20권 4호, 2004.

정영신, 「오키나와의 기지화·군사화에 관한 연구」, 『사회와 역사』 제73집, 2007.

정영신, 『동아시아의 안보분업구조와 반(反)기지운동에 관한 연구』, 서울대학교 대학
　　　원 사회학과 박사학위논문, 2012a.

정영신, 「동아시아 지평에서 바라 본 제주도 해군기지 건설 문제」, 『내일을 여는 역사』
　　　제46호, 2012b.

정영신, 「동아시아 분단체제와 안보분업구조의 형성」, 『사회와 역사』 제94집, 2012c.

정영신, 「오키나와 복귀운동의 역사적 동학: 동화주의의 형성과 전환, 비판을 중심으
　　　로」, 『한림일본학』 23집, 2013.

제주4·3사건진상규명및희생자명예회복위원회, 『제주4·3사건 진상조사보고서』, 선인,
　　　2003.

제주4·3연구소 편, 『동아시아의 평화와 인권』, 역사비평사, 1999.

조성윤, 「제주의 관광개발과 주민의 각종 반대운동」, 제주발전연구소 편, 『사회발전연
　　　구』 4, 1992a.

＿＿＿, 「개발과 지역 주민 운동: 제주시 탑동 개발 반대 운동을 중심으로」, 『현상과인
　　　식』 56, 1992b.

＿＿＿, 「개발, 환경 그리고 농민 공동체의 붕괴 ― 제주도의 골프장 건설 반대 운동을
　　　중심으로」, 『현상과인식』 17(4), 1993.

＿＿＿, 「제주도 지역개발정책과 주민운동의 전망」, 제주불교사회문화연구원 편, 『전
　　　환기 제주도 지역개발 정책의 성찰과 방향』, 도서출판 각, 2003.

조성윤·문형만, 「지역 주민 운동의 이념과 조직: 제주도 송악산지구 군사기지 건설
　　　반대운동을 중심으로」, 한국사회학회 2000년 전기사회학대회 발표문, 2000a.

＿＿＿＿＿, 「제주 모슬포 지역 군사기지 반대 운동의 전개 과정과 성격」, 제주대학

교 사회발전연구소 편, 『사회발전연구』 16, 2000b.

_____, 「지역 주민 운동의 논리와 근대화 이데올로기: 제주도 송악산 군사 기지 설치 반대 운동을 중심으로」, 『현상과인식』 2005년 겨울호.

최병두, 「주한미군의 미시적 지정학: 미군기지로 인한 지역사회의 범죄 및 환경 문제 의 발생과 해결방안」, 『한국지역지리학회지』 제9권 제3호, 2003.

최승범, 「평택미군기지를 둘러싼 지역사회 갈등의 전개과정과 이의 해소를 위한 도시 거버넌스의 발전방향: 토지수용 전단계를 중심으로」, 『한국정책연구』 제9권 제1호, 2009.

최용환, 「지역사회의 입장에서 본 주한미군 재배치 문제: 평택 사례를 중심으로」, 『국제관계연구』 제13권 제1호, 2008.

최용환, 「미군기지 이전 동두천 지원 대책 개선방안」, 경기개발연구원, *Policy Brief.* 2010년 6월.

최원식 편, 『교차하는 텍스트 동아시아 – 21세기를 위한 점검』, 창비, 2010.

츠카사카 마사유키, 「제주도에서의 일본군의 '본토결전' 준비」, 『4·3과 역사』 4, 제주4· 3연구소.

황석규, 「전쟁 말기 제주도 주둔 일본군의 이동, 배치, 편제, 전략 등에 관한 군사사회사 적 의미 – 제111사단을 중심으로」, 『사회와역사』 72, 2006.

Cooley, Alexander, "Democratization and the Contested Politics of U.S. Military Bases in Korea: Towards A Comparative Understanding." 『국제관계연구』 제10권 제2호, 2005.

大城將保, 『沖繩戰 民衆の眼でとらえる「戰爭」』, 高文硏, 1998a.

大城將保, 「翼贊體制下の沖繩社會」, 『沖繩戰研究 Ⅰ』, 沖繩縣敎育委員會, 1998b.

大城將保, 「第32軍の沖繩配備と全島要塞化」, 『沖繩戰研究 Ⅱ』, 沖繩縣敎育委員會, 1999.

新崎盛暉, 『또 하나의 일본, 오키나와 이야기』, 역사비평사, 1998.

新崎盛暉, 『沖繩現代史』, 岩波新書, 2005 ; 정영신·미야우치 아키오 역, 『오키나와 현대 사』, 논형, 2008.

歷史學研究會 編, 『日本 同時代史 1. 敗戰 占領』, 靑木書店, 1990a.

歷史學研究會 編, 『日本 同時代史 2. 占領政策 轉換 講和』, 靑木書店, 1990b.

荒川章二, 「總動員體制と戰時法制」, 『沖繩戰研究 Ⅰ』, 沖繩縣敎育委員會, 1998.

中野好夫 編, 『戰後資料 沖繩』, 日本評論社, 1969.

沖繩平和祈念資料館, 『沖繩平和祈念資料館 綜合案內』, 沖繩平和祈念資料館, 2001.

沖繩縣(知事公室 基地對策課), 『沖繩の米軍及び自衛隊基地(統計資料集)』, 2009.

沖繩縣敎育委員會, 『沖繩縣史 資料編12 沖繩戰5 アイスバーグ作戰』, 沖繩縣敎育委員會, 2001.

제주와 오키나와의 창세 여신 신화와 후대의 변모 527쪽

권태효, 「여성거인설화의 자료 존재양상과 성격」, 『탐라문화』 37호, 제주대 탐라문화 연구소, 2010.

권태효, 「지형창조 거인설화의 성격과 본질」, 『탐라문화』 46호, 제주대 탐라문화연구소, 2014.

김대행, 『우리시대의 판소리문화』, 역락, 2001.

김선자, 중국의 여신과 여신신앙, 『동아시아 여성신화와 여성 정체성』, 이화여자대학교출판부, 2010.

김용희, 『삶의 길목에서 만난 신화』, 서해문집, 2013.

김재용, 「동북아 창조신화와 양성원리」, 『창조신화의 세계』, 소명출판, 2002.

김재용·이종주, 『왜 우리 신화인가』, 동아시아, 1999.

김헌선, 『한국의 창세신화』, 길벗, 1994.

김헌선, 「한구과 유구의 창세신화 비교연구」, 『고전문학연구』 21집, 한국고전문학회, 2002.

김화경, 『신화에 그려진 여신들』, 영남대학교출판부, 2009.

나상진 역, 『오래된 이야기 梅葛』, 민속원, 2014.

나카자와 신이치, 김옥희 역, 『사랑과 경제의 로고스』, 동아시아, 2004.

박종성, 「동아시아의 청세신화 연구」, 『창조신화의 세계』, 소명출판, 2002.

박종성, 『한국창세서사시연구』, 1999, 태학사.

송정화, 「여성신화 연구사 개관 및 동아시아 여성신화의 전망」, 『기호학연구』 15집, 한국기호학회, 2004.

신연우, 「한국 창세신화의 '속이기' 모티프를 통한 트릭스터의 이해」, 『고전문학연구』 44집, 한국고전문학회, 2013.

이창식, 「설문대할망 관련 전승물의 가치와 활용」, 『온지논총』 37집, 온지학회, 2013.

정진희, 『오키나와 옛이야기』, 보고사, 2013.

정진희, 「제주도 구비설화 <설문대할망>과 현대 스토리텔링」, 『국문학연구』 19호, 국문학회, 2009.

제러미 리프킨, 이경남 역,『공감의 시대』, 민음사, 2010.

조동일,『동아시아 구비서사시의 양상과 변천』, 문학과지성사, 1997.

조현설,『마고할미 신화연구』, 민속원, 2013.

진성기,『제주도무가본풀이사전』 민속원, 1991.

진성기,『신화와 전설』(증보 제21판), 제주민속연구소, 2005.

카렌 암스트롱, 이다희 역,『신화의 역사』, 문학동네, 2005.

하선미 편,『세계의 신화와 전설』, 혜원출판사, 1994.

한국구비문학대계』9-2, 한국정신문화연구원, 1981.

허남춘,「유구 오모로사우시의 고대·중세 서사시적 특성」,『비교민속학』47집, 비교민
    속학회, 2012.

허남춘,「설문대할망과 여성신화」,『탐라문화』42호, 제주대 탐라문화연구소, 2013.

현용준,『제주도 전설』, 서문당, 1996.

大林太良 外,『世界神話事典』, 角川書店, 1994.

松前健,『日本の神タ』, 中央公論新社, 1974.

野村伸一 編,『東アジアの女神信仰と女性生活』, 慶應義塾大學出版會, 2004.

伊波普猷, 外間守善 校訂,『古琉球』, 岩波文庫, 2000.

波照間永吉,『琉球の歷史と文化』, 角川学芸出版, 2007.

저자 소개

가미야 도모아키(神谷智昭)

일본 치쿠바대학 대학원에서 사회인류학 전공. 현재 류큐대학 법문학부 준교수. 주요 논문으로는「韓国農村における葬送儀礼の変化とその背景」(『沖縄民俗研究』2011, 第29号, 沖縄民俗学会, pp53-86),「韓国における都市化と人の移動─首都圏北西部の新都市開発を中心に─」(『東アジアの間地方交流の過去と現在』〈琉球大学人の移動と21世紀のグローバル社会Ⅴ〉, 2012, 津波高志編, 彩流社, pp.429-453) 등이 있다.

고광명(高廣明)

일본 도쿄게이자이(東京經濟)대학 대학원 경영학박사. 전 제주대학교 초등교육연구소 연구교수. 저서로는『재일한국인 연구의 동향과 과제』(공저, 제주대학교 재일제주인센터, 2014),『재일(在日)제주인의 삶과 기업가활동』(제주대학교 탐라문화연구소, 2013),『M&A 이후 경영과 조직통합』(제주대학교 관광과 경영경제연구소, 2011),『일본의 기업과 경영특성 연구』(제주대학교 출판부, 2008),『일제하 濟州島 기업가 연구』(공저, Art21, 2006) 등이 있다.

고성만(高誠晚)

일본 교토대학 대학원 박사후기과정수료. 교토대학 대학원 문학연구과·오사카시립대학 인권문제연구센터 연구원. 주요논문으로는「紛争後社会における大量死の意味づけ─沖縄戦の戦後処理と済州四·三事件の過去清算の事例から─(분쟁후사회에 있어서의 대량사의 의미규정─오키나와전의 전후처리와 제주4·3사건의 과거청산의 사례로부터)」(『ソシオロジ』第57巻1号, 59-74),「済州·虐殺と追悼─〈死者〉の再構成という観点(제주·학살과 추도─〈사자〉의 재구성이라는 관점)」(『国家と追悼─<靖国神社か、国立追悼施設か>を超えて』, 2010, 山本浄邦編, 社会評論社, 163-209) 등이 있다.

고영자(高暎子)

일본 오사카대학 대학원에서 석사 및 박사학위 취득. 전공은 미학. 프랑스 파리사회
과학고등연구소(EHESS) 연구원 역임. 현재 제주대학교 재일제주인센터 및 탐라문
화연구원 특별연구원. 제주특별자치도 문화재위원. 부산대학교 예술대학 대학원
강사(미학). 현재, 근·현대 문화매체론, 제주미학론, 제주 '이미지' 생성 및 변천사
등을 주제로 연구 활동. 저서로는 「済州島, その伝統と近代化の行方」(『韓國朝鮮の
文化と社会』Vol.13, 2014年, 東京:風響社) 등이 있다.

고정자(高正子)

일본 종합연구대학원대학 박사(문학) 취득. 현재 고베대학 비상근 강사. 저서로는
「'食'に集う街―大阪コリアタウンの生成と変遷」, 『食からの異文化理解』 등이 있다.

김인덕(金人德)

성균관대학교에서 박사 취득. 청암대학교 간호학과 교수, 재일코리안연구소 부소
장. 전공은 한국근현대사, 재일조선인사. 저서로는 『식민지시대 재일조선인운동
연구』(1996, 국학자료원), 『재일본조선인연맹 전체대회 연구』(2007, 경인문화사),
『재일조선인 사회의 역사학적 연구』(2010, 도노무라마사루 저, 김인덕, 신유원
역, 논형) 등이 있다.

다카무라 료헤이(高村竜平)

일본 교토대학 대학원에서 농학박사 학위취득. 전공은 문화인류학. 현재 아키타대
학 교육문화학부 준교수. 저서로는 「墓を通じた土地と人との関係についての小論
(묘를 통한 땅과 인간의 관계에 대한 소론)」(『立命館言語文化研究』17(3), 2006년2
월), 'Funerary Sites in Seoul: A History Marked by Colonial Experience'
(*Invisible Population: The Place of the Dead in East-Asian Megacities*,
Lexington, 2012) 등이 있다.

마치다 다카시(丁田隆)

일본 소카대학(創價大學) 대학원 문학연구과 졸업(석사). 한국학중앙연구원 한국
학대학원 박사과정 수료. 전공은 한·일 민속학. 전 동아대학교 일어일문학과 초빙

교수, 국립창원대학교 일어일문학과 객원교수. 현재 제주대학교 재일제주인센터 특별연구원.

박경태(朴俓泰)

미국 텍사스주립대(Austin) 사회학과에서 인종문제로 박사학위 취득. 현재 성공회대학교 사회과학부 교수. 주로 인종, 다문화, 디아스포라에 관해서 연구를 하고 있음. 주요저서로는 『인권과 소수자 이야기』(2007, 책세상), 『소수자와 한국사회』(2008, 후마니타스), 『인종주의』(2009, 책세상) 등이 있다.

소명선(蘇明仙)

규슈대학에서 문학박사 취득. 일본근현대문학 전공. 현재 제주대학교 일어일문학과 교수. 저서로는 『比較社会文化叢書Ⅰ 大江健三郎論―＜神話形成＞の文学世界と歴史認識』(2006, 花書院) 등이 있음. 대표 논문으로는 「오에겐자부로의 『만년양식집(晩年様式集)』론－오에의 만년의식과 '만년의 스타일'에 관해」(「동북아문화연구」 41집, 2014.12), 「기리야마 가사네(桐山襲)론－기리야마문학 속의 한국과 오키나와」(「日本近代学研究」 42집, 2013.11), 「'종군'위안부'의 문학적 형상화에 대해－양석일의 『다시 오는 봄(めぐりくる春)』을 기저로」(「日語日文学」 56집, 2012.11), 「마이너리티문학 속의 마이너리티이미지－재일제주인문학과 오키나와문학을 중심으로」(「日語日文学」 54집, 2012.05), 「오키나와문학 속의 '조선인'－타자 표상의 가능성과 한계성」(「동북아문화연구」 28집, 2011.9) 등 다수가 있다.

쓰하 다카시(津波高志)

사회인류학, 민속학 전공. 현재 류큐대학 명예교수, 오키나와민속학회회장. 주요저서로는 『沖縄社会民俗学ノート』(1990, 第一書房), 『変貌する東アジアの家族』(2004, 共著, 早稲大学出版部), 『中心と周縁から見た日韓社会の諸相』(2010, 共著, 慶応大学出版会), 『大和村誌』(2010, 共著, 大和村), 『沖縄側から見た奄美の文化変容』(2012, 第一書房), 『現場の奄美文化論―沖縄から向かう奄美―』(2014, おきなわ文庫) 등이 있다.

유효종(劉孝鐘)

현재 일본 와코(和光)대학 현대인간학부 현대사회학과 교수. 주요저서는『「国民」形成における統合と隔離』(2002, 共著, 日本経済評論社),『初期コミンテルンと東アジア』(2007, 共著, 不二出版),『マイノリティとは何か―概念と政策の比較社会学』(2007, 岩間暁子と共編著, ミネルヴァ書房)(『마이너리티란 무엇인가―개념과 정책의 비교사회학』, 도서출판한울, 2012),『境界に生きるモンゴル世界―20世紀における民族と国家』(2009, 共編著, 八月書館) 등이 있다.

이명원(李明元)

성균관대 대학원에서 박사학위 취득. 전공은 한국근대문학 및 비교사상사. 현재 경희대학교 후마니타스칼리지 교수. 저서에『타는 혀』(2000),『파문』(2004),『연옥에서 고고학자처럼』(2005),『최일수와 전후비평』(2006),『시장권력과 인문정신』(2008) 등 다수. 오키나와 관련 논문에는 「오키나와와 동아시아 민주주의」(2012), 「류큐왕국 시기 오키나와의 지배―종속관계」(2013), 「오키나와의 조선인」(2014) 등이 있다.

이와마 아키코(岩間暁子)

현재 일본 릿쿄(立教)대학 사회학부 사회학과 교수. 주요저서는『マイノリティとは何か―概念と政策の比較社会学』(2007, ユ・ヒョヂョンと共編著, ミネルヴァ書房), (『마이너리티란 무엇인가―개념과 정책의 비교사회학』, 도서출판한울, 2012),『女性の就業と家族のゆくえ―格差社会のなかの変容』(2008, 東京大学出版会),『現代の階層社会3―流動化のなかの社会意識』(2011, 共著, 東京大学出版会) 등이 있음. 주요논문은 「日本における『社会階層と家族』の研究を振り返る―階層研究と家族社会学の架橋のために」(『家族社会学研究』22巻2号, 2010) 등이 있다.

이지치 노리코(伊地知紀子)

일본 오사카시립대학 대학원 문학연구과 문학박사학위 취득. 에히메대학 법문학부 조교수 역임. 현재 오사카시립대학 대학원 문학연구과 교수. 연구분야는 문화인류학, 지연사회학, 한반도지역연구. 저서로는『재일조선인의 이름』,『생활세계의 창조와 실천―한국 제주도의 생활지에서』,『재일코리안 사전』,『제주여성사2』(공저),『재

일제주인의 생활사1-안주의 땅을 찾아서』(선인, 공저), 『동아시아 지역간 이동과
교류-제주와 오키나와』(공저), 『순례의 역사와 현재』(공저), 『사람의 이동 사전·일
본과 아시아』(공저) 등이 있다.

임영언(林永彦)

일본 조치대학(上智大学) 사회학박사. 전남대학교 세계한상문화연구단 연구교수.
주요 저서로는 『재일코리안 기업가: 창업방법과 민족네트워크』(2006), 『재일코리
안 기업의 경영활동』(2006, 공저), 『일본선교 1%의 벽을 깨라』(2010, 공저), 『일계인
디아스포라: 이주루트와 초국적 네트워크』(2013, 공저) 등이 있다.

정영신(鄭煐瑬)

서울대학교 사회학 박사. 사회변동론, 평화학, 역사사회학 전공. 현재 제주대학교
SSK연구단 전임연구원. 주요 논저로는 『저항하는 섬, 오끼나와』(2014, 역서), 『기
지의 섬, 오키나와』(2008, 공저), 『오키나와 현대사』(2008, 역서), 『沖縄の占領と日
本の復興』(2006, 공저) 등이 있다.

허남춘(許南春)

전공은 고전시가, 예악, 신화. 현재 제주대 국어국문학과 교수, 제주대 박물관장.
저서로는 『제주도 본풀이와 주변 신화』(2011, 공저, 제주대 탐라문화연구소), 『이용
옥 심방 본풀이』(2009, 공저, 제주대 탐라문화연구소), 『제주의 음식문화』(2007,
공저, 국립박물관) 등 다수가 있다.

현무암(玄武岩)

일본 도쿄대학 대학원 인문사회계연구과 박사과정을 수료. 현재 홋카이도대학
대학원 미디어·커뮤니케이션연구원 준교수. 전공은 미디어 문화론과 한일관계론.
저서로는 『韓国のデジタル・デモクラシー』(2005, 集英社新書), 『統一コリアー東
アジアの新秩序を展望する』(2007, 光文社新書), 『コリアン・ネットワークーメディ
ア·移動の歴史と空間』(2013, 北海道大学出版会), 『興亡の世界史18 大日本·満州
帝国の遺産』(2010, 공저, 講談社) 등이 있다.

현선윤(玄善允)

일본 오사카시립대학 대학원에서 프랑스문학 전공. 현재 오사카경제법과대학 아시아연구소 객원교수. 조선족연구학회부회장, 제주대학교 재일제주인센터 특별연구원, 관서학원대학·고베 여학원대학 비상근강사(프랑스어). 문학 공역서『ロマン·ロラン全集』,『アラゴン自らを語る』. 한국문학 공역서로 현길언의『クギ跡』(출간예정) 등. 저서로『在日の言葉』(한국어판 출간예정),『マイノリティー·レポート』,『在日との対話』등이 있다.

후지나가 다케시(藤永壯)

한국근현대사 전공. 현재 오사카산업대학 인간환경학부 교수. 공저로는『「韓国併合」100年と日本の歴史学―「植民地責任」論の視座から―』(青木書店, 2011年),『「慰安婦」問題を/から考える―軍事性暴力と日常世界―』(岩波書店, 2014年12月) 등이 있다.

후지이 고노스케(藤井幸之助)

일본 오사카외국어대학 대학원 문학연구과 석사수료. 전공은 재일조선인론·조선어교육·민족 마쓰리─마당 연구. 현재 도시샤대학·도시샤여자대학 비상근강사, 제주대학교 재일제주인센터 특별연구원, 재일한인역사자료관조사위원. 주요 공편저로는『民族まつりの創造と展開』上(論考編)·下(資料編) JSPS과학연구비기반연구(C) 성과보고서,『多言語社会日本―その現状と課題―』(三元社),『「龍王宮」の記憶を記録するために： 済州島出身女性たちの祈りの場』(こりあんコミュニティ研究会·龍王宮の記憶を記録するプロジェクト),『在日コリアン辞典』(明石 書店),『ある在日コリアン家族の物語─つないで, 手と心と思い─絵と物語で読む在日100年史』(アットワークス),『デカンショのまちのアリラン─篠山市&朝鮮半島交流史』(神戸新聞総合出版センター),『事典 日本の多言語社会』(岩波書店),『多みんぞくニホン─在日外国人のくらし─』(千里文化財団) 등이 있다.

히키치 야스히코(挽地康彦)

현재 일본 와코(和光)대학 현대인간학부 현대사회학과 준교수. 주 연구분야는 사회학적 접근에 의한 복지국가연구와 이민연구. 일본의 NGO단체인 '이주노동자와 연대한 전국네트워크' 회원으로 활동. 주요논문으로는「大村収容所の社会史(1)」

(『西日本社会学会年報』No.3),「スウェーデンにおける移民統合のパラドクス」(『和光大学現代人間学部紀要8』) 등이 있다.

재일제주인센터 연구 총서 2

재일제주인과 마이너리티

2014년 12월 31일 초판 1쇄 펴냄

발행인 허향진
발행처 제주대학교 재일제주인센터
기획·편집 김동전, 고경순

주소 (690-756)제주특별자치도 제주시 제주대학로 102
전화 064) 754-3975~8
팩스 064) 724-8855
메일 zainichijp@jejunu.ac.kr
http://zainichijeju.jejunu.ac.kr

제작 경인문화사 02) 718-4831

ISBN 979-11-951395-5-2 93330

정가 38,000원